CLASSIQUES JAUNES

Littératures francophones

Œuvres philosophiques

Réimpression de l'édition de Paris, 1998.

Denis Diderot

Œuvres philosophiques

Édition critique par Paul Vernière

Bibliographie de Jean-Christophe Abramovici

PARIS
CLASSIQUES GARNIER
2018

Paul Vernière fut professeur à la Sorbonne. Grand spécialiste des Lumières, il signa plusieurs études qui firent date, parmi lesquelles *Spinoza et la pensée française avant la Révolution* (Paris, 1954) et *Montesquieu et l'esprit des lois ou la raison impure* (Paris, 1977). Ses travaux portèrent également sur l'œuvre de Diderot, dont il dirigea une édition critique en trois volumes.

Couverture : *Le Souper des philosophes* de Jean Huber, eau-forte sur papier bleu, XVIIIe siècle, Bibliothèque nationale de France.

ISBN 978-2-8124-1292-9
ISSN 2417-6400

CE VOLUME CONTIENT :

INTRODUCTION

I

DEPUIS *plus d'une génération, les études sur Diderot se multiplient ; la découverte d'inédits et de manuscrits nouveaux, l'ouverture à la Bibliothèque Nationale du fonds Vandeul* (1954), *et quelques échappées sur le fonds de l'Ermitage, à Léningrad, entretiennent autour de son nom et de son œuvre une curiosité intense. La philosophie universitaire, longtemps réticente, accepte peu à peu que l'on donne à Diderot ce beau nom de « philosophe » que tous ses contemporains lui reconnaissaient. Pendant plus d'un siècle, la critique littéraire a apprécié l'esthétique des* Salons, *la sensibilité de* la Religieuse, *la verdeur picaresque du* Neveu de Rameau *ou de* Jacques le Fataliste, *le naturel de quelques lettres à Sophie Volland ; mais peu d'efforts ont été faits pour retrouver en Diderot une armature intellectuelle. On l'a pris tantôt pour un rhéteur apte à faire miroiter toutes les thèses, tantôt pour un dilettante dont la sincérité passagère s'accommodait de convictions violentes mais instables. En somme, on lui reprochait son anarchie intellectuelle, son inaptitude à la synthèse, son incapacité de construire un édifice harmonieux et définitif. Dans son œuvre, en effet, rien qui rappelât les grands systèmes rationnels du siècle précédent, des* Méditations *de Descartes à la* Recherche de la Vérité, *de* l'Éthique *à la* Théodicée ; *Berkeley savait poursuivre une idée jusqu'aux limites de l'absurde ; Condillac marchait à son but avec une rigueur lente et une myopie méticuleuse ; Voltaire lui-*

même donnait d'adroites vulgarisations dans le Traité de Métaphysique *ou dans les* Éléments de la philosophie de Newton. *Diderot semblait manquer de cette puissance organisatrice qui réduit la diversité du monde et ordonne un système. On ne l'en raillait pas : on se bornait à lui trouver la tête légère.*

Le temps est venu où la critique philosophique, loin de voir de l'incohérence dans les variations ou de l'impuissance dans l'absence de rigueur et d'ordre, a décelé dans l'œuvre de Diderot la marque même de l'époque. Les matérialistes français du XVIIIe *siècle, pris dans les contradictions d'un monde bourgeois se dégageant peu à peu d'un monde féodal, ne peuvent échapper aux contradictions intellectuelles : d'un côté la science naissante les pousse à une explication matérialiste du monde autrement plus complexe que le mécanisme cartésien ; de l'autre un idéalisme moral et esthétique reflète encore en eux la religion qu'ils attaquent. Entre le déterminisme physique et la volonté idéaliste de progrès, ni Voltaire ni Montesquieu n'ont choisi : Diderot donc ne pouvait choisir ; dans la mesure où son intelligence ne pouvait se dérober aux conditions intellectuelles de son temps, il lui fallait ballotter entre les deux pôles dialectiques que seules pouvaient réconcilier les pulsions synthétiques de Hegel et de Marx. Une telle explication, soutenue par tous les critiques marxistes, de Luppol à Henri Lefebvre, est non seulement habile, mais heureuse. Habile tout d'abord, parce qu'elle traduit fort bien la gêne profonde de la philosophie des lumières qui, devant les balbutiements des sciences physiques et biologiques, ne saurait fonder sur l'expérience son intuition matérialiste, et doit user trop souvent, en faisant appel à un avenir lointain, d'images et d'analogies illusoires ; faisons la part d'ailleurs, chez ces révoltés de l'intelligence, des souvenirs d'enfance, de l'éducation religieuse, du vocabulaire encombré de notions métaphysiques, des réticences du public, des menaces de l'autorité ecclésiastique et politique. Heureuse explication enfin par ses conséquences : la valeur nouvelle accordée à ces pionniers de la pensée moderne que l'on a trop longtemps considérés comme des esprits médiocres, parce qu'ils ne voulaient pas construire sur le sable des « châteaux enchantés », ou comme des esprits destructeurs, parce qu'ils préféraient la table rase au mensonge. Il est temps, et nous en devons remercier la critique marxiste, d'interpréter les philosophes des lumières, et Diderot au premier chef, dans l'éclairage de leur époque et non comme de prestigieux isolés ; il est temps aussi de leur reconnaître, bien qu'ils n'aient pas atteint cette unité et cette rondeur de système qui trop longtemps a fait réserver le nom de philosophes à des poètes égarés, un sens profond du seul but de la philosophie : la recherche de la vérité.*[1]

*Or, ce qui caractérise Diderot, c'est l'intuition de l'extraordinaire complexité du réel, et la modestie de ses approches, quel que soit le domaine : science, morale, esthétique, politique. Il a eu le sentiment profond qu'en face d'une philosophie couronnant audacieusement les sciences, il y avait place pour la sagesse ; s'il a hésité toute sa vie entre le déterminisme, qui seul pouvait conférer l'unité au monde physique, et l'aspiration vitale à la liberté, c'est que, comme Spinoza, il se refusait à mutiler l'homme et à le priver de ses chances de maîtriser le monde à mesure qu'on en sondait les profondeurs. En face d'un déterminisme impérieux, de ce grand rouleau qui amuse Jacques le Fataliste et son capitaine, il a réservé le domaine propre de l'homme, qui est celui de l'*adhésion *à un ordre compris et joyeusement accepté. Aux forces de l'habitude et de l'éducation qui bornent l'univers d'Helvétius, aux lois de l'intérêt et à la recherche du bonheur qui bornent celui de l'utilitarisme anglais, il ajoute la tension volontaire de l'être d'élite et du sage ; et cette couleur stoïcienne qui marquait le cinquième livre de* l'Éthique, *nous la retrouverons dans le dernier mot de sa morale :* « Il faut savoir quelquefois mépriser la vie ».

Aussi bien, dans l'entreprise que nous formons de présenter les œuvres philosophiques de Diderot, serait-il dangereux de donner d'emblée une interprétation de l'homme et de ramener artificiellement ses doctrines à l'unité. Nous n'avons pas d'explication toute faite de Diderot et c'est ce qui nous oppose à la plupart de ses commentateurs. Deux écoles sont fort nettes depuis une vingtaine d'années : les uns ont tendance à affaiblir la violence de son message, à exploiter industrieusement les prudences de l'Encyclopédie, *à considérer ses thèses les plus constamment affirmées comme de « beaux*

1. Cf. l'excellente mise au point de Roland Mortier : *Diderot sous le prisme de la critique marxiste* (Proceedings of the second congress of the international Comparative Literature Association, Chapel Hill, 1959, t. II, pp. 679-691).

paradoxes », à mettre quelque ombre sur son antichristianisme foncier, plus habilement encore à déceler une évolution sénile vers les compromis de l'idéalisme ou les méandres de l'humanisme ; les autres, au contraire, fiers d'une explication totale du monde et d'une vision définitive de son progrès, ont tendance à considérer Diderot comme un prétexte, à l'annexer comme un précurseur de leurs propres dogmes, à voiler sous le nom de faiblesses ou de survivances ses opinions les plus chères et les mieux affirmées. Nous nous refusons pour notre compte à mutiler la pensée de Diderot et à déformer son visage. Diderot n'est ni Franklin ni Babeuf ; la difficulté est précisément là : Diderot, dans sa vie quotidienne, dans ses essais de mondanité et ses simplesses paysannes, ressemble parfois au bonhomme Richard et offre souvent aux étrangers l'image d'un quaker français ; mais par son audace intellectuelle il dépasse singulièrement la philosophie courte et plate de l'empirisme anglo-saxon. Pour lui l'exercice de la pensée n'est pas un jeu de patience, mais une aventure. Voilà pourquoi la philosophie de Diderot ne peut être jugée sur un classement arbitraire d'heureuses citations ; il faut lire Diderot sans cesser de scruter son visage, étudier chaque œuvre en méditant sa genèse, sa date et son exacte portée, enregistrer les questions sans prétendre y répondre, et dans chacune des thèses qu'il propose, déceler dans quelle mesure il y adhère. Seule cette casuistique nous permettra de ne pas être dupes d'une pensée instinctivement fluide, déroutante pour les esprits carrés, et qui ruse comme celle de Montaigne devant la vérité qui se dérobe. La philosophie de Diderot n'est pas celle du « pense-menu » de Berkeley ; rien en elle du cheminement patient de Locke, de l'accent péremptoire de Leibniz, de la forme géométrique chère à Spinoza ; comment retrouver en elle la rigidité dialectique du marxisme ? Elle apparaît quelquefois comme une danse, *plus souvent encore comme une* escrime. *C'est ce que les philosophes de profession ne lui ont guère pardonné. Notre rôle est donc de suivre passionnément cette escrime. Les assauts successifs nous permettront d'entrevoir d'abord l'histoire d'un esprit, puis de déceler ses lignes de force. Diderot lui-même nous y invite dans l'*Entretien avec d'Alembert : « Notre véritable sentiment n'est pas celui dans lequel nous n'avons jamais vacillé, mais celui auquel nous sommes le plus habituellement revenus ».

II

Lorsque Diderot, frais émoulu des Jésuites de Langres, partit en 1728 pour Paris, rien ne laissait prévoir en lui quelque précoce vocation philosophique. La défiance des collèges jésuites était bien connue à l'égard des vastes systèmes rationnels qui avaient prétendu, au siècle passé, concilier la raison et la foi. A Paris même, que Diderot ait suivi les cours de Louis le Grand ou les maîtres jansénistes du collège d'Harcourt, rien ne laisse croire à une formation philosophique véritable. Plus tard, il parlera des Institutiones philosophicae *d'Edme Pourchot avec un total mépris, mais signalera un de ses vieux maîtres, Rivard, avec une piété qui semble être le souvenir d'une dette; Rivard enseignait la philosophie au collège de Beauvais. Nous possédons encore la matière de ses cours qui, sous l'influence de l'abbé Houtteville, revenaient à une apologétique fondée sur les merveilles de la nature. Rivard croyait à la science, exigeait l'étude des mathématiques, utilisait Swammerdam et Malpighi avec l'ambition délibérée d'être moderne et de plaire. Nous croyons à l'influence considérable de Rivard sur Diderot. Lorsqu'il fut, le 2 septembre 1732, reçu maître ès arts de l'Université de Paris, peut-être fut-il grâce à lui en mesure de tourner ses curiosités ailleurs que vers la Sorbonne.*

Nous ne saurions décrire, pendant les dix ans qui suivirent, le roman picaresque de l'étudiant pauvre : basochien misérable, mathématicien courant le cachet, demi-clerc vendant des sermons aux missionnaires, libertin cherchant l'amour dans les bals populaires et prenant pour se donner du prestige des leçons de danse et d'escrime ; il faudrait aussi évoquer le dénuement intellectuel et retrouver dans cette formation anarchique une progression hasardeuse. Durant ces dix ans, Diderot appartient à une plèbe étrange, ambitieuse, mais — ce qui est neuf — orgueilleuse ; non seulement consciente de sa valeur, mais pleine de mépris pour un pouvoir hostile et des mécènes incultes. Diderot pouvait faire carrière d'Église, comme Condillac, Mably et Barthélemy : en d'autres temps il eût été robuste docteur de Sorbonne[1]*. Dans le sillage de son condisciple Sartine, il pouvait avec quelques protections accéder à l'administration royale. Féru de théâtre, il aurait pu comme Marmontel écrire de mauvaises tragédies et frayer avec les puissants par le biais des coulisses; Baculard d'Arnaud, son ami, savait se servir de la bourse et du crédit de Voltaire. Diderot d'emblée a fait son choix : il reste obscur mais libre; avant la réussite sociale, il place le respect de son génie en broussaille. Sans le savoir, il se consacrait à la philosophie.*

Cette attitude n'avait pas la rigueur impérieuse de celle de Descartes, qui exigeait la table rase. Nul désir en lui de reconstruire le monde, mais un fort sentiment d'humilité. Diderot sait qu'il ne sait rien, ni sciences, ni mathématiques, ni même les premiers éléments de morale et de religion. Il évoquera dix ans plus tard cet effroi devant la pensée vivante de son temps : « Un jeune homme, au sortir de son cours de philosophie, est jeté dans un monde d'athées, de déistes, de sociniens, de spinozistes et d'autres impies : fort instruit des propriétés de la matière subtile et de la formation des tourbillons, connaissances qui lui deviennent parfaitement inutiles ; mais à peine sait-il des avantages de la vertu ce qu'il en a lu dans son catéchisme ». *Dès lors, dans son long noviciat misérable, Diderot part seul à la recherche des vraies valeurs.*

Dans cette recherche, n'essayons pas de déceler une logique, une ratio studiorum. *Trois voies cependant l'attirent: les mathématiques qu'il enseigna, et qui, prestigieuses depuis Newton, lui parurent longtemps le meilleur accès à la vérité; les langues vivantes, et surtout l'anglais qu'il apprend seul et qui, à la suite de Voltaire, peut lui livrer les secrets d'un monde neuf; l'apologétique moderne, fondée sur les faits, puisée chez Houtteville et Ilharard de la Chambre, et qui peut ranimer une ferveur religieuse dont les soubresauts l'inquiètent encore. Dans ces trois voies, nous reconnaissons la propagande latente des* Lettres philosophiques

1. Nous savons maintenant que Diderot, reçu maître-ès-arts le 5 septembre 1732, fut étudiant de théologie à la Sorbonne où il acheva son quinquennium le 6 août 1735 (cf. Blake T. Hanna, «Diderot théologien», *RHLF*, janv. 1978).

de Voltaire; ajoutons-y le Traité de métaphysique *et les* Éléments de la philosophie de Newton *et nous aurons l'essentiel de cette vulgate qui, vers 1735, se proposait aux novices des lumières. Le schéma cartésien du monde s'écroule devant Newton. Locke déroule le mécanisme simpliste de sa psychologie. Clarke et Pope offrent un déisme frais, dégagé des subtilités de l'École, ouvert sur le spectacle du monde, à la fois tolérant et conquérant. Comme tous les étudiants de son temps, Diderot a suivi dans les cinq tomes du* Dictionnaire *de Bayle les méandres d'une pensée insidieuse; le thème de l'athée vertueux le hante, le problème du mal le scandalise. Derrière les déistes anglais et les sermons des* Boyle lectures *il découvre les ennemis du Christ, Toland et Woolston. Les premiers manuscrits clandestins, l'*Essay sur la religion, les Trois Imposteurs, l'Analyse de la religion *et bientôt le* Testament *de Meslier, traînent dans les arrière-boutiques des libraires qu'il fréquente. A cette fermentation intellectuelle se lie une expérience sociale. Paris lui offre un monde étrange de viveurs et de déclassés, de filles et de femmes de lettres, d'artistes sans renom et de folliculaires affamés; dans ses greniers successifs, Diderot coudoie la Deschamps, fille de théâtre, Wille le graveur, Mlle Pigeon qu'enlèvera bientôt Prémontval, le carabin Gardeil, Baculard et Fougeret de Montbron, l'ami Gousse qui vole des livres chez son chanoine. Ce menu peuple anarchique, surveillé par le commissaire du quartier, dénoncé au besoin par le curé de la paroisse, n'est pas en mesure de concilier avec la dignité de la vie bourgeoise la rigueur de ses ambitions intellectuelles. Tout proche du pays latin, le quartier de Saint-Médard offre l'extraordinaire spectacle des convulsionnaires; la religion est publiquement dégradée, l'Église se déchire de l'intérieur, pendant qu'on ridiculise le miracle à tous les carrefours et que les archers mènent en Bastille les saints populaires.*

Un moraliste ne verrait dans ces dix années de bohème que désordre et gâchis. Les tentations multiples très tôt écartèlent le génie de Diderot, l'empêchent de creuser un sillon droit et profond, et lui imposent un rythme épuisant de découvertes et de déceptions. Mais le spectacle d'un monde réel, éminemment populaire, aiguise son sens du pittoresque et nourrit sa révolte; spectacle auquel ont été soustraits la plupart des philosophes bourgeois, ses contem-

porains. Pour Diderot la philosophie n'est pas née d'une réflexion, mais d'une expérience continue ; elle n'a pas été la mise en ordre spontanée de valeurs ou la révélation d'une sagesse, mais avant tout le reflet de la vie sur une intelligence vive, enthousiaste, éminemment perméable.

***

*C'est par le biais professionnel des traductions que Diderot se révèle à lui-même. Rien n'était plus anodin que de donner en 1743 l'*Histoire de la Grèce *de Temple Stanyan, à partir de 1744 le* Dictionnaire de médecine *de James ; mais voici qu'au détour de ces travaux obscurs, Diderot découvre un auteur encore neuf en France, Shaftesbury. Pendant que son ami Eidous se laissait tenter par Hutcheson, il révélait au public français en 1745 l'*Essai sur le mérite et la vertu. *Shaftesbury n'inventait rien ; s'il séparait la morale de la religion, il ne faisait que reprendre les analyses de Bayle, son maître. Mais il leur donnait une urbanité de bon ton, une légèreté de grand seigneur et un humour inimitables. La caution du lord anglais permet à Diderot d'échapper à la révolte et de suggérer que la morale peut se passer du christianisme et même de Dieu, que la vertu est affaire de nature et de calcul, c'est-à-dire d'un sentiment juste des conditions du bonheur. Par une heureuse transition, Diderot, grâce à Shaftesbury, passe de l' « honnête homme » classique au « philosophe » des nouveaux temps ; le « philosophe » n'est pas un critique chagrin, mais un esprit sociable, volontiers conformiste ; il n'est pas charitable parce que son salut en dépend, mais bienfaisant parce que le bonheur de tous assure son bonheur propre ; optimiste, le spectacle du monde lui révèle l'ordre divin et la soumission à cet ordre, joyeusement accepté, le mène aux conclusions morales d'un Spinoza qu'il n'a pas encore décelé derrière Shaftesbury. Mais la philosophie s'accommode d'une certaine ferveur, reconnaît la noblesse des passions, s'interroge sur la vie au lieu de méditer sur la mort. Tout en rejoignant les conclusions voltairiennes de la* Lettre sur Pascal, *Shaftesbury plaît à Diderot par un ton de jeunesse et d'enthousiasme.*

Cette influence est encore prédominante en 1746 dans les Pensées philosophiques. *Diderot cette fois, au lieu de traduire son modèle, médite sur l'œuvre, les* Characteristics ; *la parenté de leur expérience s'accuse lorsque Diderot découvre la* Lettre sur l'enthousiasme ; *dans son ironie dédaigneuse, Shaftesbury attaquait en 1708 la vague de prophétisme qui sévissait à Londres parmi les calvinistes français. La transposition est facile : les Marion, les Cavalier, naïfs bergers des Cévennes, revivent dans le vieux quartier Saint-Médard ; les miracles fleurissent dans le charnier de l'église et l'on annonce aux carrefours le règne d'Élie. Diderot, pour la première fois, s'insurge. Son déisme, qu'il appelait naguère théisme, cesse d'être le refuge d'une pensée aristocratique, mais devient une position d'assaut contre la révélation chrétienne ; c'est l'émancipation qu'il prêche maintenant. Le sens profond des* Pensées *n'est plus de fonder une sagesse personnelle, mais d'attaquer une folie pernicieuse. Toutes les preuves traditionnelles s'effondrent : le miracle est fondé sur l'accord scandaleux de fourbes et de dupes ; l'autorité de l'Écriture ne dépend pas d'une Église ou des décisions d'un pontife, mais d'une science philologique qui reste encore à créer ; toute religion, vraie ou fausse, a ses martyrs. Après Fontenelle, Diderot conteste la valeur des témoignages humains :* « Tout Paris m'assurerait qu'un mort vient de ressusciter à Passy que je n'en croirais rien. Une seule démonstration me frappe plus que cinquante faits ». *Devant le fanatisme populaire, le rationalisme est plus qu'une méthode ; c'est une hygiène.*

Mais dans le dialogue de l'athée et du déiste qui fait l'unité de l'ouvrage, Diderot ne se laisse pas entamer par la puissance des négations ; son optimisme semble intact ; il croit encore à l'ordre newtonien du monde. L'abbé Pluche, Nieuwentyt, Réaumur, lui offrent dans « l'œil d'un ciron et l'aile d'un papillon » *les traces d'une organisation intelligente. Cet univers est issu d'une création concertée et non d'un hasard aveugle. Diderot, au sortir de Shaftesbury, débouche encore sur Voltaire. Son déisme modéré, tolérant, sa foi dans un usage légitime des sens, mais aussi dans un contrôle efficace de la raison, ne le conduisent plus au type humain de l'aristocrate anglais, mais à un scepticisme modéré qui s'ouvre largement à l'avenir de la science. A l'optimisme du départ succède l'inquiétude ; pour être soi-même, Diderot doit affronter les risques de la pensée libre.*

***

Trois ans étaient encore nécessaires pour achever cette émancipation. Mais dès 1747, il a ce mot redoutable qui consacre une vocation révolutionnaire : « Imposez-moi silence sur la religion et le gouvernement, et je n'aurai plus rien à dire ». *La* Promenade du sceptique *en fait foi ; après avoir cheminé quelque temps dans l'allée des épines, c'est-à-dire le monde chrétien, et s'être attardé dans l'allée des fleurs, c'est-à-dire le monde galant, Diderot vient enfin converser sous les marronniers avec les diverses sectes des philosophes. Il exclut d'emblée les cartésiens qui ont trahi leurs origines et servent maintenant de support à la philosophie traditionnelle ; puis considère avec un mépris amusé les égotistes, partisans de l'idéalisme absolu de Berkeley. Seul le tente le colloque passionné que poursuivent* De Deo et Natura *le déiste, le spinoziste et l'athée ; dans cet échange mi-sérieux, mi-humoristique, de réparties, l'intention profonde de Diderot n'est pas facile à déceler. Mais à la fin de l'ouvrage, à l'heure où l'on croyait au triomphe du déiste, le spinoziste Oribaze semble l'emporter. Dans l'étonnante fusion de Dieu et de la Nature, Diderot aperçoit le moyen de concilier le déterminisme et la finalité, puisqu'il se réserve le droit d'admirer dans la beauté de l'Univers le vêtement même de Dieu. Même s'il n'y a pas de sa part une adhésion totale au spinozisme corrompu d'Oribaze, Diderot en 1747 accepte intellectuellement la doctrine de* l'Éthique. *N'est-ce pas d'autre part une tactique heureuse pour réconcilier sous le signe de Spinoza toutes les formes de pensée anti-chrétienne ?*

Mais si la Promenade du sceptique *répond aux exigences polémiques de la littérature clandestine, si nous en trouvons plus tard l'écho dans le traité* De la suffisance de la religion naturelle *et dans l'*Addition aux Pensées philosophiques *de 1762, nous aurions tort de voir dans cet anti-christianisme militant la preuve d'une vocation. Diderot n'a pas ce sens politique de l'efficacité qui fit la puissance de Voltaire. La* Lettre sur les aveugles *en 1749 n'est pas un pamphlet, mais, dans son désordre insidieux,* *un chef-d'œuvre de dialectique; loin de nous imposer une vérité, Diderot réussit à nous entraîner avec lui à la quête et se refuse à conclure sans nous. Or, depuis deux ans, la pensée de Diderot poursuit une rapide évolution. Si nous délaissons le problème technique de la perception de l'espace chez les aveugles, celui de leur éducation sensorielle, ou le drame psychologique et moral de leur vie, deux points de rupture apparaissent. Diderot pour la première fois abandonne toutes les preuves physico-téléologiques en faveur de l'existence de Dieu; le biais est simple : l'aveugle, au contraire du déiste ou même du spinoziste, ne voit pas la beauté du monde; le clairvoyant peut-il accepter un raisonnement qui ne vaut que pour lui? S'il ne s'agissait que d'une interrogation sceptique, nous nous contenterions comme Voltaire d'y voir une malice; il s'agit en fait, non d'une conversion brutale, mais d'un abandon raisonné des causes finales sous l'influence probable de Bacon et de Spinoza. Mais voici Diderot ébauchant sous le masque de Saunderson une nouvelle théorie de la vie. L'aveugle de Cambridge non seulement décrit la succession des êtres et l'extinction des monstres en proposant déjà l'idée darwinienne de sélection naturelle, mais il accepte la spontanéité de la vie et de son apparition sur terre. Dans la* XIXe *des* Pensées philosophiques, *Diderot s'appuyait sur Redi pour prouver le caractère divin de la création et de l'organisation des êtres vivants :* « La seule découverte des germes a dissipé une des plus puissantes objections de l'athéisme ». *En 1749 il a lu les* New microscopical Discoveries *de l'abbé Needham. Comme Buffon, il s'est rallié aux générations spontanées. C'est un argument de plus pour ruiner la croyance aux causes finales, mais aussi la foi chancelante qu'il conservait encore en un déisme à l'anglaise. Lorsqu'il répond le 11 juin 1749 à Voltaire qui venait de lire les rêveries de Saunderson, sa politesse se voile d'ironie; dans le mouvement des lumières, Diderot s'est déjà porté au-delà des positions voltairiennes.*

***

Ne voyons pas cependant dans ces jeux d'avant-garde l'expression d'une doctrine. Diderot pousse en avant, dans l'enthousiasme mais aussi dans le désarroi, deux idées dont la compatibilité n'est pas évidente: un déterminisme universel dont l'Éthique *est la source, un évolutionnisme confus mal dégagé des recherches trop proches. Mais 1749 devait être aussi l'année de Vincennes, c'est-à-dire d'une réflexion prolongée de trois mois sur les dangers que court le philosophe dans un monde hostile. C'est l'heure du choix entre l'énorme tâche encyclopédique où sa pensée devra s'assagir et se masquer, et l'exil où végètent tant de folliculaires imprudents, La Beaumelle, d'Argens, Fougeret de Montbron, La Mettrie, jusqu'au plus génial d'entre eux, Voltaire. Diderot se soumet: il se sent assez fort et assez adroit pour faire de* l'Encyclopédie *une œuvre de vérité. En fait, si* l'Encyclopédie *a pour but premier de faire le point de la civilisation contemporaine en étudiant par approches minutieuses ses arts et ses techniques, elle ne tient pas toujours intellectuellement à dépasser les idées banales ou, comme dira Flaubert, les idées reçues. Les articles de théologie et de philosophie reflètent une orthodoxie voulue. La pensée profonde de Diderot n'est pas dans les articles* Chaos, Liberté, Prescience, Prophète *ou* Spinoza. *Mais par choc en retour, l'œuvre encyclopédique a marqué son auteur. A la suite de l'exil de l'abbé Yvon en 1752 et de la mort de l'abbé Mallet en 1755, Diderot dut assumer seul l'énorme charge de l'histoire de la philosophie; du coup il acquiert une aisance dialectique, une habileté dans le jeu des abstractions qu'il ne possédait pas, le sens enfin des parentés de pensée à travers les siècles. Le manuel de Brücker le sert, mais souvent il lui faut recourir à Giordano Bruno, Spinoza, Leibniz et Wolff. Loin de se laisser gagner par le scepticisme de Bayle, on sent qu'il élimine les pensées étrangères, mais qu'il découvre avec sympathie des cadres anciens. Sa grande découverte, c'est Francis Bacon; dès le prospectus de* l'Encyclopédie *il lit l'*Organum novum *et le* De Augmentis scientiarum. *C'est au chancelier Bacon qu'il doit cette défiance subite pour les mathématiques, cet attrait pour les sciences physico-chimiques et biologiques, ce goût pour l'humble technologie. A l'orgueil cartésien dont la pensée française se défaisait si difficilement, Diderot oppose la modestie expérimentale et cette méthode inductive, mélange souple de sens analogique et d'intuition. Nous retrouvons cette doctrine en 1754 rebrassée, mise au clair, amplifiée par d'admirables formules, dans l'*Interprétation de la nature.

Un désordre inquiétant y fait succéder les axiomes scientifiques aux descriptions d'expériences, les secrets artisanaux aux programmes de recherche: il s'agit en fait du Codex *méthodologique de* l'Encyclopédie; *en 1754 Diderot semble abandonner les spéculations métaphysiques et donner pour but à la philosophie de couronner l'édifice des sciences; le philosophe doit concourir à établir pour chacune d'elles une axiomatique propre, mais aussi préciser dans une vision géniale quel avenir risque d'être fécond et quel champ doit être immédiatement exploré. Curieuse doctrine où la philosophie rationnelle, dédaignant les problèmes d'origine, vient secourir l'empirisme myope de l'homme de science; car la science est en danger si elle tâtonne et n'accélère pas son progrès; car la science trahit sa mission si elle se confine dans l'égoïste plaisir de l'esprit et n'aide pas l'homme dans sa maîtrise lente de l'univers. Et Diderot de payer d'exemple en utilisant le* Système de la nature *que Maupertuis venait de publier; d'une curieuse hypothèse sur la sommation des sensibilités dans l'essaim d'abeilles, le voici tirant une doctrine de la sensibilité universelle qu'il saura brillamment exploiter plus tard.*

Malgré l'apparente dispersion des travaux encyclopédiques, la pensée de Diderot s'enrichit et s'affirme. Non seulement l'expérience érudite du passé, mais la connaissance intime de la science de son temps l'amènent peu à peu à préciser quelques idées-forces et à modeler les lignes d'un système. Lente maturation dont il faudrait suivre le cours dans sa correspondance, sans se laisser prendre comme ses correspondants par l'expression poétique qui en masque le sérieux: jamais le déterminisme universel et ses conséquences morales n'ont été mieux affirmés que dans la lettre à Landois du 29 juin 1756; de la lettre à Sophie Volland du 15 octobre 1759 à la lettre à Duclos du 10 octobre 1765, nous saisissons au vif le passage, à propos de la sensibilité universelle, du paradoxe à l'hypothèse scientifique. Diderot allait-il se laisser tenter par la synthèse?

***

Jamais la tentation ne fut plus grande qu'en 1769 lorsqu'il composa sa trilogie dialoguée du Rêve de d'Alembert. *Mise au* *point redoutable que Diderot déguise encore sous l'humour fantaisiste d'une conversation et sous l'excuse d'un rêve délirant; mais cette apparente fantaisie résulte d'un long cheminement dialectique. Dès 1749 les problèmes de la vie sollicitent Diderot, lorsqu'à la lecture de l'*Histoire naturelle *de Buffon il rédige l'article* Animal. *Mais avant d'observer la convergence des thèmes, il faut en préciser l'origine. De Buffon vient l'idée d'épigenèse et la conception des « molécules organiques ». Glisson, par l'intermédiaire de Haller et de Bordeu, y ajoute la notion de « fibres », éléments premiers de la matière vivante. Diderot emprunte à Bordeu sa théorie du diaphragme et de l'indépendance relative des organes; il doit à Maupertuis l'idée de la sommation des sensibilités individuelles dans un agrégat moléculaire; il doit à Buffon l'idée première de l'évolution, dans la mesure où il ajoute à la notion d'une chaîne des êtres dans l'espace celle d'un lien des êtres dans le temps. Il a lu les rêveries du* Telliamed *et doit à Maupertuis la plupart de ses idées sur les métis et les monstres, sur la sélection naturelle et peut-être même sur les mutations brusques. Son originalité, c'est d'ajouter à cette masse documentaire une certaine pratique médicale et de la dominer par le raisonnement analogique. Ne croyons pas trop vite à un désaveu de l'empirisme: Diderot n'aime pas transcender; il extrapole. L'hypothèse de la sensibilité universelle est la clef du* Rêve de d'Alembert. *La matière serait douée d'une sensibilité en torpeur, d'une espèce de conscience sourde qui, par un processus d'animalisation, l'assimilation nutritive, serait libérée et, par sommations successives, constituerait la sensibilité des grands corps vivants. Libre à nous d'y voir, comme Diderot, un rêve; mais ce rêve est commode. Pour la première fois il résolvait le problème le plus grave du matérialisme moderne, c'est-à-dire la contradiction entre l'unité du monde et l'hétérogénéité de la matière. Par le biais de la sensibilité universelle, l'unité était conquise et l'hétérogénéité maintenue.*

L'inhérence du mouvement à la matière nous paraîtrait moins aventureuse. Diderot, à la suite de Toland et des Lettres à Serena, *distingue une énergie potentielle et une énergie cinétique, ce qui lui permet d'échapper à la controverse de Descartes et de Leibniz sur le mouvement et de tenir compte de l'énergie d'origine chimique. Par là, le* Rêve de d'Alembert *s'apparente au petit essai de*

1770 Sur la matière et le mouvement *dont on a longtemps négligé l'importance. Diderot saurait-il aller plus avant? Notre philosophe sent que son imagination est au buttoir; dans l'état actuel des sciences physico-chimiques et de la biologie, il convient fréquemment de son imprudence. Il se borne dès lors pendant quinze ans à enrichir le gros recueil de ses* Éléments de physiologie; *il fait ample moisson d'expériences nouvelles, discute sur la parenté du gluten et du protoplasme. Loin de se contenter du classicisme des Jussieu, il se passionne aux descriptions exotiques du génial Adanson, médite grâce aux oscillaires et à la* Muscipula dyonea *sur les confins des règnes. Toujours fidèle à la doctrine ébauchée en 1754 dans l'*Interprétation de la nature, *il continue de transcrire les principaux résultats des sciences et de risquer les hypothèses que peuvent féconder les chercheurs de l'avenir. La joie de l'encyclopédiste était de devancer son temps; jamais cette joie ne s'est exprimée plus librement que dans* le Rêve de d'Alembert. *Mais le philosophe selon le cœur de Diderot serait-il en 1770 réduit au silence, devant la carence et la lenteur de la science? C'est pourtant l'heure où Diderot se découvre une nouvelle carrière.*

***

« Je trouve en moi une égale répugnance à mal raisonner et à mal faire », *disait-il à Landois en 1756. Cette vocation de moraliste datait même de ses premiers contacts avec Shaftesbury. Mais voici qu'à l'heure où la vieillesse approche, Diderot se laisse tenter, non par le problème de l'action, mais par celui de la sagesse. Ses biographes auraient beau jeu à démêler sur ce point l'interférence de la vie et de la philosophie: sa fille se marie, son dernier amour pour Mme de Maux se dénoue et le grand voyage de Hollande et de Russie lui impose le redoutable contact des mœurs étrangères et des puissants de ce monde. Diderot a soudain l'impression d'avoir vécu en vain. C'est au moment même où la vie lui échappe que l'art de vivre lui apparaît.*

Délibérément, Diderot se refuse à plaire et à s'accommoder au goût du jour. La philosophie des lumières semblait se perdre dans l'indifférence du public; les ouvrages de politique et d'économie se multipliaient. Diderot choisit d'être inactuel; bien plus, la philosophie morale qu'il exprimera dans ses romans et dans ses nouvelles demeurera secrète, à la merci d'une postérité fabuleuse. C'est pour lui-même qu'il écrit désormais, sans souci d'une cohérence abstraite ou d'une pudeur de bon ton. Dans une revendication véhémente, le voici exaltant les passions, la vie libre, le bonheur selon la nature. Ce sont les Deux amis de Bourbonne, *le* Calzolaio *de Messine, l'héroïque Masaniello qui ont raison contre une société cruelle et stupide. Mme de la Carlière qui préfère sa dignité de bégueule à son bonheur est tout aussi monstrueuse que la Reymer et le docteur Gardeil. Mme de la Pommeraye met une activité diabolique au service d'une bien piètre vengeance. Toutes ces anecdotes de la vie civilisée font ressortir la fraîcheur des enfants de Tahiti. Quoi qu'en dise l'un des devisants du* Supplément au voyage de Bougainville, *Diderot se demande si la sagesse est de toujours revêtir le froc de son pays. Il sent obscurément qu'à côté du complexe bonheur du civilisé, raisonnable, étroit, endigué, il y a, hors du contrat social, l'expansion heureuse de l'être libre. Cet odieux Rameau le neveu le heurte par son cynisme et son adaptation répugnante aux vices parisiens, mais il reste fidèle à la fibre originelle, loup parmi les chiens. Jacques le picaro, au long des routes de France, prouve qu'il est libre malgré « le grand rouleau », et réduit son maître en esclavage. Dans le monde où il vit, Diderot sent qu'on achète sa liberté à force de ruse et ne craint pas, en tête à tête, de scandaliser la pieuse maréchale de Broglie. Lorsqu'il supplie son lecteur dans la lettre d'envoi des* Éléments de physiologie, *de se rappeler* « la différence d'une morale illicite et d'une morale criminelle », *de ne pas oublier que* « l'homme de bien ne fait rien de criminel ni le bon citoyen d'illicite », *qu'il est* « une doctrine spéculative qui n'est ni pour la multitude ni pour la pratique » *et que* « sans être inconséquent on ne fait pas tout ce qu'on écrit », *nous sommes légitimement inquiets devant cette casuistique dont les écarts dépendent moins des principes que des circonstances. Rien n'est plus triste que la vieillesse de Diogène.*

Diderot a fort bien senti le danger. Laissons à ses ennemis le soin de voir sa postérité dans l'immoralité ingénue de Rétif, insolente de Choderlos de Laclos, verbeusement répugnante de Sade. Diderot, par trois fois, a su se dégager d'une esthétique douteuse *et réagir sainement. En 1772, dans l'*Entretien d'un père avec ses enfants, *c'est un cas de conscience qu'il évoque: un testament malencontreusement retrouvé déshérite de pauvres gens et avantage un ignoble pharisien. Diderot a beau soutenir contre son père qu'il fallait le détruire, nous ne le sentons pas tout à fait convaincu; le génie s'arroge des droits, mais qui ne se dira génial? Diderot pressent Kant: il n'y a pas de moralité dans l'acte qui ne saurait être généralisé sans danger. En 1774, c'est le heurt avec Helvétius: notre philosophe se trouve confondu devant cette caricature maigre de sa propre doctrine. Si l'homme n'est que le produit médiocre d'une éducation uniforme, victime ou bénéficiaire inconscient d'un dressage, que devient la « fibre originelle », cette diversité d'organisation et de vocation qui fait la richesse d'une société? Dans* le Neveu de Rameau *la fibre justifiait ou excusait le darwinisme social, dans la* Réfutation d'Helvétius, *elle permet l'ascension de l'homme de génie et du sage: aux confins de l'humanité vulgaire, quelques êtres d'exception détiennent l'avenir intellectuel et moral de tous. Peu à peu, se substitue à la quête du bonheur la notion de sacrifice. C'est en 1778 que Diderot trouve enfin son homme dans l'histoire romaine: Sénèque, qui comme lui fréquenta les grands de ce monde et dut leur dire en biaisant de dures vérités. Or Sénèque passait pour un flatteur, un précepteur de corruption, enrichi par ses lâchetés. C'était précisément ce que ses ennemis reprochaient au favori de Catherine. Diderot prend à cœur de réhabiliter ce stoïcien qui fut un faible et qui parla mieux qu'il n'agit. Mais aux détours de cette étude psychologique, volontiers l'on oublie le philosophe mort pour le vivant. L'*Essai sur les règnes de Claude et de Néron, *sans être une confession, prend souvent l'allure proustienne de la recherche du temps perdu, des ambitions éteintes et des rêves évanouis. Jamais la sagesse de Diderot ne fut plus humble, plus indulgente, mieux détachée de l'abstraction:* « La folle philosophie est celle qui veut s'assujettir les lois de la nature et le train du monde. La bonne philosophie est celle qui reconnaît ces lois et qui s'assujettit à ce train nécessaire ». *Mais jamais il ne désira davantage détenir l'âpre vérité; ne voyons plus dans la formule :* « Point de bonheur sans la vertu » , *le léger pharisaïsme de Shaftesbury. Cette vertu n'est plus de repos :* « Le sage dit : Philosopher d'abord et vivre ensuite si l'on peut, ou aimer la vertu avant la vie... Pourquoi le sang du philosophe ne serait-il pas aussi fécond que celui des martyrs ? » *Dans cette sérénité tardivement conquise, nous ne sentons pas l'oubli du passé et le reniement des chaleurs de sa jeunesse. Ce n'est plus l'attendrissement de l'âme sensible ni l'éloquente exaltation; c'est le sentiment sourd d'une mission à remplir, d'un évangile à annoncer et la certitude humiliante de n'être ni un héros ni un saint. Un souffle jacobin parcourt les menus essais que l'abbé Raynal inclura dans la troisième édition (1780) de l'*Histoire des deux Indes. *Lorsque Grimm, vieilli et compassé, critiquera ses outrances, Diderot l'accusera de trahison dans l'étonnante* Lettre de 1781 *que le fonds Vandeul nous a récemment restituée. Et le philosophe de rêver à un « testament de mort » au-delà des prudences temporelles :* « On ne pense, on ne parle avec force que du fond de son tombeau... C'est de là qu'il faut s'adresser aux hommes ».

***

Jean Thomas a fort bien vu qu'il existait chez Diderot deux principes : l'un d'unité, *concernant les procédés permanents de sa méthode intellectuelle, l'autre* d'évolution, *concernant les progrès de sa sagesse. Mais dans ce champ immense qui épuise les visées humaines, la clarté des approches demeure diffuse. Le matérialisme unitaire que Diderot propose et auquel il n'a jamais renoncé, quelque argument que l'on puisse tirer de sa controverse avec Helvétius*[1]*, attend toujours la science qui viendra justifier ses analogies. Quant à la morale de Diderot, lente à se dégager des pièges opposés de l'amoralisme naturiste et de la discipline des ruches, elle traduit un besoin douloureux de dépassement; car le sage en ce monde est un monstre qui doit à la fois accepter un ordre qu'il sait nécessaire et en appeler un autre qu'il sait juste.*

1. Il suffit pour s'en convaincre de lire la *Réfutation d'Hemsterhuis* (1774), découverte par Georges May (Newhaven, 1964, et édit. Lewinter, t. XI, 1971, p. 7-105).

III

Nous convient-il maintenant de donner de la philosophie de Diderot un exposé synthétique auquel il s'est lui-même refusé? Nous aurions beau jeu d'accuser sa paresse ou sa malice, quelque goût pour la mystification qui déconcerte la postérité, quelque dédain rare en son temps pour le prosélytisme vulgaire, quelque soupçon enfin des contradictions intérieures. Mais Diderot sait, depuis l'aventure encyclopédique, que l'heure de la synthèse n'est pas encore venue. Le progrès des sciences n'est pas uniforme, mais subit au gré des découvertes de puissantes accélérations. Diderot n'a cessé d'affirmer qu'une philosophie qui lie son sort à la science risque de se démoder à chaque génération: une expérience neuve ruine l'édifice théorique; rien n'est plus décourageant que de quitter Rédi pour Needham et de venir buter sur les travaux de Spallanzani. Mais ce serait confondre la prudence et la légèreté que de nous laisser prendre à cette fluidité doctrinale. Diderot ne nous offre pas un système, mais un champ intellectuel fortement orienté où il est aisé de reconnaître des lignes de forces, des constantes d'inspiration.

S'il est un pôle — négatif d'ailleurs — dans la philosophie de Diderot, c'est bien l'anti-christianisme. Il s'est longtemps mû dans un monde semi-clérical, où Chartreux et Carmes jouaient leur rôle, et son émancipation religieuse fut lente sinon douloureuse. La crise date de 1747-1749 et correspond assez exactement à la liaison avec Mme de Puisieux. Dès lors sa rupture est totale avec le monde chrétien. Mais l'essentiel n'est pas de repérer, depuis les Pensées philosophiques, *les allusions critiques aux fondements historiques de la religion: miracles, prophéties, martyrs, authenticité de l'Écriture. Diderot connaît fort bien la littérature clandestine anti-chrétienne, mais ne collabore ni à la campagne voltairienne ni aux éditions de propagande de d'Holbach. Son opposition à l'Église, pour être discrète, va cependant au-delà de celle de Voltaire: il y a une religiosité voltairienne et le déisme n'est pas sans contenu positif. Or Diderot, dans ses lettres à Damilaville, n'a que sarcasmes pour le Dieu de Voltaire. Rousseau n'est pour lui qu'un renégat. Il avouera son athéisme à Catherine II avec une audace ingénue. Mais plus qu'une gêne intellectuelle qui est celle de Buffon en face du monde mythique de la* Genèse, *plus qu'un refus sentimental ou même une réaction moralisante en face des dogmes essentiels, péché originel et rédemption, l'anti-christianisme de Diderot exprime un caractère, une nature d'homme. Pour le saisir à vif, il faut lire les terribles lettres de 1770 et 1772 à son frère le chanoine de Langres. Malgré l'axiome* homo naturaliter christianus, *Diderot est naturellement anti-chrétien, avec une tonalité autre, mais non dans une moindre mesure que Stendhal ou Nietzsche.*

« Sans l'idée de tout, plus de philosophie », *disait Diderot dans l'*Interprétation : *ce monisme repose sur un* postulat matérialiste. *Le monde est pour Diderot matière et mouvement; ou plus précisément matière, car le mouvement local n'est que l'aspect visible d'une énergie potentielle inhérente à toute matière. Jamais la rupture n'a été plus nette avec le vieux schéma dualiste qu'essayait de rénover Descartes. L'édification de la science en dépend. Ce postulat n'exprime pas encore la totalité du réel, mais favorise les conditions de sa découverte, en levant toute hypothèque d'origine théologique. Il n'y a pas en ce monde d'intervention mystérieuse qui puisse s'opposer aux lois naturelles ou infléchir le déterminisme. Siège d'une énergie latente, la matière l'est aussi d'une sensibilité sourde: tout sent, même la pierre; par l'assimilation des aliments, le minéral et le végétal se transforment en chair. L'animalisation n'est pas l'apparition mystérieuse de la vie, mais le dégagement des forces cachées de la matière. Dès lors s'explique la génération des êtres: par des facteurs uniquement matériels, comme la chaleur, suivant un processus d'épigenèse, le germe inerte s'anime, devient fœtus puis homme et s'ouvre par degrés à la sensibilité et à l'intelligence. Diderot n'affirme pas en toute rigueur les* *détails du passage : il affirme seulement la valeur d'un schéma qui seul peut donner à la biologie un avenir scientifique.*

« La philosophie suppose la continuité de la chaîne générale », *disait encore Diderot : non seulement l'unité, mais l'ordre du monde. Au postulat matérialiste s'ajoute l'*option rationaliste. *L'univers n'a de sens que par rapport à une intelligence qui le comprend. Sans l'homme,* « l'univers se tait. Le silence et la mort s'en emparent. Tout se change en une vaste solitude où les phénomènes se passent d'une manière inobservée et sourde » (*Article* Encyclopédie). Le Rêve de d'Alembert *révèle à l'analyse une cohérence intellectuelle. Alors qu'un cadre matériel unique pouvait favoriser d'étranges spéculations vitalistes et mener dans le sillage de Bruno et de Campanella aux rêveries poétiques de Victor Hugo dans* la Bouche d'Ombre, *Diderot refuse à l'égard de ses analogies et de ses images toute complaisance excessive. Prudemment il cherche d'abord à préciser l'axiomatique de chaque science avant d'affirmer comme Leibniz une caractéristique universelle. Mais l'analogie est pour lui plus qu'un jeu : c'est l'intuition d'un ordre. Au schéma unifiant du matérialisme, se joint l'option rationnelle qui le dégage d'un empirisme fuyant. Et ses réussites sont nombreuses : n'est-ce pas un événement rationaliste au premier chef que d'avoir pressenti le principe de la conservation de l'énergie, que d'avoir affirmé l'évolution des espèces ? A l'heure où les sciences se cherchent, où tant de bons esprits chancellent et se laissent tenter par le merveilleux, depuis le baquet de Mesmer jusqu'au creuset de Cagliostro, Diderot n'a jamais hésité dans sa fidélité au rationalisme.*

Diderot nous prouve donc, par sa doctrine même, l'intérêt des spéculations qu'il rattachait dans l'Encyclopédie *à un nouveau spinozisme. C'était un matérialisme neuf qui conservait le cadre unitaire de* l'Éthique *et ne reculait devant aucune de ses conséquences, mais qui surmontait le vieux rationalisme logique et l'enrichissait de tout l'apport expérimental du siècle : par l'hypothèse commode de la sensibilité universelle, Diderot conciliait l'unité de la substance et l'hétérogénéité de la matière. Mais une telle doctrine était celle du* Système de la nature *de d'Holbach. L'originalité de Diderot est de ne pas s'être satisfait à si bon compte.*

Le véritable écueil, c'est l'homme. Diderot, au contraire d'Hel-

vétius qui réduit tout comportement aux lois de l'habitude et de l'intérêt, est frappé par la complexité de l'organisation. Aidé par les travaux de Bordeu sur l'indépendance des organes et par les spéculations de Van Helmont sur les « archées », Diderot en vient à observer chez l'homme une espèce de bipolarité physiologique *: le cerveau,* sensorium commune, *qui classe les données des sens et organise l'activité rationnelle; le diaphragme, siège de la sensibilité et des émotions, centre nerveux autonome qui échappe au contrôle du cerveau. De cette distinction entre le système cérébral et le système sympathique découle toute une doctrine caractérologique qui oppose le sage ou l'homme de génie aux âmes sensibles. Le* Paradoxe sur le comédien *en est une application*[1]. *Les conséquences de ce classement aristocratique seront doctrinalement graves. D'une part, Diderot vantera une morale de la solidarité, une morale sociale où l'homme, formé par l'éducation et contraint par la loi, se conforme à l'intérêt général, condition de son intérêt propre. D'autre part, le philosophe ou le sage doit prévoir l'évolution des mœurs et la réforme des lois et ne pas craindre d'en hâter le cours par la propagande ou même l'acte illégal. Tantôt l'âme sensible en lui le pousse à préférer Cythère au Portique et l'immoralisme naturel aux vertus stoïciennes; tantôt l'âme raisonnable, grâce à ce qu'il appelle* « la tension volontaire de l'origine du réseau », *lui fait admirer les grands hommes qui ont sacrifié leur vie au témoignage de la vérité, de Socrate et Giordano Bruno jusqu'à l'abbé Raynal; il s'exalte alors devant Sénèque et écrit l'*Essai sur les règnes de Claude et de Néron. *Cette bipolarité renforce en lui une tendance native au dialogue : lorsqu'il converse avec Dorval, son père, d'Alembert, Rameau le neveu, Diderot suit un dialogue intérieur. Mais ce chœur alterné de la raison et de la sensibilité ne traduit pas, comme voudrait le faire croire la critique marxiste, le malaise du bourgeois éclairé dans une société qui chancelle. L'homme de Diderot est* duplex, *mais non selon Descartes ou selon Marx. Ses deux épicentres sont viscéraux et cette dualité n'exprime qu'une structure physiologique. Voilà pourquoi Diderot est mal*

---

1. Consulter sur ce point notre article «Du paradoxe sur le comédien au paradoxe sur l'homme», in *Mélanges offerts à Jean Fabre* (Klincksieck, 1974) repris dans *Lumières et clair obscur* (P.U.F., 1987, p. 296).

à l'aise en ce monde, affligé d'une inquiétude qui n'est ni sociale ni métaphysique. D'où le mot fameux : « Je suis assez monstre pour coexister mal à l'aise, pas assez monstre pour être exterminé ». *Entre le monde de la science, que la raison sereine accepte, et le monde familier où l'on souffre et où l'on espère, Diderot, non plus que tout homme, n'avait à choisir.*

Il y aurait donc quelque sagesse à ne pas voir dans l'œuvre de Diderot des contradictions d'essence logique. Elles expriment pour lui une structure naturelle : la condition biologique de l'homme. Cessons enfin de croire à la tête « légère » de Diderot. Le philosophe n'est pas pour lui celui qui sait ou celui qui critique, mais celui qui propose. Dans son dessein de réconcilier la science et la philosophie, il est par excellence, selon la formule de Gaston Bachelard, « le philosophe concordataire ». *Avoir voulu substituer, dans le domaine de la matière, un rationalisme axiomatique à un rationalisme qui fonctionnait sur les grandes certitudes d'une connaissance universelle, ce n'est pas là un mince mérite; avoir voulu, dans le domaine de la vie, dépasser l'observation par l'expérimentation clinique; avoir cru, dans le domaine moral, qu'une casuistique féconde pouvait découler d'une théorie psycho-somatique, c'étaient encore des visions d'avenir. A ceux qui affirment qu'il n'est pas de philosophie sans transcendance, Diderot répond que la philosophie n'est pas divination ou révélation, mais* exercice dramatique de la pensée, *et que le philosophe n'est pas un prophète ou un rhéteur, mais le* meneur de jeu *dans l'aventure humaine. Platon, en d'autres temps, eut la même ambition.*

PRINCIPES D'ÉDITION

NOUS *sommes en mesure, pour la première fois depuis la mort de Diderot, d'éditer correctement ses œuvres, ce que ne pouvaient faire ni Tourneux ni les derniers érudits qui essayèrent de donner des textes critiques. Les deux fonds de manuscrits, celui de la famille Vandeul et celui de Léningrad, demeuraient fermés à la curiosité pour des raisons politiques ou simplement spéculatives. Or le fonds Vandeul, classé, est disponible à la Bibliothèque Nationale : plus de soixante volumes, inventoriés par M. Dieckmann qui fit sortir de l'ombre cette inépuisable richesse. Le fonds de Léningrad, issu du don fait à Catherine II par Mme de Vandeul, fille de Diderot, comporte trente-deux volumes sur lesquels ont travaillé Tourneux, Viktor Johansson et Franco Venturi : mais les chercheurs soviétiques s'en sont réservé la primeur pour leur grande édition de Diderot; cependant, depuis 1954, la Bibliothèque Nationale dispose des microfilms de quinze volumes, les plus importants de la collection. Le travail scientifique peut donc commencer.*

Nous n'avons pas eu cette ambition. La collection Garnier n'exigeait pas de nous un apparat critique exhaustif et ne saurait respecter l'orthographe et la ponctuation souvent fantaisistes des différentes copies. Il s'agissait seulement de donner le meilleur texte. Or il n'est pas de notion plus ambiguë. Le « meilleur texte » est communément défini comme le plus correct et le mieux venu et qui représente la pensée dernière *de l'auteur : notre devoir est donc de conserver les interpolations et les adjonctions si nombreuses dans les manuscrits de Diderot et de préférer chaque fois les versions longues. Mais il est un autre critère, essentiel pour toute littérature clandestine : le « meilleur texte » est aussi celui qui représente la pensée* la plus authentique, *c'est-à-dire* la plus audacieuse. *Or l'œuvre de Diderot, depuis la* Lettre sur les aveugles, *est presque entièrement clandestine; les essais parus de son vivant ont été corrigés ou masqués par prudence; Diderot lui-même ne voulait pas qu'ils pussent porter tort à ses contemporains et l'impudeur de Rousseau n'était pas son fait. Nombre de ses manuscrits portent des modifications de noms propres et des corrections de décence. Non seulement Diderot, mais sa fille et son gendre ont rigoureusement expurgé en vue d'une édition possible* Jacques le Fataliste, le Rêve de d'Alembert, *le* Supplément. *Tous ces scrupules, valables à la fin du* XVIIIe *siècle, n'ont aucun intérêt pour nous. Il ne s'agit pas de donner une noble édition que pourraient goûter les lecteurs de Labarpe ou du* Journal de l'Empire, *mais de retrouver l'authentique Diderot, sa verve sans frein ni pudeur, sans prudences temporelles, sans souci pour sa fille et son gendre de cette considération sociale dont pour lui-même il se moquait; en un mot le meilleur texte de Diderot est celui qu'il écrivait* pour lui-même, *c'est-à-dire* pour nous : *lecteurs qu'il fallut attendre près de deux cents ans, plus longtemps que ceux de Stendhal*[1].

Nous donnerons donc toujours l'avantage au texte manuscrit sur le texte imprimé du vivant de Diderot et, devant plusieurs manuscrits, nous ferons porter notre choix sur la version la plus longue et la plus complexe qui porte le moins de corrections dictées par la décence et la prudence. Ce dernier choix est difficile, car la chronologie ne fait rien à l'affaire : telle copie expurgée ne peut tirer une supériorité du fait qu'elle est plus tardive; elle ne représente pas la « dernière pensée de l'auteur », mais une solution d'opportunisme dont nous devons faire fi. Que nous importent Crudeli et la signora Contarini, quand nous savons qu'ils déguisent Diderot et la maréchale de Broglie? Que nous importe Frémin lorsqu'il dissimule l'imprimeur du clergé Després?

---

1. Sur ce point, Paul Vernière, *Diderot, ses manuscrits et ses copistes*, Klincksieck, 1967.

Aussi bien ne saurions-nous choisir entre le fonds Vandeul et le fonds de Léningrad. Nous ne savons presque rien sur les conditions dans lesquelles se firent le travail de copie, le choix des œuvres, et l'envoi du lot réservé à Catherine II. Indiquons seulement que l'impératrice se refusait à éditer Diderot et que les versions qu'on lui offrit sont ordinairement pures de corrections émollientes. Mais le fonds Vandeul, plus riche, nous présente fort souvent plusieurs états d'une même œuvre, les uns autographes et passionnants à ce titre, les autres caviardés ou audacieux. Nous revendiquons en ce cas la prééminence du critère interne, *fondé sur l'intelligence et l'interprétation loyale de l'auteur, sur le* critère chronologique, *fondé sur une méthode scientifique qui a fait ses preuves pour l'édition de Cicéron ou de saint Jean Chrysostome, mais qui est sans valeur pour saisir de plein fouet la pensée authentique d'un Diderot. Très souvent, d'ailleurs, le texte de Léningrad s'accorde avec l'un des textes Vandeul, et cette similitude nous rassure sur leur valeur; mais il faudra presque toujours renoncer à suivre l'édition Assézat-Tourneux, fondée sur des manuscrits disparates et souvent disparus, ou sur une tradition imprimée remontant à Brière, Naigeon, ou même l'abbé de Vauxcelles.*

Encore une fois nous ne saurions donner de ces œuvres une édition savante. Nous espérons seulement, après discussion dans les notices particulières, offrir de chacune le texte le plus classique, c'est-à-dire le plus sincère et le plus correct. Quand l'étude de la filiation de nos manuscrits sera terminée, il faudra toujours se poser la question du choix; il se pourrait qu'alors notre critère du « meilleur texte » paraisse moins aventureux et que la science critique se souvienne qu'elle n'est pas une fin en soi, mais l'auxiliaire précieux et non tout-puissant d'un jugement par essence d'ordre psychologique. Au-delà de l'aventure de deux collections manuscrites, il y a Diderot, qui seul nous importe.

BIBLIOGRAPHIE GÉNÉRALE

Conventions : G. = Genève, P. = Paris, P.U. = Presses Universitaires, U.P. = University Press.

I. Ouvrages généraux

(Dans les bibliographies par œuvre, il sera référé aux ouvrages suivants par la mention «éd. cit.»)

LUPPOL I. K. *Diderot*, P., Éditions sociales internationales, 1936.

THOMAS Jean. *L'Humanisme de Diderot*, 2e éd., P., Belles-Lettres, 1938.

VENTURI Franco. *La Jeunesse de Diderot*, P., Skira, 1939.

MORNET Daniel. *Diderot, l'homme et l'œuvre*, P., Boivin, 1941.

LEFEBVRE Henri. *Diderot*, P., Les éditeurs réunis, 1949.

MAYER Jean. *Diderot, homme de science*, Rennes, Imprimerie bretonne, 1959.

CROCKER Lester G. *Diderot, the embattled philosopher*, Toronto, Collier-Macmillan, 1966.

POMEAU René. *Diderot, sa vie, ses œuvres, sa philosophie*, P., P.U.F., 1967.

LUXEMBOURG Lilo. *Bacon et Diderot, philosophers of science*, Copenhague, 1967.

WINTER Ursula. *Der Materialismus bei Diderot*, P., Minard, 1972.

BLUM Carole. *Diderot, the virtue of a philosopher*, New York, Viking Press, 1975.

SÉGUIN Jean-Pierre. *Diderot, le discours et les choses (essai de description du style d'un philosophe en 1750)*, P., Klincksieck, 1978.

POTULICKI Élizabeth. *La Modernité de la pensée de Diderot dans les Œuvres philosophiques*, P., Nizet, 1980.

PERKINS Merle. *Diderot and the time-space continuum. His philosophy, aesthetics and politics*, Oxford, The Voltaire Foundation, 1982.

BREMNER Geoffrey. *Order and Chance, the Pattern of Diderot's Thought*, Cambridge U.P., 1983.

FRANCE Peter. *Diderot*, Oxford U.P., 1983.

FONTENAY Élizabeth de. *Diderot ou le matérialisme enchanté*, P., Grasset et Fasquelle (coll. « Le livre de poche / Essais »), 1985.

ADAMS David J. *Diderot, dialogue and debate*, Liverpool, Francis Cairns, 1986.

DIXON B. Lynne. *Diderot, philosopher of energy: the development of his concept of physical energy*, 1745-1769, Oxford, The Voltaire Foundation, 1988.

ANDERSON Wilda. *Diderot's Dream*, London, Johns Hopkins U.P., 1990.

BREWER Daniel. *The Discourse of Enlightenment in eighteenth-century France : Diderot and the Art of Philosophizing*, Cambridge U.P., 1993.

STENGER Gerhardt. *Nature et liberté chez Diderot après l'« Encyclopédie »*, P., Universitas, 1994.

SCHMITT Éric-Emmanuel. *Diderot ou la philosophie de la séduction*, P., Albin Michel, 1997.

II. Articles généraux

GRIMSLEY Ronald. « Reason and imagination in Diderot's moral philosophy », *Studies in the Eighteenth Century*, n° 5, Oxford, 1983.

GOYARD-FABRE Simone. « Diderot, Denis, 1713-1784 », in Denis Huisman (ed.), *Dictionnaire des philosophes*, P., P.U.F., 1984.

MORTIER Roland. « Diderot et le projet d'une "philosophie populaire" », *Revue internationale de philosophie*, n° 148-49, Bruxelles, 1984.

NIKLAUS Robert. « Réflexions sur la philosophie de Diderot », *ibid.*

AZOUVI François. « Diderot philosophe - Bilan », *Recherches sur Diderot et l'Encyclopédie*, n° 1, 1986.

DEPRUN Jean. « L'anthropologie de Diderot. Monisme métaphysique et dualisme fonctionnel », *in* Paolo Alatri (ed.), *Diderot, il politico, il filosofo, il scrittore*, Milan, Franco Angeli, 1986.

SALKIN SBIROLI Lynn. « Du raisonnement à la résonance : le trajet de l'imaginaire diderotien dans quatre écrits philosophiques », *in* Sylvain Auroux, Dominique Bourel, Charles Porset (eds.), *L'Encyclopédie, Diderot, l'esthétique*, P., P.U.F., 1991.

STAROBINSKI Jean. « Diderot et l'art de la démonstration », *Recherches sur Diderot et l'Encyclopédie*, n° 18-19, 1995.

CHRONOLOGIE DE DIDEROT

1713. — 5 Octobre : *Naissance à Langres de Denis Diderot, baptisé le lendemain à Saint-Pierre-et-Saint-Paul, fils du maître coutelier Didier (1685-3 juin 1759) et d'Angélique Vigneron (1677-17 octobre 1748).*

1715. — 27 Janvier : *Naissance de Denise Diderot, la « sœurette » du philosophe.*

1720. — 3 Avril : *Naissance d'Angélique Diderot qui devint ursuline et mourut folle vers 1748.*

1722. — 21 Mars : *Naissance de Didier-Pierre Diderot, le futur chanoine.*

1723-1728. — *Diderot est élève aux Jésuites de sa ville natale.*

1726. — 22 Août : *Diderot reçoit la tonsure, en vue d'une succession au canonicat de son oncle Didier Vigneron.*

1728. — 26 Avril : *Mort du chanoine Vigneron.*

1728-1732. — *Diderot part pour Paris. Fut-il élève à Louis-le-Grand, au collège d'Harcourt? Suivit-il les cours de philosophie de Rivard, au collège de Beauvais?*

1732. — 2 Septembre : *Diderot reçu maître ès arts de l'Université de Paris.*

1733-1735. — *Diderot aurait passé deux ans dans une étude de procureur, celle de Clément de Ris, Langrois d'origine.*

1736. — 23 Mai : *Le père de Diderot, alerté sur la vie de bohème de son fils, refuse de payer ses dettes, récuse l'aide de son compatriote Foucou, coutelier à Paris, fait surveiller le jeune homme par un parent, frère Ange, vice-procureur des Carmes du Luxembourg.*

1740. — *Diderot, qui habite rue de l'Observance, se lie avec son voisin, le graveur allemand J.-G. Wille.*

1741. — *Diderot écrit une* Épître *en vers à Baculard d'Arnaud qui paraîtra dans le premier volume du* Perroquet *(Francfort, 1742). Il fait la connaissance d'Antoinette Champion, née le 22 février 1710, qui habite avec sa mère rue Boutebrie, près Saint-Séverin.*

4 SEPTEMBRE : *Le Langrois La Salette, de passage à Paris, fait l'éloge du jeune Diderot et rend compte de ses intentions d'entrer au séminaire de Saint-Sulpice le 1er janvier prochain.*

1742. — 25 MAI : L'Histoire de Grèce, *traduite de l'anglais de Temple Stanyan, est approuvée par le censeur Maunoir. De nombreuses lettres à Nanette Champion conduisent vers la fin de l'année à une promesse de mariage.*

AOÛT (?) : *Rencontre de Jean-Jacques Rousseau.*

17 DÉCEMBRE : *Diderot, arrivé à Langres, essaie d'obtenir une pension de son père, corrige les épreuves de son livre sans oser parler de Nanette.*

1743. — 14 JANVIER : *Diderot essaie d'obtenir le consentement paternel. Il est interné dans un monastère.*

FÉVRIER : *Diderot s'est évadé et rentre misérable à Paris.*

AVRIL : L'Histoire de Grèce *paraît chez Briasson.*

26 OCTOBRE : *Signature du contrat chez Me Mouette.*

6 NOVEMBRE : *Mariage de Diderot, à minuit, en l'église Saint-Pierre-aux-Bœufs. Installation des époux rue Saint-Victor.*

1744. — 23 AVRIL : *Privilège pour la traduction du* Dictionnaire de médecine *de Robert James par MM. Diderot, Eidous et Toussaint.*

13 AOÛT : *Naissance d'une petite fille, Angélique, qui devait mourir le 29 septembre. Nouveau logement rue Traversière dans le faubourg Saint-Antoine.*

1745. — *Diderot publie sa traduction de l'*Essai sur le mérite et la vertu *de Shaftesbury. Le* Journal des Savants *n'en rendra compte qu'en avril 1746. Une aventurière des* *lettres, Mme de Puisieux, née Madeleine d'Arsant, devient sa maîtresse.*

1746. — 21 JANVIER : *Privilège de l'*Encyclopédie.

AVRIL : *Diderot rédige ses* Pensées philosophiques *qui sont publiées en juin par Laurent Durand et condamnées le 7 juillet par le Parlement de Paris. Les Diderot habitent rue Mouffetard.*

22 MAI : *Naissance de François Diderot. Il mourra le 30 juin 1750.*

27 JUIN : *Diderot et d'Alembert signent le traité de l'*Encyclopédie, *confiée à l'abbé Gua de Malves.*

1747. — 20 JUIN : *Le lieutenant Perrault dénonce à Berryer l'irréligion du « misérable Diderot », dénonciation confirmée par le curé de Saint-Médard Hardy de Lévaré, deux jours plus tard.*

16 OCTOBRE : *Diderot et d'Alembert acceptent la direction de l'*Encyclopédie. *Diderot rédige la* Promenade du sceptique *et* les Bijoux indiscrets.

1748. — JANVIER : Les Bijoux indiscrets *paraissent chez Durand. Diderot aurait vendu son manuscrit 1 200 livres.*

30 AVRIL : *Nouveau privilège de l'*Encyclopédie.

26 MAI : *Enregistrement des* Mémoires sur différents sujets de mathématiques *qui paraissent un mois plus tard chez Durand.*

13 AOÛT : *Diderot emprunte à la Bibliothèque royale le* Recueil des figures et pièces des métiers à bas.

DÉCEMBRE : *La* Lettre au chirurgien Morand sur les troubles de la médecine et de la chirurgie *paraît en brochure.*

1749. — JANVIER : *Publication des* Conseils à une amie *de Mme de Puisieux : la collaboration de Diderot est probable.*

9 JUIN : *La* Lettre sur les aveugles *est parue : Diderot l'a déjà envoyée à Voltaire.*

11 JUIN : *Diderot explique à Voltaire les sentiments de Saunderson.*

24 JUILLET : *Diderot, qui loge maintenant rue de l'Estra-*

pade, est arrêté chez lui par le commissaire Rochebrune et conduit à Vincennes.

10 AOÛT : *Diderot implore l'indulgence du chancelier d'Aguesseau et du lieutenant général Berryer.*

21 AOÛT : *Diderot signe un engagement écrit de soumission.*

3 NOVEMBRE : *Diderot est remis en liberté.*

1750. — OCTOBRE : *Le prospectus de l'*Encyclopédie *se répand.*

29 OCTOBRE : *Naissance de Denis-Laurent Diderot qui mourra fin décembre.*

NOVEMBRE : *Rousseau publie le* Discours sur les sciences et les arts.

1751. — JANVIER : *Polémique avec le père Berthier sur le Prospectus de l'*Encyclopédie.

18 FÉVRIER : *Mise en vente de la* Lettre sur les Sourds et Muets.

4 MARS : *Diderot et d'Alembert sont nommés membres de l'Académie de Berlin.*

28 JUIN : *Le premier volume de l'*Encyclopédie *paraît.*

SEPTEMBRE : *Diderot entre en relations avec le chevalier de Jaucourt.*

18 NOVEMBRE : *Soutenance de la thèse de l'abbé de Prades. La Sorbonne ne la condamne que le 31 décembre. Le mandement de l'archevêque de Paris paraîtra le 31 janvier suivant.*

1752. — 22 JANVIER : *Le tome II de l'*Encyclopédie *paraît.*

7 FÉVRIER : *Suppression des deux volumes de l'*Encyclopédie.

JUILLET : *Publication de l'*Apologie de l'abbé de Prades : *Diderot a rédigé l'éloquente troisième partie.*

AOÛT : *Mme Diderot se rend à Langres et se réconcilie avec son beau-père.*

1753. — FÉVRIER : *Diderot sollicite Mme de Pompadour pour le Langrois Caroillon.*

MARS : *Diderot donne un supplément au* Petit Prophète de Bœmischbroda *de son ami Grimm.*

2 SEPTEMBRE : *Naissance de Marie-Angélique Diderot, baptisée le lendemain à Saint-Étienne-du-Mont.*

NOVEMBRE : *Publication du tome III de l'*Encyclopédie. *A peu près en même temps paraît* De l'interprétation de la nature *dont une nouvelle édition augmentée sera donnée en janvier suivant.*

1754. — 14 OCTOBRE : *Publication du tome IV de l'*Encyclopédie.

OCTOBRE-DÉCEMBRE : *Séjour de Diderot à Langres, premier séjour, semble-t-il, depuis son mariage. Il fait déjà figure de célébrité locale.*

20 DÉCEMBRE : *Nouveau traité, plus avantageux, de Diderot avec ses libraires : outre 2 500 livres par volume, il recevra 20 000 livres lorsque le dernier tome sera paru. Sa famille s'est installée rue Taranne.*

1755. — 10 FÉVRIER : *Diderot assiste seul, parmi les gens de lettres, à l'enterrement de Montesquieu.*

AVRIL : *Diderot publie l'*Histoire et le Secret de la peinture en cire.

1er JUILLET : *Première lettre à Mlle Volland (perdue).*

DÉBUT NOVEMBRE : *On distribue le tome V de l'*Encyclopédie.

1756. - 12 AVRIL : *Diderot rejoint Rousseau à l'Ermitage.*

1er MAI : *Le tome VI de l'*Encyclopédie *vient de paraître.*

29 JUIN : *Lettre à Landois sur le déterminisme et le fondement de la morale.*

AOÛT-SEPTEMBRE : *Séjour de trois semaines à Massy, chez Le Breton.*

10 OCTOBRE : *Le tome VII de l'*Encyclopédie *paraît. Diderot est malade.*

NOVEMBRE : *Diderot rencontre Mme d'Épinay chez M. de Gauffecourt.*

1757. — FÉVRIER : Le Fils naturel *paraît, suivi des* Entretiens avec Dorval.

10 MARS : *Début des « affaires » de l'Ermitage qui devaient mener à la brouille de Diderot et de Rousseau.*

20 OCTOBRE : *Le départ de Mme d'Épinay pour Genève consomme la rupture des deux amis. Leur dernier entretien sera du début de décembre.*

15 NOVEMBRE : *Le tome VII de l'*Encyclopédie *est paru, à peu près en même temps que les* Petites Lettres sur les grands philosophes *de Palissot.*

1758. — 19 FÉVRIER : *Diderot, dans une lettre à Voltaire, déclare qu'il ne renoncera pas à l'*Encyclopédie.

DÉBUT NOVEMBRE : *Publication du* Père de famille, *suivi d'un* Discours sur la poésie dramatique.

1759. — 23 JANVIER : *Nouvelle condamnation de l'*Encyclopédie *par le Parlement de Paris.*

8 MARS : *Le privilège de l'*Encyclopédie *est révoqué par le conseil du roi.*

11 MAI : *Première lettre connue de Diderot à Sophie Volland.*

3 JUIN : *Mort du père de Diderot.*

25 JUILLET-16 AOÛT : *Voyage et séjour à Langres. Partage fait de l'héritage, Diderot peut compter sur 1 200 livres de rente.*

SEPTEMBRE : *Diderot au Grandval rédige son premier* Salon.

1760. — FÉVRIER : *La mystification du marquis de Croismare déclenche la rédaction de* la Religieuse.

2 MAI : *Première représentation des* Philosophes *de Palissot.*

SEPTEMBRE : *Séjour à la Chevrette, chez Mme d'Épinay. Puis en octobre séjour au Grandval chez le baron d'Holbach.*

29 DÉCEMBRE : *Lettre sur la tolérance à l'abbé Diderot.*

1761. — 18 FÉVRIER : *Succès modéré de la première représentation à Paris du* Père de famille.

SEPTEMBRE : *La révision des derniers tomes de l'*Encyclopédie *s'achève. Rédaction du* Salon *de 1761.*

1762. — 6 AOÛT : *Le Parlement de Paris supprime l'ordre des Jésuites. « Me voilà délivré d'un grand nombre d'ennemis puissants », déclare Diderot. Publication en volume de l'*Éloge de Richardson.

27 SEPTEMBRE : *Le comte Schouvalov, chambellan de Catherine II, propose à Diderot d'achever en Russie l'édition de l'*Encyclopédie. *Sa lettre datée du 20 août a été transmise par Voltaire. Diderot refuse.*

11 NOVEMBRE : *Diderot annonce une* Addition *aux* Pensées philosophiques.

1763. — 26 MARS : *Diderot fait la connaissance de John Wilkes, chez le baron d'Holbach.*

10 AOÛT : *Lettre à M. de Sartine* Sur le Commerce de la librairie.

SEPTEMBRE : *Troisième* Salon *de Diderot.*

OCTOBRE : *Diderot est présenté à David Hume qui va résider trois ans à Paris.*

1764. — 12 NOVEMBRE : *Diderot, qui vient de découvrir que Le Breton a mutilé les dix derniers volumes sous presse de l'*Encyclopédie, *accepte malgré tout de terminer l'ouvrage.*

1765. — 6 AVRIL : *Rousseau refuse une tentative de réconciliation de Diderot, ménagée par d'Escherny.*

27 AVRIL : *Diderot demande l'autorisation royale d'accepter la vente de sa bibliothèque à Catherine II, autorisation accordée le 1er mai. Il reçoit 15 000 livres et une pension annuelle de cent pistoles.*

18 AOÛT : *Diderot pense que l'*Encyclopédie *sera terminée dans une semaine.*

21 AOÛT : *Première lettre à Mlle Jodin.*

SEPTEMBRE : *Rédaction du quatrième* Salon *qui sera suivi de l'*Essai sur la peinture.

NOVEMBRE : *Première lettre à Falconet sur le sentiment de l'immortalité.*

DÉCEMBRE : *Fin de l'impression des derniers volumes de l'*Encyclopédie.

1766. — JANVIER : *Les dix derniers volumes de l'*Encyclopédie *sont livrés aux souscripteurs étrangers.*

16 AVRIL : *Diderot recommande Falconet à Catherine II. Le sculpteur quittera la France le 12 septembre.*

29 NOVEMBRE : *Diderot remercie Betzki des nouvelles bontés de Catherine : cinquante années d'avance de pension.*

1767. — 10 JANVIER : *Diderot est nommé membre de l'Académie des Arts de Saint-Pétersbourg.*

JUILLET : *Diderot semble converti à la physiocratie par l'ouvrage de Lemercier de la Rivière,* l'Ordre naturel et essentiel des sociétés politiques. *Il recommande l'auteur à Catherine II.*

SEPTEMBRE : *Diderot rédige le cinquième* Salon, *mais il ne sera terminé que l'année suivante en novembre.*

1768. — 2 AVRIL : *Diderot félicite John Wilkes de son élection en Middlesex.*

SEPTEMBRE : *Rédaction de la* Mystification *dont fut victime Mlle d'Ornet, ancienne maîtresse de Galitzine.*

13 DÉCEMBRE : *Mort de Damilaville, après une longue maladie.*

1769. — 1er FÉVRIER : *Les* Regrets sur ma vieille robe de chambre *paraissent dans la* Correspondance littéraire.

6 MARS : *Diderot acquiert pour Catherine II cinq tableaux lors de la vente Gaignat.*

18 MAI : *Grimm part pour l'Allemagne, laissant le fardeau de la* Correspondance littéraire *à Diderot et Mme d'Épinay.*

13 JUIN : *Galiani confie à Diderot le manuscrit de ses* Dialogues sur les blés *et quitte Paris pour l'Italie le lendemain.*

JUILLET : *Diderot semble fort épris de Mme de Maux.*

9 AOÛT : *Reprise à succès du* Père de famille *à la Comédie-Française.*

2 SEPTEMBRE : *Diderot achève la rédaction du* Rêve de d'Alembert, *puis il entreprend le sixième* Salon.

19 NOVEMBRE : *Article sur* Garrick ou les Acteurs anglais *qui sera le germe du* Paradoxe sur le comédien.

FIN DÉCEMBRE : *Les* Dialogues sur les blés *paraissent.*

1770. — JANVIER : *Le procès de Luneau de Boisgermain contre les libraires de l'*Encyclopédie *s'envenime.*

2 AOÛT-26 SEPTEMBRE : *Voyage de Diderot à Langres et à Bourbonne. Il en rédigera les incidents sous forme de* Lettre. *A Langres, il prépare le mariage de sa fille avec Caroillon de Vandeul. A Bourbonne il se fait le chevalier servant de Mme de Maux et de sa fille, Mme de Prunevaux. De ce voyage date l'idée de l'*Entretien d'un père avec ses enfants *et des* Deux Amis de Bourbonne, *ainsi que de précieux renseignements pour l'*Apologie de l'abbé Galiani.

2 NOVEMBRE : *Rupture provisoire avec Mme de Maux.*

10 NOVEMBRE : *Diderot rédige au Grandval l'*Apologie de Galiani.

FIN NOVEMBRE : *Diderot rencontre à Paris la princesse Dashkov, amie disgraciée de Catherine II.*

1771. — 1er MARS : *L'*Entretien d'un père avec ses enfants *paraît dans la* Correspondance littéraire, *précédée d'une notice biographique de Grimm sur le père de Diderot et ses enfants.*

20 MARS : *Diderot négocie pour le compte de Catherine II l'achat de la collection du baron de Thiers.*

12 SEPTEMBRE : *Diderot a terminé une première rédaction de* Jacques le Fataliste.

26 SEPTEMBRE : *Échec du* Fils naturel *à la Comédie-Française. Rédaction du septième* Salon.

1772. — 4 JANVIER : *Les héritiers du baron de Thiers signent le contrat de vente de la collection : le prix est de 460 000 livres.*

27 MARS : *Le morceau* Sur les femmes *est en chantier.*

MAI : *Rédaction du deuxième* Mémoire *de Diderot contre Luneau de Boisgermain. Tous ses amis l'empêchent de le publier.*

AOÛT : *Début de collaboration avec Raynal pour l'*Histoire des deux Indes.

9 SEPTEMBRE : *Mariage d'Angélique Diderot et de Caroillon de Vandeul.*

13 SEPTEMBRE : *Lettre de Diderot à sa fille mariée.*

23 SEPTEMBRE : Ceci n'est pas un conte *et* Madame de la Carlière *sont terminés.*

7 OCTOBRE : *Première rédaction du* Supplément au Voyage de Bougainville.

1773. — MARS : *Départ de Grimm pour Darmstadt, après avoir confié à Meister la* Correspondance littéraire : *il doit convoyer la princesse Wilhelmine, fiancée du czarévitch Paul.*

3 JUIN : *Diderot, avant de gagner La Haye, confie ses manuscrits à Naigeon. Il part le vendredi 11 juin.*

15 JUIN : *Arrivée de Diderot à La Haye, où Galitzine l'héberge à l'ambassade de Russie. Pendant trois mois il rédige des notes sur le* Voyage de Hollande *et prépare une* Réfutation de l'Homme d'Helvétius.

20 AOÛT : *Départ pour l'Allemagne et la Russie. Diderot est accompagné du jeune Narishkine. Il rencontre Jacobi à Pempelfort le 24 août; atteint Leipzig au début de septembre, visite la galerie de Dresde le 3 septembre, atteint Riga le 26 et Saint-Pétersbourg le 8 octobre.*

8 OCTOBRE-5 MARS : *Séjour à Saint-Pétersbourg.*

1774. — 5 MARS-5 AVRIL : *Voyage de Saint-Pétersbourg à La Haye par Dantzig et Hambourg.*

5 AVRIL-15 SEPTEMBRE : *Séjour studieux en Hollande. Il travaille à la* Réfutation d'Helvétius, *rédige les* Entretiens avec la Maréchale, *la* Politique des souverains, *commence ses* Observations sur le Nakaz *et ses* Éléments de physiologie.

VENDREDI 21 OCTOBRE : *Retour de Diderot à Paris.*

1775. — AVRIL : *Selon Meister, Diderot s'est occupé tout l'hiver de mathématiques et d'une machine à calculer.*

MAI : *Diderot remet à Grimm le manuscrit du* Plan d'une Université pour la Russie. *Catherine II reçoit l'*Essai sur les études en Russie *le 29 novembre et le* Plan *le 20 janvier suivant.*

Diderot vend ses livres russes à la Bibliothèque du roi.

12 JUIN : *Diderot félicite Necker pour son ouvrage :* De la législation et du commerce des grains.

27 JUIN : *Naissance de Denis-Simon Caroillon de Vandeul, petit-fils de Diderot.*

12 JUILLET : *Diderot sollicite Sartine pour une soumission de bois de marine souscrite par son gendre.*

SEPTEMBRE : *Rédaction du huitième* Salon.

1776. — 13 JANVIER : *Métra, dans sa* Correspondance littéraire secrète, *donne une version courte de la* Politique des souverains.

25 JUIN : *Wilkes reçoit une lettre de Diderot qui redoute la répression contre les « insurgents » d'Amérique.*

27 NOVEMBRE : *Diderot vient de passer six mois à la campagne, à Sèvres chez le joaillier Belle, et le dernier mois au Grandval. Travail considérable.*

18 DÉCEMBRE : *Conseils à François Tronchin sur la tragédie* Terentia.

24 DÉCEMBRE : *La société Caroillon frères obtient le bail des forges de Clavières.*

1777. — 11 AVRIL : *Diderot à Sèvres travaille à l'*Histoire des deux Indes *depuis trois mois.*

14 AVRIL : *Diderot annonce à Marc-Michel Rey qu'il prépare la collection complète de ses ouvrages.*

12 MAI : *Promesse à Marc-Michel Rey de lui confier l'édition de ses œuvres.*

9 JUIN : *Vient de rédiger une comédie gaie, sans doute une première version de* Est-il bon, est-il méchant ? *Il a passé une année entière à la campagne, sans doute à Sèvres.*

NOVEMBRE : *Retour de Grimm à Paris, après deux ans d'absence.*

16 DÉCEMBRE : *La société Caroillon frères obtient le bail des forges du comté d'Évreux.*

23 DÉCEMBRE : *Nouveaux conseils à François Tronchin sur le théâtre tragique.*

1778. — 30 SEPTEMBRE : *Diderot passe régulièrement 3 jours de la semaine à Sèvres.*

DÉCEMBRE : *Publication de l'*Essai sur la vie de Sénèque.

1779. — 18 MAI : *Catherine II engage Grimm à verser 2 000 roubles à Diderot qui remercie le 29 juin : ces 10 000 livres doivent aider à l'établissement de ses enfants.*

31 MAI : *Diderot travaille à l'*Histoire des deux Indes *de Raynal. Il séjourne à Sèvres.*

1780. — AOÛT : *Séjour au Grandval chez d'Holbach.*

29 AOÛT : *Le maire et les échevins de Langres demandent à Diderot son buste pour orner l'Hôtel de ville.*

1781. — 25 MARS : Lettre apologétique de l'abbé Raynal à M. Grimm.

30 AVRIL : *Le buste de Diderot par Houdon est placé à*

*l'Hôtel de ville de Langres sur l'armoire qui renferme l'*Encyclopédie.

28 JUILLET : *Diderot, privé de son logement, n'ira plus à Sèvres. Il lit* Jacques le Fataliste *à sa femme.*

1er AOÛT : *Diderot est élu membre honoraire de la Société des Antiquaires d'Écosse. Il remercie le 7 octobre ses nouveaux confrères.*

SEPTEMBRE : *Neuvième* Salon.

1782. — *Seconde édition de l'*Essai sur les règnes de Claude et de Néron.

JUIN : *Diderot, n'ayant pu voir le czarévitch Paul dans son appartement, va l'attendre à la sortie de la messe.*

1783. — 12 MARS : *Grimm annonce la maladie de Diderot à l'impératrice, qui s'en inquiète le 29 avril.*

17 JUILLET : *Un acte de partage des bénéfices de la société Caroillon frères fixe le profit de Vandeul à 400 000 livres.*

29 OCTOBRE : *Mort de d'Alembert.*

1784. — 19 FÉVRIER : *Diderot, frappé d'apoplexie, se remet lentement.*

22 FÉVRIER : *Mort de Sophie Volland.*

DÉBUT AVRIL : *Mort de la petite-fille de Diderot, Marie-Anne dite Minette, âgée de 11 ans.*

15 JUILLET : *Diderot s'installe rue de Richelieu au deuxième étage de l'hôtel de Bezons.*

31 JUILLET : *Mort de Diderot.*

1er AOÛT : *Inhumation de Diderot à l'église Saint-Roch.*

9 SEPTEMBRE : *Catherine II accorde 1 000 roubles à la veuve de Diderot.*

1785. — 5 MARS : *Catherine II reçoit une lettre de Mme de Vandeul lui offrant la collection complète des manuscrits de son père.*

5 NOVEMBRE : *La bibliothèque et les manuscrits de Diderot sont arrivés à Saint-Pétersbourg.*

PENSÉES PHILOSOPHIQUES

INTRODUCTION

« Traduire Shaftesbury en *1745*, c'était une véritable découverte », *disait naguère Franco Venturi (*Jeunesse de Diderot, *Paris, Skira, 1939, p. 49). En fait, depuis le grand article de Leclerc dans la* Bibliothèque choisie *de 1711, on ne parlait plus guère en France du philosophe anglais. Diderot avait été séduit par cette forme nouvelle de déisme, très différent dans le ton, sinon dans les arguments, du scepticisme de Bayle, et qui contrastait dans son contenu positif avec l'irréligion insolente de Toland et de Collins. L'*Essai sur le mérite et la vertu *lui offrait une pensée robuste, enrichie d'exemples classiques, mais aussi un tempérament original, qu'il reconnut d'emblée parent du sien. Au souffle un peu court, aux notations sèches et aux allusions acérées des* Lettres anglaises *de Voltaire, Diderot préférait d'instinct l'enthousiasme de Shaftesbury, qui conciliait l'horreur de l'ascétisme chrétien et la certitude de trouver en soi, dans une chaleur personnelle, les sources de la morale, du sens social et de la création poétique. Cette ferveur de jeunesse qui liait le bonheur à la vertu et donnait à l'*Essai *de 1745 une unité esthétique, n'apparaît pas de prime abord dans les* Pensées philosophiques *de 1746. Malgré l'indéniable succès de l'ouvrage attesté au XVIII*e *siècle par une douzaine de rééditions (cf. Niklaus, édition des* Pensées, *Droz, 1950, p. 47 sq.), la critique ne cesse de s'interroger sur sa genèse, ses sources et, ce qui est plus grave, sur son sens et ses intentions, affichées ou masquées.*

La légende familiale, transcrite par Mme de Vandeul, affirme que les Pensées philosophiques *ont été écrites en trois jours entre le vendredi saint et le dimanche de Pâques de 1746 (cf.* Œuvres, *A. T., t. I, p. XLII). La disposition de l'ouvrage, la variété des thèmes, l'abondance des citations ne nous permettent guère d'y ajouter foi. Il ne s'agit donc, durant cette pieuse semaine de Pâques, que d'une mise au net et d'un classement hâtif d'un dossier déjà constitué. L'important est d'en connaître le contenu. Or de savantes études de René Legros (*Modern Language Review, *1924, p. 188-199) et de Franco Venturi (*op. cit., *p. 344-366), reprises par Robert Niklaus, ont prouvé sans conteste que les* Pensées *étaient* « le prolongement de notes personnelles que Diderot avait ajoutées à sa traduction de Shaftesbury » *(*op. cit., *p. X). Notre philosophe ne s'était pas borné à traduire en 1745 l'*Inquiry concerning virtue, *mais avait lu avec soin l'ensemble des* Characteristics *de 1711 et notamment les* Moralistes, *les* Réflexions mêlées *et la* Lettre sur l'enthousiasme. *Non seulement l'apparente charpente, mais la vraie richesse de son ouvrage en est issue; très souvent, il ne fait qu'adapter ce que lui offre Shaftesbury, l'attaque contre l'anthropomorphisme divin, le thème du déisme opposé à l'athéisme, le classement des athées, l'attaque contre le fanatisme, les exemples tirés de Julien et de saint Grégoire, et même la conclusion loyaliste envers la religion de son pays. La deuxième influence majeure est celle des manuscrits clandestins; Diderot s'insère par là dans le vaste mouvement de propagande antichrétienne qui, depuis une génération, prélude au succès des lumières. Nombre d'arguments redoutables, notamment à propos des martyrs et du silence des historiens païens, sont identiques à ceux que développent l'*Analyse de la religion chrétienne *de Dumarsais écrite vers 1739 et l'*Examen des apologistes de la religion chrétienne *que Lévesque de Burigny achevait vers 1733. Mais cette littérature n'est plus seulement clandestine. L'apologie des passions vient de Rémond de Saint-Mard (*Nouveaux dialogues, *1711) et de son frère Rémond le Grec (*Dialogue de la volupté, *1736), beaucoup plus que de Shaftesbury. La défense de l'athée vertueux et l'attaque contre l'anthropomorphisme divin découvre derrière Shaftesbury les* Lettres sur la comète *de Bayle, les doutes sur l'intégrité de l'Écriture le* Tractatus theologico-politicus *de Spinoza. L'*Examen de de la religion dont on cherche l'éclaircissement de bonne foi *venait d'être édité en 1745, et la même année, à La Haye, l'imprudent La Mettrie laissait imprimer l'*Histoire naturelle de l'âme. *Diderot était au courant de cette fermentation anti-chrétienne : nous retrouverons, au long de ses articles, très souvent dans les mêmes termes, les arguments développés ailleurs. A-t-il tout accepté d'emblée? Certes non, et l'intérêt majeur des* Pensées *est précisément de mesurer chez Diderot, en 1746, les limites de son audace ou, si l'on préfère, les limites de son émancipation.*

*Or, s'il y a progrès depuis l'*Essai *de 1745, c'est dans l'affirmation nette du déisme (articles XIX et XXIII) : Diderot semble avoir oublié sa distinction subtile entre le* déiste *ignorant de la révélation et le* théiste *qui est tout près de l'admettre (A. T., t. I, p. 13). C'est au nom du déisme seul qu'il attaque l'athéisme négateur des causes finales. Mais son but n'est pas tant de revenir sur de vieilles querelles métaphysiques que de mettre l'accent sur l'intérêt social du déisme qui, entre le fanatisme religieux et l'athéisme destructeur, sauvegarde la paix et le bonheur des hommes. Voilà pourquoi un souci d'actualité vient interférer dans les* Pensées *avec les thèmes traditionnels. Après le choc contre l'athéisme, l'exemple privilégié lui est fourni par la chronique parisienne : les troubles de Saint-Médard. Diderot a vécu et vit encore rue Saint-Victor, dans le quartier des convulsionnaires. Dès son arrivée à Paris, il avait assisté, vers 1731, au paroxysme de la folie collective. Mais, en 1746, rien n'était terminé; malgré le nouveau curé de Saint-Médard, Hardy, fervent moliniste, la secte conservait ses lieux de réunion et tenait d'étranges séances où des femmes vaticinaient au milieu de tortures. Carré de Montgeron, leur apologiste, allait faire paraître en 1747 son troisième tome. Diderot pensait-il, dans son attaque contre les convulsionnaires, se concilier les bonnes grâces des molinistes? Il avait lu Ilharart de la Chambre qui, dans son* Traité de la véritable religion *(Paris, Guérin, 1737, p. 423), tonnait contre* « les convulsions indécentes qui font horreur et blessent la pudeur et la piété ». *Ne prenons pas Diderot pour un naïf; personne en effet n'a remarqué que Shaftesbury en 1708, dans sa*

Lettre sur l'enthousiasme, *s'attaquait aux prophètes calvinistes, aux Cavalier, aux Marion qui divaguaient dans les rues de Londres. Diderot a sciemment appliqué en 1746 aux scènes de Saint-Médard les arguments du lord anglais contre les enthousiastes de son temps.*

Un dernier élément d'actualité vient enfin gêner notre interprétation des Pensées. *L'apologétique nouvelle, depuis le succès de l'abbé Houtteville (*la Religion chrétienne prouvée par les faits, *Paris, Dupuis, 1722) et le* Spectacle de la nature *de l'abbé Pluche (1732), se fonde volontiers sur les merveilles des sciences naturelles. Cette alliance de la science et de la piété se retrouve dans le déisme de Diderot. Notre philosophe utilise les travaux de Leeuwenhoeck pour ruiner le vieil argument lucrétien des générations spontanées (articles XVIII et XIX); deux ans plus tard, les expériences de l'abbé Needham feront chanceler sa foi déiste; mais il est bon de constater qu'elle s'accroche en 1746, comme son matérialisme futur, à une science en perpétuel devenir.*

Il semble donc bien que les Pensées philosophiques, *dans le désordre de leurs articles qui vont de la maxime en trois lignes à la dissertation en deux pages, dans leur allure dialoguée qui prélude aux grands ouvrages de l'avenir, répondent à un dessein stratégique. Contre le fanatisme et l'ascétisme, Diderot revendique les droits de la raison et de l'esprit critique; par là même, il mine les fondements de la révélation chrétienne : miracles, témoignages, martyrs, authenticité de l'Écriture, infaillibilité de l'Église. Contre les athées, il met en valeur les résultats de la physique expérimentale, mais aussi les droits du sentiment esthétique et de la conscience morale. C'est cette position ambiguë qui fait l'originalité des* Pensées. *Ce déisme est encore fidèle à la formule de 1745 :* « Point de vertu sans religion, point de bonheur sans vertu » *(A. T., t. I, p. 10). Il s'oppose à une maladie de l'esprit, l'athéisme; à une maladie de la sensibilité, le fanatisme religieux. Voici pourquoi cette sagesse qui prétend réconcilier la raison et le sentiment sera précaire, malgré l'orthodoxie affectée de la déclaration finale; Diderot s'appuie sur Montaigne et oppose déjà au déiste une figure nouvelle, celle du sceptique.*

*Notre édition doit tenir compte de l'excellent travail critique de Robert Niklaus (Droz, 1950); ni le fonds Vandeul ni le fonds de Léningrad n'ont révélé de manuscrits ou de documents intéressant l'ouvrage. Le seul texte valable est donc celui de l'édition princeps de 1746, donnée par Laurent Durand, Diderot ne s'étant jamais soucié des éditions ultérieures. L'ouvrage eut un grand succès; les réfutations de Polier de Bottens (1747), Formey (1749), Boullier (1750), Allamand (1751), Sennemaud (1756) prolongèrent son action. Turgot le commenta en 1746 (*Œuvres, *édit. Schelle, t. I, p. 87-97), Voltaire en 1760-1777 (cf. Norman Torrey,* Voltaire's reaction to Diderot, P. M. L. A., *1935, p. 1107-1143). Le Parlement janséniste le fit brûler le 7 juillet 1746; mais il serait imprudent de croire à l'indulgence du pouvoir royal, puisque, un an plus tard, le 22 juin 1747, le curé moliniste de Saint-Médard, Hardy de Levaré, dénonçait Diderot au lieutenant de police Berryer.*

BIBLIOGRAPHIE

I. Éditions

NIKLAUS Robert (ed.), G., Droz, 1950; rééd. 1965.

NIKLAUS Robert , BELAVAL Yvon (eds.), *Œuvres complètes,* tome II, P., Hermann, 1975.

II. Études

VENTURI Franco. *La Jeunesse de Diderot,* 1939, éd. cit., p. 71-107.

VARTANIAN Aram. « From Deist to Atheist », *Diderot studies,* Syracuse U.P., 1949.

MARX Jacques. « Autour des Pensées philosophiques : une lettre inédite de Polier de Bottens », *Studies on Voltaire,* LXXXIV, Oxford, 1971.

VERCRUYSSE Jérôme. « Recherches bibliographiques sur les *Pensées philosophiques* », *Dix-huitième siècle*, n° 4, 1972.

BELAVAL Yvon. « Sur l'*Addition aux Pensées philosophiques* », *in* John Pappas (ed.), *Essays on Diderot and the Enlightenment in honor of Otis Fellows*, G., Droz, 1974.

NIKLAUS Robert. « Les *Pensées philosophiques* de Diderot et les Pensées de Pascal », *Diderot Studies*, XX, G., Droz, 1981.

SOUVIRON Marie. « Les *Pensées philosophiques* de Diderot ou les *Provinciales* de l'athéisme », *Studies on Voltaire*, CCXXXVIII, Oxford, 1985.

ADAMS David J. *Diderot, dialogue and debate*, 1986, éd. cit., p. 36-57.

TROUSSON Raymond. « Michel-Ange Marin et les *Pensées philosophiques* », *Recherches sur Diderot et l'Encyclopédie*, n° 13, 1992.

PENSÉES PHILOSOPHIQUES

Quis leget hæc ?
Pers. *Sat.* I.

J'écris de Dieu; je compte sur peu de lecteurs, et n'aspire qu'à quelques suffrages. Si ces pensées ne plaisent à personne, elles pourront n'être que mauvaises; mais je les tiens pour détestables si elles plaisent à tout le monde.

I

On déclame sans fin contre les passions ; on leur impute toutes les peines de l'homme, et l'on oublie qu'elles sont aussi la source de tous ses plaisirs. C'est dans sa constitution un élément dont on ne peut dire ni trop de bien ni trop de mal. Mais ce qui me donne de l'humeur, c'est qu'on ne les regarde jamais que du mauvais côté. On croirait faire injure à la raison, si l'on disait un mot en faveur de ses rivales [1]. Cependant il n'y a que les passions, et les

1. L'apologie des passions n'est pas chose neuve en 1746. La sagesse de Descartes était plutôt d'utiliser que de vaincre les affections de l'âme (« Les passions sont toutes bonnes de leur nature et nous n'avons rien à éviter que leurs mauvais usages », in *Traité des passions*, III, § 211). Descartes reconnaissait aussi que les hommes passionnés sont « capables de goûter le plus de douceur en cette vie » *(ibid.*, I, § 50*)*. Cette ligne cartésienne interprétée par des épicuriens nous mène à

grandes passions, qui puissent élever l'âme aux grandes choses [1]. Sans elles, plus de sublime, soit dans les mœurs, soit dans les ouvrages ; les beaux-arts retournent en enfance, et la vertu devient minutieuse.

II

Les passions sobres font les hommes communs. Si j'attends l'ennemi, quand il s'agit du salut de ma patrie, je ne suis qu'un citoyen ordinaire. Mon amitié n'est que circonspecte, si le péril d'un ami me laisse les yeux ouverts sur le mien. La vie m'est-elle plus chère que ma maîtresse, je ne suis qu'un amant comme un autre [2].

III

Les passions amorties dégradent les hommes extraordinaires. La contrainte anéantit la grandeur et l'énergie

---

Rémond de Saint-Mard qui affirme dans ses *Nouveaux dialogues* (1711, p. 45) : « Toutes les passions sont bonnes. Elles sont trop précieuses pour en rien laisser perdre ; il faut les mettre à profit » ; son frère Rémond le Grec renchérit dans le *Dialogue de la volupté* (in *Recueil de divers écrits* p. p. Saint Hyacinthe, 1736, p. 41) ; « C'est une folie que cette guerre naturelle qu'ils ont imaginée entre la raison et les passions ; elle doit plutôt les régler que les combattre ».

1. Diderot dépasse le cartésianisme modéré de ses devanciers, celui même de Shaftesbury. Voltaire mettra en marge : « Les passions sont les vents qui font aller le vaisseau et le submergent ». La Rochefoucauld disait : « J'approuve extrêmement les belles passions, elles marquent la grandeur de l'âme »; Diderot s'insère donc dans la tradition héroïque qui va de La Rochefoucauld à Vauvenargues. Plus que la matière, c'est le ton qui est neuf.

2. Cf. *Essai sur le mérite et la vertu* (A. T. t. I, p. 25, note 1) : « J'ai des passions et je serais bien fâché d'en manquer ; c'est très passionnément que j'aime mon Dieu, mon roi, mon pays, mes parents, mes amis, ma maîtresse et moi-même ». Commentaire de Shaftesbury (Édit. Genève, t. III, p. 27): « Le sublime de l'amour ne vient que de cette source ; celui de l'amitié pareillement. Le héros qui s'immole pour son prince ou sa patrie, l'amant qui fait tant de prodiges pour sa maîtresse... tous ces gens-là... sont animés par la passion ».

de la nature [1]. Voyez cet arbre ; c'est au luxe de ses branches que vous devez la fraîcheur et l'étendue de ses ombres : vous en jouirez jusqu'à ce que l'hiver vienne le dépouiller de sa chevelure. Plus d'excellence en poésie, en peinture, en musique, lorsque la superstition aura fait sur le tempérament l'ouvrage de la vieillesse.

IV

Ce serait donc un bonheur, me dira-t-on, d'avoir les passions fortes. Oui, sans doute, si toutes sont à l'unisson. Établissez entre elles une juste harmonie [2], et n'en appréhendez point de désordres. Si l'espérance est balancée par la crainte, le point d'honneur par l'amour de la vie, le penchant au plaisir par l'intérêt de la santé, vous ne verrez ni libertins, ni téméraires, ni lâches.

V

C'est le comble de la folie [3], que de se proposer la ruine des passions. Le beau projet que celui d'un dévot qui se tourmente comme un forcené pour ne rien désirer, ne rien aimer, ne rien sentir, et qui finirait par devenir un vrai monstre s'il réussissait !

VI

Ce qui fait l'objet de mon estime dans un homme pourrait-il être l'objet de mes mépris dans un autre ? Non, sans doute.

---

1. Cf. *Essai sur le mérite et la vertu* (A. T., t. I, p. 75, note) : « Un homme sans passions est donc un instrument dont on a coupé les cordes ou qui n'en eut jamais ». Cette exaltation de la nature marque dès 1746 les idées morales et esthétiques de Diderot.

2. Voltaire commente : « Alors ce balancement est sagesse ; il exclut l'enthousiasme », sans voir que cette harmonie n'exclut pas l'intensité. Diderot suit de très près Rémond de Saint-Mard *(op. cit.*, p. 165*)* vantant la *discordia concors* : « Les sentiments que la nature nous donne sont destinés, quoiqu'ils se combattent, à faire entre eux un certain accord qui fait la perfection de son ouvrage ».

3. C'est le mot même de Rémond le Grec (*op. cit.*, p. 41).

Le vrai, indépendant de mes caprices, doit être la règle de mes jugements; et je ne ferai point un crime à celui-ci de ce que j'admirerai dans celui-là comme une vertu. Croirai-je qu'il était réservé à quelques-uns de pratiquer des actes de perfection, que la nature et la religion doivent ordonner indifféremment à tous? Encore moins ; car d'où leur viendrait ce privilège exclusif? Si Pacôme a bien fait de rompre avec le genre humain pour s'enterrer dans une solitude, il ne m'est pas défendu de l'imiter : en l'imitant, je serai tout aussi vertueux que lui ; et je ne devine pas pourquoi cent autres n'auraient pas le même droit que moi. Cependant il ferait beau voir une province entière, effrayée des dangers de la société, se disperser dans les forêts [1] ; ses habitants vivre en bêtes farouches pour se sanctifier ; mille colonnes élevées sur les ruines de toutes affections sociales ; un nouveau peuple de stylites se dépouiller, par religion, des sentiments de la nature, cesser d'être hommes et faire les statues pour être vrais chrétiens.

VII

Quelles voix! quels cris! quels gémissements! Qui a renfermé dans ces cachots tous ces cadavres plaintifs? Quels crimes ont commis tous ces malheureux? Les uns se frappent la poitrine avec des cailloux ; d'autres se déchirent le corps avec des ongles de fer ; tous ont les regrets, la douleur et la mort dans les yeux. Qui les condamne à ces tourments?... [2] *Le Dieu qu'ils ont offensé...* Quel est donc ce Dieu? *Un Dieu plein de bonté...* Un Dieu plein de bonté

---

1. Dans *l'Essai sur le mérite et la vertu* Diderot n'osait attaquer l'érémitisme (A. T., t. I, p. 99, note 1) : « Il n'est point ici question de ces pieux solitaires que l'esprit de pénitence, la crainte des dangers du monde... ont confiné dans les déserts ». Ici la généralisation ironique fait pressentir les articles insidieux de *l'Encyclopédie*.

2. Après l'érémitisme, attaque du monachisme. Peut-être faut-il voir ici avec Georges May *(Diderot et la Religieuse*, P. U. F., 1954, p. 150) le souvenir de sa sœur Catherine qui devait mourir folle au couvent.

trouverait-il du plaisir à se baigner dans les larmes ? Les frayeurs ne feraient-elles pas injure à sa clémence? Si des criminels avaient à calmer les fureurs d'un tyran, que feraient-ils de plus ?

VIII

Il y a des gens dont il ne faut pas dire qu'ils craignent Dieu, mais bien qu'ils en ont peur.

IX

Sur le portrait qu'on me fait de l'Être suprême, sur son penchant à la colère, sur la rigueur de ses vengeances, sur certaines comparaisons qui nous expriment en nombres le rapport de ceux qu'il laisse périr à ceux à qui il daigne tendre la main, l'âme la plus droite serait tentée de souhaiter qu'il n'existât pas. L'on serait assez tranquille en ce monde, si l'on était bien assuré que l'on n'a rien à craindre dans l'autre : la pensée qu'il n'y a point de Dieu n'a jamais effrayé personne, mais bien celle qu'il y en a un, tel que celui qu'on me peint [1].

X

Il ne faut imaginer Dieu ni trop bon, ni méchant. La justice est entre l'excès de la clémence et la cruauté, ainsi que les peines finies sont entre l'impunité et les peines éternelles.

XI

Je sais que les idées sombres de la superstition sont plus

---

1. Cf. Shaftesbury, *Lettre sur l'enthousiasme* (*op. cit.*, t. I, p. 33) : « l'idée qu'il n'y a pas de Dieu ne fait trembler personne ; on tremble plutôt qu'il n'y en ait un... ». « S'il y a un Dieu, la suprême bonté lui est essentielle et son idée exclut ces défauts, ces passions, ces faiblesses que nous découvrons en nous-mêmes ». L'argumentation vient de Spinoza, *Traité Théologico-politique* (chap. VII et XIII).

généralement approuvées que suivies ; qu'il est des dévots qui n'estiment pas qu'il faille se haïr cruellement pour bien aimer Dieu et vivre en désespérés pour être religieux : leur dévotion est enjouée, leur sagesse est fort humaine ; mais d'où naît cette différence de sentiments entre des gens qui se prosternent au pied des mêmes autels? La piété suivrait-elle aussi la loi de ce maudit tempérament? Hélas ! comment en disconvenir? Son influence ne se remarque que trop sensiblement dans le même dévot : il voit, selon qu'il est affecté, un Dieu vengeur ou miséricordieux, les enfers ou les cieux ouverts ; il tremble de frayeur ou il brûle d'amour ; c'est une fièvre qui a ses accès froids et chauds.

XII

Oui, je le soutiens, la superstition est plus injurieuse à Dieu que l'athéisme [1]. « J'aimerais mieux, dit Plutarque, qu'on pensât qu'il n'y eut jamais de Plutarque au monde, que de croire que Plutarque est injuste, colère, inconstant, jaloux, vindicatif, et tel qu'il serait bien fâché d'être. »

XIII

Le déiste seul peut faire tête à l'athée. Le superstitieux n'est pas de sa force. Son Dieu n'est qu'un être d'imagi-

---

1. C'est la thèse essentielle des *Pensées diverses sur la comète* de Bayle (1682). Diderot pouvait certes accéder directement au *Traité de la superstition* de Plutarque traduit par Tanaquil Le Fèvre (Saumur, 1666) ; mais il est possible qu'il y ait un intermédiaire, ou plutôt plusieurs. Diderot ne pouvait ignorer le chapitre 193 de Bayle intitulé *Réflexion sur un traité de Plutarque de la superstition* (édit. Prat, Droz, 1939, t. II, p. 160) ; mais la citation exacte de Plutarque était donnée par Shaftesbury dans la *Lettre sur l'enthousiasme* (*op. cit.*, t. I, p. 34, note) et dans les *Réflexions diverses* (t. III, p. 99, note) : « Il me paraît étonnant qu'on condamne l'athéisme comme une impiété tandis qu'on épargne la superstition »... « Ne regarde-t-on pas comme plus impie celui qui représente la nature souveraine comme le superstitieux se la figure et la croit? » Encore une fois, vers Diderot comme vers Shaftesbury convergent de nombreuses influences et sur le point précis de l'anthropomorphisme divin, par-delà Plutarque, celles de Spinoza et de Bayle.

nation. Outre les difficultés de la matière, il est exposé à toutes celles qui résultent de la fausseté de ses notions. Un C..., un S..., [1] auraient été mille fois plus embarrassants pour un Vanini, que tous les Nicole et les Pascal du monde.

XIV

Pascal avait de la droiture ; mais il était peureux et crédule. Élégant écrivain et raisonneur profond [2], il eût sans doute éclairé l'univers, si la Providence ne l'eût abandonné à des gens qui sacrifièrent ses talents à leurs haines. Qu'il serait à souhaiter qu'il eût laissé aux théologiens de son temps le soin de vider leurs querelles ; qu'il se fût livré à la recherche de la vérité, sans réserve et sans crainte d'offenser Dieu, en se servant de tout l'esprit qu'il en avait reçu, et surtout qu'il eût refusé pour maîtres des hommes qui n'étaient pas dignes d'être ses disciples ! On pourrait bien lui appliquer ce que l'ingénieux La Mothe disait de La Fontaine : Qu'il fut assez bête pour croire qu'Arnaud, de Sacy et Nicole valaient mieux que lui.

XV

« Je vous dis qu'il n'y a point de Dieu ; que la création est une chimère ; que l'éternité du monde n'est pas plus incommode que l'éternité d'un esprit ; que, parce que je ne conçois pas comment le mouvement a pu engendrer

1. La table des matières de l'édition princeps nous indique qu'il s'agit de Cudworth et de Shaftesbury. Rien ne prouve que Diderot ait lu le *True intellectual system of the universe* (1678) de Cudworth, et assimilé son étrange doctrine des natures plastiques. C'est sur la foi de Shaftesbury qu'il fait de lui un déiste (cf. *les Moralistes*, *op. cit.*, t. I, p. 207), puisque son modèle vantait « le savoir et la droiture de ses intentions dans la défense des intérêts de Dieu ». Plus tard, Diderot louera en Vanini l'homme « qui sacrifie sa vie au témoignage de la vérité » (*Lettres à Sophie Volland*, N. R. F., 1938, t. II, p. 264).

2. Cette attaque de Pascal fait écho aux *Lettres philosophiques* de Voltaire (édition Lanson, t. II, p. 185 : « C'est en admirant son génie que je combats quelques-unes de ses idées »).

cet univers, qu'il a si bien la vertu de conserver, il est ridicule de lever cette difficulté par l'existence supposée d'un être que je ne conçois pas davantage ; que, si les merveilles qui brillent dans l'ordre physique décèlent quelque intelligence, les désordres qui règnent dans l'ordre moral anéantissent toute Providence. Je vous dis que, si tout est l'ouvrage d'un Dieu, tout doit être le mieux qu'il est possible : car, si tout n'est pas le mieux qu'il est possible, c'est en Dieu impuissance ou mauvaise volonté. C'est donc pour le mieux que je ne suis pas plus éclairé sur son existence : cela posé, qu'ai-je affaire de vos lumières? Quand il serait aussi démontré qu'il l'est peu que tout mal est la source d'un bien ; qu'il était bon qu'un Britannicus, que le meilleur des princes pérît ; qu'un Néron, que le plus méchant des hommes régnât ; comment prouverait-on qu'il était impossible d'atteindre au même but sans user des mêmes moyens? Permettre des vices pour relever l'éclat des vertus, c'est un bien frivole avantage pour un inconvénient si réel. » Voilà, dit l'athée, ce que je vous objecte [1], qu'avez-vous à répondre?... « *Que je suis un scélérat, et que si je n'avais rien à craindre de Dieu, je n'en combattrais pas l'existence.* » Laissons cette phrase aux déclamateurs [2] : elle peut choquer la vérité ; l'urbanité la défend, et elle marque peu de charité. Parce qu'un homme a tort de ne pas croire en Dieu, avons-nous raison de l'injurier? On n'a recours aux invectives que quand on manque de preuves. Entre deux controversistes, il y a cent à parier contre un que celui qui aura tort se fâchera. « Tu

1. Cet athéisme fondé sur la critique de l'idée de création, la négation des causes finales et de la preuve physico-téléologique semble un résumé des thèses spinozistes. Mais le problème du mal fait allusion aux polémiques de Bayle et de Leibniz. L'attitude ordinaire du déisme, depuis les *Lettres sur la comète*, est de discuter l'athéisme, non de l'anathématiser.

2. Diderot les connaissait fort bien, ayant fait des sermons qu'il vendait aux missionnaires. Il cite ailleurs Huet, Houtteville et surtout Ilharart de la Chambre (A. T., t. I, p. 21, note).

prends ton tonnerre au lieu de répondre, dit Ménippe à Jupiter [1]; tu as donc tort. »

XVI

On demandait un jour à quelqu'un s'il y avait de vrais athées. Croyez-vous, répondit-il, qu'il y ait de vrais chrétiens?

XVII

Toutes les billevesées de la métaphysique ne valent pas un argument *ad hominem*. Pour convaincre, il ne faut quelquefois que réveiller le sentiment ou physique ou moral. C'est avec un bâton qu'on a prouvé au pyrrhonien qu'il avait tort de nier son existence. Cartouche, le pistolet à la main, aurait pu faire à Hobbes une pareille leçon : « La bourse ou la vie; nous sommes seuls, je suis le plus fort, et il n'est pas question entre nous d'équité. »

XVIII

Ce n'est pas de la main du métaphysicien que sont partis les grands coups que l'athéisme a reçus. Les méditations sublimes de Malebranche et de Descartes étaient moins propres à ébranler le matérialisme qu'une observation de Malpighi. Si cette dangereuse hypothèse chancelle de nos jours, c'est à la physique expérimentale que l'honneur en est dû. Ce n'est que dans les ouvrages de Newton, de Musschenbroek, d'Hartsoeker et de Nieuwentyt, qu'on a trouvé des preuves satisfaisantes de l'existence d'un être souverainement intelligent [2]. Grâce aux travaux de ces

---

1. Souvenir confus du *Zeus à court de raisons* de Lucien où Kyniscos (et non Ménippe) accuse le maître des dieux d'être l'auteur du mal. Zeus refuse de répondre et le menace de son tonnerre (Cf. Lucien, *Œuvres*, Garnier, t. II, p. 361). Rien de tel dans l'*Icaroménippe*.

2. Diderot, voulant trop prouver, mêle quelque peu ses références. Newton, Musschenbroek, Hartsoeker sont d'authentiques physiciens et révèlent le premier le domaine de l'infiniment grand, le dernier le domaine de l'infiniment petit (découverte des « animaux spermati-

grands hommes, le monde n'est plus un dieu [1] : c'est une machine qui a ses roues, ses cordes, ses poulies, ses ressorts et ses poids.

XIX

Les subtilités de l'ontologie ont fait tout au plus des sceptiques ; c'est à la connaissance de la nature qu'il était réservé de faire de vrais déistes. La seule découverte des germes a dissipé une des plus puissantes objections de l'athéisme. Que le mouvement soit essentiel ou accidentel à la matière [2], je suis maintenant convaincu que ses effets se terminent à des développements : toutes les observations concourent à me démontrer que la putréfaction seule ne produit rien d'organisé [3] ; je puis admettre que le méca-

---

ques »). Malpighi est célèbre par ses recherches anatomiques et ses découvertes sur la structure de la peau. Nieuwentyt (1654-1718) utilise cette science neuve pour son traité d'apologétique, *l'Existence de Dieu démontrée par les merveilles de la nature* qui, grâce à la traduction de Noguès (Paris, Vincent, 1725), fut un des grands succès de librairie avant le *Spectacle de la nature* de l'abbé Pluche (1732). La Mettrie un an plus tard dans *l'Homme-machine* (Élie Luzac, Leyde, 1747) contredira ironiquement Diderot : « La structure d'un doigt, d'une oreille, d'un œil, une observation de Malpighi, prouve tout et sans doute mieux que Descartes et Malebranche... De quelles plus fortes armes pourrait-on terrasser les athées? » Mais le « sublime ouvrage » de Diderot ne « convaincra pas un athée » (édit. Solovine, Bossard, 1921, p. 106 et 108).

1. Dans cette allusion, Diderot vise le *Deus sive Natura* de Spinoza. Mais pourquoi lui opposer un mécanisme vieilli et la conception désuète d'un Dieu horloger? Diderot en 1746 n'a pas encore de contact sérieux avec les sciences de la nature.

2. Diderot semble répondre au *Traité de l'âme* de La Mettrie paru en 1745 (cf. *Œuvres*, Berlin, 1796, t. I, p. 80): « Il est assez évident que la matière contient cette force motrice qui l'anime et qui est la cause immédiate de toutes les lois du mouvement ».

3. Contre Van Helmont qui croit à la génération spontanée à partir « des choses putrides », François Redi (1621-1697) étudie la vie cyclique des mouches (*Esperienze interno alla generazione degl' insetti*, Florence, 1668) ; Leeuwenhoeck apporte la même démonstration par une méthode différente (*Opera omnia seu arcana naturæ*, Leyde, 1722). Les expériences de Needham (1748 et 1750) modifieront l'opinion

nisme de l'insecte le plus vil n'est pas moins merveilleux que celui de l'homme, et je ne crains pas qu'on en infère qu'une agitation intestine des molécules étant capable de donner l'un, il est vraisemblable qu'elle a donné l'autre. Si un athée avait avancé, il y a deux cents ans, qu'on verrait peut-être un jour des hommes sortir tout formés des entrailles de la terre, comme on voit éclore une foule d'insectes d'une masse de chair échauffée, je voudrais bien savoir ce qu'un métaphysicien aurait eu à lui répondre.

XX

C'était en vain que j'avais essayé contre un athée les subtilités de l'école ; il avait même tiré de la faiblesse de ces raisonnements une objection assez forte. « Une multitude de vérités inutiles me sont démontrées sans réplique, disait-il ; et l'existence de Dieu, la réalité du bien et du mal moral, l'immortalité de l'âme, sont encore des problèmes pour moi. Quoi donc ! me serait-il moins important d'être éclairé sur ces sujets, que d'être convaincu que les trois angles d'un triangle sont égaux à deux droits ? » Tandis qu'en habile déclamateur [1] il me faisait avaler à longs traits toute l'amertume de cette réflexion, je rengageai le combat par une question qui dut paraître singulière à un homme enflé de ses premiers succès... Êtes-vous un être pensant ? lui demandai-je... « En pourriez-vous dou-

---

de Diderot sur la génération et feront tomber un des arguments de son déisme déjà fort chancelant. Ici même, la conclusion est insidieuse.

1. L'habile déclamateur, le redoutable athée, c'est La Mettrie et les arguments qu'attaque Diderot sont ceux du *Traité de l'Ame*. L'argument du perroquet vient des *Discours anatomiques* du médecin Lamy, repris d'ailleurs par La Mettrie : « Quelle différence y a-t-il entre l'enfant et le perroquet qu'on instruit ? Ne redisent-ils pas également les sons dont on frappe leurs oreilles ? et cela avec aussi peu d'intelligence l'un que l'autre ? » (*Œuvres*, *op. cit.*, t. I, p. 149-150).

ter? », me répondit-il d'un air satisfait... Pourquoi non? qu'ai-je aperçu qui m'en convainque? Des sons et des mouvements? Mais le philosophe en voit autant dans l'animal qu'il dépouille de la faculté de penser : pourquoi vous accorderais-je ce que Descartes refuse à la fourmi? Vous produisez à l'extérieur des actes assez propres à m'en imposer ; je serais tenté d'assurer que vous pensez en effet ; mais la raison suspend mon jugement. « Entre les actes extérieurs et la pensée, il n'y a point de liaison essentielle, me dit-elle ; il est possible que ton antagoniste ne pense non plus que sa montre : fallait-il prendre pour un être pensant le premier animal à qui l'on apprit à parler ? Qui t'a révélé que tous les hommes ne sont pas autant de perroquets instruits à ton insu?... » « Cette comparaison est tout au plus ingénieuse, me répliqua-t-il ; ce n'est pas sur le mouvement et les sons, c'est sur le fil des idées, la conséquence qui règne entre les propositions et la liaison des raisonnements, qu'il faut juger qu'un être pense : s'il se trouvait un perroquet qui répondît à tout, je prononcerais sans balancer que c'est un être pensant... Mais qu'a de commun cette question avec l'existence de Dieu? Quand vous m'aurez démontré que l'homme en qui j'aperçois le plus d'esprit n'est peut-être qu'un automate, en serai-je mieux disposé à reconnaître une intelligence dans la nature?... » C'est mon affaire, repris-je : convenez cependant qu'il y aurait de la folie à refuser à vos semblables la faculté de penser. « Sans doute ; mais que s'ensuit-il de là?... » Il s'ensuit que si l'univers, que dis-je l'univers, que si l'aile d'un papillon m'offre des traces mille fois plus distinctes d'une intelligence que vous n'avez d'indices que votre semblable est doué de la faculté de penser, il serait mille fois plus fou de nier qu'il existe un Dieu que de nier que votre semblable pense. Or, que cela soit ainsi, c'est à vos lumières, c'est à votre conscience que j'en appelle : avez-vous jamais remarqué dans les raisonnements, les actions et la conduite de quelque homme que ce soit, plus d'intelligence, d'ordre, de sagacité, de conséquence que dans le mécanisme d'un insecte? La Divinité n'est-elle pas aussi clairement empreinte dans l'œil d'un ciron [1] que la faculté de penser dans les ouvrages du grand Newton? Quoi! le monde formé prouve moins une intelligence que le monde expliqué.?... Quelle assertion!... « Mais, répliquez-vous, j'admets la faculté de penser dans un autre d'autant plus volontiers que je pense moi-même... » Voilà, j'en tombe d'accord, une présomption que je n'ai point; mais n'en suis-je pas dédommagé par la supériorité de mes preuves sur les vôtres? L'intelligence d'un premier être ne m'est-elle pas mieux démontrée dans la nature par ses ouvrages, que la faculté de penser dans un philosophe par ses écrits? Songez donc que je ne vous objectais qu'une aile de papillon, qu'un œil de ciron, quand je pouvais vous écraser du poids de l'univers. Ou je me trompe lourdement, ou cette preuve vaut bien la meilleure qu'on ait encore dictée dans les écoles. C'est sur ce raisonnement, et quelques autres de la même simplicité, que j'admets l'existence d'un Dieu, et non sur ces tissus d'idées sèches et métaphysiques, moins propres à dévoiler la vérité qu'à lui donner l'air du mensonge.

XXI

J'ouvre les cahiers d'un professeur célèbre [2], et je lis : « Athées, je vous accorde que le mouvement est essentiel

1. C'est l'exemple célèbre de Pascal dans le texte dialectique des deux infinis (*Pensées*, édit. Brunschvicg, II, fragment 72, p. 349); l'exemple était d'ailleurs banal et le ciron, sous le nom savant d'*acarus*, apparaissait dans le *Syntagma philosophicum* de Gassendi (1656) et dans la *Centurie des observations microscopiques* de Pierre Borel (La Haye, 1656) (cf. René Jasinski, *Revue d'Histoire de la philosophie*, avril 1935). Mais le finalisme naïf de Diderot est celui de l'abbé Pluche, non celui de Pascal. Le poids de l'univers est encore un souvenir de Pascal (*Pensées*, *ibid.*, VI, fragment 347, p. 488) sur le thème du « roseau pensant » : « Une vapeur, une goutte d'eau suffit pour le tuer. Mais quand l'univers l'écraserait... »

2. Tous les commentateurs depuis Brière voient dans le « professeur célèbre » D. F. Rivard, professeur de philosophie au collège de Beauvais. Diderot fut en effet son élève et vante plusieurs fois son sens pédagogique (cf. *Plan d'une université*, A. T., t. III, p. 436, et II, p. 452). Il se fit l'introducteur des mathématiques à l'université de Paris.

à la matière ; qu'en concluez-vous?.... que le monde résulte du jet fortuit des atomes? J'aimerais autant que vous me dissiez que *l'Iliade* d'Homère, ou *la Henriade* de Voltaire, est un résultat de jets fortuits de caractères. » Je me garderai bien de faire ce raisonnement à un athée : cette comparaison lui donnerait beau jeu. Selon les lois de l'analyse des sorts [1], me dirait-il, je ne dois point être surpris qu'une chose arrive lorsqu'elle est possible, et que la difficulté de l'événement est compensée par la quantité des jets. Il y a tel nombre de coups dans lesquels je gagerais, avec avantage, d'amener cent mille six à la fois avec cent mille dés. Quelle que fût la somme finie des caractères avec laquelle on me proposerait d'engendrer fortuitement *l'Iliade*, il y a telle somme finie de jets qui me rendrait la proposition avantageuse : mon avantage serait même infini si la quantité de jets accordée était infinie. Vous voulez bien convenir avec moi, continuerait-il, que la matière existe de toute éternité, et que le mouvement lui est essentiel. Pour répondre à cette faveur, je vais supposer avec vous que le monde n'a point de bornes ; que la multitude des atomes était infinie, et que cet ordre qui vous étonne ne se dément nulle part : or, de ces aveux réciproques, il ne s'ensuit autre chose, sinon que la possibilité d'engendrer fortuitement l'univers est très petite, mais que la quantité des jets est infinie, c'est-à-dire que la difficulté de l'événement est plus que suffisamment compensée par la multitude des jets. Donc, si quelque chose doit répugner à la raison,

---

(*Éléments de Mathématiques*, 1740 - *Géométrie*, 1732 - *Arithmétique*, 1747). Diderot ne peut faire allusion qu'aux *Institutiones philosophiæ ad usum scholarum accomodatæ*, recueil de ses leçons publié après sa mort par son ami Monniotte (1778-1780).

1. Traduisons : d'après le calcul des probabilités. C'est en 1653-1654 que Pascal et Fermat étudièrent de concert ce qu'ils appelaient « la règle des partis » (cf. édit. Brunschvicg, *op. cit.*, p. 121). La première synthèse fut donnée par Jacques Bernoulli, *Ars conjectandi* (Bâle, 1713). Les apologètes du temps craignaient l'utilisation de cette science neuve en faveur d'une doctrine du hasard. Rivard reprenait l'argumentation de Houtteville.

c'est la supposition que, la matière s'étant mue de toute éternité, et qu'y ayant peut-être dans la somme infinie des combinaisons possibles un nombre infini d'arrangements admirables, il ne se soit rencontré aucun de ces arrangements admirables dans la multitude infinie de ceux qu'elle a pris successivement. Donc, l'esprit doit être plus étonné de la durée hypothétique du chaos que de la naissance réelle de l'univers.

XXII

Je distingue les athées en trois classes [1]. Il y en a quelques-uns qui vous disent nettement qu'il n'y a point de Dieu, et qui le pensent : *ce sont les vrais athées;* un assez grand nombre, qui ne savent qu'en penser, et qui décideraient volontiers la question à croix ou pile : *ce sont les athées sceptiques*; beaucoup plus qui voudraient qu'il n'y en eût point, qui font semblant d'en être persuadés, qui vivent comme s'ils l'étaient : *ce sont les fanfarons du parti*. Je déteste les fanfarons : ils sont faux; je plains les vrais athées : toute consolation me semble morte pour eux; *et je prie Dieu* pour les sceptiques : ils manquent de lumières.

XXIII

Le déiste assure l'existence d'un Dieu, l'immortalité de l'âme [2] et ses suites; le sceptique n'est point décidé sur

1. Shaftesbury ne distinguait que deux classes d'athées : « Celui qui nie absolument un Dieu et celui qui ne fait que d'en douter. Or celui qui doute peut déplorer son malheur et souhaiter d'être convaincu. Celui qui nie est un insolent présomptueux » (*Les moralistes*, *op. cit.*, t. I, p. 205). Nous retrouvons les trois sectes d'incrédules dans la *Promenade du sceptique* (A. T., t. I, p. 216-218). Dès 1746 s'affirme la supériorité intellectuelle du sceptique sur l'athée de système et sa supériorité morale sur le libertin fanfaron.

2. Voltaire écrit en marge : « Beaucoup de déistes n'admettent point l'immortalité de l'âme ». Quoique déiste, il disait dès 1734 dans le *Traité de métaphysique* : « Je n'assure point que j'ai des démonstrations contre la spiritualité et l'immortalité de l'âme, mais toutes les vraisemblances sont contre elles ».

ces articles ; l'athée les nie. Le sceptique a donc, pour être vertueux, un motif de plus que l'athée, et quelque raison de moins que le déiste. Sans la crainte du législateur, la pente du tempérament et la connaissance des avantages actuels de la vertu [1], la probité de l'athée manquerait de fondement, et celle du sceptique serait fondée sur un *peut-être*.

XXIV

Le scepticisme ne convient pas à tout le monde. Il suppose un examen profond et désintéressé : celui qui doute parce qu'il ne connaît pas les raisons de crédibilité n'est qu'un ignorant. Le vrai sceptique a compté et pesé les raisons. Mais ce n'est pas une petite affaire que de peser des raisonnements. Qui de nous en connaît exactement la valeur? Qu'on apporte cent preuves de la même vérité, aucune ne manquera de partisans. Chaque esprit a son télescope. C'est un colosse à mes yeux que cette objection qui disparaît aux vôtres : vous trouvez légère une raison qui m'écrase. Si nous sommes divisés sur la valeur intrinsèque, comment nous accorderons-nous sur le poids relatif? Dites-moi, combien faut-il de preuves morales pour contrebalancer une conclusion métaphysique? Sont-ce mes lunettes qui pèchent ou les vôtres? Si donc il est si difficile de peser des raisons, et s'il n'est point de questions qui n'en aient pour et contre, et presque toujours à égale mesure, pourquoi tranchons-nous si vite? D'où nous vient ce ton si décidé? N'avons-nous pas éprouvé cent fois que la suffisance dogmatique révolte? « On me faict haïr les choses vraisemblables, dit l'auteur des *Essais*, quand on me les plante pour infaillibles. I'aime ces mots qui amollissent et modèrent la témérité de nos propositions, *à l'adventure*,

---

1. Ce sont les arguments de Bayle (cf. *Pensées sur la Comète*, *op. cit.*, t. II, p. 9 : « la pente du tempérament », *ibid.*, p. 103 : « les peines et les récompenses, la gloire et l'ignominie, le tempérament et l'éducation ») pour prouver la vertu des athées.

aulcunement, *quelquefois*, *on dict*, *ie pense*, et autres semblables : et si i'eusse eu à dresser des enfants, ie leur eusse tant mis en la bouche cette façon de respondre enquestante et non resolutive : *qu'est-ce à dire ? Ie ne l'entends pas*, *Il pourrait estre*, *est-il vray ?* qu'ils eussent plustost gardé la forme d'apprentis à soixante ans que de représenter les docteurs à l'âge de quinze »[1].

XXV

Qu'est-ce que Dieu? question qu'on fait aux enfants, et à laquelle les philosophes ont bien de la peine à répondre.

On sait à quel âge un enfant doit apprendre à lire, à chanter, à danser, le latin, la géométrie. Ce n'est qu'en matière de religion qu'on ne consulte point sa portée; à peine entend-il, qu'on lui demande : Qu'est-ce que Dieu? C'est dans le même instant, c'est de la même bouche qu'il apprend qu'il y a des esprits follets, des revenants, des loups-garous, et un Dieu. On lui inculque une des plus importantes vérités d'une manière capable de la décrier un jour au tribunal de sa raison. En effet, qu'y aura-t-il de surprenant, si, trouvant à l'âge de vingt ans l'existence de Dieu confondue dans sa tête avec une foule de préjugés ridicules, il vient à la méconnaître et à la traiter ainsi que nos juges traitent un honnête homme qui se trouve engagé par accident dans une troupe de coquins ?

XXVI

On nous parle trop tôt de Dieu ; autre défaut : on n'insiste pas assez sur sa présence. Les hommes ont banni la Divinité d'entre eux ; ils l'ont reléguée dans un sanctuaire ; les murs d'un temple bornent sa vue ; elle n'existe point

1. Nous n'avons pas à modifier cette transcription légèrement inexacte de Montaigne (*Essais*, III, 11) comme le faisait Assézat (t. I, p. 137-138). Cette révolte contre « la suffisance dogmatique » est une paraphrase de l'essai : *Des boiteux*.

au-delà. Insensés que vous êtes; détruisez ces enceintes qui rétrécissent vos idées; élargissez Dieu; voyez-le partout où il est, ou dites qu'il n'est point. Si j'avais un enfant à dresser, moi [1], je lui ferais de la Divinité une compagnie si réelle, qu'il lui en coûterait peut-être moins pour devenir athée que pour s'en distraire. Au lieu de lui citer l'exemple d'un autre homme qu'il connaît quelquefois pour plus méchant que lui, je lui dirais brusquement : *Dieu t'entend, et tu mens*. Les jeunes gens veulent être pris par les sens. Je multiplierais donc autour de lui les signes indicatifs de la présence divine. S'il se faisait, par exemple, un cercle chez moi, j'y marquerais une place à Dieu, et j'accoutumerais mon élève à dire : « Nous étions quatre, Dieu, mon ami, mon gouverneur et moi. »

XXVII

L'ignorance et l'*incuriosité* sont deux oreillers fort doux; mais pour les trouver tels, il faut avoir *la tête aussi bien faite* que Montaigne [2].

XXVIII

Les esprits bouillants, les imaginations ardentes ne s'accommodent pas de l'indolence du sceptique. Ils aiment mieux hasarder un choix que de n'en faire aucun; se tromper que de vivre incertains : soit qu'ils se méfient de leurs bras, soit qu'ils craignent la profondeur des eaux, on les voit toujours suspendus à des branches dont ils sentent toute la faiblesse, et auxquelles ils aiment mieux demeurer accrochés que de s'abandonner au torrent. Ils assurent tout, bien qu'ils n'aient rien soigneusement examiné : ils ne doutent de rien, parce qu'ils n'en ont ni

1. Reprise de l'expression de Montaigne citée au paragraphe XXIV.
2. Cf. Montaigne, *Essais*, III, 13 : « Oh, que c'est un doulx et mol chevet, et sain, que l'ignorance et l'incuriosité, à reposer une tête bien faite ». Mais Diderot utilise la transcription de Pascal : « L'ignorance et l'incuriosité sont deux doux oreillers pour une tête bien faite ». (*Entretien avec Monsieur de Saci*, édit. Brunschvicg, *op. cit.*, p. 158).

la patience ni le courage. Sujets à des lueurs qui les décident, si par hasard ils rencontrent la vérité, ce n'est point à tâtons, c'est brusquement, et comme par révélation. Ils sont, entre les dogmatiques, ce qu'on appelle les illuminés chez le peuple dévot. J'ai vu des individus de cette espèce inquiète qui ne concevaient pas comment on pouvait allier la tranquillité d'esprit avec l'indécision. « Le moyen de vivre heureux sans savoir qui l'on est, d'où l'on vient, où l'on va, pourquoi l'on est venu! » Je me pique d'ignorer tout cela, sans en être plus malheureux, répondait froidement le sceptique : ce n'est point ma faute si j'ai trouvé ma raison muette quand je l'ai questionnée sur mon état. Toute ma vie j'ignorerai, sans chagrin, ce qu'il m'est impossible de savoir. Pourquoi regretterais-je des connaissances que je n'ai pu me procurer, et qui, sans doute, ne me sont pas fort nécessaires, puisque j'en suis privé? J'aimerais autant, a dit un des premiers génies de notre siècle [1] m'affliger sérieusement de n'avoir pas quatre yeux, quatre pieds et deux ailes.

XXIX

On doit exiger de moi que je cherche la vérité, mais non que je la trouve. Un sophisme ne peut-il pas m'affecter plus vivement qu'une preuve solide? Je suis nécessité de consentir au faux que je prends pour le vrai, et de rejeter le vrai que je prends pour le faux : mais, qu'ai-je à craindre, si c'est innocemment que je me trompe? L'on n'est point récompensé dans l'autre monde pour avoir eu de l'esprit dans celui-ci : y serait-on puni pour en avoir manqué? Damner un homme pour de mauvais raisonnements, c'est oublier qu'il est un sot pour le traiter comme un méchant.

XXX

Qu'est-ce qu'un sceptique? C'est un philosophe qui a

1. Voltaire, qui dit dans les *Lettres philosophiques* (XXV, *op. cit.*, t. II, p. 193) : « Il faudrait autant se désespérer de n'avoir pas quatre pieds et deux ailes ».

douté de tout ce qu'il croit, et qui croit ce qu'un usage légitime de sa raison et de ses sens lui a démontré vrai. Voulez-vous quelque chose de plus précis? Rendez sincère le pyrrhonien, et vous aurez le sceptique.

XXXI

Ce qu'on n'a jamais mis en question n'a point été prouvé. Ce qu'on n'a point examiné sans prévention n'a jamais été bien examiné. Le scepticisme est donc le premier pas vers la vérité. Il doit être général, car il en est la pierre de touche. Si, pour s'assurer de l'existence de Dieu, le philosophe commence par en douter [1], y a-t-il quelque proposition qui puisse se soustraire à cette épreuve?

XXXII

L'incrédulité est quelquefois le vice d'un sot, et la crédulité le défaut d'un homme d'esprit. L'homme d'esprit voit loin dans l'immensité des possibles ; le sot ne voit guère de possible que ce qui est. C'est là peut-être ce qui rend l'un pusillanime, et l'autre téméraire.

XXXIII

On risque autant à croire trop qu'à croire trop peu. Il n'y a ni plus ni moins de danger à être polythéiste qu'athée : or le scepticisme peut seul garantir également, en tout temps et en tout lieu, de ces deux excès opposés.

XXXIV

Un semi-scepticisme est la marque d'un esprit faible [2] ; il décèle un raisonneur pusillanime qui se laisse effrayer

1. Descartes, dans la première des *Méditations métaphysiques* : « Supposons que tout ce qui est dit ici d'un Dieu soit une fable ».

2. Diderot pense-t-il au scepticisme chrétien de Daniel Huet? L'abbé d'Olivet avait donné en 1722 son *Traité philosophique de la faiblesse de l'esprit humain*.

par les conséquences ; un superstitieux qui croit honorer son Dieu par les entraves où il met sa raison ; une espèce d'incrédule qui craint de se démasquer à lui-même ; car si la vérité n'a rien à perdre à l'examen, comme en est convaincu le semi-sceptique, que pense-t-il au fond de son âme de ces notions privilégiées qu'il appréhende de sonder, et qui sont placées dans un recoin de sa cervelle, comme dans un sanctuaire dont il n'ose approcher?

XXXV

J'entends crier de toutes parts à l'impiété. Le chrétien est impie en Asie, le musulman en Europe, le papiste à Londres, le calviniste à Paris, le janséniste au haut de la rue Saint-Jacques [1], le moliniste au fond du faubourg Saint-Médard [2]. Qu'est-ce donc qu'un impie? Tout le monde l'est-il, ou personne?

XXXVI

Quand les dévots se déchaînent contre le scepticisme, il me semble qu'ils entendent mal leur intérêt, ou qu'ils se contredisent. S'il est certain qu'un culte vrai, pour être embrassé, et qu'un faux culte, pour être abandonné, n'ont besoin que d'être bien connus, il serait à souhaiter qu'un doute universel se répandît sur la surface de la terre, et que tous les peuples voulussent bien mettre en question la vérité de leurs religions : nos missionnaires trouveraient la bonne moitié de leur besogne faite.

---

1. Diderot ne pense pas à la Sorbonne mais au collège Louis-le-Grand, fief majeur des jésuites, rue Saint-Jacques.

2. Le diacre Pâris avait été enterré dans le cimetière qui flanquait le chevet de l'église Saint-Médard. Tout le faubourg Saint-Marcel tenait pour les convulsionnaires et exploitait commercialement les miracles (cf. Albert Mousset, *l'Étrange histoire des convulsionnaires de Saint-Médard*, Éditions de minuit, 1953, p. 62).

XXXVII

Celui qui ne conserve pas par choix[1] le culte qu'il a reçu par éducation, ne peut non plus se glorifier d'être chrétien ou musulman, que de n'être point né aveugle ou boiteux. C'est un bonheur, et non pas un mérite.

XXXVIII

Celui qui mourrait pour un culte dont il connaîtrait la fausseté, serait un enragé.

Celui qui meurt pour un culte faux, mais qu'il croit vrai, ou pour un culte vrai, mais dont il n'a point de preuves, est un fanatique.

Le vrai martyr est celui qui meurt pour un culte vrai, et dont la vérité lui est démontrée.

XXXIX

Le vrai martyr attend la mort; l'enthousiaste y court.

XL

Celui qui, se trouvant à la Mecque, irait insulter aux cendres de Mahomet, renverser ses autels et troubler toute une mosquée[2], se ferait empaler à coup sûr, et ne serait peut-être pas canonisé. Ce zèle n'est plus à la mode. Polyeucte ne serait de nos jours qu'un insensé.

---

1. C'est le thème du premier chapitre du plus fameux des manuscrits clandestins, l'*Examen de la religion dont on cherche l'éclaircissement de bonne foy*, qui, antérieur à 1740, venait d'être publié en 1745 (*S'il doit être permis à chacun d'examiner sa religion ou s'il est nécessaire de le faire)*. L'exemple vient de Shaftesbury : « Celui qui est actuellement chrétien aurait été par la vertu d'une pareille discipline un aussi fidèle musulman, s'il était né dans un autre pays ». (*Op. cit.*, t. III, p. 81).

2. Cf. Shaftesbury : « A peine trouverait-on aujourd'hui dans tout l'univers un assez bon chrétien qui... crût faire une action convenable et décente en troublant le culte musulman dans les mosquées » (*Lettre sur l'enthousiasme*, *op. cit.*, t. I, p. 22). L'exemple de Polyeucte est encore cité dans les *Réflexions diverses* (*op. cit.*, t. III, p. 67 : « Un poète français a peint ce zèle primitif... »).

XLI

Le temps des révélations, des prodiges et des missions extraordinaires est passé. Le christianisme n'a plus besoin de cet échafaudage. Un homme qui s'aviserait de jouer parmi nous le rôle de Jonas [1], de courir les rues en criant : « Encore trois jours, et Paris ne sera plus : Parisiens, faites pénitence, couvrez-vous de sacs et de cendres, ou dans trois jours vous périrez », serait incontinent saisi et traîné devant un juge qui ne manquerait pas de l'envoyer aux Petites-Maisons. Il aurait beau dire: « Peuples, Dieu vous aime-t-il moins que le Ninivite? Êtes-vous moins coupables que lui? » On ne s'amuserait point à lui répondre; et pour le traiter en visionnaire, on n'attendrait pas le terme de sa prédiction.

Élie [2] peut revenir de l'autre monde quand il voudra; les hommes sont tels qu'il fera de grands miracles s'il est bien accueilli dans celui-ci.

XLII

Lorsqu'on annonce au peuple un dogme qui contredit la religion dominante, ou quelque fait contraire à la tranquillité publique, justifiât-on sa mission par des miracles, le gouvernement a droit de sévir, et le peuple de s'écrier : *Crucifige*. Quel danger n'y aurait-il pas à abandonner les esprits aux séductions d'un imposteur, ou aux rêveries d'un visionnaire? Si le sang de Jésus-Christ a crié vengeance contre les Juifs, c'est qu'en le répandant, ils fermaient l'oreille à la voix de Moïse et des Prophètes, qui le dé-

---

1. Jonas est encore un exemple que l'on trouve dans Shaftesbury (t. III, p. 92-93) qui ne s'intéresse d'ailleurs qu'au caractère bourru du prophète et à l'humour dans le style sacré.

2. Le retour d'Élie faisait partie de la prédication des convulsionnaires. L'imprimeur Pierre Emeri était mis à la Bastille en 1732 pour avoir composé un ouvrage sur ce sujet (Albert Mousset, *op. cit.*, p. 120). Un prêtre du diocèse de Troyes, Pierre Vaillant, se disait chef des « Élisiens », réincarnation d'Élie, précurseur du Messie et prétendait convertir les juifs et la cour de Rome : il fut enfermé à la Bastille de 1734 à 1756 (*ibid.*, p. 153).

claraient le Messie. Un ange vînt-il à descendre des cieux, appuyât-il ses raisonnements par des miracles, s'il prêche contre la loi de Jésus-Christ, Paul veut qu'on lui dise anathème. Ce n'est donc pas par les miracles qu'il faut juger de la mission d'un homme, mais c'est par la conformité de sa doctrine avec celle du peuple auquel il se dit envoyé, *surtout lorsque la doctrine de ce peuple est démontrée vraie.*

XLIII

Toute innovation est à craindre dans un gouvernement. La plus sainte et la plus douce des religions, le christianisme même ne s'est pas affermi sans causer quelques troubles. Les premiers enfants de l'Église sont sortis plus d'une fois de la modération et de la patience qui leur étaient prescrites. Qu'il me soit permis de rapporter ici quelques fragments d'un édit de l'empereur Julien[1]; ils caractériseront à merveille le génie de ce prince philosophe et l'humeur des zélés de son temps.

« J'avais imaginé, dit Julien, que les chefs des Galiléens sentiraient combien mes procédés sont différents de ceux de mon prédécesseur, et qu'ils m'en sauraient quelque gré : ils ont souffert, sous son règne, l'exil et les prisons ; et l'on a passé au fil de l'épée une multitude de ceux qu'ils appellent entre eux hérétiques... Sous le mien, on a rappelé les exilés, élargi les prisonniers et rétabli les proscrits dans la possession de leurs biens. Mais telle est l'inquiétude et la fureur de cette espèce d'hommes, que, depuis qu'ils ont perdu le privilège de se dévorer les uns les autres, de tourmenter et ceux qui sont attachés à leurs dogmes, et ceux qui suivent la religion autorisée par les lois, ils n'épargnent aucun moyen, ne laissent échapper aucune occasion d'exciter des révoltes ; gens sans égard pour la vraie piété, et sans respect pour nos constitutions... Toutefois nous n'entendons pas qu'on les traîne au pied de nos autels et qu'on

1. Il s'agit plus exactement d'une lettre de l'empereur Julien, l'*Épître aux Bostréniens*, datée d'Antioche, 1er août 362.

leur fasse violence... Quant au menu peuple, il paraît que ce sont ses chefs qui fomentent en lui l'esprit de sédition, furieux qu'ils sont des bornes que nous avons mises à leurs pouvoirs ; car nous les avons bannis de nos tribunaux, et ils n'ont plus la commodité de disposer des testaments, de supplanter les héritiers légitimes et de s'emparer des successions... C'est pourquoi nous défendons à ce peuple de s'assembler en tumulte, et de cabaler chez ses prêtres séditieux... Que cet édit fasse la sûreté de nos magistrats que les mutins ont insultés plus d'une fois, et mis en danger d'être lapidés... Qu'ils se rendent paisiblement chez leurs chefs, qu'ils y prient, qu'ils s'y instruisent, et qu'ils y satisfassent au culte qu'ils en ont reçu ; nous le leur permettons : mais qu'ils renoncent à tout dessein factieux... Si ces assemblées sont pour eux une occasion de révolte, ce sera à leurs risques et fortunes ; je les en avertis... Peuples incrédules, vivez en paix... Et vous qui êtes demeurés fidèles à la religion de votre pays et aux dieux de vos pères, ne persécutez point des voisins, des concitoyens, dont l'ignorance est encore plus à plaindre que la méchanceté n'est à blâmer... C'est par la raison et non par la violence qu'il faut ramener les hommes à la vérité. Nous vous enjoignons donc à vous tous, nos fidèles sujets, de laisser en repos les Galiléens [1]. »

Tels étaient les sentiments de ce prince, à qui l'on peut reprocher le paganisme, mais non l'apostasie : il passa les premières années de sa vie sous différents maîtres, et dans différentes écoles ; et fit, dans un âge plus avancé, un choix

---

1. Nous avons exactement collationné le texte de Diderot sur l'édition Bidez des *Lettres de Julien* (Belles-Lettres, 1924, p. 192 sq.). Diderot suit l'épître depuis 436 *a* jusqu'à 438 *b* avec de nombreuses coupures ; sa traduction est très libre et souvent incorrecte (exemple : οἱ πεπλανημένοι, « Vous qui êtes dans l'erreur », traduit par « peuples incrédules »). Mais M. Niklaus (*op. cit.*, p. 27) fait remarquer que Shaftesbury cite l'épître de Julien. Vérification faite (in *Réflexions diverses*, t. III, p. 67-69) les coupures de Shaftesbury correspondent exactement à celles de Diderot : celui-ci n'a donc pas eu recours à l'original.

infortuné : il se décida malheureusement pour le culte de ses aïeux, et les dieux de son pays [1].

XLIV

Une chose qui m'étonne, c'est que les ouvrages de ce savant empereur soient parvenus jusqu'à nous. Ils contiennent des traits qui ne nuisent point à la vérité du christianisme, mais qui sont assez désavantageux à quelques chrétiens de son temps, pour qu'ils se sentissent de l'attention singulière que les Pères de l'Église ont eue de supprimer les ouvrages de leurs ennemis. C'est apparemment de ces prédécesseurs que saint Grégoire le Grand avait hérité du zèle barbare qui l'anima contre les lettres et les arts [2]. S'il n'eût tenu qu'à ce pontife, nous serions dans le cas des mahométans, qui en sont réduits pour toute lecture à celle de leur Alcoran [3]. Car quel eût été le sort des anciens écrivains, entre les mains d'un homme qui solécisait par principe de religion ; qui s'imaginait qu'observer les règles de la grammaire, c'était soumettre Jésus-Christ à Donat [4], et qui se crut obligé en conscience de combler les ruines de l'antiquité?

---

1. La conclusion de Diderot est une paraphrase de Shaftesbury (t. III, p. 70) : « Tels furent les sentiments de ce bon et généreux empereur que l'on peut appeler payen, mais non pas aussi justement apostat ; car, ayant été élevé dans sa jeunesse par des maitres de l'une et l'autre religion, et après avoir sucé les principes des différentes écoles, il fit son choix dans l'âge mûr. Ce choix fut malheureux, puisqu'il adopta l'ancienne religion de ses pères et de son pays ». L'ironie est donc déjà dans le modèle de Diderot.

2. « Le fameux Grégoire était si éloigné d'encourager les lettres et les arts qu'il fit en quelque sorte main basse sur toutes les productions du génie ». (Shaftesbury, *op. cit.*, t. III, p. 183, note).

3. « Le clergé mahométan... établit hardiment la base de sa religion sur un livre... Leur livre sacré est le seul modèle des productions littéraires » (Shaftesbury, *op. cit.*, t. III, p. 180-181).

4. C'est le mot même de saint Grégoire dans la préface des *Moralia :* « Indignum existimo ut verba cælestis oraculi restringam sub regulis Donati ». La citation vient encore de Shaftesbury (t. III, p. 184).

XLV

Cependant, la divinité des Écritures n'est point un caractère si clairement empreint en elles, que l'autorité des historiens sacrés soit absolument indépendante du témoignage des auteurs profanes[1]. Où en serions-nous, s'il fallait reconnaître le doigt de Dieu dans la forme de notre Bible? Combien la version latine n'est-elle pas misérable? Les originaux mêmes ne sont pas des chefs-d'œuvre de composition. Les prophètes, les apôtres et les évangélistes ont écrit comme ils y entendaient. S'il nous était permis de regarder l'histoire du peuple hébreu comme une simple production de l'esprit humain, Moïse et ses continuateurs ne l'emporteraient pas sur Tite-Live, Salluste, César et Josèphe, tous gens qu'on ne soupçonne pas assurément d'avoir écrit par inspiration. Ne préfère-t-on pas même le jésuite Berruyer[2] à Moïse? On conserve dans nos églises des tableaux qu'on nous assure avoir été peints par des anges et par la Divinité même[3] : si ces morceaux étaient sortis de la main de Le Sueur ou de Le Brun, que pourrais-je opposer à cette tradition immémoriale? Rien du tout, peut-être. Mais quand j'observe ces célestes ouvrages, et que je vois à chaque pas les règles de la peinture violées

---

1. Shaftesbury (t. III, p. 181 : « On veut bien chercher des preuves de la révélation dans ce qu'on nomme les écrivains profanes... Il n'y a donc aucun signe du miracle qui dépose immédiatement en faveur des Écritures »).

2. L'*Histoire du peuple de Dieu* du Père Berruyer (1728, 8 vol. in-4°) alimenta une longue polémique; ces contes tirés de la Bible, abusivement modernisés, attirèrent sur leur auteur les foudres de l'Église.

3. Shaftesbury (t. III, p. 177) : « J'ai vu dans certaines églises chrétiennes un ancien morceau ou deux que l'on croit, sur la tradition solennelle des prêtres, être sortis d'une main angélique et d'un pinceau sacré. Si ces morceaux eussent été d'un artiste tel que Raphaël, je n'aurais rien eu à opposer à la tradition ». L'originalité de Diderot se borne à introduire Le Sueur et Le Brun; car l'argument esthétique qui ne reconnait pas à la vérité divine le droit d'enfreindre les règles de la beauté est caractéristique des philosophes anglais. (Cf. Lester Crocker, *Two Diderot studies*, Baltimore, John Hopkins, 1952, p. 54).

dans le dessin et dans l'exécution, le vrai de l'art abandonné partout, ne pouvant supposer que l'ouvrier était un ignorant, il faut bien que j'accuse la tradition d'être fabuleuse. Quelle application ne ferais-je point de ces tableaux aux saintes Écritures, si je ne savais combien il importe peu que ce qu'elles contiennent soit bien ou mal dit? Les prophètes se sont piqués de dire vrai, et non pas de bien dire. Les apôtres sont-ils morts pour autre chose que pour la vérité de ce qu'ils ont dit ou écrit? Or, pour en revenir au point que je traite, de quelle conséquence n'était-il pas de conserver des auteurs profanes [1] qui ne pouvaient manquer de s'accorder avec les auteurs sacrés, au moins sur l'existence et les miracles de Jésus-Christ, sur les qualités et le caractère de Ponce-Pilate, et sur les actions et le martyre des premiers chrétiens?

XLVI

Un peuple entier, me direz-vous, est témoin de ce fait; oserez-vous le nier? Oui, j'oserai, tant qu'il ne me sera pas confirmé par l'autorité de quelqu'un qui ne soit pas de votre parti, et que j'ignorerai que ce quelqu'un était incapable de fanatisme et de séduction [2]. Il y a plus. Qu'un

1. Le silence des historiens profanes est aussi la préoccupation majeure de Dumarsais dans son *Analyse de la religion chrétienne* : « Je veux bien supposer que des faits aussi publics ont été ignorés des historiens romains; que pourrait-on répondre au silence de Josèphe, cet historien juif qui écrivait cent ans après J.-C. et dans le lieu même où toutes ces merveilles avaient été opérées? Cependant il n'en dit pas un mot, il ne parle même pas de Jésus ». (*Œuvres*, Paris, Pougin, 1797, t. VII, p. 13-15). Or le manuscrit fut écrit entre 1739 et 1748. Concomitance ou influence?

2. Même argumentation dans Shaftesbury : « La nouvelle secte prophétique prétend avoir fait un miracle,... exécuté en présence de plusieurs centaines de témoins. Mais je voudrais savoir s'il s'est trouvé dans ce nombre quelqu'un qui, n'ayant jamais été de la secte, ... voulût confirmer leur déposition ». Diderot applique aux convulsionnaires de Saint-Médard ce que Shaftesbury disait des calvinistes français qui vaticinaient à Londres (*Lettre sur l'enthousiasme*, *op. cit.* t. I, p. 36).

auteur d'une impartialité avouée me raconte qu'un gouffre s'est ouvert au milieu d'une ville ; que les dieux consultés sur cet événement ont répondu qu'il se refermera si l'on y jette ce que l'on possède de plus précieux ; qu'un brave chevalier s'y est précipité, et que l'oracle s'est accompli : je le croirai beaucoup moins que s'il eût dit simplement qu'un gouffre s'étant ouvert, on employa un temps et des travaux considérables pour le combler. Moins un fait a de vraisemblance, plus le témoignage de l'histoire perd de son poids. Je croirais sans peine un seul honnête homme qui m'annoncerait *que Sa Majesté vient de remporter une victoire complète sur les alliés*[1]; mais tout Paris m'assurerait qu'un mort vient de ressusciter à Passy, que je n'en croirais rien. Qu'un historien nous en impose, ou que tout un peuple se trompe, ce ne sont pas des prodiges.

XLVII

Tarquin projette d'ajouter de nouveaux corps de cavalerie à ceux que Romulus avait formés. Un augure lui soutient que toute innovation dans cette milice est sacrilège, si les dieux ne l'ont autorisée. Choqué de la liberté de ce prêtre, et résolu de le confondre et de décrier en sa personne un art qui croisait son autorité, Tarquin le fait appeler sur la place publique, et lui dit : « Devin, ce que je pense est-il possible? Si ta science est telle que tu la vantes, elle te met en état de répondre. » L'augure ne se déconcerte point, consulte les oiseaux et répond : « Oui, prince, ce que tu penses se peut faire. » Lors, Tarquin tirant un rasoir de dessous sa robe, et prenant à la main un caillou : « Approche, dit-il au devin, coupe-moi ce caillou avec ce rasoir : car j'ai pensé que cela se pouvait. » Navius, c'est le nom de l'augure, se tourne vers le peuple, et dit avec assurance : « Qu'on applique le rasoir au caillou, et qu'on me traîne

1. La guerre de succession d'Autriche n'avait pas été terminée par la campagne de Fontenoy et l'on attendait encore à Pâques 1746 la victoire complète. Raucoux ne fut qu'un brillant succès (11 octobre 1746).

au supplice, s'il n'est divisé sur-le-champ. » L'on vit en effet, contre toute attente, la dureté du caillou céder au tranchant du rasoir : ses parties se séparent si promptement que le rasoir porte sur la main de Tarquin et en tire du sang. Le peuple étonné fait des acclamations ; Tarquin renonce à ses projets et se déclare protecteur des augures ; on enferme sous un autel le rasoir et les fragments du caillou. On élève une statue au devin [1] : cette statue subsistait encore sous le règne d'Auguste ; et l'antiquité profane et sacrée nous atteste la vérité de ce fait, dans les écrits de Lactance [2], de Denys d'Halicarnasse, et de saint Augustin.

Vous avez entendu l'histoire ; écoutez la superstition. « Que répondez-vous à cela? Il faut, dit le superstitieux Quintus à Cicéron son frère, il faut se précipiter dans un monstrueux pyrrhonisme, traiter les peuples et les historiens de stupides, et brûler les annales ou convenir de ce fait. Nierez-vous tout, plutôt que d'avouer que les dieux se mêlent de nos affaires? »

Hoc ego philosophi non arbitror testibus uti, qui aut casu veri aut malitia falsi fictique esse possunt. Argumentis et rationibus oportet, quare quidque ita sit, docere, non eventis, iis præsertim quibus mihi non liceat credere... Omitte igitur lituum Romuli, quem in maximo incendio negas potuisse comburi. Contemne cotem Accii Navii. Nihil debet esse in philosophia commentitiis fabellis loci. Illud erat philosophi, totius augurii primum naturam ipsam videre, deinde Inventionem, deinde Constantiam... Habent Etrusci exaratum puerum auctorem disciplinæ suæ. Nos quem? Acciumne Navium?... Placet igitur humanitatis expertes habere Divinitatis auctores? Mais c'est la croyance des rois, des peuples, des nations et du monde. *Quasi vere quidquam sit tam valde, quam nihil sapere vulgare?*

---

1. L'anecdote légendaire d'Attius Navius nous a été transmise par Cicéron (*De Natura deorum*, II, 9) Tite-Live (I, 36, 4) et Denys d'Halicarnasse (*Antiquités romaines*, III, 70-71). Diderot semble suivre cette dernière version, plus diluée que celle de Tite-Live.

2. Lactance, in *Divinæ Institutiones*, II, 7 (édition Brandt, Vienne, 1890, p. 125). Nous n'avons pu trouver aucune référence à l'anecdote de Navius dans saint Augustin.

Aut quasi tibi ipsi in judicando placeat multitudo. Voilà la réponse du philosophe [1]. Qu'on me cite un seul prodige auquel elle ne soit pas applicable ! Les Pères de l'Église, qui voyaient sans doute de grands inconvénients à se servir des principes de Cicéron, ont mieux aimé convenir de l'aventure de Tarquin, et attribuer l'art de Navius au diable [2]. C'est une belle machine que le diable.

XLVIII

Tous les peuples ont de ces faits, à qui, pour être merveilleux, il ne manque que d'être vrais ; avec lesquels on démontre tout, mais qu'on ne prouve point ; qu'on n'ose nier sans être impie, et qu'on ne peut croire sans être imbécile.

XLIX

Romulus, frappé de la foudre ou massacré par les sénateurs, disparaît d'entre les Romains. Le peuple et le soldat en murmurent. Les ordres de l'État se soulèvent les uns contre les autres ; et Rome naissante, divisée au dedans et envi-

1. Cf. Cicéron, *De divinatione* (traduction Appuhn, Garnier, II, 11, p. 141) : « Il n'est pas digne d'un philosophe, à mon sens, de s'appuyer sur des témoignages qui peuvent être vrais par rencontre et aussi bien falsifiés ou forgés par des personnes de mauvaise foi ; c'est par des arguments rationnels qu'il faut prouver ce qu'on avance, non par des faits, surtout quand il est permis de ne pas y croire ». *Ibid.*, II, 38, p. 189-191 : « Ne me parle donc plus de la baguette augurale de Romulus qui, à ce que tu prétends, n'a pu être consumée dans un incendie ; laisse tomber le caillou d'Attius Navius. Il n'y a place dans la philosophie pour ces contes mensongers. Le rôle du philosophe est bien plutôt de rechercher d'abord la nature de la science augurale, puis son mode de formation et enfin d'en éprouver la consistance... Les Étrusques, il est vrai, nomment leur auteur ; c'est cet enfant qu'a fait sortir du sol la charrue du laboureur. Et nous? Est-ce Attius Navius?... Nous déclarerons versées dans les choses divines des populations ignorantes de ce qui est le propre de l'humanité? ». *Ibid.*, II, 39 : « At omnes reges, populi, nationes utuntur auspiciis? »... « Mais qu'y a-t-il d'aussi communément répandu que la sotte ignorance? Toi-même t'inclines-tu devant les jugements de la multitude? »

2. Cf. Lactance, *op. cit.*, p. 125.

ronnée d'ennemis au dehors, était au bord du précipice, lorsqu'un certain Proculeius s'avance gravement et dit : « Romains, ce prince que vous regrettez n'est point mort : il est monté aux cieux, où il est assis à la droite de Jupiter. Va, m'a-t-il dit, calme tes concitoyens, annonce-leur que Romulus est entre les dieux ; assure-les de ma protection ; qu'ils sachent que les forces de leurs ennemis ne prévaudront jamais contre eux : le destin veut qu'ils soient un jour les maîtres du monde ; qu'ils en fassent seulement passer la prédiction d'âge en âge, à leur postérité la plus reculée.[1] » Il est des conjonctures favorables à l'imposture ; et si l'on examine quel était alors l'état des affaires de Rome, on conviendra que Proculeius était homme de tête, et qu'il avait su prendre son temps. Il introduisit dans les esprits un préjugé qui ne fut pas inutile à la grandeur future de sa patrie... *Mirum est quantum illi viro, hæc nuntianti fidei fuerit; quamque desiderium Romuli apud plebem, facta fide immortalitatis, lenitum sit. Famam hanc admiratio viri et pavor præsens nobilitavit; factoque a paucis initio, Deum, Deo natum salvere universi Romulum jubent*[2]. C'est-à-dire, que le peuple crut à cette apparition ; que les sénateurs firent semblant d'y croire, et que Romulus eut des autels. Mais les choses n'en demeurèrent pas là. Bientôt ce ne fut point un simple particulier à qui Romulus s'était apparu. Il s'était montré à plus de mille personnes en un jour. Il n'avait point été frappé de la foudre, les sénateurs ne s'en étaient point dé-

---

1. Paraphrase insidieuse de Tite-Live, *Histoire romaine* (I, 16) où la parodie chrétienne est à peine dissimulée (notamment l'expression, « à la droite de Jupiter »)...

2. Trois passages intervertis de Tite-Live (I, 16, *in fine*) avec quelques omissions et modifications de mots pour assurer les sutures : « On ne saurait croire combien le personnage et son récit inspirèrent confiance et combien le regret de Romulus s'atténua dans le peuple (...) dès qu'on crut à son immortalité... (cette) version fut popularisée par le prestige du héros et les dangers du moment... (Puis) suivant l'exemple de quelques-uns, tous à la fois poussent des vivats en l'honneur de Romulus dieu et fils d'un dieu » (Trad. Baillet, Belles-Lettres, 1941, t. I, p. 27-28). L'ambiguïté de l'expression *Deum deo natum* est évidemment dirigée contre la divinité du Christ. L'assomption de Romulus rappelle l'ascension du Christ.

faits à la faveur d'un temps orageux, mais il s'était élevé dans les airs au milieu des éclairs et au bruit du tonnerre, à la vue de tout un peuple ; et cette aventure se *calfeutra*, avec le temps, d'un si grand nombre de pièces, que les esprits forts du siècle suivant devaient en être fort embarrassés.

L

Une seule démonstration me frappe plus que cinquante faits. Grâce à l'extrême confiance que j'ai en ma raison, ma foi n'est point à la merci du premier saltimbanque. Pontife de Mahomet, redresse des boiteux ; fais parler des muets ; rends la vue aux aveugles ; guéris des paralytiques ; ressuscite des morts ; restitue même aux estropiés les membres qui leur manquent, miracle qu'on n'a point encore tenté, et à ton grand étonnement ma foi n'en sera point ébranlée. Veux-tu que je devienne ton prosélyte? Laisse tous ces prestiges, et raisonnons. Je suis plus sûr de mon jugement que de mes yeux.

Si la religion que tu m'annonces est vraie, sa vérité peut être mise en évidence et se démontrer par des raisons invincibles. Trouve-les, ces raisons. Pourquoi me harceler par des prodiges, quand tu n'as besoin, pour me terrasser, que d'un syllogisme? Quoi donc! te serait-il plus facile de redresser un boiteux que de m'éclairer?

LI

Un homme est étendu sur la terre, sans sentiment, sans voix, sans chaleur, sans mouvement. On le tourne, on le retourne, on l'agite, le feu lui est appliqué, rien ne l'émeut : le fer chaud n'en peut arracher un symptôme de vie ; on le croit mort : l'est-il? non. Ç'est le pendant du prêtre de Calame. *Qui, quando ei placebat, ad imitatas lamentantis hominis voces, ita se auferebat a sensibus et jacebat simillimus mortuo, ut non solum vellicantes atque pungentes minime sentiret, sed aliquando etiam igne ureretur admoto, sine ullo doloris sensu, nisi postmodum ex vulnere*, etc. (Saint Augustin, *Cité de Dieu*, Liv. XIV, chap. XXIV [1].) Si certaines gens avaient rencontré, de nos jours, un pareil sujet, ils en auraient tiré bon parti. On nous aurait fait voir un cadavre se ranimer sur la cendre d'un prédestiné ; le recueil du magistrat janséniste [2] se serait enflé d'une résurrection, et le constitutionnaire se tiendrait peut-être confondu.

LII

Il faut avouer, dit le logicien de Port-Royal [3], que saint Augustin a eu raison de soutenir, avec Platon, que le jugement de la vérité et la règle pour discerner n'appartiennent pas aux sens, mais à l'esprit : *non est veritatis judicium in sensibus*. Et même que cette certitude que l'on peut tirer des sens ne s'étend pas bien loin, et qu'il y a plusieurs choses que l'on croit savoir par leur entremise, et dont on n'a point une pleine assurance. Lors donc que le témoignage des sens contredit ou ne contrebalance point l'autorité de la raison, il n'y a pas à opter : en bonne logique, c'est à la raison qu'il faut s'en tenir.

LIII

Un faubourg retentit d'acclamations : la cendre d'un

1. Saint Augustin, dans ce chapitre de *la Cité de Dieu* (XIV, 24), démontre par une série d'exemples l'empire absolu de la volonté sur le corps ; il s'agit d'un prêtre de Calama (actuellement Guelma, département de Constantine) appelé Restitutus ; « Celui-ci lorsque bon lui semblait, si l'on imitait certaines voix plaintives, perdait tout sentiment et demeurait au sol comme mort au point de ne se sentir ni pincer ni piquer ; quelquefois même au point de se laisser brûler sans ressentir de souffrance, quitte à souffrir plus tard de la blessure ».

2. Le recueil de Carré de Montgeron, *Vérité des miracles opérés à l'intercession de M. de Paris et autres appelans, démontrée contre M. l'Archevêque de Sens* (1737). Les constitutionnaires sont les partisans de la *Bulle Unigenitus* (publiée le 8 septembre 1713) qui condamnait les propositions de l'abbé Quesnel et par là même s'opposait à la poussée janséniste.

3. La *Logique de Port-Royal* (4e partie : *De la méthode*, chapitre 1er, édition Hachette, 1854, p. 267). Le texte est légèrement différent, car les éditions fort nombreuses de l'ouvrage étaient fondées sur divers manuscrits.

prédestiné y fait, en un jour, plus de prodiges que Jésus-Christ n'en fit en toute sa vie. On y court ; on s'y porte ; j'y suis la foule. J'arrive à peine, que j'entends crier : miracle ! miracle ! J'approche, je regarde, et je vois un petit boiteux [1] qui se promène à l'aide de trois ou quatre personnes charitables qui le soutiennent ; et le peuple qui s'en émerveille, de répéter : miracle ! miracle ! Où donc est le miracle, peuple imbécile ? Ne vois-tu pas que ce fourbe n'a fait que changer de béquilles ? Il en était, dans cette occasion, des miracles, comme il en est toujours des esprits. Je jurerais bien que tous ceux qui ont vu des esprits, les craignaient d'avance, et que tous ceux qui voyaient là des miracles, étaient bien résolus d'en voir.

LIV

Nous avons toutefois, de ces miracles prétendus, un vaste recueil qui peut braver l'incrédulité la plus déterminée. L'auteur est un sénateur [2], un homme grave qui

1. Cette scène n'est nullement outrée : Diderot, rue Saint-Victor, habitait le quartier des convulsionnaires. Les miracles suivirent de peu l'inhumation du diacre Pâris en 1727, mais les scènes de convulsion furent poussées à leur paroxysme en 1731, notamment en novembre. L'abbé Bécheran de la Motte, un infirme dont la jambe gauche était atrophiée, se faisait remarquer par son zèle. Le ms. 10192 de la Bibliothèque de l'Arsenal décrit une de ces scènes : « L'abbé Bécheran est venu au tombeau vers les onze heures du matin accompagné de plusieurs ecclésiastiques et de leurs laquais ; ils l'ont couché sur le tombeau y ayant deux coussins. Ensuite on a psalmodié et l'abbé s'est trouvé attaqué d'environ 25 convulsions ; il faisait des haut-le-corps et des démonstrations diaboliques » (Albert Mousset, *op. cit.*, p. 64). En février 1732, Bécheran était mis à Saint-Lazare. Diderot ne craint pas de le traiter de « fourbe » ; c'est la thèse de l'imposture soutenue par Fontenelle, Fréret, Lévesque de Burigny et Voltaire.

2. Carré de Montgeron était conseiller au Parlement de Paris (« sénateur ») ; libertin assez vulgaire, il s'était converti au tombeau de Saint-Médard le 7 septembre 1731 et avait consacré cinq ans et sa fortune au grand ouvrage apologétique qui rassemblait toutes les pièces en faveur des convulsionnaires. Le 29 août 1737 il forçait l'antichambre du roi pour lui offrir un exemplaire somptueux. Le soir même il couchait à la Bastille. En exil à Villeneuve-lès-Avignon, puis à Valence, il publiait une deuxième partie de son recueil en 1741 et une troisième en 1747. En 1746, l'affaire était encore d'actualité.

faisait profession d'un matérialisme assez mal entendu, à la vérité, mais qui n'attendait pas sa fortune de sa conversion : témoin oculaire des faits qu'il raconte, et dont il a pu juger sans prévention et sans intérêt, son témoignage est accompagné de mille autres. Tous disent qu'ils ont vu, et leur déposition a toute l'authenticité possible : les actes originaux en sont conservés dans les archives publiques. Que répondre à cela? Que répondre? que ces miracles ne prouvent rien [1], tant que la question de ses sentiments ne sera point décidée.

LV

Tout raisonnement qui prouve pour deux partis ne prouve ni pour l'un ni pour l'autre. Si le fanatisme a ses martyrs [2], ainsi que la vraie religion, et si, entre ceux qui sont morts pour la vraie religion, il y a eu des fanatiques ; ou comptons, si nous le pouvons, le nombre des morts, et croyons, ou cherchons d'autres motifs de crédibilité.

LVI

Rien n'est plus capable d'affermir dans l'irréligion que de faux motifs de conversion. On dit tous les jours à des incré-

---

1. Même interprétation dans l'*Examen des apologistes* de Lévesque de Burigny : « Les miracles de Pâris, plus remarquables que ceux de Jérusalem,... ont eu l'avantage d'être discutés et examinés par des chirurgiens, des ecclésiastiques, des gens éclairés, qui après plusieurs réflexions se sont imaginés y trouver du surnaturel » (in *Œuvres* de Fréret, Londres, 1776, p. 71). Le manuscrit de Burigny était terminé vers 1733. Cf. encore Dumarsais, *op. cit.*, t. VII, p. 54 : « Combien trouvons-nous de gens de la probité et de la bonne foi desquels on ferait scrupule de douter qui nous attestent tous les jours des guérisons miraculeuses dont ils se persuadent avoir été les témoins ».

2. Bayle ironiquement parlait des martyrs de l'athéisme (*op. cit.*, t. II, p. 135) suivi par Burigny (*op. cit.*, ch. IX). L'*Examen de la religion* (*op. cit.*, ms. Bordeaux 828, t. 32, p. 66) déclarait : « Il n'y a point eu encore de religions sans martyrs ». La plupart des apologètes du temps (Houtteville, François, Ilharart de la Chambre) délaissent l'argument des martyrs.

dules : Qui êtes-vous, pour attaquer une religion que les Paul, les Tertullien, les Athanase, les Chrysostôme, les Augustin, les Cyprien, et tant d'autres illustres personnages ont si courageusement défendue? Vous avez sans doute aperçu quelque difficulté qui avait échappée à ces génies supérieurs ; montrez-nous donc que vous en savez plus qu'eux ; ou sacrifiez vos doutes à leurs décisions, si vous convenez qu'ils en savaient plus que vous. Raisonnement frivole. Les lumières des ministres ne sont point une preuve de la vérité d'une religion. Quel culte plus absurde que celui des Égyptiens, et quels ministres plus éclairés?... Non, je ne peux adorer cet oignon. Quel privilège a-t-il sur les autres légumes? Je serais bien fou de prostituer mon hommage à des êtres destinés à ma nourriture ! La plaisante divinité qu'une plante que j'arrose, qui croît et meurt dans mon potager !... « Tais-toi, misérable, tes blasphèmes me font frémir : c'est bien à toi à raisonner ! En sais-tu là-dessus plus que le sacré collège? Qui es-tu, pour attaquer tes dieux, et donner des leçons de sagesse à leurs ministres? Es-tu plus éclairé que ces oracles que l'univers entier vient interroger? Quelle que soit ta réponse, j'admirerai ton orgueil ou ta témérité... » Les chrétiens ne sentiront-ils jamais toute leur force, et n'abandonneront-ils point ces malheureux sophismes à ceux dont ils sont l'unique ressource? *Omittamus ista communia quæ ex utraque parte dici possunt, quanquam vere ex utraque parte dici non possint* [1] (Saint Augustin). L'exemple, les prodiges, et l'autorité peuvent faire des dupes ou des hypocrites : la raison seule fait des croyants.

LVII

On convient qu'il est de la dernière importance de n'employer à la défense d'un culte que des raisons solides ; cependant on persécuterait volontiers ceux qui travaillent à décrier les mauvaises. Quoi donc ! n'est-ce pas assez que

---

1. « Délaissons ce genre d'argument que les deux partis peuvent invoquer, bien qu'ils ne puissent en les invoquant avoir tous deux raison ».

l'on soit chrétien? Faut-il encore l'être par de mauvaises raisons? Dévots, je vous en avertis ; je ne suis pas chrétien parce que saint Augustin l'était ; mais je le suis, parce qu'il est raisonnable de l'être.

LVIII

Je connais les dévots ; ils sont prompts à prendre l'alarme. S'ils jugent une fois que cet écrit contient quelque chose de contraire à leurs idées, je m'attends à toutes les calomnies qu'ils ont répandues sur le compte de mille gens qui valaient mieux que moi [1]. Si je ne suis qu'un déiste et qu'un scélérat, j'en serai quitte à bon marché. Il y a longtemps qu'ils ont damné Descartes, Montaigne, Locke et Bayle ; et j'espère qu'ils en damneront bien d'autres. Je leur déclare cependant que je ne me pique d'être ni plus honnête homme, ni meilleur chrétien que la plupart de ces philosophes. Je suis né dans l'Église catholique, apostolique et romaine ; et je me soumets de toute ma force à ses décisions. Je veux mourir dans la religion de mes pères [2], et je la crois bonne autant qu'il est possible à quiconque n'a jamais eu aucun commerce immédiat avec la Divinité, et qui n'a jamais été témoin d'aucun miracle. Voilà ma profession de foi ; je suis presque sûr qu'ils en seront mécontents, bien qu'il n'y en ait peut-être pas un entre eux qui soit en état d'en faire une meilleure.

LIX

J'ai lu quelquefois Abbadie, Huet [3], et les autres. Je

1. Cf. Shaftesbury (*op. cit.*, t. III, p. 235) : « Les dévots flétrissent tout usage généreux et étendu de l'intelligence ».

2. Même profession de foi d'orthodoxie de la part de Shaftesbury (t. III, p. 243) : « Nous sommes sûrs de notre ferme foi et soumission aux doctrines chrétiennes et catholiques de notre sainte Église telles qu'elles sont établies par la Loi ».

3. Deux des plus célèbres apologistes du siècle précédent. Le *Traité de la vérité de la religion chrétienne* du protestant Jacques Abbadie, depuis 1684, était constamment réédité. Quant à la *Demonstratio evangelica* de Pierre-Daniel Huet (Paris, 1679), elle étonnait encore par sa prodigieuse érudition et par son ordre géométrique.

connais suffisamment les preuves de ma religion, et je conviens qu'elles sont grandes ; mais le seraient-elles cent fois davantage, le christianisme ne me serait point encore démontré. Pourquoi donc exiger de moi que je croie qu'il y a trois personnes en Dieu [1], aussi fermement que je crois que les trois angles d'un triangle sont égaux à deux droits? Toute preuve doit produire en moi une certitude proportionnée à son degré de force ; et l'action des démonstrations géométriques, morales et physiques, sur mon esprit, doit être différente, ou cette distinction est frivole.

LX

Vous présentez à un incrédule un volume d'écrits dont vous prétendez lui démontrer la divinité. Mais avant que d'entrer dans l'examen de vos preuves, il ne manquera pas de vous questionner sur cette collection. A-t-elle toujours été la même? vous demandera-t-il. Pourquoi est-elle à présent moins ample qu'elle ne l'était il y a quelques siècles? De quel droit en a-t-on banni tel et tel ouvrage, qu'une autre secte révère, et conservé tel et tel autre qu'elle a rejeté? Sur quel fondement avez-vous donné la préférence à ce manuscrit? Qui vous a dirigés dans le choix que vous avez fait entre tant de copies différentes, qui sont des preuves évidentes que ces sacrés auteurs ne vous ont pas été transmis dans leur pureté originale et première? Mais si l'ignorance des copistes, ou la malice des hérétiques les a corrompus, comme il faut que vous en conveniez, vous voilà forcés de les restituer dans leur état naturel, avant que d'en prouver la divinité ; car ce n'est pas sur un recueil d'écrits mutilés que tomberont vos preuves, et que j'établirai ma croyance. Or qui chargerez-vous de cette réforme? l'Église. Mais je ne peux convenir de l'infaillibilité de l'É-

1. Souvenir des antitrinitaires d'Angleterre qui se réclamaient de Newton. Mais la Trinité était attaquée en France par l'abbé Meslier (*le Testament*, p. p. Rudolf Charles, Meijer, 1864, t. II, § 31, 5ᵉ preuve, 1ʳᵉ erreur) et par l'*Examen de la religion* (*op. cit.*, p. 44).

glise, que la divinité des Écritures ne me soit prouvée. Me voilà donc dans un scepticisme nécessité [1].

On ne répond à cette difficulté qu'en avouant que les premiers fondements de la foi sont purement humains ; que le choix entre les manuscrits, que la restitution des passages, enfin que la collection s'est faite par des règles de critique ; et je ne refuse point d'ajouter à la divinité des livres sacrés un degré de foi proportionné à la certitude de ces règles.

LXI

C'est en cherchant des preuves que j'ai trouvé des difficultés. Les livres qui contiennent les motifs de ma croyance m'offrent en même temps les raisons de l'incrédulité. Ce sont des arsenaux communs. Là, j'ai vu le déiste s'armer contre l'athée ; le déiste et l'athée lutter contre le juif ; l'athée, le déiste et le juif se liguer contre le chrétien ; le chrétien, le juif, le déiste et l'athée se mettre aux prises avec le musulman ; l'athée, le déiste, le juif, le musulman, et la multitude des sectes du christianisme fondre sur le chrétien, et le sceptique seul contre tous. J'étais juge des coups. Je tenais la balance entre les combattants ; ses bras s'élevaient ou s'abaissaient en raison des poids dont ils étaient chargés. Après de longues oscillations, elle pencha du côté du chrétien, mais avec le seul excès de sa

---

1. Diderot résume les incertitudes de la critique scripturaire en contestant l'intégrité de l'Écriture. Les points précis de l'attaque : établissement des textes canoniques, multiplicité des versions, corruption de la lettre, difficulté des restitutions, falsifications possibles, absence d'une autorité infaillible, proviennent tous du *Tractatus théologico-politicus* de Spinoza, chap. VII (édit. Appuhn, Garnier, p. 155-161). Mais Shaftesbury peut-être servit d'intermédiaire : « Il demanda si c'étaient les écrits apocryphes ou les canoniques, les douteux ou les certains, les controversés ou ceux qui ne le sont pas, ceux qui n'ont qu'une seule leçon ou ceux qui en ont de différentes, le texte de ces manuscrits ou le texte de ceux-là, les copies, les titres, les catalogues de cette église et de cette nation, de cette secte ou d'une autre, de ceux qui dans un siècle s'appellent orthodoxes et ont le pouvoir en main, ou des autres qui les supplantent ensuite et qui s'arrogent à leur tour l'autorité dans les choses saintes ». (*Op. cit.*, t. III, p. 246).

pesanteur, sur la résistance du côté opposé. Je me suis témoin à moi-même de mon équité. Il n'a pas tenu à moi que cet excès m'ait paru fort grand. J'atteste Dieu de ma sincérité.

LXII

Cette diversité d'opinions a fait imaginer aux déistes un raisonnement plus singulier peut-être que solide. Cicéron ayant à prouver que les Romains étaient le peuple le plus belliqueux de la terre, tire adroitement cet aveu de la bouche de leurs rivaux. Gaulois, à qui le cédez-vous en courage, si vous le cédez à quelqu'un? aux Romains. Parthes, après vous, quels sont les hommes les plus courageux? les Romains. Africains, qui redouteriez-vous, si vous aviez à redouter quelqu'un? les Romains. Interrogeons, à son exemple, le reste des religionnaires, vous disent les déistes. Chinois, quelle religion serait la meilleure si ce n'était la vôtre? la religion naturelle. Musulmans, quel culte embrasseriez-vous, si vous abjuriez Mahomet? le naturalisme. Chrétiens, quelle est la vraie religion, si ce n'est la chrétienne? la religion des juifs. Mais vous, juifs, quelle est la vraie religion, si le judaïsme est faux? le naturalisme. Or ceux, continue Cicéron, à qui l'on accorde la seconde place d'un consentement unanime, et qui ne cèdent la première à personne, méritent incontestablement celle-ci. [1]

---

1. L'argument vient d'un fragment des *Académiques* de Cicéron cité par saint Augustin (*Contra Academicos*, Tempsky, Vienne, 1922, t. LXIII, p. 56) : « C'est au sage Académicien que tous ceux des autres sectes qui croient posséder la sagesse accordent la seconde place, car nécessairement chacun d'eux se réserve la première. *Ex quo posse probabiliter confici eum recte primum esse judicio suo, qui omnium ceterorum judicio sit secundus.* »

ADDITION
AUX
PENSÉES PHILOSOPHIQUES

OU

OBJECTIONS DIVERSES CONTRE LES ÉCRITS DE DIFFÉRENTS THÉOLOGIENS

INTRODUCTION

En *1770, probablement chez Marc-Michel Rey, Naigeon publiait un* Recueil philosophique *où, sous le titre de* Pensées sur la religion *(t. II, p. 113-124) paraissait une série de notes assez sèches et d'un anti-christianisme violent. En 1792, nous les retrouvions dans l'*Encyclopédie méthodique *(*Philosophie ancienne et moderne, *t. II, p. 160-165) sous le nouveau titre d'*Objections diverses contre les écrits de différents théologiens pour servir de suite aux Pensées philosophiques. *Naigeon n'hésitait plus à nommer l'auteur, son ami Diderot, et ajoutait :* « Comme j'ai eu entre les mains le manuscrit autographe de cette *Addition aux Pensées philosophiques,* je saisis avec empressement cette occasion de rétablir ici dans toute son intégrité le texte original de ces pensées, beaucoup plus hardies que celles qui parurent en 1746. On y voit un philosophe, profondément affligé des obstacles de toute espèce que les préjugés religieux ont opposés aux progrès des lumières, employer tour à tour les armes du raisonnement et du ridicule pour détruire une superstition qui depuis vingt siècles pèse sur l'esprit humain ». *Nous n'avons pas à douter de cette attribution. Viktor Johansson découvrait à Léningrad, dans le tome XVII du fonds Diderot, le texte manuscrit de l'*Addition *(*Études sur D. Diderot, *Göteborg, 1927, p. 75) avec d'heureuses variantes. Le fonds Vandeul nous livrait enfin un autre manuscrit dont le texte était identique à celui de Léningrad* *(cf. Dieckmann :* Inventaire du fonds Vandeul, *Droz, 1951, p. 113).*

Une lettre de Diderot à Sophie Volland ne permettait d'ailleurs aucune hésitation : « Vous aurez tôt ou tard ce supplément aux *Pensées philosophiques.* Il y a des idées qui vous feront plaisir » *(Édit. Babelon, Gallimard, 1938, t. II, p. 33). Cette lettre était du 11 novembre 1762 : il faut donc conclure que Diderot, seize ans après les* Pensées, *au moment même où se développait avec violence l'offensive anti-chrétienne de Voltaire et de d'Holbach (le* Sermon des Cinquante *est de 1762 et le* Christianisme dévoilé *de 1761) avait décidé de se joindre à la campagne. Ce qui expliquerait l'emploi, nouveau chez lui, des formules péremptoires et l'agressivité du ton.*

Le lecteur de Diderot demeurait cependant mal à l'aise. Cette « nouvelle bombe dans la maison du Seigneur », *pour reprendre l'expression du philosophe, non seulement signalait une tout autre époque de la lutte des lumières, mais une manière peu conforme au génie de Diderot. M. Franco Venturi devait dissiper cette gêne en découvrant à Léningrad la clef du mystère. L'édition Assézat, en effet, avait supprimé un curieux prologue à l'*Addition, *imprimé par Naigeon en 1798 et retrouvé par Johansson en 1927 (*op. cit. *p. 73) :* « Il m'est tombé entre les mains un petit ouvrage fort rare intitulé *Objections diverses contre les récits de différents théologiens.* Élagué et écrit avec un peu plus de chaleur, ce serait une assez bonne suite des *Pensées philosophiques.* Voici quelques-unes des meilleures idées de l'auteur dont il s'agit ». *Or M. Venturi a retrouvé indubitablement l'ouvrage dont Diderot s'est contenté de faire la toilette (cf.* Revue d'histoire littéraire, *1938, p. 23 et 289); c'est un petit manuscrit de 107 pages (Léningrad,* Erm. fr. *3), signé J. L. P., qui fait penser par son style et sa teneur aux nombreux manuscrits clandestins de l'époque. Il s'inspire de l'*Examen de la religion *anonyme publié en 1745 et — chose curieuse — des* Pensées philosophiques *de 1746. Diderot, en l'élaguant et en lui donnant de la chaleur, ne fit souvent que reprendre son bien. L'étude précise de M. Venturi nous montre que plus de quarante articles de l'*Addition *viennent directement des* Objections diverses; *quinze seulement sont* *originaux. Est-ce à dire que ce remaniement est sans intérêt? Nous ne le croyons pas. Il délaisse bon nombre d'articles médiocres où la controverse se noie dans des détails et des faits oiseux; les notes qui lui sont personnelles insistent sur la valeur d'une morale humaine (XII, XIII, XVII) et sur la cruauté de l'Ancien Testament (L à LIII). Il omet enfin tous les thèmes déistes de son modèle, dans la mesure où lui-même s'est dégagé en 1762 du déisme hésitant des* Pensées.

*Voilà pourquoi nous n'avons pas voulu rompre avec la tradition qui joint l'*Addition *au recueil de 1746. Diderot lui-même à établi ce lien dans la lettre à Sophie Volland en 1762. Nous devions au contraire par ce rapprochement accuser l'évolution de Diderot, montrer combien il demeure, en participant à la littérature clandestine, lié au mouvement général des lumières et à ses offensives successives, déceler enfin grâce à M. Venturi la tonalité propre de son antichristianisme.*

Notre texte suit la leçon commune des manuscrits de Léningrad (t. XVII, feuillets 83-89) et de Paris (fonds Vandeul, B. N., n. a. fr., 24937 - II, 13 pages).

ADDITION
AUX
PENSÉES PHILOSOPHIQUES

OU

OBJECTIONS DIVERSES CONTRE LES ÉCRITS DE DIFFÉRENTS THÉOLOGIENS

I

Les doutes, en matière de religion, loin d'être des actes d'impiété, doivent être regardés comme des bonnes œuvres, lorsqu'ils sont d'un homme qui reconnaît humblement son ignorance, et qu'ils naissent de la crainte de déplaire à Dieu par l'abus de la raison [1].

II

Admettre quelque conformité entre la raison de l'homme et la raison éternelle, qui est Dieu, et prétendre que Dieu

1. Nous citerons, d'après M. Venturi, le modèle de cette note dans les *Objections diverses contre les écrits de différents théologiens* (R. H. L. 1938, p. 26) : « Non seulement les doutes en matière de dogmes théologiques ne sont pas des impiétés, mais ils deviennent même autant d'actes de religion, lorsque, n'étant que les effets d'une ignorance invincible, ils ne sont pas ceux de l'orgueil, et qu'ils naissent de la seule crainte de déplaire à Dieu par l'abus de la raison ». Rappelons qu'un des titres du manuscrit clandestin *Examen de la religion*, imprimé en 1745, était *les Doutes sur la religion* (cf. Aix, ms n° 62) ; son influence est ici certaine (cf. *Préambule* : « l'examen et l'attention sont une prière naturelle que nous faisons à Dieu pour le porter à nous découvrir la vérité... l'examen nous fortifiera dans la croyance, etc. »).

exige le sacrifice de la raison humaine, c'est établir qu'il veut et ne veut pas tout à la fois.

III

Lorsque Dieu dont nous tenons la raison en exige le sacrifice, c'est un faiseur de tours de gibecière qui escamote ce qu'il a donné.

IV

Si je renonce à ma raison, je n'ai plus de guide : il faut que j'adopte en aveugle un principe secondaire, et que je suppose ce qui est en question.

V

Si la raison est un don du ciel, et que l'on en puisse dire autant de la foi, le ciel nous a fait deux présents incompatibles et contradictoires [1].

VI

Pour lever cette difficulté, il faut dire que la foi est un principe chimérique, et qui n'existe pas dans la nature.

VII

Pascal, Nicole, et autres ont dit : « Qu'un Dieu punisse de peines éternelles la faute d'un père coupable sur tous ses enfants innocents, c'est une proposition supérieure et non contraire à la raison. » Mais qu'est-ce donc qu'une proposition contraire à la raison, si celle qui énonce évidemment un blasphème ne l'est pas?

---

1. Cette incompatibilité de la raison et de la foi, dont le fidéisme pascalien tirait argument, allait à l'encontre du rationalisme chrétien du XVIIe siècle : Huet écrivait en 1690 ses *Alnetanae quæstiones de concordia rationis et fidei*, le cartésien Régis en 1704 son *Accord de la raison et de la foi*, le protestant Jaquelot en 1705 sa *Conformité de la foi et de la raison*. Le déisme nouveau accentue le divorce, mais dans un tout autre sens que Pascal.

VIII

Égaré dans une forêt immense pendant la nuit, je n'ai qu'une petite lumière pour me conduire. Survient un inconnu qui me dit : *Mon ami, souffle la chandelle pour mieux trouver ton chemin.* Cet inconnu est un théologien.

IX

Si ma raison vient d'en haut, c'est la voix du ciel qui me parle par elle ; il faut que je l'écoute.

X

Le mérite et le démérite ne peuvent s'appliquer à l'usage de la raison, parce que toute la bonne volonté du monde ne peut servir à un aveugle pour discerner des couleurs. Je suis forcé d'apercevoir l'évidence où elle est, et le défaut d'évidence où l'évidence n'est pas, à moins que je ne sois un imbécile ; or l'imbécillité est un malheur et non pas un vice.

XI

L'auteur de la nature, qui ne me récompensera pas pour avoir été un homme d'esprit, ne me damnera pas pour avoir été un sot [1].

XII

Et il ne te damnera pas même pour avoir été un méchant. Quoi donc ! n'as-tu pas déjà été assez malheureux d'avoir été méchant?

XIII

Toute action vertueuse est accompagnée de satisfaction intérieure ; toute action criminelle, de remords ; or l'esprit

---

1. Rien dans les *Objections diverses* ne correspond aux articles XI et XII. L'idée vient des *Pensées philosophiques* (XXIX), et le manuscrit de Léningrad en fait l'aveu (« a dit M. Diderot »). Diderot ne craint pas de se citer lui-même.

avoue, sans honte et sans remords, sa répugnance pour telles et telles propositions ; il n'y a donc ni vertu ni crime, soit à les croire, soit à les rejeter.

XIV

S'il faut encore une grâce pour bien faire, à quoi a servi la mort de Jésus-Christ?

XV

S'il y a cent mille damnés pour un sauvé [1], le diable a toujours l'avantage, sans avoir abandonné son fils à la mort.

XVI

Le Dieu des chrétiens est un père qui fait grand cas de ses pommes, et fort peu de ses enfants.

XVII

Otez la crainte de l'enfer à un chrétien, et vous lui ôterez sa croyance.

XVIII

Une religion vraie, intéressant tous les hommes dans tous les temps et dans tous les lieux, a dû être éternelle, universelle et évidente ; aucune n'a ces trois caractères. Toutes sont donc trois fois démontrées fausses.

XIX

Les faits dont quelques hommes seulement peuvent être témoins sont insuffisants pour démontrer une religion qui doit être également crue par tout le monde.

---

1. L'argument n'est pas dans les *Objections diverses* mais dans Dumarsais, *Analyse de la religion* (*op. cit.* p. 41) : « Sur cent mille hommes, à peine y en a-t-il un de sauvé. Voilà donc à quoi se réduit cette grande bonté du créateur et c'est pour nous obtenir une grâce si singulière qu'une portion de lui-même s'est fait chair et est venue périr du dernier supplice ».

XX

Les faits dont on appuie les religions sont anciens et merveilleux, c'est-à-dire les plus suspects qu'il est possible, pour prouver la chose la plus incroyable.

XXI

Prouver l'Évangile par un miracle, c'est prouver une absurdité par une chose contre nature.

XXII

Mais que fera Dieu à ceux qui n'ont pas entendu parler de son fils? Punira-t-il des sourds de n'avoir pas entendu?

XXIII

Que fera-t-il à ceux qui, ayant entendu parler de sa religion, n'ont pu la concevoir? Punira-t-il des pygmées de n'avoir pas su marcher à pas de géant?

XXIV

Pourquoi les miracles de Jésus-Christ sont-ils vrais, et ceux d'Esculape, d'Apollonius de Tyane et de Mahomet sont-ils faux [1] ?

XXV

Mais tous les Juifs qui étaient à Jérusalem ont apparemment été convertis à la vue des miracles de Jésus-Christ? Aucunement. Loin de croire en lui, ils l'ont crucifié. Il

---

1. L'exemple des miracles d'Esculape vient des *Objections diverses* (*loc. cit.* p. 33). Mais le développement le plus net sur les miracles du paganisme se trouve dans Dumarsais, *Analyse de la religion* (*op. cit.* p. 53) : « Apollonius de Thiane fait aux yeux des Romains plus de miracles que Jésus-Christ. Il guérit les malades, il ressuscite les morts... Nous traitons de prestiges et de superstitions les miracles des autres nations et des autres religions, et nous voulons que l'on croye véritables ceux de la nôtre ».

faut convenir que ces Juifs sont des hommes comme il n'y en a point ; partout on a vu les peuples entraînés par un seul faux miracle, et Jésus-Christ n'a pu rien faire du peuple juif avec une infinité de miracles vrais.

XXVI

C'est ce miracle-là d'incrédulité des Juifs qu'il faut faire valoir, et non celui de sa résurrection.

XXVII

Il est aussi sûr que deux et deux font quatre, que César a existé ; il est aussi sûr que Jésus-Christ a existé que César. Donc il est aussi sûr que Jésus-Christ a ressuscité, que lui ou César a existé. Oh que nenni ! L'existence de Jésus-Christ et de César n'est pas un miracle.

XXVIII

On lit dans la *Vie de M. de Turenne* [1], que le feu ayant pris dans une maison, la présence du Saint-Sacrement arrêta subitement l'incendie. D'accord. Mais on lit aussi dans l'histoire, qu'un moine ayant empoisonné une hostie consacrée, un empereur d'Allemagne ne l'eût pas plus tôt avalée qu'il en mourut.

XXIX

Il y avait là autre chose que les apparences du pain et du vin, ou il faut dire que le poison s'était incorporé au corps et au sang de Jésus-Christ.

XXX

Ce corps se moisit, ce sang s'aigrit. Ce Dieu est dévoré

---

1. Il ne s'agit pas de la *Vie du vicomte de Turenne* publiée en 1685 par Courtilz de Sandras, qui mécontenta vivement la famille, mais de la *Vie de Turenne* de François Raguenet, composée sur l'ordre du cardinal de Bouillon et éditée tardivement (Paris, 1738, 2 vol.).

par les mites sur son autel. Peuple aveugle, Égyptien imbécile, ouvre donc les yeux!

XXXI

La religion de Jésus-Christ, annoncée par des ignorants, a fait les premiers chrétiens. La même religion, prêchée par des savants et des docteurs, ne fait aujourd'hui que des incrédules.

XXXII

On objecte que la soumission à une autorité législative dispense de raisonner. Mais où est la religion, sur la surface de la terre, sans une pareille autorité?

XXXIII

C'est l'éducation de l'enfance qui empêche un mahométan de se faire baptiser; c'est l'éducation de l'enfance qui empêche un chrétien de se faire circoncire; c'est la raison de l'homme fait qui méprise également le baptême et la circoncision.

XXXIV

Il est dit dans saint Luc, que Dieu le père est plus grand que Dieu le fils, *pater major me est*. Cependant, au mépris d'un passage aussi formel, l'Église prononce anathème au fidèle scrupuleux qui s'en tient littéralement aux mots du testament de son père.

XXXV

Si l'autorité a pu disposer à son gré du sens de ce passage, comme il n'y en a pas un dans toutes les Écritures qui soit plus précis, il n'y en a pas un qu'on puisse se flatter de bien entendre, et dont l'Église ne fasse dans l'avenir tout ce qu'il lui plaira.

XXXVI

Tu es Petrus, et super hanc petram ædificabo ecclesiam meam. Est-ce là le langage d'un Dieu, ou une *bigarrure* digne *du Seigneur des Accords* [1]?

XXXVII

In dolore paries (Genèse) [2]. Tu engendreras dans la douleur, dit Dieu à la femme prévaricatrice. Et que lui avaient fait les femelles des animaux, qui engendrent aussi dans la douleur?

XXXVIII

S'il faut entendre à la lettre, *pater major me est*, Jésus-Christ n'est pas Dieu. S'il faut entendre à la lettre, *hoc est corpus meum*, il se donnait à ses apôtres de ses propres mains; ce qui est aussi absurde que de dire que saint Denis baisa sa tête après qu'on la lui eut coupée.

XXXIX

Il est dit qu'il se retira sur le mont des Oliviers, et qu'il pria. Et qui pria-t-il? il se pria lui-même.

XL

Ce Dieu, qui fait mourir Dieu pour apaiser Dieu, est un mot

1. Étienne Tabourot, seigneur des Accords, né à Dijon en 1549, procureur du roi au baillage de Dijon, ligueur notoire, mort en 1590. Auteur des *Bigarrures* (1572), recueil de rébus, d'équivoques et de calembours, des *Touches* (1585), ramassis de lieux communs en forme d'épigrammes, et des *Escraignes* (1614), recueil de contes des veillées paysannes. Diderot en tant que langrois goûtait l'esprit bourguignon de Tabourot.

2. L'exemple est dans les *Objections diverses* (*op. cit.* p. 39), mais l'origine commune est dans Voltaire, *Lettres philosophiques* (édit. Lanson, t. II, p. 188) : « Je vois que l'homme vient au monde comme les autres animaux, que l'accouchement des mères est plus douloureux à mesure qu'elles sont plus délicates, que quelquefois des femmes et des animaux femelles meurent dans l'enfantement ».

excellent de la Hontan [1]. Il résulte moins d'évidence de cent volumes *in-folio*, écrits pour ou contre le christianisme, que de ridicule de ces deux lignes.

XLI

Dire que l'homme est un composé de force et de faiblesse, de lumière et d'aveuglement, de petitesse et de grandeur, ce n'est pas lui faire son procès, c'est le définir.

XLII

L'homme est comme Dieu ou la nature l'a fait ; et Dieu et la nature ne font rien de mal.

XLIII

Ce que nous appelons le péché originel, Ninon de l'Enclos l'appelait le péché *original*.

XLIV

C'est une imprudence sans exemple que de citer la conformité des Évangélistes [2], tandis qu'il y a dans les uns des faits qui ne sont pas dans les autres.

XLV

Platon considérait la Divinité sous trois aspects, la bonté, la sagesse et la puissance. Il faut se fermer les yeux pour ne pas voir là la Trinité des chrétiens. Il y avait près de trois

---

1. Louis Armand de Lom d'Arce, baron de la Hontan, né près de Mont-de-Marsan en 1666, séjourna dix ans au Canada (1683-1693), puis vécut en exil en Hollande et en Allemagne. Ses *Nouveaux voyages dans l'Amérique septentrionale* (1703), réédités en 1728 et 1731, ainsi que son *Dialogue avec un sauvage de l'Amérique* (1704), contribuèrent non seulement à l'extension du mythe du bon sauvage, mais relayèrent le rationalisme critique de Bayle et de Fontenelle. Cette citation de La Hontan est le fait de Diderot, non de son modèle.

2. Cf. *Objections diverses* (*loc. cit.* p. 42). Même thème dans Dumarsais, *op. cit.*, p. 20 et 26) et dans l'*Examen de la religion* (*op. cit.*, p. 38-40).

mille ans que le philosophe d'Athènes appelait *Logos* (λόγος) ce que nous appelons le Verbe [1].

XLVI

Les personnes divines sont, ou trois accidents, ou trois substances. Point de milieu. Si ce sont trois accidents, nous sommes athées ou déistes. Si ce sont trois substances, nous sommes païens.

XLVII

Dieu le père juge les hommes dignes de sa vengeance éternelle ; Dieu le fils les juge dignes de sa miséricorde infinie ; le Saint-Esprit reste neutre [2]. Comment accorder ce verbiage catholique avec l'unité de la volonté divine?

XLVIII

Il y a longtemps qu'on a demandé aux théologiens d'accorder le dogme des peines éternelles avec la miséricorde infinie de Dieu ; et ils en sont encore là [3].

XLIX

Et pourquoi punir un coupable, quand il n'y a plus aucun bien à tirer de son châtiment?

---

1. C'est l'auteur des *Objections diverses* qui rapproche le *Logos* platonicien du *Verbe* de saint Jean l'évangéliste (*op. cit.* p. 289). Cf. Dumarsais, *op. cit.*, p. 31 : « Jusqu'au concile de Nicée, le christianisme n'était qu'un mélange de la religion juive avec la philosophie platonicienne. C'est dans cette secte que les chrétiens ont puisé le dogme de la Trinité ». Mais la chronologie fantaisiste est de Diderot, que 21 siècles seulement séparaient de Platon.

2. Le Saint-Esprit reste neutre : cette plaisanterie est une trouvaille de Diderot (cf. *Objections diverses*, *loc. cit.*, p. 290).

3. L'éternité des peines de l'enfer est de foi définie depuis le synode de Constantinople de 534 contre les erreurs d'Origène. Mais les miséricordieux sont nombreux chez les sectaires de Hollande au XVIIe siècle, et le déisme reprend sur ce point les arguments de l'origénisme (cf. *Objections diverses*, *loc. cit.* p. 292).

L

Si l'on punit pour soi seul, on est bien cruel et bien méchant.

LI

Il n'y a point de bon père qui voulût ressembler à notre père céleste.

LII

Quelle proportion entre l'offenseur et l'offensé? quelle proportion entre l'offense et le châtiment? Amas de bêtises et d'atrocités!

LIII

Et de quoi se courrouce-t-il si fort, ce Dieu? Et ne dirait-on pas que je puisse quelque chose pour ou contre sa gloire, pour ou contre son repos, pour ou contre son bonheur?

LIV

On veut que Dieu fasse brûler le méchant, qui ne peut rien contre lui, dans un feu qui durera sans fin ; et on permettrait à peine à un père de donner une mort passagère à un fils qui compromettrait sa vie, son honneur et sa fortune!

LV

O chrétiens! vous avez donc deux idées différentes de la bonté et de la méchanceté, de la vérité et du mensonge. Vous êtes donc les plus absurdes des dogmatistes, ou les plus outrés des pyrrhoniens.

LVI

Il n'y a que celui qui pourrait commettre tout le mal possible qui pourrait aussi mériter un châtiment éternel. Pour faire de Dieu un être infiniment vindicatif, vous transformez un ver de la terre en un être infiniment puissant. Tout le mal dont on est capable n'est pas tout le mal possible.

LVII

A entendre un théologien exagérer l'action d'un homme que Dieu fit paillard, et qui a couché avec sa voisine, que Dieu fit complaisante et jolie, ne dirait-on pas que le feu ait été mis aux quatre coins de l'univers? Eh! mon ami, écoute Marc-Aurèle, et tu verras que tu courrouces ton Dieu pour le frottement illicite et voluptueux de deux intestins [1].

LVIII

Ce que les atroces chrétiens ont traduit par *éternel* ne signifie, en hébreu, que *durable*. C'est de l'ignorance d'un hébraïsme, et de l'humeur féroce d'un interprète, que vient le dogme de l'éternité des peines [2].

LIX

Pascal a dit : « Si votre religion est fausse, vous ne risquez rien à la croire vraie; si elle est vraie, vous risquez tout à la croire fausse. » [3] Un iman en peut dire tout autant que Pascal.

---

1. Cf. Marc-Aurèle, *Pensées*, VI, 13 (édit. Belles-Lettres, Paris, 1939, p. 56). Diderot connaît Marc-Aurèle par la traduction de Dacier, réimprimée en 1742 par de Jolly.

2. L'auteur des *Objections diverses* attribue cette remarque philologique à « feu M. de P., auteur d'une érudition immense » (*loc. cit.* p. 295). Or les hébraïsants français sont rares dans la 1re moitié du XVIIIe siècle; s'agirait-il de Fréret mort en 1749 ?

3. Cf. Pascal, *Pensées* (Brunschvicg, III, 233, p. 439) : « Si vous gagnez, vous gagnez tout; si vous perdez, vous ne perdez rien ». Cette critique du pari est fréquente dans tous les manuscrits clandestins, par exemple dans *le Militaire philosophe* (Londres, 1768, p. 33 : « Ce raisonnement est de même force dans la bouche du Muphti que du Pape » Le marquis de Lassay disait aussi (*Recueil de différentes choses*, 1727) : « L'argument du pari vaut trop, car il vaut pour toutes les religions ».

LX

Que Jésus-Christ qui est Dieu ait été tenté par le diable, c'est un conte digne des *Mille et une nuits* [1].

LXI

Je voudrais bien qu'un chrétien, qu'un janséniste surtout, me fît sentir le *cui bono* de l'incarnation. Encore ne faudrait-il pas enfler à l'infini le nombre des damnés si l'on veut tirer quelque parti de ce dogme.

LXII

Une jeune fille vivait fort retirée : un jour elle reçut la visite d'un jeune homme qui portait un oiseau ; elle devint grosse : et l'on demande qui est-ce qui a fait l'enfant? Belle question! c'est l'oiseau.

LXIII

Mais pourquoi est-ce que le cygne de Léda et les petites flammes de Castor et Pollux nous font rire, et que nous ne rions pas de la colombe et des langues de feu de l'Évangile?

LXIV

Il y avait, dans les premiers siècles, soixante Évangiles [2] presque également crus. On en a rejeté cinquante-six pour raison de puérilité et d'ineptie. Ne reste-t-il rien de cela dans ceux qu'on a conservés?

---

1. L'exemple de Jésus tenté par le diable, de l'aveu de l'auteur des *Objections diverses* (*loc. cit.*, p. 296), vient de l'*Examen de la religion* (*op. cit.*, chap. IV, p. 44 sq.).

2. L'auteur des *Objections diverses* parlait de cinquante évangiles (*loc. cit.*, p. 297), le *Dictionnaire de théologie catholique* (Letouzey, 1924) n'en connaît que trente-huit. Toland, dans son *Amyntor* (1699), utilisait déjà les apocryphes, mais la critique anticléricale fit grand usage du recueil de Fabricius (*Codex apocryphus novi Testamenti*, Hamburg, 1703). C'est l'arsenal ordinaire de Voltaire et de Dumarsais (*op. cit.* p. 27).

LXV

Dieu donne une première loi aux hommes ; il abolit ensuite cette loi. Cette conduite n'est-elle pas un peu d'un législateur qui s'est trompé, et qui le reconnaît avec le temps? Est-ce qu'il est d'un être parfait de se raviser?

LXVI

Il y a autant d'espèces de foi qu'il y a de[s] religions au monde.

LXVII

Tous les sectaires du monde ne sont que des déistes hérétiques.

LXVIII

Si l'homme est malheureux sans être né coupable, ne serait-ce pas qu'il est destiné à jouir d'un bonheur éternel, sans pouvoir, par sa nature, s'en rendre jamais digne?

LXIX

Voilà ce que je pense du dogme chrétien : je ne dirai qu'un mot de sa morale. C'est que, pour un catholique père de famille, convaincu qu'il faut pratiquer à la lettre les maximes de l'Évangile sous peine de ce qu'on appelle l'enfer, attendu l'extrême difficulté d'atteindre à ce degré de perfection que la faiblesse humaine ne comporte point, je ne vois d'autre parti que de prendre son enfant par un pied, et que de l'écacher contre la terre, ou que de l'étouffer en naissant. Par cette action il le sauve du péril de la damnation, et lui assure une félicité éternelle ; et je soutiens que cette action, loin d'être criminelle, doit passer pour infiniment louable, puisqu'elle est fondée sur le motif de l'amour paternel, qui exige que tout bon père fasse pour ses enfants tout le bien possible.

LXX

Le précepte de la religion et la loi de la société, qui

défendent le meurtre des innocents, ne sont-ils pas, en effet, bien absurdes et bien cruels, lorsqu'en les tuant on leur assure un bonheur infini, et qu'en les laissant vivre on les dévoue, presque sûrement, à un malheur éternel?

LXXI

Comment, monsieur de la Condamine! il sera permis d'inoculer son fils pour le garantir de la petite vérole, et il ne sera pas permis de le tuer pour le garantir de l'enfer? Vous vous moquez.

LXXII

Satis triumphat veritas si apud paucos, eosque bonos, accepta sit; nec ejus indoles placere multis [1].

Nous plaçons ici, à la suite d'Assézat-Tourneux, deux Pensées relevées sur les manuscrits de Diderot à la bibliothèque de l'Ermitage. Elles se rapportent exactement à ce qui précède, et l'une d'elle, la seconde, porte en tête l'indication : *Pensée philosophique* [2].

***

Anciennement, dans l'île de Ternate [3], il n'était permis à qui que ce soit, pas même aux prêtres, de parler de reli-

---

1. Cette maxime latine, tirée des *Objections diverses* (*loc. cit.*, p. 308), rappelle l'introduction de Diderot aux *Pensées philosophiques* : « Je n'aspire qu'à quelques suffrages... Je tiens (ces pensées) pour détestables, si elles plaisent à tout le monde ».

2. Ces deux pensées publiées par Assézat d'après le manuscrit de l'Ermitage se retrouvent dans le fonds Vandeul (B. N., n. a. fr., 13764-XVI).

3. L'anecdote de l'île de Ternate a été utilisée deux fois par Diderot, dans *l'Histoire philosophique des deux Indes* de l'abbé Raynal (édit. 1780, Genève, Pellet, t. IV, p. 234) et dans les *Observations à Catherine II* (édit. Ledieu, in *Revue d'histoire économique et sociale*, 1920, p. 325). Montaigne *(Essais,* 1, 5*)* avait, d'après Lopez de Castañeda *(Histoire de la découverte... des Indes par les Portugais)*, parlé d'une coutume de Ternate, l'une des Moluques.

gion. Il n'y avait qu'un seul temple ; une loi expresse défendait qu'il y en eût deux. On n'y voyait ni autel, ni statues, ni images. Cent prêtres, qui jouissaient d'un revenu considérable, desservaient ce temple. Ils ne chantaient ni ne parlaient, mais dans un énorme silence ils montraient avec le doigt une pyramide sur laquelle étaient écrits ces mots: *Mortels, adorez Dieu, aimez vos frères et rendez-vous utiles à la patrie.*

***

Un homme avait été trahi par ses enfants, par sa femme et par ses amis ; des associés infidèles avaient renversé sa fortune et l'avaient plongé dans la misère. Pénétré d'une haine et d'un mépris profond pour l'espèce humaine, il quitta la société et se réfugia seul dans une caverne. Là, les poings appuyés sur les yeux, et méditant une vengeance proportionnée à son ressentiment, il disait : « Les pervers ! Que ferai-je pour les punir de leurs injustices, et les rendre tous aussi malheureux qu'ils le méritent? Ah! s'il était possible d'imaginer... de les entêter d'une grande chimère à laquelle ils missent plus d'importance qu'à leur vie, et sur laquelle ils ne pussent jamais s'entendre !... » A l'instant il s'élance de la caverne en criant : « Dieu ! Dieu !... » Des échos sans nombre répètent autour de lui : « Dieu ! Dieu ! » Ce nom redoutable est porté d'un pôle à l'autre et partout écouté avec étonnement. D'abord les hommes se prosternent, ensuite ils se relèvent, s'interrogent, disputent, s'aigrissent, s'anathématisent, se haïssent, s'entr'égorgent, et le souhait fatal du misanthrope est accompli. Car telle a été dans le temps passé, et telle sera dans le temps à venir, l'histoire d'un être toujours également important et incompréhensible.

LETTRE SUR LES AVEUGLES

A L'USAGE DE CEUX QUI VOIENT

INTRODUCTION

En *1749, l'intérêt que portaient nombre de philosophes à la psychologie des aveugles ne reflétait nul souci d'humanité. Il s'agissait d'un problème abstrait, central certes dans toute théorie de la connaissance, le passage de la sensation au jugement, qui risquait d'être résolu en étudiant les réactions d'un aveugle recouvrant la vue. L'avenir du sensualisme pouvait sembler en dépendre et, dans la mesure où le sensualisme en était le substrat philosophique, l'avenir des « lumières ».*

*Dès l'*Essai sur l'entendement humain *(1690), traduit en 1700 par Pierre Coste, Locke avait transcrit la question de son ami William Molyneux :* « Supposez un aveugle de naissance qui soit présentement homme fait, auquel on ait appris à distinguer par l'attouchement un cube et un globe de même métal et à peu près de la même grosseur en sorte que lorsqu'il touche l'un et l'autre il puisse dire quel est le cube et quel est le globe. Supposez que, le cube et le globe étant posés sur une table, cet aveugle vienne à jouir de la vue, on demande si, en les voyant sans les toucher, il pourrait les discerner et dire quel est le globe et quel est le cube » *(IIe partie, IX, § 8). La réponse de Locke comme de Molyneux était conforme à leur philosophie : l'aveugle ne discernerait rien; Berkeley en 1709, dans sa* Nouvelle théorie de la vision, *ajoute en ce sens des arguments péremptoires. En 1728 dans les* Philosophical transactions, *l'oculiste Cheselden, après avoir opéré un aveugle-né, prétend confirmer* *l'hypothèse philosophique par une enquête minutieuse. Voltaire résume l'ensemble de la question dans les* Éléments de la philosophie de Newton *(in* Œuvres, *édit. Moland, Garnier, t. XXII, p. 469) parus en 1738 : il conclut dans un sens lockien. En 1746, dans l'*Essai sur l'origine des connaissances humaines, *Condillac critique les données du problème de Molyneux et accuse de prévention l'expérience de Cheselden; loin de vouloir élucider un problème de psychologie, il tient à prouver contre Locke l'absence de tout jugement au niveau de la perception; nombre d'arguments de Condillac étaient suggérés dès 1745 par La Mettrie dans le* Traité de l'âme *(difficulté d'accommodation de l'œil opéré, aide mutuelle des sens dans l'élaboration des idées). L'année même de la* Lettre sur les aveugles, *Buffon résumait encore la question dans son* Histoire naturelle de l'homme *(2ᵉ partie —* Des sens, du sens de la vue*).*

Diderot donc, en l'abordant à son tour, ne prétendait pas à l'originalité; mais sur deux points, il semble vouloir s'écarter de ses devanciers. Alors que tous voyaient là un problème abstrait destiné à justifier une philosophie, le sensualisme, Diderot y voit un problème humain : l'aveugle vit dans un monde original; il faut pour le rejoindre une longue patience, d'adroites questions et — ce dont les autres ne s'avisent pas — un sujet d'élite. Ce qu'il lui faut, c'est un aveugle philosophe, *non plus la fille de Simoneau dont Réaumur ne tirera rien, ni le petit Anglais dont Cheselden tirera trop, mais l'étonnant aveugle du Puiseaux, le génial Saunderson, plus tard enfin la petite Mélanie de Salignac. Pénétrer dans le monde des aveugles, c'est donc affaire de temps, de tact et de délicatesse. En second lieu, Diderot accepte les critiques de Condillac (ou de La Mettrie) contre le schématisme de Locke, mais critique à son tour l'*Essai sur l'origine des connaissances humaines *en rappelant à son auteur l'aventure de Berkeley, incapable de découvrir l'être pensant dans le kaléidoscope des sensations. Et c'est ainsi que le problème humain de l'aveugle-né cède la place au problème gnoséologique de l'aveugle recouvrant la vue. Au contraire de M. Niklaus qui voit en Diderot un sceptique cherchant à nous éblouir par l'élégance de sa dialectique, nous ferions valoir l'aspect volontiers médical de ses remarques; par l'importance donnée au* sensorium commune, *Diderot demeure en somme fidèle à l'option rationaliste. Non seulement l'œil s'expérimente, mais aussi le cerveau. Dès la* Lettre sur les aveugles, *Diderot a compris l'insuffisance du sensualisme dont Voltaire se contente encore et que Condillac ne cessera, jusqu'au* Traité des sensations *(1754), de consolider.*

Problème de Molyneux, expérience de Cheselden, séance mondaine de Réaumur, interview de l'aveugle du Puiseaux, tout ceci permettait à Diderot de dérouler avec virtuosité un « Essai » à la Montaigne et de briller aux yeux d'une femme savante. Nous pourrions croire un instant que l'intérêt central est dans le cas de Saunderson, dont Diderot a pu connaître les Elements of algebra *(1740) par Voltaire, qui souscrivit à l'ouvrage, ou par l'abbé Sallier, qui lui ouvrait la Bibliothèque du roi; Diderot s'est un moment passionné pour les curieuses tables à calculer du géomètre aveugle, décelant son extraordinaire génie de « suppléance » pour s'intégrer au monde des clairvoyants. Mais voici qu'au lit de mort de Saunderson le ton change et se hausse dramatiquement; il ne s'agit plus du géomètre de Cambridge mais du monstre qu'est l'aveugle privé du spectacle du monde. Toute une apologétique fondée sur les merveilles de la nature s'effondre devant des yeux vides, apologétique que Diderot défendait naguère dans les* Pensées philosophiques; *et l'aveugle d'évoquer un univers en flux perpétuel, en proie au hasard, éliminant ses monstres et sauvant ses meilleures ébauches. Diderot se ralliait aux générations spontanées; acceptait, au-delà de la poésie de Lucrèce, les expériences de Needham; lançait l'idée de sélection naturelle. Tout ceci en cinq pages enthousiastes, d'une ardeur si mal contenue que le lieutenant de police Berryer y verra du fanatisme.*

Telle est cette étrange Lettre sur les aveugles, *où Diderot se révèle à nous dans son génie déconcertant : froid ou exalté à sa guise; soucieux de technique, d'exacte expérimentation, mais aussi dialecticien redoutable et digne du bonnet carré de Sorbonne; enquêteur subtil mais poète inspiré; génial dans l'hypothèse mais prompt à la mystification. Diderot, en tout cas, n'était pas assez naïf pour croire qu'un sujet aussi sérieux et qu'une dialectique aussi subtile pouvaient conduire à un succès financier. Mme de Puisieux, malgré tout ce qu'en dit Mme de Vandeul, mettait plus d'espoir dans* l'Oiseau blanc *ou* les Bijoux indiscrets. *La* Lettre sur les aveugles, *quand on songe à la part de Shaftesbury dans les* Pensées philosophiques, *est le premier ouvrage original de Diderot; non pas* « intempérance d'esprit », *comme il dira hypocritement à Berryer, mais seulement délit d'imprudence. Voltaire l'a lue le 9 juin 1749, fraîchement sortie des presses de Durand; un mois et demi plus tard, le 22 juillet, une lettre de cachet enfermait Diderot à Vincennes. Trois mois d'internement allaient lui rappeler que le philosophe vit sur terre et que s'il n'a pas la vocation du martyre, il doit ruser avec les pouvoirs de ce monde. En ce sens, la* Lettre sur les aveugles *va clore la longue adolescence de Diderot. Dès 1749, Diderot combattra sous le masque.*

Aucune hésitation n'est permise sur le texte même de la Lettre. *Ni le fonds Diderot de Léningrad, ni le fonds Vandeul de la Bibliothèque Nationale n'ont conservé de copies manuscrites. M. Niklaus, dans son édition critique (Droz, 1951, p. LV), a étudié avec rigueur la tradition imprimée. Diderot n'est jamais intervenu dans l'établissement des éditions faites de son vivant. Des trois éditions de 1749 dues probablement à Durand, nous suivrons le texte de l'édition princeps, en corrigeant les nombreuses coquilles et en modifiant l'orthographe (Londres 1749 — in-8° de 221 pages — L 1 de l'édition Niklaus).*

BIBLIOGRAPHIE

I. Éditions

NIKLAUS Robert (ed.), G., Droz, 1951.

II. Études

POMMIER Jean. *Diderot avant Vincennes*, P., Boivin, 1939, p. 81 *sq.*

VENTURI Franco. *La Jeunesse de Diderot*, 1939, éd. cit., p. 142 *sq.*

LEFEBVRE Henri. *Diderot*, 1949, éd. cit., p. 99-112.

MORGAN Michael J. *Molyneux's question : vision, touch, and the philosophy of perception*, Cambridge U.P., 1977.

CAPPELLETTI Angel J. « Diderot y su *Carta sobre los ciegos* », *Atlantida*, v, n° 13, Caracas, 1978.

PERKINS Merle L. « The crisis of sensationalism in Diderot's *Lettre...* », *Studies on Voltaire*, CLXXIV, Oxford, 1978.

FINCK Willi. « Behindertenprobleme und Philosophie bei Denis Diderot », *Wissenschaftliche Zeitschrift der Wilhelm-Piek-Universität Rostock*, XXX, 1981.

KESSLER Michael. « A puzzle concerning Diderot's presentation of Saunderson's "Palpable arithmetic" », *Diderot studies*, XX, G., Droz, 1981.

KELLY Mary Bird. « Saying by implicature. The two voices of Diderot in the *Lettre...* », *Studies in Eighteenth-Century culture*, XII, Cleveland / London, 1983.

PUCCI Suzanne. « Vision of the "I" of the beholder », *Esprit créateur*, XXIV, Minneapolis / Baton rouge, 1984.

ALLAIN Louis. « La Genèse de la philosophie athée chez Diderot », *Beiträge zur Romanischen Philosophie*, XXIV, Berlin, 1985.

RICKEN Ulrich. « Diderot zwischen Locke und Condillac ? Zu Diderots Sensualismus in seinem Frühwerken », *ibid.*

ADAMS David J. *Diderot, dialogue and debate*, 1986, éd. cit., p. 116-39.

JOUARY Jean-Paul. « Dialectique et matérialisme dans la *Lettre...* », *Pensée*, n° 254, P., 1986.

DELACAMPAGNE Christian. « Diderot et le problème Molyneux », *in* Francisco Lafarga (ed.)., *Diderot*, Publicacions edicions Universitat de Barcelona, 1987.

DIXON B. Lynne. *Diderot, philosopher of energy*, 1988, éd. cit., p. 21-57.

CHABUT Marie-Hélène. « La *Lettre...* : écriture comme écart », *Studies on Voltaire*, CCCIV, Oxford, 1992.

LETTRE SUR LES AVEUGLES

A L'USAGE DE CEUX QUI VOIENT

Possunt, *nec* posse videntur.

Je me doutais bien, madame[1], que l'aveugle-née, à qui M. de Réaumur vient de faire abattre la cataracte[2], ne vous apprendrait pas ce que vous vouliez savoir ; mais je n'avais garde de deviner que ce ne serait ni sa faute, ni la vôtre. J'ai sollicité son bienfaiteur par moi-même, par ses meilleurs amis, par les compliments que je lui ai faits ; nous n'en avons rien obtenu, et le premier appareil se lèvera sans vous. Des personnes de la première distinction ont eu l'honneur de partager son refus avec les philosophes ; en un mot, il n'a voulu laisser tomber le voile que devant

---

1. Faut-il voir là une dédicace conventionnelle selon M. Niklaus, (édit. citée, p. IX)? Un hommage à Mme de Puisieux dont les besoins d'argent auraient poussé Diderot à écrire la lettre, selon la biographie de Mme de Vandeul? Les curiosités mathématiques du texte feraient plutôt penser à Mme de Prémontval, savante fille de M. Pigeon dont il relate les aventures dans *Jacques le Fataliste*. Depuis la marquise de Fontenelle et les dédicaces de Voltaire à Mme du Châtelet, l'on s'était habitué aux femmes savantes. Dans sa préface du *Traité des systèmes* (1754) à Mme de Vassé, Condillac fera l'éloge d'une femme géomètre, Mlle Ferrand. (*Œuvres* de Condillac, P. U. F., 1947, t. I, p. 222).

2. La fille de Simoneau (cf. *infra*). Sur M. de Réaumur et l'occasion de la *Lettre sur les aveugles*, cf. Préface. L'hostilité de Réaumur à l'égard de Buffon et des encyclopédistes ne fera que grandir. Il accusera plus tard Diderot d'avoir utilisé pour les planches de *l'Encyclopédie* ses propres documents (cf. J. Torlais, *Réaumur*, Desclée de Brouwer, 1936).

quelques yeux sans conséquence. Si vous êtes curieuse de savoir pourquoi cet habile académicien fait si secrètement des expériences qui ne peuvent avoir, selon vous, un trop grand nombre de témoins éclairés, je vous répondrai que les observations d'un homme aussi célèbre ont moins besoin de spectateurs, quand elles se font, que d'auditeurs, quand elles sont faites. Je suis donc revenu, madame, à mon premier dessein; et, forcé de me passer d'une expérience où je ne voyais guère à gagner pour mon instruction ni pour la vôtre, mais dont M. de Réaumur tirera sans doute un bien meilleur parti, je me suis mis à philosopher avec mes amis sur la matière importante qu'elle a pour objet. Que je serais heureux, si le récit d'un de nos entretiens pouvait me tenir lieu, auprès de vous, du spectacle que je vous avais trop légèrement promis!

Le jour même que le Prussien[1] faisait l'opération de la cataracte à la fille de Simoneau, nous allâmes interroger l'aveugle-né du Puiseaux[2] : c'est un homme qui ne manque pas de bon sens; que beaucoup de personnes connaissent; qui sait un peu de chimie, et qui a suivi, avec quelque succès, les cours de botanique au Jardin du Roi. Il est né d'un père qui a professé avec applaudissement la philosophie dans l'université de Paris. Il jouissait d'une fortune honnête, avec laquelle il eût aisément satisfait les sens qui lui restent; mais le goût du plaisir l'entraîna dans sa jeunesse : on abusa de ses penchants; ses affaires domestiques se dérangèrent, et il s'est retiré dans une petite ville de province, d'où il fait tous les ans un voyage à Paris. Il y apporte des liqueurs qu'il distille, et dont on est très content. Voilà, madame, des circonstances assez peu philosophiques; mais, par cette raison même, plus propres à vous faire juger que le personnage dont je vous entretiens n'est point imaginaire.

1. L'oculiste Hilmer se contentait encore de faire abattre la cataracte. La première extraction du cristallin fut réussie par Jacques Daviel vers 1745. Diderot semble l'ignorer en 1749.

2. Gros canton de l'arrondissement de Pithiviers, département du Loiret.

Nous arrivâmes chez notre aveugle sur les cinq heures du soir, et nous le trouvâmes occupé à faire lire son fils avec des caractères en relief : il n'y avait pas plus d'une heure qu'il était levé ; car vous saurez que la journée commence pour lui quand elle finit pour nous. Sa coutume est de vaquer à ses affaires domestiques, et de travailler pendant que les autres reposent. A minuit, rien ne le gêne ; et il n'est incommode à personne. Son premier soin est de mettre en place tout ce qu'on a déplacé pendant le jour ; et quand sa femme s'éveille, elle trouve ordinairement la maison rangée. La difficulté qu'ont les aveugles à recouvrer les choses égarées les rend amis de l'ordre ; et je me suis aperçu que ceux qui les approchaient familièrement partageaient cette qualité, soit par un effet du bon exemple qu'ils donnent, soit par un sentiment d'humanité qu'on a pour eux. Que les aveugles seraient malheureux, sans les petites attentions de ceux qui les environnent ! Nous-mêmes, que nous serions à plaindre sans elles ! Les grands services sont comme de grosses pièces d'or ou d'argent qu'on a rarement occasion d'employer ; mais les petites attentions sont une monnaie courante qu'on a toujours à la main.

Notre aveugle juge fort bien des symétries. La symétrie, qui est peut-être une affaire de pure convention entre nous, est certainement telle, à beaucoup d'égards, entre un aveugle et ceux qui voient. A force d'étudier par le tact la disposition que nous exigeons entre les parties qui composent un tout, pour l'appeler beau, un aveugle parvient à faire une juste application de ce terme. Mais quand il dit : *cela est beau*, il ne juge pas ; il rapporte seulement le jugement de ceux qui voient : et que font autre chose les trois quarts de ceux qui décident d'une pièce de théâtre, après l'avoir entendue, ou d'un livre, après l'avoir lu ? La beauté, pour un aveugle, n'est qu'un mot, quand elle est séparée de l'utilité[1] ; et avec un organe de moins, combien de choses

1. M. Niklaus rapproche fort justement cette formule (p. 94) de l'esthétique de *l'Encyclopédie* dans les articles *Beau* et *Beauté*. « Il me

dont l'utilité lui échappe! Les aveugles ne sont-ils pas bien à plaindre de n'estimer beau que ce qui est bon? Combien de choses admirables perdues pour eux! Le seul bien qui les dédommage de cette perte, c'est d'avoir des idées du beau, à la vérité moins étendues, mais plus nettes que des philosophes clairvoyants[1] qui en ont traité fort au long.

Le nôtre parle de miroir à tout moment. Vous croyez bien qu'il ne sait ce que veut dire le mot miroir ; cependant il ne mettra jamais une glace à contre-jour. Il s'exprime aussi sensément que nous sur les qualités et les défauts de l'organe qui lui manque : s'il n'attache aucune idée aux termes qu'il emploie, il a du moins sur la plupart des autres hommes l'avantage de ne les prononcer jamais mal à propos. Il discourt si bien et si juste de tant de choses qui lui sont absolument inconnues, que son commerce ôterait beaucoup de force à cette induction que nous faisons tous, sans savoir pourquoi, de ce qui se passe en nous à ce qui se passe au dedans des autres.

Je lui demandai ce qu'il entendait par un miroir : « Une machine, me répondit-il, qui met les choses en relief loin d'elles-mêmes, si elles se trouvent placées convenablement par rapport à elle. C'est comme ma main, qu'il ne faut pas que je pose à côté d'un objet pour le sentir. » Descartes, aveugle-né, aurait dû, ce me semble, s'applaudir d'une pareille définition. En effet, considérez, je vous prie, la

---

semble qu'un aveugle a des idées de rapports, d'ordre, de symétrie, et que ces notions sont entrées dans son entendement par le toucher, comme dans le nôtre par la vue, moins parfaites peut-être et moins exactes ; mais cela prouve que les aveugles-nés sont moins affectés du beau que nous autres clairvoyants ». L'exemple de l'aveugle permet donc à Diderot de critiquer la doctrine esthétique du « sens interne du beau » soutenue par Hutcheson et de suggérer le critère empirique de l'utilité.

1. Toujours dans la ligne de l'article *Beau* de *l'Encyclopédie*, probablement contemporain de la *Lettre*, Diderot vise l'esthétique de Crouzas, de Hutcheson dont les *Recherches sur l'origine que nous avons de la beauté* venaient d'être traduites en 1749 par Eidous, du Père André (*Essai sur le beau*, 1741) et du Père Batteux (*les Beaux-arts réduits à un seul principe*, 1746).

finesse avec laquelle il a fallu combiner certaines idées pour y parvenir. Notre aveugle n'a de connaissance des objets que par le toucher. Il sait, sur le rapport des autres hommes, que par le moyen de la vue on connaît les objets, comme ils lui sont connus par le toucher ; du moins, c'est la seule notion qu'il s'en puisse former. Il sait, de plus, qu'on ne peut voir son propre visage, quoiqu'on puisse le toucher. La vue, doit-il conclure, est donc une espèce de toucher qui ne s'étend que sur les objets différents de notre visage, et éloignés de nous. D'ailleurs, le toucher ne lui donne l'idée que du relief. Donc, ajoute-t-il, un miroir est une machine qui nous met en relief hors de nous-mêmes. Combien de philosophes renommés ont employé moins de subtilité, pour arriver à des notions aussi fausses ! mais combien un miroir doit-il être surprenant pour notre aveugle ! combien son étonnement dut-il augmenter, quand nous lui apprîmes qu'il y a de ces sortes de machines qui agrandissent les objets ; qu'il y en a d'autres qui, sans les doubler, les déplacent, les rapprochent, les éloignent, les font apercevoir, en dévoilent les plus petites parties aux yeux des naturalistes ; qu'il y en a qui les multiplient par milliers, qu'il y en a enfin qui paraissent les défigurer totalement. Il nous fit cent questions bizarres sur ces phénomènes. Il nous demanda, par exemple, s'il n'y avait que ceux qu'on appelle naturalistes, qui vissent avec le microscope ; et si les astronomes étaient les seuls qui vissent avec le télescope ; si la machine qui grossit les objets était plus grosse que celle qui les rapetisse ; si celle qui les rapproche était plus courte que celle qui les éloigne ; et ne comprenant point comment cet autre nous-même que, selon lui, le miroir répète en relief, échappe au sens du toucher : « Voilà, disait-il, deux sens qu'une petite machine met en contradiction : une machine plus parfaite les mettrait peut-être d'accord, sans que, pour cela, les objets en fussent plus réels ; peut-être une troisième plus parfaite encore, et moins perfide, les ferait disparaître, et nous avertirait de l'erreur. »

Et qu'est-ce, à votre avis, que des yeux? lui dit M. de...

« C'est, lui répondit l'aveugle, un organe, sur lequel l'air fait l'effet de mon bâton sur ma main. » Cette réponse nous fit tomber des nues ; et tandis que nous nous entreregardions avec admiration : « Cela est si vrai, continua-t-il, que quand je place ma main entre vos yeux et un objet, ma main vous est présente, mais l'objet vous est absent. La même chose m'arrive, quand je cherche une chose avec mon bâton, et que j'en rencontre une autre. »

Madame, ouvrez la *Dioptrique* de Descartes, et vous y verrez les phénomènes de la vue rapportés à ceux du toucher, et des planches d'optique pleines de figures d'hommes occupés à voir avec des bâtons [1]. Descartes, et tous ceux qui sont venus depuis, n'ont pu nous donner d'idées plus nettes de la vision ; et ce grand philosophe n'a point eu à cet égard plus d'avantage sur notre aveugle que le peuple qui a des yeux.

Aucun de nous ne s'avisa de l'interroger sur la peinture et sur l'écriture : mais il est évident qu'il n'y a point de questions auxquelles sa comparaison n'eût pu satisfaire ; et je ne doute nullement qu'il ne nous eût dit, que tenter de lire ou de voir sans avoir des yeux, c'était chercher une épingle avec un gros bâton. Nous lui parlâmes seulement de ces sortes de perspectives qui donnent du relief aux objets et qui ont avec nos miroirs tant d'analogie et tant de différence à la fois ; et nous nous aperçûmes qu'elles nuisaient autant qu'elles concouraient à l'idée qu'il s'est formée d'une glace, et qu'il était tenté de croire que, la glace peignant les objets, le peintre, pour les représenter, peignait peut-être une glace.

Nous lui vîmes enfiler des aiguilles fort menues. Pourrait-on, madame, vous prier de suspendre ici votre lecture, et de chercher comment vous vous y prendriez à sa place ? En cas que vous ne rencontriez aucun expédient, je vais

1. La figure de la *Dioptrique* de Descartes que reproduit l'ouvrage de Diderot est tirée — le costume nous l'indique — d'une édition du XVIIIe siècle : la seule qui convienne est l'édition du *Discours de la méthode* (Paris, Compagnie des libraires, 1724, avec remarques du Père Poisson et des planches gravées. La *Dioptrique* est dans le tome II).

vous dire celui de notre aveugle. Il dispose l'ouverture de l'aiguille transversalement entre ses lèvres, et dans la même direction que celle de sa bouche; puis, à l'aide de sa langue et de la succion, il attire le fil qui suit son haleine, à moins qu'il ne soit beaucoup trop gros pour l'ouverture; mais, dans ce cas, celui qui voit n'est guère moins embarrassé que celui qui est privé de la vue.

Il a la mémoire des sons à un degré surprenant; et les visages ne nous offrent pas une diversité plus grande que celle qu'il observe dans les voix. Elles ont pour lui une infinité de nuances délicates qui nous échappent, parce que nous n'avons pas, à les observer, le même intérêt que l'aveugle. Il en est pour nous de ces nuances comme de notre propre visage. De tous les hommes que nous avons vus, celui que nous nous rappellerions le moins, c'est nous-même. Nous n'étudions les visages que pour reconnaître les personnes; et si nous ne retenons pas la nôtre, c'est que nous ne serons jamais exposés à nous prendre pour un autre, ni un autre pour nous. D'ailleurs les secours que nos sens se prêtent mutuellement les empêchent de se perfectionner. Cette occasion ne sera pas la seule que j'aurai d'en faire la remarque.

Notre aveugle nous dit, à ce sujet, qu'il se trouverait fort à plaindre d'être privé des mêmes avantages que nous, et qu'il aurait été tenté de nous regarder comme des intelligences supérieures, s'il n'avait éprouvé cent fois combien nous lui cédions à d'autres égards. Cette réflexion nous en fit faire une autre. Cet aveugle, dîmes-nous, s'estime autant et plus peut-être que nous qui voyons : pourquoi donc, si l'animal raisonne, comme on n'en peut guère douter[1], balançant ses avantages sur l'homme, qui lui sont mieux connus que ceux de l'homme sur lui, ne porterait-il pas un semblable jugement? Il a des bras, dit peut-être le moucheron, mais j'ai des ailes. S'il a des armes, dit le lion,

1. Diderot s'avance beaucoup moins dans l'article *Animal*, contemporain de la *Lettre* : « Les animaux sont incapables de former cette association d'idées qui seule peut produire la réflexion, dans laquelle cependant consiste l'essence de la pensée ».

n'avons-nous pas des ongles? L'éléphant nous verra comme des insectes ; et tous les animaux, nous accordant volontiers une raison avec laquelle nous aurions grand besoin de leur instinct, se prétendront doués d'un instinct avec lequel ils se passent fort bien de notre raison. Nous avons un si violent penchant à surfaire nos qualités et à diminuer nos défauts, qu'il semblerait presque que c'est à l'homme à faire le traité de la force, et à l'animal celui de la raison.

Quelqu'un de nous s'avisa de demander à notre aveugle s'il serait bien content d'avoir des yeux : « Si la curiosité ne me dominait pas, dit-il, j'aimerais bien autant avoir de longs bras : il me semble que mes mains m'instruiraient mieux de ce qui se passe dans la lune que vos yeux ou vos télescopes ; et puis les yeux cessent plutôt de voir que les mains de toucher. Il vaudrait donc bien autant qu'on perfectionnât en moi l'organe que j'ai, que de m'accorder celui qui me manque. »

Notre aveugle adresse au bruit ou à la voix si sûrement, que je ne doute pas qu'un tel exercice ne rendît les aveugles très adroits et très dangereux. Je vais vous en raconter un trait qui vous persuadera combien on aurait tort d'attendre un coup de pierre, ou de s'exposer à un coup de pistolet de sa main, pour peu qu'il eût l'habitude de se servir de cette arme. Il eut dans sa jeunesse une querelle avec un de ses frères, qui s'en trouva fort mal. Impatienté des propos désagréables qu'il en essuyait, il saisit le premier objet qui lui tomba sous la main, le lui lança, l'atteignit au milieu du front, et l'étendit par terre.

Cette aventure et quelques autres le firent appeler à la police. Les signes extérieurs de la puissance, qui nous affectent si vivement, n'en imposent point aux aveugles. Le nôtre comparut devant le magistrat comme devant son semblable. Les menaces ne l'intimidèrent point. « Que me ferez-vous? dit-il à M. Hérault[1]. — Je vous jetterai dans

1. Hérault de Vaucresson succède en août 1725 à Ravot d'Ombreval dans la charge de lieutenant de police ; il usa de la manière forte contre les jansénistes mais aussi contre le banditisme. Il mourut fort populaire en 1739.

un cul de basse-fosse, lui répondit le magistrat. — Eh! monsieur, lui répliqua l'aveugle, il y a vingt-cinq ans que j'y suis. » Quelle réponse, madame! et quel texte pour un homme qui aime autant à moraliser que moi! Nous sortons de la vie comme d'un spectacle enchanteur; l'aveugle en sort ainsi que d'un cachot : si nous avons à vivre plus de plaisir que lui, convenez qu'il a bien moins de regret à mourir.

L'aveugle du Puiseaux estime la proximité du feu aux degrés de la chaleur; la plénitude des vaisseaux, au bruit que font en tombant les liqueurs qu'il transvase; et le voisinage des corps, à l'action de l'air sur son visage. Il est si sensible aux moindres vicissitudes qui arrivent dans l'atmosphère, qu'il peut distinguer une rue d'un cul-de-sac. Il apprécie à merveille les poids des corps et les capacités des vaisseaux; et il s'est fait de ses bras des balances si justes, et de ses doigts des compas si expérimentés, que dans les occasions où cette espèce de statique a lieu, je gagerai toujours pour notre aveugle, contre vingt personnes qui voient. Le poli des corps n'a guère moins de nuances pour lui que le son de la voix, et il n'y aurait pas à craindre qu'il prît sa femme pour une autre, à moins qu'il ne gagnât au change. Il y a cependant bien de l'apparence que les femmes seraient communes chez un peuple d'aveugles, ou que leurs lois contre l'adultère seraient bien rigoureuses. Il serait si facile aux femmes de tromper leurs maris, en convenant d'un signe avec leurs amants.

Il juge de la beauté par le toucher; cela se comprend : mais ce qui n'est pas si facile à saisir, c'est qu'il fait entrer dans ce jugement la prononciation et le son de la voix. C'est aux anatomistes à nous apprendre s'il y a quelque rapport entre les parties de la bouche et du palais, et la forme extérieure du visage. Il fait de petits ouvrages au tour et à l'aiguille; il nivelle à l'équerre; il monte et démonte les machines ordinaires; il sait assez de musique pour exécuter un morceau dont on lui dit les notes et leurs valeurs. Il estime avec beaucoup plus de précision que nous la durée du temps, par la succession des actions et des pensées. La beauté de la peau, l'embonpoint, la fermeté des chairs, les avantages de la conformation, la douceur de l'haleine, les charmes de la voix, ceux de la prononciation sont des qualités dont il fait grand cas dans les autres.

Il s'est marié pour avoir des yeux qui lui appartinssent. Auparavant, il avait eu dessein de s'associer un sourd qui lui prêterait des yeux, et à qui il apporterait en échange des oreilles. Rien ne m'a tant étonné que son aptitude singulière à un grand nombre de choses ; et lorsque nous lui en témoignâmes notre surprise : « Je m'aperçois bien, messieurs, nous dit-il, que vous n'êtes pas aveugles ; vous être surpris de ce que je fais ; et pourquoi ne vous étonnez-vous pas aussi de ce que je parle ? » Il y a, je crois, plus de philosophie dans cette réponse qu'il ne prétendait y en mettre lui-même. C'est une chose assez surprenante que la facilité avec laquelle on apprend à parler. Nous ne parvenons à attacher une idée à quantité de termes qui ne peuvent être représentés par des objets sensibles, et qui, pour ainsi dire, n'ont point de corps, que par une suite de combinaisons fines et profondes des analogies que nous remarquons entre ces objets non sensibles et les idées qu'ils excitent ; et il faut avouer conséquemment qu'un aveugle-né doit apprendre à parler plus difficilement qu'un autre, puisque le nombre des objets non sensibles étant beaucoup plus grand pour lui, il a bien moins de champ que nous pour comparer et pour combiner. Comment veut-on, par exemple, que le mot physionomie se fixe dans sa mémoire ? C'est une espèce d'agrément qui consiste en des objets si peu sensibles pour un aveugle, que, faute de l'être assez pour nous-mêmes qui voyons, nous serions fort embarrassés de dire bien précisément ce que c'est que d'avoir de la physionomie. Si c'est principalement dans les yeux qu'elle réside, le toucher n'y peut rien ; et puis, qu'est-ce pour un aveugle que des yeux morts, des yeux vifs, des yeux d'esprit, etc.

Je conclus de là que nous tirons sans doute du concours de nos sens et de nos organes de grands services. Mais ce serait tout autre chose encore si nous les exercions séparément, et si nous n'en employions jamais deux dans les occasions où le secours d'un seul nous suffirait. Ajouter le toucher à la vue, quand on a assez de ses yeux, c'est à deux chevaux, qui sont déjà fort vifs, en atteler un troisième en arbalète qui tire d'un côté, tandis que les autres tirent de l'autre.

Comme je n'ai jamais douté que l'état de nos organes et de nos sens n'ait beaucoup d'influence sur notre métaphysique et sur notre morale, et que nos idées les plus purement intellectuelles, si je puis parler ainsi, ne tiennent de fort près à la conformation de notre corps, je me mis à questionner notre aveugle sur les vices et sur les vertus. Je m'aperçus d'abord qu'il avait une aversion prodigieuse pour le vol ; elle naissait en lui de deux causes : de la facilité qu'on avait de le voler sans qu'il s'en aperçût ; et plus encore, peut-être, de celle qu'on avait de l'apercevoir quand il volait. Ce n'est pas qu'il ne sache très bien se mettre en garde contre le sens qu'il nous connaît de plus qu'à lui, et qu'il ignore la manière de bien cacher un vol. Il ne fait pas grand cas de la pudeur[1] : sans les injures de l'air, dont les vêtements le garantissent, il n'en comprendrait guère l'usage ; et il avoue franchement qu'il ne devine pas pourquoi l'on couvre plutôt une partie du corps qu'une autre, et moins encore par quelle bizarrerie on donne entre ces parties la préférence à certaines que leur usage et les indispositions auxquelles elles sont sujettes demanderaient que l'on tînt libres. Quoique nous soyons dans un siècle où l'esprit philosophique nous a débarrassés d'un grand nombre de préjugés, je ne crois pas que nous en venions jamais jusqu'à méconnaître les prérogatives de la pudeur aussi parfaitement que mon aveugle. Diogène n'aurait point été pour lui un philosophe.

Comme de toutes les démonstrations extérieures qui réveillent en nous la commisération et les idées de la douleur, les aveugles ne sont affectés que par la plainte, je les soupçonne, en général, d'inhumanité. Quelle différence

---

1. Cf. *Supplément au voyage de Bougainville.*

y a-t-il pour un aveugle, entre un homme qui urine et un homme qui, sans se plaindre, verse son sang? Nous-mêmes, ne cessons-nous pas de compatir lorsque la distance ou la petitesse des objets produit le même effet sur nous que la privation de la vue sur les aveugles? Tant nos vertus dépendent de notre manière de sentir et du degré auquel les choses extérieures nous affectent! Aussi je ne doute point que, sans la crainte du châtiment, bien des gens n'eussent moins de peine à tuer un homme à une distance où ils ne le verraient gros que comme une hirondelle, qu'à égorger un bœuf de leurs mains. Si nous avons de la compassion pour un cheval qui souffre, et si nous écrasons une fourmi sans aucun scrupule, n'est-ce pas le même principe qui nous détermine? Ah, madame! que la morale des aveugles est différente de la nôtre! Que celle d'un sourd différerait encore de celle d'un aveugle, et qu'un être qui aurait un sens de plus que nous trouverait notre morale imparfaite, pour ne rien dire de pis!

Notre métaphysique ne s'accorde pas mieux avec la leur. Combien de principes pour eux qui ne sont que des absurdités pour nous, et réciproquement! Je pourrais entrer là-dessus dans un détail qui vous amuserait sans doute, mais que de certaines gens, qui voient du crime à tout, ne manqueraient pas d'accuser d'irréligion; comme s'il dépendait de moi de faire apercevoir aux aveugles les choses autrement qu'ils ne les aperçoivent. Je me contenterai d'observer une chose dont je crois qu'il faut que tout le monde convienne : c'est que ce grand raisonnement, qu'on tire des merveilles de la nature, est bien faible pour des aveugles [1]. La facilité que nous avons de créer, pour ainsi dire, de nouveaux objets par le moyen d'une petite glace, est quelque chose de plus incompréhensible pour eux que des astres qu'ils ont été condamnés à ne voir jamais. Ce globe lumineux qui s'avance d'orient en occident les étonne moins qu'un petit feu qu'ils ont la commodité d'augmenter ou de diminuer : comme ils voient la

1. Préparation habile au discours de Saunderson.

matière d'une manière beaucoup plus abstraite que nous, ils sont moins éloignés de croire qu'elle pense [1].

Si un homme qui n'a vu que pendant un jour ou deux se trouvait confondu chez un peuple d'aveugles, il faudrait qu'il prît le parti de se taire, ou celui de passer pour un fou. Il leur annoncerait tous les jours quelque nouveau mystère, qui n'en serait un que pour eux, et que les esprits forts se sauraient bon gré de ne pas croire. Les défenseurs de la religion ne pourraient-ils pas tirer un grand parti d'une incrédulité si opiniâtre, si juste même, à certains égards, et cependant si peu fondée? Si vous vous prêtez pour un instant à cette supposition, elle vous rappellera, sous des traits empruntés, l'histoire et les persécutions de ceux qui ont eu le malheur de rencontrer la vérité dans des siècles de ténèbres, et l'imprudence de la déceler à leurs aveugles contemporains, entre lesquels ils n'ont point eu d'ennemis plus cruels que ceux qui, par leur état et leur éducation, semblaient devoir être les moins éloignés de leurs sentiments.

Je laisse donc la morale et la métaphysique des aveugles, et je passe à des choses qui sont moins importantes, mais qui tiennent de plus près au but des observations qu'on fait ici de toutes parts depuis l'arrivée du Prussien. Première question. Comment un aveugle-né se forme-t-il des idées des figures? Je crois que les mouvements de son corps, l'existence successive de sa main en plusieurs lieux, la sensation non interrompue d'un corps qui passe entre ses doigts, lui donnent la notion de direction. S'il les glisse le long d'un fil bien tendu, il prend l'idée d'une ligne droite; s'il suit la courbure d'un fil lâche, il prend celle d'une ligne courbe. Plus généralement, il a, par des expériences réitérées du toucher, la mémoire de sensations éprouvées en différents points : il est maître de combiner ces sensations

1. Dérivation vers la métaphysique. Diderot songe déjà à exploiter le problème psychologique de l'aveugle pour étayer son matérialisme ; sur le point de la matière qui pense, il en est encore à l'interprétation de Locke par Voltaire.

ou points, et d'en former des figures. Une ligne droite, pour un aveugle qui n'est point géomètre, n'est autre chose que la mémoire d'une suite de sensations du toucher placées dans la direction d'un fil tendu ; une ligne courbe, la mémoire d'une suite de sensations du toucher, rapportées à la surface de quelque corps solide, concave ou convexe [1]. L'étude rectifie dans le géomètre la notion de ces lignes par les propriétés qu'il leur découvre. Mais, géomètre ou non, l'aveugle-né rapporte tout à l'extrémité de ses doigts. Nous combinons des points colorés ; il ne combine, lui, que des points palpables, ou, pour parler plus exactement, que des sensations du toucher dont il a mémoire. Il ne se passe rien dans sa tête d'analogue à ce qui se passe dans la nôtre : il n'imagine point ; car, pour imaginer, il faut colorer un fond et détacher de ce fond des points, en leur supposant une couleur différente de celle du fond. Restituez à ces points la même couleur qu'au fond ; à l'instant ils se confondent avec lui, et la figure disparaît ; du moins, c'est ainsi que les choses s'exécutent dans mon imagination ; et je présume que les autres n'imaginent pas autrement que moi. Lors donc que je me propose d'apercevoir dans ma tête une ligne droite, autrement que par ses propriétés, je commence par la tapisser en dedans d'une toile blanche, dont je détache une suite de points noirs dans la même direction. Plus les couleurs du fond et des points sont tranchantes, plus j'aperçois les points distinctement, et une figure d'une couleur fort voisine de celle du fond ne me fatigue pas moins à considérer dans mon imagination que hors de moi, et sur une toile.

Vous voyez donc, madame, qu'on pourrait donner des lois pour imaginer facilement à la fois plusieurs objets diversement colorés ; mais que ces lois ne seraient certainement pas à l'usage d'un aveugle-né. L'aveugle-né, ne

1. Diderot non seulement commente Condillac : *Essai sur les origines des connaissances humaines* (*op. cit.*, p. 57 sq.), mais il reconstitue ingénieusement la genèse des idées chez l'aveugle-né. Condillac offre un schéma, Diderot imagine, vit une expérience.

pouvant colorer, ni par conséquent figurer comme nous l'entendons, n'a mémoire que de sensations prises par le toucher, qu'il rapporte à différents points, lieux ou distances, et dont il compose des figures. Il est si constant que l'on ne figure point dans l'imagination sans colorer, que si l'on nous donne à toucher dans les ténèbres de petits globules dont nous ne connaissions ni la matière ni la couleur, nous les supposerons aussitôt blancs ou noirs, ou de quelque autre couleur ; ou que, si nous ne leur en attachons aucune, nous n'aurons, ainsi que l'aveugle-né, que la mémoire de petites sensations excitées à l'extrémité des doigts, et telles que de petits corps ronds peuvent les occasionner. Si cette mémoire est très fugitive en nous ; si nous n'avons guère d'idées de la manière dont un aveugle-né fixe, rappelle et combine les sensations du toucher, c'est une suite de l'habitude que nous avons prise par les yeux, de tout exécuter dans notre imagination avec des couleurs. Il m'est cependant arrivé à moi-même, dans les agitations d'une passion violente, d'éprouver un frissonnement dans toute une main ; de sentir l'impression de corps que j'avais touchés il y avait longtemps s'y réveiller aussi vivement que s'ils eussent encore été présents à mon attouchement, et de m'apercevoir très distinctement que les limites de la sensation coïncidaient précisément avec celles de ces corps absents. Quoique la sensation soit indivisible par elle-même, elle occupe, si on peut se servir de ce terme, un espace étendu, auquel l'aveugle-né a la faculté d'ajouter ou de retrancher par la pensée, en grossissant ou diminuant la partie affectée. Il compose, par ce moyen, des points, des surfaces, des solides ; il aura même un solide gros comme le globe terrestre, s'il se suppose le bout du doigt gros comme le globe, et occupé par la sensation en longueur, largeur et profondeur.

Je ne connais rien qui démontre mieux la réalité du sens interne [1] que cette faculté, faible en nous, mais forte dans

1. Cette distinction, qui remonte aux scolastiques, des sens externes et du sens interne ou *sensorium commune* a été reprise anatomiquement par La Mettrie (*Traité de l'âme*, 1745, édit. Berlin, 1796, p. 115).

les aveugles-nés, de sentir ou de se rappeler la sensation des corps, lors même qu'ils sont absents et qu'ils n'agissent plus sur eux. Nous ne pouvons faire entendre à un aveugle-né comment l'imagination nous peint les objets absents comme s'ils étaient présents ; mais nous pouvons très bien reconnaître en nous la faculté de sentir à l'extrémité d'un doigt un corps qui n'y est plus, telle qu'elle est dans l'aveugle-né. Pour cet effet, serrez l'index contre le pouce ; fermez les yeux ; séparez vos doigts ; examinez immédiatement après cette séparation ce qui se passe en vous, et dites-moi si la sensation ne dure pas longtemps après que la compression a cessé ; si, pendant que la compression dure, votre âme vous paraît plus dans votre tête qu'à l'extrémité de vos doigts ; et si cette compression ne vous donne pas la notion d'une surface, par l'espace qu'occupe la sensation. Nous ne distinguons la présence des êtres hors de nous, de leur représentation dans notre imagination, que par la force et la faiblesse de l'impression : pareillement, l'aveugle-né ne discerne la sensation d'avec la présence réelle d'un objet à l'extrémité de son doigt, que par la force ou la faiblesse de la sensation même.

Si jamais un philosophe aveugle et sourd de naissance fait un homme à l'imitation de celui de Descartes, j'ose vous assurer, madame, qu'il placera l'âme au bout des doigts [1] ; car c'est de là que lui viennent ses principales sensations, et toutes ses connaissances. Et qui l'avertirait que sa tête est le siège de ses pensées? Si les travaux de l'imagination épuisent la nôtre, c'est que l'effort que nous faisons pour imaginer est assez semblable à celui que nous

---

1. Cf. La Mettrie (*op. cit.* X, 7, p. 119) : « Où est votre âme lorsque votre odorat lui communique des odeurs, ... si ce n'est dans ces couches d'où les nerfs olfactifs tirent leur origine? Où est-elle lorsqu'elle aperçoit un beau ciel, si ce n'est dans les couches optiques? » Mais Diderot n'a pas compris l'intérêt de ces localisations cérébrales ; son parallélisme physio-psychologique manque d'expérience médicale. Niklaus rapproche heureusement ce texte de l'article *Invisible* de *l'Encyclopédie:* « L'aveugle voit-il les objets dans sa tête ou au bout de ses doigts? ».

faisons pour apercevoir des objets très proches ou très petits. Mais il n'en sera pas de même de l'aveugle et sourd de naissance : les sensations qu'il aura prises par le toucher seront, pour ainsi dire, le moule de toutes ses idées ; et je ne serais pas surpris, qu'après une profonde méditation, il eût les doigts aussi fatigués que nous avons la tête. Je ne craindrais point qu'un philosophe lui objectât que les nerfs sont les causes de nos sensations, et qu'ils partent tous du cerveau : quand ces deux propositions seraient aussi démontrées qu'elle le sont peu [1], surtout la première, il lui suffirait de se faire expliquer tout ce que les physiciens ont rêvé là-dessus, pour persister dans son sentiment.

Mais si l'imagination d'un aveugle n'est autre chose que la faculté de se rappeler et de combiner des sensations de points palpables, et celle d'un homme qui voit, la faculté de se rappeler et de combiner des points visibles ou colorés, il s'ensuit que l'aveugle-né aperçoit les choses d'une manière beaucoup plus abstraite que nous ; et que dans les questions de pure spéculation, il est peut-être moins sujet à se tromper ; car l'abstraction ne consiste qu'à séparer par la pensée les qualités sensibles des corps, ou les unes des autres, ou du corps même qui leur sert de base ; et l'erreur naît de cette séparation mal faite, ou faite mal à propos ; mal faite, dans les questions métaphysiques ; et faite mal à propos, dans les questions physico-mathématiques. Un moyen presque sûr de se tromper en métaphysique, c'est de ne pas simplifier assez les objets dont on s'occupe ; et un secret infaillible pour arriver en physico-mathématique à des résultats défectueux, c'est de les supposer moins composés qu'ils ne le sont.

Il y a une espèce d'abstraction dont si peu d'hommes sont capables, qu'elle semble réservée aux intelligences pures ; c'est celle par laquelle tout se réduirait à des unités

---

1. Le philosophe en cause semble bien La Mettrie, mais Diderot ne réfute pas l'argument des « maladies du cerveau qui, selon l'endroit qu'elles attaquent, suppriment tantôt un sens, tantôt un autre » (*op. cit.*, p. 118).

numériques. Il faut convenir que les résultats de cette géométrie seraient bien exacts, et ses formules bien générales ; car il n'y a point d'objets, soit dans la nature, soit dans le possible, que ces unités simples ne pussent représenter, des points, des lignes, des surfaces, des solides, des pensées, des idées, des sensations, et... si, par hasard, c'était là le fondement de la doctrine de Pythagore, on pourrait dire de lui qu'il échoua dans son projet, parce que cette manière de philosopher est trop au-dessus de nous, et trop approchante de celle de l'Être suprême, qui, selon l'expression ingénieuse d'un géomètre anglais [1], *géométrise* perpétuellement dans l'univers.

L'unité pure et simple est un symbole trop vague et trop général pour nous. Nos sens nous ramènent à des signes plus analogues à l'étendue de notre esprit et à la conformation de nos organes. Nous avons même fait en sorte que ces signes pussent être communs entre nous, et qu'ils servissent, pour ainsi dire, d'entrepôt au commerce mutuel de nos idées. Nous en avons institué pour les yeux, ce sont les caractères ; pour l'oreille, ce sont les sons articulés ; mais nous n'en avons aucun pour le toucher, quoiqu'il y ait une manière propre de parler à ce sens, et d'en obtenir des réponses. Faute de cette langue, la communication est entièrement rompue entre nous et ceux qui naissent sourds, aveugles et muets. Ils croissent ; mais ils restent dans un état d'imbécillité. Peut-être acquerraient-ils des idées, si l'on se faisait entendre à eux dès l'enfance d'une manière fixe, déterminée, constante et uniforme ; en un mot, si on leur traçait sur la main les mêmes carac-

1. La table des matières de l'édition princeps nomme le géomètre anglais, un certain Rapson. M. Niklaus a réussi à l'identifier. Il s'agit de Joseph Raphson ou Ralphson, mort vers 1712, auteur d'une *History of fluxions* et d'une *Demonstratio de deo* (1710). Cette information sur un disciple assez obscur de Newton est une preuve de l'intérêt de Diderot pour la vie intellectuelle anglaise. Quant à l'expression « géométriser », elle est banale dans le langage scientifique d'outre-Manche.

tères que nous traçons sur le papier, et que la même signification leur demeurât invariablement attachée [1].

Ce langage, madame, ne vous paraît-il pas aussi commode qu'un autre? N'est-il pas même tout inventé? Et oseriez-vous nous assurer qu'on ne vous a jamais rien fait entendre de cette manière? Il ne s'agit donc que de le fixer et d'en faire une grammaire et des dictionnaires, si l'on trouve que l'expression, par les caractères ordinaires de l'écriture, soit trop lente pour ce sens.

Les connaissances ont trois portes pour entrer dans notre âme, et nous en tenons une barricadée par le défaut de signes. Si l'on eût négligé les deux autres, nous en serions réduits à la condition des animaux. De même que nous n'avons que le serré pour nous faire entendre au sens du toucher, nous n'aurions que le cri pour parler à l'oreille. Madame, il faut manquer d'un sens pour connaître les avantages des symboles destinés à ceux qui restent; et des gens qui auraient le malheur d'être sourds, aveugles et muets, ou qui viendraient à perdre ces trois sens par quelque accident, seraient bien charmés qu'il y eût une langue nette et précise pour le toucher.

Il est bien plus court d'user de symboles tout inventés que d'en être inventeur, comme on y est forcé, lorsqu'on est pris au dépourvu. Quel avantage n'eût-ce pas été pour Saunderson [2] de trouver une arithmétique palpable toute

---

1. Diderot se montre là un génial précurseur des méthodes mises au point par l'abbé de l'Épée (1774, *Institution des sourds-muets par la voie des signes méthodiques*).

2. Nicholas Saunderson, né en janvier 1682, près de Penniston, Yorkshire, perdit la vue et les yeux à l'âge de douze mois des suites d'une petite vérole. A vingt-cinq ans, il étudie à Cambridge auprès de Josuah Dunn. Il se fait professeur et enseigne pour vivre les mathématiques et la philosophie de Newton. Le 20 novembre 1711, sur recommandation de la reine Anne, il est nommé « Lucasian professor of mathematics » à Cambridge. En 1728 George II lui rend visite et le fait docteur en droit. Lord Chesterfield suit ses cours à Trinity Hall. Membre de la Royal Society en 1719, il meurt du scorbut le 19 avril 1739. La bibliothèque universitaire de Cambridge conserve un curieux portrait de Saunderson peint par I. Vanderbanck.

La description de son arithmétique tactile (*palpable arithmetic*) préparée à l'âge de cinq ans, au lieu d'avoir à l'imaginer à l'âge de vingt-cinq! Ce Saunderson, madame, est un autre aveugle dont il ne sera pas hors de propos de vous entretenir. On en raconte des prodiges; et il n'y en a aucun que ses progrès dans les belles-lettres, et son habileté dans les sciences mathématiques ne puissent rendre croyable.

La même machine lui servait pour les calculs algébriques et pour la description des figures rectilignes. Vous ne seriez pas fâchée qu'on vous en fît l'explication, pourvu que vous fussiez en état de l'entendre; et vous allez voir qu'elle ne suppose aucune connaissance que vous n'ayez, et qu'elle vous serait très utile, s'il vous prenait jamais envie de faire de longs calculs à tâtons.

Imaginez un carré, tel que vous le voyez fig. 1 et 2 [1], divisé en quatre parties égales par des lignes perpendiculaires aux côtés, en sorte qu'il vous offrît les neuf points 1, 2, 3, 4, 5, 6, 7, 8, 9. Supposez ce carré percé de neuf trous capables de recevoir des épingles de deux espèces, toutes de même longueur et de même grosseur, mais les unes à tête un peu plus grosse que les autres.

Les épingles à grosse tête ne se plaçaient jamais qu'au centre du carré; celles à petite tête, jamais que sur les côtés, excepté dans un seul cas, celui du zéro. Le zéro se marquait par une épingle à grosse tête, placée au centre du petit carré, sans qu'il y eût aucune autre épingle sur les côtés. Le chiffre 1 était représenté par une épingle à petite tête, placée au centre du carré, sans qu'il y eût aucune autre épingle sur les côtés. Le chiffre 2, par une épingle à grosse tête, placée au centre du carré, et par une épingle à petite tête, placée sur un des côtés, au point 1. Le chiffre 3, par une épingle à grosse tête, placée au centre du carré, et par une épingle à petite tête, placée sur un des côtés au point 2. Le chiffre 4, par une épingle à grosse tête, placée au centre du carré, et par une épingle à petite tête, placée sur un des

---

est donnée dans ses *Elements of algebra* (Cambridge, 1740, p. XII-XIII et XX-XXVI).

1. Diderot donne six planches, alors que les éditeurs de Saunderson se contentaient de deux figures d'abaques (*op. cit.*, p. XXIV).

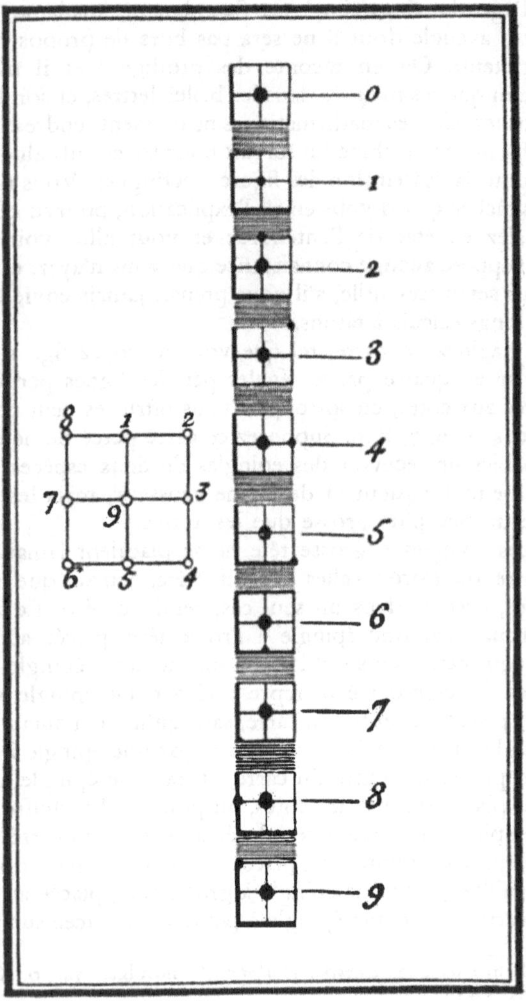

FIG. 1 FIG. 2

côtés au point 3. Le chiffre 5, par une épingle à grosse tête, placée au centre du carré, et par une épingle à petite tête, placée sur un des côtés au point 4. Le chiffre 6, par une épingle à grosse tête, placée au centre du carré, et par une épingle à petite tête, placée sur un des côtés au point 5. Le chiffre 7, par une épingle à grosse tête, placée au centre du carré, et par une épingle à petite tête, placée sur un des côtés au point 6. Le chiffre 8, par une épingle à grosse tête, placée au centre du carré, et par une épingle à petite tête, placée sur un des côtés au point 7. Le chiffre 9, par une épingle à grosse tête, placée au centre du carré, et par une épingle à petite tête, placée sur un des côtés du carré au point 8. Voilà bien dix expressions différentes pour le tact, dont chacune répond à un de nos dix caractères arithmétiques. Imaginez maintenant une table si grande que vous voudrez, partagée en petits carrés rangés horizontalement, et séparés les uns des autres de la même distance, ainsi que vous le voyez fig. 3, et vous aurez la machine de Saunderson.

Vous concevez facilement qu'il n'y a point de nombres qu'on ne puisse écrire sur cette table, et par conséquent aucune opération arithmétique qu'on n'y puisse exécuter.

Soit proposé, par exemple, de trouver la somme, ou de faire l'addition des neuf nombres suivants :

1	2	3	4	5
2	3	4	5	6
3	4	5	6	7
4	5	6	7	8
5	6	7	8	9
6	7	8	9	0
7	8	9	0	1
8	9	0	1	2
9	0	1	2	3

Je les écris sur la table, à mesure qu'on me les nomme ; le premier chiffre, à gauche du premier nombre, sur le premier carré à gauche de la première ligne ; le second chiffre, à gauche du premier nombre, sur le second carré à gauche de la même ligne. Et ainsi de suite.

Fig. 3

Je place le second nombre sur la seconde rangée de carrés ; les unités sous les unités ; les dizaines sous les dizaines, etc.

Je place le troisième nombre sur la troisième rangée de carrés, et ainsi de suite, comme vous voyez fig. 3. Puis, parcourant avec les doigts chaque rangée verticale de bas en haut, en commençant par celle qui est le plus à ma gauche je fais l'addition des nombres qui y sont exprimés ; et j'écris le surplus des dizaines au bas de cette colonne. Je passe à la seconde colonne en avançant vers la gauche, sur laquelle j'opère de la même manière ; de celle-là à la troisième, et j'achève ainsi de suite mon addition.

Voici comment la même table lui servait à démontrer les propriétés des figures rectilignes. Supposons qu'il eût à démontrer que les parallélogrammes, qui ont même base et même hauteur, sont égaux en surface : il plaçait ses épingles comme vous les voyez fig. 4. Il attachait des noms aux points angulaires, et il achevait la démonstration avec ses doigts.

En supposant que Saunderson n'employât que des épingles à grosse tête, pour désigner les limites de ses figures, il pouvait disposer autour d'elles des épingles à petite tête de neuf façons différentes, qui toutes lui étaient familières. Ainsi il n'était guère embarrassé, que dans les cas où le grand nombre de points angulaires qu'il était obligé de nommer dans sa démonstration le forçait de recourir aux lettres de l'alphabet. On ne nous apprend point comment il les employait.

Nous savons seulement qu'il parcourait sa table avec une agilité de doigts surprenante ; qu'il s'engageait avec succès dans les calculs les plus longs ; qu'il pouvait les interrompre, et reconnaître quand il se trompait ; qu'il les vérifiait avec facilité ; et que ce travail ne lui demandait pas, à beaucoup près, autant de temps qu'on pourrait se l'imaginer, par la commodité qu'il avait de préparer sa table.

Cette préparation consistait à placer des épingles à grosse tête au centre de tous les carrés. Cela fait, il ne lui restait plus qu'à en déterminer la valeur par les épingles

FIG. 4

FIG. 5

à petite tête, excepté dans les cas où il fallait écrire une unité. Alors il mettait au centre du carré une épingle à petite tête, à la place de l'épingle à grosse tête qui l'occupait.

Quelquefois, au lieu de former une ligne entière avec ses épingles, il se contentait d'en placer à tous les points angulaires ou d'intersection, autour desquels il fixait des fils de soie qui achevaient de former les limites de ses figures. Voyez la fig. 5.

Il a laissé quelques autres machines qui lui facilitaient l'étude de la géométrie : on ignore le véritable usage qu'il en faisait ; et il y aurait peut-être plus de sagacité à le retrouver qu'à résoudre un problème de calcul intégral. Que quelque géomètre tâche de nous apprendre à quoi lui servaient quatre morceaux de bois, solides, de la forme de parallélépipèdes rectangulaires, chacun de onze pouces de long sur cinq et demi de large, et sur un peu plus d'un demi-pouce d'épais, dont les deux grandes surfaces opposées étaient divisées en petits carrés semblables à celui de l'abaque que je viens de décrire ; avec cette différence qu'ils n'étaient percés qu'en quelques endroits où des épingles étaient enfoncées jusqu'à la tête. Chaque surface représentait neuf petites tables arithmétiques de dix nombres chacune, et chacun de ces dix nombres était composé de dix chiffres. La fig. 6 représente une de ces petites tables ; et voici les nombres qu'elle contenait :

9	4	0	8	4
2	4	1	8	6
4	1	7	9	2
5	4	2	8	4
6	3	9	6	8
7	1	8	8	0
7	8	5	6	8
8	4	3	5	8
8	9	4	6	4
9	4	0	3	0

Il est auteur d'un ouvrage très parfait dans son genre.

FIG. 6

Ce sont des *Éléments d'algèbre* [1], où l'on n'aperçoit qu'il était aveugle qu'à la singularité de certaines démonstrations qu'un homme qui voit n'eût peut-être pas rencontrées. C'est à lui qu'appartient la division du cube en six pyramides égales qui ont leurs sommets au centre du cube, et pour bases chacune une de ses faces. On s'en sert pour démontrer d'une manière très simple que toute pyramide est le tiers d'un prisme de même base et de même hauteur.

Il fut entraîné par son goût à l'étude des mathématiques, et déterminé, par la médiocrité de sa fortune et les conseils de ses amis, à en faire des leçons publiques. Ils ne doutèrent point qu'il ne réussît au-delà de ses espérances, par la facilité prodigieuse qu'il avait à se faire entendre. En effet, Saunderson parlait à ses élèves comme s'ils eussent été privés de la vue : mais un aveugle qui s'exprime clairement pour des aveugles doit gagner beaucoup avec des gens qui voient ; ils ont un télescope de plus.

Ceux qui ont écrit sa vie [2] disent qu'il était fécond en expressions heureuses ; et cela est fort vraisemblable. Mais qu'entendez-vous par des expressions heureuses [3], me demanderez-vous peut-être? Je vous répondrai, madame, que ce sont celles qui sont propres à un sens, au toucher, par exemple, et qui sont métaphoriques en même temps à un autre sens, comme aux yeux ; d'où il résulte une double lumière pour celui à qui l'on parle, la lumière vraie et directe de l'expression, et la lumière réfléchie de la métaphore.

---

1. Ce sont *The elements of algebra* (Cambridge, The university Press, 1740-41, 2 vol. in-4°). Nous utiliserons pour nos citations l'exemplaire de la Bibliothèque Nationale (B. N. Y. 6994-6995) qui est peut-être celui que consulta Diderot, fort ami de l'abbé Sallier, garde de la bibliothèque du roi.

2. Cf. *Memoirs of the life and character of Dr Nicholas Saunderson* (p. 1) ; ce sont les « intimate friends of the deceased » : Thomas Nittleton, Richard Wilkes, John Boldero, Gervase Holmes, Granville Wheeler, Richard Davies.

3. Les biographes se contentent de vanter son latin cicéronien : « Very elegant latin, style truly ciceronian » (p. VII). Diderot s'empresse d'en tirer une doctrine sensualiste du langage.

Il est évident que dans ces occasions Saunderson, avec tout l'esprit qu'il avait, ne s'entendait qu'à moitié, puisqu'il n'apercevait que la moitié des idées attachées aux termes qu'il employait. Mais qui est-ce qui n'est pas de temps en temps dans le même cas? Cet accident est commun aux idiots, qui font quelquefois d'excellentes plaisanteries, et aux personnes qui ont le plus d'esprit, à qui il échappe une sottise, sans que ni les uns ni les autres s'en aperçoivent.

J'ai remarqué que la disette de mots produisait aussi le même effet sur les étrangers à qui la langue n'est pas encore familière : ils sont forcés de tout dire avec une très petite quantité de termes, ce qui les contraint d'en placer quelques-uns très heureusement. Mais toute langue en général étant pauvre de mots propres pour les écrivains qui ont l'imagination vive, ils sont dans le même cas que des étrangers qui ont beaucoup d'esprit ; les situations qu'ils inventent, les nuances délicates qu'ils aperçoivent dans les caractères, la naïveté des peintures qu'ils ont à faire, les écartent à tout moment des façons de parler ordinaires, et leur font adopter des tours de phrases qui sont admirables toutes les fois qu'ils ne sont ni précieux ni obscurs ; défauts qu'on leur pardonne plus ou moins difficilement, selon qu'on a plus d'esprit soi-même, et moins de connaissance de la langue. Voilà pourquoi M. de M... [1] est de tous les auteurs français celui qui plaît le plus aux Anglais ; et Tacite, celui de tous les auteurs latins que les *penseurs* estiment davantage. Les licences de la langue nous échappent, et la vérité des termes nous frappe seule.

Saunderson professa les mathématiques dans l'université de Cambridge avec un succès étonnant. Il donna des leçons d'optique ; il prononça des discours sur la nature de la lumière et des couleurs ; il expliqua la théorie de la vision ; il traita des effets des verres, des phénomènes de l'arc-en-ciel et de plusieurs autres matières relatives à la vue et à son organe.

---

1. Marivaux, dont le style « précieux et obscur » a été fort critiqué par Voltaire.

Ces choses perdront beaucoup de leur merveilleux, si vous considérez, madame, qu'il y a trois choses à distinguer dans toute question mêlée de physique et de géométrie : le phénomène à expliquer, les suppositions du géomètre et le calcul qui résulte des suppositions. Or il est évident que, quelle que soit la pénétration d'un aveugle, les phénomènes de la lumière et des couleurs lui sont inconnus. Il entendra les suppositions, parce qu'elles sont toutes relatives à des causes palpables, mais nullement la raison que le géomètre avait de les préférer à d'autres : car il faudrait qu'il pût comparer les suppositions mêmes avec les phénomènes. L'aveugle prend donc les suppositions pour ce qu'on les lui donne : un rayon de lumière pour un fil élastique et mince, ou pour une suite de petits corps qui viennent frapper nos yeux avec une vitesse incroyable ; et il calcule en conséquence. Le passage de la physique à la géométrie est franchi, et la question devient purement mathématique.

Mais que devons-nous penser des résultats du calcul ? 1° Qu'il est quelquefois de la dernière difficulté de les obtenir, et qu'en vain un physicien serait très heureux à imaginer les hypothèses les plus conformes à la nature, s'il ne savait les faire valoir par la géométrie : aussi les plus grands physiciens, Galilée, Descartes, Newton, ont-ils été grands géomètres ; 2° Que ces résultats sont plus ou moins certains, selon que les hypothèses dont on est parti sont plus ou moins compliquées. Lorsque le calcul est fondé sur une hypothèse simple, alors les conclusions acquièrent la force de démonstrations géométriques. Lorsqu'il y a un grand nombre de suppositions, l'apparence que chaque hypothèse soit vraie diminue en raison du nombre des hypothèses, mais augmente d'un autre côté par le peu de vraisemblance que tant d'hypothèses fausses se puissent corriger exactement l'une l'autre, et qu'on en obtienne un résultat confirmé par les phénomènes. Il en serait en ce cas comme d'une addition dont le résultat serait exact, quoique les sommes partielles des nombres ajoutés eussent toutes été prises faussement. On ne peut disconvenir qu'une telle opération ne soit possible ; mais vous voyez en même temps qu'elle doit être fort rare. Plus il y aura de nombres à ajouter, plus il y aura d'apparence que l'on se sera trompé dans l'addition de chacun ; mais aussi, moins cette apparence sera grande, si le résultat de l'opération est juste. Il y a donc un nombre d'hypothèses tel que la certitude qui en résulterait serait la plus petite qu'il est possible. Si je fais A, plus B, plus C, égaux à 50, conclurai-je de ce que 50 est en effet la quantité du phénomène, que les suppositions représentées par les lettres A, B, C, sont vraies ? Nullement ; car il y a une infinité de manières d'ôter à l'une de ces lettres et d'ajouter aux deux autres, d'après lesquelles je trouverai toujours 50 pour résultat ; mais le cas de trois hypothèses combinées est peut-être un des plus défavorables.

Un avantage du calcul que je ne dois pas omettre, c'est d'exclure les hypothèses fausses, par la contrariété qui se trouve entre le résultat et le phénomène. Si un physicien se propose de trouver la courbe que suit un rayon de lumière en traversant l'atmosphère, il est obligé de prendre son parti sur la densité des couches de l'air, sur la loi de la réfraction, sur la nature et la figure des corpuscules lumineux, et peut-être sur d'autres éléments essentiels qu'il ne fait point entrer en compte, soit parce qu'il les néglige volontairement, soit parce qu'ils lui sont inconnus. Il détermine ensuite la courbe du rayon. Est-elle autre dans la nature que son calcul ne la donne ? ses suppositions sont incomplètes ou fausses. Le rayon prend-il la courbe déterminée ? il s'ensuit de deux choses l'une : ou que les suppositions se sont redressées, ou qu'elles sont exactes ; mais lequel des deux ? il l'ignore : cependant voilà toute la certitude à laquelle il peut arriver.

J'ai parcouru les *Éléments d'algèbre* de Saunderson, dans l'espérance d'y rencontrer ce que je désirais d'apprendre de ceux qui l'ont vu familièrement, et qui nous ont instruits de quelques particularités de sa vie ; mais ma curiosité a été trompée ; et j'ai conçu que des éléments de géométrie de sa façon auraient été un ouvrage plus singulier en lui-même et beaucoup plus utile pour nous. Nous y aurions trouvé les définitions du point, de la ligne, de la surface, du solide, de l'angle, des intersections des lignes et des plans, où je ne doute point qu'il n'eût employé des principes d'une métaphysique très abstraite et fort voisine de celle des idéalistes. On appelle *idéalistes* [1] ces philosophes qui, n'ayant conscience que de leur existence et des sensations qui se succèdent au dedans d'eux-mêmes, n'admettent pas autre chose : système extravagant qui ne pouvait, ce me semble, devoir sa naissance qu'à des aveugles ; système qui, à la honte de l'esprit humain et de la philosophie, est le plus difficile à combattre, quoique le plus absurde de tous. Il est exposé avec autant de franchise que de clarté dans trois dialogues [2] du docteur Berkeley, évêque de Cloyne : il faudrait inviter l'auteur de l'*Essai* sur nos connaissances à examiner cet ouvrage ; il y trouverait matière à des observations utiles, agréables, fines, et telles, en un mot, qu'il les sait faire. L'idéalisme mérite bien de lui être dénoncé ; et cette hypothèse a de quoi le piquer, moins encore par sa singularité que par la difficulté de la réfuter dans ses principes ; car ce sont précisément les mêmes que ceux de Berkeley. Selon l'un et l'autre, et selon la raison, les termes essence, matière, substance, suppôt, etc., ne portent guère par eux-mêmes de lumières dans notre esprit ; d'ailleurs, remarque judicieusement l'auteur de l'*Essai sur l'origine*

1. Ce sont les partisans de l'idéalisme absolu de Berkeley ; Diderot les appelle les « égotistes » dans la *Promenade du sceptique* (A. T., t. I, p. 218-219) : « Ce sont gens dont chacun soutient qu'il est seul au monde ».

2. Diderot connaît depuis peu George Berkeley (1685-1753) ; en 1747 dans la *Promenade du sceptique* il fait une allusion peu précise à son système ; il écrivait d'abord Barclay (I, p. 185) comme Voltaire, (*Éléments de la philosophie de Newton*, édit. Moland, t. XXII, p. 469). Son initiation à l'idéalisme a dû se faire par la traduction de Jaucourt de l'*Alciphron* et de la *Nouvelle théorie de la vision* (La Haye, 1734). En 1749 il vient d'assimiler les *Three dialogues between Hylas and Philonous* (1713), dont l'abbé Gua de Malves, son précurseur dans l'œuvre encyclopédique, n'a pas encore donné la traduction (Amsterdam, Paris, 1750).

des connaissances humaines [1], soit que nous nous élevions jusqu'aux cieux, soit que nous descendions jusque dans les abîmes, nous ne sortons jamais de nous-mêmes ; et ce n'est que notre propre pensée que nous apercevons : or c'est là le résultat du premier dialogue de Berkeley, et le fondement de tout son système. Ne seriez-vous pas curieuse de voir aux prises deux ennemis, dont les armes se ressemblent si fort? Si la victoire restait à l'un des deux, ce ne pourrait être qu'à celui qui s'en servirait le mieux ; mais l'auteur de l'*Essai sur l'origine des connaissances humaines* vient de donner, dans un *Traité sur les systèmes*, de nouvelles preuves de l'adresse avec laquelle il sait manier les siennes, et montrer combien il est redoutable pour les systématiques [2].

Nous voilà bien loin de nos aveugles, direz-vous ; mais il faut que vous ayez la bonté, madame, de me passer toutes ces digressions : je vous ai promis un entretien, et je ne puis vous tenir parole sans cette indulgence.

J'ai lu, avec toute l'attention dont je suis capable, ce que Saunderson a dit de l'infini ; je puis vous assurer qu'il avait sur ce sujet des idées très justes et très nettes, et que la plupart de nos *infinitaires* n'auraient été pour lui que des aveugles. Il ne tiendra qu'à vous d'en juger par vous-même : quoique cette matière soit assez difficile et s'étende un peu au-delà de vos connaissances mathématiques, je ne désespérerais pas, en me préparant, de la mettre à votre portée, et de vous initier dans cette logique infinitésimale.

L'exemple de cet illustre aveugle prouve que le tact peut devenir plus délicat que la vue, lorsqu'il est perfectionné par l'exercice ; car, en parcourant des mains une suite de

---

1. C'est Condillac, qui publia ce premier ouvrage en 1746 (Amsterdam, Pierre Mortier). Condillac ne sait pas l'anglais, de son propre aveu (*Essai sur l'origine...*, II, 156, *op. cit.* p. 102, note). Dans le *Traité des systèmes* (1749) il ignore encore l'idéalisme de Berkeley.

2. Allusion à l'attaque de Condillac contre Descartes, Malebranche, Leibniz, Spinoza et le Père Boursier dans le *Traité des systèmes* (1749).

médailles, il discernait les vraies d'avec les fausses [1], quoique celles-ci fussent assez bien contrefaites pour tromper un connaisseur qui aurait eu de bons yeux ; et il jugeait de l'exactitude d'un instrument de mathématique, en faisant passer l'extrémité de ses doigts sur ses divisions. Voilà certainement des choses plus difficiles à faire, que d'estimer par le tact la ressemblance d'un buste avec la personne représentée ; d'où l'on voit qu'un peuple d'aveugles pourrait avoir des statuaires, et tirer des statues le même avantage que nous, celui de perpétuer la mémoire des belles actions et des personnes qui leur seraient chères. Je ne doute pas même que le sentiment qu'ils éprouveraient à toucher les statues ne fût beaucoup plus vif que celui que nous avons à les voir. Quelle douceur pour un amant qui aurait bien tendrement aimé, de promener ses mains sur des charmes qu'il reconnaîtrait, lorsque l'illusion qui doit agir plus fortement dans les aveugles qu'en ceux qui voient viendrait à les ranimer ! Mais peut-être aussi que, plus il aurait de plaisir dans ce souvenir, moins il aurait de regrets.

Saunderson avait de commun avec l'aveugle du Puiseaux d'être affecté de la moindre vicissitude qui survenait dans l'atmosphère [2], et de s'apercevoir, surtout dans les temps calmes, de la présence des objets dont il n'était éloigné que de quelques pas. On raconte qu'un jour qu'il assistait à des observations astronomiques qui se faisaient dans un jardin, les nuages qui dérobaient de temps en temps aux observateurs le disque du soleil occasionnaient une altération assez sensible dans l'action des rayons sur son visage pour lui marquer les moments favorables ou contraires

1. Cf. *Elements of algebra*, p. XII : « He distinguished in a set of roman medals the genuine from the false, though they had been counterfeited with such exactness as to deceive a connoisseur who had judged by the eye. »

2. *Ibid.*, p. XII : Saunderson était « very accurate in distinguishing the least variation in the atmosphere ».

aux observations [1]. Vous croirez peut-être qu'il se faisait dans ses yeux quelque ébranlement capable de l'avertir de la présence de la lumière, mais non de celle des objets ; et je l'aurais cru comme vous, s'il n'était certain que Saunderson était privé non seulement de la vue, mais de l'organe.

Saunderson voyait donc par la peau ; cette enveloppe était donc en lui d'une sensibilité si exquise [2], qu'on peut assurer qu'avec un peu d'habitude, il serait parvenu à reconnaître un de ses amis dont un dessinateur lui aurait tracé le portrait sur la main, et qu'il aurait prononcé, sur la succession des sensations excitées par le crayon : *C'est monsieur un tel.* Il y a donc aussi une peinture pour les aveugles, celle à qui leur propre peau servirait de toile. Ces idées sont si peu chimériques, que je ne doute point que, si quelqu'un vous traçait sur la main la petite bouche de M..., vous ne la reconnussiez sur-le-champ. Convenez cependant que cela serait plus facile encore à un aveugle-né qu'à vous, malgré l'habitude que vous avez de la voir et de la trouver charmante. Car il entre dans votre jugement deux ou trois choses ; la comparaison de la peinture qui s'en ferait sur votre main avec celle qui s'en est faite dans le fond de votre œil ; la mémoire de la manière dont on est affecté des choses que l'on sent, et de celle dont on est affecté par les choses qu'on s'est contenté de voir et d'admirer ; enfin, l'application de ces données à la question qui vous est proposée par un dessinateur qui vous demande, en traçant une bouche sur la peau de votre main avec la pointe de son crayon : *A qui appartient la bouche que je dessine?* au lieu que la somme des sensations excitées par une bouche sur la main d'un aveugle, est la même que la

1. *Ibid.*, p. XII : « I have been present with him in a garden, making observations on the sun, when he has taken notice of every cloud that disturbed our observation ».

2. C'est l'expression même de La Mettrie (*op. cit.*, p. 204) : « Ces houppes qui sont l'organe du tact, ont un sentiment exquis chez les aveugles ». Mais la formule voir « par la peau » ne peut être que de Diderot.

somme des sensations successives réveillées par le crayon du dessinateur qui la lui représente.

Je pourrais ajouter à l'histoire de l'aveugle du Puiseaux et de Saunderson, celle de Didyme d'Alexandrie, d'Eusèbe l'Asiatique, de Nicaise de Méchlin, et de quelques autres qui ont paru si fort élevés au-dessus du reste des hommes, avec un sens de moins, que les poètes auraient pu feindre, sans exagération, que les dieux jaloux les en privèrent de peur d'avoir des égaux parmi les mortels [1]. Car qu'était-ce que ce Tirésie, qui avait lu dans les secrets des dieux, et qui possédait le don de prédire l'avenir, qu'un philosophe aveugle dont la Fable nous a conservé la mémoire? Mais ne nous éloignons plus de Saunderson, et suivons cet homme extraordinaire jusqu'au tombeau.

Lorsqu'il fut sur le point de mourir, on appela auprès de lui un ministre fort habile, M. Gervaise Holmes [2]; ils eurent ensemble un entretien sur l'existence de Dieu, dont il nous reste quelques fragments que je vous traduirai de mon mieux ; car ils en valent bien la peine. Le ministre commença par lui objecter les merveilles de la nature : « Eh, monsieur! lui disait le philosophe aveugle, laissez là tout ce beau spectacle qui n'a jamais été fait pour moi! J'ai

---

1. Cette liste d'aveugles célèbres est prise aux *Elements of algebra* (p. IX : « Eusebius an asiatic, Nicaise of Mechlin »). Diderot aurait été en peine de rivaliser avec une érudition utilisant Cassiodore (*De instit. Div. Liter.*, cap. v) et Trithème (*De scriptor. eccles.*).

2. Le révérend Gervaise Holmes, B. D., recteur de Frieslingfield, « fellow » of Emmanuel (Cambridge), fut effectivement le témoin des derniers moments de Saunderson (cf. *Elements of algebra*, p. XIX : « The reverend Gervas Holmes informed him that the mortification gained so much ground that his best friends could entertain no hope of his recovery. He received this notice of his approaching death with great calmness and serenity and after a short silence, resumed life and spirits... »

Mais il n'y eut aucun entretien sur l'existence de Dieu, car lorsque le révérend Holmes revint le lendemain pour lui apporter les sacrements, Saunderson n'avait plus sa conscience, « he was seized with a delirium which continued to his death ». Mais Saunderson n'est plus pour Diderot qu'un prétexte ou un symbole.

été condamné à passer ma vie dans les ténèbres ; et vous me citez des prodiges que je n'entends point, et qui ne prouvent que pour vous et que pour ceux qui voient comme vous. Si vous voulez que je croie en Dieu, il faut que vous me le fassiez toucher.

— Monsieur, reprit habilement le ministre, portez les mains sur vous-même, et vous rencontrerez la divinité dans le mécanisme admirable de vos organes [1].

— Monsieur Holmes, reprit Saunderson, je vous le répète, tout cela n'est pas aussi beau pour moi que pour vous. Mais le mécanisme animal fût-il aussi parfait que vous le prétendez, et que je veux bien le croire, car vous êtes un honnête homme très incapable de m'en imposer, qu'a-t-il de commun avec un être souverainement intelligent? S'il vous étonne, c'est peut-être parce que vous êtes dans l'habitude de traiter de prodige tout ce qui vous paraît au-dessus de vos forces. J'ai été si souvent un objet d'admiration pour vous, que j'ai bien mauvaise opinion de ce qui vous surprend. J'ai attiré du fond de l'Angleterre des gens qui ne pouvaient concevoir comment je faisais de la géométrie : il faut que vous conveniez que ces gens-là n'avaient pas des notions bien exactes de la possibilité des choses. Un phénomène est-il, à notre avis, au-dessus de l'homme? nous disons aussitôt : *c'est l'ouvrage d'un Dieu;* notre vanité ne se contente pas à moins. Ne pourrions-nous pas mettre dans nos discours un peu moins d'orgueil, et un peu plus de philosophie? Si la nature nous offre un nœud difficile à délier, laissons-le pour ce qu'il est ; et n'employons pas à le couper la main d'un être qui devient ensuite pour nous un nouveau nœud plus indissoluble que le premier. Demandez à un Indien pourquoi le monde reste suspendu dans les airs, il vous répondra qu'il est porté sur le dos d'un

1. Ce finalisme des beautés du corps humain était invoqué par Diderot dans les *Pensées philosophiques* (N° 18 et 19). On mesure ici le chemin parcouru. Cette critique du finalisme a propos du corps humain est issue de Spinoza (*Ethique*, livre I, appendice, édit. Lantzenberg, Flammarion, p. 57).

éléphant ; et l'éléphant sur quoi l'appuiera-t-il? sur une tortue ; et la tortue, qui la soutiendra?... Cet Indien vous fait pitié ; et l'on pourrait vous dire comme à lui : Monsieur Holmes, mon ami, confessez d'abord votre ignorance, et faites-moi grâce de l'éléphant et de la tortue [1]. »

Saunderson s'arrêta un moment : il attendait apparemment que le ministre lui répondît ; mais par où attaquer un aveugle? M. Holmes se prévalut de la bonne opinion que Saunderson avait conçue de sa probité, et des lumières de Newton, de Leibniz, de Clarke [2] et de quelques-uns de ses compatriotes, les premiers génies du monde, qui tous avaient été frappés des merveilles de la nature, et reconnaissaient un être intelligent pour son auteur. C'était, sans contredit, ce que le ministre pouvait objecter de plus fort à Saunderson. Aussi le bon aveugle convint-il qu'il y aurait de la témérité à nier ce qu'un homme, tel que Newton, n'avait pas dédaigné d'admettre : il représenta toutefois au ministre que le témoignage de Newton n'était pas aussi fort pour lui que celui de la nature entière pour Newton ; et que Newton croyait sur la parole de Dieu, au lieu que lui il en était réduit à croire sur la parole de Newton.

« Considérez, monsieur Holmes, ajouta-t-il, combien il faut que j'aie de confiance en votre parole et dans celle de Newton. Je ne vois rien, cependant j'admets en tout un ordre admirable ; mais je compte que vous n'en exigerez pas davantage. Je vous le cède sur l'état actuel de l'univers, pour obtenir de vous en revanche la liberté de penser ce qu'il me plaira de son ancien et premier état, sur lequel vous n'êtes pas moins aveugle que moi. Vous n'avez point

---

1. L'article 23 de la *Suffisance de la religion naturelle* (A. T. t. I, p. 270) reprend non seulement le thème du caractère incompréhensible de Dieu, mais l'argument de l'Indien qui en l'occurrence devient un Chinois.

2. Samuel Clarke, né en 1675, inaugura en 1704 les *Boyle's lectures* à Saint-Paul. Ses sermons, groupés sous le titre de *Démonstration de l'existence et des attributs de Dieu* (trad. fr. de Ricotier, Amsterdam, 1717) tendraient à prouver Dieu par les idées de temps et d'espace ; Clarke non plus que Newton n'est pas un naïf « cause-finalier ».

ici de témoins à m'opposer ; et vos yeux ne vous sont d'aucune ressource. Imaginez donc, si vous voulez, que l'ordre qui vous frappe a toujours subsisté ; mais laissez-moi croire qu'il n'en est rien ; et que si nous remontions à la naissance des choses et des temps, et que nous sentissions la matière se mouvoir et le chaos se débrouiller, nous rencontrerions une multitude d'êtres informes [1] pour quelques êtres bien organisés. Si je n'ai rien à vous objecter sur la condition présente des choses, je puis du moins vous interroger sur leur condition passée. Je puis vous demander, par exemple, qui vous a dit à vous, à Leibniz, à Clarke et à Newton, que dans les premiers instants de la formation des animaux, les uns n'étaient pas sans tête et les autres sans pieds? Je puis vous soutenir que ceux-ci n'avaient point d'estomac, et ceux-là point d'intestins ; que tels à qui un estomac, un palais et des dents semblaient promettre de la durée, ont cessé par quelque vice du cœur ou des poumons ; que les monstres se sont anéantis successivement ; que toutes les combinaisons vicieuses de la matière ont disparu, et qu'il n'est resté que celles où le mécanisme n'impliquait aucune contradiction impor-

---

1. L'information de Diderot sur les premiers êtres vivants et sur les monstres est encore en 1749 purement littéraire ; c'est Lucrèce qui est ici son maître, et non les anatomistes de son temps, qui pourtant, avec Winslow et Lémery, s'intéressent à la tératologie. Faut-il penser au *Telliamed* édité en 1748? Rien n'est moins sûr, car l'idée de sélection naturelle est étrangère au consul Maillet. M. Niklaus (*op. cit.*, p. 98-99) cite un curieux passage de Shaftesbury, déjà remarqué par M. Venturi (*Jeunesse de Diderot*, Skira, 1938, p. 151) : (*The moralists*, édit. Robertson, 1900, p. 22-23 : « 'Tis then alone that monstrous shapes are seen.... ». Nous croyons à une source commune et unique : Lucrèce (*De natura rerum*, V, vers 837-854) :

« Multaque tum tellus etiam portenta creare
...Cetera de genere hoc monstra ac fortuita creabat.
Nequiquam, quoniam natura absterruit auctum
Nec potuere cupitum ætatis tangere florem
Nec reperire cibum nec jungi per Veneris res ».

et 855 :

Multaque tum interiisse animantum sæcla necessest ».

tante, et qui pouvaient subsister par elles-mêmes et se perpétuer [1].

« Cela supposé, si le premier homme eût eu le larynx fermé, eût manqué d'aliments convenables, eût péché par les parties de la génération, n'eût point rencontré sa compagne, ou se fût répandu dans une autre espèce, M. Holmes, que devenait le genre humain ? Il eût été enveloppé dans la dépuration générale de l'univers ; et cet être orgueilleux qui s'appelle homme, dissous et dispersé entre les molécules de la matière, serait resté, peut-être pour toujours, au nombre des possibles.

« S'il n'y avait jamais eu d'êtres informes, vous ne manqueriez pas de prétendre qu'il n'y en aura jamais, et que je me jette dans des hypothèses chimériques ; mais l'ordre n'est pas si parfait, continua Saunderson, qu'il ne paraisse encore de temps en temps des productions monstrueuses. » Puis, se tournant en face du ministre, il ajouta : « Voyez-moi bien, monsieur Holmes, je n'ai point d'yeux. Qu'avions-nous fait à Dieu, vous et moi, l'un pour avoir cet organe, l'autre pour en être privé? »

Saunderson avait l'air si vrai et si pénétré en prononçant ces mots, que le ministre et le reste de l'assemblée ne purent s'empêcher de partager sa douleur, et se mirent à pleurer amèrement sur lui. L'aveugle s'en aperçut. « Monsieur Holmes, dit-il au ministre, la bonté de votre cœur m'était bien connue, et je suis très sensible à la preuve que vous m'en donnez dans ces derniers moments : mais

---

1. Jamais l'idée de sélection naturelle n'avait été aussi clairement exprimée. Mais la « dépuration » des monstres n'entraîne pas pour autant une conception nette de l'évolutionnisme. Il ne s'agit pas ici de la « chaîne des êtres », qui par ses intermédiaires semble refléter un dessein, une finalité que des chrétiens comme Bonnet jugeront fort compatible avec leur foi. Diderot insiste au contraire sur le hasard aveugle qui préside à la vie. Encore une fois, Lucrèce et Lucrèce seul, avec le souvenir des *Pensées philosophiques* à propos de la « pluralité des jets » (*De natura rerum* V, 850) :

> « Multa videmus enim rebus concurrere debere
> Ut propagando possint procudere sæcla ».

si je vous suis cher, ne m'enviez pas en mourant la consolation de n'avoir jamais affligé personne. »

Puis reprenant un ton un peu plus ferme, il ajouta : « Je conjecture donc que, dans le commencement où la matière en fermentation faisait éclore l'univers [1], mes semblables étaient fort communs. Mais pourquoi n'assurerais-je pas des mondes, ce que je crois des animaux? Combien de mondes estropiés, manqués, se sont dissipés, se reforment et se dissipent peut-être à chaque instant dans des espaces éloignés, où je ne touche point, et où vous ne voyez pas, mais où le mouvement continue et continuera de combiner des amas de matière, jusqu'à ce qu'ils aient obtenu quelque arrangement dans lequel ils puissent persévérer? O philosophes! transportez-vous donc avec moi sur les confins de cet univers, au-delà du point où je touche, et où vous voyez des êtres organisés; promenez-vous sur ce nouvel océan, et cherchez à travers ses agitations irrégulières quelques vestiges de cet être intelligent dont vous admirez ici la sagesse!

« Mais à quoi bon vous tirer de votre élément? Qu'est-ce que ce monde, monsieur Holmes? Un composé sujet à des révolutions, qui toutes indiquent une tendance continuelle à la destruction; une succession rapide d'êtres qui s'entre-suivent, se poussent et disparaissent; une symétrie passagère; un ordre momentané. Je vous reprochais tout à l'heure d'estimer la perfection des choses par votre capacité; et je pourrais vous accuser ici d'en mesurer la durée sur celle de vos jours. Vous jugez de l'existence successive du monde, comme la mouche éphémère de la vôtre [2]. Le monde est éternel pour vous, comme vous êtes éternel

1. Retour aux générations spontanées que Diderot critiquait dans les *Pensées* (article XX), d'après les expériences de Redi. Entre temps les expériences de l'abbé Needham l'ont converti (*New microscopical discoveries*, trad. fr.. Leyde, 1747; Paris, 1750) de même que Buffon. N'oublions pas non plus Lucrèce (*De natura rerum*, II, 870-901).

2. Cf. Fontenelle, *Entretiens sur la pluralité des mondes* (*Œuvres*, Bastien, 1790, t. II, p. 134).

pour l'être qui ne vit qu'un instant. Encore l'insecte est-il plus raisonnable que vous. Quelle suite prodigieuse de générations d'éphémères atteste votre éternité! quelle tradition immense! Cependant nous passerons tous, sans qu'on puisse assigner ni l'étendue réelle que nous occupions, ni le temps précis que nous aurons duré. Le temps, la matière et l'espace ne sont peut-être qu'un point. »

Saunderson s'agita dans cet entretien un peu plus que son état ne le permettait; il lui survint un accès de délire [1] qui dura quelques heures, et dont il ne sortit que pour s'écrier : « *O Dieu de Clarke et de Newton, prends pitié de moi!* » et mourir.

Ainsi finit Saunderson. Vous voyez, madame, que tous les raisonnements qu'il venait d'objecter au ministre n'étaient pas même capables de rassurer un aveugle. Quelle honte pour des gens qui n'ont pas de meilleures raisons que lui, qui voient, et à qui le spectacle étonnant de la nature annonce, depuis le lever du soleil jusqu'au coucher des moindres étoiles, l'existence et la gloire de son auteur! Ils ont des yeux, dont Saunderson était privé; mais Saunderson avait une pureté de mœurs et une ingénuité de caractère qui leur manquent. Aussi ils vivent en aveugles, et Saunderson meurt comme s'il eût vu. La voix de la nature se fait entendre suffisamment à lui à travers les organes qui lui restent, et son témoignage n'en sera que plus fort contre ceux qui se ferment opiniâtrément les oreilles et les yeux [2]. Je demanderais volontiers si le vrai Dieu n'était pas encore mieux voilé pour Socrate par les

---

1. Cf. *Elements of algebra* (*op. cit.*, p. XIX, « a delirium which continued to his death »). Rien ne rappelle dans l'ouvrage anglais une telle invocation au Dieu de Clarke et de Newton, « le Dieu des philosophes et des savants », dont Pascal n'attendait rien.

2. Cette conclusion bénigne n'a pas le ton de la sincérité ; elle traduit en tout cas la gêne de Diderot, qui intellectuellement est au-delà du déisme. « Le sentiment de Saunderson n'est pas plus mon sentiment que le vôtre », dira-t-il à Voltaire dans sa lettre du 11 juin 1749 : « Je crois en Dieu, quoique je vive très bien avec les athées ».

ténèbres du paganisme, que pour Saunderson par la privation de la vue et du spectacle de la nature.

Je suis bien fâché, madame, que, pour votre satisfaction et la mienne, on ne nous ait pas transmis de cet illustre aveugle d'autres particularités intéressantes. Il y avait peut-être plus de lumières à tirer de ses réponses que de toutes les expériences qu'on se propose. Il fallait que ceux qui vivaient avec lui fussent bien peu philosophes! J'en excepte cependant son disciple, M. William Inchlif, qui ne vit Saunderson que dans ses derniers moments, et qui nous a recueilli ses dernières paroles, que je conseillerais à tous ceux qui entendent un peu l'anglais de lire en original dans un ouvrage imprimé à Dublin en 1747, et qui a pour titre : *The Life and character of Dr. Nicholas Saunderson late lucasian Professor of the mathematics in the university of Cambridge; by his disciple and friend William Inchlif, Esq.* [1] Ils y remarqueront un agrément, une force, une vérité, une douceur qu'on ne rencontre dans aucun autre écrit, et que je ne me flatte pas de vous avoir rendus, malgré tous les efforts que j'ai faits pour les conserver dans ma traduction.

Il épousa en 1713 la fille de M. Dickons, recteur de Boxworth, dans la contrée de Cambridge; il en eut un fils et une fille qui vivent encore. Les derniers adieux qu'il fit à sa famille sont fort touchants [2]. « Je vais, leur dit-il, où nous irons tous; épargnez-moi des plaintes qui m'attendrissent. Les témoignages de douleur que vous me donnez me rendent plus sensible à ceux qui m'échappent.

---

1. La supercherie est visible ici. William Inchlif n'a jamais existé. Nul ouvrage n'a été publié à Dublin en 1747 sous le titre indiqué par Diderot, qui n'a fait que remanier le titre exact des *Elements of algebra* de 1740, « By Nicholas Saunderson, late Lucasian professor of the mathematics in the university of Cambridge, to which is prefixed an account of the author's life and character collected from his oldest and most intimate friends ».

2. Mélange de détails exacts (Saunderson épousa en effet une fille du recteur de Boxworth, William Dickons, et en eut deux enfants, John et Ann), mais la scène à la Greuze est de l'invention de Diderot.

Je renonce sans peine à une vie qui n'a été pour moi qu'un long désir et qu'une privation continuelle. Vivez aussi vertueux et plus heureux, et apprenez à mourir aussi tranquilles. » Il prit ensuite la main de sa femme, qu'il tint un moment serrée entre les siennes : il se tourna le visage de son côté, comme s'il eût cherché à la voir ; il bénit ses enfants, les embrassa tous, et les pria de se retirer, parce qu'ils portaient à son âme des atteintes plus cruelles que les approches de la mort.

L'Angleterre est le pays des philosophes, des curieux, des systématiques ; cependant, sans M. Inchlif, nous ne saurions de Saunderson que ce que les hommes les plus ordinaires nous en auraient appris ; par exemple, qu'il reconnaissait les lieux où il avait été introduit une fois, au bruit des murs et du pavé, lorsqu'ils en faisaient, et cent autres choses de la même nature qui lui étaient communes avec presque tous les aveugles. Quoi donc ! rencontre-t-on si fréquemment en Angleterre des aveugles du mérite de Saunderson ; et y trouve-t-on tous les jours des gens qui n'aient jamais vu, et qui fassent des leçons d'optique ?

On cherche à restituer la vue à des aveugles-nés ; mais si l'on y regardait de plus près, on trouverait, je crois, qu'il y a bien autant à profiter pour la philosophie en questionnant un aveugle de bon sens. On en apprendrait comment les choses se passent en lui ; on les comparerait avec la manière dont elles se passent en nous, et l'on tirerait peut-être de cette comparaison la solution des difficultés qui rendent la théorie de la vision et des sens si embarrassée et si incertaine : mais je ne conçois pas, je l'avoue, ce que l'on espère d'un homme à qui l'on vient de faire une opération douloureuse sur un organe très délicat que le plus léger accident dérange, et qui trompe souvent ceux en qui il est sain et qui jouissent depuis longtemps de ses avantages. Pour moi, j'écouterais avec plus de satisfaction sur la théorie des sens un métaphysicien à qui les principes de la physique, les éléments des mathématiques et la conformation des parties seraient familiers, qu'un homme sans éducation et sans connaissances, à qui l'on a restitué la vue par l'opération de la cataracte. J'aurais moins de confiance dans les réponses d'une personne qui voit pour la première fois, que dans les découvertes d'un philosophe qui aurait bien médité son sujet dans l'obscurité ; ou, pour vous parler le langage des poètes [1], qui se serait crevé les yeux pour connaître plus aisément comment se fait la vision.

Si l'on voulait donner quelque certitude à des expériences, il faudrait du moins que le sujet fût préparé de longue main, qu'on l'élevât, et peut-être qu'on le rendît philosophe : mais ce n'est pas l'ouvrage d'un moment que de faire un philosophe, même quand on l'est ; que sera-ce quand on ne l'est pas ? C'est bien pis quand on croit l'être. Il serait très à propos de ne commencer les observations que longtemps après l'opération. Pour cet effet, il faudrait traiter le malade dans l'obscurité, et s'assurer bien que sa blessure est guérie et que ses yeux sont sains [2]. Je ne voudrais pas qu'on l'exposât d'abord au grand jour ; l'éclat d'une lumière vive nous empêche de voir ; que ne produira-t-il point sur un organe qui doit être de la dernière sensibilité, n'ayant encore éprouvé aucune impression qui l'ait émoussé !

Mais ce n'est pas tout : ce serait encore un point fort délicat, que de tirer parti d'un sujet ainsi préparé ; et que de l'interroger avec assez de finesse pour qu'il ne dît

1. L'image est de Sénèque (*Lettres à Lucilius*, 88, 45) : « Illi non præferunt lumen per quod acies derigatur ad verum, hi oculos mihi effodiunt ». Mais l'anecdote vient de Fontenelle : « Semblable en quelque chose à cet ancien, que l'on dit qui se creva les yeux pour n'être pas distrait dans ses méditations philosophiques ».

2. Même prudence dans Condillac, *Essai sur l'origine* (*op. cit.*, p. 59) : « Ses yeux résistaient à l'action des objets, il fallut un exercice de plusieurs jours pour faire jouer ensemble des ressorts si roidis par le temps. Voilà pourquoi ce jeune homme tâtonna pendant deux mois ». Même défiance dans La Mettrie, *Traité de l'âme*, (*op. cit.*, p. 205) : « On n'a pas donné le temps à l'organe dioptrique ébranlé de se remettre dans son assiette naturelle ».

précisément que ce qui se passe en lui [1]. Il faudrait que cet interrogatoire se fît en pleine académie ; ou plutôt, afin de n'avoir point de spectateurs superflus, n'inviter à cette assemblée que ceux qui le mériteraient par leurs connaissances philosophiques, anatomiques, etc. Les plus habiles gens et les meilleurs esprits ne seraient pas trop bons pour cela. Préparer et interroger un aveugle-né n'eût point été une occupation indigne des talents réunis de Newton, Descartes, Locke et Leibniz.

Je finirai cette lettre, qui n'est déjà que trop longue, par une question qu'on a proposée il y a longtemps. Quelques réflexions sur l'état singulier de Saunderson m'ont fait voir qu'elle n'avait jamais été entièrement résolue. On suppose un aveugle de naissance qui soit devenu homme fait, et à qui on ait appris à distinguer, par l'attouchement, un cube et un globe de même métal et à peu près de même grandeur, en sorte que quand il touche l'un et l'autre, il puisse dire quel est le cube et quel est le globe. On suppose que, le cube et le globe étant posés sur une table, cet aveugle vienne à jouir de la vue ; et l'on demande si en les voyant sans les toucher il pourra les discerner et dire quel est le cube et quel est le globe.

Ce fut M. Molineux [2] qui proposa le premier cette question, et qui tenta de la résoudre. Il prononça que l'aveugle ne distinguerait point le globe du cube ; « car, dit-il, quoiqu'il ait appris par expérience de quelle manière le globe et le cube affectent son attouchement, il ne sait pourtant pas encore que ce qui affecte son attouchement de telle ou de telle manière, doit frapper ses yeux de telle

---

1. Condillac et La Mettrie sont d'accord pour voir de la prévention dans l'interrogatoire de l'aveugle de Cheselden (*Essai sur l'origine*, p. 59, *Traité de l'âme*, p. 205).

2. William Molyneux, auteur d'une *Dioptrica nova* (1692), posa par lettre à son ami Locke le fameux problème qui porte son nom. Locke dans son *Essai sur l'entendement humain* (livre II, chap. IX, § 8), cite exactement la lettre de Molyneux. Diderot reprend la traduction française de Locke par Pierre Coste en 1700 (cf. *Œuvres de Locke*, édit. Didot, 1821, t. II, p. 294 sq.).

ou telle façon ; ni que l'angle avancé du cube qui presse sa main d'une manière inégale doive paraître à ses yeux tel qu'il paraît dans le cube. »

Locke, consulté sur cette question, dit : « Je suis tout à fait du sentiment de M. Molineux. Je crois que l'aveugle ne serait pas capable, à la première vue, d'assurer avec quelque confiance quel serait le cube et quel serait le globe, s'il se contentait de les regarder, quoiqu'en les touchant il pût les nommer et les distinguer sûrement par la différence de leurs figures, que l'attouchement lui ferait reconnaître. »

M. l'abbé de Condillac, dont vous avez lu l'*Essai sur l'origine des connaissances humaines*, avec tant de plaisir et d'utilité, et dont je vous envoie, avec cette lettre, l'excellent *Traité des systèmes*, a là-dessus un sentiment particulier [1]. Il est inutile de vous rapporter les raisons sur lesquelles il s'appuie ; ce serait vous envier le plaisir de relire un ouvrage où elles sont exposées d'une manière si agréable et si philosophique, que de mon côté je risquerais trop à les déplacer. Je me contenterai d'observer qu'elles tendent toutes à démontrer que l'aveugle-né ne voit rien, ou qu'il voit la sphère et le cube différents ; et que les conditions que ces deux corps soient de même métal et à peu près de même grosseur, qu'on a jugé à propos d'insérer dans l'énoncé de la question, y sont superflues, ce qui ne peut être contesté [2] ; car, aurait-il pu dire, s'il n'y a aucune liaison essentielle entre la sensation de la vue et celle du toucher, comme MM. Locke et Molineux le prétendent, ils doivent

---

1. *Essai sur l'origine des connaissances humaines* (*op. cit.*, I, 6, p. 53-59) : Condillac, à propos du problème de Molyneux et de l'expérience de Cheselden, a moins à cœur d'élucider un problème particulier de psychologie que de montrer, contre Locke et Berkeley, l'absence de tout jugement au niveau de la perception et de refuser à l'esprit tout mystérieux pouvoir d'activité.

2. *Ibid.*, p. 55 : « En exigeant dans son problème que le globe et le cube soient à peu près de la même grandeur il fait entendre que la vue peut, sans le secours d'aucun jugement, nous donner différentes idées de grandeur ».

convenir qu'on pourrait voir deux pieds de diamètre à un corps qui disparaîtrait sous la main. M. de Condillac ajoute cependant que si l'aveugle-né voit les corps, en discerne les figures, et qu'il hésite sur le jugement qu'il en doit porter, ce ne peut être que par des raisons métaphysiques assez subtiles, que je vous expliquerai tout à l'heure.

Voilà donc deux sentiments différents sur la même question, et entre des philosophes de la première force. Il semblerait qu'après avoir été maniée par des gens tels que MM. Molineux, Locke et l'abbé de Condillac, elle ne doit plus rien laisser à dire ; mais il y a tant de faces sous lesquelles la même chose peut être considérée, qu'il ne serait pas étonnant qu'ils ne les eussent pas toutes épuisées.

Ceux qui ont prononcé que l'aveugle-né distinguerait le cube de la sphère ont commencé par supposer un fait qu'il importait peut-être d'examiner ; savoir si un aveugle-né, à qui l'on abattrait les cataractes, serait en état de se servir de ses yeux dans les premiers moments qui succèdent à l'opération. Ils ont dit seulement : « L'aveugle-né, comparant les idées de sphère et de cube qu'il a reçues par le toucher avec celles qu'il en prend par la vue, connaîtra nécessairement que ce sont les mêmes ; et il y aurait en lui bien de la bizarrerie de prononcer que c'est le cube qui lui donne, à la vue, l'idée de sphère et que c'est de la sphère que lui vient l'idée de cube. Il appellera donc sphère et cube, à la vue, ce qu'il appelait sphère et cube au toucher. »

Mais quelle a été la réponse et le raisonnement de leurs antagonistes ? Ils ont supposé pareillement que l'aveugle-né verrait aussitôt qu'il aurait l'organe sain ; ils ont imaginé qu'il en était d'un œil à qui l'on abaisse la cataracte, comme d'un bras qui cesse d'être paralytique : il ne faut point d'exercice, à celui-ci pour sentir, ont-ils dit, ni par conséquent à l'autre pour voir ; et ils ont ajouté : « Accordons à l'aveugle-né un peu plus de philosophie que vous ne lui en donnez, et après avoir poussé le raisonnement jusqu'où vous l'avez laissé, il continuera ; mais cependant, qui m'a assuré qu'en approchant de ces corps et en appliquant mes mains sur eux, ils ne tromperont pas subitement mon attente, et que le cube ne me renverra pas la sensation de la sphère et la sphère celle du cube? Il n'y a que l'expérience qui puisse m'apprendre s'il y a conformité de relation entre la vue et le toucher : ces deux sens pourraient être en contradiction dans leurs rapports, sans que j'en susse rien ; peut-être même croirais-je que ce qui se présente actuellement à ma vue n'est qu'une pure apparence, si l'on ne m'avait informé que ce sont là les mêmes corps que j'ai touchés. Celui-ci me semble, à la vérité, devoir être le corps que j'appelais cube ; et celui-là, le corps que j'appelais sphère ; mais on ne me demande pas ce qu'il m'en semble, mais ce qui en est ; et je ne suis nullement en état de satisfaire à cette dernière question. »

Ce raisonnement, dit l'auteur de l'*Essai sur l'origine des connaissances humaines*, serait très embarrassant pour l'aveugle-né ; et je ne vois que l'expérience qui puisse y fournir une réponse [1]. Il y a toute apparence que M. l'abbé de Condillac ne veut parler ici que de l'expérience que l'aveugle-né réitérerait lui-même sur les corps par un second attouchement. Vous sentirez tout à l'heure pourquoi je fais cette remarque. Au reste, cet habile métaphysicien aurait pu ajouter qu'un aveugle-né devait trouver d'autant moins d'absurdité à supposer que deux sens pussent être en contradiction, qu'il imagine qu'un miroir les y met en effet, comme je l'ai remarqué plus haut.

M. de Condillac observe ensuite que M. Molineux a embarrassé la question de plusieurs conditions qui ne peuvent ni prévenir ni lever les difficultés que la métaphysique formerait à l'aveugle-né. Cette observation est d'autant plus juste, que la métaphysique que l'on suppose à l'aveugle-né n'est point déplacée ; puisque, dans ces questions philosophiques, l'expérience doit toujours être censée se faire sur un philosophe, c'est-à-dire sur une personne qui saisisse, dans les questions qu'on lui propose,

1. Commentaire et non citation exacte de Condillac (*ibid.*, § 14, p. 57 : « L'argument serait embarrassant et je ne vois que l'expérience qui pût lui fournir une réponse »).

tout ce que le raisonnement et la condition de ses organes lui permettent d'y apercevoir.

Voilà, madame, en abrégé, ce qu'on a dit pour et contre sur cette question ; et vous allez voir, par l'examen que j'en ferai, combien ceux qui ont prononcé que l'aveugle-né verrait les figures et discernerait les corps, étaient loin de s'apercevoir qu'ils avaient raison ; et combien ceux qui le niaient avaient de raisons de penser qu'ils n'avaient point tort.

La question de l'aveugle-né, prise un peu plus généralement que M. Molineux ne l'a proposée, en embrasse deux autres que nous allons considérer séparément. On peut demander : 1° si l'aveugle-né verra aussitôt que l'opération de la cataracte sera faite ; 2° dans le cas qu'il voie, s'il verra suffisamment pour discerner les figures ; s'il sera en état de leur appliquer sûrement, en les voyant, les mêmes noms qu'il leur donnait au toucher ; et s'il aura démonstration que ces noms leur conviennent.

L'aveugle-né verra-t-il immédiatement après la guérison de l'organe? Ceux qui prétendent qu'il ne verra point, disent : « Aussitôt que l'aveugle-né jouit de la faculté de se servir de ses yeux, toute la scène qu'il a en perspective vient se peindre dans le fond de son œil. Cette image, composée d'une infinité d'objets rassemblés dans un fort petit espace, n'est qu'un amas confus de figures qu'il ne sera pas en état de distinguer les unes des autres. On est presque d'accord qu'il n'y a que l'expérience qui puisse lui apprendre à juger de la distance des objets, et qu'il est même dans la nécessité de s'en approcher, de les toucher, de s'en éloigner, de s'en rapprocher, et de les toucher encore, pour s'assurer qu'ils ne font point partie de lui-même, qu'ils sont étrangers à son être, et qu'il en est tantôt voisin et tantôt éloigné : pourquoi l'expérience ne lui serait-elle pas encore nécessaire pour les apercevoir? Sans l'expérience, celui qui aperçoit des objets pour la première fois, devrait s'imaginer, lorsqu'ils s'éloignent de lui, ou lui d'eux, au-delà de la portée de sa vue, qu'ils ont cessé d'exister ; car il n'y a que l'expérience que nous faisons sur les objets permanents, et que nous retrouvons à la même place où nous les avons laissés, qui nous constate leur existence continuée dans l'éloignement. C'est peut-être par cette raison que les enfants se consolent si promptement des jouets dont on les prive. On ne peut pas dire qu'ils les oublient promptement ; car si l'on considère qu'il y a des enfants de deux ans et demi qui savent une partie considérable des mots d'une langue, et qu'il leur en coûte plus pour les prononcer que pour les retenir, on sera convaincu que le temps de l'enfance est celui de la mémoire. Ne serait-il pas plus naturel de supposer qu'alors les enfants s'imaginent que ce qu'ils cessent de voir a cessé d'exister, d'autant plus que leur joie paraît mêlée d'admiration lorsque les objets qu'ils ont perdus de vue viennent à reparaître? Les nourrices les aident à acquérir la notion de la durée des êtres absents, en les exerçant à un petit jeu qui consiste à se couvrir et à se montrer subitement le visage. Ils ont, de cette manière, cent fois en un quart d'heure, l'expérience que ce qui cesse de paraître ne cesse pas d'exister. D'où il s'ensuit que c'est à l'expérience que nous devons la notion de l'existence continuée des objets ; que c'est par le toucher que nous acquérons celle de leur distance ; qu'il faut peut-être que l'œil apprenne à voir, comme la langue à parler ; qu'il ne serait pas étonnant que le secours d'un des sens fût nécessaire à l'autre, et que le toucher, qui nous assure de l'existence des objets hors de nous lorsqu'ils sont présents à nos yeux, est peut-être encore le sens à qui il est réservé de nous constater, je ne dis pas leurs figures et autres modifications, mais même leur présence. »

On ajoute à ces raisonnements les fameuses expériences de Cheselden [1]. Le jeune homme à qui cet habile chirurgien

1. Les expériences de Cheselden, qui abaissa les cataractes à un aveugle de 14 ans, ont été connues en France par les *Philosophical Transactions* (avril-juin 1728, n° 402, p. 447-450). Elles ont été commentées par Berkeley en 1732 dans sa 3ᵉ édition de la *Nouvelle théorie de la vision* dont la traduction par de Jaucourt est de 1734. Mais c'est Voltaire dans ses *Éléments de la philosophie de Newton* (1738, cf. édit. Moland,

abaissa les cataractes ne distingua, de longtemps, ni grandeurs, ni distances, ni situations, ni même figures. Un objet d'un pouce mis devant son œil, et qui lui cachait une maison, lui paraissait aussi grand que la maison. Il avait tous les objets sur les yeux ; et ils lui semblaient appliqués à cet organe, comme les objets du tact le sont à la peau. Il ne pouvait distinguer ce qu'il avait jugé rond, à l'aide de ses mains, d'avec ce qu'il avait jugé angulaire ; ni discerner avec les yeux si ce qu'il avait senti être en haut ou en bas, était en effet en haut ou en bas. Il parvint, mais ce ne fut pas sans peine, à apercevoir que sa maison était plus grande que sa chambre, mais nullement à concevoir comment l'œil pouvait lui donner cette idée. Il lui fallut un grand nombre d'expériences réitérées, pour s'assurer que la peinture représentait des corps solides : et quand il se fut bien convaincu, à force de regarder des tableaux, que ce n'étaient point des surfaces seulement qu'il voyait, il y porta la main, et fut bien étonné de ne rencontrer qu'un plan uni et sans aucune saillie : il demanda alors quel était le trompeur, du sens du toucher, ou du sens de la vue. Au reste la peinture fit le même effet sur les sauvages, la première fois qu'ils en virent : ils prirent des figures peintes pour des hommes vivants, les interrogèrent, et furent tout surpris de n'en recevoir aucune réponse : cette erreur ne venait certainement pas en eux du peu d'habitude de voir.

Mais que répondre aux autres difficultés ? qu'en effet, l'œil expérimenté d'un homme fait voir mieux les objets que l'organe imbécile et tout neuf d'un enfant ou d'un aveugle de naissance à qui l'on vient d'abaisser les cataractes. Voyez, madame, toutes les preuves qu'en donne M. l'abbé de Condillac, à la fin de son *Essai sur l'origine des connais-*

---

t. XXII, p. 469) qui résuma brillamment la question et la fit connaître de l'opinion européenne. Condillac (*op. cit.*, p. 55), La Mettrie et Diderot suivent Voltaire. Buffon (*Histoire naturelle de l'homme*, 1749, édit. Garnier, t. II, p. 105-108) est plus précis et a recours aux *Philosophical transactions* et au *Tatler* (article 55).

sances humaines [1], où il se propose en objection les expériences faites par Cheselden, et rapportées par M. de Voltaire. Les effets de la lumière sur un œil qui en est affecté pour la première fois, et les conditions requises dans les humeurs de cet organe, la cornée, le cristallin, etc., y sont exposés avec beaucoup de netteté et de force, et ne permettent guère de douter que la vision ne se fasse très imparfaitement dans un enfant qui ouvre les yeux pour la première fois, ou dans un aveugle à qui l'on vient de faire l'opération.

Il faut donc convenir que nous devons apercevoir dans les objets une infinité de choses que l'enfant ni l'aveugle-né n'y aperçoivent point, quoiqu'elles se peignent également au fond de leurs yeux ; que ce n'est pas assez que les objets nous frappent, qu'il faut encore que nous soyons attentifs à leurs impressions ; que, par conséquent, on ne voit rien la première fois qu'on se sert de ses yeux ; qu'on n'est affecté, dans les premiers instants de la vision, que d'une multitude de sensations confuses qui ne se débrouillent qu'avec le temps et par la réflexion habituelle sur ce qui se passe en nous ; que c'est l'expérience seule qui nous apprend à comparer les sensations avec ce qui les occasionne ; que les sensations n'ayant rien qui ressemble essentiellement aux objets, c'est à l'expérience à nous instruire sur des analogies qui semblent être de pure institution : en un mot, on ne peut douter que le toucher ne serve beaucoup à donner à l'œil une connaissance précise de la conformité de l'objet avec la représentation qu'il en reçoit ; et je pense que, si tout ne s'exécutait pas dans la nature par des lois infiniment générales ; si, par exemple, la piqûre de certains corps durs était douloureuse, et celle d'autres corps accompagnée de plaisir, nous mourrions sans avoir recueilli la cent-millionième partie des expériences nécessaires à la conservation de notre corps et à notre bien-être.

Cependant je ne pense nullement que l'œil ne puisse s'instruire, ou, s'il est permis de parler ainsi, s'expérimen-

1. Cf. *Essai sur l'origine* (*op. cit.*, p. 58-59. Il s'agit de la fin de la première partie et non de la fin de l'*Essai*).

ter de lui-même. Pour s'assurer, par le toucher, de l'existence et de la figure des objets, il n'est pas nécessaire de voir: pourquoi faudrait-il toucher, pour s'assurer des mêmes choses par la vue? Je connais tous les avantages du tact; et je ne les ai pas déguisés, quand il a été question de Saunderson ou de l'aveugle du Puiseaux; mais je ne lui ai point reconnu celui-là. On conçoit sans peine que l'usage d'un des sens peut être perfectionné et accéléré par les observations de l'autre; mais nullement qu'il y ait entre leurs fonctions une dépendance essentielle. Il y a assurément dans les corps des qualités que nous n'y apercevrions jamais sans l'attouchement : c'est le tact qui nous instruit de la présence de certaines modifications insensibles aux yeux, qui ne les aperçoivent que quand ils ont été avertis par ce sens; mais ces services sont réciproques; et dans ceux qui ont la vue plus fine que le toucher, c'est le premier de ces sens qui instruit l'autre de l'existence d'objets et de modifications qui lui échapperaient par leur petitesse. Si l'on vous plaçait à votre insu, entre le pouce et l'index, un papier ou quelque autre substance unie, mince et flexible, il n'y aurait que votre œil qui pût vous informer que le contact de ces doigts ne se ferait pas immédiatement. J'observerai, en passant, qu'il serait infiniment plus difficile de tromper là-dessus un aveugle qu'une personne qui a l'habitude de voir.

Un œil vivant et animé aurait sans doute de la peine à s'assurer que les objets extérieurs ne font pas partie de lui-même; qu'il en est tantôt voisin, tantôt éloigné; qu'ils sont figurés; qu'ils sont plus grands les uns que les autres; qu'ils ont de la profondeur, etc., mais je ne doute nullement qu'il ne les vît, à la longue, et qu'il ne les vît assez distinctement pour en discerner au moins les limites grossières. Le nier, ce serait perdre de vue la destination des organes; ce serait oublier les principaux phénomènes de la vision; ce serait se dissimuler qu'il n'y a point de peintre assez habile pour approcher de la beauté et de l'exactitude des miniatures qui se peignent dans le fond de nos yeux; qu'il n'y a rien de plus précis que la ressemblance de la représentation à l'objet représenté ; que la toile de ce tableau n'est pas si petite ; qu'il n'y a nulle confusion entre les figures ; qu'elles occupent à peu près un demi-pouce en carré ; et que rien n'est plus difficile d'ailleurs que d'expliquer comment le toucher s'y prendrait pour enseigner à l'œil à apercevoir, si l'usage de ce dernier organe était absolument impossible sans le secours du premier.

Mais je ne m'en tiendrai pas à de simples présomptions ; et je demanderai si c'est le toucher qui apprend à l'œil à distinguer les couleurs. Je ne pense pas qu'on accorde au tact un privilège aussi extraordinaire : cela supposé, il s'ensuit que, si l'on présente à un aveugle à qui l'on vient de restituer la vue un cube noir, avec une sphère rouge, sur un grand fond blanc, il ne tardera pas à discerner les limites de ces figures.

Il tardera, pourrait-on me répondre, tout le temps nécessaire aux humeurs de l'œil, pour se disposer convenablement ; à la cornée, pour prendre la convexité requise à la vision ; à la prunelle, pour être susceptible de la dilatation et du rétrécissement qui lui sont propres ; aux filets de la rétine, pour n'être ni trop ni trop peu sensibles à l'action de la lumière ; au cristallin, pour s'exercer aux mouvements en avant et en arrière qu'on lui soupçonne ; ou aux muscles, pour bien remplir leurs fonctions ; aux nerfs optiques, pour s'accoutumer à transmettre la sensation ; au globe entier de l'œil, pour se prêter à toutes les dispositions nécessaires, et à toutes les parties qui le composent, pour concourir à l'exécution de cette miniature dont on tire si bon parti, quand il s'agit de démontrer que l'œil s'expérimentera de lui-même.

J'avoue que, quelque simple que soit le tableau que je viens de présenter à l'œil d'un aveugle-né, il n'en distinguera bien les parties que quand l'organe réunira toutes les conditions précédentes ; mais c'est peut-être l'ouvrage d'un moment ; et il ne serait pas difficile, en appliquant le raisonnement qu'on vient de m'objecter à une machine un peu composée, à une montre, par exemple, de démontrer, par le détail de tous les mouvements qui se passent dans le tambour, la fusée, les roues, les palettes, le balancier, etc., qu'il faudrait quinze jours à l'aiguille pour parcourir l'espace d'une seconde. Si on répond que ces mouvements sont simultanés, je répliquerai qu'il en est peut-être de même de ceux qui se passent dans l'œil, quand il s'ouvre pour la première fois, et de la plupart des jugements qui se font en conséquence. Quoi qu'il en soit de ces conditions qu'on exige dans l'œil pour être propre à la vision, il faut convenir que ce n'est point le toucher qui les lui donne, que cet organe les acquiert de lui-même ; et que, par conséquent, il parviendra à distinguer les figures qui s'y peindront, sans le secours d'un autre sens.

Mais encore une fois, dira-t-on, quand en sera-t-il là? Peut-être beaucoup plus promptement qu'on ne pense. Lorsque nous allâmes visiter ensemble le cabinet du Jardin Royal, vous souvenez-vous, madame, de l'expérience du miroir concave, et de la frayeur que vous eûtes lorsque vous vîtes venir à vous la pointe d'une épée avec la même vitesse que la pointe de celle que vous aviez à la main s'avançait vers la surface du miroir? Cependant vous aviez l'habitude de rapporter au-delà des miroirs tous les objets qui s'y peignent. L'expérience n'est donc ni si nécessaire, ni même si infaillible qu'on le pense, pour apercevoir les objets ou leurs images où elles sont. Il n'y a pas jusqu'à votre perroquet qui ne m'en fournît une preuve. La première fois qu'il se vit dans une glace, il en approcha son bec, et ne se rencontrant pas lui-même qu'il prenait pour son semblable, il fit le tour de la glace. Je ne veux point donner au témoignage du perroquet plus de force qu'il n'en a ; mais c'est une expérience animale où le préjugé ne peut avoir de part.

Cependant, m'assurât-on qu'un aveugle-né n'a rien distingué pendant deux mois [1], je n'en serai point étonné. J'en conclurai seulement la nécessité de l'expérience de

1. Cf. Voltaire (*op. cit.*, p. 469) : « Ce ne fut qu'au bout de deux mois qu'il put apercevoir que les tableaux représentaient des corps solides » et Condillac (*op. cit.*, p. 59) : « Voilà pourquoi ce jeune homme tâtonna pendant deux mois ».

l'organe, mais nullement la nécessité de l'attouchement pour l'expérimenter. Je n'en comprendrai que mieux combien il importe de laisser séjourner quelque temps un aveugle-né dans l'obscurité, quand on le destine à des observations ; de donner à ses yeux la liberté de s'exercer, ce qu'il fera plus commodément dans les ténèbres qu'au grand jour ; et de ne lui accorder, dans les expériences, qu'une espèce de crépuscule, ou de se ménager, du moins dans le lieu où elles se feront, l'avantage d'augmenter ou de diminuer à discrétion la clarté. On ne me trouvera que plus disposé à convenir que ces sortes d'expériences seront toujours très difficiles et très incertaines ; et que le plus court en effet, quoiqu'en apparence le plus long, c'est de prémunir le sujet de connaissances philosophiques qui le rendent capable de comparer les deux conditions par lesquelles il a passé, et de nous informer de la différence de l'état d'un aveugle et de celui d'un homme qui voit. Encore une fois, que peut-on attendre de précis de celui qui n'a aucune habitude de réfléchir et de revenir sur lui-même ; et qui, comme l'aveugle de Cheselden, ignore les avantages de la vue, au point d'être insensible à sa disgrâce, et de ne point imaginer que la perte de ce sens nuise beaucoup à ses plaisirs ? Saunderson, à qui l'on ne refusera pas le titre de philosophe, n'avait certainement pas la même indifférence ; et je doute fort qu'il eût été de l'avis de l'auteur de l'excellent *Traité sur les systèmes*. Je soupçonnerais volontiers le dernier de ces philosophes d'avoir donné lui-même dans un petit système, lorsqu'il a prétendu « que, si la vie de l'homme n'avait été qu'une sensation non interrompue de plaisir ou de douleur, heureux dans un cas sans aucune idée de malheur, malheureux dans l'autre sans aucune idée de bonheur, il eût joui ou souffert ; et que, comme si telle eût été sa nature, il n'eût point regardé autour de lui pour découvrir si quelque être veillait à sa conservation, ou travaillait à lui nuire ; que c'est le passage alternatif de l'un à l'autre de ces états, qui l'a fait réfléchir, etc. » [1]

1. Exacte citation du *Traité des systèmes* (chap. 5, *op. cit.*, p. 134).

Croyez-vous, madame, qu'en descendant de perceptions claires en perceptions claires (car c'est la manière de philosopher de l'auteur, et la bonne), il fût jamais parvenu à cette conclusion? Il n'en est pas du bonheur et du malheur ainsi que des ténèbres et de la lumière : l'un ne consiste pas dans une privation pure et simple de l'autre. Peut-être eussions-nous assuré que le bonheur ne nous était pas moins essentiel que l'existence et la pensée, si nous en eussions joui sans aucune altération ; mais je n'en peux pas dire autant du malheur. Il eût été très naturel de le regarder comme un état forcé, de se sentir innocent, de se croire pourtant coupable, et d'accuser ou d'excuser la nature, tout comme on fait.

M. l'abbé de Condillac pense-t-il qu'un enfant ne se plaigne quand il souffre, que parce qu'il n'a pas souffert sans relâche depuis qu'il est au monde? S'il me répond « qu'exister et souffrir ce serait la même chose pour celui qui aurait toujours souffert ; et qu'il n'imaginerait pas qu'on pût suspendre sa douleur sans détruire son existence » ; peut-être, lui répliquerai-je, l'homme malheureux sans interruption n'eût pas dit : Qu'ai-je fait, pour souffrir? Mais qui l'eût empêché de dire : Qu'ai-je fait, pour exister ? Cependant je ne vois pas pourquoi il n'eût point eu les deux verbes synonymes, *j'existe* et *je souffre*, l'un pour la prose, et l'autre pour la poésie, comme nous avons les deux expressions, *je vis* et *je respire*. Au reste, vous remarquerez mieux que moi, madame, que cet endroit de M. l'abbé de Condillac est très parfaitement écrit ; et je crains bien que vous ne disiez, en comparant ma critique avec sa réflexion, que vous aimez mieux encore une erreur de Montaigne qu'une vérité de Charron.

Et toujours des écarts, me direz-vous. Oui, madame, c'est la condition de notre traité. Voici maintenant mon opinion sur les deux questions précédentes. Je pense que la première fois que les yeux de l'aveugle-né s'ouvriront à la lumière, il n'apercevra rien du tout ; qu'il faudra quelque temps à son œil pour s'expérimenter [1] : mais

1. Cette suspension du jugement est proposée par Condillac (*Essai sur l'origine*, *op. cit.*, p. 57).

qu'il s'expérimentera de lui-même, et sans le secours du toucher ; et qu'il parviendra non seulement à distinguer les couleurs, mais à discerner au moins les limites grossières des objets. Voyons à présent, si, dans la supposition qu'il acquît cette aptitude dans un temps fort court, ou qu'il l'obtînt en agitant ses yeux dans les ténèbres où l'on aurait eu l'attention de l'enfermer et de l'exhorter à cet exercice pendant quelque temps après l'opération et avant les expériences ; voyons, dis-je, s'il reconnaîtrait à la vue les corps qu'il aurait touchés, et s'il serait en état de leur donner les noms qui leur conviennent. C'est la dernière question qui me reste à résoudre.

Pour m'en acquitter d'une manière qui vous plaise, puisque vous aimez la méthode, je distinguerai plusieurs sortes de personnes, sur lesquelles les expériences peuvent se tenter. Si ce sont des personnes grossières, sans éducation, sans connaissances, et non préparées, je pense que, quand l'opération de la cataracte aura parfaitement détruit le vice de l'organe, et que l'œil sera sain, les objets s'y peindront très distinctement ; mais que, ces personnes n'étant habituées à aucune sorte de raisonnement, ne sachant ce que c'est que sensation, idée, n'étant point en état de comparer les représentations qu'elles ont reçues par le toucher avec celles qui leur viennent par les yeux, elles prononceront : Voilà un rond, voilà un carré, sans qu'il y ait de fond à faire sur leur jugement ; ou même elles conviendront ingénument qu'elles n'aperçoivent rien, dans les objets qui se présentent à leur vue, qui ressemble à ce qu'elles ont touché.

Il y a d'autres personnes qui, comparant les figures qu'elles apercevront aux corps, avec celles qui faisaient impression sur leurs mains, et appliquant par la pensée leur attouchement sur ces corps qui sont à distance, diront de l'un que c'est un carré, et de l'autre que c'est un cercle, mais sans trop savoir pourquoi ; la comparaison des idées qu'elles ont prises par le toucher, avec celles qu'elles reçoivent par la vue, ne se faisant pas en elles assez distinctement pour les convaincre de la vérité de leur jugement.

Je passerai, madame, sans digression, à un métaphysicien sur lequel on tenterait l'expérience. Je ne doute nullement que celui-ci ne raisonnât dès l'instant où il commencerait à apercevoir distinctement les objets, comme s'il les avait vus toute sa vie ; et qu'après avoir comparé les idées qui lui viennent par les yeux avec celles qu'il a prises par le toucher, il ne dît, avec la même assurance que vous et moi : « Je serais fort tenté de croire que c'est ce corps que j'ai toujours nommé cercle, et que c'est celui-ci que j'ai toujours appelé carré ; mais je me garderai bien de prononcer que cela est ainsi. Qui m'a révélé que, si j'en approchais, ils ne disparaîtraient pas sous mes mains? Que sais-je si les objets de ma vue sont destinés à être aussi les objets de mon attouchement? J'ignore si ce qui m'est visible est palpable ; mais quand je ne serais point dans cette incertitude, et que je croirais sur la parole des personnes qui m'environnent, que ce que je vois est réellement ce que j'ai touché, je n'en serais guère plus avancé. Ces objets pourraient fort bien se transformer dans mes mains, et me renvoyer, par le tact, des sensations toutes contraires à celles que j'en éprouve par la vue. Messieurs, ajouterait-il, ce corps me semble le carré, celui-ci, le cercle ; mais je n'ai aucune science qu'ils soient tels au toucher qu'à la vue. »

Si nous substituons un géomètre au métaphysicien, Saunderson à Locke, il dira comme lui que, s'il en croit ses yeux, des deux figures qu'il voit, c'est celle-là qu'il appelait carré, et celle-ci qu'il appelait cercle : « car je m'aperçois, ajouterait-il, qu'il n'y a que la première où je puisse arranger les fils et placer les épingles à grosse tête, qui marquaient les points angulaires du carré ; et qu'il n'y a que la seconde à laquelle je puisse inscrire ou circonscrire les fils qui m'étaient nécessaires pour démontrer les propriétés du cercle. Voilà donc un cercle ! voilà donc un carré ! Mais, aurait-il continué avec Locke, peut-être que, quand j'appliquerai mes mains sur ces figures, elles se transformeront l'une en l'autre, de manière que la même figure pourrait me servir à démontrer aux aveugles les propriétés du cercle, et à ceux qui voient, les propriétés du carré. Peut-être que je verrais un carré, et qu'en même temps je sentirais un cercle. Non, aurait-il repris ; je me trompe. Ceux à qui je démontrais les propriétés du cercle et du carré n'avaient pas les mains sur mon abaque, et ne touchaient pas les fils que j'avais tendus et qui limitaient mes figures ; cependant ils me comprenaient. Ils ne voyaient donc pas un carré, quand je sentais un cercle ; sans quoi nous ne nous fussions jamais entendus ; je leur eusse tracé une figure, et démontré les propriétés d'une autre ; je leur eusse donné une ligne droite pour un arc de cercle, et un arc de cercle pour une ligne droite. Mais puisqu'ils m'entendaient tous, tous les hommes voient donc les uns comme les autres : je vois donc carré ce qu'ils voyaient carré, et circulaire ce qu'ils voyaient circulaire. Ainsi voilà ce que j'ai toujours nommé carré, et voilà ce que j'ai toujours nommé cercle. »

J'ai substitué le cercle à la sphère, et le carré au cube, parce qu'il y a toute apparence que nous ne jugeons des distances que par l'expérience ; et conséquemment, que celui qui se sert de ses yeux pour la première fois, ne voit que des surfaces, et qu'il ne sait ce que c'est que saillie ; la saillie d'un corps à la vue consistant en ce que quelques-uns de ses points paraissent plus voisins de nous que les autres.

Mais quand l'aveugle-né jugerait, dès la première fois qu'il voit, de la saillie et de la solidité des corps, et qu'il serait en état de discerner, non seulement le cercle du carré, mais aussi la sphère du cube, je ne crois pas pour cela qu'il en fût de même de tout autre objet plus composé. Il y a bien de l'apparence que l'aveugle-née de M. de Réaumur a discerné les couleurs les unes des autres ; mais il y a trente à parier contre un qu'elle a prononcé au hasard sur la sphère et sur le cube ; et je tiens pour certain, qu'à moins d'une révélation, il ne lui a pas été possible de reconnaître ses gants, sa robe de chambre et son soulier. Ces objets sont chargés d'un si grand nombre de modifications ; il y a si peu de rapport entre leur forme totale et celle des membres qu'ils sont destinés à orner ou à couvrir, que c'eût été un problème cent fois plus embarrassant pour Saunderson, de déterminer l'usage de son bonnet carré, que pour MM. d'Alembert ou Clairaut, celui de retrouver l'usage de ses tables.

Saunderson n'eût pas manqué de supposer qu'il règne un rapport géométrique entre les choses et leur usage ; et conséquemment il eût aperçu, en deux ou trois analogies, que sa calotte était faite pour sa tête : il n'y a là aucune forme arbitraire qui tendît à l'égarer. Mais qu'eût-il pensé des angles et de la houppe de son bonnet carré ? A quoi bon cette touffe? pourquoi plutôt quatre angles que six? se fût-il demandé ; et ces deux modifications, qui sont pour nous une affaire d'ornement, auraient été pour lui la source d'une foule de raisonnements absurdes, ou plutôt l'occasion d'une excellente satire de ce que nous appelons le bon goût.

En pesant mûrement les choses, on avouera que la différence qu'il y a entre une personne qui a toujours vu, mais à qui l'usage d'un objet est inconnu, et celle qui connaît l'usage d'un objet, mais qui n'a jamais vu, n'est pas à l'avantage de celle-ci : cependant, croyez-vous, madame, que si l'on vous montrait aujourd'hui, pour la première fois, une garniture, vous parvinssiez jamais à deviner que c'est un ajustement, et que c'est un ajustement de tête? Mais, s'il est d'autant plus difficile à un aveugle-né, qui voit pour la première fois, de bien juger des objets selon qu'ils ont un plus grand nombre de formes ; qui l'empêcherait de prendre un observateur tout habillé et immobile dans un fauteuil placé devant lui, pour un meuble ou pour une machine, et un arbre dont l'air agiterait les feuilles et les branches, pour un être se mouvant, animé et pensant? Madame, combien nos sens nous suggèrent de choses ; et que nous aurions de peine, sans nos yeux, à supposer qu'un bloc de marbre ne pense ni ne sent [1] !

1. Faut-il voir dans ce bloc de marbre le germe de l'hypothèse de la statue? C'est en 1754, dans le *Traité des sensations*, que Condillac imaginera « la statue organisée intérieurement comme nous ». Mais dès 1749 Buffon, dans son *Histoire naturelle*, essayait de décrire les progrès d'un homme « qui s'éveillerait tout neuf pour lui-même et pour tout ce qui l'environne » (*op. cit.*, t. II, p. 133 ; *Hist. nat. de l'homme* : *Des sens en général*.)

Il reste donc pour démontré, que Saunderson aurait été assuré qu'il ne se trompait pas dans le jugement qu'il venait de porter du cercle et du carré seulement ; et qu'il y a des cas où le raisonnement et l'expérience des autres peuvent éclairer la vue sur la relation du toucher, et l'instruire que ce qui est tel pour l'œil, est tel aussi pour le tact.

Il n'en serait cependant pas moins essentiel, lorsqu'on se proposerait la démonstration de quelque proposition d'éternelle vérité, comme on les appelle, d'éprouver sa démonstration, en la privant du témoignage des sens ; car vous apercevez bien, madame, que, si quelqu'un prétendait vous prouver que la projection de deux lignes parallèles sur un tableau doit se faire par deux lignes convergentes, parce que deux allées paraissent telles, il oublierait que la proposition est vraie pour un aveugle comme pour lui.

Mais la supposition précédente de l'aveugle-né en suggère deux autres, l'une d'un homme qui aurait vu dès sa naissance, et qui n'aurait point eu le sens du toucher, et l'autre d'un homme en qui les sens de la vue et du toucher seraient perpétuellement en contradiction. On pourrait demander du premier, si, lui restituant le sens qui lui manque, et lui ôtant le sens de la vue par un bandeau, il reconnaîtrait les corps au toucher. Il est évident que la géométrie, en cas qu'il en fût instruit, lui fournirait un moyen infaillible de s'assurer si les témoignages des deux sens sont contradictoires ou non. Il n'aurait qu'à prendre le cube ou la sphère entre ses mains, en démontrer à quelqu'un les propriétés, et prononcer, si on le comprend, qu'on voit cube ce qu'il sent cube, et que c'est par conséquent le cube qu'il tient. Quant à celui qui ignorerait cette science, je pense qu'il ne lui serait pas plus facile de discerner, par le toucher, le cube de la sphère, qu'à l'aveugle de M. Molineux de les distinguer par la vue.

A l'égard de celui en qui les sensations de la vue et du toucher seraient perpétuellement contradictoires, je ne sais ce qu'il penserait des formes, de l'ordre, de la symétrie, de la beauté, de la laideur, etc. Selon toute apparence, il serait, par rapport à ces choses, ce que nous sommes relativement à l'étendue et à la durée réelle des êtres. Il prononcerait, en général, qu'un corps a une forme ; mais il devrait avoir du penchant à croire que ce n'est ni celle qu'il voit ni celle qu'il sent. Un tel homme pourrait bien être mécontent de ses sens ; mais ses sens ne seraient ni contents ni mécontents des objets. S'il était tenté d'en accuser un de fausseté, je crois que ce serait au toucher qu'il s'en prendrait. Cent circonstances l'inclineraient à penser que la figure des objets change plutôt par l'action de ses mains sur eux, que par celle des objets sur ses yeux. Mais en conséquence de ces préjugés, la différence de dureté et de mollesse, qu'il observerait dans les corps, serait fort embarrassante pour lui.

Mais de ce que nos sens ne sont pas en contradiction sur les formes, s'ensuit-il qu'elles nous soient mieux connues? Qui nous a dit que nous n'avons point affaire à de faux témoins? Nous jugeons pourtant. Hélas! madame, quand on a mis les connaissances humaines dans la balance de Montaigne, on n'est pas éloigné de prendre sa devise. Car, que savons-nous? ce que c'est que la matière? nullement ; ce que c'est que l'esprit et la pensée? encore moins ; ce que c'est que le mouvement, l'espace et la durée? point du tout ; des vérités géométriques? interrogez des mathématiciens de bonne foi, et ils vous avoueront que leurs propositions sont toutes identiques, et que tant de volumes sur le cercle, par exemple, se réduisent à nous répéter en cent mille façons différentes que c'est une figure où toutes les lignes tirées du centre à la circonférence sont égales. Nous ne savons donc presque rien ; cependant combien d'écrits dont les auteurs ont tous prétendu savoir quelque chose! Je ne devine pas pourquoi le monde ne s'ennuie point de lire et de ne rien apprendre, à moins que ce ne soit par la même raison qu'il y a deux heures que j'ai l'honneur de vous entretenir, sans m'ennuyer et sans vous rien dire.

Je suis avec un profond respect,

Madame

Votre très humble et très obéissant serviteur,

***

ADDITIONS
A LA
LETTRE SUR LES AVEUGLES

INTRODUCTION

NOUS *sommes en* 1782 *: en octobre, Diderot aura soixante-neuf ans. Il pense depuis longtemps à éditer ses* Œuvres *et relit la* Lettre sur les aveugles. *Et voici qu'il se souvient des critiques qu'adressait à l'ouvrage une jeune aveugle, Mélanie de Salignac, la nièce de Sophie Volland. Il décide d'ajouter quelques retouches ; mais trente ans d'expérience n'apportaient que de brèves anecdotes et rapidement tout cédait la place au souvenir de la petite Mélanie, morte en* 1766, *à vingt-deux ans ; or Sophie Volland vit encore rue Montmartre, avec sa sœur Mme de Salignac, dans une quiétude grise. Peut-être Diderot s'y rendit-il pour évoquer avec elles, en même temps que le bonheur passé, la courte vie de leur fille et nièce. Voici pourquoi ces quelques notes, au-delà de toute intention philosophique ou psychologique, conservent une telle chaleur de ton et respirent une telle tendresse.*

Meister, prompt à utiliser les dernières productions de Diderot, donne les Additions *dans la* Correspondance littéraire *en mai* 1782. *Les manuscrits en sont nombreux. L'un dans le fonds de Léningrad, t. XVII, feuillets* 91-110, *a été étudié par Viktor Johansson* (op. cit., *p.* 76) *; trois autres se retrouvent dans le fonds Vandeul (B. N., n. a. fr.*, 13763 - *p.* 1-27 - *n. a. fr.* 13765 - *n*o *IV* 32 *pages - n. a. fr.* 24937 I, 23 *pages. cf. Dieckmann,* op. cit., *p.* 78-85-113). *M. Niklaus a en relevé les variantes dans son édition de la* Lettre sur les aveugles (op. cit., *p.* 121-123). *Elles n'ont aucun intérêt et ne sauraient diminuer la valeur du texte de la* Correspondance littéraire *donné par Diderot à Meister. Comme M. Niklaus, nous le conserverons.*

ADDITIONS
A LA
LETTRE SUR LES AVEUGLES

Je vais jeter sans ordre, sur le papier, des phénomènes qui ne m'étaient pas connus, et qui serviront de preuves ou de réfutation à quelques paragraphes de ma *Lettre sur les aveugles.* Il y a trente-trois à trente-quatre ans [1] que je l'écrivais ; je l'ai relue sans partialité, et je n'en suis pas trop mécontent. Quoique la première partie m'en ait paru plus intéressante que la seconde, et que j'aie senti que celle-là pouvait être un peu plus étendue et celle-ci beaucoup plus courte, je les laisserai l'une et l'autre telles que je les ai faites, de peur que la page du jeune homme n'en devînt pas meilleure par la retouche du vieillard. Ce qu'il y a de supportable dans les idées et dans l'expression, je crois que je le chercherais inutilement aujourd'hui, et je crains d'être également incapable de corriger ce qu'il y a de répréhensible. Un peintre célèbre de nos jours [2] emploie les dernières années de sa vie à gâter les chefs-d'œuvre qu'il

1. La *Lettre sur les aveugles* ayant été composée avant le mois de juin 1749, il faut dater ces additions de 1782 : c'est donc un des derniers écrits de Diderot.

2. Le pastelliste Maurice Quentin de la Tour, ami de Diderot et des philosophes, donnait des signes de déséquilibre vers 1782. L'année suivante, il fut ramené dans sa patrie, à Saint-Quentin (cf. *Mémoires secrets*, 6 oct. 1783, t. XXIII, p. 191). Des scrupules excessifs lui firent retoucher irrémédiablement les portraits de Restout et de Dumont le Romain (cf. Maurice Tourneux, *La Tour*, Paris, Laurens, p. 73 et 79). L'artiste fut interdit à la demande de sa famille, le 9 juillet 1784.

a produits dans la vigueur de son âge. Je ne sais si les défauts qu'il y remarque sont réels ; mais le talent qui les rectifierait, ou il ne l'eut jamais s'il porta les imitations de la nature jusqu'aux dernières limites de l'art, ou, s'il le posséda, il le perdit, parce que tout ce qui est de l'homme dépérit avec l'homme. Il vient un temps où le goût donne des conseils dont on reconnaît la justesse, mais qu'on n'a plus la force de suivre.

C'est la pusillanimité qui naît de la conscience de la faiblesse, ou la paresse, qui est une des suites de la faiblesse et de la pusillanimité, qui me dégoûte d'un travail qui nuirait plus qu'il ne servirait à l'amélioration de mon ouvrage.

> Solve senescentem mature sanus equum, ne
> Peccet ad extremum ridendus, et ilia ducat.
>
> HORAT. *Epistolar.* lib. I, *Epist.* 1, vers. 8, 9.[1]

PHÉNOMÈNES

I. Un artiste qui possède à fond la théorie de son art, et qui ne le cède à aucun autre dans la pratique, m'a assuré que c'était par le tact et non par la vue qu'il jugeait de la rondeur des pignons ; qu'il les faisait rouler doucement entre le pouce et l'index, et que c'était par l'impression successive qu'il discernait de légères inégalités qui échapperaient à son œil.

II. On m'a parlé d'un aveugle qui connaissait au toucher quelle était la couleur des étoffes.

III. J'en pourrais citer un qui nuance des bouquets avec cette délicatesse dont J.-J. Rousseau se piquait lorsqu'il confiait à ses amis, sérieusement ou par plaisanterie, le dessein d'ouvrir une école où il donnerait leçons aux bouquetières de Paris.

---

1. Horace, *Épitres*, livre I, épître I, vers 8 et 9 : « Aie le bon sens de dételer à temps ton cheval qui vieillit, de peur qu'au milieu des rires, il ne bronche à la fin et ne fasse haleter ses flancs ».

IV. La ville d'Amiens a vu un appareilleur aveugle conduire un atelier nombreux avec autant d'intelligence que s'il avait joui de ses yeux.

V. L'usage des yeux ôtait à un clairvoyant la sûreté de la main ; pour se raser la tête, il écartait le miroir et se plaçait devant une muraille nue. L'aveugle qui n'aperçoit pas le danger en devient d'autant plus intrépide, et je ne doute point qu'il ne marchât d'un pas plus ferme sur des planches étroites et élastiques qui formeraient un pont sur un précipice. Il y a peu de personnes dont l'aspect des grandes profondeurs n'obscurcisse la vue.

VI. Qui est-ce qui n'a pas connu ou entendu parler du fameux Daviel[1]? J'ai assisté plusieurs fois à ses opérations. Il avait abattu la cataracte à un forgeron qui avait contracté cette maladie au feu continuel de son fourneau ; et pendant les vingt-cinq années qu'il avait cessé de voir, il avait pris une telle habitude de s'en rapporter au toucher, qu'il fallait le maltraiter pour l'engager à se servir du sens qui lui avait été restitué ; Daviel lui disait en le frappant : Veux-tu regarder, bourreau !... Il marchait, il agissait ; tout ce que nous faisons les yeux ouverts, il le faisait, lui, les yeux fermés.

On pourrait en conclure que l'œil n'est pas aussi utile à nos besoins ni aussi essentiel à notre bonheur qu'on serait tenté de le croire. Quelle est la chose du monde dont une longue privation qui n'est suivie d'aucune douleur ne nous rendît la perte indifférente, si le spectacle de la nature n'avait plus de charme pour l'aveugle de Daviel? La vue d'une femme qui nous serait chère? je n'en crois

---

1. *Jacques Daviel* (1696-1762) fut le premier oculiste à pratiquer l'extraction du cristallin cataracté ; il réussit cette opération vers 1745. Diderot ne semble pas distinguer l'abaissement de la cataracte de l'opération originale de Daviel, par section de la cornée, incision de la cristalloïde et expulsion du cristallin par pression sur le globe. Dans les *Éléments de physiologie*, il faisait une brève allusion à l'anecdote du forgeron aveugle (A. T., p. 327), sans montrer de connaissances médicales plus précises. Le chirurgien Louis, dans l'article *Cataracte* de *l'Encyclopédie* n'est d'ailleurs pas mieux informé.

rien, quelle que soit la conséquence du fait que je vais raconter. On s'imagine que si l'on avait passé un long temps sans voir, on ne se lasserait point de regarder; cela n'est pas vrai. Quelle différence entre la cécité momentanée et la cécité habituelle!

VII. La bienfaisance de Daviel conduisait, de toutes les provinces du royaume dans son laboratoire, des malades indigents qui venaient implorer son secours, et sa réputation y appelait une assemblée curieuse, instruite et nombreuse. Je crois que nous en faisions partie le même jour M. Marmontel[1] et moi. Le malade était assis; voilà sa cataracte enlevée; Daviel pose sa main sur des yeux qu'il venait de rouvrir à la lumière. Une femme âgée, debout à côté de lui, montrait le plus vif intérêt au succès de l'opération; elle tremblait de tous ses membres à chaque mouvement de l'opérateur. Celui-ci lui fait signe d'approcher, et la place à genoux en face de l'opéré; il éloigne ses mains, le malade ouvre les yeux, il voit, il s'écrie : Ah! c'est ma mère!... Je n'ai jamais entendu un cri plus pathétique; il me semble que je l'entends encore. La vieille femme s'évanouit, les larmes coulent des yeux des assistants, et les aumônes tombent de leurs bourses.

VIII. De toutes les personnes qui ont été privées de la vue presque en naissant, la plus surprenante qui ait existé et qui existera, c'est Mlle Mélanie de Salignac[2], parente

---

1. Aucune allusion à cette scène pathétique dans les *Mémoires* de Marmontel.

2. Il s'agit de la nièce de Sophie Volland; l'aînée des trois sœurs Volland, née en 1715, avait épousé le 11 juillet 1737 Vallet de Salignac, armateur et importateur qui fut ruiné en 1762 par la guerre de Sept Ans, fit une scandaleuse banqueroute et disparut. Mme de Salignac prit dès lors le nom de Mme de Blacy, tiré d'une petite paroisse à proximité du château d'Isle, à une lieue de Vitry-le-François. Elle eut trois enfants : l'aînée, Jeanne-Nicole, avait épousé le 15 mars 1760 Jean-Baptiste de la Fargue, capitaine au régiment de Royal-Vaisseaux, fils du lieutenant-général dont parle Diderot, et dont descendent les comtes de la Fargue; puis un fils, Vallet de Fayolle, qui tenta fortune à Cayenne après la faillite de son père et ne revint en France qu'en

de M. de La Fargue, lieutenant général des armées du roi, vieillard qui vient de mourir âgé de quatre-vingt-onze ans, couvert de blessures et comblé d'honneurs ; elle est fille de Mme de Blacy, qui vit encore, et qui ne passe pas un jour sans regretter une enfant qui faisait le bonheur de sa vie et l'admiration de toutes ses connaissances. Mme de Blacy est une femme distinguée par l'éminence de ses qualités morales, et qu'on peut interroger sur la vérité de mon récit. C'est sous sa dictée que je recueille de la vie de Mlle de Salignac les particularités qui ont pu m'échapper à moi-même pendant un commerce d'intimité qui a commencé avec elle et avec sa famille en 1760, et qui a duré jusqu'en 1765, l'année de sa mort [1].

Elle avait un grand fonds de raison, une douceur charmante, une finesse peu commune dans les idées, et de la naïveté. Une de ses tantes [2] invitait sa mère à venir l'aider à plaire à dix-neuf ostrogoths qu'elle avait à dîner, et sa nièce disait : *Je ne conçois rien à ma chère tante ; pourquoi plaire à dix-neuf ostrogoths ? Pour moi, je ne veux plaire qu'à ceux que j'aime.*

Le son de la voix avait pour elle la même séduction ou la même répugnance que la physionomie pour celui qui voit. Un de ses parents, receveur général des finances, eut avec la famille un mauvais procédé auquel elle ne s'attendait pas, et elle disait avec surprise : *Qui l'aurait cru d'une voix*

1784 ; Mélanie de Salignac enfin, née le 19 janvier 1744 (cf. *Lettres à Sophie Volland*, Gallimard, 1739, t. I, p. 202). Mélanie, appelée Mlle de Blacy, apparaît souvent dans la correspondance de Diderot.

1. Mélanie disparaît de la correspondance de Diderot le 3 mars 1766 (*op. cit.*, t. II, p. 137). M. Niklaus (*op. cit.* p. 101) fait remarquer que Diderot lui-même la fait mourir à l'âge de vingt-deux ans, donc en 1766 et non en 1765.

2. Marie-Charlotte Volland (1724-1768), dite « Uranie », épouse Le Gendre, ingénieur des ponts et chaussées à Châlons-sur-Marne ; nommé inspecteur général, il s'installe avec sa famille à Paris en 1764 rue des Vieux Augustins, puis rue des Bons Enfants. Leur train de vie était fort large.

aussi douce? Quand elle entendait chanter, elle distinguait des voix *brunes* et des voix *blondes* [1].

Quand on lui parlait, elle jugeait de la taille par la direction du son qui la frappait de haut en bas si la personne était grande, ou de bas en haut si la personne était petite.

Elle ne se souciait pas de voir ; et un jour que je lui en demandais la raison : « C'est, me répondit-elle, que je n'aurais que mes yeux, au lieu que je jouis des yeux de tous ; c'est que, par cette privation, je deviens un objet continuel d'intérêt et de commisération ; à tout moment on m'oblige, et à tout moment je suis reconnaissante ; hélas ! si je voyais, bientôt on ne s'occuperait plus de moi. »

Les erreurs de la vue en avaient beaucoup diminué le prix pour elle. « Je suis, disait-elle, à l'entrée d'une longue allée ; il y a à son extrémité quelque objet : l'un de vous le voit en mouvement ; l'autre le voit en repos ; l'un dit que c'est un animal, l'autre que c'est un homme, et il se trouve, en approchant, que c'est une souche. Tous ignorent si la tour qu'ils aperçoivent au loin est ronde ou carrée. Je brave les tourbillons de la poussière, tandis que ceux qui m'entourent ferment les yeux et deviennent malheureux, quelquefois pendant une journée entière, pour ne les avoir pas assez tôt fermés. Il ne faut qu'un atome imperceptible pour les tourmenter cruellement... » A l'approche de la nuit, elle disait que *notre règne allait finir, et que le sien allait commencer.* On conçoit que, vivant dans les ténèbres avec l'habitude d'agir et de penser pendant une nuit éternelle, l'insomnie qui nous est si fâcheuse ne lui était pas même importune.

Elle ne me pardonnait pas d'avoir écrit que les aveugles, privés des symptômes de la souffrance, devaient être cruels. « Et vous croyez, me disait-elle, que vous entendez la plainte comme moi? — Il y a des malheureux qui savent

---

1. Même anecdote dans les *Éléments de physiologie* (A. T., t. IX, p. 335) : « J'ai connu une jeune aveugle qui recevait par l'oreille des sensations et des idées qui nous sont inconnues. Elle distinguait des voix blondes et des voix brunes ».

souffrir sans se plaindre. — Je crois, ajoutait-elle, que je les aurais bientôt devinés, et que je ne les plaindrais que davantage. »

Elle était passionnée pour la lecture et folle de musique [1]. « Je crois, disait-elle, que je ne me lasserais jamais d'entendre chanter ou jouer supérieurement d'un instrument, et quand ce bonheur-là serait, dans le ciel, le seul dont on jouirait, je ne serais pas fâchée d'y être. Vous pensiez juste lorsque vous assuriez de la musique que c'était le plus violent des beaux-arts, sans en excepter ni la poésie ni l'éloquence ; que Racine même ne s'exprimait pas avec la délicatesse d'une harpe ; que sa mélodie était lourde et monotone en comparaison de celle de l'instrument, et que vous aviez souvent désiré de donner à votre style la force et la légèreté des tons de Bach. Pour moi, c'est la plus belle des langues que je connaisse. Dans les langues parlées, mieux on prononce, plus on articule ses syllabes ; au lieu que, dans la langue musicale, les sons les plus éloignés du grave à l'aigu et de l'aigu au grave, sont filés et se suivent imperceptiblement ; c'est pour ainsi dire une seule et longue syllabe, qui à chaque instant varie d'inflexion et d'expression. Tandis que la mélodie porte cette syllabe à mon oreille, l'harmonie en exécute sans confusion, sur une multitude d'instruments divers, deux, trois, quatre ou cinq, qui toutes concourent à fortifier l'expression de la première, et les parties chantantes sont autant d'interprètes dont je me passerais bien, lorsque le symphoniste est homme de génie et qu'il sait donner du caractère à son chant.

« C'est surtout dans le silence de la nuit que la musique est expressive et délicieuse.

« Je me persuade que, distraits par leurs yeux, ceux qui voient ne peuvent ni l'écouter ni l'entendre comme je l'écoute et je l'entends. Pourquoi l'éloge qu'on m'en fait me paraît-il pauvre et faible ? pourquoi n'en ai-je jamais

---

1. Le goût de Mélanie de Salignac pour la musique est plusieurs fois attesté par Diderot. Kohaut, le célèbre joueur de luth, joua pour elle en décembre 1765 (*Lettres à Sophie Volland, op. cit.*, t. II, p. 104).

pu parler comme je sens? pourquoi m'arrêtai-je au milieu de mon discours, cherchant des mots qui peignent ma sensation sans les trouver? Est-ce qu'ils ne seraient pas encore inventés? Je ne saurais comparer l'effet de la musique qu'à l'ivresse que j'éprouve lorsque, après une longue absence, je me précipite entre les bras de ma mère, que la voix me manque, que les membres me tremblent, que les larmes coulent, que les genoux se dérobent sous moi ; je suis comme si j'allais mourir de plaisir. »

Elle avait le sentiment le plus délicat de la pudeur ; et quand je lui en demandai la raison : « C'est, me disait-elle, l'effet des discours de ma mère ; elle m'a répété tant de fois que la vue de certaines parties du corps invitait au vice ; et je vous avouerais, si j'osais, qu'il y a peu de temps que je l'ai comprise, et que peut-être il a fallu que je cessasse d'être innocente. »

Elle est morte d'une tumeur aux parties naturelles intérieures, qu'elle n'eut jamais le courage de déclarer.

Elle était, dans ses vêtements, dans son linge, sur sa personne, d'une netteté d'autant plus recherchée que, ne voyant point, elle n'était jamais assez sûre d'avoir fait ce qu'il fallait pour épargner à ceux qui voient le dégoût du vice opposé.

Si on lui versait à boire, elle connaissait, au bruit de la liqueur en tombant, lorsque son verre était assez plein. Elle prenait les aliments avec une circonspection et une adresse surprenantes.

Elle faisait quelquefois la plaisanterie de se placer devant un miroir pour se parer, et d'imiter toutes les mines d'une coquette qui se met sous les armes. Cette petite singerie était d'une vérité à faire éclater de rire.

On s'était étudié, dès sa plus tendre jeunesse, à perfectionner les sens qui lui restaient, et il est incroyable jusqu'où l'on y avait réussi. Le tact lui avait appris, sur les formes des corps, des singularités souvent ignorées de ceux qui avaient les meilleurs yeux.

Elle avait l'ouïe et l'odorat exquis ; elle jugeait, à l'impression de l'air, de l'état de l'atmosphère, si le temps était nébuleux ou serein, si elle marchait dans une place ou dans une rue, dans une rue ou dans un cul-de-sac, dans un lieu ouvert ou dans un lieu fermé, dans un vaste appartement ou dans une chambre étroite.

Elle mesurait l'espace circonscrit par le bruit de ses pieds ou le retentissement de sa voix. Lorsqu'elle avait parcouru une maison, la topographie lui en restait dans la tête, au point de prévenir les autres sur les petits dangers auxquels ils s'exposaient : *Prenez garde*, disait-elle, *ici la porte est trop basse; là vous trouverez une marche.*

Elle remarquait dans les voix une variété qui nous est inconnue, et lorsqu'elle avait entendu parler une personne quelquefois, c'était pour toujours.

Elle était peu sensible aux charmes de la jeunesse et peu choquée des rides de la vieillesse. Elle disait qu'il n'y avait que les qualités du cœur et de l'esprit qui fussent à redouter pour elle. C'était encore un des avantages de la privation de la vue, surtout pour les femmes. *Jamais*, disait-elle, *un bel homme ne me fera tourner la tête.*

Elle était confiante. Il était si facile, et il eût été si honteux de la tromper! C'était une perfidie inexcusable de lui laisser croire qu'elle était seule dans un appartement.

Elle n'avait aucune sorte de terreur panique; elle ressentait rarement de l'ennui; la solitude lui avait appris à se suffire à elle-même. Elle avait observé que dans les voitures publiques, en voyage, à la chute du jour, on devenait silencieux. *Pour moi*, disait-elle, *je n'ai pas besoin de voir ceux avec qui j'aime à m'entretenir.*

De toutes les qualités, c'étaient le jugement sain, la douceur et la gaîté qu'elle prisait le plus.

Elle parlait peu et écoutait beaucoup : *Je ressemble aux oiseaux*, disait-elle, *j'apprends à chanter dans les ténèbres.*

En rapprochant ce qu'elle avait entendu d'un jour à l'autre, elle était révoltée de la contradiction de nos jugements : il lui paraissait presque indifférent d'être louée ou blâmée par des êtres si inconséquents.

On lui avait appris à lire avec des caractères découpés. Elle avait la voix agréable; elle chantait avec goût; elle aurait volontiers passé sa vie au concert ou à l'Opéra; il n'y avait guère que la musique bruyante qui l'ennuyât. Elle dansait à ravir ; elle jouait très bien du par-dessus de viole, et elle avait tiré de ce talent un moyen de se faire rechercher des jeunes personnes de son âge en apprenant les danses et les contre-danses à la mode.

C'était la plus aimée de ses frères et de ses sœurs [1]. « Et voilà, disait-elle, ce que je dois encore à mes infirmités : on s'attache à moi par les soins qu'on m'a rendus et par les efforts que j'ai faits pour les reconnaître et pour les mériter. Ajoutez que mes frères et mes sœurs n'en sont point jaloux. Si j'avais des yeux, ce serait aux dépens de mon esprit et de mon cœur. J'ai tant de raisons pour être bonne ! que deviendrais-je si je perdais l'intérêt que j'inspire ?»

Dans le renversement de la fortune de ses parents [2], la perte des maîtres fut la seule qu'elle regretta ; mais ils avaient tant d'attachement et d'estime pour elle, que le géomètre et le musicien la supplièrent avec instance d'accepter leurs leçons gratuitement, et elle disait à sa mère : *Maman, comment faire ? ils ne sont pas riches, et ils ont besoin de tout leur temps.*

On lui avait appris la musique par des caractères en relief qu'on plaçait sur des lignes éminentes à la surface d'une grande table. Elle lisait ces caractères avec la main ; elle les exécutait sur son instrument, et en très peu de temps d'étude elle avait appris à jouer en partie la pièce la plus longue et la plus compliquée.

Elle possédait les éléments d'astronomie, d'algèbre et de géométrie. Sa mère, qui lui lisait le livre de l'abbé de La Caille [3], lui demandait quelquefois si elle entendait cela : *Tout courant*, lui répondait-elle.

---

1. Précisons : Mélanie n'avait qu'une sœur, Mme de la Fargue, et qu'un frère, Vallet de Fayolle.

2. Allusion à la faillite scandaleuse de M. de Salignac (cf. *Lettres à Sophie Volland*, *op. cit.*, t. II, p. 17). Il s'agissait de près de deux millions de dettes.

3. Probablement les deux ouvrages scolaires de l'abbé de la Caille, commodes et fréquemment réédités : *Leçons élémentaires de mathématiques* (Collombat, 1741) et *Leçons élémentaires d'astronomie géométrique et physique* (Guérin, 1746).

Elle prétendait que la géométrie était la vraie science des aveugles, parce qu'elle appliquait fortement, et qu'on n'avait besoin d'aucun secours pour se perfectionner. *Le géomètre*, ajoutait-elle, *passe presque toute sa vie les yeux fermés*.

J'ai vu les cartes sur lesquelles elle avait étudié la géographie. Les parallèles et les méridiens sont des fils de laiton ; les limites des royaumes et des provinces sont distinguées par de la broderie en fil, en soie et en laine plus ou moins forte ; les fleuves, les rivières et les montagnes, par des têtes d'épingles plus ou moins grosses ; et les villes plus ou moins considérables, par des gouttes de cire inégales.

Je lui disais un jour : « Mademoiselle, figurez-vous un cube. — Je le vois. — Imaginez au centre du cube un point. — C'est fait. — De ce point tirez des lignes droites aux angles ; eh bien, vous aurez divisé le cube. — En six pyramides égales, ajouta-t-elle d'elle-même, ayant chacune les mêmes faces, la base du cube et la moitié de sa hauteur. — Cela est vrai ; mais où voyez-vous cela? — Dans ma tête, comme vous. »

J'avoue que je n'ai jamais conçu nettement comment elle figurait dans sa tête sans colorer. Ce cube s'était-il formé par la mémoire des sensations du toucher? Son cerveau était-il devenu une espèce de main sous laquelle les substances se réalisaient? S'était-il établi à la longue une sorte de correspondance entre deux sens divers? Pourquoi ce commerce n'existe-t-il pas en moi, et ne vois-je rien dans ma tête si je ne colore pas? Qu'est-ce que l'imagination d'un aveugle? Ce phénomène n'est pas si facile à expliquer qu'on le croirait.

Elle écrivait avec une épingle dont elle piquait sa feuille de papier tendue sur un cadre traversé de deux lames parallèles et mobiles, qui ne laissaient entre elles d'espace vide que l'intervalle d'une ligne à une autre. La même écriture servait pour la réponse, qu'elle lisait en promenant le bout de son doigt sur les petites inégalités que l'épingle ou l'aiguille avait pratiquées au *verso* du papier.

Elle lisait un livre qu'on n'avait tiré que d'un côté. Prault [1] en avait imprimé de cette manière à son usage.

On a inséré dans le *Mercure* du temps une de ses lettres.

Elle avait eu la patience de copier à l'aiguille l'*Abrégé historique* du président Hénault [2], et j'ai obtenu de madame de Blacy, sa mère, ce singulier manuscrit.

Voici un fait qu'on croira difficilement, malgré le témoignage de toute sa famille, le mien et celui de vingt personnes qui existent encore ; c'est que, d'une pièce de douze à quinze vers, si on lui donnait la première lettre et le nombre de lettres dont chaque mot était composé, elle retrouvait la pièce proposée, quelque bizarre qu'elle fût. J'en ai fait l'expérience sur des amphigouris de Collé [3]. Elle rencontrait quelquefois une expression plus heureuse que celle du poète.

Elle enfilait avec célérité l'aiguille la plus mince, en étendant son fil ou sa soie sur l'index de la main gauche, et en tirant, par l'œil de l'aiguille placée perpendiculairement, ce fil ou cette soie avec une pointe très déliée.

Il n'y avait aucune sorte de petits ouvrages qu'elle n'exécutât ; ourlets, bourses pleines ou symétrisées, à jour, à différents dessins, à diverses couleurs ; jarretières, bracelets, colliers avec de petits grains de verre, comme des lettres d'imprimerie. Je ne doute point qu'elle n'eût été un bon compositeur d'imprimerie : qui peut le plus, peut le moins.

Elle jouait parfaitement le reversis, le médiateur et le quadrille ; elle rangeait elle-même ses cartes, qu'elle distinguait par de petits traits qu'elle reconnaissait au toucher, et que les autres ne reconnaissaient ni à la vue ni au toucher.

---

1. Célèbre imprimeur de Paris.
2. Il s'agit de *Nouvel abrégé chronologique de l'histoire de France* (Paris, Prault, 1744) du président Hénault, le fidèle ami de Mme du Deffand.
3. Les amphigouris, c'est-à-dire les pièces de vers volontairement obscurs et embrouillés, abondent dans les parades de Collé (in *Théâtre des Boulevards*, 1765), ainsi que dans ses *Chansons joyeuses mises au jour par un âne onyme, onyssime* (1765).

Au reversis, elle changeait de signes aux as, surtout à l'as de carreau et au quinola. La seule attention qu'on eût pour elle, c'était de nommer la carte en la jouant. S'il arrivait que le quinola fût menacé, il se répandait sur sa lèvre un léger sourire qu'elle ne pouvait contenir, quoiqu'elle en connût l'indiscrétion [1].

Elle était fataliste ; elle pensait que les efforts que nous faisons pour échapper à notre destinée ne servaient qu'à nous y conduire. Quelles étaient ses opinions religieuses? je les ignore ; c'est un secret qu'elle gardait par respect pour une mère pieuse.

Il ne me reste plus qu'à vous exposer ses idées sur l'écriture, le dessin, la gravure, la peinture ; je ne crois pas qu'on en puisse avoir de plus voisines de la vérité ; c'est ainsi, j'espère, qu'on en jugera par l'entretien qui suit, et dont je suis un interlocuteur. Ce fut elle qui parla la première.

« Si vous aviez tracé sur ma main, avec un stylet, un nez, une bouche, un homme, une femme, un arbre, certainement je ne m'y tromperais pas ; je ne désespérerais pas même, si le trait était exact, de reconnaître la personne dont vous m'auriez fait l'image : ma main deviendrait pour moi un miroir sensible ; mais grande est la différence de sensibilité entre cette toile et l'organe de la vue.

» Je suppose donc que l'œil soit une toile vivante d'une délicatesse infinie ; l'air frappe l'objet, de cet objet il est réfléchi vers l'œil, qui en reçoit une infinité d'impressions diverses selon la nature, la forme, la couleur de l'objet et peut-être les qualités de l'air qui me sont inconnues et que vous ne connaissez pas plus que moi ; et c'est par la variété de ces sensations qu'il vous est peint.

---

1. Jeux de cartes à la mode au XVIIIe siècle. Le *quadrille* (espagnol *cuatrillo*) est très proche du *Jeu du médiateur* qui se joue avec 2 jeux de cinquante-deux cartes dont on retire les huit, les neuf et les dix. Le *reversi* est tout aussi compliqué ; quatre joueurs sur un jeu de cinquante-deux cartes dont les dix sont ôtés, reçoivent onze cartes et écartent à chaque passe. Gagne celui qui fait le moins de levées et de points. Le *quinola* est le valet de cœur, la plus forte carte. Celui qui a le quinola et parvient à le placer gagne le montant des enjeux. D'où le sourire de la jeune aveugle.

» Si la peau de ma main égalait la délicatesse de vos yeux, je verrais par ma main comme vous voyez par vos yeux, et je me figure quelquefois qu'il y a des animaux qui sont aveugles, et qui n'en sont pas moins clairvoyants.

— Et le miroir?

— Si tous les corps ne sont pas autant de miroirs, c'est par quelque défaut dans leur contexture, qui éteint la réflexion de l'air. Je tiens d'autant plus à cette idée, que l'or, l'argent, le fer, le cuivre polis, deviennent propres à réfléchir l'air, et que l'eau trouble et la glace rayée perdent cette propriété.

» C'est la variété de la sensation, et par conséquent de la propriété de réfléchir l'air dans les matières que vous employez, qui distingue l'écriture du dessin, le dessin de l'estampe, et l'estampe du tableau.

» L'écriture, le dessin, l'estampe, le tableau d'une seule couleur, sont autant de camaïeux.

— Mais lorsqu'il n'y a qu'une couleur, on ne devrait discerner que cette couleur.

— C'est apparemment le fond de la toile, l'épaisseur de la couleur et la manière de l'employer qui introduisent dans la réflexion de l'air une variété correspondante à celle des formes. Au reste, ne m'en demandez plus rien, je ne suis pas plus savante que cela.

— Et je me donnerais bien de la peine inutile pour vous en apprendre davantage. »

Je ne vous ai pas dit, sur cette jeune aveugle, tout ce que j'en aurais pu observer en la fréquentant davantage et en l'interrogeant avec du génie ; mais je vous donne ma parole d'honneur que je ne vous en ai rien dit que d'après mon expérience.

Elle mourut, âgée de vingt-deux ans. Avec une mémoire immense et une pénétration égale à sa mémoire, quel chemin n'aurait-elle pas fait dans les sciences, si des jours plus longs lui avaient été accordés! Sa mère lui lisait l'histoire, et c'était une fonction également utile et agréable pour l'une et l'autre.

DE L'INTERPRÉTATION DE LA NATURE

INTRODUCTION

EN *novembre 1753 paraissait, en même temps que le tome III de* l'Encyclopédie, *un étrange petit livre intitulé* De l'Interprétation de la nature ; *remanié en janvier 1754 et doté en guise de préface d'une adresse péremptoire* « aux jeunes gens qui se disposent à l'étude de la philosophie naturelle », *il déconcerta l'opinion cultivée par une affectation excessive de désordre et par un style d'une technicité redoutable. Diderot put ainsi cacher l'audace de ses idées sous l'obscurité de ses propos et s'en reconnaître l'auteur sans grand risque. Mais la confusion des matières compromit l'efficacité de l'ouvrage et gêne encore la critique ; nous avons beau savoir qu'Auguste Comte lui faisait une place dans sa bibliothèque positiviste; Jean Luc a beau y voir* « le Discours de la méthode du XVIIIe siècle » *(*Diderot, *E. S. I.*, *1938, p. 107), le vagabondage d'esprit, concerté ou naturel, comporte certains risques, surtout dans le domaine de la philosophie des sciences.*

Ce défaut, que Diderot n'a jamais poussé à pareil point, est compensé par une foisonnante richesse. Il ne s'agit pas d'un système de la nature, mais d'un essai sur la méthode expérimentale. Une trentaine d'articles exposent d'abord les lignes générales de la recherche scientifique : stérilité des mathématiques parvenues à leur apogée, critère de l'utilité, liaison des expériences, postulat de l'unité de la nature, combinaison de l'observation, de la réflexion et de l'expérience, coordination de la technique et de l'esprit philosophique, rôle de l'intuition dans la découverte.

Puis Diderot nous présente sept conjectures, sur l'obstétrique, l'électricité et le magnétisme, le choc et l'élasticité, la métallurgie de l'acier. Une troisième partie fort disparate mêle des conseils moraux (clarté-humilité-collaboration) à des conseils techniques sur les conditions de l'expérience scientifique, coupés par une longue discussion sur les conséquences logiques du système de Maupertuis. Une dernière partie, après avoir vigoureusement opposé la recherche scolastique des causes aux progrès lents et sûrs de la science positive, pose quinze questions sur les points les plus irritants qui font obstacle à ces progrès : constitution de la matière, unité de la nature, évolution ou fixité des espèces, distinction de la matière inerte et de la matière vivante, problème général de la vie.

D'emblée nous apparaît l'unité de dessein qui lie l'Interprétation de la nature *à* l'Encyclopédie. *Diderot en 1753 veut ajouter au constat descriptif d'une civilisation et à l'analyse des arts et des sciences le plus sûr moyen d'accélérer leur progrès, à savoir une méthodologie et de nouveaux champs d'expérience; il s'agit en ce sens de préciser les procédés de la méthode expérimentale et les points d'application où les résultats risquent d'être féconds.* L'Interprétation *peut donc légitimement passer pour un appendice philosophique à* l'Encyclopédie *et pour un modeste essai de synthèse, à égale distance du* Prospectus *de 1750 et du fameux article* Encyclopédie *du tome V (1755), destiné à maintenir l'attention du public sur l'intention générale de l'œuvre. Diderot puise d'ailleurs sans vergogne dans l'immense dossier encyclopédique; il dispose là d'une documentation sur les sciences expérimentales dont nous retrouvons la trace dans la plupart de ses conjectures. D'ordinaire, c'est un maître ouvrage qui fixe son intérêt et provoque ses réflexions : la rêverie sur les môles vient de Buffon (*Traité des animaux, *chapitre X), les trois articles sur l'électricité, de l'abbé Nollet (*Essai sur l'électricité des corps, *1750 -* Recueil de lettres sur l'électricité, *1753) et de Franklin (*Expériences et observations, *trad. fr., 1752), l'interprétation des vibrations au sein des solides, d'un mémoire d'Euler (*De la force de percussion *in* Mémoires Acad. de Berlin, *1746), la septième conjecture, d'un vieux traité de Réaumur (*l'Art de convertir le fer forgé en acier, *Paris, Brunet, 1722). Le parallélisme* *avec les articles de* l'Encyclopédie *est évident; les dernières questions sur la biologie rejoignent l'article* Animal ; *l'étude des concrétions calcaires utilise l'article* Arcy, *telle page, l'article* Acier, *telle autre, l'article* Chymie *de Venel, telle autre enfin, l'article* Aiguille aimantée *de Le Monnier. Peut-être Diderot dispose-t-il déjà de l'article* Électricité médicinale *de d'Aumont, qui ne paraîtra qu'en 1755. S'il cite le mot de Diogène sur Laïs, c'est qu'il l'a consigné déjà à l'article* Cyrénaïque *(t. III). Le motif essentiel de l'union de la physique expérimentale et de la physique rationnelle apparaissait dans l'article* Art. *Au-delà de cette communauté de dessein et d'information,* l'Interprétation *participe de même à l'histoire intérieure de* l'Encyclopédie : *il n'est pas excessif d'y voir le point de rupture entre Diderot et d'Alembert; rupture qui fut idéologique, ne l'oublions pas, avant d'être stratégique. La violente attaque contre les mathématiques dans les cinq premiers chapitres de* l'Interprétation, *malgré la caution de Buffon, révèle plus qu'une crise intellectuelle, mais une animosité personnelle. D'Alembert doit* « craindre de survivre à sa renommée ». *Diderot ne croit plus à la fécondité de la géométrie, alors que d'Alembert, plus cartésien qu'il ne l'avoue, n'a guère le goût de l'observation, spécule au lieu d'expérimenter et recherche derrière les principes généraux de chaque science une axiomatique universelle. Dès 1753, l'unité de direction de* l'Encyclopédie *est compromise : c'est avec un soulagement partagé que les deux hommes se sépareront en 1758.*

Mais l'Interprétation *nous permet aussi de déceler à cette heure l'influence déterminante sur Diderot de la philosophie de Bacon. Pensons à l'éloge du chancelier d'Angleterre dans le* Discours préliminaire, *à l'accusation de plagiat, portée en janvier 1751 par le Père Berthier, contre l'arbre des sciences qui ouvrait le premier volume. Il était facile de retrouver dans ce classement quelque peu arbitraire le dessein baconien du* Novus orbis scientiarum; *l'idée même de* l'Encyclopédie, *au-delà de Chambers, au-delà même de quelques lignes lumineuses de Locke sur un dictionnaire des arts illustré en taille-douce (*Essai sur l'entendement humain, *III, IX, 24), n'était-elle pas déjà dans cette* Historia naturalis *rêvée par Bacon? Diderot, dans sa réponse au Père Berthier, reconnaissait loyalement sa dette; en novembre*

1755, dans la Correspondance littéraire, *Grimm verra dans son ami l'instaurateur du baconisme en France. Mais l'année suivante, le meilleur connaisseur de Bacon, Alexandre Deleyre, affirmera, sans crainte d'être démenti par Diderot, les liens étroits de* l'Interprétation de la nature *et des méthodes baconiennes :* « Son but n'a été que de donner un nouveau jour aux idées vastes du fameux chancelier et de les rapprocher des expériences qui ont été faites depuis ce restaurateur des sciences » *(*Revue des feuilles de M. Fréron, *Londres 1756, p. 193 - cf. Venturi,* op. cit. *p. 313). La vérification est aisée : Bacon est à l'origine de la plupart des réflexions de Diderot sur la méthode expérimentale et sur l'exploration méthodique de la nature. C'est Bacon qui, au livre V du* De augmentis scientiarum *(*Œuvres, *Paris, Delagrave, 1836, p. 127 sq.) donnait une théorie de la découverte qu'il appelait poétiquement* « la chasse de Pan » *: grâce à l'*experientia litterata, *expérience enregistrée et enregistreuse, les phénomènes physiques s'éclairent selon des procédés d'analogie, de variations et de passages à la limite que reprendra Diderot. Bacon décrivait, au livre premier du* Novum organum *(chapitre 95 -* op. cit., *p. 301), l'alliance nécessaire de l'expérience et de la raison dans les sciences de la nature : c'est le thème des articles XIV-XXIII de Diderot. Baconiens encore les motifs de la stérilité des mathématiques (*De augmentis, *III, 6,* op. cit., *p. 102 sq.), de la vulgarisation nécessaire de la science* (Prooimium de Interpretatione naturæ, op. cit., *p. 704). Enfin le titre même de Diderot, comme Assézat le faisait remarquer après Naigeon (A. T., t. II, p. 3), reprend celui des* Cogitata et visa de interpretatione naturæ *de 1607 qui préludaient au* Novum organum *de 1620; nous y trouverions, de même que dans son annexe,* Cogitationes de natura rerum, *des projets d'expériences, des tables de découverte ou formules de légitime recherche* (op. cit., *p. 723 et 725 sq.*). *Deleyre n'avait donc pas tort :* l'Interprétation *de 1753 représente un curieux cas d'emprise intellectuelle; nous retrouvons en cette œuvre l'intention philosophique de Bacon, mais aussi le cadre avec l'alternance des hypothèses, des schémas d'étude et des pensées méthodologiques. Diderot se contente de faire appel à l'actualité scientifique. Allons plus loin encore : l'audace de*

*Diderot est baconienne; si l'on peut légitimement reprocher à Bacon d'avoir cru à l'aventure de l'esprit et de s'être laissé aller à l'*intellectus sibi permissus, *comment ne pas en faire souvent grief à Diderot?*

Faut-il exclure tout intermédiaire entre Diderot et Bacon? D'Alembert, dans le Discours préliminaire, *citait Boyle, l'auteur de* De utilitate philosophiæ experimentalis *(t. I, 1663, t. II, 1671), qui insistait sur l'importance des* experientiæ inusitatæ. *Musschenbroek est de la même lignée baconienne : sa dissertation inaugurale d'Utrecht (1723),* De certa methodo philosophiæ experimentalis, *sera traduite par Boureau-Deslandes en 1736 dans le* Recueil de différents traités de physique *(réédition, 1748). Or Diderot connaît Musschenbroek dès les* Pensées philosophiques. *Observons enfin que Diderot s'est dégagé de l'influence newtonienne et de l'*hypotheses non fingo, *qui illustrait dans* les Bijoux indiscrets *le rêve de Mangogul; la recherche avec Bacon s'accommode d'une certaine fantaisie et Diderot a dû certainement rêver au mot célèbre :* « La vérité sort plus facilement de l'erreur que de la confusion ».

Encore fallait-il pour écrire l'Interprétation *une cause occasionnelle. Elle lui fut offerte par l'arrivée en France de Maupertuis. Le président de l'Académie des sciences de Berlin, illustré par ses récents démêlés avec Voltaire, séjournait à Paris de mai à août 1753. Il avait publié en 1751, sous le pseudonyme de Baumann et sous le couvert d'une dissertation inaugurale d'Erlangen,* De universali naturæ systemate, *un très curieux essai sur les corps organisés et les problèmes pendants de la biologie. Diderot en eut connaissance, soit directement par l'auteur (cf. note de l'article XII de* l'Interprétation*), soit par l'intermédiaire de d'Alembert qui reçut beaucoup son collègue de Berlin. Le sujet était exaltant; Maupertuis acceptait dans toute matière l'insertion de propriétés psychiques et expliquait ainsi les phénomènes d'hérédité, la pérennité de l'instinct, les lois d'imitation qui président aux productions de la nature, l'apparition et l'extinction des métis et des monstres. Dans l'unité de la matière, il retrouvait l'unité de la vie : toute molécule vivante étant sensible, tout organisme vivant est un agrégat cellulaire dont la sensibilité est la somme de toutes ces sensibilités cellulaires. Diderot s'enflamme* *aussitôt et se propose d'exploiter, par un malicieux passage à la limite, la fécondité de l'hypothèse (articles L et LI). Le monde ne serait-il pas un grand animal doué d'une âme? Ce monde n'est-il pas Dieu? Une fois de plus le fantôme spinoziste apparaît avec le* Deus sive natura. *Il semble donc bien que la dissertation latine de Maupertuis, en excitant la verve de Diderot, lui ait donné l'idée de grouper, autour des principaux problèmes qu'elle évoque, les éléments les plus neufs de son dossier scientifique.*

Ce groupement date de l'automne 1753, au moment même où s'achève le tome III de l'Encyclopédie. *L'ouvrage parut à la fin de l'année sous le titre :* De l'Interprétation de la nature. *C'était un petit in-12 de 204 pages, sans indication de lieu, avec une table et des* errata, *qui est devenu très rare; Tchémerzine le signale dans sa* Bibliographie d'éditions originales *(Paris, 1930, t. IV, p. 442), Franco Venturi n'a pu en disposer* (op. cit., *p. 310), mais Jean Varloot a pu fort heureusement utiliser l'exemplaire de la Bibliothèque publique de Léningrad (Diderot,* Textes choisis, *Éditions sociales, 1953, t. II, p. 4 - cf.* Revue de Synthèse, *juillet-décembre 1953, p. 208). Dès le début de janvier 1754, Diderot remaniait son texte; les* Annonces, affiches et avis divers *du 23 janvier indiquaient le nouveau titre de l'ouvrage,* Pensées sur l'interprétation de la nature, *et le dépositaire ou éditeur parisien, le libraire Pissot (cf. Venturi,* op. cit., *p. 310). On en connaît trois éditions, un in-12 de 206 pages, un autre de 99 pages, un petit in-8° de 97 pages avec la mention Londres. En l'absence d'étude critique, nous conserverons la tradition imprimée qui jusqu'à Assézat et Lough (Cambridge University, 1953) se fonde sur l'in-12 de 206 pages. Grâce à Jean Varloot, nous pouvons préciser l'étendue de ce remaniement : Diderot utilisait les* errata *de 1753, ajoutait la dédicace aux jeunes gens ; ses « rêveries » devenaient des « conjectures »; la seconde supprimait une curieuse expérience que M. Varloot nous a retracée* (op. cit. *p. 60-61, note 4); quatre pensées étaient entièrement nouvelles (XXXIII-XXXV-LVI) et deux remaniées ou complétées (XXXVI et LVI). Ce n'était pas une refonte, mais, comme le soupçonne M. Venturi* (op. cit. *p. 310), un « bourrage » qui utilisait une partie des formes du premier tirage.*

*Malgré la venimeuse critique de Fréron (*Année littéraire, *1754, p. 1-14), l'intervention vigoureuse de Maupertuis (*Réponse aux objections de M. Diderot, *in* Œuvres, *Lyon, Bruyset, 1756, t. II,* p. *165 sq.), l'attaque de l'abbé de la Roche dans les* Bigarrures philosophiques *(Amsterdam, 1759, t. I, p. 239-240), l'ouvrage fut peu lu. A part Deleyre, Diderot n'eut que Pierre Rousseau comme défenseur (*Journal Encyclopédique, *janvier 1756). Voltaire demandera* l'Interprétation de la nature *avec un retard de sept ans (lettre à Damilaville, 3 mars 1761 - édition Garnier, tome XLI); son exemplaire, conservé à Léningrad, ne porte aucune annotation, mais seulement un signet sur l'article qui oppose philosophie expérimentale et philosophie rationnelle (cf. Norman Torrey,* Voltaire's reaction to Diderot, *in* P. M. L. A., *1935, p. 1135). Frédéric II ne trouvait dans le ton de Diderot qu'arrogance et suffisance (Lettre à d'Alembert, 7 janvier 1774 -* Œuvres *de d'Alembert, 1805, t. XVII, p. 380). Sans nier l'intérêt méthodologique et les géniales intuitions de l'ouvrage, c'est précisément la chaleur conquérante du ton qui nous séduit aujourd'hui.*

BIBLIOGRAPHIE

I. Éditions

VARLOOT Jean (ed.), *Œuvres complètes*, t. IX, P., Hermann, 1983.

Pensieri sull'interpretazione della natura, Paolo QUINTILI (ed.), Rome, Armando, 1996.

II. Études

VENTURI Franco. *La Jeunesse de Diderot*, 1939, éd. cit., p. 283-316.

LEFEBVRE Henri. *Diderot*, 1949, éd. cit., p. 135-55.

SCHUL Pierre-Maxime. *Pour connaître la pensée de Lord Bacon*, P., Bordas, 1949.

VARLOOT Jean. « Présentation » *in* DIDEROT, *Textes choisis*, P., Éditions sociales, 1953, t. II.

VERNIÈRE Paul. *Spinoza et la pensée française*, P., P.U.F., 1954 (rééd. 1982), t. II, p. 549-52 et 597 *sq*.

BERNSTEIN Howard R. « Diderot on scientific method, a reevaluation », *Archives Internationales d'Histoire des Sciences*, n° 102, 1978.

GUÉDES Michel. « L'édition originale des *Pensées...* », *Revue française d'histoire du Livre*, Bordeaux, oct.-déc. 1981.

CHOUILLET Anne-Marie. « *Pensées...* » *Tableau alphabétique des formes lexicales. Tableau fréquentiel. Concordances*, P., Vrin, 1983.

BIARNAIS Marie-France. « Le statut de la méthode scientifique dans l'*Interprétation...* », *in Traitements informatiques de textes au 18e siècle*, P., C.N.R.S., 1984.

LEY Hermann. « Naturphilosophische Aperçus mit einiger Tragweite. Zu Diderots *Interprétation...* », *Beiträge zur romanischen Philologie*, XXIV, Berlin, 1985.

VARTANIAN Aram. « The preamble to Diderot's *Pensées...* A decoding », *Romanic Review*, LXXVI, New-York, 1985.

DUBOIS Patrick. « Les représentations de la nature et du savoir dans les *Pensées...* », in Olivier Bloch (ed.), *Épistémologie et matérialisme*, P., Méridiens-Klincksieck, 1986.

PUCCI Suzanne. *Diderot and a poetic of science*, New-York, Peter Lang, 1986, p. 71-94.

DIXON B. Lynne. *Diderot, philosopher of energy*, 1988, éd. cit., p. 32-94.

WINTER Ursula. « Quelques aspects de la méthode expérimentale chez Diderot », *Studies on Voltaire*, CCLXIII, Oxford, 1989.

IBRAHIM Annie. « Sur l'expression chez Diderot, autour du *Paradoxe sur le comédien* et des *Pensées...* », *Recherches sur Diderot et l'Encyclopédie*, n° 10, 1991.

REY Roselyne. « Dynamique des formes et interprétation de la nature », *Recherches sur Diderot et l'Encyclopédie*, n° 11, 1991.

VARTANIAN Aram. « Diderot et Newton », *in* Claude Blanckaert, Jean-Louis Fischer, Roselyne Rey (eds.), *Nature, histoire, société. Essais en hommage à Jacques Roger*, P., Klincksieck, 1995.

AUX JEUNES GENS QUI SE DISPOSENT A L'ÉTUDE DE LA PHILOSOPHIE NATURELLE

Jeune homme, prends et lis[1]*. Si tu peux aller jusqu'à la fin de cet ouvrage, tu ne seras pas incapable d'en entendre un meilleur. Comme je me suis moins proposé de t'instruire que de t'exercer, il m'importe peu que tu adoptes mes idées ou que tu les rejettes, pourvu qu'elles emploient toute ton attention. Un plus habile t'apprendra à connaître les forces de la nature; il me suffira de t'avoir fait essayer les tiennes. Adieu.*

P. S. Encore un mot, et je te laisse. Aie toujours présent à l'esprit que la nature *n'est pas* Dieu ; *qu'un* homme *n'est pas une* machine ; *qu'une* hypothèse *n'est pas* un fait : *et sois assuré que tu ne m'auras point compris, partout où tu croiras apercevoir quelque chose de contraire à ces principes*[2].

---

1. Frédéric II dira plus tard à d'Alembert : « Un des ouvrages de Diderot me tomba naguère entre les mains. J'y trouvai ces paroles : Jeune homme, prends et lis. Sur ce, je fermai le livre, comprenant bien qu'il n'avait pas été fait pour moi, qui ai passé soixante ans » (D'Alembert, *Œuvres*, Paris, Bastien, 1805, t. XVII, p. 404). Le renard de Berlin prenait pour de l'« arrogance » (*ibid.*, p. 380) l'enthousiasme de Diderot. Helvétius a donné un commentaire ambigu de l'affaire : « Ne peut-on étouffer la réputation d'un homme célèbre? On exige du moins de lui la plus grande modestie. L'envieux a reproché à Diderot jusqu'à ces mots du commencement de son *Interprétation de la nature* : Jeune homme, prend et lis. L'on était jadis moins difficile » (*De l'homme*, t. I, section III, chap. VI). En réfutant Helvétius, Diderot ne défendra pas sa formule (*Œuvres*, A. T., t. II, p. 387).

2. Tout est ambigu dans ce post-scriptum. Diderot n'entend pas polémiquer contre le *Deus sive natura* de Spinoza ni contre *l'Homme-machine* de La Mettrie (Leyde, Élie Luzac, 1748). Il entend simplement se défier de l'esprit de système qui risque de nuire à la « philosophie naturelle », c'est-à-dire à la philosophie des sciences ; mais il ne condamne pas l'hypothèse, dont il va faire un si large emploi dans son ouvrage, et qui demeure pour lui la condition de tout progrès scientifique.

DE L'INTERPRÉTATION DE LA NATURE

« Quæ sunt in luce tuemur
E tenebris. »
LUCRET., lib. VI. [1]

I

C'EST de la nature que je vais écrire. Je laisserai les pensées se succéder sous ma plume, dans l'ordre même selon lequel les objets se sont offerts à ma réflexion ; parce qu'elles n'en représenteront que mieux les mouvements et la marche de mon esprit. Ce seront, ou des vues générales sur l'art expérimental, ou des vues particulières sur un phénomène qui paraît occuper tous nos philosophes, et les diviser en deux classes. Les uns ont, ce me semble, beaucoup d'instruments et peu d'idées ; les autres ont beaucoup d'idées et n'ont point d'instruments [2]. L'intérêt de la vérité deman-

1. Jean Varloot (Diderot, *Textes choisis*, Éditions sociales, 1953, t. II, p. 36) fait remarquer qu'il s'agit, non du livre VI, mais du livre IV de Lucrèce (vers 337 : « E tenebris autem quæ sunt in luce tuemur »). Diderot détourne de son sens ce vers qui s'applique aux phénomènes sensoriels pour lui donner la valeur symbolique de l'éloge d'Epicure (cf., livre VI, vers 35), précurseur de la philosophie des lumières.

2. Cette opposition devenue banale, mais qui ne l'était pas en 1754, de la science et de la technique, était déjà notée dans l'article *ART* de *l'Encyclopédie*: « Celui qui n'a que la géométrie intellectuelle est ordinairement un homme assez maladroit... Un artiste qui n'a que la géométrie expérimentale est un ouvrier très borné ». Rien n'est plus propre à faire comprendre le but de Diderot qui, dans la ligne baconienne, tient à la collaboration de l'homme de science et de l'homme de métier.

derait que ceux qui réfléchissent daignassent enfin s'associer à ceux qui se remuent, afin que le spéculatif fût dispensé de se donner du mouvement; que le manœuvre eût un but dans les mouvements infinis qu'il se donne; que tous nos efforts se trouvassent réunis et dirigés en même temps contre la résistance de la nature; et que, dans cette espèce de ligue philosophique [1], chacun fît le rôle qui lui convient.

II

Une des vérités qui aient été annoncées de nos jours avec le plus de courage et de force*, qu'un bon physicien ne perdra point de vue, et qui aura certainement les suites les plus avantageuses; c'est que la région des mathématiciens est un monde intellectuel, où ce que l'on prend pour des vérités rigoureuses perd absolument cet avantage, quand on l'apporte sur notre terre [2]. On en a conclu que c'était à la philosophie expérimentale à rectifier les calculs de la géométrie; et cette conséquence a été avouée, même par les géomètres. Mais à quoi bon corriger le calcul géo-

1. Diderot n'entend pas, par cette expression, une coterie philosophique et politique, mais une union de l'intelligence spéculative et pratique pour améliorer le destin de l'homme; c'est le dessein premier de *l'Encyclopédie* qui dépasse singulièrement, du moins en 1754, l'horizon voltairien.

* Voyez l'*Histoire naturelle générale et particulière,* vol. I, Discours 1. *(Note de Diderot.)*

2. Dans cette attaque des mathématiques, Diderot signale lui-même le rôle de Buffon : « Les vérités mathématiques... ont l'avantage d'être toujours exactes et démonstratives, mais abstraites, intellectuelles et arbitraires. Les vérités physiques au contraire ne sont nullement arbitraires et ne dépendent point de nous; au lieu d'être fondées sur des suppositions que nous ayons faites, elles ne sont appuyées que sur des faits » (*Histoire naturelle,* 1er discours, 1749). Mais n'ont-ils pas un précurseur commun dans La Mettrie (*Traité de l'âme,* 1745, in *Œuvres,* Berlin, 1796, t. I, p. 165) : « Faites sortir (les mathématiques) de leur petite sphère... qu'ils passent à de plus grands objets, par exemple à la métaphysique, à la morale, à la physiologie, à la littérature, semblables à ces enfants qui croyaient toucher le ciel au bout de la plaine, ils trouveront le monde des idées bien grand ».

métrique par l'expérience? N'est-il pas plus court de s'en tenir au résultat de celle-ci? d'où l'on voit que les mathématiques, transcendantes surtout, ne conduisent à rien de précis sans l'expérience ; que c'est une espèce de métaphysique générale [1], où les corps sont dépouillés de leurs qualités individuelles ; et qu'il resterait au moins à faire un grand ouvrage qu'on pourrait appeler l'*Application de l'expérience à la géométrie*, ou *Traité de l'aberration des mesures*.

III

Je ne sais s'il y a quelque rapport entre l'esprit du jeu et le génie mathématicien ; mais il y en a beaucoup entre un jeu et les mathématiques. Laissant à part ce que le sort met d'incertitude d'un côté, ou le comparant avec ce que l'abstraction met d'inexactitude de l'autre, une partie de jeu peut être considérée comme une suite indéterminée de problèmes à résoudre, d'après des conditions données. Il n'y a point de questions de mathématiques à qui la même définition ne puisse convenir, et la *chose* du mathématicien n'a pas plus d'existence dans la nature que celle du joueur. C'est, de part et d'autre, une affaire de conventions. Lorsque les géomètres ont décrié les métaphysiciens, ils étaient bien éloignés de penser que toute leur science n'était qu'une métaphysique. On demandait un jour : Qu'est-ce qu'un métaphysicien? Un géomètre répondit : C'est un homme qui ne sait rien. Les chimistes, les physiciens, les natu-

1. Diderot entend par « métaphysique » tout ce qui dépasse la physique, c'est-à-dire, au sens scolastique, les sciences de la nature. Alors que Descartes rêvait d'une mathématique universelle et que d'Alembert, dans le *Discours préliminaire à l'Encyclopédie* affirmait, après Descartes, le lien des sciences et recherchait une axiomatique générale d'essence mathématique, Diderot semble établir une coupure entre le monde conceptuel des mathématiques et les réalités physiques. La physique moderne devait le démentir, les mathématiques devenant le seul moyen d'appréhension d'un univers qui, dans l'infiniment grand et l'infiniment petit, échappe à nos sens. Le *Traité de l'aberration des mesures* n'a pas été fait, et pour cause.

ralistes, et tous ceux qui se livrent à l'art expérimental, non moins outrés dans leurs jugements, me paraissent sur le point de venger la métaphysique, et d'appliquer la même définition au géomètre. Ils disent : A quoi servent toutes ces profondes théories des corps célestes, tous ces énormes calculs de l'astronomie rationnelle, s'ils ne dispensent point Bradley ou Le Monnier [1] d'observer le ciel? Et je dis : heureux le géomètre, en qui une étude consommée des sciences abstraites n'aura point affaibli le goût des beaux-arts ; à qui Horace et Tacite seront aussi familiers que Newton ; qui saura découvrir les propriétés d'une courbe, et sentir les beautés d'un poète ; dont l'esprit et les ouvrages seront de tous les temps, et qui aura le mérite de toutes les académies ! Il ne se verra point tomber dans l'obscurité ; il n'aura point à craindre de survivre à sa renommée [2].

IV

Nous touchons au moment d'une grande révolution dans les sciences. Au penchant que les esprits me paraissent avoir à la morale, aux belles-lettres, à l'histoire de la nature, et à la physique expérimentale, j'oserais presque assurer qu'avant qu'il soit cent ans, on ne comptera pas trois grands géomètres en Europe. Cette science s'arrêtera tout court, où l'auront laissée les Bernoulli, les Euler, les Maupertuis,

---

1. James Bradley (1692-1762), professeur d'astronomie d'Oxford puis astronome à Greenwich, mesura le diamètre de Vénus et découvrit la nutation de l'axe terrestre (1748 : *On the apparent motion of the fixed stars*). Pierre-Charles Le Monnier, professeur de physique au collège de France et astronome de la marine, donnait en 1751 ses *Observations de la lune, du soleil et des étoiles fixes*. Mais Diderot songe surtout à son collègue d'Alembert qui en 1749 fondait uniquement sur le calcul ses *Recherches sur la précession des équinoxes et sur la nutation de l'axe de la terre*. Là encore, Diderot est de parti pris : l'astronomie moderne ne saurait se passer de la collaboration des physiciens et des mathématiciens.

2. Il s'agit toujours de d'Alembert (cf. Varloot, *op. cit.*, p. 39). « Qu'il s'en tienne aux équations, c'est son lot », dira plus tard Diderot (*Lettres à Sophie Volland*, *op. cit.*, t. I, p. 97, 31 août 1760).

les Clairaut, les Fontaine et les d'Alembert. Ils auront posé les colonnes d'Hercule. On n'ira point au-delà. Leurs ouvrages subsisteront dans les siècles à venir, comme ces pyramides d'Égypte, dont les masses chargées d'hiéroglyphes réveillent en nous une idée effrayante de la puissance et des ressources des hommes qui les ont élevées [1].

V

Lorsqu'une science commence à naître, l'extrême considération qu'on a dans la société pour les inventeurs ; le désir de connaître par soi-même une chose qui fait beaucoup de bruit ; l'espérance de s'illustrer par quelque découverte ; l'ambition de partager un titre avec des hommes illustres, tournent tous les esprits de ce côté. En un moment, elle est cultivée par une infinité de personnes de caractères différents. Ce sont, ou des gens du monde, à qui leur oisiveté pèse ; ou des transfuges, qui s'imaginent acquérir dans la science à la mode une réputation qu'ils ont inutilement cherchée dans d'autres sciences, qu'ils abandonnent pour elle ; les uns s'en font un métier ; d'autres y sont entraînés par goût. Tant d'efforts réunis portent assez rapidement la science jusqu'où elle peut aller. Mais, à mesure que ses limites s'étendent, celles de la considération se resserrent. On n'en a plus que pour ceux qui se distinguent par une

1. Même son dans l'article *Encyclopédie* : « Il y a dans les sciences un point au-delà duquel il ne leur est presque pas accordé de passer. Lorsque ce point est passé, les monuments qui restent de ces progrès sont à jamais l'étonnement de l'espèce entière » ; et dans une lettre à Voltaire du 19 février 1758 (A. T., t. XIX, p. 452) : « Le règne des mathématiques n'est plus. Le goût a changé. C'est celui de l'histoire naturelle et des lettres qui domine. D'Alembert ne se jettera pas, à l'âge qu'il a, dans l'étude de l'histoire naturelle et il est bien difficile qu'il fasse un ouvrage de littérature qui réponde à la célébrité de son nom... ». Diderot cite les meilleurs mathématiciens de son temps, l'école de Paris avec Clairaut (1713-1765), Fontaine des Bertins (1705-1771) et d'Alembert ; l'école de Berlin avec Euler (1707-1783) et Maupertuis (1698-1759) et l'étonnante lignée bâloise des Bernoulli (Jean I mort en 1748, Daniel, 1700-1782, et Jean II, 1710-1790). Faut-il faire remarquer que Diderot fut mauvais prophète?

grande supériorité. Alors la foule diminue ; on cesse de s'embarquer pour une contrée où les fortunes sont devenues rares et difficiles. Il ne reste à la science que des mercenaires à qui elle donne du pain, et que quelques hommes de génie qu'elle continue d'illustrer longtemps encore après que le prestige est dissipé, et que les yeux se sont ouverts sur l'inutilité de leurs travaux. On regarde toujours ces travaux comme des tours de force qui font honneur à l'humanité. Voilà l'abrégé historique de la géométrie, et celui de toutes les sciences qui cesseront d'instruire ou de plaire ; je n'en excepte pas même l'histoire de la nature [1].

VI

Quand on vient à comparer la multitude infinie des phénomènes de la nature avec les bornes de notre entendement et la faiblesse de nos organes, peut-on jamais attendre autre chose de la lenteur de nos travaux, de leurs longues et fréquentes interruptions et de la rareté des génies créateurs, que quelques pièces rompues et séparées de la grande chaîne qui lie toutes choses?... [2] La philosophie expérimentale travaillerait pendant les siècles des siècles, que les matériaux qu'elle entasserait, devenus à la fin par leur nombre au-dessus de toute combinaison, seraient encore bien loin d'une énumération exacte. Combien ne faudrait-il pas de volumes pour renfermer les termes seuls par lesquels nous

---

1. Cette interprétation sociologique de l'évolution des sciences est peu convaincante ; la mode et l'engouement ont joué au XVIIIe siècle, lorsqu'on vit les femmes du monde suivre les cours de l'abbé Nollet et les fermiers généraux monter des cabinets d'histoire naturelle. Le progrès des sciences peut obéir à des cycles, mais Diderot aurait mieux fait de s'en tenir à la largeur de vue de Bacon dans le *De augmentis scientiarum*, c'est-à-dire au dessein général de *l'Encyclopédie*.

2. Cette intuition du lien entre tous les phénomènes de la nature est une des idées-forces du XVIIIe siècle (cf. Arthur Lovejoy, *The great chain of Being*, Harvard University Press, 1948). Cette inquiétude, ne disons pas découragement, de Diderot devant l'objet des sciences et la faiblesse des moyens d'investigation, est partagée par La Mettrie et Buffon.

désignerions les collections distinctes de phénomènes, si les phénomènes étaient connus? Quand la langue philosophique sera-t-elle complète? Quand elle serait complète, qui, d'entre les hommes, pourrait la savoir? Si l'Éternel, pour manifester sa toute-puissance plus évidemment encore que par les merveilles de la nature, eût daigné développer le mécanisme universel sur des feuilles tracées de sa propre main, croit-on que ce grand livre fût plus compréhensible pour nous que l'univers même? Combien de pages en aurait entendu ce philosophe qui, avec toute la force de tête qui lui avait été donnée, n'était pas sûr d'avoir seulement embrassé les conséquences par lesquelles un ancien géomètre a déterminé le rapport de la sphère au cylindre [1]? Nous aurions, dans ces feuilles, une mesure assez bonne de la portée des esprits, et une satire beaucoup meilleure de notre vanité. Nous pourrions dire : Fermat [2] alla jusqu'à telle page ; Archimède était allé quelques pages plus loin. Quel est donc notre but? L'exécution d'un ouvrage qui ne peut jamais être fait et qui serait fort au-dessus de l'intelligence humaine, s'il était achevé. Ne sommes-nous pas plus insensés que les premiers habitants de la plaine de Sennaar [3]? Nous connaissons la distance infinie qu'il y a de la terre aux cieux, et nous ne laissons pas que d'élever la tour. Mais est-il à présumer qu'il ne viendra point un temps où notre

---

1. Diderot reviendra sur cette anecdote dans sa *Réfutation d'Helvétius* (A. T., t. II, p. 351) : « Fermat, qui n'était pas une tête étroite, disait de la démonstration du rapport des cylindres à la sphère trouvé par Archimède : *Memini me vim illius demonstrationis nunquam percepisse totam*; j'ai souvenir de n'avoir jamais senti toute la force de cette démonstration ». Archimède était si fier de son théorème sur la sphère et le cylindre circonscrit que, d'après la légende, on le grava sur son tombeau.

2. Pierre Fermat (1601-1665), conseiller au Parlement de Toulouse, correspondant de Pascal, pressentait le calcul différentiel en résolvant des problèmes de maximum et de minimum et fut un des premiers à s'intéresser au calcul des probabilités.

3. Nom biblique de la terre de Babylone où s'élevait avant le déluge la tour de Babel.

orgueil découragé abandonne l'ouvrage? Quelle apparence que, logé étroitement et mal à son aise ici-bas, il s'opiniâtre à construire un palais inhabitable au-delà de l'atmosphère? Quand il s'y opiniâtrerait, ne serait-il pas arrêté par la confusion des langues, qui n'est déjà que trop sensible et trop incommode dans l'histoire naturelle [1]? D'ailleurs, l'utile circonscrit tout. Ce sera l'utile qui, dans quelques siècles, donnera des bornes à la physique expérimentale, comme il est sur le point d'en donner à la géométrie. J'accorde des siècles à cette étude, parce que la sphère de son utilité est infiniment plus étendue que celle d'aucune science abstraite, et qu'elle est, sans contredit, la base de nos véritables connaissances.

VII

Tant que les choses ne sont que dans notre entendement, ce sont nos opinions ; ce sont des notions, qui peuvent être vraies ou fausses, accordées ou contredites. Elles ne prennent de la consistance qu'en se liant aux êtres extérieurs. Cette liaison se fait ou par une chaîne ininterrompue d'expériences, ou par une chaîne ininterrompue de raisonnements, qui tient d'un bout à l'observation, et de l'autre à l'expérience ; ou par une chaîne d'expériences dispersées d'espace en espace, entre des raisonnements, comme des poids sur la longueur d'un fil suspendu par ses deux extrémités [2]. Sans ces poids, le fil deviendrait le jouet de la moindre agitation qui se ferait dans l'air.

---

1. Le scepticisme de Diderot, malgré ses images bibliques, ne dérive pas du christianisme, mais d'une réaction morale devant le caractère abstrait d'une science qui ne se soucie plus des besoins de l'homme. Mais l'image de Babel est-elle sûre? Il n'y a dans les sciences confusion des langues que lorsqu'on exclut un langage commun, les mathématiques.

2. Image prise à un des cas litigieux de la physique du temps, le problème de la chaînette.

VIII

On peut comparer les notions, qui n'ont aucun fondement dans la nature, à ces forêts du Nord dont les arbres n'ont point de racines. Il ne faut qu'un coup de vent, qu'un fait léger, pour renverser toute une forêt d'arbres et d'idées.

IX

Les hommes en sont à peine à sentir combien les lois de l'investigation de la vérité sont sévères, et combien le nombre de nos moyens est borné. Tout se réduit à revenir des sens à la réflexion, et de la réflexion aux sens : rentrer en soi et en sortir sans cesse. C'est le travail de l'abeille. On a battu bien du terrain en vain, si on ne rentre pas dans la ruche chargée de cire. On a fait bien des amas de cire inutile, si on ne sait pas en former des rayons.

X

Mais, par malheur, il est plus facile et plus court de se consulter soi que la nature. Aussi la raison est-elle portée à demeurer en elle-même, et l'instinct à se répandre au dehors. L'instinct va sans cesse regardant, goûtant, touchant, écoutant ; et il y aurait peut-être plus de physique expérimentale à apprendre en étudiant les animaux, qu'en suivant les cours d'un professeur. Il n'y a point de charlatanerie dans leurs procédés. Ils tendent à leur but, sans se soucier de ce qui les environne : s'ils nous surprennent, ce n'est point leur intention. L'étonnement est le premier effet d'un grand phénomène : c'est à la philosophie à le dissiper. Ce dont il s'agit dans un cours de philosophie expérimentale, c'est de renvoyer son auditeur plus instruit, et non plus stupéfait. S'enorgueillir des phénomènes de la nature, comme si l'on en était soi-même l'auteur, c'est imiter la sottise d'un éditeur [1] des

1. Il s'agit de Pierre Coste, le traducteur de Locke, qui donna une célèbre édition des *Essais* (1724). Le mot vient de Montesquieu : « M. Coste croit avoir fait Montaigne et il rougit quand on le loue devant lui » (*Pensées*, Bordeaux, Gounoulhou, 1901, t. II, p. 62).

Essais, qui ne pouvait entendre le nom de Montaigne sans rougir. Une grande leçon qu'on a souvent occasion de donner, c'est l'aveu de son insuffisance. Ne vaut-il pas mieux se concilier la confiance des autres, par la sincérité d'un *je n'en sais rien*, que de balbutier des mots, et se faire pitié à soi-même, en s'efforçant de tout expliquer? Celui qui confesse librement qu'il ne sait pas ce qu'il ignore, me dispose à croire ce dont il entreprend de me rendre raison.

XI

L'étonnement vient souvent de ce qu'on suppose plusieurs prodiges où il n'y en a qu'un ; de ce qu'on imagine, dans la nature, autant d'actes particuliers qu'on nombre de phénomènes, tandis qu'elle n'a peut-être jamais produit qu'un seul acte. Il semble même que, si elle avait été dans la nécessité d'en produire plusieurs, les différents résultats de ces actes seraient isolés ; qu'il y aurait des collections de phénomènes indépendantes les unes des autres, et que cette chaîne générale, dont la philosophie suppose la continuité, se romprait en plusieurs endroits. L'indépendance absolue d'un seul fait est incompatible avec l'idée de tout ; et sans l'idée de tout, plus de philosophie.

XII

Il semble que la nature se soit plu à varier le même mécanisme d'une infinité de manières différentes * [1]. Elle n'aban-

---

* Voyez l'*Histoire naturelle*, tome IV, Histoire de l'Ane ; et un petit ouvrage latin intitulé : *Dissertatio inauguralis metaphysica, de universali naturæ systemate, pro gradu doctoris habita*, imprimé à Erlang en 1751, et apporté en France par M. de M... en 1753. *(Note de Diderot.)*

1. Diderot indique lui-même ses sources : Buffon, *Histoire naturelle* (t. IV, *Histoire de l'âne*) et la *Dissertatio inauguralis metaphysica* de Maupertuis qui, traduite en français, devint le *Système de la nature*. Maupertuis était arrivé à Paris au début de mai 1753 et prit contact avec Diderot et d'Alembert (cf. Pierre Brunet, *Maupertuis*, Paris, Blanchard, 1929, p. 161).

donne un genre de productions qu'après en avoir multiplié les individus sous toutes les faces possibles. Quand on considère le règne animal, et qu'on s'aperçoit que, parmi les quadrupèdes, il n'y en a pas un qui n'ait les fonctions et les parties, surtout intérieures, entièrement semblables à un autre quadrupède, ne croirait-on pas volontiers qu'il n'y a jamais eu qu'un premier animal, prototype [1] de tous les animaux, dont la nature n'a fait qu'allonger, raccourcir, transformer, multiplier, oblitérer certains organes? Imaginez les doigts de la main réunis, et la matière des ongles si abondante que, venant à s'étendre et à se gonfler, elle enveloppe et couvre le tout ; au lieu de la main d'un homme, vous aurez le pied d'un cheval *. Quand on voit les métamorphoses successives de l'enveloppe du prototype, quel qu'il ait été, approcher un règne d'un autre règne par des degrés insensibles, et peupler les confins des deux règnes (s'il est permis de se servir du terme de *confins* où il n'y a aucune division réelle), et peupler, dis-je, les confins des

---

1. L'idée de « prototype » est une des pièces maîtresses de l'évolutionnisme naissant. Buffon ne l'envisage encore que dans le cadre de l'espèce : « Il y a dans la nature un prototype général sur lequel chaque individu est modelé, mais qui semble, en se réalisant, s'altérer ou se perfectionner par les circonstances » (*Hist. nat.*, t. IV, *Du cheval*). Maupertuis va beaucoup plus loin : « Ne pourrait-on pas expliquer par là comment de deux seuls individus la multiplication des espèces les plus dissemblables aurait pu s'ensuivre? Elles n'auraient dû leur première origine qu'à quelques productions fortuites, dans lesquelles les parties élémentaires n'auraient pas tenu l'ordre qu'elles tenaient dans les animaux père et mère. Chaque degré d'erreur aurait fait une nouvelle espèce; et à force d'écarts répétés serait venue la diversité infinie des animaux que nous voyons aujourd'hui » (*Système de la nature*, in *Œuvres*, Lyon, Bruyset, 1756, t. II, p. 164). Diderot est tenté par l'hypothèse la plus audacieuse, n'acceptant même pas l'hétérogénéité des règnes. Robinet reviendra sur ce thème dans ses *Considérations philosophiques sur la gradation naturelle des formes de l'être* (Paris, Saillant, 1768, p. 7) : « Une pierre, un chêne, un cheval, un singe, un homme, sont des variations graduées du prototype qui a commencé à se réaliser par les moindres éléments possibles ».

* Voyez l'*Histoire naturelle générale et particulière*, tome IV, Description du cheval, par M. Daubenton. *(Note de Diderot.)*

deux règnes, d'êtres incertains, ambigus, dépouillés en grande partie des formes, des qualités et des fonctions de l'un, et revêtus des formes, des qualités, des fonctions de l'autre, qui ne se sentirait porté à croire qu'il n'y a jamais eu qu'un premier être prototype de tous les êtres? Mais, que cette conjecture philosophique soit admise avec le docteur Baumann comme vraie, ou rejetée avec M. de Buffon comme fausse, on ne niera pas qu'il ne faille l'embrasser comme une hypothèse essentielle au progrès de la physique expérimentale, à celui de la philosophie rationnelle, à la découverte et à l'explication des phénomènes qui dépendent de l'organisation. Car il est évident que la nature n'a pu conserver tant de ressemblance dans les parties, et affecter tant de variété dans les formes, sans avoir souvent rendu sensible dans un être organisé ce qu'elle a dérobé dans un autre. C'est une femme qui aime à se travestir, et dont les différents déguisements, laissant échapper tantôt une partie, tantôt une autre, donnent quelque espérance à ceux qui la suivent avec assiduité de connaître un jour toute sa personne.

XIII

On a découvert qu'il y a dans un sexe le même fluide séminal que dans l'autre sexe [1]. Les parties qui contiennent ce fluide ne sont plus inconnues. On s'est aperçu des altérations singulières qui surviennent dans certains organes de la femelle, quand la nature la presse fortement de rechercher le mâle *. Dans l'approche des sexes, quand on vient

1. La théorie de la double semence, dont l'expression la plus précise est chez Galien, a été reprise par Descartes, par Maupertuis dans la *Vénus physique* (1745) et défendue par Buffon sur la foi d'expériences contestables (*Histoire générale des animaux*, t. II, 1749). Il aurait été prudent de tenir compte des réserves de La Mettrie dans *l'Homme-machine* (1747, édit. Solovine, Bossard, 1921, p. 137 : « Je serais tenté de croire que la semence de la femme est inutile à la génération. »)

* Voyez dans l'*Histoire naturelle générale et particulière*, le Discours sur la génération. *(Note de Diderot.)*

à comparer les symptômes du plaisir de l'un aux symptômes du plaisir de l'autre, et qu'on s'est assuré que la volupté se consomme dans tous les deux par des élancements également caractérisés, distincts et battus, on ne peut douter qu'il n'y ait aussi des émissions semblables du fluide séminal. Mais où et comment se fait cette émission dans la femme? que devient le fluide? quelle route suit-il? c'est ce qu'on ne saura que quand la nature, qui n'est pas également mystérieuse en tout et partout, se sera dévoilée dans une autre espèce : ce qui arrivera apparemment de l'une de ces deux manières ; ou les formes seront plus évidentes dans les organes, ou l'émission du fluide se rendra sensible à son origine et sur toute sa route, par son abondance extraordinaire. Ce qu'on a vu distinctement dans un être ne tarde pas à se manifester dans un être semblable. En physique expérimentale, on apprend à apercevoir les petits phénomènes dans les grands ; de même qu'en physique rationnelle, on apprend à connaître les grands corps dans les petits.

XIV

Je me représente la vaste enceinte des sciences, comme un grand terrain parsemé de places obscures et de places éclairées. Nos travaux doivent avoir pour but, ou d'étendre les limites des places éclairées, ou de multiplier sur le terrain les centres de lumières. L'un appartient au génie qui crée ; l'autre à la sagacité qui perfectionne.

XV

Nous avons trois moyens principaux : l'observation de la nature, la réflexion et l'expérience. L'observation recueille les faits ; la réflexion les combine ; l'expérience vérifie le résultat de la combinaison. Il faut que l'observation de la nature soit assidue, que la réflexion soit profonde, et que l'expérience soit exacte. On voit rarement ces moyens réunis. Aussi les génies créateurs ne sont-ils pas communs.

XVI

Le philosophe, qui n'aperçoit souvent la vérité que comme le politique maladroit aperçoit l'occasion, par le côté chauve, assure qu'il est impossible de la saisir, dans le moment où la main du manœuvre est portée par le hasard sur le côté qui a des cheveux. Il faut cependant avouer que parmi ces manouvriers d'expériences, il y en a de bien malheureux : l'un d'eux emploiera toute sa vie à observer des insectes et ne verra rien de nouveau ; un autre jettera sur eux un coup d'œil en passant et apercevra le polype, ou le puceron hermaphrodite [1].

XVII

Sont-ce les hommes de génie qui ont manqué à l'univers? nullement. Est-ce en eux défaut de méditation et d'étude? encore moins. L'histoire des sciences fourmille de noms illustres ; la surface de la terre est couverte des monuments de nos travaux. Pourquoi donc possédons-nous si peu de connaissances certaines? par quelle fatalité les sciences ont-elles fait si peu de progrès? sommes-nous destinés à n'être jamais que des enfants? j'ai déjà annoncé la réponse à ces questions. Les sciences abstraites ont occupé trop longtemps et avec trop peu de fruit les meilleurs esprits ; ou l'on n'a point étudié ce qu'il importait de savoir, ou l'on n'a mis ni choix, ni vues, ni méthode dans ses études ; les mots se sont multipliés sans fin, et la connaissance des choses est restée en arrière.

---

1. C'est le 23 juillet 1740 que le genevois Charles Bonnet fit lire à l'Académie des sciences, par son protecteur Réaumur, un *Mémoire sur la parthénogenèse des pucerons* (cf. *Traité d'insectologie*, Paris, Durand, 1745). Le même été, le cousin de Bonnet, Abraham Trembley, découvrit d'étranges animaux-plantes dans un canal près de La Haye ; ces polypes d'eau, coupés en morceaux, se régénérèrent. Réaumur exposa cette découverte ; l'Académie en eut connaissance le 1er mars 1741 (cf. *Mémoires pour servir à l'histoire d'un genre de polype d'eau douce*, Paris, Durand, 1744).

XVIII

La véritable manière de philosopher, c'eût été et ce serait d'appliquer l'entendement à l'entendement ; l'entendement et l'expérience aux sens ; les sens à la nature ; la nature à l'investigation des instruments ; les instruments à la recherche et à la perfection des arts, qu'on jetterait au peuple pour lui apprendre à respecter la philosophie.

XIX

Il n'y a qu'un seul moyen de rendre la philosophie vraiment recommandable aux yeux du vulgaire ; c'est de la lui montrer accompagnée de l'utilité. Le vulgaire demande toujours : *à quoi cela sert-il ?* et il ne faut jamais se trouver dans le cas de lui répondre : *à rien;* il ne sait pas que ce qui éclaire le philosophe et ce qui sert au vulgaire sont deux choses fort différentes, puisque l'entendement du philosophe est souvent éclairé par ce qui nuit, et obscurci par ce qui sert.

XX

Les faits, de quelque nature qu'ils soient, sont la véritable richesse du philosophe. Mais un des préjugés de la philosophie rationnelle, c'est que celui qui ne saura pas nombrer ses écus ne sera guère plus riche que celui qui n'aura qu'un écu. La philosophie rationnelle s'occupe malheureusement beaucoup plus à rapprocher et à lier les faits qu'elle possède, qu'à en recueillir de nouveaux.

XXI

Recueillir et lier les faits, ce sont deux occupations bien pénibles ; aussi les philosophes les ont-ils partagées entre eux. Les uns passent leur vie à rassembler des matériaux, manœuvres utiles et laborieux ; les autres, orgueilleux architectes, s'empressent à les mettre en œuvre. Mais le temps a renversé jusqu'aujourd'hui presque tous les édifices de la philosophie rationnelle. Le manœuvre poudreux apporte tôt ou tard, des souterrains où il creuse en aveugle, le morceau fatal à cette architecture élevée à force de tête ; elle s'écroule ; et il ne reste que des matériaux confondus pêle-mêle, jusqu'à ce qu'un autre génie téméraire en entreprenne une combinaison nouvelle. Heureux le philosophe systématique à qui la nature aura donné, comme autrefois à Épicure, à Lucrèce, à Aristote, à Platon, une imagination forte, une grande éloquence, l'art de présenter ses idées sous des images frappantes et sublimes ! L'édifice qu'il a construit pourra tomber un jour ; mais sa statue restera debout au milieu des ruines ; et la pierre qui se détachera de la montagne ne la brisera point, parce que les pieds n'en sont pas d'argile [1].

XXII

L'entendement a ses préjugés ; le sens, son incertitude ; la mémoire, ses limites ; l'imagination, ses lueurs ; les instruments, leur imperfection. Les phénomènes sont infinis ; les causes, cachées ; les formes, peut-être transitoires. Nous n'avons contre tant d'obstacles que nous trouvons en nous, et que la nature nous oppose au dehors, qu'une expérience lente, qu'une réflexion bornée. Voilà les leviers avec lesquels la philosophie s'est proposé de remuer le monde.

XXIII

Nous avons distingué deux sortes de philosophies, l'expérimentale et la rationnelle. L'une a les yeux bandés, marche toujours en tâtonnant, saisit tout ce qui lui tombe sous les mains, et rencontre à la fin des choses précieuses. L'autre recueille ces matières précieuses, et tâche de s'en former un flambeau ; mais ce flambeau prétendu lui a,

1. Toute cette page reflète le *Traité des systèmes* de Condillac (1749), mais Diderot conserve une admiration « littéraire » pour « les châteaux enchantés » du rationalisme classique : Voltaire goûtait de même la « poésie » de Malebranche.

jusqu'à présent, moins servi que le tâtonnement à sa rivale, et cela devait être. L'expérience multiplie ses mouvements à l'infini ; elle est sans cesse en action ; elle met à chercher des phénomènes tout le temps que la raison emploie à chercher des analogies. La philosophie expérimentale ne sait ni ce qui lui viendra, ni ce qui ne lui viendra pas de son travail ; mais elle travaille sans relâche. Au contraire, la philosophie rationnelle pèse les possibilités, prononce et s'arrête tout court. Elle dit hardiment : *on ne peut décomposer la lumière* : la philosophie expérimentale l'écoute, et se tait devant elle pendant des siècles entiers ; puis tout à coup elle montre le prisme [1], et dit : *la lumière se décompose.*

XXIV

ESQUISSE DE LA PHYSIQUE EXPÉRIMENTALE.

La physique expérimentale s'occupe en général de l'*existence*, des *qualités*, et de l'*emploi*.

L'EXISTENCE embrasse l'*histoire*, la *description*, la *génération*, la *conservation* et la *destruction*.

L'*histoire* est des lieux, de l'importation, de l'exportation, du prix, des préjugés, etc.

La *description*, de l'intérieur et de l'extérieur, par toutes les qualités sensibles.

La *génération*, prise depuis la première origine jusqu'à l'état de perfection.

La *conservation*, de tous les moyens de fixer dans cet état.

La *destruction*, prise depuis l'état de perfection jusqu'au dernier degré connu de *décomposition* ou de *dépérissement ;* de *dissolution* ou de *résolution*.

Les QUALITÉS sont générales ou particulières.

---

1. C'est en 1662 que Newton publia son expérience essentielle sur la décompostion de la lumière dans *A new theory about light and colours*. Mais l'opinion européenne n'est vraiment informée qu'en 1704 (*Optics or a treatise of the reflections, refractions, inflections and colours of light*, traduit par Pierre Coste en 1720, Amsterdam, Humbert).

J'appelle *générales* celles qui sont communes à tous les êtres, et qui n'y varient que par la quantité.

J'appelle *particulières*, celles qui constituent l'être tel ; ces dernières sont ou de la substance *en masse*, ou de la substance *divisée* ou *décomposée*.

L'EMPLOI s'étend à la *comparaison*, à l'*application* et à la *combinaison*.

La *comparaison* se fait ou par les ressemblances, ou par les différences.

L'*application* doit être la plus étendue et la plus variée qu'il est possible.

La *combinaison* est analogue ou bizarre [1].

XXV

Je dis *analogue* ou *bizarre*, parce que tout a son résultat dans la nature ; l'expérience la plus extravagante, ainsi que la plus raisonnée. La philosophie expérimentale, qui ne se propose rien, est toujours contente de ce qui lui vient ; la philosophie rationnelle est toujours instruite, lors même que ce qu'elle s'est proposé ne lui vient pas.

XXVI

La philosophie expérimentale est une étude innocente, qui ne demande presque aucune préparation de l'âme. On n'en peut pas dire autant des autres parties de la philosophie. La plupart augmentent en nous la fureur des conjectures. La philosophie expérimentale la réprime à la longue. On s'ennuie tôt ou tard de deviner maladroitement.

XXVII

Le goût de l'observation peut être inspiré à tous les

1. Esquisse rationnelle qui fait penser à « l'arbre de la science » de Bacon qui ouvre *l'Encyclopédie*. Mais la physique expérimentale saurait-elle s'insérer dans ces cadres logiques? Un ordre pédagogique n'est pas un ordre de recherche.

hommes ; il semble que celui de l'expérience ne doive être inspiré qu'aux hommes riches.

L'observation ne demande qu'un usage habituel des sens ; l'expérience exige des dépenses continuelles. Il serait à souhaiter que les grands ajoutassent ce moyen de se ruiner, à tant d'autres moins honorables qu'ils ont imaginés [1]. Tout bien considéré, il vaudrait mieux qu'ils fussent appauvris par un chimiste, que dépouillés par des gens d'affaires ; entêtés de la physique expérimentale qui les amuserait quelquefois, qu'agités par l'ombre du plaisir qu'ils poursuivent sans cesse et qui leur échappe toujours. Je dirais volontiers aux philosophes dont la fortune est bornée, et qui se sentent portés à la physique expérimentale, ce que je conseillerais à mon ami, s'il était tenté de la jouissance d'une belle courtisane :

Laïdem habeto, dummodo te Laïs non habeat [2]

C'est un conseil que je donnerais encore à ceux qui ont l'esprit assez étendu pour imaginer des systèmes, et qui sont assez opulents pour les vérifier par l'expérience : ayez un système, j'y consens ; mais ne vous en laissez pas dominer : *Laïdem habeto.*

XXVIII

La physique expérimentale peut être comparée, dans ses bons effets, au conseil de ce père qui dit à ses enfants, en

---

1. Même idée sur le mécénat dans l'article *Art* de *l'Encyclopédie*. Diderot incite « les grands à faire enfin un usage utile de leur autorité et de leurs récompenses ».

2. Même anecdote dans l'article *Cyrénaïque* de *l'Encyclopédie* : « Aristippe de Cyrène ne rougit point à Égine de se montrer entre les adorateurs les plus assidus de Laïs et il répondait aux reproches qu'on lui faisait, qu'il pouvait posséder Laïs sans cesser d'être philosophe, pourvu que Laïs ne le possédât pas. » Diderot utilise peut-être Diogène Laërce (*Vie des philosophes*, II, 75), mais plus sûrement Brücker (*Historia critica philosophiæ*, t. II, livre IV, chap. 18) ou le supplément de Bayle par Chaufepié (1750, t. I, p. 457).

mourant, qu'il y avait un trésor caché dans son champ ; mais qu'il ne savait point en quel endroit. Ses enfants se mirent à bêcher le champ ; ils ne trouvèrent pas le trésor qu'ils cherchaient ; mais ils firent dans la saison une récolte abondante à laquelle ils ne s'attendaient pas.

XXIX

L'année suivante, un des enfants dit à ses frères : J'ai soigneusement examiné le terrain que notre père nous a laissé, et je pense avoir découvert l'endroit du trésor. Écoutez, voici comment j'ai raisonné. Si le trésor est caché dans le champ, il doit y avoir, dans son enceinte, quelques signes qui marquent l'endroit ; or j'ai aperçu des traces singulières vers l'angle qui regarde l'orient ; le sol y paraît avoir été remué. Nous nous sommes assurés, par notre travail de l'année passée, que le trésor n'est point à la surface de la terre ; il faut donc qu'il soit caché dans ses entrailles : prenons incessamment la bêche, et creusons jusqu'à ce que nous soyons parvenus au souterrain de l'avarice. Tous les frères, entraînés moins par la force de la raison que par le désir de la richesse, se mirent à l'ouvrage. Ils avaient déjà creusé profondément sans rien trouver ; l'espérance commençait à les abandonner et le murmure à se faire entendre, lorsqu'un d'entre eux s'imagina reconnaître la présence d'une mine, à quelques particules brillantes. C'en était, en effet, une de plomb qu'on avait anciennement exploitée, qu'ils travaillèrent et qui leur produisit beaucoup. Telle est quelquefois la suite des expériences suggérées par les observations et les idées systématiques de la philosophie rationnelle. C'est ainsi que les chimistes et les géomètres, en s'opiniâtrant à la solution de problèmes peut-être impossibles, sont parvenus à des découvertes plus importantes que cette solution.

XXX

La grande habitude de faire des expériences donne aux manouvriers d'opérations les plus grossiers un pressentiment qui a le caractère de l'inspiration. Il ne tiendrait qu'à eux de s'y tromper comme Socrate, et de l'appeler un *démon familier*. Socrate avait une si prodigieuse habitude de considérer les hommes et de peser les circonstances, que, dans les occasions les plus délicates, il s'exécutait secrètement en lui une combinaison prompte et juste, suivie d'un pronostic dont l'événement ne s'écartait guère. Il jugeait des hommes comme les gens de goût jugent des ouvrages d'esprit, par sentiment. Il en est de même, en physique expérimentale, de l'instinct de nos grands manouvriers. Ils ont vu si souvent et de si près la nature dans ses opérations, qu'ils devinent avec assez de précision le cours qu'elle pourra suivre dans le cas où il leur prend envie de la provoquer par les essais les plus bizarres. Ainsi le service le plus important qu'ils aient à rendre à ceux qu'ils initient à la philosophie expérimentale, c'est bien moins de les instruire du procédé et du résultat, que de faire passer en eux cet esprit de divination par lequel on *subodore*, pour ainsi dire, des procédés inconnus, des expériences nouvelles, des résultats ignorés.

XXXI

Comment cet esprit se communique-t-il? Il faudrait que celui qui en est possédé descendît en lui-même pour reconnaître distinctement ce que c'est, substituer au démon familier des notions intelligibles et claires, et les développer aux autres. S'il trouvait, par exemple, que c'est *une facilité de supposer ou d'apercevoir des oppositions ou des analogies, qui a sa source dans une connaissance pratique des qualités physiques des êtres considérés solitairement, ou de leurs effets réciproques, quand on les considère en combinaison*, il étendrait cette idée ; il l'appuierait d'une infinité de faits qui se présenteraient à sa mémoire ; ce serait une histoire fidèle de toutes les extravagances apparentes qui lui ont passé par la tête. Je dis *extravagances;* car quel autre nom donner à cet enchaînement de conjectures fondées sur des oppositions ou des ressemblances si éloignées, si imperceptibles, que les rêves d'un malade ne paraissent ni plus bizarres, ni plus décousus? Il n'y a quelquefois pas une proposition qui ne puisse être contredite, soit en elle-même, soit dans sa liaison avec celle qui la précède ou qui la suit. C'est un tout si précaire, et dans les suppositions et dans les conséquences, qu'on a souvent dédaigné de faire ou les observations ou les expériences qu'on en concluait.

EXEMPLES

XXXII

PREMIÈRES CONJECTURES

1. Il est un corps que l'on appelle *môle*. Ce corps singulier s'engendre dans la femme ; et, selon quelques-uns, sans le concours de l'homme. De quelque manière que le mystère de la génération s'accomplisse, il est certain que les deux sexes y coopèrent. La môle ne serait-elle point un assemblage, ou de tous les éléments qui émanent de la femme dans la production de l'homme, ou de tous les éléments qui émanent de l'homme dans ses différentes approches de la femme? Ces éléments qui sont tranquilles dans l'homme, répandus et retenus dans certaines femmes d'un tempérament ardent, d'une imagination forte, ne pourraient-ils pas s'y échauffer, s'y exalter, et y prendre de l'activité? ces éléments qui sont tranquilles dans la femme, ne pourraient-ils pas y être mis en action, soit par une présence sèche et stérile, et des mouvements inféconds et purement voluptueux de l'homme, soit par la violence et la contrainte des désirs provoqués de la femme, sortir de leurs réservoirs, se porter dans la matrice, s'y arrêter, et s'y combiner d'eux-mêmes? La môle ne serait-elle point le résultat de cette combinaison solitaire ou des éléments émanés de la femme, ou des éléments fournis par l'homme? Mais si la môle est le résultat d'une combinaison telle que je la suppose, cette combinaison aura ses lois aussi invariables que celles de la génération. La môle aura donc une organisation cons-

tante. Prenons le scalpel, ouvrons des môles, et voyons ; peut-être même découvrirons-nous des môles distinguées par quelques vestiges relatifs à la différence des sexes. Voilà ce que l'on peut appeler l'art de procéder de ce qu'on ne connaît point à ce qu'on connaît moins encore. C'est cette habitude de déraison que possèdent dans un degré surprenant ceux qui ont acquis ou qui tiennent de la nature le génie de la physique expérimentale ; c'est à ces sortes de rêves qu'on doit plusieurs découvertes. Voilà l'espèce de divination qu'il faut apprendre aux élèves, si toutefois cela s'apprend.

2. Mais si l'on vient à découvrir, avec le temps, que la môle ne s'engendre jamais dans la femme sans la coopération de l'homme, voici quelques conjectures nouvelles, beaucoup plus vraisemblables que les précédentes, qu'on pourra former sur ce corps extraordinaire. Ce tissu de vaisseaux sanguins, qu'on appelle le *placenta*, est, comme on sait, une calotte sphérique, une espèce de champignon qui adhère, par sa partie convexe, à la matrice, pendant tout le temps de la grossesse ; auquel le cordon ombilical sert comme de tige ; qui se détache de la matrice dans les douleurs de l'enfantement, et dont la surface est égale quand une femme est saine et que son accouchement est heureux. Les êtres n'étant jamais, ni dans leur génération, ni dans leur conformation, ni dans leur usage, que ce que les résistances, les lois du mouvement et l'ordre universel les déterminent à être, s'il arrivait que cette calotte sphérique, qui ne paraît tenir à la matrice que par application et contact, s'en détachât peu à peu par ses bords, dès le commencement de la grossesse, en sorte que les progrès de la séparation suivissent exactement ceux de l'accroissement du volume, j'ai pensé que ces bords, libres de toute attache, iraient toujours en s'approchant et en affectant la forme sphérique ; que le cordon ombilical, tiré par deux forces contraires, l'une des bords séparés et convexes de la calotte qui tendrait à le raccourcir, et l'autre du poids du fœtus, qui tendrait à l'allonger, serait beaucoup plus court que dans les cas ordinaires ; qu'il viendrait un moment où ces

bords coïncideraient, s'uniraient entièrement, et formeraient une espèce d'œuf, au centre duquel on trouverait un fœtus bizarre dans son organisation, comme il l'a été dans sa production, oblitéré, contraint, étouffé, et que cet œuf se nourrirait jusqu'à ce que sa pesanteur achevât de détacher la petite partie de sa surface qui resterait adhérente, qu'il tombât isolé dans la matrice, et qu'il en fût expulsé par une sorte de ponte, comme l'œuf de la poule, avec lequel il a quelque analogie, du moins par sa forme. Si ces conjectures se vérifiaient dans une môle, et qu'il fût cependant démontré que cette môle s'est engendrée dans la femme sans aucune approche de l'homme, il s'ensuivrait évidemment que le fœtus est tout formé dans la femme, et que l'action de l'homme ne concourt qu'au développement[1].

XXXIII

SECONDES CONJECTURES

Supposé que la terre ait un noyau solide de verre [2], ainsi qu'un de nos plus grands philosophes le prétend, et que ce noyau soit revêtu de poussière, on peut assurer qu'en conséquence des lois de la force centrifuge, qui tend à approcher les corps libres de l'équateur, et à donner à la terre la forme d'un sphéroïde aplati, les couches de cette poussière doivent être moins épaisses aux pôles que sous aucun autre parallèle ; que peut-être le noyau est à nu aux deux extrémités de l'axe, et que c'est à cette particularité qu'il faut attribuer la direc-

1. D'où vient cette étrange rêverie obstétricale? Probablement de Buffon (*Histoire des animaux*, chap. x, *De la formation du fœtus*, édit. Garnier, t. I, p. 621-623). La môle (du latin *moles*) est une dégénérescence kystique des villosités choriales de l'œuf et donne parfois l'impression d'un embryon monstrueux. Buffon serait « fort tenté de croire que les filles peuvent faire des môles sans avoir eu de communication avec le mâle, comme les poules font des œufs sans avoir vu le coq. »

2. Buffon dans la *Théorie de la terre* (*op. cit.*, t. I, p. 78, *De la formation des planètes*) : « L'intérieur de la terre doit être une matière vitrifiée ».

tion de l'aiguille aimantée [1] et les aurores boréales qui ne sont probablement que des courants de matière électrique [2].

Il y a grande apparence que le magnétisme et l'électricité dépendent des mêmes causes. Pourquoi ne seraient-ce pas des effets du mouvement de rotation du globe et de l'énergie des matières dont il est composé, combinée avec l'action de la lune? Le flux et reflux, les courants, les vents, la lumière, le mouvement des particules libres du globe, peut-être même celui de toute sa croûte entière sur son noyau, etc., opèrent d'une infinité de manières un frottement continuel; l'effet des causes, qui agissent sensiblement et sans cesse, forme à la suite des siècles un produit considérable; le noyau du globe est une masse de verre; sa surface n'est couverte que de détriments de verre, de sables, et de matières vitrifiables; le verre est, de toutes les substances, celle qui donne le plus d'électricité par le frottement : pourquoi la masse totale de l'électricité terrestre ne serait-elle pas le résultat de tous les frottements opérés, soit à la surface de la terre, soit à celle de son noyau? Mais de cette cause générale, il est à présumer qu'on déduira,

---

1. La direction de l'aiguille aimantée est due au magnétisme de la terre qui se comporte comme un aimant. Dans son édition de 1753, Diderot proposait une étrange expérience que M. Varloot a rapportée d'après l'exemplaire unique de Léningrad (*op. cit.*, p. 60-61) : il s'agissait de construire un globe dénudé et soumis à un frottement aux pôles et de constater si des aiguilles, aimantées ou non aimantées, suspendues à proximité, s'orienteraient ou resteraient immobiles.

2. A propos de la grande aurore de 1716 observée dans toute l'Europe, Halley pensait à une émission magnétique du pôle (*Philosophical transactions*, 1716, n° 374). En 1746 Winckler reconnaît le caractère électrique du phénomène. Mais la théorie des aurores est toute récente; il s'agit de particules négatives d'origine solaire, obéissant à la périodicité des taches du soleil, qui s'infléchissent vers les pôles et comme dans un tube de Crookes provoquent des phénomènes de luminescence. Lacépède (*Journal de physique*, 1778), Franklin, (*Mémoires Acad. des sciences*, 1779) et Buffon à leur suite dans le *Traité de l'aimant* (*Histoire des minéraux*, t. V, 1778, édit. Garnier, t. XI, p. 520) expliqueront encore les aurores par des courants dus à la chaleur intérieure du globe et qui, montant de l'équateur au pôle, peuvent devenir lumineux, « en se condensant dans un moindre espace ».

par quelques tentatives, une cause particulière qui constituera entre deux grands phénomènes, je veux dire la position de l'aurore boréale et la direction de l'aiguille aimantée, une liaison semblable à celle dont on a constaté l'existence entre le magnétisme et l'électricité, en aimantant des aiguilles sans aimant, et par le moyen seul de l'électricité [1]. On peut avouer ou contredire ces notions, parce qu'elles n'ont encore de réalité que dans mon entendement. C'est aux expériences à leur donner plus de solidité, et c'est au physicien à en imaginer qui séparent les phénomènes, ou qui achèvent de les identifier.

XXXIV

TROISIÈMES CONJECTURES

La matière électrique répand, dans les lieux où l'on électrise, une odeur sulfureuse sensible ; sur cette qualité, les chimistes n'étaient-ils pas autorisés à s'en emparer? Pourquoi n'ont-ils pas essayé, par tous les moyens qu'ils ont en main, des fluides chargés de la plus grande quantité possible de matière électrique? On ne sait seulement pas encore si l'eau électrisée dissout plus ou moins promptement le sucre que l'eau simple. Le feu de nos fourneaux augmente considérablement le poids de certaines matières, telles que le plomb calciné ; si le feu de l'électricité, cons-

---

1. Diderot doit ses notions d'électricité aux travaux de l'abbé Nollet (*Recherches sur les causes particulières des phénomènes électriques*, 1749. *Essai sur l'électricité des corps*, 1750. *Recueil de lettres sur l'électricité*, 1753) et aux publications de Franklin (*Experiments and observations on electricity*, 1751, trad. fr. en 1752. *Supplemental experiments...*, 1753). L'article *Électricité* de *l'Encyclopédie*, dû à Le Monnier, est d'un dogmatisme peu convaincant. L'idée de la parenté des phénomènes électriques et magnétiques vient de Franklin ; Buffon reprendra les formules de Diderot dans le *Traité de l'aimant* (*op. cit.*, p. 549 : « Nous ne pouvons plus douter que la force particulière du magnétisme ne dépende de la force générale de l'électricité », et p. 554 : « Les principaux effets du magnétisme et de l'électricité... sont produits par une seule et même cause »).

tamment appliqué sur ce métal en calcination, augmentait encore cet effet, n'en résulterait-il pas une nouvelle analogie entre le feu électrique et le feu commun? On a essayé si ce feu extraordinaire ne porterait point quelque vertu dans les remèdes [1], et ne rendrait point une substance plus efficace, un topique plus actif; mais n'a-t-on pas abandonné trop tôt ces essais? Pourquoi l'électricité ne modifierait-elle pas la formation des cristaux et leurs propriétés [2]? Combien de conjectures à former d'imagination, et à confirmer ou détruire par l'expérience! *Voyez l'article suivant.*

XXXV

QUATRIÈMES CONJECTURES

La plupart des météores, les feux follets, les exhalaisons, les étoiles tombantes, les phosphores naturels et artificiels, les bois pourris et lumineux, ont-ils d'autres causes que

1. Le médecin d'Aumont consacrait dans *l'Encyclopédie* un article à l'*Électricité médicinale* : « On s'est déterminé à appliquer le globe électrique à la médecine ; on a tenté de guérir les paralytiques M. l'abbé Nollet avec M. de Lafsone de l'Académie des sciences ont les premiers tenté ces expériences ; leur exemple a été suivi par M. Morand et d'autres habiles physiciens ». Le Cat de Rouen, Jallabert de Genève (*Expériences sur l'électricité*, 1748) sont favorables à l'électro-choc. Nollet, après ses échecs sur les soldats des Invalides, devint sceptique. Mais la proposition de Diderot sur l'électrisation des remèdes n'a pas été suivie.

2. Que veut dire exactement Diderot? Il est fort douteux qu'il songe à la cristallisation par électrolyse. S'agit-il des phénomènes de thermo-électricité et de piézo-électricité? L'échauffement et la pression produisent en effet sur certains cristaux un décalage des pôles moléculaires ; or la pierre de Ceylan, apportée par les Hollandais en 1703, avait été étudiée par Linné sous le nom de *lapis electricus* (*Flora zeylanica*, 1747), puis par Aepinus sous le nom de *tourmaline* (*Mémoires de l'Acad. de Berlin*, 1756).

l'électricité [1]? Pourquoi ne fait-on pas sur ces phosphores les expériences nécessaires pour s'en assurer? Pourquoi ne pense-t-on pas à reconnaître si l'air, comme le verre, n'est pas un corps électrique par lui-même, c'est-à-dire un corps qui n'a besoin que d'être frotté et battu pour s'électriser? Qui sait si l'air, chargé de matière sulfureuse [2], ne se trouverait pas plus ou moins électrique que l'air pur? Si l'on fait tourner avec une grande rapidité, dans l'air, une verge de métal qui lui oppose beaucoup de surface, on découvrira si l'air est électrique, et ce que la verge en aura reçu d'électricité. Si, pendant l'expérience, on brûle du soufre et d'autres matières, on reconnaîtra celles qui augmenteront et celles qui diminueront la qualité électrique de l'air. Peut-être l'air froid des pôles est-il plus susceptible d'électricité que l'air chaud de l'équateur; et comme la glace est électrique et que l'eau ne l'est point [3], qui sait si ce n'est pas à l'énorme quantité de ces glaces éternelles, amassées vers les pôles, et peut-être mues sur le noyau de verre plus découvert aux pôles qu'ailleurs, qu'il faut attribuer les phénomènes de la direction de l'aiguille aimantée,

---

1. La phosphorescence due à la décomposition des matières organiques est connue depuis Aristote, mais le lien avec les feux follets ne fut établi que par Dechales (in *Mundus mathematicus*, 1674, p. 692). On entend par phosphore naturel le *lapis bononiensis* constitué par du spath lourd et de l'argile et étudié sommairement en 1671 par Kircher (*Ars magna*, p. 18); le phosphore artificiel ne fut guère produit avant Boyle (1680) et Kunkel (1716). Vers 1810, dans le sens indiqué par Diderot, J. Seebeck observera que la phosphorescence est excitée par l'étincelle électrique; l'explication totale n'en sera donnée que par les théories électroniques.

2. En 1749, Franklin attribuait cette odeur de soufre à une action de l'électricité de l'air (*Experiments and observations*, p. 84); mais il fallut cent ans pour démontrer qu'il s'agissait d'une formation d'ozone ou oxygène tri-atomique (Schönbein, 1840, Marchand, 1846).

3. L'anglais Stephan Gray, un des premiers à étudier les phénomènes de conductibilité, avait montré en 1732 (*Philosophical transactions*, p. 227) que l'eau pouvait être électrisée. Diderot veut-il dire suivant la distinction de Gray, que la glace est non-conductrice (donc électrisée par frottement) et l'eau conductrice (donc électrisée par contact)?

et de l'apparition des aurores boréales qui semblent dépendre également de l'électricité, comme nous l'avons insinué dans nos *conjectures secondes?* [1] L'observation a rencontré un des ressorts les plus généraux et les plus puissants de la nature; c'est à l'expérience à en découvrir les effets.

XXXVI

CINQUIÈMES CONJECTURES.

1. Si une corde d'instrument est tendue, et qu'un obstacle léger la divise en deux parties inégales, de manière qu'il n'empêche point la communication des vibrations de l'une des parties à l'autre, on sait que cet obstacle détermine la plus grande à se diviser en portions vibrantes, telles que les deux parties de la corde rendent un unisson, et que les portions vibrantes de la plus grande sont comprises chacune entre deux points immobiles. La résonance du corps n'étant point la cause de la division de la plus grande, mais l'unisson des deux parties étant seulement un effet de cette division, j'ai pensé que, si on substituait à la corde d'instrument une verge de métal, et qu'on la frappât violemment, il se formerait sur sa longueur des ventres et des nœuds; qu'il en serait de même de tout corps élastique sonore ou non; que ce phénomène, qu'on croit particulier aux cordes vibrantes, a lieu d'une manière plus ou moins forte dans toute percussion; qu'il tient aux lois générales de la communication du mouvement; qu'il y a, dans les corps choqués, des parties oscillantes infiniment petites, et des nœuds ou points immobiles infiniment proches; que ces parties oscillantes et ces nœuds sont les causes du frémissement que nous éprouvons par la sensation du toucher dans les corps après le choc, tantôt sans qu'il y ait

1. Exemple de raisonnement analogique, puisque l'aimant chauffé perd son magnétisme.

de translation locale, tantôt après que la translation locale a cessé ; que cette supposition est conforme à la nature du frémissement qui n'est pas de toute la surface touchée à toute la surface de la partie sensible qui touche, mais d'une infinité de points répandus sur la surface du corps touché, vibrant confusément entre une infinité de points immobiles ; qu'apparemment, dans les corps continus élastiques, la force d'inertie, distribuée uniformément dans la masse, fait en un point quelconque la fonction d'un petit obstacle relativement à un autre point ; qu'en supposant la partie frappée d'une corde vibrante infiniment petite, et conséquemment les ventres infiniment petits, et les nœuds infiniment près, on a, selon une direction et pour ainsi dire sur une seule ligne, une image de ce qui s'exécute en tout sens dans un solide choqué par un autre ; que, puisque la longueur de la partie interceptée de la corde vibrante étant donnée, il n'y a aucune cause qui puisse multiplier sur l'autre partie le nombre des points immobiles ; que puisque ce nombre est le même, quelle que soit la force du coup, et que puisqu'il n'y a que la vitesse des oscillations qui varie dans le choc des corps, le frémissement sera plus ou moins violent ; mais que le rapport en nombre des points vibrants aux points immobiles sera le même, et que la quantité de matière en repos dans ces corps sera constante, quelles que soient la force du choc, la densité du corps, la cohésion des parties. Le géomètre n'a donc plus qu'à étendre le calcul de la corde vibrante au prisme, à la sphère, au cylindre, pour trouver la loi générale de la distribution du mouvement dans un corps choqué ; loi qu'on était bien éloigné de rechercher jusqu'à présent, puisqu'on ne pensait pas même à l'existence du phénomène, et qu'on supposait au contraire la distribution du mouvement uniforme dans toute la masse ; quoique dans le choc le frémissement indiquât, par la voie de la sensation, la réalité de points vibrants répandus entre des points immobiles : je dis *dans le choc*, car il est vraisemblable que, dans les communications de mouvement où le choc n'a aucun lieu, un corps est lancé comme le serait la molécule la plus petite, et que le mouvement est uniformément de toute la masse à la fois. Aussi le frémissement est-il nul dans tous ces cas ; ce qui achève d'en distinguer le cas du choc [1].

2. Par le principe de la décomposition des forces, on peut toujours réduire à une seule force toutes celles qui agissent sur un corps : si la quantité et la direction de la force qui agit sur le corps sont données, et qu'on cherche à déterminer le mouvement qui en résulte, on trouve que le corps va en avant, comme si la force passait par le centre de gravité ; et qu'il tourne de plus autour du centre de gravité, comme si ce centre était fixe et que la force agît autour de ce centre comme autour d'un point d'appui. Donc, si deux molécules s'attirent réciproquement, elles se disposeront l'une par l'autre, selon les lois de leurs attractions, leurs figures, etc. Si ce système de deux molécules en attire une troisième dont il soit réciproquement attiré, ces trois molécules se disposeront les unes par rapport aux autres, selon les lois de leurs attractions, leurs figures, etc., et ainsi de suite des autres systèmes et des autres molécules. Elles formeront toutes un système *A*, dans lequel, soit qu'elles se touchent ou non, soit qu'elles se meuvent ou soient en repos, elles résisteront à une force qui tendrait à troubler leur coordination, et tendront toujours, soit à se restituer dans leur premier ordre, si la force perturbatrice vient à cesser, soit à se coordonner relativement aux lois de leurs

---

1. Remarquable intuition analogique entre la formation des ventres et des nœuds dans une corde vibrante et le frémissement dû à la percussion dans un corps solide. L'étude du choc avait été renouvelée par le mémoire d'Euler (*De la force de percussion*, in *Mémoires de l'Acad. de Berlin*, 1746, p. 21) qui le ramenait au problème plus général de l'élasticité. Th. Young devait être le premier en 1807 à définir le coefficient ou « module » d'élasticité, puis Laplace en 1817 développait la théorie des vibrations longitudinales dans les corps solides. Diderot recherche ici une théorie générale du choc, c'est-à-dire de la distribution du mouvement dans un corps choqué, ce qui contredit l'idée cartésienne de « la distinction d'un mouvement uniforme dans toute la masse ». Dans cette pensée XXXVI, d'une technicité excessive pour le lecteur ordinaire, Diderot a modifié son texte de 1753 (cf. Varloot, *op. cit.*, p. 66-67) sans y apporter plus de clarté.

attractions, à leurs figures, etc., et à l'action de la force perturbatrice, si elle continue d'agir. Ce système *A* est ce que j'appelle un corps élastique. En ce sens général et abstrait, le système planétaire, l'univers n'est qu'un corps élastique : le chaos est une impossibilité ; car il est un ordre essentiellement conséquent aux qualités primitives de la matière.

3. Si l'on considère le système *A* dans le vide, il sera indestructible, imperturbable, éternel ; si l'on en suppose les parties dispersées dans l'immensité de l'espace, comme les qualités, telles que l'attraction, se propagent à l'infini, lorsque rien ne resserre la sphère de leur action, ces parties, dont les figures n'auront point varié, et qui seront animées des mêmes forces, se coordonneront derechef comme elles étaient coordonnées, et reformeront, dans quelque point de l'espace et dans quelque instant de la durée, un corps élastique.

4. Il n'en sera pas ainsi, si l'on suppose le système *A* dans l'univers ; les effets n'y sont pas moins nécessaires ; mais une action des causes, déterminément telle, y est quelquefois impossible, et le nombre de celles qui se combinent est toujours si grand dans le système général ou corps élastique universel, qu'on ne sait ce qu'étaient originairement les systèmes ou corps élastiques particuliers, ni ce qu'ils deviendront. Sans prétendre donc que l'attraction constitue dans le plein la dureté et l'élasticité, telles que nous les y remarquons, n'est-il pas évident que cette propriété de la matière suffit seule pour les constituer dans le vide, et donner lieu à la raréfaction, à la condensation, et à tous les phénomènes qui en dépendent ? Pourquoi donc ne serait-elle pas la cause première de ces phénomènes dans notre système général où une infinité de causes qui la modifieraient feraient varier à l'infini la quantité de ces phénomènes dans les systèmes ou corps élastiques particuliers ? Ainsi un corps élastique plié ne se rompra que quand la cause, qui en rapproche les parties en un sens, les aura tellement écartées dans le sens contraire, qu'elles n'auront plus d'action sensible les unes sur les

autres par leurs attractions réciproques ; un corps élastique choqué ne s'éclatera que quand plusieurs de ses molécules vibrantes auront été portées, dans leur première oscillation, à une distance des molécules immobiles entre lesquelles elles sont répandues, telle qu'elles n'auront plus d'action sensible les unes sur les autres par leurs attractions réciproques. Si la violence du choc était assez grande pour que les molécules vibrantes fussent toutes portées au-delà de la sphère de leur attraction sensible, le corps serait réduit dans ses éléments. Mais entre cette collision, la plus forte qu'un corps puisse éprouver, et la collision qui n'occasionnerait que le frémissement le plus faible, il y en a une, ou réelle ou intelligible, par laquelle tous les éléments du corps, séparés, cesseraient de se toucher, sans que leur système fût détruit, et sans que leur coordination cessât. Nous abandonnerons au lecteur l'application des mêmes principes à la condensation, à la raréfaction, etc. Nous ferons seulement encore observer ici la différence de la communication du mouvement par le choc, et de la communication du mouvement sans le choc. La translation d'un corps sans le choc étant uniformément de toutes ses parties à la fois, quelle que soit la quantité du mouvement communiquée par cette voie, fût-elle infinie, le corps ne sera point détruit ; il restera entier jusqu'à ce qu'un choc, faisant osciller quelques-unes de ses parties, entre d'autres qui demeurent immobiles, le ventre des premières oscillations ait une telle amplitude, que les parties oscillantes ne puissent plus revenir à leur place, ni rentrer dans la coordination systématique.

5. Tout ce qui précède ne concerne proprement que les corps élastiques simples, ou les systèmes de particules de même matière, de même figure, animées d'une même quantité et mues selon une même loi d'attraction. Mais si toutes ces qualités sont variables, il en résultera une infinité de corps élastiques mixtes. J'entends, par un corps élastique mixte, un système composé de deux ou plusieurs systèmes de matières différentes, de différentes figures, animées de différentes quantités et peut-être même mues selon des lois différentes d'attraction, dont les particules

sont coordonnées les unes entre les autres, par une loi qui est commune à toutes, et qu'on peut regarder comme le produit de leurs actions réciproques. Si l'on parvient, par quelques opérations, à simplifier le système composé, en en chassant toutes les particules d'une espèce de matière coordonnée, ou à le composer davantage, en y introduisant une matière nouvelle dont les particules se coordonnent entre celles du système et changent la loi commune à toutes ; la dureté, l'élasticité, la compressibilité, la rarescibilité, et les autres affections qui dépendent, dans le système composé, de la différente coordination des particules, augmenteront ou diminueront, etc. Le plomb, qui n'a presque point de dureté ni d'élasticité, diminue encore en dureté et augmente en élasticité, si on le met en fusion, c'est-à-dire, si on coordonne entre le système composé des molécules qui le constituent plomb, un autre système composé de molécules d'air, de feu, etc., qui le constituent plomb fondu.

6. Il serait très aisé d'appliquer ces idées à une infinité d'autres phénomènes semblables, et d'en composer un traité fort étendu. Le point le plus difficile à découvrir, ce serait par quel mécanisme les parties d'un système, quand elles se coordonnent entre les parties d'un autre système, le simplifient quelquefois, en en chassant un système d'autres parties coordonnées, comme il arrive dans certaines opérations chimiques. Des attractions, selon des lois différentes, ne paraissent pas suffire pour ce phénomène ; et il est dur d'admettre des qualités répulsives. Voici comment on pourrait s'en passer. Soit un système *A* composé des systèmes *B* et *C*, dont les molécules sont coordonnées les unes entre les autres, selon quelque loi commune à toutes. Si l'on introduit dans le système composé *A*, un autre système *D*, il arrivera de deux choses l'une ; ou que les particules du système *D* se coordonneront entre les parties du système *A*, sans qu'il y ait de choc ; et, dans ce cas, le système *A* sera composé des systèmes *B*, *C*, *D* ; ou que la coordination des particules du système *D* entre les particules du système *A* sera accompagnée de choc. Si le choc est tel que les particules

choquées ne soient point portées dans leur première oscillation au-delà de la sphère infiniment petite de leur attraction, il y aura, dans le premier moment, trouble ou multitude infinie de petites oscillations. Mais ce trouble cessera bientôt ; les particules se coordonneront ; et il résultera de leur coordination un système *A* composé des systèmes *B*, *C*, *D*. Si les parties du système *B*, ou celles du système *C*, ou les unes et les autres sont choquées dans le premier instant de la coordination, et portées au-delà de la sphère de leur attraction par les parties du système *D* ; elles seront séparées de la coordination systématique pour n'y plus revenir, et le système *A* sera un système composé des systèmes *B* et *D*, ou des systèmes *C* et *D* ; ou ce sera un système simple des seules particules coordonnées du système *D ;* et ces phénomènes s'exécuteront avec des circonstances qui ajouteront beaucoup à la vraisemblance de ces idées, ou qui peut-être la *détruiront entièrement*. Au reste, j'y suis arrivé en partant *du frémissement d'un corps élastique choqué*. La séparation ne sera jamais spontanée où il y aura *coordination* ; elle pourra l'être où il n'y aura que *composition*. La *coordination* est encore un principe d'*uniformité*, même dans un *tout* hétérogène.

XXXVII

SIXIÈMES CONJECTURES

Les productions de l'art seront communes, imparfaites et faibles, tant qu'on ne se proposera pas une imitation plus rigoureuse de la nature. La nature est opiniâtre et lente dans ses opérations. S'agit-il d'éloigner, de rapprocher, d'unir, de diviser, d'amollir, de condenser, de durcir, de liquéfier, de dissoudre, d'assimiler, elle s'avance à son but par les degrés les plus insensibles. L'art, au contraire, se hâte, se fatigue et se relâche. La nature emploie des siècles à préparer grossièrement les métaux ; l'art se propose de les perfectionner en un jour. La nature emploie des siècles à former les pierres précieuses, l'art prétend les contrefaire en un moment.

Quand on posséderait le véritable moyen, ce ne serait pas assez ; il faudrait encore savoir l'appliquer. On est dans l'erreur, si l'on s'imagine que, le produit de l'intensité de l'action multipliée par le temps de l'application étant le même, le résultat sera le même. Il n'y a qu'une application graduée, lente et continue qui transforme. Toute autre application n'est que destructive. Que ne tirerions-nous pas du mélange de certaines substances dont nous n'obtenons que des composés très imparfaits, si nous procédions d'une manière analogue à celle de la nature. Mais on est toujours pressé de jouir ; on veut voir la fin de ce qu'on a commencé. De là tant de tentatives infructueuses ; tant de dépenses et de peines perdues ; tant de travaux que la nature suggère et que l'art n'entreprendra jamais, parce que le succès en paraît éloigné. Qui est-ce qui est sorti des grottes d'Arcy [1], sans être convaincu, par la vitesse avec laquelle les stalactites s'y forment et s'y réparent, que ces grottes se rempliront un jour et ne formeront plus qu'un solide immense? Où est le naturaliste qui, réfléchissant sur ce phénomène, n'ait pas conjecturé qu'en déterminant des eaux à se filtrer peu à peu à travers des terres et des rochers, dont les stillations seraient reçues dans des cavernes spacieuses, on ne parvînt avec le temps à en former des carrières artificielles d'albâtre, de marbre et d'autres pierres, dont les qualités varieraient selon la nature des terres, des eaux et des rochers? Mais à quoi servent ces vues sans le courage, la patience, le travail, les dépenses, le temps, et surtout ce goût antique pour les grandes entreprises dont il subsiste

1. Arcy-sur-Cure (Yonne) est célèbre par ses grottes, où l'on retrouva les squelettes d'animaux préhistoriques. Dans l'article *Arcy* de *l'Encyclopédie* (in *Œuvres*, A. T., t. XIII, p. 337), Diderot développe les mêmes conjectures et propose de faire filtrer les eaux à travers les roches sédimentaires : « Peut-être pourrait-on modifier ces pétrifications, ces excroissances pierreuses, ... employer la nature à faire des colonnes d'une hauteur prodigieuse... Je ne connais qu'un obstacle au succès ; mais il est grand, c'est la dépense qu'on ne fera pas et le temps qu'on ne veut jamais se donner. On voudrait enfanter des prodiges à peu de frais et dans un moment, ce qui ne se peut guère ».

encore tant de monuments qui n'obtiennent de nous qu'une admiration froide et stérile?

XXXVIII

SEPTIÈMES CONJECTURES

On a tenté tant de fois, sans succès, de convertir nos fers en un acier qui égalât celui d'Angleterre et d'Allemagne et qu'on pût employer à la fabrication des ouvrages délicats. J'ignore quels procédés on a suivis; mais il m'a semblé qu'on eût été conduit à cette découverte importante par l'imitation et la perfection d'une manœuvre très commune dans les ateliers des ouvriers en fer. On l'appelle *trempe en paquet*. Pour tremper en paquet, on prend de la suie la plus dure, on la pile, on la délaie avec de l'urine, on y ajoute de l'ail broyé, de la savate déchiquetée et du sel commun; on a une boîte de fer; on en couvre le fond d'un lit de ce mélange; on place sur ce lit un lit de différentes pièces d'ouvrages en fer; sur ce lit, un lit de mélange; et ainsi de suite, jusqu'à ce que la boîte soit pleine; on la ferme de son couvercle; on l'enduit exactement à l'extérieur d'un mélange de terre grasse bien battue, de bourre et de fiente de cheval; on la place au centre d'un tas de charbon proportionné à son volume; on allume le charbon; on laisse aller le feu, on l'entretient seulement; on a un vaisseau plein d'eau fraîche; trois ou quatre heures après qu'on a mis la boîte au feu, on l'en tire; on l'ouvre; on fait tomber les pièces qu'elle renferme dans l'eau fraîche, qu'on remue à mesure que les pièces tombent. Ces pièces sont trempées en paquet; et si l'on en casse quelques-unes, on en trouvera la surface convertie en un acier très dur et d'un grain très fin, à une petite profondeur. Cette surface en prend un poli plus éclatant et en garde mieux les formes qu'on lui a données à la lime. N'est-il pas à présumer que, si l'on exposait, *stratum super stratum*, à l'action du feu et des matières employées dans la trempe en paquet, du fer bien choisi, bien travaillé, réduit en feuilles minces, telles que celles de la tôle, ou en verges très menues, et précipité au sortir du fourneau d'aciérage dans un courant d'eaux propres à cette opération, il se convertirait en acier [1]? si, surtout, on confiait le soin des premières expériences à des hommes qui, accoutumés depuis longtemps à employer le fer, à connaître ses qualités et à remédier à ses défauts, ne manqueraient pas de simplifier les manœuvres et de trouver des matières plus propres à l'opération.

XXXIX

Ce qu'on montre de physique expérimentale dans des leçons publiques [2], suffit-il pour procurer cette espèce de délire philosophique? je n'en crois rien. Nos faiseurs de cours d'expériences ressemblent un peu à celui qui penserait avoir donné un grand repas parce qu'il aurait eu beaucoup de monde à sa table. Il faudrait donc s'attacher principalement à irriter l'appétit, afin que plusieurs, emportés par le désir de le satisfaire, passassent de la condition de disciples à celle d'amateurs, et de celle-ci à la profession de philosophes. Loin de tout homme public ces réserves si opposées aux progrès des sciences! Il faut révéler et la chose et le moyen. Que je trouve les premiers

1. Dans l'article *Acier* de *l'Encyclopédie* (in *Œuvres*, *op. cit.*, t. XIII, p. 191 sq.), Diderot exposait l'ensemble des techniques de l'aciérage en usage en France, Allemagne, Angleterre et Suède ; non sans louer l'ouvrage de Réaumur, *l'Art de convertir le fer forgé en acier* (Paris, Brunet, 1722), il se renseigne auprès d'un ancien coutelier, M. Foucou, à qui le lient sans doute des souvenirs de famille. La méthode de Geoffroy qu'il nous rapporte (*ibid.*, p. 195) est en tout cas fort proche de notre septième conjecture : « Dans un vaisseau de terre, ... lit sur lit, avec un mélange fait de parties égales de suie, de poudre de charbon, de râpures de corne de bœuf ou de poil de vache ». Ces menus secrets artisanaux n'ont pas l'intérêt technologique des grandes traductions de d'Holbach, qui donne en 1758 la *Chimie métallurgique* de Gellert et en 1759 la *Métallurgie* de Lehmann.

2. Pensons à l'abbé Nollet et surtout au chimiste Rouelle dont Diderot et Rousseau suivirent les cours.

hommes qui découvrirent les nouveaux calculs, grands dans leur invention ! que je les trouve petits dans le mystère qu'ils en firent ! Si Newton se fût hâté de parler, comme l'intérêt de sa gloire et de la vérité le demandait, Leibniz ne partagerait pas avec lui le nom d'inventeur [1]. L'Allemand imaginait l'instrument, tandis que l'Anglais se complaisait à étonner les savants par les applications surprenantes qu'il en faisait. En mathématiques, en physique, le plus sûr est d'entrer d'abord en possession, en produisant ses titres au public. Au reste, quand je demande la révélation du moyen, j'entends de celui par lequel on a réussi : on ne peut être trop succinct sur ceux qui n'ont point eu de succès.

XL

Ce n'est pas assez de révéler ; il faut encore que la révélation soit entière et claire. Il est une sorte d'obscurité que l'on pourrait définir *l'affectation des grands maîtres*. C'est un voile qu'ils se plaisent à tirer entre le peuple et la nature. Sans le respect qu'on doit aux noms célèbres, je dirais que telle est l'obscurité qui règne dans quelques ouvrages de Stahl * [2] et dans les *Principes mathématiques* de Newton.

---

1. L'Europe savante s'est longtemps passionnée pour la découverte parallèle du calcul différentiel par Newton et Leibniz. Toutes les pièces du procès sont exposées dans l'article *Différentiel* de *l'Encyclopédie* : D'Alembert, son auteur, se sert du *Commercium epistolicum de analysi promota* (Londres, 1712) ; Leibniz publia sa *Nova methodus pro maximis et minimis* dans les *Acta eruditorum* de 1684 et Newton ses *Principia mathematica* en 1687 seulement. Mais ce dernier utilisait la méthode des fluxions dès 1669. D'Alembert conclut prudemment : « Si on ne peut refuser à Newton la gloire de l'invention, il n'y a pas non plus de preuves suffisantes pour l'ôter à Leibniz ». Diderot, dans l'article *Leibnizianisme*, croit plutôt à l'antériorité de Newton qui, en demeurant « tranquille comme Dieu dans sa gloire », se serait laissé injustement distancer.

* Le *Specimen Bercherianum ;* la *Zimotechnie;* les *Trecenta.* Voyez l'article Chimie, de *l'Encyclopédie. (Note de Diderot.)*

2. L'article *Chymie* de *l'Encyclopédie*, dû à Venel, fait l'historique de cette science récente. Le père de la chimie moderne serait « l'illustre

Ces livres ne demandaient qu'à être entendus pour être estimés ce qu'ils valent ; et il n'en eût pas coûté plus d'un mois à leurs auteurs pour les rendre clairs ; ce mois eût épargné trois ans de travail et d'épuisement à mille bons esprits. Voilà donc à peu près trois mille ans de perdus pour autre chose. Hâtons-nous de rendre la philosophie populaire. Si nous voulons que les philosophes marchent en avant, approchons le peuple du point où en sont les philosophes. Diront-ils qu'il est des ouvrages qu'on ne mettra jamais à la portée du commun des esprits? S'ils le disent, ils montreront seulement qu'ils ignorent ce que peuvent la bonne méthode et la longue habitude.

S'il était permis à quelques auteurs d'être obscurs, dût-on m'accuser de faire ici mon apologie [1], j'oserais dire que c'est aux seuls métaphysiciens proprement dits. Les grandes abstractions ne comportent qu'une lueur sombre. L'acte de la généralisation tend à dépouiller les concepts de tout ce qu'ils ont de sensible. A mesure que cet acte s'avance, les spectres corporels s'évanouissent ; les notions se retirent peu à peu de l'imagination vers l'entendement ; et les idées deviennent purement intellectuelles. Alors le philosophe spéculatif ressemble à celui qui regarde du haut de ces montagnes dont les sommets se perdent dans les nues : les objets de la plaine ont disparu devant lui ; il ne lui reste plus que le spectacle de ses pensées, et que

---

Becher » (1625-1682) dont le *Specimen Becherianum*, publié par son disciple Stahl, est « le code de la chymie, l'Euclide des chymistes ». Georg Ernst Stahl (1660-1734) jouit d'une célébrité plus grande encore grâce à ses succès médicaux ; professeur à Halle, puis médecin du roi de Prusse, il gardait bon nombre de traditions alchimiques ; son obscurité, dit Venel, lui était reprochée par « quelques amateurs », mais n'était pas sans avantage « pour ceux qui n'ont pas vu sans regret les mystères divulgués et publiés en langue vulgaire ».

1. Fréron fut un des premiers, dans *l'Année littéraire* de 1754, à reprocher à Diderot l'obscurité de *l'Interprétation de la nature* : « L'auteur est peut-être un grand génie, mais cet astre est toujours couvert des nuages d'une métaphysique impénétrable ». Retenons du moins cet aveu : Diderot a conscience de faire œuvre métaphysique.

la conscience de la hauteur à laquelle il s'est élevé et où il n'est peut-être pas donné à tous de le suivre et de respirer.

XLI

La nature n'a-t-elle pas assez de son voile, sans le doubler encore de celui du mystère ; n'est-ce pas assez des difficultés de l'art? Ouvrez l'ouvrage de Franklin [1], feuilletez les livres des chimistes, et vous verrez combien l'art expérimental exige de vues, d'imagination, de sagacité, de ressources : lisez-les attentivement, parce que s'il est possible d'apprendre en combien de manières une expérience se retourne, c'est là que vous l'apprendrez. Si, au défaut de génie, vous avez besoin d'un moyen technique qui vous dirige, ayez sous les yeux une table des qualités qu'on a reconnues jusqu'à présent dans la matière ; voyez, entre ces qualités, celles qui peuvent convenir à la substance que vous voulez mettre en expérience ; assurez-vous qu'elles y sont ; tâchez ensuite d'en connaître la quantité ; cette quantité se mesurera presque toujours par un instrument, où l'application uniforme d'une partie analogue à la substance pourra se faire, sans interruption et sans reste, jusqu'à l'entière exhaustion de la qualité. Quant à l'existence, elle ne se constatera que par des moyens qui ne se suggèrent pas. Mais si l'on n'apprend point comment il faut chercher, c'est quelque chose, du moins, que de savoir ce qu'on cherche. Au reste, ceux qui seront forcés de s'avouer à eux-mêmes leur stérilité, soit par une impossibilité bien éprouvée de rien découvrir, soit par une envie secrète qu'ils porteront aux découvertes des autres, le chagrin involontaire qu'ils en ressentiront, et les petites manœuvres qu'ils mettraient

1. C'est en juin 1752 qu'eut lieu la célèbre expérience du cerf-volant de Franklin. Ses premiers travaux furent exposés dans les *Experiments and observations on electricity, made at Philadelphia* (Londres, Cave, 1751) traduites par Thomas Dalibard (Paris, Durand, 1752). Diderot ne semble pas connaître les *Supplemental Experiments* (Londres, 1753).

volontiers en usage pour en partager l'honneur, ceux-là feront bien d'abandonner une science qu'ils cultivent sans avantage pour elle, et sans gloire pour eux.

XLII

Quand on a formé dans sa tête un de ces systèmes qui demandent à être vérifiés par l'expérience, il ne faut ni s'y attacher opiniâtrement, ni l'abandonner avec légèreté. On pense quelquefois de ses conjectures qu'elles sont fausses, quand on n'a pas pris les mesures convenables pour les trouver vraies. L'opiniâtreté a même ici moins d'inconvénient que l'excès opposé. À force de multiplier les essais, si l'on ne rencontre pas ce que l'on cherche, il peut arriver qu'on rencontre mieux. Jamais le temps qu'on emploie à interroger la nature n'est entièrement perdu. Il faut mesurer sa constance sur le degré de l'analogie. Les idées absolument bizarres ne méritent qu'un premier essai. Il faut accorder quelque chose de plus à celles qui ont de la vraisemblance, et ne renoncer que quand on est épuisé à celles qui promettent une découverte importante. Il semble qu'on n'ait guère besoin de préceptes là-dessus. On s'attache naturellement aux recherches à proportion de l'intérêt qu'on y prend.

XLIII

Comme les sytèmes dont il s'agit ne sont appuyés que sur des idées vagues, des soupçons légers, des analogies trompeuses, et même, puisqu'il faut le dire, sur des chimères que l'esprit échauffé prend facilement pour des vues, il n'en faut abandonner aucun, sans auparavant l'avoir fait passer par l'épreuve de l'*inversion*. En philosophie purement rationnelle, la vérité est assez souvent l'extrême opposé de l'erreur ; de même en philosophie expérimentale, ce ne sera pas l'expérience qu'on aura tentée, ce sera son contraire qui produira le phénomène qu'on attendait. Il faut regarder principalement aux deux points diamétralement opposés. Ainsi, dans la seconde de nos rêveries, après avoir couvert l'équateur du globe électrique, et découvert les pôles, il faudra couvrir les pôles, et laisser l'équateur à découvert [1], et comme il importe de mettre le plus de ressemblance qu'il est possible entre le globe expérimental et le globe naturel qu'il représente, le choix de la matière dont on couvrira les pôles ne sera pas indifférent. Peut-être faudrait-il y pratiquer des amas d'un fluide, ce qui n'a rien d'impossible dans l'exécution, et ce qui pourrait donner dans l'expérience quelque nouveau phénomène extraordinaire, et différent de celui qu'on se propose d'imiter.

XLIV

Les expériences doivent être répétées pour le détail des circonstances et pour la connaissance des limites. Il faut les transporter à des objets différents, les compliquer, les combiner de toutes les manières possibles. Tant que les expériences sont éparses, isolées, sans liaison, irréductibles, il est démontré, par l'irréduction même, qu'il en reste encore à faire. Alors il faut s'attacher uniquement à son objet, et le tourmenter, pour ainsi dire, jusqu'à ce qu'on ait tellement enchaîné les phénomènes, qu'un d'eux étant donné tous les autres le soient : travaillons d'abord à la réduction des effets, nous songerons après à la réduction des causes. Or les effets ne se réduiront jamais qu'à force de les multiplier. Le grand art dans les moyens qu'on emploie pour exprimer d'une cause tout ce qu'elle peut donner, c'est de bien discerner ceux dont on est en droit d'attendre un phénomène nouveau, de ceux qui ne produiront qu'un phénomène travesti. S'occuper sans fin de ces métamorphoses, c'est se fatiguer beaucoup

1. Nous ne saurions découvrir dans l'article XXXIII l'expérience à laquelle Diderot fait allusion. Jean Varloot (*op. cit.*, p. 80) a pu élucider ce petit mystère, grâce à l'édition de 1753, qui décrit l'expérience du globe électrique découvert aux pôles. Diderot a omis de rectifier dans les éditions suivantes.

et ne point avancer. Toute expérience qui n'étend pas la loi à quelque cas nouveau, ou qui ne la restreint pas par quelque exception, ne signifie rien. Le moyen le plus court de connaître la valeur de son essai, c'est d'en faire l'antécédent d'un enthymème, et d'examiner le conséquent. La conséquence est-elle exactement la même que celle que l'on a déjà tirée d'un autre essai? on n'a rien découvert; on a tout au plus confirmé une découverte. Il y a peu de gros livres de physique expérimentale que cette règle si simple ne réduisît à un petit nombre de pages; et il est un grand nombre de petits livres qu'elle réduirait à rien.

XLV

De même qu'en mathématiques, en examinant toutes les propriétés d'une courbe, on trouve que ce n'est que la même propriété présentée sous des faces différentes; dans la nature, on reconnaîtra, lorsque la physique expérimentale sera plus avancée, que tous les phénomènes, ou de la pesanteur, ou de l'élasticité, ou de l'attraction, ou du magnétisme, ou de l'électricité, ne sont que des faces différentes de la même affection [1]. Mais, entre les phénomènes connus que l'on rapporte à l'une de ces causes, combien y a-t-il de phénomènes intermédiaires à trouver pour former les liaisons, remplir les vides et démontrer l'identité? c'est ce qui ne peut se déterminer. Il y a peut-être un phénomène central qui jetterait des rayons, non seulement à ceux qu'on a, mais encore à tous ceux que le temps ferait découvrir, qui les unirait et qui en formerait un système. Mais au défaut de ce centre de correspondance commune, ils demeureront isolés; toutes les découvertes de la physique expérimentale ne feront que les rapprocher en s'interposant,

1. Encore une fois l'avenir de la science pour Diderot dépend d'une hypothèse unifiante, d'une synthèse; en son temps, ce désir d'unité n'est qu'un espoir, un acte de foi en la raison. L'avenir devait justifier cette foi dont les « manouvriers d'expérience » comme Réaumur ne se souciaient guère.

sans jamais les réunir, et quand elles parviendraient à les réunir, elles en formeraient un cercle continu de phénomènes où l'on ne pourrait discerner quel serait le premier et quel serait le dernier. Ce cas singulier, où la physique expérimentale, à force de travail, aurait formé un labyrinthe dans lequel la physique rationnelle, égarée et perdue, tournerait sans cesse, n'est pas impossible dans la nature, comme il l'est en mathématiques. On trouve toujours en mathématiques, ou par la synthèse ou par l'analyse, les propositions intermédiaires qui séparent la propriété fondamentale d'une courbe de sa propriété la plus éloignée.

XLVI

Il y a des phénomènes trompeurs qui semblent, au premier coup d'œil, renverser un système, et qui, mieux connus, achèveraient de le confirmer. Ces phénomènes deviennent le supplice du philosophe, surtout lorsqu'il a le pressentiment que la nature lui en impose et qu'elle se dérobe à ses conjectures par quelque mécanisme extraordinaire et secret. Ce cas embarrassant aura lieu toutes les fois qu'un phénomène sera le résultat de plusieurs causes conspirantes ou opposées. Si elles conspirent, on trouvera la quantité du phénomène trop grande pour l'hypothèse qu'on aura faite ; si elles sont opposées, cette quantité sera trop petite. Quelquefois même elle deviendra nulle ; et le phénomène disparaîtra, sans qu'on sache à quoi attribuer ce silence capricieux de la nature. Vient-on à en soupçonner la raison? on n'en est guère plus avancé. Il faut travailler à la séparation des causes, décomposer le résultat de leurs actions et réduire un phénomène très compliqué à un phénomène simple ; ou du moins manifester la complication des causes, leur concours ou leur opposition, par quelque expérience nouvelle ; opération souvent délicate, quelquefois impossible. Alors le système chancelle ; les philosophes se partagent ; les uns lui demeurent attachés ; les autres sont entraînés par l'expérience qui paraît le contredire, et l'on dispute jusqu'à ce que la sagacité ou le hasard, qui ne se repose jamais, plus fécond que la sagacité, lève la contradiction et remette en honneur des idées qu'on avait presque abandonnées [1].

XLVII

Il faut laisser l'expérience à sa liberté ; c'est la tenir captive que de n'en montrer que le côté qui prouve, et que d'en voiler le côté qui contredit. C'est l'inconvénient qu'il y a, non pas à avoir des idées, mais à s'en laisser aveugler, lorsqu'on tente une expérience. On n'est sévère dans son examen que quand le résultat est contraire au système. Alors on n'oublie rien de ce qui peut faire changer de face au phénomène ou de langage à la nature. Dans le cas opposé, l'observateur est indulgent ; il glisse sur les circonstances ; il ne songe guère à proposer des objections à la nature ; il l'en croit sur son premier mot ; il n'y soupçonne point d'équivoque, et il mériterait qu'on lui dît : « Ton métier est d'interroger la nature, et tu la fais mentir ou tu crains de la faire expliquer. »

XLVIII

Quand on suit une mauvaise route, plus on marche vite, plus on s'égare. Et le moyen de revenir sur ses pas, quand on a parcouru un espace immense ? L'épuisement des forces ne le permet pas ; la vanité s'y oppose sans qu'on s'en aperçoive ; l'entêtement des principes répand sur tout ce qui environne un prestige qui défigure les objets. On ne les voit plus comme ils sont, mais comme il conviendrait qu'ils fussent. Au lieu de réformer ses notions sur les êtres, il semble qu'on prenne à tâche de modeler les êtres sur ses notions. Entre tous les philosophes, il n'y en a point en

1. Rien ne mettrait mieux en valeur cette page de Diderot que le choc alterné, pour expliquer les phénomènes lumineux, des théories corpusculaires et ondulatoires jusqu'à la récente synthèse broglienne.

qui cette fureur domine plus évidemment que dans les méthodistes [1]. Aussitôt qu'un méthodiste a mis dans son système l'homme à la tête des quadrupèdes, il ne l'aperçoit plus dans la nature que comme un animal à quatre pieds. C'est en vain que la raison sublime dont il est doué se récrie contre la dénomination d'*animal* et que son organisation contredit celle de *quadrupède;* c'est en vain que la nature a tourné ses regards vers le ciel : la prévention systématique lui courbe le corps vers la terre. La raison n'est, suivant elle, qu'un instinct plus parfait ; elle croit sérieusement que ce n'est que par défaut d'habitude que l'homme perd l'usage de ses jambes quand il s'avise de transformer ses mains en deux pieds.

XLIX

Mais c'est une chose trop singulière que la dialectique de quelques méthodistes, pour n'en pas donner un échantillon. L'homme, dit Linnæus (*Fauna Suecica*, préf.) [2], n'est ni une pierre, ni une plante ; c'est donc un animal. Il n'a pas un seul pied ; ce n'est donc pas un ver. Ce n'est pas un insecte puisqu'il n'a point d'antennes. Il n'a point de nageoires ; ce n'est donc pas un poisson. Ce n'est pas un oiseau, puisqu'il n'a point de plumes. Qu'est-ce donc que

---

1. Allusion, comme la suite le prouve, aux classificateurs des sciences naturelles. Adanson a fort bien résumé leurs critères contestables : « Tournefort préféra la corolle, Magnol le calice, Boerhaave le fruit, Siegesbeck les graines ; enfin M. Linnaeus fut pour les étamines » (*Familles des plantes*, Paris, 1763). Diderot, dans son mépris des méthodistes, approuva les attaques de Buffon contre Linné. Mais Buffon ne restait-il pas fidèle à la notion fixiste d'espèce, qu'il définissait par l'impossibilité d'hybridation? Diderot annonce ici les travaux d'Adanson en botanique, et de Darwin en zoologie.

2. Diderot a traduit de très près la préface latine de la *Fauna suecica* de Linné (Stockholm, 1746) ; ce dernier, dans une inquiétante digression sur la morphologie humaine, se déclare incapable de différencier l'homme du singe par des caractères tirés « du nombre, de la figure, de la proportion et de la situation ».

l'homme? il a la bouche du quadrupède. Il a quatre pieds ; les deux de devant lui servent à l'attouchement, les deux de derrière au marcher. C'est donc un quadrupède. « Il est vrai, continue le méthodiste, qu'en conséquence de mes principes d'histoire naturelle, je n'ai jamais su distinguer l'homme du singe ; car il y a certains singes qui ont moins de poils que certains hommes : ces singes marchent sur deux pieds, et ils se servent de leurs pieds et de leurs mains comme les hommes. D'ailleurs la parole n'est point pour moi un caractère distinctif: je n'admets, selon ma méthode que des caractères qui dépendent du nombre, de la figure, de la proportion et de la situation. » Donc votre méthode est mauvaise, dit la logique. « Donc l'homme est un animal à quatre pieds », dit le naturaliste.

L

Pour ébranler une hypothèse, il ne faut quelquefois que la pousser aussi loin qu'elle peut aller. Nous allons faire l'essai de ce moyen sur celle du docteur d'Erlang [1], dont l'ouvrage, rempli d'idées singulières et neuves, donnera bien de la torture à nos philosophes. Son objet est le plus grand que l'intelligence humaine puisse se proposer; c'est le système universel de la nature. L'auteur commence par exposer rapidement les sentiments de ceux qui l'ont précédé, et l'insuffisance de leurs principes pour le développement général des phénomènes. Les uns n'ont demandé que l'*étendue* et le *mouvement*. D'autres ont cru

1. Maupertuis publia en 1751, sous le pseudonyme de Baumann, une *Dissertatio inauguralis metaphysica de universali naturæ systemate*. L'ouvrage revêtait la forme d'une thèse soutenue à Erlangen par un docteur allemand. La traduction, ou plutôt le texte français, parut sous son nom en 1754, avec le titre d'*Essai sur la formation des corps organisés* (Berlin-Paris). Diderot ne possède que le texte latin et feint d'ignorer l'auteur. En fait Maupertuis, pendant que Diderot écrivait son ouvrage, séjournait en France, à Paris de mai à août 1753, puis à Saint-Malo jusqu'en mai 1754 (Cf. P. Brunet, *Maupertuis*, Paris, Blanchard, 1929, p. 161-163).

devoir ajouter à l'étendue, l'*impénétrabilité*, la *mobilité* et l'*inertie*. L'observation des corps célestes, ou plus généralement la physique des grands corps, a démontré la nécessité d'une force par laquelle toutes les parties tendissent ou pesassent les unes vers les autres, selon une certaine loi ; et l'on a admis l'*attraction* en raison simple de la masse, et en raison réciproque du carré de la distance. Les opérations les plus simples de la chimie, ou la physique élémentaire des petits corps, a fait recourir à des *attractions* qui suivent d'autres lois ; et l'impossibilité d'expliquer la formation d'une plante ou d'un animal, avec les attractions, l'inertie, la mobilité, l'impénétrabilité, le mouvement, la matière ou l'étendue, a conduit le philosophe Baumann à supposer encore d'autres propriétés dans la nature. Mécontent des *natures plastiques* [1], à qui l'on fait exécuter toutes les merveilles de la nature sans matière et sans intelligence ; des *substances intelligentes subalternes*, qui agissent sur la matière d'une manière inintelligible ; de la *simultanéité de la création et de la formation des substances*, qui, contenues les unes dans les autres, se développent dans le temps par la continuation d'un premier miracle ; et de l'*extemporanéité de leur production* qui n'est qu'un enchaînement de miracles réitérés à chaque instant de la durée ; il a pensé que tous ces sytèmes peu philosophiques n'auraient point eu lieu, sans la crainte mal fondée d'attribuer des modifications très connues à un être dont l'essence nous étant inconnue, peut être par cette raison même, et malgré notre préjugé, très compatible avec ces modifications. Mais quel est cet être?

---

1. Diderot résume ici, d'après Maupertuis (*op. cit.*, V-XIII) l'échec des systèmes métaphysiques pour expliquer le monde de la vie. Les formes plastiques de l'anglais Cudworth (*True intellectual system of the universe*, 1678, accessible dans la traduction latine de Mosheim, Iena, 1733 : *Systema intellectualis hujus universi*), la théorie de l'emboîtement des germes ou de la préformation que soutiendront encore Charles Bonnet et Haller, la théorie enfin de la création continuée ou des causes occasionnelles qui exige la continuité du miracle, toutes doctrines justifiées par la peur d'explications mécanistes et par le désir de ne pas s'écarter de la théologie traditionnelle.

quelles sont ces modifications? Le dirai-je? Sans doute, répond le docteur Baumann. L'être corporel est cet être; ces modifications sont le *désir*, l'*aversion*, la *mémoire* et l'*intelligence*; en un mot, toutes les qualités que nous reconnaissons dans les animaux, que les Anciens comprenaient sous le nom d'*âme sensitive* [1], et que le docteur Baumann admet, proportion gardée des formes et des masses, dans la particule la plus petite de matière, comme dans le plus gros animal. S'il y avait, dit-il, du péril à accorder aux molécules de la matière quelques degrés d'intelligence, ce péril serait aussi grand à les supposer dans un éléphant ou dans un singe, qu'à les reconnaître dans un grain de sable. Ici le philosophe de l'académie d'Erlang emploie les derniers efforts pour écarter de lui tout soupçon d'athéisme ; et il est évident qu'il ne soutient son hypothèse, avec quelque chaleur, que parce qu'elle lui paraît satisfaire aux phénomènes les plus difficiles, sans que le matérialisme en soit une conséquence. Il faut lire son ouvrage pour apprendre à concilier les idées philosophiques les plus hardies, avec le plus profond respect pour la religion [2]. Dieu a créé le monde, dit le docteur Baumann; et c'est à nous à trouver, s'il est possible, les lois par lesquelles il a voulu qu'il se conservât, et les moyens qu'il a destinés à la reproduction des individus. Nous avons le champ libre de ce côté ; nous pouvons proposer nos idées ; et voici les principales idées du docteur.

L'élément séminal, extrait d'une partie semblable à celle

---

1. C'est le πνεῦμα ζωτικόν d'Aristote et de Galien, la forme substantielle qui, dans les animaux, sent, discerne et connaît ; Maupertuis (*op. cit.*, XVI) se refusait à l'opposer à l'âme végétative. La Mettrie dans le *Traité de l'âme* (1745-in *Œuvres*, Berlin, 1796, t. I, p. 91) parvenait aux mêmes conclusions.

2. Cette position conciliatrice de Maupertuis n'est nulle part mieux exprimée que dans la préface de l'*Essai de philosophie morale* (*Œuvres*, Lyon, Bruyset, 1756, t. I, p. 182) qui date de 1749 : « Les théologiens veulent trop impérieusement interdire la faculté de raisonner. Les philosophes de ce temps croient qu'on catéchise dès qu'on parle de Dieu ».

qu'il doit former dans l'animal, sentant et pensant, aura quelque mémoire de sa situation première ; de là, la conservation des espèces, et la ressemblance des parents.

Il peut arriver que le fluide séminal surabonde ou manque de certains éléments ; que ces éléments ne puissent s'unir par oubli, ou qu'il se fasse des réunions bizarres d'éléments surnuméraires ? de là, ou l'impossibilité de la génération, ou toutes les générations monstrueuses possibles.

Certains éléments auront pris nécessairement une facilité prodigieuse à s'unir constamment de la même manière ; de là, s'ils sont différents, une formation d'animaux microscopiques variée à l'infini ; de là, s'ils sont semblables, les polypes, qu'on peut comparer à une grappe d'abeilles infiniment petites [1], qui, n'ayant la mémoire vive que d'une seule situation, s'accrocheraient et demeureraient accrochées selon cette situation qui leur serait la plus familière.

Quand l'impression d'une situation présente balancera ou éteindra la mémoire d'une situation passée, en sorte qu'il y ait indifférence à toute situation, il y aura stérilité ; de là, la stérilité des mulets [2].

Qui empêchera des parties élémentaires, intelligentes et sensibles de s'écarter à l'infini de l'ordre qui constitue l'espèce ? de là, une infinité d'espèces d'animaux sortis d'un premier animal ; une infinité d'êtres émanés d'un premier être ; un seul acte dans la nature [3].

---

1. Nous avons fait remarquer dans notre édition du *Rêve de d'Alembert* (Paris, Didier, 1951, p. 44) que l'image de l'essaim d'abeilles, que Diderot développera brillamment, était prise à Maupertuis : « C'est ainsi qu'un essaim d'abeilles, lorsqu'elles se sont rassemblées et unies autour de la branche de quelque arbre, n'offre plus à nos yeux qu'un corps qui n'a aucune ressemblance avec les individus qui l'ont formé » (*op. cit.*, t. II, p. 155).

2. *Mulet* dans Buffon et Maupertuis signifie hybride.

3. Cette idée de l'évolution des espèces est ancienne chez Maupertuis. Dans *la Vénus physique* (1747, *Œuvres*, *op. cit.*, t. II, p. 109), il envisage « des variétés qui se perpétuent par des générations répétées d'individus », la création artificielle de races nouvelles de chiens

Mais chaque élément perdra-t-il, en s'accumulant et en se combinant, son petit degré de sentiment et de perception? nullement, dit le docteur Baumann. Ces qualités lui sont essentielles. Qu'arrivera-t-il donc? le voici. De ces perceptions d'éléments rassemblés et combinés, il en résultera une perception unique, proportionnée à la masse et à la disposition; et ce système de perceptions dans lequel chaque élément aura perdu la mémoire du *soi* et concourra à former la conscience du *tout*, sera l'âme de l'animal. « Omnes elementorum perceptiones conspirare, et in unam fortiorem et magis perfectam perceptionem coalescere videntur. Hæc forte ad unamquamque ex aliis perceptionibus se habet in eadem ratione qua corpus organisatum ad elementum. Elementum quodvis, post suam cum aliis copulationem, cum suam perceptionem illarum perceptionibus confudit, et *sui conscientiam* perdidit, primi elementorum status memoria nulla superest, et nostra nobis origo omnino abdita manet * [1]. »

C'est ici que nous sommes surpris que l'auteur, ou n'ait pas aperçu les terribles conséquences de son hypothèse, ou que, s'il a aperçu les conséquences, il n'ait pas abandonné l'hypothèse [2]. C'est maintenant qu'il faut appliquer

---

ou de pigeons et à côté de cette production de « variétés accidentelles », « la destruction des espèces », lorsqu'un caractère monstrueux leur interdit la vie. Le *Système de la nature* reprend ce thème : « Les éléments eux-mêmes doués d'intelligence s'arrangent et s'unissent pour emplir les vues du créateur » (*op. cit.*, t. II, p. 168).

* Voyez à la position 52, et à la page 78, ce morceau; et dans les pages antérieures et postérieures, des applications très fines et très vraisemblables des mêmes principes à d'autres phénomènes. *(Note de Diderot.)*

1. Thèse essentielle que Diderot n'oubliera jamais : il s'agit du passage de la sensibilité particulière à la sensibilité générale et de la molécule organique à l'être vivant. Nous retrouverons ce maillon essentiel du matérialisme de Diderot dans le *Rêve* et dans les *Éléments de physiologie*.

2. Maupertuis, dans sa réponse à Diderot de 1756 (*op. cit.*, t. II, p. 165), dira ironiquement: « Si l'on était moins persuadé de la religion de l'auteur de *l'Interprétation de la nature*, on pourrait soupçonner que son dessein n'est pas tant de détruire l'hypothèse que d'en tirer ces

notre méthode à l'examen de ses principes. Je lui demanderai donc si l'univers, ou la collection générale de toutes les molécules sensibles et pensantes, forme un tout, ou non. S'il me répond qu'elle ne forme point un tout, il ébranlera d'un seul mot l'existence de Dieu, en introduisant le désordre dans la nature ; et il détruira la base de la philosophie, en rompant la chaîne qui lie tous les êtres. S'il convient que c'est un tout où les éléments ne sont pas moins ordonnés que les portions, ou réellement distinctes, ou seulement intelligibles le sont dans un élément, et les éléments dans un animal, il faudra qu'il avoue qu'en conséquence de cette copulation universelle, le monde, semblable à un grand animal, a une âme ; que, le monde pouvant être infini, cette âme du monde, je ne dis pas est, mais peut être un système infini de perceptions, et que le monde peut être Dieu [1]. Qu'il proteste tant qu'il voudra contre ces conséquences, elles n'en seront pas moins vraies ; et, quelque lumière que ses sublimes idées puissent jeter dans les profondeurs de la nature, ces idées n'en seront pas moins effrayantes. Il ne s'agissait que de les généraliser pour s'en apercevoir. L'acte de la généralisation est pour les hypo-

---

conséquences qu'il appelle *terribles* ». Diderot ne reculera pas devant ces conséquences et dans le *Rêve* acceptera l'idée de l'Univers-Dieu en l'illustrant par le mythe baylien de l'araignée gigantesque.

1. C'est le spinozisme tel qu'on le concevait depuis le célèbre article du *Dictionnaire historique et critique* de Bayle. Maupertuis comprit fort bien l'allusion : « Si l'on entendait par un tout le Dieu de Spinoza, M. Baumann assurément niera que l'univers soit un tout »(*op. cit.*, t. II, p. 176). Il refusera l'extrapolation de Diderot qui lui paraît peu scientifique : « De ce que, dans quelques corps particuliers tels que ceux des animaux, les perceptions élémentaires conspirent à former une perception unique, il ne s'ensuivra point que cette copulation de perceptions s'étende nécessairement à l'univers entier ». C'est là « une espèce d'analogie qu'on est en droit d'arrêter où l'on veut ». Dans ce jeu de cache-cache, ni Diderot ni Maupertuis ne sont absolument sincères, Diderot en voulant tirer Maupertuis vers un matérialisme séduisant et en s'effrayant hypocritement des conséquences, Maupertuis en refusant au philosophe le droit de raisonner par analogie et de donner un décor plus vaste à ses hypothèses. L'un et l'autre participent en fait à ce mouvement néo-spinoziste qui entraînera le siècle.

thèses du métaphysicien ce que les observations et les expériences réitérées sont pour les conjectures du physicien. Les conjectures sont-elles justes? plus on fait d'expériences, plus les conjectures se vérifient. Les hypothèses sont-elles vraies? plus on étend les conséquences, plus elles embrassent de vérités, plus elles acquièrent d'évidence et de force. Au contraire, si les conjectures et les hypothèses sont frêles et mal fondées, ou l'on découvre un fait, ou l'on aboutit à une vérité contre laquelle elles échouent. L'hypothèse du docteur Baumann développera, si l'on veut, le mystère le plus incompréhensible de la nature, la formation des animaux, ou plus généralement celle de tous les corps organisés ; la collection universelle des phénomènes et l'existence de Dieu seront ses écueils. Mais quoique nous rejetions les idées du docteur d'Erlang, nous aurions bien mal conçu l'obscurité des phénomènes qu'il s'était proposé d'expliquer, la fécondité de son hypothèse, les conséquences surprenantes qu'on en peut tirer, le mérite des conjectures nouvelles sur un sujet dont se sont occupés les premiers hommes dans tous les siècles, et la difficulté de combattre les siennes avec succès, si nous ne les regardions comme le fruit d'une méditation profonde, une entreprise hardie sur le système universel de la nature et la tentative d'un grand philosophe.

LI

DE L'IMPULSION D'UNE SENSATION

Si le docteur Baumann eût renfermé son système dans de justes bornes et n'eût appliqué ses idées qu'à la formation des animaux, sans les étendre à la nature de l'âme, d'où je crois avoir démontré contre lui qu'on pouvait les porter jusqu'à l'existence de Dieu, il ne se serait point précipité dans l'espèce de matérialisme la plus séduisante, en attribuant aux molécules organiques le désir, l'aversion, le sentiment et la pensée. Il fallait se contenter d'y supposer une sensibilité mille fois moindre que celle que le Tout-

Puissant a accordée aux animaux les plus voisins de la matière morte. En conséquence de cette sensibilité sourde et de la différence des configurations, il n'y aurait eu pour une molécule organique quelconque qu'une situation, la plus commode de toutes, qu'elle aurait sans cesse cherchée par une inquiétude automate, comme il arrive aux animaux de s'agiter dans le sommeil, lorsque l'usage de presque toutes leurs facultés est suspendu, jusqu'à ce qu'ils aient trouvé la disposition la plus convenable au repos. Ce seul principe eût satisfait, d'une manière assez simple et sans aucune conséquence dangereuse, aux phénomènes qu'il se proposait d'expliquer, et à ces merveilles sans nombre qui tiennent si stupéfaits tous nos observateurs d'insectes ; et il eût défini l'animal en général, *un système de différentes molécules organiques qui, par l'impulsion d'une sensation semblable à un toucher obtus et sourd que celui qui a créé la matière en général leur a donné, se sont combinées jusqu'à ce que chacune ait rencontré la place la plus convenable à sa figure et à son repos.*

LII

DES INSTRUMENTS ET DES MESURES

Nous avons observé ailleurs que, puisque les sens étaient la source de toutes nos connaissances, il importait beaucoup de savoir jusqu'où nous pouvions compter sur leur témoignage : ajoutons ici que l'examen des suppléments de nos sens, ou des instruments, n'est pas moins nécessaire. Nouvelle application de l'expérience ; autre source d'observations longues, pénibles et difficiles. Il y aurait un moyen d'abréger le travail ; ce serait de fermer l'oreille à une sorte de scrupules de la philosophie rationnelle (car la philosophie rationnelle a ses scrupules) et de bien connaître dans toutes les quantités jusqu'où la précision des mesures est nécessaire. Combien d'industrie, de travail et de temps perdus à mesurer qu'on eût bien employés à découvrir !

LIII

Il est, soit dans l'invention, soit dans la perfection des instruments, une circonspection qu'on ne peut trop recommander au physicien ; c'est de se méfier des analogies, de ne jamais conclure ni du plus au moins, ni du moins au plus ; de porter son examen sur toutes les qualités physiques des substances qu'il emploie. Il ne réussira jamais, s'il se néglige là-dessus ; et quand il aura bien pris toutes ses mesures, combien de fois n'arrivera-t-il pas encore qu'un petit obstacle, qu'il n'aura point prévu ou qu'il aura méprisé, sera la limite de la nature et le forcera d'abandonner son ouvrage lorsqu'il le croyait achevé?

LIV

DE LA DISTINCTION DES OBJETS

Puisque l'esprit ne peut tout comprendre, l'imagination tout prévoir, le sens tout observer et la mémoire tout retenir ; puisque les grands hommes naissent à des intervalles de temps si éloignés et que les progrès des sciences sont tellement suspendus par les révolutions, que des siècles d'étude se passent à recouvrer les connaissances des siècles écoulés, c'est manquer au genre humain que de tout observer indistinctement. Les hommes extraordinaires par leurs talents se doivent respecter eux-mêmes et la postérité dans l'emploi de leur temps. Que penserait-elle de nous, si nous n'avions à lui transmettre qu'une insectologie complète [1], qu'une histoire immense d'animaux microscopiques? Aux grands génies les grands objets, les petits objets aux petits génies. Il vaut autant que ceux-ci s'en occupent que de ne rien faire.

---

1. Allusion à l'œuvre capitale de Réaumur, les *Mémoires pour servir à l'histoire des insectes*, publiés de 1734 à 1742, ou peut-être à l'*Insectologie* de Charles Bonnet (1744). De la part de Diderot, il y a quelque cruauté dans cette critique des « menus observateurs ». Buffon disait déjà à leur propos, dans une lettre au président Ruffey (14 février 1750) : « On admire toujours d'autant plus qu'on observe davantage et qu'on raisonne moins ».

LV

DES OBSTACLES

Et puisqu'il ne suffit pas de vouloir une chose, qu'il faut en même temps acquiescer à tout ce qui est presque inséparablement attaché à la chose qu'on veut, celui qui aura résolu de s'appliquer à l'étude de la philosophie, s'attendra non seulement aux obstacles physiques qui sont de la nature de son objet, mais encore à la multitude des obstacles moraux qui doivent se présenter à lui, comme ils se sont offerts à tous les philosophes qui l'ont précédé. Lors donc qu'il lui arrivera d'être traversé, mal entendu, calomnié, compromis, déchiré, qu'il sache se dire à lui-même : « N'est-ce que dans mon siècle, n'est-ce que pour moi qu'il y a eu des hommes remplis d'ignorance et de fiel, des âmes rongées par l'envie, des têtes troublées par la superstition? » S'il croit quelquefois avoir à se plaindre de ses concitoyens, qu'il sache se parler ainsi : « Je me plains de mes concitoyens : mais s'il était possible de les interroger tous et de demander à chacun d'eux lequel il voudrait être de l'auteur des *Nouvelles Ecclésiastiques* ou de Montesquieu [1]; de l'auteur des *Lettres Américaines* ou de Buffon [2]; en est-il un seul qui eût un peu de discernement

1. L'affaire de *l'Esprit des lois* était encore proche. Le 9 et le 16 octobre 1749, les *Nouvelles ecclésiastiques* donnaient deux articles violents contre Montesquieu qu'elles accusaient de soutenir la doctrine spinoziste par ses tendances déterministes. L'auteur était l'abbé de la Roche. Montesquieu blessé à vif répondait en février 1750 par sa *Défense de l'Esprit des lois* (cf. P. Vernière, *Spinoza et la pensée française*, P. U. F. Paris, 1954, t. II, p. 459 sq.).

2. L'auteur des *Lettres à un Amériquain* (1751) est l'abbé Lelarge de Lignac, mais la documentation scientifique qu'il utilise dans ce violent pamphlet contre Buffon vient de son ami Réaumur. Lignac ne se bornait pas à contester les expériences de Needham et de Buffon sur les générations spontanées, mais accusait ce dernier d'impiété, ce qui a cette date était un appel au bras séculier. Réaumur parlait haineusement de « Buffon et de toute sa clique ». (cf. J. Torlais, *op. cit.*, p. 243).

et qui pût balancer sur le choix? Je suis donc certain d'obtenir, un jour, les seuls applaudissements dont je fasse quelque cas, si j'ai été assez heureux pour les mériter. »

Et vous, qui prenez le titre de philosophes ou de beaux esprits, et qui ne rougissez point de ressembler à ces insectes importuns qui passent les instants de leur existence éphémère à troubler l'homme dans ses travaux et dans son repos, quel est votre but? qu'espérez-vous de votre acharnement? Quand vous aurez découragé ce qui reste à la nation d'auteurs célèbres et d'excellents génies, que ferez-vous en revanche pour elle? quelles sont les productions merveilleuses par lesquelles vous dédommagerez le genre humain de celles qu'il en aurait obtenues?... Malgré vous, les noms des Duclos [1], des d'Alembert et des Rousseau ; des de Voltaire, des Maupertuis, et des Montesquieu ; des de Buffon et des Daubenton, seront en honneur parmi nous et chez nos neveux ; et si quelqu'un se souvient un jour des vôtres : « Ils ont été, dira-t-il, les persécuteurs des premiers hommes de leur temps ; et si nous possédons la préface de *l'Encyclopédie*, l'*Histoire du siècle de Louis XIV*, *l'Esprit des Lois*, et l'*Histoire de la Nature*, c'est qu'heureusement il n'était pas au pouvoir de ces gens-là de nous en priver. »

LVI

DES CAUSES

1. A ne consulter que les vaines conjectures de la philosophie et la faible lumière de notre raison, on croirait que la chaîne des causes n'a point eu de commencement, et que celle des effets n'aura point de fin. Supposez une molécule déplacée, elle ne s'est point déplacée d'elle-même ; la cause de son déplacement a une autre cause ; celle-ci,

1. On s'étonne de trouver dans cette galerie d'authentiques grands hommes le nom de Charles Pineau, dit Duclos (1704-1772). Personnage influent et habile, il passait depuis les *Considérations sur les mœurs de ce siècle* (1750) pour le grand moraliste du temps. Diderot et Rousseau avaient été mis en rapport avec lui par Madame d'Épinay.

une autre, et ainsi de suite, sans qu'on puisse trouver de limites *naturelles* aux causes, dans la durée qui a précédé. Supposez une molécule déplacée, ce déplacement aura un effet ; cet effet, un autre effet, et ainsi de suite, sans qu'on puisse trouver de limites *naturelles* aux effets, dans la durée qui suivra. L'esprit épouvanté de ces progrès à l'infini des causes les plus faibles et des effets les plus légers, ne se refuse à cette supposition et à quelques autres de la même espèce que par le préjugé qu'il ne se passe rien au-delà de la portée de nos sens, et que tout cesse où nous ne voyons plus : mais une des principales différences de l'observateur de la nature et de son interprète, c'est que celui-ci part du point où les sens et les instruments abandonnent l'autre ; il conjecture, par ce qui est, ce qui doit être encore ; il tire de l'ordre des choses des conclusions abstraites et générales, qui ont pour lui toute l'évidence des vérités sensibles et particulières ; il s'élève à l'essence même de l'ordre ; il voit que la coexistence *pure et simple* d'un être sensible et pensant, avec un enchaînement quelconque de causes et d'effets, ne lui suffit pas pour en porter un jugement absolu ; il s'arrête là ; s'il faisait un pas de plus, il sortirait de la nature.

DES CAUSES FINALES

2. Qui sommes-nous, pour expliquer les fins de la nature ? Ne nous apercevrons-nous point que c'est presque toujours aux dépens de sa puissance que nous préconisons sa sagesse ; et que nous ôtons à ses ressources plus que nous ne pouvons jamais accorder à ses vues ? Cette manière de l'interpréter est mauvaise, même en théologie naturelle. C'est substituer la conjecture de l'homme à l'ouvrage de Dieu [1] ; c'est attacher la plus importante des vérités

1. Le spinozisme de Diderot n'a jamais été plus net que dans cette attaque des causes finales. Pour Spinoza, « les causes finales suppriment la perfection de Dieu » (*Ethique*, livre I, appendice). Spinoza se révoltait aussi contre l'ignorance des admirateurs du corps humain qui croient que « c'est par le fait non d'un art mécanique, mais d'un art divin et surnaturel qu'il a été agencé » (*ibid.*).

théologiques au sort d'une hypothèse. Mais le phénomène le plus commun suffira pour montrer combien la recherche de ces causes est contraire à la véritable science. Je suppose qu'un physicien, interrogé sur la nature du lait, réponde que c'est un aliment qui commence à se préparer dans la femelle, quand elle a conçu, et que la nature destine à la nourriture de l'animal qui doit naître ; que cette définition m'apprendra-t-elle sur la formation du lait? que puis-je penser de la destination prétendue de ce fluide et des autres idées physiologiques qui l'accompagnent, lorsque je sais qu'il y a eu des hommes qui ont fait jaillir le lait de leurs mamelles ; que l'anastomose des artères épigastriques et mammaires * [1] me démontre que c'est le lait qui cause le gonflement de la gorge, dont les filles mêmes sont quelquefois incommodées à l'approche de l'évacuation périodique ; qu'il n'y a presque aucune fille qui ne devînt nourrice, si elle se faisait téter ; et que j'ai sous les yeux une femelle d'une espèce si petite, qu'il ne s'est point trouvé de mâle qui lui convînt, qui n'a point été couverte, qui n'a jamais porté, et dont les tettes se sont gonflées de lait, au point qu'il a fallu recourir aux moyens ordinaires pour la soulager? Combien n'est-il pas ridicule d'entendre des anatomistes attribuer sérieusement à la pudeur de la nature une ombre qu'elle a également répandue sur des endroits de notre corps où il n'y a rien de déshonnête à couvrir? L'usage que lui supposent d'autres anatomistes fait un peu moins d'honneur à la pudeur de la nature, mais n'en fait pas davantage à leur sagacité. Le physicien, dont la profession est d'instruire et non d'édifier, abandonnera donc le *pourquoi*, et ne s'occupera que du

---

* Cette découverte anatomique est de M. Bertin, et c'est une des plus belles qui se soit faite de nos jours. *(Note de Diderot.)*

1. Le médecin Exupère Joseph Bertin (1712-1781), docteur régent de la Faculté de médecine de Paris, est surtout connu par son *Traité d'ostéologie* (Paris, 1754), mais son expérience sur l'anastomose des artères mammaires et épigastriques est relatée dans ses *Lettres sur le nouveau système de la voix et sur les artères lympathiques* (1748). Diderot témoigne d'une bonne connaissance de l'actualité médicale.

comment. Le *comment* se tire des êtres ; le *pourquoi*, de notre entendement ; il tient à nos systèmes ; il dépend du progrès de nos connaissances. Combien d'idées absurdes, de suppositions fausses, de notions chimériques, dans ces hymnes que quelques défenseurs téméraires des causes finales ont osé composer à l'honneur du Créateur ? Au lieu de partager les transports de l'admiration du Prophète, et de s'écrier pendant la nuit, à la vue des étoiles sans nombre dont les cieux sont éclairés, *Cœli enarrant gloriam Dei*, ils se sont abandonnés à la superstition de leurs conjectures. Au lieu d'adorer le Tout-Puissant dans les êtres mêmes de la nature, ils se sont prosternés devant les fantômes de leur imagination. Si quelqu'un, retenu par le préjugé, doute de la solidité de mon reproche, je l'invite à comparer le traité que Galien a écrit de l'usage des parties du corps humain [1], avec la physiologie de Boërhaave [2] ; et la physiologie de Boërhaave, avec celle de Haller [3] ; j'invite la postérité à comparer ce que ce dernier ouvrage contient de vues systématiques et passagères,

---

1. Il s'agit du *De utilitate partium corporis humani*, un des traités essentiels de Galien de Pergame, où précisément le médecin de Marc-Aurèle se laisse aller à quelques niaiseries providentialistes. Or c'est cette téléologie galénique qu'a retenue la postérité, de préférence à d'étonnantes expériences médicales.

2. Boerhaave, le célèbre iatro-mécanicien de Leyde (1668-1738), écrivait en latin et n'a pas donné d'ouvrage sous le titre de *Physiologie*. Mais Diderot lit Boerhaave dans la traduction de La Mettrie (cf. *Œuvres*, Garnier, t. XIII, p. 217) : *Traité de la matière médicale et Institutions de médecine* (Paris, Huart et Briasson, 1739-1743, 8 vol.).

3. Albert de Haller (1708-1777), élève de Boerhaave, professeur à Göttingue depuis 1736, résume et enrichit la science physiologique de son temps dans ses *Elementa physiologiae*, parus à Lausanne de 1757 à 1766. Il est curieux qu'en 1754, trois ans avant l'édition du premier volume, Diderot soit déjà renseigné sur un savant encore peu connu en France. N'oublions pas cependant qu'en 1747, La Mettrie lui avait dédié *l'Homme-machine* ; Haller, bon croyant, n'avait pas goûté la plaisanterie et s'était plaint dans un lettre au *Journal des savants* (cf. *l'Homme-machine*, édit. Solovine, *op. cit.*, p. 24). Diderot aurait-il lu le petit manuel, *Primæ lineæ Physiologiæ* (Göttingen, Vanderhoeck, 1751) ?

avec ce que la physiologie deviendra dans les siècles suivants. L'homme fait un mérite à l'Éternel de ses petites vues ; et l'Éternel qui l'entend du haut de son trône, et qui connaît son intention, accepte sa louange imbécile, et sourit de sa vanité.

LVII

DE QUELQUES PRÉJUGÉS

Il n'y a rien, ni dans les faits de la nature, ni dans les circonstances de la vie, qui ne soit un piège tendu à notre précipitation. J'en atteste la plupart de ces axiomes généraux, qu'on regarde comme le bon sens des nations. On dit, *il ne se passe rien de nouveau sous le ciel;* et cela est vrai pour celui qui s'en tient aux apparences grossières. Mais qu'est-ce que cette sentence pour le philosophe, dont l'occupation journalière est de saisir les différences les plus insensibles? Qu'en devait penser celui qui assura que sur tout un arbre il n'y aurait pas deux feuilles *sensiblement* du même vert [1]? Qu'en penserait celui qui, réfléchissant sur le grand nombre des causes, même connues, qui doivent concourir à la production d'une nuance de couleur précisément telle, prétendrait, sans croire outrer l'opinion de Leibniz, qu'il est démontré, par la différence des points de l'espace où les corps sont placés, combinée avec ce nombre prodigieux de causes, qu'il n'y a peut-être jamais eu, et qu'il n'y aura peut-être jamais dans la nature, deux brins d'herbe *absolument* du même vert? Si les êtres s'altèrent successivement, en passant par les nuances les plus imperceptibles,

1. Diderot modifie sans en changer l'esprit une anecdote lue dans le recueil des *Lettres de Leibniz et de Clarke* (Londres, 1717) : « Il n'y a point deux individus indiscernables. Un gentilhomme d'esprit de mes amis, en parlant avec moi en présence de Mme l'Electrice, dans le jardin de Herrenhausen, crut qu'il trouverait bien deux feuilles entièrement semblables. Mme l'Électrice l'en défia et il courut en vain longtemps pour en chercher » (*Lettre à Clarke*, in *Œuvres*, édit. Paul Janet, Paris, Alcan, 1900, t. II, p. 750).

le temps, qui ne s'arrête point, doit mettre, à la longue, entre les formes qui ont existé très anciennement, celles qui existent aujourd'hui, celles qui existeront dans les siècles reculés, la différence la plus grande ; et le *nil sub sole novum* n'est qu'un préjugé fondé sur la faiblesse de nos organes, l'imperfection de nos instruments, et la brièveté de notre vie. On dit en morale, *quot capita, tot sensus;* c'est le contraire qui est vrai : rien n'est si commun que des têtes, et si rare que des avis. On dit en littérature, *il ne faut point disputer des goûts :* si l'on entend qu'il ne faut point disputer à un homme que tel est son goût, c'est une puérilité. Si l'on entend qu'il n'y a ni bon ni mauvais dans le goût, c'est une fausseté. Le philosophe examinera sévèrement tous ces axiomes de la sagesse populaire.

LVIII

QUESTIONS

Il n'y a qu'une manière possible d'être homogène. Il y a une infinité de manières différentes possibles d'être hétérogène. Il me paraît aussi impossible que tous les êtres de la nature aient été produits avec une matière parfaitement homogène, qu'il le serait de les représenter avec une seule et même couleur. Je crois même entrevoir que la diversité des phénomènes ne peut être le résultat d'une hétérogénéité quelconque. J'appellerai donc *éléments* les différentes matières hétérogènes nécessaires pour la production générale des phénomènes de la nature ; et j'appellerai *la nature*, le résultat général actuel, ou les résultats généraux successifs de la combinaison des éléments. Les éléments doivent avoir des différences essentielles ; sans quoi tout aurait pu naître de l'homogénéité, puisque tout y pourrait retourner. Il est, il a été, ou il sera une combinaison naturelle, ou une combinaison artificielle, dans laquelle un élément est, a été ou sera porté à sa plus grande division possible. La molécule d'un élément dans cet état de divison dernière, est indivisible d'une indivisibilité absolue, puisqu'une division ultérieure de cette molécule étant hors des lois de la nature et au-delà des forces de l'art, n'est plus qu'intelligible. L'état de division dernière possible dans la nature ou par l'art n'étant pas le même, selon toute apparence, pour des matières essentiellement hétérogènes, il s'ensuit qu'il y a des molécules essentiellement différentes en masse, et toutefois absolument indivisibles en elles-mêmes. Combien y a-t-il de matières absolument hétérogènes ou élémentaires? nous l'ignorons. Quelles sont les différences essentielles des matières, que nous regardons comme absolument hétérogènes ou élémentaires? nous l'ignorons. Jusqu'où la division d'une matière élémentaire est-elle portée, soit dans les productions de l'art, soit dans les ouvrages de la nature; nous l'ignorons, etc., etc., etc. J'ai joint les combinaisons de l'art à celles de la nature; parce qu'entre une infinité de faits que nous ignorons, et que nous ne saurons jamais, il en est un qui nous est encore caché : savoir, si la division d'une matière élémentaire n'a point été, n'est point ou ne sera pas portée plus loin dans quelque opération de l'art, qu'elle ne l'a été, ne l'est, et ne le sera dans aucune combinaison de la nature abandonnée à elle-même. Et l'on va voir, par la première des questions suivantes, pourquoi j'ai fait entrer, dans quelques-unes de mes propositions, les notions du passé, du présent et de l'avenir; et pourquoi j'ai inséré l'idée de succession dans la définition que j'ai donnée de la nature.

1. Si les phénomènes ne sont pas enchaînés les uns aux autres, il n'y a point de philosophie [1]. Les phénomènes seraient tous enchaînés, que l'état de chacun d'eux pourrait être sans permanence. Mais si l'état des êtres est dans une vicissitude perpétuelle; si la nature est encore à l'ouvrage, malgré la chaîne qui lie les phénomènes, il n'y a point de

1. Jamais Diderot n'a eu une conscience plus claire des difficultés que propose la philosophie des sciences. Toute sa vie il s'épuisera à concilier un déterminisme de type mécaniste, valable dans le monde de la matière, et une doctrine de l'évolution qui semble, dans le monde de la vie, inclure une obscure finalité.

philosophie. Toute notre science naturelle devient aussi transitoire que les mots. Ce que nous prenons pour l'histoire de la nature n'est que l'histoire très incomplète d'un instant. Je demande donc si les métaux ont toujours été et seront toujours tels qu'ils sont ; si les plantes ont toujours été et seront toujours telles qu'elles sont ; si les animaux ont toujours été et seront toujours tels qu'ils sont, etc. ? Après avoir médité profondément sur certains phénomènes, un doute qu'on vous pardonnerait peut-être, ô sceptiques, ce n'est pas que le monde ait été créé, mais qu'il soit tel qu'il a été et qu'il sera.

2. De même que dans les règnes animal et végétal, un individu commence, pour ainsi dire, s'accroît, dure, dépérit et passe ; n'en serait-il pas de même des espèces entières ? Si la foi ne nous apprenait que les animaux sont sortis des mains du Créateur tels que nous les voyons ; et s'il était permis d'avoir la moindre incertitude sur leur commencement et sur leur fin, le philosophe abandonné à ses conjectures ne pourrait-il pas soupçonner que l'animalité avait de toute éternité ses éléments particuliers, épars et confondus dans la masse de la matière ; qu'il est arrivé à ces éléments de se réunir, parce qu'il était possible que cela se fît ; que l'embryon formé de ces éléments a passé par une infinité d'organisations et de développements ; qu'il a eu, par succession, du mouvement, de la sensation, des idées, de la pensée, de la réflexion, de la conscience, des sentiments, des passions, des signes, des gestes, des sons, des sons articulés, une langue, des lois, des sciences, et des arts ; qu'il s'est écoulé des millions d'années entre chacun de ces développements ; qu'il a peut-être encore d'autres développements à subir et d'autres accroissements à prendre, qui nous sont inconnus ; qu'il a eu ou qu'il aura un état stationnaire ; qu'il s'éloigne ou qu'il s'éloignera de cet état par un dépérissement éternel, pendant lequel ses facultés sortiront de lui comme elles y étaient entrées ; qu'il disparaîtra pour jamais de la nature, ou plutôt qu'il continuera d'y exister, mais sous une forme, et avec des facultés tout autres que celles qu'on lui remarque dans

cet instant de la durée? La religion nous épargne bien des écarts et bien des travaux. Si elle ne nous eût point éclairés sur l'origine du monde et sur le système universel des êtres, combien d'hypothèses différentes que nous aurions été tentés de prendre pour le secret de la nature? Ces hypothèses, étant toutes également fausses, nous auraient paru toutes à peu près également vraisemblables. La question, *pourquoi il existe quelque chose*, est la plus embarrassante que la philosophie pût se proposer ; et il n'y a que la révélation qui y réponde.

3. Si l'on jette les yeux sur les animaux et sur la terre brute qu'ils foulent aux pieds ; sur les molécules organiques et sur le fluide dans lequel elles se meuvent ; sur les insectes microscopiques, et sur la matière qui les produit et qui les environne, il est évident que la matière en général est divisée en matière morte et en matière vivante. Mais comment se peut-il faire que la matière ne soit pas une, ou toute vivante, ou toute morte? La matière vivante est-elle toujours vivante? Et la matière morte est-elle toujours et réellement morte? La matière vivante ne meurt-elle point? La matière morte ne commence-t-elle jamais à vivre?

4. Y a-t-il quelque autre différence assignable entre la matière morte et la matière vivante, que l'organisation, et que la spontanéité réelle ou apparente du mouvement?

5. Ce qu'on appelle matière vivante, ne serait-ce pas seulement une matière qui se meut par elle-même? Et ce qu'on appelle une matière morte, ne serait-ce pas une matière mobile par une autre matière?

6. Si la matière vivante est une matière qui se meut par elle-même, comment peut-elle cesser de se mouvoir sans mourir?

7. S'il y a une matière vivante et une matière morte par elles-mêmes, ces deux principes suffisent-ils pour la production générale de toutes les formes et de tous les phénomènes?

8. En géométrie, une quantité réelle jointe à une quantité imaginaire donne un tout imaginaire ; dans la nature, si une molécule de matière vivante s'applique à une molécule de

matière morte, le tout sera-t-il vivant, ou sera-t-il mort?

9. Si l'agrégat peut être ou vivant ou mort, quand et pourquoi sera-t-il vivant? quand et pourquoi sera-t-il mort?

10. Mort ou vivant, il existe sous une forme. Sous quelque forme qu'il existe, quel en est le principe?

11. Les moules sont-ils principes des formes? Qu'est-ce qu'un moule [1]? Est-ce un être réel et préexistant? ou n'est-ce que les limites intelligibles de l'énergie d'une molécule vivante unie à de la matière morte ou vivante; limites déterminées par le rapport de l'énergie en tout sens, aux résistances en tout sens? Si c'est un être réel et préexistant, comment s'est-il formé?

12. L'énergie d'une molécule vivante varie-t-elle par elle-même, ou ne varie-t-elle que selon la quantité, la qualité, les formes de la matière morte ou vivante à laquelle elle s'unit?

13. Y a-t-il des matières vivantes spécifiquement différentes de matières vivantes? ou toute matière vivante est-elle essentiellement une et propre à tout? J'en demande autant des matières mortes.

14. La matière vivante se combine-t-elle avec de la matière vivante? Comment se fait cette combinaison? Quel en est le résultat? J'en demande autant de la matière morte.

15. Si l'on pouvait supposer toute la matière vivante,

---

1. Allusion à la doctrine de Buffon qui essaie de résoudre le problème de l'épigenèse dans son *Histoire des animaux* (chap. II et III, 1749) : La croissance des organismes résulte de ce que de nouvelles molécules sont assimilées par la nutrition; cette assimilation, grâce à laquelle ces unités organiques forment les différentes substances et les divers organes de chaque espèce, est due à ce qu'elles subissent l'empreinte d'un *moule intérieur* spécifique : « De la même façon que nous donnons à l'extérieur des corps telle figure qu'il nous plaît, supposons que la nature puisse faire des moules par lesquels elle donne non seulement la figure extérieure, mais aussi la forme intérieure... ». Diderot, sans attaquer Buffon, se défie du caractère spéculatif de cette hypothèse qui assimilerait la croissance des organismes à la formation des cristaux.

ou toute la matière morte, y aurait-il jamais autre chose que de la matière morte, ou que de la matière vivante? ou les molécules vivantes ne pourraient-elles pas reprendre la vie, après l'avoir perdue, pour la reperdre encore ; et ainsi de suite, à l'infini?

Quand je tourne mes regards sur les travaux des hommes et que je vois des villes bâties de toutes parts, tous les éléments employés, des langues fixées, des peuples policés, des ports construits, les mers traversées, la terre et les cieux mesurés ; le monde me paraît bien vieux. Lorsque je trouve les hommes incertains sur les premiers principes de la médecine et de l'agriculture, sur les propriétés des substances les plus communes, sur la connaissance des maladies dont ils sont affligés, sur la taille des arbres, sur la forme de la charrue, la terre ne me paraît habitée que d'hier. Et si les hommes étaient sages, ils se livreraient enfin à des recherches relatives à leur bien-être, et ne répondraient à mes questions futiles que dans mille ans au plus tôt ; ou peut-être même, considérant sans cesse le peu d'étendue qu'ils occupent dans l'espace et dans la durée, ils ne daigneraient jamais y répondre.

OBSERVATION [1]

Je t'ai dit, jeune homme, que *les qualités, telles que l'attraction, se propageaient à l'infini lorsque rien ne limitait la sphère de leur action.* On t'objectera « que j'aurais même pu dire *qu'elles se propageaient uniformément.* On ajoutera peut-être qu'on ne conçoit guère comment une qualité s'exerce *à distance*, sans aucun intermède ; mais qu'il n'y a point d'absurdités et qu'il n'y en eut jamais, ou que c'en est une de prétendre qu'elle s'exerce dans le vide diversement, à différentes distances ; qu'alors on n'aperçoit rien, soit au dedans, soit au dehors d'une portion de matière, qui soit capable de faire varier son action ; que Descartes, Newton, les philosophes anciens et modernes ont tous supposé qu'un corps, animé dans le vide de la quantité de mouvement la plus petite, irait à l'infini, uniformément, en ligne droite ; que la distance n'est donc par elle-même ni un obstacle ni un véhicule ; que toute qualité, dont l'action varie selon une raison quelconque inverse ou directe de la distance, ramène nécessairement au plein et à la philosophie corpusculaire ; et que la supposition du vide et celle de la variabilité de l'action d'une cause sont deux suppositions contradictoires. » Si l'on te propose ces difficultés, je te conseille d'en aller chercher la réponse chez quelque Newtonien ; car je t'avoue que j'ignore comment on les résout.

1. Ce repentir, extrêmement perspicace, reprend la pensée XXXVI, § 3. Nous n'avons pas de meilleur témoignage de la gêne apportée par le système de Newton à la mécanique rationnelle de Descartes.

ENTRETIEN ENTRE D'ALEMBERT ET DIDEROT

LE RÊVE DE D'ALEMBERT

SUITE DE L'ENTRETIEN

INTRODUCTION

En *1754, dans les* Pensées sur l'interprétation de la nature, *Diderot posait quinze questions sur l'origine de la vie et sur l'organisation des êtres. Submergé qu'il était par les travaux forcés de* l'Encyclopédie, *il n'était guère en mesure d'y répondre; mais le choc initial provoqué par les ouvrages de Buffon et de Maupertuis ne s'était pas amorti. Aux détours de sa correspondance, sa curiosité pour les problèmes biologiques et médicaux demeure entière. Mieux même, nous sentons que peu à peu ses idées s'organisent et que l'heure de la synthèse approche. Une première idée-force se dégage, celle de la* sensibilité universelle ; *le 10 octobre 1765, rapportant une discussion avec Ximénès, Diderot écrit à Duclos :* « La sensibilité, c'est une propriété universelle de la matière, propriété inerte dans les corps bruts,... propriété rendue active dans les mêmes corps par leur assimilation avec une substance animale vivante... L'animal est le laboratoire où la sensibilité, d'inerte qu'elle était, devient active ». (Correspondance inédite, *édition Babelon, Gallimard, 1931, t. I, p. 300). Deuxième idée, l'*épigenèse : *l'article* Spinoziste *de* l'Encyclopédie *utilisait le vieil exemple lucrétien de l'incubation de l'œuf,* « corps inerte qui par le seul instrument de la chaleur graduée passe à l'état d'être sentant et vivant », *et mettait en relief* « l'accroissement de tout animal qui dans son principe n'est qu'un point, et qui, par l'assimilation nutritive des plantes, devient un grand corps sentant et vivant dans un grand espace » *(t. XV, p. 474). Troisième idée : l'unité organique de l'être vivant n'est pas distincte de ce que nous appelons* « âme » *ou* « conscience » ; *dans le* Salon de 1767, *nous trouvons déjà l'image de l'araignée dont le corps est en liaison organique avec la toile :* « Je mettrais à tout ce système plus de vraisemblance et de clarté si j'en avais le temps. Je vous montrerais tantôt les pattes de l'araignée agissant sur le corps de l'animal, tantôt le corps de l'animal mettant les pattes en mouvement. *Il me faudrait aussi un peu de pratique de médecine;* il me faudrait du repos. » (Œuvres, *A. T., t. XI, p. 146.*)

C'est ainsi que dès 1767, le matérialisme expérimental de Diderot parvenait peu à peu, dans le domaine de la biologie, à une certaine cohérence. Formules, images, expériences cruciales, biais analogiques, voici que se dessinaient les linéaments mêmes du Rêve de d'Alembert. *Les* Elementa physiologiæ corporis humani *de Haller venaient de paraître à Lausanne (Bousquet, 1757-1766, 8 volumes); Diderot, qui appréciait dans son* Interprétation de la nature *les* Primæ lineæ physiologiæ *du même auteur (Göttingue, Vandenhœk, 1751), lit minutieusement le nouvel ouvrage; la plume à la main, il en fait des extraits méthodiques que nous retrouverons à peine modifiés dans ses propres* Éléments de physiologie *(cf. Naigeon,* Mémoires historiques sur la vie... de Diderot, *Paris, Brière, 1821, p. 222, note). Toute occasion lui est bonne pour acquérir cette* « pratique médicale » *qui lui faisait défaut et prendre contact avec les meilleurs médecins du temps : au chevet de Mme Legendre ou de Damilaville, il interroge Bordeu, Tronchin, Petit, Roux, Brador (A* Sophie Volland, *édit. Babelon, t. II, p. 122 et 174). Encore fallait-il quelque loisir; l'été de 1769 le laisse à Paris, miraculeusement seul : Galiani est à Naples, Grimm en Allemagne, les dames Volland en Champagne, Mme de Maux en Nivernais, Angélique et sa mère à Sèvres, dans la grande demeure de l'orfèvre Belle. C'est ainsi qu'au mois d'août furent écrits les trois dialogues que nous groupons aujourd'hui autour du plus important, le second,* le Rêve de d'Alembert.

La correspondance avec Sophie Volland nous éclaire heureusement sur la genèse de l'œuvre. Dès le 10 août, Diderot signale une remarque de sa fille sur la matérialité de l'âme que nous retrouverons au début du premier dialogue (op. cit., *t. II, p. 218*). *Peut-être la tâche était-elle commencée. Mais ce n'est que le jeudi 7 septembre (dans une lettre faussement datée du 11 par Assézat et Babelon, cf. t. II, p. 226) que nous avons le premier document probant*.: « J'ai fait un dialogue entre d'Alembert et moi : nous y causons assez gaiement, et même assez clairement, malgré la sécheresse et l'obscurité du sujet. A ce dialogue il en succède un second beaucoup plus étendu qui sert d'éclaircissement au premier; celui-ci est intitulé *le Rêve de d'Alembert*. Les interlocuteurs sont d'Alembert rêvant, Mlle d'Espinasse, amie de d'Alembert, et le docteur Bordeu. Si j'avais voulu sacrifier la richesse du fond à la noblesse du ton, Démocrite, Hippocrate et Leucippe auraient été mes personnages; mais la vraisemblance m'aurait renfermé dans les bornes étroites de la philosophie ancienne et j'y aurais trop perdu. Cela est de la plus haute extravagance et tout à la fois de la philosophie la plus profonde; il y a quelque adresse à avoir mis mes idées dans la bouche d'un homme qui rêve : il faut souvent donner à la sagesse l'air de la folie, afin de lui procurer ses entrées; j'aime mieux qu'on dise : *Mais cela n'est pas si insensé qu'on croirait bien*, que de dire : *Écoutez-moi, voilà des choses très sages.* » *Le lundi 11 septembre (dans une lettre faussement datée du 2*, ibid., *t. II, p. 224, et qui est effectivement du surlendemain de la dernière représentation du* Père de famille, *le samedi 9), Diderot reprend :* « Je crois vous avoir dit que j'avais fait un dialogue entre d'Alembert et moi. En le relisant, il m'a pris une fantaisie d'en faire un second. Les interlocuteurs sont d'Alembert qui rêve, Bordeu et l'amie de d'Alembert, Mlle d'Espinasse. Il est intitulé *le Rêve de d'Alembert*. Il n'est pas possible d'être plus profond et plus fou. J'y ai ajouté après cinq ou six pages capables de faire dresser les cheveux sur la tête de mon amoureuse; aussi ne les verra-t-elle jamais. Mais ce qui vous surprendra, c'est qu'il n'y a pas un mot de religion et pas un seul mot déshonnête. Après cela, je vous défie de deviner ce que ce peut être ». *L'assurance est nette; les dix pages jugées scandaleuses étant celles de la* Suite de l'entretien, *nos trois dialogues sont donc terminés dès la première semaine de septembre; en toute rigueur, la* Suite *aurait même été rédigée entre le 7 et le 11. Un mois plus tard, le 12 octobre, Diderot retrouve Grimm à son retour d'Allemagne, et lui confie aussitôt son œuvre que le copiste Hénault mettra au net* (Correspondance inédite, op. cit., *t. I, p. 94*). *Le 2 novembre, à la suite d'une semaine de repos au Grandval,* « une addition passable lui est venue » (ibid., *p. 96*) ; *le 18 novembre, deux interpolations nouvelles* (ibid., *p. 103*). *En décembre, il révise l'ensemble :* « Si vous me laissez les dialogues, je les reverrai et peut-être n'y perdront-ils pas », *dit-il à Grimm* (ibid., *p. 105*). *Avec l'année 1769, l'histoire de notre texte semble s'achever. Puis les confidences s'arrêtent. En avril 1773, les* Mémoires secrets *(t. VI, p. 300) espèrent encore que Diderot publiera en Hollande* « les manuscrits croustilleux » *qu'il garde en portefeuille. Neuf ans plus tard, Diderot laisse Meister offrir nos trois dialogues aux lecteurs couronnés de la* Correspondance littéraire *(août-novembre 1782). Mais le secret en est fort bien gardé. Naigeon dans ses* Mémoires sur Diderot *(1821) entretint la curiosité en donnant une minutieuse analyse de l'ouvrage (p. 207-291). Mais il fallut attendre 1830 et l'heureuse piraterie du professeur russe Jeudy-Dugour pour que l'éditeur Paulin présentât au public l'*Entretien *et* le Rêve *d'après une copie du fonds de l'Ermitage. Ce fut l'unique source de notre tradition imprimée, jusqu'à Assézat (1875) et André Billy (N. R. F. 1935).*

Or cette tradition manque de solidité. Rien ne nous garantit la copie de Paulin et sa valeur par rapport au manuscrit de l'Ermitage (fonds Diderot, t. XXIX). Mais depuis l'ouverture du fonds Vandeul, trois nouveaux manuscrits apparaissent. Deux d'entre eux (B. N. n.a.fr. 13730 et 13731, cf. Dieckmann, op. cit., *p. 25 et 26) sont fortement raturés; en prévision d'une édition générale des œuvres de Diderot, M. et Mme de Vandeul ont corrigé les mots hardis et supprimé les passages lestes. Nous ne saurions accepter leur censure. Fort heureusement, le troisième est un autographe du philosophe, une mise au point définitive en tous points comparable au manuscrit Monval du* Neveu de Rameau *(n.a.fr., 13727). Nous avons récemment édité cette version aux* Textes français modernes *(Paris, Didier, 1951). Enfin la Bibliothèque nationale avait acquis, vers la fin du siècle dernier, un manuscrit provenant indiscutablement des livraisons de la* Correspondance littéraire *(n.a.fr., 4200). Pour compliquer encore le problème, M. Jean Pommier, grâce à l'obligeance de son actuel possesseur, le docteur Pierre Lemay, a pu étudier récemment* (R. H. L., *janvier-mars 1952, p. 25-47) une copie autographe de Naigeon qui comporte seulement* le Rêve *et sa suite à l'exclusion de l'*Entretien *et révèle deux états, l'un très différent de la vulgate, l'autre reprenant le texte des manuscrits ultérieurs. Nous voilà donc en présence de cinq manuscrits et d'une tradition imprimée issue d'un sixième. Jamais ouvrage ne posa de telles énigmes à la fois à l'éditeur et à l'historien de Diderot.*

Le problème de l'édition est le plus simple. Si la copie de Naigeon est essentielle pour comprendre l'évolution du texte, elle ne saurait fonder une édition valable. Quoi qu'en ait dit le docteur Lemay (Progrès médical, *10-24 août 1951), Jean Pommier a prouvé sans conteste la supériorité littéraire de la version traditionnelle* (article cité, *p. 43). Les manuscrits censurés par les héritiers de Diderot ne peuvent faire foi. Le manuscrit russe est encore inaccessible et n'est d'ailleurs qu'une copie postérieure à la mort de Diderot. L'autographe seul doit être édité, en tenant compte cependant du manuscrit de la* Correspondance littéraire *qui, en 1782, a pu être revu par Diderot et présente des corrections ou des leçons intéressantes. Nous publierons donc, comme en 1951, l'autographe, en corrigeant quelques erreurs dues à de mauvaises lectures, certaines demeurant à la vérité difficiles.*

Mais le mystère n'est nullement éclairci qui touche à l'histoire du texte du vivant même de Diderot. Grimm, puis Meister, avaient quelques raisons pour attendre 1782 avant de publier le Rêve *dans la* Correspondance littéraire. *Une indiscrétion qui à notre sens vint de Suard, un ami commun (cf. édition Vernière, p. XVI), alerta Mlle de Lespinasse et d'Alembert peu après la rédaction. M. Tourneux a fait valoir une lettre à Suard, où Julie se plaint de Diderot qui* « devrait s'interdire de faire parler des femmes qu'il ne connaît pas » (Diderot et Catherine II, op. cit. *p. 63, note*). *D'Alembert, au dire de Naigeon* (Mémoires..., op. cit., *p. 409*) *exigea qu'on jetât au feu en sa présence l'ouvrage nouveau-né. Diderot lui-même enfin, dans une* Lettre d'envoi *retrouvée par Tourneux* (Œuvres, *t. IX, p. 251*), *reconnaît qu'il sacrifia à l'amitié et lacéra les dialogues; dans cette même lettre, Diderot semble vouloir reconstituer le texte qu'il appelle* « une statue brisée », *en changeant les noms des interlocuteurs :* « Ce ne sont que des ressouvenirs décousus des premiers » (ibid., *p. 252*). *Or le fonds Vandeul ne garde pas trace de cette refonte; nous ne savons même si jamais elle se fit. Ces trois témoignages nous laisseraient croire que Diderot a effectivement détruit l'exemplaire dont il disposait. Or si cet* autodafé *est certainement antérieur au départ de Diderot pour la Russie (juin 1773), comment donc expliquer qu'au retour le manuscrit se soit retrouvé? Faut-il gratuitement accuser Diderot de mensonge? Il est plus honnête de supposer qu'une copie avait été heureusement conservée dans l'officine de Grimm, tenue maintenant par Meister, là même où le copiste Hénault avait travaillé en 1769. Faut-il innocenter totalement Diderot? Le bon apôtre ignorait-il l'existence de cette copie, ignorait-il celle de Naigeon? Nous savons par l'aventure de tant d'autres de ses œuvres, l'*Entretien avec la Maréchale *ou le* Supplément au voyage de Bougainville, *qu'il laissait volontiers ses manuscrits courir le monde. Disons seulement que pendant quelques années, Diderot n'a pu disposer du* Rêve.

Or l'heureuse identification de la copie Naigeon par M. Pommier nous permet de dissiper quelques ombres. Naigeon a corrigé un état premier du texte sur un manuscrit ultérieur (N1 et N2); outre de très nombreuses corrections stylistiques, substitutions, suppressions, additions, qui témoignent d'une refonte lente, faite à tête reposée, N2 apporte quelques thèmes caractéristiques dont M. Pommier fait état avec beaucoup d'habileté. Notamment la réplique de Bordeu à la fin du Rêve : « Peut-être *(Henri IV)* est-il tout revenu » *semble déceler sans conteste une allusion à l'avènement de Louis XVI en 1774. Nous conclurons donc avec M. Pommier* (article cité, *p. 30*) *que Diderot a révisé son texte après le retour de Russie, peut-être même après la mort de Julie de Lespinasse en mai 1776, lorsque les dialogues, retrouvés dans l'officine de Meister, ne risquaient plus de paraître calomnieux. Le premier état de la copie Naigeon (N1) a donc quelque chance de représenter le premier jet de Diderot, celui de 1769.*

*Est-ce à dire que dans cette étrange histoire tout élément de mystère ait été réduit? Certes non. Mais une remarque s'impose sur la création littéraire chez Diderot et sur son rythme; remarque qui serait valable d'ailleurs pour d'autres œuvres comme l'*Entretien d'un père avec ses enfants, *dont nous possédons les états successifs, et probablement* Jacques *et le* Neveu *si nous en avions conservé les ébauches. Diderot rédige rapidement, dans le feu de l'enthousiasme : le* Rêve *fut écrit en deux semaines. Mais ce n'est que lors de son retour de Russie qu'il procède à une révision générale de ses papiers, lorsqu'il songe à une édition en Hollande chez Marc-Michel Rey (cf. Lettre du 14 avril 1774, in* Diderot et Catherine II, op. cit., *p. 513). Cette révision fut minutieuse et, dans le cas du* Rêve *— M. Pommier nous l'a magistralement démontré — témoigne d'un extraordinaire souci stylistique. Improvisateur génial, Diderot est aussi un artiste conscient.*

BIBLIOGRAPHIE

I. Éditions

VERNIÈRE Paul (ed.), P., Didier, 1951.

VARLOOT Jean (ed.), P., Éditions sociales, 1971.

DULAC Georges, MAYER Jean (eds.), *Œuvres complètes*, tome IV, P., Hermann, 1987.

II. Études

HILL Emita. « Materialism and monsters in Diderot's *Rêve...* », *Diderot Studies*, X, G., Droz, 1968.

DIECKMANN Herbert. « The metaphoric structure of the *Rêve...* », *Diderot Studies*, XVII, G., Droz, 1974.

MAY Georges. « *Le Rêve...* selon Diderot », *ibid.*

VARTANIAN Aram. « The *Rêve...*, bio-political view », *ibid.*

BELAVAL Yvon. « L'horizon matérialiste du *Rêve...* », *in* Herbert Dieckmann (ed.), *Diderot und die Aufklärung*, München, Kraus Internat. Publ., 1980.

BETTS C.J. « The function of analogy in Diderot's *Rêve...* », *Studies on Voltaire*, CLXXXV, Oxford, 1980.

DELON Michel. « La métaphore comme expérience dans *Le Rêve...* », *in Aspects du discours matérialiste en France*, Université de Caen, 1981.

SCHMIDT Johan-Werner. « Diderot and Lucretius : the *Rerum Natura* and Lucretius' legacy in Diderot's scientific, aesthetic and ethical thought », *Studies on Voltaire*, CCVIII, Oxford, 1982.

CHOUILLET Jacques. « Le vocabulaire de la hiérarchie dans *Le Rêve...* », *in Traitements informatiques de textes au 18e siècle*, P., C.N.R.S., 1984.

PÉROL Lucette. « Quelques racines encyclopédiques du *Rêve...* », *in* Edgar Mass, Peter Eckhard Knabe (eds.), *L'Encyclopédie et Diderot*, Köln, dme-Verlag, 1985.

SUZUKI Mineko. « Chaîne des idées et chaîne des êtres dans *Le Rêve...* », *Dix-huitième siècle*, n° 19, P., 1987.

NAKAGAWA Hisayasu. « Le thème du non-dit dans la trilogie du *Rêve...* », in Christiane Mervaud, Sylvain Menant (eds.), *Le Siècle de Voltaire*, Oxford : The Voltaire Foundation, 1987, t. II.

ROGER Philippe. « L'invention d'une forme. L'écriture matérialiste du *Rêve...* » (1984), *in Actes du Sixième Colloque de Mátrafüred*, Budapest, Akadémia Kiadó, 1987.

WINTER Ursula. « Wissenschaftsmethodologie und Moral », *in* Dietrich Harth, Martin Raether (eds.), *Denis Diderot oder die Ambivalenz der Aufklärung*, Würzburg, Königshausen und Neumann, 1987.

DIXON B. Lynne. *Diderot, philosopher of energy*, 1988, éd. cit., p. 95-188.

CHABUT Marie-Hélène. « *Le Rêve...* : l'écriture du délire », *MLS*, IV, 1989.

LOJKINE Stéphane. « Le matérialisme biologique du *Rêve...* », *Littératures*, n° 30, P.U. du Mirail-Toulouse, 1994.

PROUST Jacques. « Source et portée de la théorie de la sensibilité généralisée dans *Le Rêve...* », *in* Carminella Biondi, Carmenila Imbroscio et *alii* (eds.), *La Quête du bonheur et l'expresssion de la douleur*, G., Droz, 1995.

HARTMANN Pierre. « Le philosophe au pilon et le cobaye spéculatif », *Diderot Studies*, XXVII, G., Droz, 1998.

ENTRETIEN
ENTRE
D'ALEMBERT ET DIDEROT

D'ALEMBERT

J'AVOUE qu'un être qui existe quelque part et qui ne correspond à aucun point de l'espace ; un être qui est inétendu et qui occupe de l'étendue ; qui est tout entier sous chaque partie de cette étendue ; qui diffère essentiellement de la matière et qui lui est uni ; qui la suit et qui la meut sans se mouvoir ; qui agit sur elle et qui en subit toutes les vicissitudes ; un être dont je n'ai pas la moindre idée ; un être d'une nature aussi contradictoire [1] est difficile à admettre. Mais d'autres obscurités attendent celui qui le rejette ; car enfin cette sensibilité que vous lui substituez, si c'est

---

1. Ce n'est pas tant aux obscurités de la théologie traditionnelle qu'en veut Diderot qu'aux contradictions du déisme accepté par la plupart des philosophes du temps. Transcendance et immanence offrent aux yeux de Diderot une opposition irréductible, opposition qui ne peut se résoudre que dans l'acte de foi ; mais aussi le dualisme des substances le choque. Voltaire et d'Alembert hésitaient effectivement devant un retour à l'unité qui leur semblait une dangereuse position du spinozisme. Diderot propose un néo-spinozisme, un athéisme sans équivoque qui exclut la notion, même logique, de Dieu, mais qui, partant de spéculations nouvelles sur les sciences de la vie, sciences naturelles et médecine, devient une simple hypothèse de travail et fonde un matérialisme fécond.

une qualité générale et essentielle de la matière, il faut que la pierre sente [1].

DIDEROT

Pourquoi non?

D'ALEMBERT

Cela est dur à croire.

DIDEROT

Oui, pour celui qui la coupe, la taille, la broie et qui ne l'entend pas crier.

---

1. C'est une application classique de la méthode analogique de Diderot, le *passage à la limite*. L'âme sensitive est depuis Aristote le propre de l'animal et s'oppose à l'âme végétative et à l'âme raisonnable ; mais le concept même de sensibilité fait l'objet de polémiques. *Bordeu* et *Fouquet* (*Encyclopédie*, t. XV, p. 38 sq., article *Sensibilité*) y voient l'ensemble de la sensation et de la réaction, « percevoir les impressions des objets externes et produire en conséquence des mouvements proportionnés au degré d'intensité de cette perception ». *Haller*, à la suite du médecin anglais *Glisson*, distinguait au contraire la sensibilité de l'irritabilité, limitée à la fibre musculaire (*Mémoires sur la nature sensible et irritable des parties du corps animal*, Lausanne, 1756). Mais Diderot dédaigne ces détails ; depuis longtemps séduit par l'hypothèse de « la chaîne des êtres », il admet avec Buffon (*Encyclopédie*, article *Animal*, t. I, p. 469-470) une dégradation de l'animal, du chien à l'huître et à l'ortie de mer : « Il y a des êtres qui ne sont ni animaux, ni végétaux, ni minéraux et qu'on tenterait vainement de rapporter aux uns et aux autres ». L'origine de son extension de la sensibilité au règne minéral est là. Dans une lettre du 10 octobre 1765 à Duclos, rapportant une conversation avec le marquis de Ximénès, il affirmait déjà : « Selon moi, la sensibilité, c'est une propriété universelle de la matière » (*Correspondance inédite*, éd. Babelon, Paris, Gallimard, 1931, p. 299). Une telle tendance ne se retrouve que chez La Mettrie qui, dans son *Traité de l'âme* (La Haye, 1745, *Œuvres complètes*, Amsterdam, 1774, t. I, p. 82), admet que la matière contient «la force motrice qui, l'anime» et qu'elle est «douée de sentiment». Maupertuis, plus réservé, compare les phénomènes de végétation animale et les effets de végétation chimique, dans « l'arbre de Diane » (*Vénus physique*, s. l., 1747, p. 99-100), mais refuse la sensibilité au règne minéral. Charles Bonnet se borne à voir un essai d'organisation dans les pierres feuilletées ou fibreuses (*la Contemplation de la nature*, 1764, *Œuvres complètes*, Faulche, Neuchâtel, 1779, t. IV, p. 53). Robinet va jusqu'à parler de la nutrition, de l'accroissement et de la génération des minéraux (*De la nature*, Harrevelt, Amsterdam, 1766, t. I, p. 193-213). Tous ces rapprochements font valoir l'audace et l'originalité des vues de Diderot.

D'ALEMBERT

Je voudrais bien que vous me disiez quelle différence vous mettez entre l'homme et la statue, entre le marbre et la chair.

DIDEROT

Assez peu. On fait du marbre avec de la chair, et de la chair avec du marbre.

D'ALEMBERT

Mais l'un n'est pas l'autre.

DIDEROT

Comme ce que vous appelez la force vive n'est pas la force morte.

D'ALEMBERT

Je ne vous entends pas.

DIDEROT

Je m'explique. Le transport d'un corps d'un lieu dans un autre n'est pas le mouvement, ce n'en est que l'effet. Le mouvement est également et dans le corps transféré et dans le corps immobile [1].

---

1. L'inhérence du mouvement à la matière remonte aux polémiques de Leibniz contre Descartes. Toland critiquait déjà Spinoza sur la notion de l'inertie des corps solides dans la 4e des *Lettres à Sérena*, dont la traduction venait d'être donnée dans l'officine de d'Holbach (*Lettres philosophiques*, Londres, 1768, p. 170, 183, 184). Maupertuis, contre Descartes et sa conception d'une somme identique de mouvement dans la nature, contre Leibniz et son principe de conservation de la force vive, défendait une « loi de moindre action » qui voyait dans le repos non l'inertie, mais l'équilibre entre forces extérieures et *nisus* de l'objet (*Essai de cosmologie*, in *Œuvres*, Lyon, Bruysset, 1756, I, p. XIV). Diderot, un an après avoir rédigé l'*Entretien*, mit ses idées au net dans les *Principes philosophiques sur la matière et le mouvement* (1770, *Œuvres complètes*, t. II, p. 65, sq.). Sous l'influence de Rouelle et de ses études de chimie, il admet que toute molécule est animée de trois sortes d'actions : « l'action de pesanteur, ou de gravitation, l'action de sa force intime et propre à sa nature d'eau, d'air, de feu, de soufre, et l'action de toutes les autres molécules sur elle » (*ibid.*, p. 68). A la conception purement mécanique de force se substitue la notion d'énergie non libérée ou *nisus*, énergie simplement potentielle, en opposition avec l'énergie cinétique ou « force de translation ».

D'ALEMBERT

Cette façon de voir est nouvelle.

DIDEROT

Elle n'en est pas moins vraie. Otez l'obstacle qui s'oppose au transport local du corps immobile, et il sera transféré. Supprimez par une raréfaction subite l'air qui environne cet énorme tronc de chêne, et l'eau qu'il contient, entrant tout à coup en expansion, le dispersera en cent mille éclats. J'en dis autant de votre propre corps.

D'ALEMBERT

Soit. Mais quel rapport y a-t-il entre le mouvement et la sensibilité [1]? Serait-ce par hasard [2] que vous reconnaîtriez une sensibilité active et une sensibilité inerte, comme il y a une force vive et une force morte? Une force vive qui se manifeste par la translation, une force morte qui se manifeste par la pression; une sensibilité active qui se caractérise par certaines actions remarquables dans l'animal et peut-être dans la plante; et une sensibilité inerte dont on serait assuré par le passage à l'état de sensibilité active.

DIDEROT

A merveille. Vous l'avez dit.

D'ALEMBERT

Ainsi la statue n'a qu'une sensibilité inerte; et l'homme, l'animal, la plante même peut-être, sont doués d'une sensibilité active.

DIDEROT

Il y a sans doute cette différence entre le bloc de marbre et le tissu de chair; mais vous concevez bien que ce n'est pas la seule.

---

1. L'objection de d'Alembert est celle de Maupertuis qui accepterait à la rigueur l'inhérence de la sensibilité, mais voit la cause du mouvement en Dieu. La loi de « moindre action », loi d'harmonie et d'économie, manifeste le besoin et la dépendance de l'univers à l'égard de son auteur (*op. cit.*, t. I, p. XVIII).

2. Ce n'est pas un hasard pour Diderot, mais encore une manifestation de la méthode d'analogie, seule féconde, dans l'élaboration de l'hypothèse scientifique.

D'ALEMBERT

Assurément. Quelque ressemblance qu'il y ait entre la forme extérieure de l'homme et de la statue, il n'y a point de rapport entre leur organisation intérieure. Le ciseau du plus habile statuaire ne fait pas même un épiderme. Mais il y a un procédé fort simple pour faire passer une force morte à l'état de force vive ; c'est une expérience qui se répète sous nos yeux cent fois par jour ; au lieu que je ne vois pas trop comment on fait passer un corps de l'état de sensibilité inerte à l'état de sensibilité active.

DIDEROT

C'est que vous ne voulez pas le voir. C'est un phénomène aussi commun.

D'ALEMBERT

Et ce phénomène aussi commun, quel est-il, s'il vous plaît ?

DIDEROT

Je vais vous le dire, puisque vous en voulez avoir la honte. Cela se fait toutes les fois que vous mangez.

D'ALEMBERT

Toutes les fois que je mange !

DIDEROT

Oui ; car en mangeant, que faites-vous ? Vous levez les obstacles qui s'opposaient à la sensibilité active de l'aliment. Vous l'assimilez avec vous-même ; vous en faites de la chair ; vous l'animalisez [1] ; vous le rendez sensible ; et ce que vous

---

1. C'est La Mettrie qui fit ressortir le premier l'importance du processus d'assimilation, dans *l'Homme-machine* (Élie Luzac, Leyde, 1748, p. 124) : « Le corps est une horloge dont le nouveau chyle est l'horloger ». Mais Diderot exprimait la même idée dans sa lettre à Duclos du 10 octobre 1765 : « La sensibilité, c'est une propriété universelle de la matière, propriété inerte dans les corps bruts, comme le mouvement dans les corps pesants arrêtés par un obstacle, propriété rendue active dans les mêmes corps par leur assimilation avec une

exécutez sur un aliment, je l'exécuterai quand il me plaira sur le marbre.

D'ALEMBERT

Et comment cela?

DIDEROT

Comment? je le rendrai comestible.

D'ALEMBERT

Rendre le marbre comestible, cela ne me paraît pas facile.

DIDEROT

C'est mon affaire, que de vous en indiquer le procédé. Je prends la statue que vous voyez, je la mets dans un mortier, et à grands coups de pilon...

D'ALEMBERT

Doucement, s'il vous plaît : c'est le chef-d'œuvre de Falconet [1]. Encore si c'était un morceau d'Huez [2] ou d'un autre...

---

substance animale vivante ;... *l'animal est le laboratoire où la sensibilité, d'inerte qu'elle était, devient active* » (*op. cit.*, p. 300). La lettre à Sophie Volland du 15 octobre 1759 développait déjà la question : « Quoi, une chose qui ne vivait pas, appliquée à une chose qui vivait, est devenue vivante et vous entendez cela? » (édit. Babelon, t. I, p. 70) ; mais le paradoxe qui scandalisait Mme d'Aine a pris dix ans plus tard l'allure d'une hypothèse scientifique.

1. Étienne-Maurice Falconet (1716-1791), élève du sculpteur Lemoyne, grâce au groupe de *Pygmalion et Galatée* exposé au Salon de 1763, était devenu le plus grand rival de Pigalle. Il dirigea de 1757 à 1766 l'atelier de sculpture de la manufacture de Sèvres. Dès 1765, une correspondance entre lui et Diderot s'établit sur « le sentiment de l'immortalité ou le respect de la postérité » (*Lettres à Sophie Volland*, t. II, p. 92). Grâce à l'amitié de Diderot, Catherine II l'appela, en 1766, à Saint-Pétersbourg, pour sculpter la monumentale statue de Pierre le Grand. Le 19 septembre 1767, Diderot reçut de lui le manuscrit de sa correspondance (*ibid.*, t. II, p. 152). Au moment même où il rédigeait *le Rêve de d'Alembert* (*ibid.*, t. II, p. 223, 2 septembre 1769), il s'apprêtait à la mettre en ordre et à réfuter à la fois son dédain de la postérité et sa conception mercantile de l'art.

2. Sculpteur médiocre, Huez (1728-1793) siégeait à l'Académie

DIDEROT

Cela ne fait rien à Falconet ; la statue est payée, et Falconet fait peu de cas de la considération présente, aucun de la considération à venir.

D'ALEMBERT

Allons, pulvérisez donc.

DIDEROT

Lorsque le bloc de marbre est réduit en poudre impalpable, je mêle cette poudre à de l'humus ou terre végétale ; je les pétris bien ensemble ; j'arrose le mélange, je le laisse putréfier un an, deux ans, un siècle ; le temps ne me fait rien. Lorsque le tout s'est transformé en une matière à peu près homogène, en humus, savez-vous ce que je fais ?

D'ALEMBERT

Je suis sûr que vous ne mangez pas de l'humus.

DIDEROT

Non, mais il y a un moyen d'union, d'appropriation, entre l'humus et moi, un *latus*, comme vous dirait le chimiste.

D'ALEMBERT

Et ce *latus*, c'est la plante ?

DIDEROT

Fort bien. J'y sème des pois, des fèves, des choux, d'autres plantes légumineuses. Les plantes se nourrissent de la terre, et je me nourris des plantes.

D'ALEMBERT

Vrai ou faux, j'aime ce passage du marbre à l'humus, de

---

française de sculpture. On cite toujours le mot de Grimm sur son œuvre maîtresse, le monument au père de Maupertuis à l'église Saint-Roch : « Il ne rendra pas à M. Huez l'immortalité qu'il donne au père de Maupertuis ».

l'humus au règne végétal, et du règne végétal au règne animal, à la chair [1].

DIDEROT

Je fais donc de la chair ou de l'âme, comme dit ma fille [2], une matière activement sensible; et si je ne résous pas le problème que vous m'avez proposé, du moins j'en approche beaucoup; car vous m'avouerez qu'il y a bien plus loin d'un morceau de marbre à un être qui sent, que d'un être qui sent à un être qui pense.

D'ALEMBERT

J'en conviens. Avec tout cela l'être sensible n'est pas encore l'être pensant.

DIDEROT

Avant que de faire un pas en avant, permettez-moi de

---

1. Cette idée de « la chaîne des êtres » est une des idées-forces du XVIIIe siècle. Depuis Leibniz, qui ne voyait point de « saut » dans la nature, beaucoup de naturalistes admettaient une loi générale de continuité : selon Buffon, « la nature descend par degrés et par nuances imperceptibles » (*Histoire des animaux*, édit. Furne, Paris, 1837, t. III, p. 3). En 1764, Charles Bonnet donne une « vue générale de la progression graduelle des êtres » (*la Contemplation de la nature*, *op. cit.*, t. IV, p. 38-115) et étudie tout spécialement les « passages ». En 1766 enfin, Robinet expose à son tour « la gradation naturelle des êtres et les lois de cette gradation » (*De la nature*, t. IV, livre I), mais réduit toute matière à l'animalité et l'univers même à un organisme.

M. Arthur Lovejoy a étudié la genèse de cette idée et son extension au XVIIIe siècle (*The great chain of being*, Cambridge, Harvard University Press, 1948, cf. chap. VIII, p. 227 sq.).

2. Nouveau passage à la limite, où Diderot n'a que La Mettrie pour précurseur (cf. *l'Homme-machine*, *op. cit.*, p. 113). Une lettre à Sophie Volland du 10 août 1769 précise d'ailleurs l'anecdote à laquelle il fait allusion : « Le beau chemin que cet enfant a fait toute seule. Je m'avisai, il y a quelques jours, de lui demander ce que c'était que l'âme : « L'âme, me répondit-elle? mais on fait de l'âme quand on fait de la chair ». Elle prétend que, si l'homme est immortel, et que l'animal meurt pour toujours et que la vraie raison ce soit la supériorité de l'intelligence du premier sur l'autre, il faut qu'elle meure aussi, car il y a plus de différence entre elle et moi, qu'entre elle et un animal» (*op. cit.*, t. II, p. 218). L'épisode a l'avantage de faire dater du début d'août 1769 la rédaction de l'*Entretien*.

vous faire l'histoire d'un des plus grands géomètres de l'Europe. Qu'était-ce d'abord que cet être merveilleux? Rien.

D'ALEMBERT

Comment rien! On ne fait rien de rien.

DIDEROT

Vous prenez les mots trop à la lettre. Je veux dire qu'avant que sa mère, la belle et scélérate chanoinesse Tencin, eût atteint l'âge de puberté, avant que le militaire La Touche fût adolescent, les molécules qui devaient former les premiers rudiments de mon géomètre étaient éparses dans les jeunes et frêles machines de l'une et de l'autre, se filtrèrent avec la lymphe, circulèrent avec le sang, jusqu'à ce qu'enfin elles se rendissent dans les réservoirs destinés à leur coalition, les testicules de sa mère et de son père. Voilà ce germe rare formé; le voilà, comme c'est l'opinion commune, amené par les trompes de Fallope [1] dans la matrice; le voilà attaché à la matrice par un long pédicule; le voilà, s'accroissant successivement et s'avançant à l'état de fœtus; voilà le moment de sa sortie de l'obscure prison arrivé; le voilà né, exposé sur les degrés de Saint-Jean-le-Rond qui lui donna son nom; tiré des Enfants-Trouvés; attaché à la mamelle de la bonne vitrière, madame Rousseau; allaité, devenu grand de corps et d'esprit, littérateur, mécanicien, géomètre [2]. Comment cela s'est-il fait? En mangeant et par d'autres opérations purement mécaniques. Voici en quatre mots la formule générale : Mangez, digérez, distillez *in vasi licito, et fiat homo secundum artem* [3]. Et celui qui exposerait à l'Académie le progrès

1. G. Fallope, célèbre anatomiste (1523-1562), succéda à son maître Vésale dans la chaire de Padoue, en 1551, et laissa son nom aux trompes utérines dont il reconnut le premier le caractère tubulaire.

2. L'histoire de d'Alembert racontée par Diderot est strictement exacte, trop exacte pour avoir plu au géomètre, qui put y voir une raison suffisante pour exiger la destruction du dialogue.

3. Parodie moliéresque d'une ordonnance médicale; mais il n'y a pas seulement de la drôlerie à assimiler la génération à un processus d'ordre chimique. Diderot veut insister sur le caractère purement mécanique de l'opération.

de la formation d'un homme ou d'un animal, n'emploierait que des agents matériels dont les effets successifs seraient un être inerte, un être sentant, un être pensant, un être résolvant le problème de la précession des équinoxes, un être sublime, un être merveilleux, un être vieillissant, dépérissant, mourant, dissous et rendu à la terre végétale.

D'ALEMBERT

Vous ne croyez donc pas aux germes préexistants [1] ?

DIDEROT

Non.

D'ALEMBERT

Ah! que vous me faites plaisir!

DIDEROT

Cela est contre l'expérience et la raison : contre l'expé-

1. Diderot a toujours été hostile à cette théorie de la génération. Il en discutait au Grandval, au témoignage d'une lettre non datée rapportée par Naigeon : « Nous tombâmes sur la question des germes préexistants. Savez-vous ce que c'est que ces bêtes-là? C'est vous, c'est moi, ce sont tous les hommes qui sont, qui ont été et qui seront emboîtés les uns dans les autres jusqu'à l'ovaire d'Ève et au testicule d'Adam, qui furent les deux premières boîtes d'où sortirent avec le temps tant de sots, sans compter les défenseurs de ce système » (*A Sophie Volland*, *op. cit.*, t. II, p. 266). La croyance à la préformation où, dès 1669, s'était complu Swammerdam, avait conduit à l'extraordinaire théorie de l'emboîtement des germes, avec les deux variantes des *ovistes* et des *animalculistes*. « Quidquid est hominum in lumbis Adami et Evæ occlusum fuit », disait Swammerdam. Pour les ovistes comme Haller et Bonnet, le fœtus est préformé dans l'œuf et l'œuf dans le fœtus femelle jusqu'à l'infini ; pour les animalculistes, c'est au contraire le premier homme qui renferme sa postérité tout entière, puisque le fœtus préformé se trouve à l'intérieur du spermatozoïde (Andry, Geoffroy). Contre Haller et Bonnet, qui invoquaient l'infinie divisibilité de la matière, se dressaient dès 1745 Maupertuis (*Vénus physique*, *op. cit.*, chapitre III, p. 14 sq.), puis en 1746 Buffon (*Histoire des animaux*, *op. cit.*, t. III, p. 7 sq.) qui dénonce dans la divisibilité à l'infini une abstraction, une illusion mathématique « qui n'existe pas dans la nature des choses », tout en invoquant les phénomènes de ressemblance, de métissage et d'hybridation. Diderot suit dans cette discussion les partisans de l'épigenèse, sans s'embarrasser des réticences de Buffon, et admet une construction mécanique du fœtus par additions successives ; c'est la suite naturelle de son matérialisme.

rience qui chercherait inutilement ces germes dans l'œuf et dans la plupart des animaux avant un certain âge ; contre la raison qui nous apprend que la divisibilité de la matière a un terme dans la nature, quoiqu'elle n'en ait aucun dans l'entendement, et qui répugne à concevoir un éléphant tout formé dans un atome et dans cet atome un autre éléphant tout formé, et ainsi de suite à l'infini.

D'ALEMBERT

Mais sans ces germes préexistants, la génération première des animaux ne se conçoit pas.

DIDEROT

Si la question de la priorité de l'œuf sur la poule ou de la poule sur l'œuf vous embarrasse, c'est que vous supposez que les animaux ont été originairement ce qu'ils sont à présent [1]. Quelle folie ! On ne sait non plus ce qu'ils ont

1. L'hypothèse transformiste cheminait depuis longtemps dans l'esprit de Diderot. Dès 1749, Saunderson dans la *Lettre sur les aveugles* imagine les premiers effets monstrueux de la nature : « Si nous remontions à la naissance des choses et des temps, et que nous sentissions la matière se mouvoir et le chaos se débrouiller, nous rencontrerions une multitude d'êtres informes pour quelques êtres bien organisés... ». En 1754, Diderot posait plus nettement la question dans l'*Interprétation de la nature* : « De même que dans le règne animal et végétal un individu commence... s'accroît, dure, dépérit et passe, n'en serait-il pas de même des espèces entières?... L'embryon a passé par une infinité d'organisations et de développements... Il s'est écoulé des millions d'années entre chacun de ces développements... Il a peut-être encore d'autres développements à subir, et d'autres accroissements à prendre qui nous sont inconnus ». En même temps que Diderot et sans qu'une influence décisive puisse être établie, le *Telliamed* du consul Maillet décrivait de façon romanesque la naissance de la vie dans les eaux marines, la transformation des poissons en animaux terrestres, « la transmigration des races marines à la respiration de l'air » (1re Édit. 1748-La Haye, Duchêne, 1755, t. II, p. 158 sq. et 232 sq.). Buffon s'appuyait sur la paléontologie naissante et sur l'étude des fossiles et parlait beaucoup plus net : « Combien d'autres espèces, s'étant dénaturées, c'est-à-dire perfectionnées ou dégradées par les grandes vicissitudes de la terre et des eaux..., par la longue influence d'un climat devenu contraire ou favorable, ne sont plus les mêmes qu'elles étaient autrefois ». L'originalité de Diderot est d'attaquer de front le fixisme fondé sur le récit de la *Genèse* et de lever l'hypothèque d'origine religieuse qui pesait sur l'avenir de l'ontogénie.

été qu'on ne sait ce qu'ils deviendront. Le vermisseau imperceptible qui s'agite dans la fange, s'achemine peut-être à l'état de grand animal ; l'animal énorme, qui nous épouvante par sa grandeur, s'achemine peut-être à l'état de vermisseau, est peut-être une production particulière et momentanée de cette planète.

D'ALEMBERT

Comment avez-vous dit cela?

DIDEROT

Je vous disais... Mais cela va nous écarter de notre première discussion.

D'ALEMBERT

Qu'est-ce que cela fait? Nous y reviendrons ou nous n'y reviendrons pas.

DIDEROT

Me permettriez-vous d'anticiper de quelques milliers d'années sur les temps?

D'ALEMBERT

Pourquoi non? Le temps n'est rien pour la nature.

DIDEROT

Vous consentez donc que j'éteigne notre soleil?

D'ALEMBERT

D'autant plus volontiers que ce ne sera pas le premier qui se soit éteint.

DIDEROT

Le soleil éteint, qu'en arrivera-t-il? Les plantes périront, les animaux périront, et voilà la terre solitaire et muette. Rallumez cet astre, et à l'instant vous rétablissez la cause nécessaire d'une infinité de générations nouvelles, entre lesquelles je n'oserais assurer qu'à la suite des siècles nos plantes, nos animaux d'aujourd'hui se reproduiront ou ne se reproduiront pas.

D'ALEMBERT

Et pourquoi les mêmes éléments épars venant à se réunir, ne rendraient-ils pas les mêmes résultats?

DIDEROT

C'est que tout tient dans la nature, et que celui qui suppose un nouveau phénomène ou ramène un instant passé, recrée un nouveau monde.

D'ALEMBERT

C'est ce qu'un penseur profond ne saurait nier. Mais pour en revenir à l'homme, puisque l'ordre général a voulu qu'il fût, rappelez-vous que c'est au passage d'être sentant à l'être pensant que vous m'avez laissé.

DIDEROT

Je m'en souviens.

D'ALEMBERT

Franchement vous m'obligeriez beaucoup de me tirer de là. Je suis un peu pressé de penser.

DIDEROT

Quand je n'en viendrais pas à bout, qu'en résulterait-il contre un enchaînement de faits incontestables ?

D'ALEMBERT

Rien, sinon que nous serions arrêtés là tout court.

DIDEROT

Et pour aller plus loin, nous serait-il permis d'inventer un agent contradictoire dans ses attributs, un mot vide de sens, inintelligible [1] ?

1. Retour de Diderot à la question préjudicielle évoquée dans l'*Entretien* : la science positive doit se passer de Dieu. Tout recours à Dieu est un aveu d'impuissance ou d'ignorance. C'est par là que l'athéisme de Diderot ne peut être confondu avec le déisme de Voltaire, de Maupertuis ou de d'Alembert. Il est curieux de comparer à ce texte une lettre de d'Alembert à Voltaire du 29 août 1769, donc strictement

D'ALEMBERT

Non.

DIDEROT

Pourriez-vous me dire ce que c'est que l'existence d'un être sentant, par rapport à lui-même?

D'ALEMBERT

C'est la conscience d'avoir été lui, depuis le premier instant de sa réflexion jusqu'au moment présent.

DIDEROT

Et sur quoi cette conscience est-elle fondée?

D'ALEMBERT

Sur la mémoire de ses actions.

DIDEROT

Et sans cette mémoire?

D'ALEMBERT

Sans cette mémoire il n'aurait point de lui [1], puisque, ne sentant son existence que dans le moment de l'impression, il

contemporaine de la rédaction de l'*Entretien*, où le géomètre condamne le matérialisme issu de Spinoza : « Toute sa métaphysique ne signifie rien ou elle signifie que la matière est la seule chose existante et que c'est dans elle qu'il faut chercher ou supposer la raison de tout. Je sais que ce sentiment est abominable... » (*Œuvres de Voltaire*, édit. Moland, tome 46, p. 424). Or c'est le sentiment de Diderot ; la destruction de nos trois dialogues pourrait donc apparaître comme un épisode de la lutte entre le clan voltairien et le clan holbachique, lutte dont le point culminant devait être la publication en 1770 du *Système de la nature*.

1. Nous retrouvons cette même assimilation de la conscience et de la mémoire dans les *Éléments de physiologie* (édit. Assezat, t. IX, p. 370): « Sans la mémoire, à chaque sensation l'être sensible passerait du sommeil au réveil et du réveil au sommeil ; à peine aurait-il le temps de s'avouer qu'il existe. Il n'éprouverait qu'une surprise momentanée à chaque sensation ; il sortirait du néant et y retomberait ». La mémoire est « une loi de continuité d'état propre à l'être sensible, vivant et organisé ».

n'aurait aucune histoire de sa vie. Sa vie serait une suite interrompue de sensations que rien ne lierait.

DIDEROT

Fort bien. Et qu'est-ce que la mémoire? d'où naît-elle?

D'ALEMBERT

D'une certaine organisation qui s'accroît, s'affaiblit et se perd quelquefois entièrement.

DIDEROT

Si donc un être qui sent et qui a cette organisation propre à la mémoire lie les impressions qu'il reçoit, forme par cette liaison une histoire qui est celle de sa vie, et acquiert la conscience de lui, il nie, il affirme, il conclut, il pense.

D'ALEMBERT

Cela me paraît; il ne me reste plus qu'une difficulté.

DIDEROT

Vous vous trompez; il vous en reste bien davantage.

D'ALEMBERT

Mais une principale; c'est qu'il me semble que nous ne pouvons penser qu'à une seule chose à la fois, et que pour former, je ne dis pas ces énormes chaînes de raisonnements qui embrassent dans leur circuit des milliers d'idées, mais une simple proposition, on dirait qu'il faut avoir au moins deux choses présentes, l'objet qui semble rester sous l'œil de l'entendement, tandis qu'il s'occupe de la qualité qu'il en affirmera ou niera.

DIDEROT

Je le pense; ce qui m'a fait quelquefois comparer les fibres de nos organes à des cordes vibrantes sensibles [1]. La

1. Nouvelle application du raisonnement par analogie. Diderot compare l'association des idées à un phénomène purement mécanique de résonance. La Mettrie avait déjà comparé « les accords du cerveau » à « une corde de violon ou une touche de clavecin (qui) frémit et rend un son » (cf. *l'Homme-machine*, *op. cit.*, p. 83). Depuis sa rencontre

corde vibrante sensible oscille, résonne longtemps encore après qu'on l'a pincée. C'est cette oscillation, cette espèce de résonance nécessaire qui tient l'objet présent, tandis que l'entendement s'occupe de la qualité qui lui convient. Mais les cordes vibrantes ont encore une autre propriété, c'est d'en faire frémir d'autres ; et c'est ainsi qu'une première idée en rappelle une seconde, ces deux-là une troisième, toutes les trois une quatrième, et ainsi de suite, sans qu'on puisse fixer la limite des idées réveillées, enchaînées, du philosophe qui médite ou qui s'écoute dans le silence et l'obscurité. Cet instrument a des sauts étonnants, et une idée réveillée va faire quelquefois frémir une harmonique qui en est à un intervalle incompréhensible. Si le phénomène s'observe entre des cordes sonores, inertes et séparées, comment n'aurait-il pas lieu entre des points vivants et liés, entre des fibres continues et sensibles ?

D'ALEMBERT

Si cela n'est pas vrai, cela est au moins très ingénieux. Mais on serait tenté de croire que vous tombez imperceptiblement dans l'inconvénient que vous vouliez éviter.

DIDEROT

Quel ?

D'ALEMBERT

Vous en voulez à la distinction des deux substances [1].

---

avec Rousseau, Diderot s'intéresse à la musique et aux lois de l'acoustique (*Pensées sur l'interprétation de la nature*, t. II, p. 30 sq., cinquièmes conjectures). En 1769-1770, il mettra au net le *Traité d'harmonie* du maître de musique de sa fille, Bemetzrieder (cf. *A Sophie Volland*, t. II, p. 242).

1. Cette hostilité au dualisme, qu'il reflète la métaphysique cartésienne ou la tradition théologique, est généralement répandue chez les philosophes matérialistes du XVIIIe siècle. La Mettrie voulait en finir avec « ces idées creuses et triviales, ces raisonnements rebattus et pitoyables qu'on fera sur la prétendue incompatibilité des deux substances » (*l'Homme-machine*, p. 143). Même son chez d'Holbach (*Système de la nature*, s. l., 1770, t. I, p. 99, note 29, et p. 360). Diderot n'a jamais varié sur ce point : « Ridicule écrivain, déclare-t-il dans les

DIDEROT

Je ne m'en cache pas.

D'ALEMBERT

Et si vous y regardez de près, vous faites de l'entendement du philosophe un être distinct de l'instrument, une espèce de musicien qui prête l'oreille aux cordes vibrantes, et qui prononce sur leur consonance ou leur dissonance [1].

DIDEROT

Il se peut que j'aie donné lieu à cette objection, que peut-être vous ne m'eussiez pas faite si vous eussiez considéré la différence de l'instrument philosophe et de l'instrument clavecin. L'instrument philosophe est sensible ; il est en même temps le musicien et l'instrument. Comme sensible, il a la conscience momentanée du son qu'il rend ; comme

---

Éléments de physiologie (t. IX, p. 271), si j'admets une fois ces deux substances distinctes, tu n'as plus rien à m'apprendre. Car tu ne sais ce que c'est que celle que tu appelles âme, moins encore comment elles sont unies, et pas plus comment elles agissent réciproquement l'une sur l'autre ». Dans ses *Mélanges* (t. IX, p. 437) il répète : « Y a-t-il quelque chose de plus absurde que le contact de deux êtres dont l'un n'a point de parties et n'occupe point d'espace? »

1. Diderot sent fort bien le point faible de sa doctrine. Comment passer de la sensibilité et même de la mémoire purement organique au jugement, à l'activité intellectuelle ? Dans *le Rêve de d'Alembert* et surtout dans les *Éléments de physiologie*, il essaiera d'établir un lien nécessaire entre les phénomènes naturels, les sensations et les idées et esquissera une théorie génétique de l'entendement (cf. *Œuvres*, t. IX, p. 372, sq.). Cependant, en face de l'assertion brutale d'Helvétius : « Sentir, c'est juger », il réagira violemment : « Passer brusquement de la sensibilité physique, c'est-à-dire que je ne suis pas une plante, une pierre, un métal, à l'amour du bonheur; de l'amour du bonheur à l'intérêt; de l'intérêt à l'attention ; de l'attention à la comparaison des idées ; je ne saurais m'accommoder de ces généralités-là. Je suis homme et il me faut des causes propres à l'homme. Si, partant du seul phénomène de la sensibilité physique, propriété générale de la matière ou résultat de l'organisation, Helvétius en eût déduit avec clarté toutes les opérations de l'entendement, il eût fait une chose neuve, difficile et belle » (*Réfutation de l'homme*, t. II, p. 300-301).

animal, il en a la mémoire. Cette faculté organique, en liant les sons en lui-même, y produit et conserve la mélodie. Supposez au clavecin de la sensibilité et de la mémoire, et dites-moi s'il ne saura pas, s'il ne se répétera pas de lui-même les airs que vous aurez exécutés sur ses touches. Nous sommes des instruments doués de sensibilité et de mémoire. Nos sens sont autant de touches qui sont pincées par la nature qui nous environne, et qui se pincent souvent elles-mêmes ; et voici, à mon jugement, tout ce qui se passe dans un clavecin organisé comme vous et moi. Il y a une impression qui a sa cause au dedans ou au dehors de l'instrument, une sensation qui naît de cette impression, une sensation qui dure ; car il est impossible d'imaginer qu'elle se fasse et qu'elle s'éteigne dans un instant indivisible ; une autre impression qui lui succède, et qui a pareillement sa cause au dedans et au dehors de l'animal ; une seconde sensation et des voix qui les désignent par des sons naturels ou conventionnels.

D'ALEMBERT

J'entends. Ainsi donc, si ce clavecin sensible et animé était encore doué de la faculté de se nourrir et de se reproduire, il vivrait et engendrerait de lui-même, ou avec sa femelle, de petits clavecins vivants et résonnants.

DIDEROT

Sans doute. A votre avis, qu'est-ce autre chose qu'un pinson, un rossignol, un musicien, un homme ? Et quelle autre différence trouvez-vous entre le serin et la serinette [1] ? Voyez-vous cet œuf ? c'est avec cela qu'on renverse toutes les écoles de théologie et tous les temples de la terre [2].

---

1. « Petit orgue de Barbarie aujourd'hui en usage pour apprendre aux serins à chanter plusieurs airs » (*Encyclopédie*, t. XV, p. 96). Le tome V des planches de *l'Encyclopédie* (Briasson, Paris, 1767, *Lutherie*, planche 4) en donne plusieurs dessins détaillés.

2. L'étude minutieuse du développement embryonnaire dans l'œuf avait fourni des arguments d'importance aux partisans des germes préexistants. Dès 1672 Malpighi croyait à la préformation

Qu'est-ce que cet œuf? une masse insensible avant que le germe y soit introduit; et après que le germe y est introduit, qu'est-ce encore? une masse insensible, car ce germe n'est lui-même qu'un fluide inerte et grossier. Comment cette masse passera-t-elle à une autre organisation, à la sensibilité, à la vie? par la chaleur. Qu'y produira la chaleur? le mouvement. Quels seront les effets successifs du mouvement? Au lieu de me répondre, asseyez-vous, et suivons-les de l'œil de moment en moment. D'abord c'est un point qui oscille, un filet qui s'étend et qui se colore; de la chair qui se forme; un bec, des bouts d'ailes, des yeux, des pattes qui paraissent; une matière jaunâtre qui se dévide et produit des intestins; c'est un animal. Cet animal se meut, s'agite, crie; j'entends ses cris à travers la coque; il se couvre de duvet; il voit. La pesanteur de sa tête, qui oscille, porte sans cesse son bec contre la paroi intérieure de sa prison; la voilà brisée; il en sort, il marche, il vole, il s'irrite, il fuit, il approche, il se plaint, il souffre, il aime, il désire, il jouit; il a toutes vos affections; toutes vos actions, il les fait. Prétendrez-vous, avec Descartes, que c'est une pure machine imitative? Mais les petits enfants se moqueront de vous, et les philosophes vous répliqueront

du germe (*De ovo incubato observationes*, Bologne, 1672). En 1758 le physiologue Haller (*Mémoires sur la formation du cœur dans le poulet*, Lausanne, Bousquet, 1758) assimile la membrane du jaune et la membrane de l'intestin embryonnaire et en déduit que « le poulet existe lui-même dans l'œuf avant la fécondation ». En 1762, Charles Bonnet confirme ces vues (*Considérations sur les corps organisés*, *op. cit.*, t. III, p. 91 sq.). Diderot au contraire demeure fidèle à l'épigenèse. Dans le tome XV de *l'Encyclopédie*, il voyait dans le développement autonome de l'embryon l'argument essentiel du matérialisme moderne, des « néo-spinozistes ». « Le principe général de ceux-ci, c'est que la matière est sensible, ce qu'ils démontrent par le développement de l'œuf, corps inerte qui, par le seul instrument de la chaleur graduée, passe à l'état d'être sentant et vivant » (t. XV, p. 474, article *Spinoziste*). Diderot fait donc ici profession de néo-spinozisme. En fait, il sera moins net dans la *Réfutation de l'homme* (t. II, p. 301) : « Je vois clairement dans le développement de l'œuf,... la matière inerte en apparence mais organisée, passer par des agents purement physiques de l'état d'inertie à l'état de sensibilité et de vie, mais la liaison nécessaire de ce passage m'échappe ».

que si c'est là une machine, vous en êtes une autre. Si vous avouez qu'entre l'animal et vous il n'y a de différence que dans l'organisation, vous montrerez du sens et de la raison, vous serez de bonne foi ; mais on en conclura contre vous qu'avec une matière inerte, disposée d'une certaine manière, imprégnée d'une autre matière inerte, de la chaleur et du mouvement, on obtient de la sensibilité, de la vie, de la mémoire, de la conscience, des passions, de la pensée. Il ne vous reste qu'un de ces deux partis à prendre ; c'est d'imaginer dans la masse inerte de l'œuf un élément caché qui en attendait le développement pour manifester sa présence, ou de supposer que cet élément imperceptible s'y est insinué à travers la coque dans un instant déterminé du développement [1]. Mais qu'est-ce que cet élément? Occupait-il de l'espace, ou n'en occupait-il point? Comment est-il venu, ou s'est-il échappé, sans se mouvoir? Où était-il? Que faisait-il là ou ailleurs? A-t-il été créé à l'instant du besoin? Existait-il? Attendait-il un domicile? Était-il homogène ou hétérogène à ce domicile? Homogène, il était matériel ; hétérogène, on ne conçoit ni son inertie avant le développement, ni son énergie dans l'animal développé. Écoutez-vous, et vous aurez pitié de vous-même ; vous sentirez que, pour ne pas admettre une supposition simple qui explique tout, la sensibilité [2], propriété générale de la matière, ou produit de l'organisation, vous renoncez au sens commun, et vous

1. Même idée dans les *Éléments de physiologie* (t. IX, p. 408) : « Dans le progrès de l'incubation du fœtus, qu'on m'assigne le moment où l'âme s'y introduit ».

2. Diderot se contredit-il quand il affirme, dans la *Réfutation de l'homme* (t. II, p. 302) : « La sensibilité générale de la matière n'est qu'une supposition qui tire toute sa force des difficultés dont elle débarrasse, ce qui ne suffit pas en bonne philosophie »? Nous ne le croyons pas. Il y a une différence entre une hypothèse de travail qui peut se révéler scientifiquement féconde et un système intellectuellement satisfaisant. Diderot disait lui-même : « Après l'auteur qui nous apprend la vérité, le meilleur est celui dont les erreurs singulières nous y conduisent » (*ibid.*, t. IX, p. 252).

précipitez dans un abîme de mystères, de contradictions et d'absurdités.

D'ALEMBERT

Une supposition ! Cela vous plaît à dire. Mais si c'était une qualité essentiellement incompatible avec la matière?

DIDEROT

Et d'où savez-vous que la sensibilité est essentiellement incompatible avec la matière, vous qui ne connaissez l'essence de quoi que ce soit, ni de la matière, ni de la sensibilité? Entendez-vous mieux la nature du mouvement, son existence dans un corps, et sa communication d'un corps à un autre?

D'ALEMBERT

Sans concevoir la nature de la sensibilité, ni celle de la matière, je vois que la sensibilité est une qualité simple, une, indivisible et incompatible avec un sujet ou suppôt divisible.

DIDEROT

Galimatias métaphysico-théologique. Quoi? est-ce que vous ne voyez pas que toutes les qualités, toutes les formes sensibles dont la matière est revêtue, sont essentiellement indivisibles? Il n'y a ni plus ni moins d'impénétrabilité. Il y a la moitié d'un corps rond, mais il n'y a pas la moitié de la rondeur ; il y a plus ou moins de mouvement, mais il n'y a ni plus ni moins mouvement ; il n'y a ni la moitié, ni le tiers, ni le quart d'une tête, d'une oreille, d'un doigt, pas plus que la moitié, le tiers, le quart d'une pensée. Si dans l'univers il n'y a pas une molécule qui ressemble à une autre, dans une molécule pas un point qui ressemble à un autre point, convenez que l'atome même est doué d'une qualité, d'une forme indivisible ; convenez que la division est incompatible avec les essences des formes, puisqu'elle les détruit. Soyez physicien, et convenez de la production d'un effet lorsque vous le voyez produit, quoique vous ne puissiez vous expliquer la liaison de la cause à l'effet. Soyez logicien, et ne substituez pas à une cause qui est et qui explique tout, une autre cause qui ne se conçoit pas, dont la liaison avec l'effet se conçoit encore moins, qui engendre une multitude infinie de difficultés, et qui n'en résout aucune.

D'ALEMBERT

Mais si je me départs de cette cause?

DIDEROT

Il n'y a plus qu'une substance dans l'univers, dans l'homme, dans l'animal. La serinette est de bois, l'homme est de chair. Le serin est de chair, le musicien est d'une chair diversement organisée ; mais l'un et l'autre ont une même origine, une même formation, les mêmes fonctions et la même fin.

D'ALEMBERT

Et comment s'établit la convention des sons entre vos deux clavecins [1] ?

DIDEROT

Un animal étant un instrument sensible parfaitement semblable à un autre, doué de la même conformation, monté des mêmes cordes, pincé de la même manière par la joie, par la douleur, par la faim, par la soif, par la colique, par l'admiration, par l'effroi, il est impossible qu'au pôle et sous la ligne il rende des sons différents. Aussi trouverez-vous les interjections à peu près les mêmes dans toutes les langues mortes ou vivantes [2]. Il faut tirer du besoin et de la proximité l'origine des sons conventionnels [3].

1. Diderot, dans cette rapide digression, reprend quelques-uns des thèmes de la *Lettre sur les sourds et les muets* (1751), où il esquissait une théorie génétique du langage. Mais c'est l'aspect physiologique et non esthétique de la parole qui l'intéresse ici.

2. Dans la *Lettre sur les sourds et les muets*, l'interjection ou « hiéroglyphe syllabique » est une constante originelle qui dépend de « la conformation des organes de la parole », sans qu'il y ait un rapport explicable entre le son et le sens (cf. t. I, p. 381).

3. Souvenir de Lucrèce :
« Utilitas expressit nomina rerum » (*De Natura rerum*, V, v. 1029). Toute la digression en est d'ailleurs inspirée.

L'instrument sensible ou l'animal a éprouvé qu'en rendant tel son il s'ensuivait tel effet hors de lui, que d'autres instruments sensibles pareils à lui ou d'autres animaux semblables s'approchaient, s'éloignaient, demandaient, offraient, blessaient, caressaient, et ces effets se sont liés dans sa mémoire et dans celle des autres à la formation de ces sons. Et remarquez qu'il n'y a dans le commerce des hommes que des bruits et des actions. Et pour donner à mon système toute sa force, remarquez encore qu'il est sujet à la même difficulté insurmontable que Berkeley [1] a proposée contre l'existence des corps. Il y a un moment de délire où le clavecin sensible a pensé qu'il était le seul clavecin qu'il y eût au monde, et que toute l'harmonie de l'univers se passait en lui.

D'ALEMBERT

Il y a bien des choses à dire là-dessus.

DIDEROT

Cela est vrai.

D'ALEMBERT

Par exemple, on ne conçoit pas trop, d'après votre système, comment nous formons des syllogismes, ni comment nous tirons des conséquences.

DIDEROT

C'est que nous n'en tirons point : elles sont toutes tirées par la nature. Nous ne faisons qu'énoncer des phénomènes conjoints, dont la liaison est ou nécessaire ou contingente, phénomènes qui nous sont connus par l'expérience : nécessaires en mathématiques, en physique et autres sciences rigoureuses ; contingents en morale, en politique et autres sciences conjecturales.

---

1. *L'Alciphron* de Berkeley avait été traduit en 1724 par Élie de Joncourt et les *Dialogues d'Hylas et de Philonous* en 1750 par l'abbé Gua de Malves. Mais Diderot lisait l'anglais et, dès 1747, dans la *Promenade du sceptique*, il mettait en scène les partisans ridicules de l'idéalisme absolu (t. I, p. 228).

D'ALEMBERT

Est-ce que la liaison des phénomènes est moins nécessaire dans un cas que dans un autre?

DIDEROT

Non; mais la cause subit trop de vicissitudes particulières qui nous échappent, pour que nous puissions compter infailliblement sur l'effet qui s'ensuivra. La certitude que nous avons qu'un homme violent s'irritera d'une injure, n'est pas la même que celle qu'un corps qui en frappe un plus petit le mettra en mouvement.

D'ALEMBERT

Et l'analogie?

DIDEROT

L'analogie [1], dans les cas les plus composés, n'est qu'une règle de trois qui s'exécute dans l'instrument sensible. Si tel phénomène connu en nature est suivi de tel autre phénomène connu en nature, quel sera le quatrième phénomène conséquent à un troisième, ou donné par la nature, ou imaginé à l'imitation de nature? Si la lance d'un guerrier ordinaire a dix pieds de long, quelle sera la lance d'Ajax? Si je puis lancer une pierre de quatre livres, Diomède doit remuer un quartier de rocher. Les enjambées des dieux et les bonds de leurs chevaux seront dans le rapport imaginé des dieux à l'homme. C'est une quatrième corde harmonique et proportionnelle à trois autres dont l'animal attend la résonance qui se fait toujours en lui-même, mais qui ne se fait pas toujours en nature. Peu importe au poète, il n'en est pas moins vrai. C'est autre chose pour le philo-

1. Le raisonnement analogique pour Diderot est non seulement l'élément essentiel du mécanisme intellectuel, mais la seule voie de la découverte philosophique. En liaison avec l'observateur, le « manouvrier d'expérience », le philosophe indique l'hypothèse féconde, « subodore... des procédés inconnus, des expériences nouvelles, des résultats ignorés ». Son génie est « de supposer ou d'apercevoir des oppositions ou des analogies » (*De l'Interprétation de la nature*, *op. cit.*, t. II, p. 24).

sophe; il faut qu'il interroge ensuite la nature qui, lui donnant souvent un phénomène tout à fait différent de celui qu'il avait présumé, alors il s'aperçoit que l'analogie l'a séduit [1].

D'ALEMBERT

Adieu, mon ami, bonsoir et bonne nuit.

DIDEROT

Vous plaisantez; mais vous rêverez [2] sur votre oreiller à cet entretien, et s'il n'y prend pas de la consistance, tant pis pour vous, car vous serez forcé d'embrasser des hypothèses bien autrement ridicules.

D'ALEMBERT

Vous vous trompez; sceptique je me serai couché, sceptique je me lèverai [3].

DIDEROT

Sceptique! Est-ce qu'on est sceptique?

D'ALEMBERT

En voici bien d'une autre? N'allez-vous pas me soutenir que je ne suis pas sceptique? Et qui le sait mieux que moi?

---

1. C'est la méthode d'« inversion » que recommandait Diderot dans *l'Interprétation de la nature* (t. II, p. 40) : « Comme les systèmes... ne sont appuyés que sur des idées vagues, des soupçons légers, des analogies trompeuses, et même, puisqu'il faut le dire, sur des chimères que l'esprit échauffé prend facilement pour des vues, il n'en faut abandonner aucun, sans auparavant l'avoir fait passer par l'épreuve de l'inversion ». Claude Bernard ne dira pas autrement.

2. Annonce du second dialogue, *le Rêve de d'Alembert*.

3. D'Alembert n'aurait pas récusé le mot que lui prêtait Diderot. C'était un des points qui opposaient les deux hommes. D'Alembert déclarait dans le *Discours préliminaire* de *l'Encyclopédie* (t. I, p. 77) : « L'esprit d'hypothèse et de conjecture pouvait autrefois être fort utile... Mais un écrivain qui ferait parmi nous l'éloge des systèmes viendrait trop tard ». Aussi faut-il voir quelque malice dans le rôle que lui fera jouer Diderot dans le *Rêve*.

DIDEROT

Attendez un moment.

D'ALEMBERT

Dépêchez-vous, car je suis pressé de dormir.

DIDEROT

Je serai court. Croyez-vous qu'il y ait une seule question discutée sur laquelle un homme reste avec une égale et rigoureuse mesure de raison pour et contre?

D'ALEMBERT

Non, ce serait l'âne de Buridan.

DIDEROT

En ce cas, il n'y a donc point de sceptique, puisqu'à l'exception des questions de mathématiques, qui ne comportent pas la moindre incertitude [1], il y a du pour et du contre dans toutes les autres. La balance n'est donc jamais égale, et il est impossible qu'elle ne penche pas du côté où nous croyons le plus de vraisemblance.

D'ALEMBERT

Mais je vois le matin la vraisemblance à ma droite, et l'après-midi elle est à ma gauche.

DIDEROT

C'est-à-dire que vous êtes dogmatique pour, le matin, et dogmatique contre, l'après-midi.

D'ALEMBERT

Et le soir, quand je me rappelle cette inconstance si

1. Nouvelle malice de Diderot à l'égard du géomètre d'Alembert. Dès 1754, Diderot prédisait le déclin des sciences mathématiques (*De l'Interprétation de la nature*, t. II, p. 10-11) dans lesquelles il ne voyait qu'un jeu. « Qu'il s'en tienne aux équations, c'est son lot », disait-il un jour de son ami (*A Sophie Volland*, t. I, p. 97, 31 août 1760), à qui il refusait volontiers l'esprit de finesse.

rapide de mes jugements, je ne crois rien, ni du matin, ni de l'après-midi.

DIDEROT

C'est-à-dire que vous ne vous rappelez plus la prépondérance des deux opinions entre lesquelles vous avez oscillé ; que cette prépondérance vous paraît trop légère pour asseoir un sentiment fixe, et que vous prenez le parti de ne plus vous occuper de sujets aussi problématiques, d'en abandonner la discussion aux autres, et de n'en pas disputer davantage.

D'ALEMBERT

Cela se peut.

DIDEROT

Mais si quelqu'un vous tirait à l'écart, et vous questionnant d'amitié, vous demandait, en conscience, des deux partis quel est celui où vous trouvez le moins de difficultés, de bonne foi seriez-vous embarrassé de répondre, et réaliseriez-vous l'âne de Buridan ?

D'ALEMBERT

Je crois que non.

DIDEROT

Tenez, mon ami, si vous y pensez bien, vous trouverez qu'en tout, notre véritable sentiment n'est pas celui dans lequel nous n'avons jamais vacillé, mais celui auquel nous sommes le plus habituellement revenus.

D'ALEMBERT

Je crois que vous avez raison.

DIDEROT

Et moi aussi. Bonsoir, mon ami, et *memento quia pulvis es, et in pulverem reverteris.*

D'ALEMBERT

Cela est triste.

DIDEROT

Et nécessaire. Accordez à l'homme, je ne dis pas l'immortalité, mais seulement le double de sa durée, et vous verrez ce qui en arrivera.

D'ALEMBERT

Et que voulez-vous qu'il en arrive? Mais qu'est-ce que cela me fait? Qu'il en arrive ce qui pourra. Je veux dormir, bonsoir.

LE RÊVE DE D'ALEMBERT

INTERLOCUTEURS

D'ALEMBERT, MADEMOISELLE DE L'ESPINASSE, LE MÉDECIN BORDEU.

BORDEU

Eh bien ! qu'est-ce qu'il y a de nouveau ? Est-ce qu'il est malade ?

MADEMOISELLE DE L'ESPINASSE

Je le crains ; il a eu la nuit la plus agitée.

BORDEU

Est-il éveillé ?

MADEMOISELLE DE L'ESPINASSE

Pas encore.

BORDEU

Après s'être approché du lit de d'Alembert et lui avoir tâté le pouls et la peau.

Ce ne sera rien.

MADEMOISELLE DE L'ESPINASSE

Vous croyez ?

BORDEU

J'en réponds. Le pouls est bon... [1] un peu faible... la peau moite... la respiration facile.

---

1. Théophile de Bordeu (1722-1776), médecin d'origine béarnaise, arrivé à Paris en 1752, collaborait déjà en 1753 à *l'Encyclopédie* de Diderot (article *Crise*) ; en 1756 ses *Recherches sur le pouls* lui valurent une grande notoriété ; dans cet excellent travail de praticien, Bordeu allait jusqu'à soutenir que les différentes sortes de pulsations permettent de reconnaître la maladie (in *Œuvres*, Paris, Caille et Ravier, 1818, t. I, p. 421).

MADEMOISELLE DE L'ESPINASSE

N'y a-t-il rien à lui faire?

BORDEU

Rien.

MADEMOISELLE DE L'ESPINASSE

Tant mieux, car il déteste les remèdes.

BORDEU

Et moi aussi [1]. Qu'a-t-il mangé à souper?

MADEMOISELLE DE L'ESPINASSE

Il n'a rien voulu prendre. Je ne sais où il avait passé la soirée, mais il est revenu soucieux.

BORDEU

C'est un petit mouvement fébrile qui n'aura point de suite.

MADEMOISELLE DE L'ESPINASSE

En rentrant, il a pris sa robe de chambre, son bonnet de nuit, et s'est jeté dans son fauteuil, où il s'est assoupi.

BORDEU

Le sommeil est bon partout; mais il eût été mieux dans son lit.

MADEMOISELLE DE L'ESPINASSE

Il s'est fâché contre Antoine, qui le lui disait; et il a fallu le tirailler une demi-heure pour le faire coucher.

BORDEU

C'est ce qui m'arrive tous les jours, quoique je me porte bien.

---

1. Bordeu ne détestait pas les remèdes traditionnels, mais les tenait en méfiance. A l'intervention immédiate, il préférait le procédé expectatif qui recherche la cause organique spécifique de la maladie : le grand médecin genevois Tronchin, à qui Diderot l'associait (au chevet de Mme Legendre en février 1766 et de Damilaville en septembre 1768), le suivait d'ailleurs dans ce renouveau de l'hippocratisme (*A Sophie Volland*, *op. cit.*, t. II, p. 129 et 184).

MADEMOISELLE DE L'ESPINASSE

Quand il a été couché, au lieu de reposer à son ordinaire, car il dort comme un enfant, il s'est mis à se tourner, à se retourner, à tirer ses bras, à écarter ses couvertures, et à parler haut.

BORDEU

Et qu'est-ce qu'il disait? de la géométrie?

MADEMOISELLE DE L'ESPINASSE

Non; cela avait tout l'air du délire. C'était, en commençant, un galimatias de cordes vibrantes et de fibres sensibles. Cela m'a paru si fou que, résolue de ne le pas quitter de la nuit [1] et ne sachant que faire, j'ai approché une petite table du pied de son lit, et me suis mise à écrire tout ce que j'ai pu attraper de sa rêvasserie.

BORDEU

Bon tour de tête qui est bien de vous. Et peut-on voir cela?

MADEMOISELLE DE L'ESPINASSE

Sans difficulté; mais je veux mourir, si vous y comprenez quelque chose.

BORDEU

Peut-être.

MADEMOISELLE DE L'ESPINASSE

Docteur, êtes-vous prêt?

BORDEU

Oui.

MADEMOISELLE DE L'ESPINASSE

Écoutez. « Un point vivant... Non, je me trompe. Rien

1. C'est effectivement au chevet de d'Alembert malade que Diderot semble avoir rencontré pour la première fois Julie de Lespinasse (*A Sophie Volland*, *op. cit.*, t. II, p. 55) : « Une demoiselle d'Espinas qui s'y établit le matin à huit heures et qui n'en sort qu'à minuit ». Toute la mise en scène du *Rêve* semble un souvenir de cet épisode.

d'abord, puis un point vivant... [1] A ce point vivant il s'en applique un autre, encore un autre ; et par ces applications successives il résulte un être un, car je suis bien un, je n'en saurais douter... (En disant cela, il se tâtait partout.) Mais comment cette unité s'est-elle faite? (Eh! mon ami, lui ai-je dit, qu'est-ce que cela vous fait? dormez... Il s'est tu. Après un moment de silence il a repris comme s'il s'adressait à quelqu'un.) Tenez, philosophe, je vois bien un agrégat, un tissu de petits êtres sensibles, mais un animal!... un tout! un système un, lui, ayant la conscience de son unité [2]!

---

1. Ce sont les observations du médecin de Charles Ier, Harvey, qui vers 1633 percèrent quelques-uns des mystères de la génération (*Exercitationes de generatione animalium*, Londres, 1651, exercit. 62 : *De generatione viviparum*) ; de nombreuses dissections sur les biches des parcs royaux lui permirent de distinguer deux mois et cinq jours après la conception le « point sautillant », *punctum saliens*, c'est-à-dire les premiers battements du cœur du fœtus. Haller les notera avec minutie dans le développement du poulet (*Mémoires sur la formation du cœur dans le poulet*, Lausanne, Bousquet, 1758).

2. Le problème que pose d'Alembert rêvant est celui que discutaient quinze ans auparavant Diderot et Maupertuis. Ce dernier, dans sa thèse latine d'Erlangen publiée en 1751 sous le nom de Baumann et devenue en 1754 l'*Essai sur la formation des corps organisés*, pressentait l'organisation cellulaire des êtres vivants et admettait que les molécules sensibles, en s'agrégeant pour former l'animal, perdaient conscience de leur individualité pour acquérir une conscience collective : « Omnes elementorum perceptiones conspirare et in unam fortiorem et magis perfectam perceptionem coalescere videntur... Elementorum quodvis, post suam cum aliis copulationem, cum suam perceptionem illarum perceptionibus confudit et *sui conscientiam* perdidit, primi elementorum status memoria nulla superest, et nostra nobis origo omnino abdita manet » (édit. latine, 1751, p. 78). En 1754, Diderot dans *l'Interprétation de la nature* (*op. cit.*, t. II, p. 45-49) souligne le fécondité de l'hypothèse tout en marquant ironiquement le danger de ses conséquences métaphysiques. En 1759 au Grandval, Diderot discute avec le père Hoop de l'origine des êtres et revient sur la difficulté essentielle : il faut admettre l'immanence de la vie dans toutes les molécules et que « le sentiment et la vie sont éternels ». Sinon, « supposer qu'en mettant à côté d'une particule morte une, deux ou trois particules mortes, on en formera un système de corps vivants, c'est avancer, ce me semble, une absurdité très forte » (*A Sophie Volland, op. cit.*, t. II, p. 69). Dix ans plus tard, Diderot semble rallié à Maupertuis, grâce à la distinction assez spécieuse de « sensibilité

Je ne le vois pas, non, je ne le vois pas... » Docteur, y entendez-vous quelque chose?

BORDEU

A merveille.

MADEMOISELLE DE L'ESPINASSE

Vous êtes bien heureux... « Ma difficulté vient peut-être d'une fausse idée. »

BORDEU

Est-ce vous qui parlez?

MADEMOISELLE DE L'ESPINASSE

Non, c'est le rêveur.

BORDEU

Continuez.

MADEMOISELLE DE L'ESPINASSE

Je continue... Il a ajouté, en s'apostrophant lui-même : « Mon ami d'Alembert, prenez-y garde, vous ne supposez que de la contiguïté où il y a continuité... Oui, il est assez malin pour me dire cela... Et la formation de cette continuité [1]? Elle ne l'embarrassera guère... Comme une goutte de mercure se fond dans une autre goutte de mercure, une molécule sensible et vivante se fond dans une molécule sensible et vivante... D'abord il y avait deux gouttes, après le contact il n'y en a plus qu'une... Avant l'assimilation il y avait deux molécules, après l'assimilation il n'y en a plus qu'une... La sensibilité devient commune à la masse

---

inerte » et de « sensibilité active ». Dès 1766 Robinet (*De la nature*, *op. cit.*, t. IV, p. 115) assure de son côté : « La matière est essentiellement organique, essentiellement douée de la faculté de se nourrir, de croître et d'engendrer ; donc toute matière est animale ».

1. Alors que Maupertuis, disciple de Leibniz, donne une raison religieuse de cette formation qui révèle l'harmonie universelle (*Essai sur la formation des êtres organisés*, *op. cit.*, in *Œuvres*, Lyon, Bruysset, t. II, p. 168 : « Les éléments eux-mêmes doués d'intelligence s'arrangent et s'unissent pour remplir les vues du Créateur ») Diderot recherche une assimilation mécanique des sensibilités moléculaires.

commune. En effet, pourquoi non?... Je distinguerai par la pensée sur la longueur de la fibre animale tant de parties qu'il me plaira, mais la fibre sera continue, une... oui, une... Le contact de deux molécules homogènes, parfaitement homogènes, forme la continuité... et c'est le cas de l'union, de la cohésion, de la combinaison, de l'identité la plus complète qu'on puisse imaginer... Oui, philosophe, si ces molécules sont élémentaires et simples ; mais si ce sont des agrégats, si ce sont des composés?... La combinaison ne s'en fera pas moins, et en conséquence l'identité, la continuité... Et puis l'action et la réaction habituelles [1]... Il est certain que le contact de deux molécules vivantes est tout autre chose que la contigüité de deux masses inertes... Passons, passons ; on pourrait peut-être vous chicaner ; mais je ne m'en soucie pas ; je n'épilogue jamais... Cependant reprenons. Un fil d'or très pur, je m'en souviens, c'est une comparaison qu'il m'a faite ; un réseau homogène, entre les molécules duquel d'autres s'interposent et forment peut-être un autre réseau homogène, un tissu de matière sensible, un contact qui assimile, de la sensibilité active ici, inerte là, qui se communique comme le mouvement, sans compter, comme il l'a très bien dit, qu'il doit y avoir de la différence entre le contact de deux molécules sensibles et le contact de deux molécules qui ne le seraient pas ; et cette différence, quelle peut-elle être?... une action, une réaction habituelles... et cette action et cette réaction avec un caractère particulier... Tout concourt donc à produire une sorte d'unité qui n'existe que dans l'animal... Ma foi, si ce n'est pas là de la vérité, cela y ressemble fort... » Vous riez, docteur ; est-ce que vous trouvez du sens à cela?

BORDEU

Beaucoup.

MADEMOISELLE DE L'ESPINASSE

Il n'est donc pas fou?

1. Même idée dans les *Principes philosophiques sur la matière et le mouvement* (t. II, p. 69) : « Je vois tout en action et en réaction, tout se détruisant sous une forme, tout se recomposant sous une autre... »

BORDEU

Nullement.

MADEMOISELLE DE L'ESPINASSE

Après ce préambule, il s'est mis à crier : « Mademoiselle de l'Espinasse! mademoiselle de l'Espinasse! — Que voulez-vous? — Avez-vous quelquefois vu un essaim d'abeilles s'échapper de leur ruche?... Le monde, ou la masse générale de la matière, est la grande ruche... Les avez-vous vues s'en aller former à l'extrémité de la branche d'un arbre une longue grappe de petits animaux ailés, tous accrochés les uns aux autres par les pattes?... Cette grappe est un être, un individu, un animal quelconque... Mais ces grappes devraient se ressembler toutes... Oui, s'il n'admettait qu'une seule matière homogène... Les avez-vous vues? — Oui, je les ai vues. — Vous les avez vues? — Oui, mon ami, je vous dis que oui. — Si l'une de ces abeilles s'avise de pincer d'une façon quelconque l'abeille à laquelle elle s'est accrochée, que croyez-vous qu'il en arrive? Dites donc. — Je n'en sais rien. — Dites toujours... Vous l'ignorez donc, mais le philosophe ne l'ignore pas, lui. Si vous le voyez jamais, et vous le verrez ou vous ne le verrez pas, car il vous l'a promis, il vous dira que celle-ci pincera la suivante; qu'il s'excitera dans toute la grappe autant de sensations qu'il y a de petits animaux; que le tout s'agitera, se remuera, changera de situation et de forme; qu'il s'élèvera du bruit, de petits cris, et que celui qui n'aurait jamais vu une pareille grappe s'arranger, serait tenté de la prendre pour un animal à cinq ou six cents têtes et à mille ou douze cents ailes... [1] » Eh bien, docteur?

1. Maupertuis, dans sa thèse de 1751, a pu donner à Diderot l'idée de reprendre cette image : « C'est ainsi qu'*un essaim d'abeilles*, lorsqu'elles se sont assemblées et unies autour de la branche de quelque arbre, n'offre plus à nos yeux qu'un corps qui n'a plus aucune ressemblance avec les individus qui l'ont formé (*Œuvres*, *op. cit.*, t. II, p. 155). Mais M. Herbert Dieckmann a fait ressortir l'importance essentielle d'un texte du docteur Bordeu (*Théophile Bordeu ùnd Diderot's Rêve de d'Alembert*, *Romanische Forschungen*, Erlangen, 1938, p. 86, 87) : « Nous comparons le corps vivant, pour bien sentir l'action particulière de

BORDEU

Eh bien, savez-vous que ce rêve est fort beau, et que vous avez bien fait de l'écrire.

MADEMOISELLE DE L'ESPINASSE

Rêvez-vous aussi?

BORDEU

Si peu, que je m'engagerais presque à vous dire la suite.

MADEMOISELLE DE L'ESPINASSE

Je vous en défie.

BORDEU

Vous m'en défiez?

MADEMOISELLE DE L'ESPINASSE

Oui.

BORDEU

Et si je rencontre?

MADEMOISELLE DE L'ESPINASSE

Si vous rencontrez, je vous promets... je vous promets de vous tenir pour le plus grand fou qu'il y ait au monde.

---

chaque partie, à *un essaim d'abeilles* qui se ramassent en peloton et qui se suspendent à un arbre en manière de grappe... Ainsi, elle est un tout collé à une branche d'arbre par l'action de bien des abeilles qui doivent agir ensemble pour se bien tenir; il y en a qui sont attachées aux premières et ainsi de suite; toutes concourent à former un corps assez solide et chacune a cependant son action particulière à part; une seule qui viendra à céder ou à agir trop vigoureusement dérangera toute la masse d'un côté; lorsqu'elles conspireront toutes à se serrer et à s'embrasser mutuellement et dans l'ordre et les proportions requises, elles composeront un tout qui subsistera jusqu'à ce qu'elles se dérangent... L'application est aisée : les organes du corps sont liés les uns avec les autres; ils ont chacun leur district et leur action. Les rapports de ces actions, l'harmonie qui en résulte font la santé » (*Recherches anatomiques sur les différentes positions des glandes et leur action*, 1752, in *Œuvres*, *op. cit.*, t. I, p. 187). C'est donc Bordeu qui a fourni à Diderot cette opposition de la vie générale et de la vie particulière des organes qu'il reprendra plus loin. Mais il ne doit qu'à lui-même cette extension de l'image au problème des origines de l'être vivant. Quant à la transposition artistique, elle est trop évidente pour qu'on y insiste.

BORDEU

Regardez sur votre papier et écoutez-moi : L'homme qui prendrait cette grappe pour un animal se tromperait ; mais, mademoiselle, je présume qu'il a continué de vous adresser la parole. Voulez-vous qu'il juge plus sainement ? Voulez-vous transformer la grappe d'abeilles en un seul et unique animal ? amollissez les pattes par lesquelles elles se tiennent ; de contiguës qu'elles étaient, rendez-les continues. Entre ce nouvel état de la grappe et le précédent, il y a certainement une différence marquée ; et quelle peut être cette différence, sinon qu'à présent c'est un tout, un animal un, et qu'auparavant ce n'était qu'un assemblage d'animaux ?... Tous nos organes...

MADEMOISELLE DE L'ESPINASSE

Tous nos organes !

BORDEU

Pour celui qui a exercé la médecine et fait quelques observations...

MADEMOISELLE DE L'ESPINASSE

Après !

BORDEU

Après ? Ne sont que des animaux distincts [1] que la loi de continuité tient dans une sympathie, une unité, une identité générale.

MADEMOISELLE DE L'ESPINASSE

J'en suis confondue ; c'est cela, et presque mot pour mot. Je puis donc assurer à présent à toute la terre qu'il n'y a aucune différence entre un médecin qui veille et un philosophe qui rêve.

---

1. Diderot reprend souvent cette idée de Bordeu dans ses *Éléments de physiologie* (t. IX, p. 275 : « Il y a certainement deux vies très distinctes, même trois : la vie de l'animal entier, la vie de chacun des organes, la vie de la molécule » ; *Ibid.*, p. 332 : « Chaque organe est un animal ; chaque animal a son caractère particulier ». *Exemples physiologiques*, p. 331-335).

BORDEU

On s'en doutait. Est-ce là tout?

MADEMOISELLE DE L'ESPINASSE

Oh que non, vous n'y êtes pas. Après votre radotage ou le sien, il m'a dit : « Mademoiselle? — Mon ami. — Approchez-vous... encore... encore... J'aurais une chose à vous proposer. — Qu'est-ce? — Tenez cette grappe, la voilà, vous la voyez bien là, là ; faisons une expérience. — Quelle? — Prenez vos ciseaux ; coupent-ils bien? — A ravir. — Approchez doucement, tout doucement, et séparez-moi ces abeilles, mais prenez garde de les diviser par la moitié du corps, coupez juste à l'endroit où elles se sont assimilées par les pattes. Ne craignez rien, vous les blesserez un peu, mais vous ne les tuerez pas... Fort bien, vous êtes adroite comme une fée... Voyez-vous comment elles s'envolent chacune de son côté? Elles s'envolent une à une, deux à deux, trois à trois. Combien il y en a! Si vous m'avez bien compris... vous m'avez bien compris? — Fort bien. — Supposez maintenant... supposez... » Ma foi, docteur, j'entendais si peu ce que j'écrivais ; il parlait si bas, cet endroit de mon papier est si barbouillé que je ne le saurais lire.

BORDEU

J'y suppléerai, si vous voulez.

MADEMOISELLE DE L'ESPINASSE

Si vous pouvez.

BORDEU

Rien de plus facile. Supposez ces abeilles si petites, si petites que leur organisation échappât toujours au tranchant grossier de votre ciseau : vous pousserez la division si loin qu'il vous plaira sans en faire mourir aucune, et ce tout, formé d'abeilles imperceptibles, sera un véritable polype [1] que vous ne détruirez qu'en l'écrasant. La diffé-

1. Abraham Trembley en 1740 avait découvert la régénération des hydres (*Mémoires pour servir à l'histoire d'un genre de polypes d'eau*

rence de la grappe d'abeilles continues, et de la grappe d'abeilles contiguës, est précisément celle des animaux ordinaires, tels que nous, les poissons, et des vers, des serpents et des animaux polypeux; encore toute cette théorie souffre-t-elle quelques modifications...

(Ici mademoiselle de l'Espinasse se lève brusquement et va tirer le cordon de la sonnette).

Doucement, doucement, mademoiselle, vous l'éveillerez et il a besoin de repos.

MADEMOISELLE DE L'ESPINASSE

Je n'y pensais pas, tant j'en suis étourdie.

(Au domestique qui entre.)

Qui de vous a été chez le docteur?

LE DOMESTIQUE

C'est moi, mademoiselle.

MADEMOISELLE DE L'ESPINASSE

Y a-t-il longtemps?

LE DOMESTIQUE

Il n'y a pas une heure que j'en suis revenu.

MADEMOISELLE DE L'ESPINASSE

N'y avez-vous rien porté?

LE DOMESTIQUE

Rien.

---

douce à bras en forme de cornes, Leyde, 1744), étranges animaux qui se multipliaient par bouture comme les plantes et qui, sectionnés, se soudaient ou se reconstituaient. Découverte retentissante qui émut les théologiens : Voltaire ironise, Réaumur exalte son disciple, Maupertuis s'exclame : « La vie, divisible comme la matière, sera-t-elle réunissable comme elle? »(*Œuvres*, édit. Paris, 1827, t. II, p. 314). C'est ce que voudrait démontrer Diderot. En 1768, Spallanzani venait d'étudier la régénération des vers de terre, des escargots et des salamandres.(Cf. Émile Guyénot, *les Sciences de la vie aux XVII*e *et XVIII*e *siècles*, Paris, Albin Michel, 1941, p. 204).

MADEMOISELLE DE L'ESPINASSE

Point de papier?

LE DOMESTIQUE

Aucun.

MADEMOISELLE DE L'ESPINASSE

Voilà qui est bien, allez... Je n'en reviens pas. Tenez, docteur, j'ai soupçonné quelqu'un d'eux de vous avoir communiqué mon griffonnage.

BORDEU

Je vous assure qu'il n'en est rien.

MADEMOISELLE DE L'ESPINASSE

Docteur, à présent que je connais votre talent, vous me serez d'un grand secours dans la société. Sa rêvasserie n'en est pas demeurée là.

BORDEU

Tant mieux.

MADEMOISELLE DE L'ESPINASSE

Vous n'y voyez donc rien de fâcheux?

BORDEU

Pas la moindre chose.

MADEMOISELLE DE L'ESPINASSE

Il a continué... « Eh bien, philosophe, vous concevez donc des polypes de toute espèce, même des polypes humains?... Mais la nature ne nous en offre point. »

BORDEU

Il n'avait pas connaissance de ces deux filles qui se tenaient par la tête, les épaules, le dos, les fesses et les cuisses, qui ont vécu ainsi accolées jusqu'à l'âge de vingt-deux ans, et qui sont mortes à quelques minutes l'une de l'autre [1]. Ensuite il a dit?...

---

1. C'est Buffon qui a fourni à Diderot l'histoire des jumelles Hélène et Judith (*Histoire naturelle de l'homme*, in *Œuvres complètes* Paris, Furne, 1837, t. III, p. 477 : « Sur les monstres ») qui, nées le

MADEMOISELLE DE L'ESPINASSE

Des folies qui ne s'entendent qu'aux Petites-Maisons. Il a dit : « Cela est passé ou cela viendra. Et puis qui sait l'état des choses dans les autres planètes? »

BORDEU

Peut-être ne faut-il pas aller si loin.

MADEMOISELLE DE L'ESPINASSE

« Dans Jupiter ou dans Saturne, des polypes humains! Les mâles se résolvant en mâles, les femelles en femelles, cela est plaisant... (Là, il s'est mis à faire des éclats de rire à m'effrayer.) L'homme se résolvant en une infinité d'hommes atomiques, qu'on renferme entre des feuilles de papier comme des œufs d'insectes, qui filent leurs coques, qui restent un certain temps en chrysalides, qui percent leurs coques et qui s'échappent en papillons, une société d'hommes formée, une province entière peuplée des débris d'un seul, cela est tout à fait agréable à imaginer... (Et puis les éclats de rire ont repris.) Si l'homme se résout quelque part en une infinité d'hommes animalcules [1], on y doit avoir moins de répugnance à mourir ; on y répare si facilement la perte d'un homme, qu'elle y doit causer peu de regret. »

---

26 octobre 1701 à Tzoni en Hongrie, moururent à Saint-Pétersbourg le 23 février 1723. Le 3 juillet 1754, une communication avait été faite à la Société Royale de Londres par le médecin Tortos, d'après les papiers de son beau-père Reyger, chirurgien du couvent où elles moururent : « Judith prit la fièvre et tomba en léthargie et mourut le 23 février. La pauvre Hélène fut obligée de suivre son sort ; trois minutes avant la mort de Judith elle tomba en agonie et mourut presque en même temps ».

1. C'est à une plaisanterie d'un médecin de Montpellier, François de Plantade dit *Dalempatius* (*Lettre contenant une observation microscopique de la semence*, 1699), que l'on doit la croyance à l'existence de l'*homunculus* dans le spermatozoïde. Diderot n'est pas un animalculiste, mais il exploite en la retournant une idée originale. Ne le croyons d'ailleurs pas dupe de son imagination et n'oublions pas que d'Alembert rêve.

BORDEU

Cette extravagante supposition est presque l'histoire réelle de toutes les espèces d'animaux subsistants et à venir. Si l'homme ne se résout pas en une infinité d'hommes, il se résout, du moins, en une infinité d'animalcules dont il est impossible de prévoir les métamorphoses et l'organisation future et dernière. Qui sait si ce n'est pas la pépinière d'une seconde génération d'êtres, séparée de celle-ci par un intervalle incompréhensible de siècles et de développements successifs?

MADEMOISELLE DE L'ESPINASSE

Que marmottez-vous là tout bas, docteur?

BORDEU

Rien, rien, je rêvais de mon côté. Mademoiselle, continuez de lire.

MADEMOISELLE DE L'ESPINASSE

« Tout bien considéré, pourtant, j'aime mieux notre façon de repeupler, a-t-il ajouté... Philosophe, vous qui savez ce qui se passe là ou ailleurs, dites-moi, la dissolution de différentes parties n'y donne-t-elle pas des hommes de différents caractères? La cervelle, le cœur, la poitrine, les pieds, les mains, les testicules... Oh! comme cela simplifie la morale!... Un homme né, une femme provenue... (Docteur, vous me permettrez de passer ceci...) Une chambre chaude, tapissée de petits cornets, et sur chacun de ces cornets une étiquette : guerriers, magistrats, philosophes, poètes, cornet de courtisans, cornet de catins, cornet de rois. »

BORDEU

Cela est bien gai et bien fou. Voilà ce qui s'appelle rêver, et une vision qui me ramène à quelques phénomènes assez singuliers.

MADEMOISELLE DE L'ESPINASSE

Ensuite il s'est mis à marmotter je ne sais quoi de graines, de lambeaux de chair mis en macération dans de l'eau, de différentes races d'animaux successifs qu'il voyait naître et passer. Il avait imité avec sa main droite le tube d'un microscope, et avec sa gauche, je crois, l'orifice d'un vase. Il regardait dans le vase par ce tube, et il disait : « Le Voltaire en plaisantera tant qu'il voudra, mais l'Anguillard a raison [1] ; j'en crois mes yeux ; je les vois : combien il y en a ! comme ils vont ! comme ils viennent ! comme ils frétillent !... » Le vase où il apercevait tant de générations momentanées, il le comparait à l'univers ; il voyait dans une goutte d'eau l'histoire du monde. Cette idée lui paraissait grande ; il la trouvait tout à fait conforme à la bonne philosophie qui étudie les grands corps dans les petits. Il disait : « Dans la goutte d'eau de Needham, tout s'exécute et se passe en un clin d'œil. Dans le monde, le même phénomène dure un peu davantage ; mais qu'est-ce que notre durée en comparaison de l'éternité des temps? moins que la goutte que j'ai prise avec la pointe d'une aiguille, en comparaison de l'espace illimité qui m'environne. Suite indéfinie d'animalcules dans l'atome qui fermente, même suite indéfinie d'animalcules dans l'autre atome qu'on appelle la Terre. Qui sait les races d'animaux qui nous ont précédés? qui sait les races d'animaux qui succéderont aux nôtres? Tout

---

1. John Tuberville Needham (1713-1781). prêtre catholique anglais, donna un nouvel essor à la doctrine des générations spontanées par ses *New microscopical discoveries* (Londres, 1745, trad. française, Leyde, 1747, et Paris, 1750). Venu en France en 1746, il travaille avec Buffon et par une série d'expériences d'ailleurs non probantes, s'acharne à prouver que toute infusion végétale ou organique produit des animalcules ressemblant à des anguilles, d'où le surnom d' « anguillard » que lui donnait Voltaire dans ses *Questions sur les miracles*. Malheureusement Needham et Buffon confondaient moisissures, infusoires et bactéries, et fermaient leurs tubes avec des bouchons poreux. Dès 1765, Spallanzani avait critiqué ces expériences. Mais Diderot pense que toute idée est bonne qui permet l'essor de l'imagination et la caution de Buffon lui paraît suffisante. La question, déjà évoquée dans *l'Interprétation de la nature* (*op. cit.*, t. II, p. 58 : « La matière morte ne commence-t-elle jamais à vivre? »), est reprise dans les *Éléments de physiologie* (t. IX, p. 263) où il admet encore la formation d'animaux par « fermentation et putréfaction ».

change, tout passe, il n'y a que le tout qui reste [1]. Le monde commence et finit sans cesse ; il est à chaque instant à son commencement et à sa fin ; il n'en a jamais eu d'autre, et n'en aura jamais d'autre.

« Dans cet immense océan de matière, pas une molécule qui ressemble à une molécule [2], pas une molécule qui se ressemble à elle-même un instant : *Rerum novus nascitur ordo*, voilà son inscription éternelle... [3] » Puis il ajoutait en soupirant : « O vanité de nos pensées ! ô pauvreté de la gloire et de nos travaux ! ô misère ! ô petitesse de nos vues ! Il n'y a rien de solide que de boire, manger, vivre, aimer et dormir... Mademoiselle de l'Espinasse, où êtes-vous? — Me voilà. » Alors son visage s'est coloré. J'ai voulu lui tâter le pouls, mais je ne sais où il avait caché sa main. Il paraissait éprouver une convulsion. Sa bouche s'était entrouverte, son haleine était pressée ; il a poussé un profond soupir, et puis un soupir plus faible et plus profond encore ; il a retourné sa tête sur son oreiller et s'est endormi. Je le regardais avec attention, et j'étais tout émue sans savoir pourquoi, le cœur me battait, et ce n'était pas de peur. Au bout de quelques moments, j'ai vu un léger sourire errer sur ses lèvres ; il disait tout bas : « Dans une pla-

---

1. Cette opposition de *tout* et *du tout* révèle peut-être l'influence de Dom Deschamps qui, présenté à Diderot le 13 août 1769, lui avait exposé le 6 septembre (cf. *A Sophie Volland*, t. II, p. 227) son curieux système métaphysique.

2. Diderot, dès *l'Interprétation de la nature* (t. II, p. 56), est partisan de l'hétérogénéité de la matière : « Il me paraît aussi impossible que tous les êtres de la nature aient été produits avec une matière parfaitement homogène qu'il le serait de les représenter avec une seule et même couleur... Quelles sont les différences essentielles des matières que nous regardons comme essentiellement hétérogènes ou élémentaires? Nous l'ignorons ». Dans les *Principes philosophiques sur la matière et le mouvement* (1770, t. II, p. 65), influencé par le chimiste Rouelle, il conteste encore « la fausse supposition de la matière homogène ». C'est là une application curieuse en biologie des premières spéculations d'une science neuve.

3. Souvenir de Virgile (*Bucoliques*, IV-5) :

« Magnus ab integro sæclorum nascitur ordo ».

nète où les hommes se multiplieraient à la manière des poissons, où le frai d'un homme pressé sur le frai d'une femme... J'y aurais moins de regret... Il ne faut rien perdre de ce qui peut avoir son utilité. Mademoiselle, si cela pouvait se recueillir, être enfermé dans un flacon et envoyé de grand matin à Needham... » Docteur, et vous n'appelez pas cela de la déraison?

BORDEU

Auprès de vous, assurément.

MADEMOISELLE DE L'ESPINASSE

Auprès de moi, loin de moi, c'est tout un, et vous ne savez ce que vous dites. J'avais espéré que le reste de la nuit serait tranquille.

BORDEU

Cela produit ordinairement cet effet.

MADEMOISELLE DE L'ESPINASSE

Point du tout ; sur les deux heures du matin, il en est revenu à sa goutte d'eau, qu'il appelait un mi... cro...

BORDEU

Un microcosme.

MADEMOISELLE DE L'ESPINASSE

C'est son mot. Il admirait la sagacité des anciens philosophes. Il disait ou faisait dire à son philosophe, je ne sais lequel des deux : « Si lorsque Épicure assurait que la terre contenait les germes de tout, et que l'espèce animale était le produit de la fermentation [1], il avait proposé de montrer

1. Il ne faut pas s'étonner de voir Épicure, c'est-à-dire Lucrèce, fournir des arguments à la thèse des générations spontanées. L'influence du matérialisme antique, et surtout de Lucrèce, est constante chez Diderot, surtout dans nos trois dialogues. Il y a là un rappel du *De natura rerum* (livre II, vers 870-901) :

« Ex insensilibus, quod dico, animalia gigni.
Quippe videre licet vivos existere vermes
Stercore de tætro, putorem cum sibi nacta est
Intempestivis ex imbribus umida tellus ».

une image en petit de ce qui s'était fait en grand à l'origine des temps [1], que lui aurait-on répondu?... Et vous l'avez sous vos yeux cette image, et elle ne vous apprend rien... Qui sait si la fermentation et ses produits sont épuisés [2]? Qui sait à quel instant de la succession de ces générations animales nous en sommes? Qui sait si ce bipède déformé, qui n'a que quatre pieds de hauteur, qu'on appelle encore dans le voisinage du pôle un homme [3], et qui ne tarderait pas à perdre ce nom en se déformant un peu davantage, n'est pas l'image d'une espèce qui passe? Qui sait s'il n'en est pas ainsi de toutes les espèces d'animaux? Qui sait si tout ne tend pas à se réduire à un grand sédiment inerte et immobile? Qui sait quelle sera la durée de cette inertie? Qui sait quelle race nouvelle peut résulter derechef d'un amas aussi grand de points sensibles et vivants? Pourquoi pas un seul animal? Qu'était l'éléphant dans son origine? Peut-être l'animal énorme tel qu'il nous paraît, peut-être un atome, car tous les deux sont également possibles; ils ne supposent que le mouvement et les propriétés diverses de la matière... L'éléphant, cette masse énorme, organisée, le produit subit de la fermentation! Pourquoi non? Le rapport de ce grand quadrupède à sa matrice première est moindre que celui du vermisseau à la molécule de farine [4] qui le produit; mais le vermisseau n'est qu'un vermisseau... C'est-à-dire que la petitesse qui vous dérobe son organi-

1. Cf. Lucrèce, *De natura rerum* (livre V, vers 799) :
« Quo minus est mirum si tum plura sunt coorta
Et majora, nova tellure atque æthere adulta ».

2. Cf. *Ibid.*, livre II, vers 1150 :
« Jamque adeo fracta ætas effetaque tellus
Vix animalia parva creat quæ cuncta creavit
Sæcla, deditque ferarum ingentia corpora partu »
et livre V, vers 835 :
«... ex alio terram status excipit alter,
Quod quiit ut nequeat, possit quod non tulit ante ».

3. Souvenir de l'expédition de Laponie de 1736-1737, dirigée par Maupertuis.

4. Needham observait les prétendues anguilles dans les préparations farineuses ou de blé ergoté.

sation lui ôte son merveilleux... Le prodige, c'est la vie, c'est la sensibilité ; et ce prodige n'en est plus un... Lorsque j'ai vu la matière inerte passer à l'état sensible, rien ne doit plus m'étonner... Quelle comparaison d'un petit nombre d'éléments mis en fermentation dans le creux de ma main, et de ce réservoir immense d'éléments divers épars dans les entrailles de la terre, à sa surface, au sein des mers, dans le vague des airs !... Cependant, puisque les mêmes causes subsistent, pourquoi les effets ont-ils cessé? Pourquoi ne voyons-nous plus le taureau percer la terre de sa corne, appuyer ses pieds contre le sol, et faire effort pour en dégager son corps pesant [1]?... Laissez passer la race présente des animaux subsistants ; laissez agir le grand sédiment inerte quelques millions de siècles. Peut-être faut-il, pour renouveler les espèces, dix fois plus de temps qu'il n'est accordé à leur durée. Attendez, et ne vous hâtez pas de prononcer sur le travail de nature. Vous avez deux grands phénomènes [2], le passage de l'état d'inertie à l'état de sensibilité, et les générations spontanées ; qu'ils vous suffisent : tirez-en de justes conséquences, et dans un ordre de choses où il n'y a ni grand ni petit, ni durable, ni passager absolus, garantissez-vous du sophisme de l'éphémère... [3] » Docteur, qu'est-ce que c'est que le sophisme de l'éphémère?

---

1. Souvenir de Lucrèce (livre V, vers 1325) où Diderot défigure d'ailleurs le sens du texte :

« Jactabant suos tauri pedibusque terebant
Et terram minitanti mente ruebant ».

la variante *fronte* au lieu de *mente* excuserait peut-être l'erreur.

2. Correspondance curieuse avec Lucrèce (livre II, vers 926 sq.) qui insiste sur les générations spontanées et le développement mécanique de l'œuf :

« Quatenus in pullos animalis vertier ova
Cernimus alituum, vermisque effervere terram
Intempestivos quom putor cepit ob imbris,
Scire licet gigni posse ex non sensibu' sensus ».

3. C'était déjà le raisonnement de Saunderson dans la *Lettre sur les aveugles* (*op. cit.*, 1749, t. I, p. 311) : « Je vous reprochais tout à l'heure d'estimer la perfection des choses par votre capacité ; et je pourrais vous accuser ici d'en mesurer la durée par celle de vos

BORDEU

C'est celui d'un être passager qui croit à l'immutabilité des choses.

MADEMOISELLE DE L'ESPINASSE

La rose de Fontenelle qui disait que de mémoire de rose on n'avait vu mourir un jardinier [1]?

BORDEU

Précisément ; cela est léger et profond.

MADEMOISELLE DE L'ESPINASSE

Pourquoi vos philosophes ne s'expriment-ils pas avec la grâce de celui-ci? nous les entendrions.

BORDEU

Franchement, je ne sais si ce ton frivole convient aux sujets graves.

MADEMOISELLE DE L'ESPINASSE

Qu'appelez-vous un sujet grave?

BORDEU

Mais la sensibilité générale, la formation de l'être sentant, son unité, l'origine des animaux, leur durée, et toutes les questions auxquelles cela tient.

---

jours. Vous jugez de l'existence successive du monde *comme la mouche éphémère* de la vôtre. Le monde est éternel pour vous, comme vous êtes éternel pour l'être qui ne vit qu'un instant : encore l'insecte est-il plus raisonnable que vous. *Quelle suite prodigieuse de générations d'éphémères atteste votre éternité* ».

1. L'apologue des roses, tiré de l'*Entretien sur la pluralité des mondes* (*in Œuvres complètes*, Paris, Bastien, 1790, t. II, p. 134), exprime à merveille la légèreté et la profondeur de Fontenelle : « Si les roses qui ne durent qu'un jour faisaient des histoires, les premières auraient fait le portrait de leur jardinier d'une certaine façon et de plus de quinze mille âges de roses. Les autres qui l'auraient encore laissé à celles qui devaient suivre n'y auraient rien changé. Sur cela, elles diraient : « Nous avons toujours vu le même jardinier. De mémoire de rose, on n'a vu que lui ».

MADEMOISELLE DE L'ESPINASSE

Moi, j'appelle cela des folies auxquelles je permets de rêver quand on dort, mais dont un homme de bon sens qui veille ne s'occupera jamais.

BORDEU

Et pourquoi cela, s'il vous plaît?

MADEMOISELLE DE L'ESPINASSE

C'est que les unes sont si claires qu'il est inutile d'en chercher la raison, d'autres si obscures qu'on n'y voit goutte, et toutes de la plus parfaite inutilité [1].

BORDEU

Croyez-vous, mademoiselle, qu'il soit indifférent de nier ou d'admettre une intelligence suprême?

MADEMOISELLE DE L'ESPINASSE

Non.

BORDEU

Croyez-vous qu'on puisse prendre parti sur l'intelligence suprême, sans savoir à quoi s'en tenir sur l'éternité de la matière et ses propriétés, la distinction des deux substances, la nature de l'homme et la production des animaux?

MADEMOISELLE DE L'ESPINASSE

Non.

BORDEU

Ces questions ne sont donc pas aussi oiseuses que vous les disiez.

MADEMOISELLE DE L'ESPINASSE

Mais que me fait à moi leur importance, si je ne saurais les éclaircir?

---

1. Définition de la métaphysique qui rejoint celle de Voltaire dans une lettre au prince Frédéric de Prusse (*Correspondance*, édit. Moland, Paris, Garnier, 1880, t. 34, p. 349, 17 avril 1737) : « Toute la métaphysique, à mon gré, contient deux choses : la première, tout ce que les hommes de bon sens savent, la seconde, ce qu'ils ne sauront jamais ».

BORDEU

Et comment le saurez-vous, si vous ne les examinez point? Mais pourrais-je vous demander celles que vous trouvez si claires que l'examen vous en paraît superflu [1]?

MADEMOISELLE DE L'ESPINASSE

Celle de mon unité, de mon moi, par exemple. Pardi, il me semble qu'il ne faut pas tant verbiager pour savoir que je suis moi, que j'ai toujours été moi, et que je ne serai jamais une autre.

BORDEU

Sans doute le fait est clair, mais la raison du fait ne l'est aucunement, surtout dans l'hypothèse de ceux qui n'admettent qu'une substance et qui expliquent la formation de l'homme ou de l'animal en général par l'apposition successive de plusieurs molécules sensibles [2]. Chaque molécule sensible avait son moi avant l'application; mais comment l'a-t-elle perdu, et comment de toutes ces pertes en est-il résulté la conscience d'un tout?

---

1. C'est le thème constant d'un des plus célèbres manuscrits clandestins de l'époque, l'*Examen de la religion dont on cherche l'éclaircissement de bonne foy*. Composé vers 1739, édité en 1745 et en 1767 à Londres, Diderot le signale dans une lettre à Sophie Volland (t. II, p. 157, 24 septembre 1767.) Le premier chapitre est intitulé : « S'il doit être permis à un chacun d'examiner sa religion ou s'il est nécessaire de le faire ». Diderot fait dépendre la religion d'une métaphysique qui elle-même dépend des résultats contestés d'une science inachevée; mais la recherche lui plaît plus que la découverte, et comme l'homme de Pascal, la chasse plus que la prise.

2. C'est la définition même de l'épigenèse qui depuis Aristote en passant par Harvey et Descartes s'ingéniait à expliquer la formation de cette hétérogénéité qui est la condition même d'un corps organisé. Maupertuis imagine une participation psychique à la matière, Buffon des molécules organiques spécifiques ayant reçu l'empreinte d'un organe particulier. Diderot entre Buffon et Maupertuis hésite, sans se dissimuler les difficultés d'une épigenèse qui se fonde sur l'adjonction des parties, au lieu d'admettre une lente modification de structure au cours de l'embryogénie.

MADEMOISELLE DE L'ESPINASSE

Il me semble que le contact seul suffit. Voici une expérience que j'ai faite cent fois... mais attendez... Il faut que j'aille voir ce qui se passe entre ces rideaux... il dort... Lorsque je pose ma main sur ma cuisse, je sens bien d'abord que ma main n'est pas ma cuisse, mais quelque temps après, lorsque la chaleur est égale dans l'une et l'autre, je ne les distingue plus ; les limites des deux parties se confondent et elles n'en font plus qu'une.

BORDEU

Oui, jusqu'à ce qu'on vous pique l'une ou l'autre ; alors la distinction renaît. Il y a donc en vous quelque chose qui n'ignore pas si c'est votre main ou votre cuisse qu'on a piquée, et ce quelque chose-là, ce n'est pas votre pied, ce n'est pas même votre main piquée ; c'est elle qui souffre, mais c'est autre chose qui le sait et qui ne souffre pas.

MADEMOISELLE DE L'ESPINASSE

Mais je crois que c'est ma tête.

BORDEU

Toute votre tête?

MADEMOISELLE DE L'ESPINASSE

Non, mais tenez, docteur, je vais m'expliquer par une comparaison ; les comparaisons sont presque toute la raison des femmes et des poètes [1]. Imaginez une araignée...

D'ALEMBERT

Qui est-ce qui est là?... Est-ce vous, mademoiselle de l'Espinasse?

MADEMOISELLE DE L'ESPINASSE

Paix, paix...

---

1. « Je reviens au ton de la philosophie à qui il faut des raisons et non des comparaisons », disait Diderot dans la *Lettre sur les sourds et les muets* (*op. cit.*, t. I, p. 368).

(Mademoiselle de l'Espinasse et le docteur gardèrent le silence pendant quelque temps, ensuite mademoiselle de l'Espinasse dit à voix basse :)

Je le crois rendormi.

BORDEU

Non, il me semble que j'entends quelque chose.

MADEMOISELLE DE L'ESPINASSE

Vous avez raison ; est-ce qu'il reprendrait son rêve?

BORDEU

Écoutons.

D'ALEMBERT

Pourquoi suis-je tel? c'est qu'il a fallu que je fusse tel... Ici, oui, mais ailleurs? au pôle? mais sous la ligne? mais dans Saturne?... Si une distance de quelque mille lieues change mon espèce, que ne fera point l'intervalle de quelques milliers de diamètres terrestres?... Et si tout est en flux général, comme le spectacle de l'univers me le montre partout, que ne produiront point ici et ailleurs la durée et les vicissitudes de quelques millions de siècles? Qui sait ce qu'est l'être pensant et sentant en Saturne?... Mais y a-t-il en Saturne du sentiment et de la pensée?... pourquoi non?... L'être sentant et pensant en Saturne aurait-il plus de sens que je n'en ai?... Si cela est, ah! qu'il est malheureux le Saturnien!... Plus de sens, plus de besoins.

BORDEU

Il a raison ; les organes produisent les besoins, et réciproquement les besoins produisent les organes [1].

---

1. Il faut souligner l'intérêt d'une formule aussi brutale et la portée qu'elle revêt en 1769. On y a vu l'annonce du transformisme énoncé par Lamarck dans le *Discours d'ouverture de l'an VIII* et dans la *Philosophie zoologique* de 1809. En fait, il faut distinguer entre les deux éléments antithétiques de la formule. D'une part, Diderot se heurte au finalisme naïf des apologistes qui, dans la création de tout organe, annoncent un dessein divin ; par là il rejoint Lucrèce pour qui « tous les organes sont antérieurs à l'usage qu'on en a pu faire. Ils n'ont donc pu être créés en vue des nos besoins » (*De natura rerum*, livre IV, vers 841 :

MADEMOISELLE DE L'ESPINASSE

Docteur, délirez-vous aussi?

BORDEU

Pourquoi non? J'ai vu deux moignons devenir à la longue deux bras.

MADEMOISELLE DE L'ESPINASSE

Vous mentez.

BORDEU

Il est vrai; mais au défaut de deux bras qui manquaient,

« ... omnia denique membra
Ante fuere, ut opinor, eorum quam foret usus.
Haud igitur potuere utendi crescere causa ».)

Mais depuis quelques années les sciences naturelles révélaient dans l'adaptation des organes aux climats et aux conditions de vie, dans les phénomènes de dégénérescence ou de régénération, une finalité tout autre, immanente en quelque sorte à la vie animale et végétale. De là l'idée première de *l'évolution*. Le *Telliamed* du consul Maillet décrit la métamorphose des poissons en oiseaux aquatiques : « Les petits ailerons devinrent des pieds; le bec et le col des uns s'allongèrent, ceux des autres se raccourcirent; il en fut de même du reste du corps » (La Haye, Duchêne, 1755, t. II, p. 167).

Maupertuis et Buffon ont vu le danger d'une vision aussi romanesque. Maupertuis limite l'évolution à des mutations purement fortuites, qu'il juge probablement transmissibles, et dont les résultats sont conservés ou éliminés par une espèce de sélection naturelle (cf. Émile Guyénot, *op. cit.*, p. 392, et *Vénus physique*, in *Œuvres*, *op. cit.*, t. II, p. 108-115). C'est en 1766 seulement, dans le chapitre *De la dégénération des animaux*, que Buffon esquisse un transformisme fondé sur la paléontologie, l'anatomie comparée, et la distribution géographique des animaux; mais il se refuse à toute interprétation finaliste devant « les singularités et les défectuosités » que révèle cette évolution. Encore une fois, Diderot hésite entre Maupertuis et Buffon. Il crée la formule, mais n'a pas encore les moyens de l'exploiter. C'est vraiment Lamarck qui précisera le mécanisme psychologique de l'adaptation : « Ce ne sont pas les organes, c'est-à-dire la nature et la forme des parties du corps d'un animal, qui ont donné lieu à ses habitudes et à ses facultés particulières; mais ce sont au contraire ses habitudes particulières, sa manière de vivre et les circonstances... qui ont avec le temps constitué la forme de son corps, le nombre et l'état de ses organes, enfin les facultés dont il jouit » (cf. Guyénot, *op. cit.*, p. 431).

j'ai vu deux omoplates s'allonger, se mouvoir en pince, et devenir deux moignons [1].

MADEMOISELLE DE L'ESPINASSE

Quelle folie!

BORDEU

C'est un fait. Supposez une longue suite de générations manchotes, supposez des efforts continus, et vous verrez les deux côtés de cette pincette s'étendre, s'étendre de plus en plus, se croiser sur le dos, revenir par devant, peut-être se digiter à leurs extrémités, et refaire des bras et des mains [2]. La conformation originelle s'altère ou se perfectionne par la nécessité et les fonctions habituelles. Nous marchons si peu, nous travaillons si peu et nous pensons tant, que je ne désespère pas que l'homme ne finisse par n'être qu'une tête.

MADEMOISELLE DE L'ESPINASSE

Une tête! une tête! c'est bien peu de chose; j'espère que la galanterie effrénée... Vous me faites venir des idées bien ridicules.

BORDEU

Paix.

D'ALEMBERT

Je suis donc tel, parce qu'il a fallu que je fusse tel. Changez le tout, vous me changez nécessairement; mais le tout change sans cesse... L'homme n'est qu'un effet commun,

---

1. L'exemple de Diderot n'est pas de totale bonne foi. Il s'agit du phénomène de régénération, fréquent chez les animaux inférieurs, et le détail des « pinces » annonce un souvenir des travaux déjà anciens de Réaumur sur les crustacés (*Sur les diverses reproductions qui se font dans les écrevisses... et entre autres sur celles de leurs jambes et de leurs écailles*, *Mémoires de l'Acad. des Sciences*, Paris, 1712).

2. Diderot confond là deux questions, celle de la régénération des organes et celle de l'adaptation ou de l'hérédité des caractères acquis. Maupertuis se demandait aussi « si des queues ou des oreilles coupées de génération en génération ne diminueraient pas ou même ne s'anéantiraient pas à la fin » (*Vénus physique*, *op. cit.*, p. 110 et 119).

le monstre qu'un effet rare; tous les deux également naturels, également nécessaires, également dans l'ordre universel et général... Et qu'est-ce qu'il y a d'étonnant à cela?... Tous les êtres circulent les uns dans les autres, par conséquent toutes les espèces... tout est en un flux perpétuel [1]... Tout animal est plus ou moins homme; tout minéral est plus ou moins plante; toute plante est plus ou moins animal [2]. Il n'y a rien de précis en nature... Le ruban du père Castel [3]... Oui, père Castel, c'est votre ruban et ce n'est que cela. Toute chose est plus ou moins une chose quelconque, plus ou moins terre, plus ou moins eau, plus ou moins air, plus ou moins feu; plus ou moins d'un règne ou d'un autre... donc rien n'est de l'essence d'un être parti-

---

1. Souvenir direct de Buffon dans le chapitre *Des animaux communs aux deux continents* : « La nature, je l'avoue, est dans un mouvement de flux continuel; mais c'est assez pour l'homme de la saisir dans l'instant de son siècle et de jeter quelques regards en arrière et en avant pour tâcher d'entrevoir ce que jadis elle pouvait être et ce que dans la suite elle pourrait devenir » (*Histoire naturelle générale et particulière*, Imprimerie royale, t. IX, 1761, p. 127). Diderot y reviendra dans les *Éléments de physiologie* (t. IX, p. 264) : « Il ne faut pas croire que (les animaux) ont toujours été et qu'ils resteront tels que nous les voyons. C'est l'effet d'un laps éternel de temps après lequel leur couleur, leur forme, semblent garder un état stationnaire; mais c'est une apparence ».

2. Toujours l'idée de la chaîne des êtres. La Mettrie, dès 1747, dans *l'Homme-machine* (p. 81), prétend que « des animaux à l'homme la transition n'est pas violente ». En 1748, *l'Homme-plante* dessine l'évolution générale et continue des êtres. Charles Bonnet et Robinet sont du même avis. Dans les *Éléments de physiologie*, Diderot collectionne les exemples et les expériences pouvant prouver la « contiguïté du règne animal et du règne végétal » (t. IX, p. 255-262) : polypes, Muscipula Dionaea de Caroline, oscillaires découverts en 1767 par Adanson.

3. Le jésuite Castel avait imaginé pour les sourds un clavecin oculaire où les nuances de couleur figuraient les notes de musique. Diderot avait été séduit par l'idée; en 1751 dans la *Lettre sur les sourds et les muets*, il voyait l'instrument sous forme d'éventails et non comme ici d'un simple ruban (cf. t. I, p. 357). Il y revient dans l'article *Clavecin* de *l'Encyclopédie* et dans une lettre non datée (*A Sophie Volland*, *op. cit.*, t. II, p. 278) : « Imaginez des petits rubans colorés qui se déploient à mesure que les doigts se promènent sur les touches pathétiques d'un piano-forte ».

culier... Non, sans doute, puisqu'il n'y a aucune qualité dont aucun être ne soit participant... et que c'est le rapport plus ou moins grand de cette qualité qui nous la fait attribuer à un être exclusivement à un autre... Et vous parlez d'individus, pauvres philosophes! laissez là vos individus; répondez-moi. Y a-t-il un atome en nature rigoureusement semblable à un autre atome?... Non... Ne convenez-vous pas que tout tient en nature et qu'il est impossible qu'il y ait un vide dans la chaîne? Que voulez-vous donc dire avec vos individus? Il n'y en a point, non, il n'y en a point... Il n'y a qu'un seul grand individu, c'est le tout [1]. Dans ce tout, comme dans une machine, dans un animal quelconque, il y a une partie que vous appellerez telle ou telle; mais quand vous donnerez le nom d'individu à cette partie du tout, c'est par un concept aussi faux que si, dans un oiseau, vous donniez le nom d'individu à l'aile, à une plume de l'aile... Et vous parlez d'essences, pauvres philosophes! laissez là vos essences. Voyez la masse générale, ou si, pour l'embrasser, vous avez l'imagination trop étroite, voyez votre première origine et votre fin dernière... O Architas! vous qui avez mesuré le globe [2], qu'êtes-vous? un peu de cendre... Qu'est-ce qu'un être?... La somme d'un certain nombre de tendances... Est-ce que je puis être autre chose qu'une tendance?... non, je vais à un terme... Et les espèces?... Les espèces ne sont que des tendances

---

1. Il est caractéristique que Diderot ne se rallie jamais à l'atomisme antique, mais plutôt à un matérialisme vitaliste d'origine stoïcienne : l'unité du monde conçu comme un individu postule « l'âme du monde ». Mais l'origine de cette idée pourrait bien être dans l'interprétation, ordinaire de son temps mais contestable, de *l'Éthique* de Spinoza, à savoir un athéisme caché derrière l'assimilation de Dieu et de la nature et la confusion des « modes » spinozistes avec de simples parties du tout (cf. *Encyclopédie*, article *Spinoza*, in *Œuvres* de Diderot, t. XVII, p. 170-205). Il est à remarquer que Diderot-Bordeu revendique toujours « l'unité de substance », autre notion d'origine spinoziste.

2. Souvenir de l'ode d'Horace (*Odes*, I, 28, vers 1-2) :

« Te maris et terræ numeroque carentis harenæ

Mensorem cohibent, Archyta... »

à un terme commun qui leur est propre... Et la vie?... La vie, une suite d'actions et de réactions... Vivant, j'agis et je réagis en masse... mort, j'agis et je réagis en molécules [1]... Je ne meurs donc point?... Non, sans doute, je ne meurs point en ce sens, ni moi, ni quoi que ce soit... Naître, vivre et passer, c'est changer de formes... Et qu'importe une forme ou une autre? Chaque forme a le bonheur et le malheur qui lui est propre. Depuis l'éléphant jusqu'au puceron... depuis le puceron jusqu'à la molécule sensible et vivante, l'origine de tout, pas un point dans la nature entière qui ne souffre ou qui ne jouisse.

MADEMOISELLE DE L'ESPINASSE

Il ne dit plus rien.

BORDEU

Non ; il a fait une assez belle excursion. Voilà de la philosophie bien haute ; systématique dans ce moment [2], je crois que plus les connaissances de l'homme feront de progrès, plus elle se vérifiera.

---

1. L'expression est déjà presque identique dix ans plus tôt dans une lettre du 15 oct. 1759 à Sophie Volland (*Op. cit.*, t. I, p. 70) : « Le sentiment et la vie sont éternels. Ce qui vit a toujours vécu et vivra sans fin. La seule différence que je connaisse entre la mort et la vie c'est qu'à présent vous vivez en masse, et que dissous, épars en molécules, dans vingt ans d'ici vous vivrez en détail. » Mais Lucrèce disait déjà (*De natura rerum*, livre II, vers 1002) :

> « Nec sic interemit mors res ut materiai
> Corpora conficiat, sed cœtum dissupat ollis ».

2. Dans l'article *Philosophie* de *l'Encyclopédie*, Diderot avait condamné violemment, en accord avec la plupart de ses contemporains, l'esprit de système : « Par esprit systématique... je désigne celui qui bâtit des plans et forme des systèmes de l'univers auxquels il veut ensuite ajuster, de gré ou de force, les phénomènes » (*Œuvres*, t. XVI, p. 291). Mais dans l'article *Génie*, Diderot défend la valeur du philosophe inspiré « qui jette sur la nature des coups d'œil généraux et perce ses abîmes... Il s'élève d'un vol d'aigle vers une vérité lumineuse, source de mille vérités auxquelles parviendra par la suite en rampant la foule timide des sages observateurs » (*ibid.*, t. XV, p. 37-40). Cette oscillation entre la méthode expérimentale et la méthode rationnelle est bien évoquée dans *l'Interprétation de la nature* (*ibid.*, t. II, p. 18-20).

MADEMOISELLE DE L'ESPINASSE

Et nous, où en étions-nous?

BORDEU

Ma foi, je ne m'en souviens plus; il m'a rappelé tant de phénomènes, tandis que je l'écoutais!

MADEMOISELLE DE L'ESPINASSE

Attendez, attendez..., j'en étais à mon araignée.

BORDEU

Oui, oui.

MADEMOISELLE DE L'ESPINASSE

Docteur, approchez-vous. Imaginez une araignée au centre de sa toile. Ébranlez un fil, et vous verrez l'animal alerte accourir. Eh bien! si les fils que l'insecte tire de ses intestins, et y rappelle quand il lui plaît, faisaient partie sensible de lui-même?...

BORDEU

Je vous entends. Vous imaginez en vous, quelque part, dans un recoin de votre tête, celui, par exemple, qu'on appelle les méninges, un ou plusieurs points où se rapportent toutes les sensations excitées sur la longueur des fils.

MADEMOISELLE DE L'ESPINASSE

C'est cela.

BORDEU

Votre idée est on ne saurait plus juste; mais ne voyez-vous pas que c'est à peu près la même qu'une certaine grappe d'abeilles?

MADEMOISELLE DE L'ESPINASSE

Ah! cela est vrai; j'ai fait de la prose sans m'en douter.

BORDEU

Et de la très bonne prose, comme vous allez voir. Celui qui ne connaît l'homme que sous la forme qu'il nous présente en naissant, n'en a pas la moindre idée. Sa tête, ses pieds, ses mains, tous ses membres, tous ses viscères, tous ses organes, son nez, ses yeux, ses oreilles, son cœur, ses poumons, ses intestins, ses muscles, ses os, ses nerfs, ses membranes, ne sont, à proprement parler, que les développements grossiers d'un réseau qui se forme, s'accroît, s'étend, jette une multitude de fils imperceptibles.

MADEMOISELLE DE L'ESPINASSE

Voilà ma toile ; et le point originaire de tous ces fils c'est mon araignée.

BORDEU

A merveille.

MADEMOISELLE DE L'ESPINASSE

Où sont les fils? où est placée l'araignée?

BORDEU

Les fils sont partout ; il n'y a pas un point à la surface de votre corps auquel ils n'aboutissent ; et l'araignée est nichée dans une partie de votre tête que je vous ai nommée, les méninges, à laquelle on ne saurait presque toucher sans frapper de torpeur toute la machine.

MADEMOISELLE DE L'ESPINASSE

Mais si un atome fait osciller un des fils de la toile de l'araignée, alors elle prend l'alarme, elle s'inquiète, elle fuit ou elle accourt. Au centre elle est instruite de ce qui se passe en quelque endroit que ce soit de l'appartement immense qu'elle a tapissé. Pourquoi est-ce que je ne sais pas ce qui se passe dans le mien, ou le monde, puisque je suis un peloton de points sensibles, que tout presse sur moi et que je presse sur tout?

BORDEU

C'est que les impressions s'affaiblissent en raison de la distance d'où elles partent.

MADEMOISELLE DE L'ESPINASSE

Si l'on frappe du coup le plus léger à l'extrémité d'une longue poutre, j'entends ce coup, si j'ai mon oreille appliquée à l'autre extrémité. Cette poutre toucherait d'un bout sur la terre et de l'autre bout dans Sirius, que le même effet serait produit. Pourquoi tout étant lié, contigu, c'est-à-dire la poutre existante et réelle, n'entends-je pas ce qui se passe dans l'espace immense qui m'environne, surtout si j'y prête l'oreille?

BORDEU

Et qui est-ce qui vous a dit que vous ne l'entendiez pas plus ou moins? Mais il y a si loin, l'impression est si faible, si croisée sur la route; vous êtes entourée et assourdie de bruits si violents et si divers; c'est qu'entre Saturne et vous il n'y a que des corps contigus, au lieu qu'il y faudrait de la continuité [1].

MADEMOISELLE DE L'ESPINASSE

C'est bien dommage.

BORDEU

Il est vrai, car vous seriez Dieu [2]. Par votre identité avec tous les êtres de la nature, vous sauriez tout ce qui se fait; par votre mémoire, vous sauriez tout ce qui s'y est fait.

MADEMOISELLE DE L'ESPINASSE

Et ce qui s'y fera?

BORDEU

Vous formeriez sur l'avenir des conjectures vraisemblables, mais sujettes à erreur. C'est précisément comme si vous cherchiez à deviner ce qui va se passer au dedans de vous, à l'extrémité de votre pied ou de votre main.

MADEMOISELLE DE L'ESPINASSE

Et qui est-ce qui vous a dit que ce monde n'avait pas

---

1. C'est le reproche essentiel que depuis Newton le XVIIIe siècle fait à Descartes, la croyance au plein. C'est aussi l'argument de Diderot contre Spinoza, fidèle à la doctrine cartésienne.

2. Souvenir des polémiques qui se poursuivent depuis presque un siècle contre *l'Éthique* et le fameux *Deus sive natura*. Diderot semble accepter, du moins comme hypothèse logique, une doctrine de l'immanence.

aussi ses méninges, ou qu'il ne réside pas dans quelque recoin de l'espace une grosse ou petite araignée dont les fils s'étendent à tout [1]?

BORDEU

Personne, moins encore si elle n'a pas été ou si elle ne sera pas.

MADEMOISELLE DE L'ESPINASSE

Comment cette espèce de Dieu-là...

BORDEU

La seule qui se conçoive...

MADEMOISELLE DE L'ESPINASSE

Pourrait avoir été, ou venir et passer?

BORDEU

Sans doute ; mais puisqu'il serait matière dans l'univers, portion de l'univers, sujet à vicissitudes, il vieillirait, il mourrait [2].

---

1. La même comparaison se retrouve dans les *Éléments de physiologie* (t. IX, p. 268) mais aussi dans le *Salon de 1767* (t. XI, p. 146). C'est le dogme antique de « l'âme du monde ». Mais Diderot n'a pas inventé l'image de l'araignée. Elle vient tout directement de l'article *Spinoza* du *Dictionnaire historique et critique* de Bayle, qui cite l'opinion de Bernier sur le panthéisme des Pandets des Indes (*Suite des mémoires sur l'empire du grand Mogol*, Paris, 1671, t. III, p. 127) : leur être souverain « a produit ou tiré les âmes de sa propre substance mais généralement tout ce qu'il y a de matériel et de corporel dans l'Univers... Cette production ne s'est pas faite à la façon des causes efficientes, mais à la façon d'une araignée qui produit une toile qu'elle tire de son nombril et qu'elle reprend quand elle veut. La création... n'est autre chose qu'une extraction et extension que Dieu fait de sa propre substance, de ces rets qu'il tire de ses entrailles ». (*Dict. crit.*, 5e édition, 1734, t. V, p. 203, note A).

2. Argument traditionnel depuis Bayle et Fénelon contre le Dieu de Spinoza, argument que Diderot reprend dans l'article *Spinoza* de *l'Encyclopédie*, sans que l'on puisse aisément juger du degré de sa sincérité. L'allusion à *l'Éthique* est évidente en tout cas dans ces deux pages.

MADEMOISELLE DE L'ESPINASSE

Mais voici bien une autre extravagance qui me vient.

BORDEU

Je vous dispense de la dire, je la sais.

MADEMOISELLE DE L'ESPINASSE

Voyons, quelle est-elle?

BORDEU

Vous voyez l'intelligence unie à des portions de matière très énergiques, et la possibilité de toutes sortes de prodiges imaginables. D'autres l'ont pensé comme vous.

MADEMOISELLE DE L'ESPINASSE

Vous m'avez devinée, et je ne vous en estime pas davantage. Il faut que vous ayez un merveilleux penchant à la folie.

BORDEU

D'accord. Mais que cette idée a-t-elle d'effrayant? Ce serait une épidémie de bons et de mauvais génies [1]; les lois les plus constantes de la nature seraient interrompues par des agents naturels ; notre physique générale en deviendrait plus difficile, mais il n'y aurait point de miracles.

MADEMOISELLE DE L'ESPINASSE

En vérité, il faut être bien circonspect sur ce qu'on assure et sur ce qu'on nie.

BORDEU

Allez, celui qui vous raconterait un phénomène de ce genre aurait l'air d'un grand menteur. Mais laissons là tous ces êtres imaginaires, sans en excepter votre araignée à réseaux infinis : revenons au vôtre et à sa formation.

---

1. C'est encore une des conséquences que Diderot infère de la doctrine de *l'Éthique.* Si l'esprit est partout, pourquoi Spinoza se refuserait-il à l'existence des démons, des anges et des spectres, pourquoi n'accepterait-il pas les miracles résultant de l'action prodigieuse de ces êtres supra-humains (cf. article *Spinoza*, *op. cit.* t. XVII, p. 182 et 186)? Dans les deux textes, le mouvement des idées est parallèle.

MADEMOISELLE DE L'ESPINASSE

J'y consens.

D'ALEMBERT

Mademoiselle, vous êtes avec quelqu'un : qui est-ce qui cause là avec vous?

MADEMOISELLE DE L'ESPINASSE

C'est le docteur.

D'ALEMBERT

Bonjour, docteur : que faites-vous ici si matin?

BORDEU

Vous le saurez : dormez.

D'ALEMBERT

Ma foi, j'en ai besoin. Je ne crois pas avoir passé une autre nuit aussi agitée que celle-ci. Vous ne vous en irez pas que je ne sois levé.

BORDEU

Non. Je gage, mademoiselle, que vous avez cru qu'ayant été à l'âge de douze ans une femme la moitié plus petite, à l'âge de quatre ans encore une femme la moitié plus petite, fœtus une petite femme, dans les testicules de votre mère une femme très petite [1], vous avez pensé que vous aviez toujours été une femme sous la forme que vous avez, en sorte que les seuls accroissements successifs que vous avez pris ont fait toute la différence de vous à votre origine, et de vous telle que vous voilà.

1. Nouvelle critique dirigée contre l'emboîtement des germes et la préformation de chaque génération dans les ovaires (appelés ici « testicules ») de la génération précédente et ainsi de suite à l'infini. Diderot vise surtout ici le théoricien de l'emboîtement par les œufs, Charles Bonnet. « J'aime à reculer les bornes de la création, disait ce dernier. Je me plais à considérer cette magnifique suite d'êtres organisés renfermés comme autant de petits mondes les uns dans les autres » (*Considérations sur les corps organisés*, 1762, in *Œuvres*, *op. cit.*, t. III, p. 75).

MADEMOISELLE DE L'ESPINASSE

J'en conviens.

BORDEU

Rien cependant n'est plus faux que cette idée. D'abord vous n'étiez rien. Vous fûtes, en commençant, un point imperceptible, formé de molécules plus petites, éparses dans le sang, la lymphe de votre père ou de votre mère; ce point devint un fil délié, puis un faisceau de fils. Jusque-là, pas le moindre vestige de cette forme agréable que vous avez : vos yeux, ces beaux yeux, ne ressemblaient non plus à des yeux que l'extrémité d'une griffe d'anémone ne ressemble à une anémone. Chacun des brins du faisceau de fils [1] se transforma, par la seule nutrition et par sa conformation, en un organe particulier : abstraction faite des organes dans lesquels les brins du faisceau se métamorphosent, et auxquels ils donnent naissance. Le faisceau est un système purement sensible; s'il persistait sous cette forme, il serait susceptible de toutes les impressions relatives à la sensibilité pure, comme le froid, le chaud, le doux, le rude. Ces impressions successives, variées entre elles, et variées chacune dans leur intensité, y produiraient peut-être la mémoire, la conscience du soi, une raison très bornée. Mais cette sensibilité pure et simple, ce toucher, se diversifie par les organes émanés de chacun des brins; un brin formant une oreille, donne naissance à une espèce de toucher que nous appelons bruit ou son; un autre formant le palais, donne naissance à une seconde espèce de

1. Le vocabulaire scientifique de Diderot, comme celui de tous ses contemporains, manque de fixité. Il est remarquable cependant que dans cet exposé de l'épigenèse, la notion de « molécules organiques », qui est due à Buffon, est remplacée ou du moins complétée par celle de « brins », chaque brin, par une finalité inexpliquée, formant un organe. Diderot, dans sa théorie des brins, est directement influencé par Haller et par sa théorie des fibres (cf. *Elementa physiologiæ corporis humani*, Lausanne, Bousquet, 1757, t. I, p. 2). La fibre est le premier élément vivant, élément commun de toute matière vivante. Jusqu'à la découverte de la cellule animale, la notion de fibre sera l'hypothèse préférée des physiologistes (cf. *Éléments de physiologie*, t. IX, p. 276 sq.).

toucher que nous appelons saveur ; un troisième formant le nez et le tapissant, donne naissance à une troisième espèce de toucher que nous appelons odeur ; un quatrième formant un œil, donne naissance à une quatrième espèce de toucher que nous appelons couleur.

MADEMOISELLE DE L'ESPINASSE

Mais, si je vous ai bien compris, ceux qui nient la possibilité d'un sixième sens, un véritable hermaphrodite, sont des étourdis. Qui est-ce qui leur a dit que nature ne pourrait former un faisceau avec un brin singulier qui donnerait naissance à un organe qui nous est inconnu ?

BORDEU

Ou avec les deux brins qui caractérisent les deux sexes ? Vous avez raison ; il y a plaisir à causer avec vous : vous ne saisissez pas seulement ce qu'on vous dit, vous en tirez encore des conséquences d'une justesse qui m'étonne.

MADEMOISELLE DE L'ESPINASSE

Docteur, vous m'encouragez.

BORDEU

Non, ma foi, je vous dis ce que je pense.

MADEMOISELLE DE L'ESPINASSE

Je vois bien l'emploi de quelques-uns des brins du faisceau ; mais les autres, que deviennent-ils ?

BORDEU

Et vous croyez qu'une autre que vous aurait songé à cette question ?

MADEMOISELLE DE L'ESPINASSE

Certainement.

BORDEU

Vous n'êtes pas vaine. Le reste des brins va former autant d'autres espèces de toucher, qu'il y a de diversité entre les organes et les parties du corps.

MADEMOISELLE DE L'ESPINASSE

Et comment les appelle-t-on? Je n'en ai jamais entendu parler.

BORDEU

Ils n'ont pas de nom.

MADEMOISELLE DE L'ESPINASSE

Et pourquoi?

BORDEU

C'est qu'il n'y a pas autant de différence entre les sensations excitées par leur moyen qu'il y en a entre les sensations excitées par le moyen des autres organes.

MADEMOISELLE DE L'ESPINASSE

Très sérieusement vous pensez que le pied, la main, les cuisses, le ventre, l'estomac, la poitrine, le poumon, le cœur ont leurs sensations particulières?

BORDEU

Je le pense. Si j'osais, je vous demanderais si parmi ces sensations qu'on ne nomme pas...

MADEMOISELLE DE L'ESPINASSE

Je vous entends. Non. Celle-là est toute seule de son espèce et c'est dommage. Mais quelle raison avez-vous de cette multiplicité de sensations plus douloureuses qu'agréables dont il vous plaît de nous gratifier?

BORDEU

La raison? c'est que nous les discernons en grande partie. Si cette infinie diversité de touchers n'existait pas, on saurait qu'on éprouve du plaisir ou de la douleur, mais on ne saurait où les rapporter. Il faudrait le secours de la vue. Ce ne serait plus une affaire de sensation, ce serait une affaire d'expérience et d'observation.

MADEMOISELLE DE L'ESPINASSE

Quand je dirais que j'ai mal au doigt, si l'on me demandait pourquoi j'assure que c'est au doigt que j'ai mal, il faudrait que je répondisse non pas que je le sens, mais que je sens du mal et que je vois que mon doigt est malade.

BORDEU

C'est cela. Venez que je vous embrasse.

MADEMOISELLE DE L'ESPINASSE

Très volontiers.

D'ALEMBERT

Docteur, vous embrassez mademoiselle; c'est fort bien fait à vous.

BORDEU

J'y ai beaucoup réfléchi, et il m'a semblé que la direction et le lieu de la secousse ne suffiraient pas pour déterminer le jugement si subit de l'origine du faisceau.

MADEMOISELLE DE L'ESPINASSE

Je n'en sais rien.

BORDEU

Votre doute me plaît. Il est si commun de prendre des qualités naturelles pour des habitudes acquises et presque aussi vieilles que nous.

MADEMOISELLE DE L'ESPINASSE

Et réciproquement.

BORDEU

Quoi qu'il en soit, vous voyez que dans une question où il s'agit de la formation première de l'animal, c'est s'y prendre trop tard que d'attacher son regard et ses réflexions sur l'animal formé; qu'il faut remonter à ses premiers rudiments, et qu'il est à propos de vous dépouiller de votre organisation actuelle, et de revenir à un instant où vous n'étiez qu'une substance molle, filamenteuse, informe, vermiculaire, plus analogue au bulbe et à la racine d'une plante qu'à un animal.

MADEMOISELLE DE L'ESPINASSE

Si c'était l'usage d'aller toute nue dans les rues, je ne

serais ni la première ni la dernière à m'y conformer. Ainsi faites de moi tout ce qu'il vous plaira, pourvu que je m'instruise. Vous m'avez dit que chaque brin du faisceau formait un organe particulier ; et quelle preuve que cela est ainsi ?

BORDEU

Faites par la pensée ce que nature fait quelquefois ; mutilez le faisceau d'un de ses brins ; par exemple, du brin qui formera les yeux ; que croyez-vous qu'il en arrive?

MADEMOISELLE DE L'ESPINASSE

Que l'animal n'aura point d'yeux peut-être.

BORDEU

Ou n'en aura qu'un placé au milieu du front.

MADEMOISELLE DE L'ESPINASSE

Ce sera un Cyclope.

BORDEU

Un Cyclope.

MADEMOISELLE DE L'ESPINASSE

Le Cyclope pourrait donc bien ne pas être un être fabuleux.

BORDEU

Si peu, que je vous en ferai voir un quand vous voudrez [1].

MADEMOISELLE DE L'ESPINASSE

Et qui sait la cause de cette diversité?

---

1. Il s'agit d'un enfant du sexe féminin, venu au monde le 12 octobre 1766 et qui ne vécut que quelques heures. Le *Mercure de France* informa le public ; Mademoiselle Biheron, l'amie de Diderot, qui habitait place de l'Estrapade la maison d'angle où Diderot avait logé, en avait donné un moulage en cire. La reproduction en est faite dans l'*Histoire naturelle de l'homme* de Buffon (édit. Furne, Paris, 1837, t. III, p. 477-478 : *Sur les monstres*).

BORDEU

Celui qui a disséqué ce monstre [1] et qui ne lui a trouvé qu'un filet optique. Faites par la pensée ce que nature fait quelquefois. Supprimez un autre brin du faisceau, le brin qui doit former le nez, l'animal sera sans nez. Supprimez le brin qui doit former l'oreille, l'animal sera sans oreilles, ou n'en aura qu'une, et l'anatomiste ne trouvera dans la dissection ni les filets olfactifs, ni les filets auditifs, ou ne trouvera qu'un de ceux-ci. Continuez la suppression des brins, et l'animal sera sans tête, sans pieds, sans mains ; sa durée sera courte, mais il aura vécu.

MADEMOISELLE DE L'ESPINASSE

Et il y a des exemples de cela?

BORDEU

Assurément. Ce n'est pas tout. Doublez quelques-uns des brins du faisceau, et l'animal aura deux têtes, quatre yeux, quatre oreilles, trois testicules, trois pieds, quatre bras, six doigts à chaque main [2]. Dérangez les brins du faisceau, et les organes seront déplacés : la tête occupera le milieu de la poitrine, les poumons seront à gauche, le cœur à droite. Collez ensemble deux brins, et les organes se confondront ; les bras s'attacheront au corps ; les cuisses, les jambes et les pieds se réuniront, et vous aurez toutes les sortes de monstres imaginables.

MADEMOISELLE DE L'ESPINASSE

Mais il me semble qu'une machine aussi composée qu'un animal, une machine qui naît d'un point, d'un fluide agité,

---

1. Le docteur Dubourg, médecin de la faculté de Paris, qui conservait d'ailleurs le moulage. Diderot malade le consultait en 1760 (cf. *Correspondance*, édit. Roth, t. III, p. 253, 19 novembre - *ibid.*, t. I, p. 62, *Additions à la Lettre d'un citoyen zélé* de 1748).

2. Diderot ne se pose pas encore la question de l'hérédité de ces anomalies. Cependant Maupertuis avait étudié la polydactylie dans la famille du chirurgien berlinois Jacob Ruhe (cf. *Système de la nature*, in *Œuvres*, *op. cit.*, t. II, p. 159-160).

peut-être de deux fluides brouillés au hasard, car on ne sait guère alors ce qu'on fait ; une machine qui s'avance à sa perfection par une infinité de développements successifs ; une machine dont la formation régulière ou irrégulière dépend d'un paquet de fils minces, déliés et flexibles, d'une espèce d'écheveau où le moindre brin ne peut être cassé, rompu, déplacé, manquant, sans conséquence fâcheuse pour le tout, devrait se nouer, s'embarrasser encore plus souvent dans le lieu de sa formation que mes soies sur ma tournette [1].

BORDEU

Aussi en souffre-t-elle beaucoup plus qu'on ne pense. On ne dissèque pas assez, et les idées sur sa formation sont-elles bien éloignées de la vérité.

MADEMOISELLE DE L'ESPINASSE

A-t-on des exemples remarquables de ces difformités originelles [2], autres que les bossus et les boiteux, dont on pourrait attribuer l'état maléficié à quelque vice héréditaire?

BORDEU

Il y en a sans nombre, et tout nouvellement il vient de mourir à la Charité de Paris [3], à l'âge de vingt-cinq ans,

---

1. Dévidoir à pivot, d'usage commun au temps où les dames faisaient de la tapisserie. Les planches de *l'Encyclopédie* en donnent une reproduction (Paris, Briasson, 1771, t. IX, planche V, figure 5).

2. Les problèmes de la tératologie opposaient violemment au XVIIIe siècle tous les généticiens. La querelle de Lémery et de Winslow avait longuement défrayé la chronique médicale (cf. *Mémoires de l'Académie des sciences*, années 1724-1733-1734-1738-1740) ; les deux médecins étaient ovistes ; mais alors que Lémery voyait dans la production des monstres un accident survenu aux œufs, Winslow, meilleur anatomiste, ne voyait dans l'anomalie aucun caractère de désordre. Maupertuis leur oppose le caractère fréquemment héréditaire de la monstruosité (*Vénus physique, op. cit.*, t. II, p. 71-73, *Système sur les monstres*). Buffon n'a aucune doctrine et se contente de classer les monstres par excès, par défaut, et par inversement des parties (*Histoire naturelle de l'homme, op. cit.*, t. III, p. 477-478).

3. L'hôpital de la Charité, créé par Marie de Médicis en 1602, était établi rue Saint-Père devenue rue des Saints-Pères.

des suites d'une fluxion de poitrine, un charpentier né à Troyes, appelé Jean-Baptiste Macé, qui avait les viscères intérieurs de la poitrine et de l'abdomen dans une situation renversée, le cœur à droite précisément comme vous l'avez à gauche ; le foie à gauche ; l'estomac, la rate, le pancréas à l'hypocondre droit ; la veine-porte au foie du côté gauche ce qu'elle est au foie du côté droit ; même transposition au long canal des intestins ; les reins, adossés l'un à l'autre sur les vertèbres des lombes, imitaient la figure d'un fer à cheval. Et qu'on vienne après cela nous parler de causes finales !

MADEMOISELLE DE L'ESPINASSE

Cela est singulier.

BORDEU

Si Jean-Baptiste Macé a été marié et qu'il ait eu des enfants...

MADEMOISELLE DE L'ESPINASSE

Eh bien, docteur, ces enfants...

BORDEU

Suivront la conformation générale ; mais quelqu'un des enfants de leurs enfants, au bout d'une centaine d'années, car ces irrégularités ont des sauts, reviendra à la conformation bizarre de son aïeul [1].

MADEMOISELLE DE L'ESPINASSE

Et d'où viennent ces sauts ?

BORDEU

Qui le sait ? Pour faire un enfant on est deux, comme vous savez. Peut-être qu'un des agents répare le vice de l'autre, et que le réseau défectueux ne renaît que dans le moment où le

1. Diderot se souvient des phénomènes d'atavisme signalés par Maupertuis, qui s'étonnait « après une interruption de ces variétés de les voir reparaître ; de voir l'enfant qui ne ressemble ni à son père ni à sa mère, naître avec les traits de son aïeul ». (*Vénus physique*, *op. cit.*, t. II, p. 123).

descendant de la race monstrueuse prédomine et donne la loi à la formation du réseau. Le faisceau de fils constitue la différence originelle et première de toutes les espèces d'animaux. Les variétés du faisceau d'une espèce font toutes les variétés monstrueuses de cette espèce.

(Après un long silence, mademoiselle de l'Espinasse sortit de sa rêverie et tira le docteur de la sienne par la question suivante :)

Il me vient une idée bien folle.

BORDEU

Quelle ?

MADEMOISELLE DE L'ESPINASSE

L'homme n'est peut-être que le monstre de la femme, ou la femme le monstre de l'homme [1].

BORDEU

Cette idée vous serait venue bien plus vite encore, si vous eussiez su que la femme a toutes les parties de l'homme, et que la seule différence qu'il y ait est celle d'une bourse pendante en dehors, ou d'une bourse retournée en dedans ; qu'un fœtus femelle ressemble, à s'y tromper, à un fœtus mâle ; que la partie qui occasionne l'erreur s'affaisse dans le fœtus femelle à mesure que la bourse intérieure s'étend ; qu'elle ne s'oblitère jamais au point de perdre sa première forme ; qu'elle garde cette forme en petit ; qu'elle est susceptible des mêmes mouvements ; qu'elle est aussi le mobile de la volupté ; qu'elle a son gland, son prépuce, et qu'on remarque à son extrémité un point qui paraîtrait avoir été l'orifice d'un canal urinaire qui s'est fermé ; qu'il y a dans l'homme, depuis l'anus jusqu'au scrotum, intervalle qu'on appelle le périnée, et du scrotum jusqu'à l'extrémité de la verge, une couture qui semble être la reprise d'une vulve faufilée ; que les femmes qui ont le clitoris excessif ont de la barbe ; que les ennuques n'en ont point, que leurs cuisses se fortifient, que leurs hanches s'évasent, que leurs genoux

1. Développement parallèle dans les *Éléments de physiologie* (t. IX, p. 309).

s'arrondissent, et qu'en perdant l'organisation caractéristique d'un sexe, ils semblent s'en retourner à la conformation caractéristique de l'autre. Ceux d'entre les Arabes que l'équitation habituelle a châtrés perdent la barbe, prennent une voix grêle, s'habillent en femmes, se rangent parmi elles sur les chariots, s'accroupissent pour pisser, et en affectent les mœurs et les usages... Mais nous voilà bien loin de notre objet. Revenons à notre faisceau de filaments animés et vivants.

D'ALEMBERT

Je crois que vous dites des ordures à mademoiselle de l'Espinasse.

BORDEU

Quand on parle science, il faut se servir des mots techniques.

D'ALEMBERT

Vous avez raison ; alors ils perdent le cortège d'idées accessoires qui les rendraient malhonnêtes. Continuez, docteur. Vous disiez donc à mademoiselle que la matrice n'est autre chose qu'un scrotum retourné de dehors en dedans, mouvement dans lequel les testicules ont été jetés hors de la bourse qui les renfermait, et dispersés de droite et de gauche dans la cavité du corps ; que le clitoris est un membre viril en petit ; que ce membre viril de femme va toujours en diminuant, à mesure que la matrice ou le scrotum retourné s'étend, et que...

MADEMOISELLE DE L'ESPINASSE

Oui, oui, taisez-vous, et ne vous mêlez pas de nos affaires.

BORDEU

Vous voyez, mademoiselle, que dans la question de nos sensations en général, qui ne sont toutes qu'un toucher diversifié, il faut laisser là les formes successives que le réseau prend, et s'en tenir au réseau seul.

MADEMOISELLE DE L'ESPINASSE

Chaque fil du réseau sensible peut être blessé ou chatouillé sur toute sa longueur. Le plaisir ou la douleur est là ou là, dans un endroit ou dans un autre de quelqu'une des longues pattes de mon araignée, car j'en reviens toujours à mon araignée ; que c'est l'araignée qui est à l'origine commune de toutes les pattes, et qui rapporte à tel ou tel endroit la douleur ou le plaisir sans l'éprouver.

BORDEU

Que c'est le rapport constant, invariable de toutes les impressions à cette origine commune qui constitue l'unité de l'animal.

MADEMOISELLE DE L'ESPINASSE

Que c'est la mémoire de toutes ces impressions successives qui fait pour chaque animal l'histoire de sa vie et de son soi.

BORDEU

Et que c'est la mémoire et la comparaison qui s'ensuivent nécessairement de toutes ces impressions qui font la pensée et le raisonnement.

MADEMOISELLE DE L'ESPINASSE

Et cette comparaison se fait où?

BORDEU

A l'origine du réseau [1].

MADEMOISELLE DE L'ESPINASSE

Et ce réseau?

BORDEU

N'a à son origine aucun sens qui lui soit propre : ne voit point, n'entend point, ne souffre point. Il est produit,

---

1. Ce *sensorium commune*, Diderot lui refuse le nom d'âme. Depuis l'article *Ame* de *l'Encyclopédie* où il ne craint pas de corriger ironiquement le spiritualisme banal de l'abbé Yvon (t. I, p. 340-343, éd. de 1751) jusqu'aux *Éléments de physiologie* (t. IX, p. 377-379) où il attaque l'animisme de Stahl, Diderot ne veut voir qu'une différence d'organisation entre l'âme sensitive et l'âme raisonnable.

nourri ; il émane d'une substance molle, insensible, inerte, qui lui sert d'oreiller, et sur laquelle il siège, écoute, juge et prononce.

MADEMOISELLE DE L'ESPINASSE

Il ne souffre point.

BORDEU

Non : l'impression la plus légère suspend son audience, et l'animal tombe dans l'état de mort. Faites cesser l'impression, il revient à ses fonctions, et l'animal renaît.

MADEMOISELLE DE L'ESPINASSE

Et d'où savez-vous cela? Est-ce qu'on a jamais fait renaître et mourir un homme à discrétion?

BORDEU

Oui.

MADEMOISELLE DE L'ESPINASSE

Et comment cela?

BORDEU

Je vais vous le dire ; c'est un fait curieux. La Peyronie, que vous pouvez avoir connu, fut appelé auprès d'un malade qui avait reçu un coup violent à la tête. Ce malade y sentait de la pulsation. Le chirurgien ne doutait pas que l'abcès au cerveau ne fût formé, et qu'il n'y avait pas un moment à perdre. Il rase le malade et le trépane. La pointe de l'instrument tombe précisément au centre de l'abcès. Le pus était fait ; il vide le pus ; il nettoie l'abcès avec une seringue. Lorsqu'il pousse l'injection dans l'abcès, le malade ferme les yeux ; ses membres restent sans action, sans mouvement, sans le moindre signe de vie ; lorsqu'il repompe l'injection et qu'il soulage l'origine du faisceau du poids et de la pression du fluide injecté, le malade rouvre les yeux, se meut, parle, sent, renaît, et vit [1].

---

1. L'opération à laquelle Diderot fait allusion est relatée dans un article du chirurgien Quesnay : *Observation sur une suppuration prodigieuse du cerveau guérie par des injections* et consignée dans les *Mémoires de*

MADEMOISELLE DE L'ESPINASSE

Cela est singulier ; et ce malade guérit-il?

BORDEU

Il guérit ; et, quand il fut guéri, il réfléchit, il pensa, il raisonna, il eut le même esprit, le même bon sens, la même pénétration, avec une bonne portion de moins de sa cervelle.

MADEMOISELLE DE L'ESPINASSE

Ce juge-là est un être bien extraordinaire.

BORDEU

Il se trompe quelquefois lui-même ; il est sujet à des préventions d'habitude : on sent du mal à un membre qu'on n'a plus [1]. On le trompe quand on veut : croisez deux de vos doigts l'un sur l'autre, touchez une petite boule, et il prononcera qu'il y en a deux.

MADEMOISELLE DE L'ESPINASSE

C'est qu'il est comme tous les juges du monde, et qu'il a besoin d'expérience, sans quoi il prendra la sensation de la glace pour celle du feu.

---

l'Académie royale de chirurgie (Paris, Le Prieur, 1761, t. I, p. 335-336). Voici le récit que Diderot évidemment interprète dans le sens de sa thèse : « M. de la Peyronie examina l'os et découvrit une fracture... Le lendemain il appliqua deux couronnes de trépan. Cette opération ne fit point cesser les accidents ; la dure-mère était un peu molle et livide, ce qui détermina M. de la Peyronie à ouvrir cette membrane ; il en sortit dans l'instant une palette de pus. M. de la Peyronie jugea à propos de faire des injections dans cette cavité avec le miel rosat délayé dans une décoction de plantes céphaliques. *A mesure que la cavité s'emplissait par l'injection, le malade perdait connaissance et tombait enfin comme mort et on lui rendait la vie sitôt qu'on lui retirait la liqueur...* Par le moyen de ces injections, la suppuration prit un bon caractère et le malade fut guéri en moins de deux mois ». François de la Peyronie (1678-1747), premier chirurgien du roi Louis XV, fut le fondateur avec Quesnay de l'Académie de chirurgie.

1. L'illusion des amputés avait été exploitée dans le même sens par La Mettrie (l'*Homme-machine*, Élie Luzac, Leyde, 1748, p. 64-65).

BORDEU

Il fait bien autre chose : il donne un volume presque infini à l'individu, ou il le concentre presque dans un point.

MADEMOISELLE DE L'ESPINASSE

Je ne vous entends pas.

BORDEU

Qu'est-ce qui circonscrit votre étendue réelle, la vraie sphère de votre sensibilité?

MADEMOISELLE DE L'ESPINASSE

Ma vue et mon toucher.

BORDEU

De jour ; mais la nuit, dans les ténèbres, lorsque vous rêvez surtout à quelque chose d'abstrait, le jour même, lorsque votre esprit est occupé?

MADEMOISELLE DE L'ESPINASSE

Rien. J'existe comme en un point ; je cesse presque d'être matière, je ne sens que ma pensée ; il n'y a plus ni lieu, ni mouvement, ni corps, ni distance, ni espace pour moi : l'univers est anéanti pour moi, et je suis nulle pour lui.

BORDEU

Voilà le dernier terme de la concentration de votre existence ; mais sa dilatation idéale peut être sans borne. Lorsque la vraie limite de votre sensibilité est franchie, soit en vous rapprochant, en vous condensant en vous-même, soit en vous étendant au dehors, on ne sait plus ce que cela peut devenir.

MADEMOISELLE DE L'ESPINASSE

Docteur, vous avez raison. Il m'a semblé plusieurs fois en rêve...

BORDEU

Et aux malades dans une attaque de goutte...

MADEMOISELLE DE L'ESPINASSE

Que je devenais immense.

BORDEU

Que leur pied touchait au ciel de leur lit.

MADEMOISELLE DE L'ESPINASSE

Que mes bras et mes jambes s'allongeaient à l'infini, que le reste de mon corps prenait un volume proportionné ; que l'Encelade de la fable n'était qu'un pygmée ; que l'Amphitrite d'Ovide [1], dont les longs bras allaient former une ceinture immense à la terre, n'était qu'une naine en comparaison de moi, et que j'escaladais le ciel, ou que j'enlaçais les deux hémisphères.

BORDEU

Fort bien. Et moi j'ai connu une femme en qui le phénomène s'exécutait en sens contraire.

MADEMOISELLE DE L'ESPINASSE

Quoi ! elle se rapetissait par degrés, et rentrait en elle-même ?

BORDEU

Au point de se sentir aussi menue qu'une aiguille : elle voyait, elle entendait, elle raisonnait, elle jugeait et elle avait un effroi mortel de se perdre ; elle frémissait à l'approche des moindres objets ; elle n'osait bouger de sa place.

MADEMOISELLE DE L'ESPINASSE

Voilà un singulier rêve, bien fâcheux, bien incommode.

BORDEU

Elle ne rêvait point ; c'était un des accidents de la cessation de l'écoulement périodique.

---

1. Souvenir des *Métamorphoses* (livre I, vers 14) :
« ... nec bracchia longo
Margine terrarum porrexerat Amphitrite ».
Diderot avait donné un long commentaire poétique de ces deux vers dans le *Salon de 1767* (t. XI, p. 329-332).

MADEMOISELLE DE L'ESPINASSE

Et demeurait-elle longtemps sous cette menue, imperceptible forme de petite femme?

BORDEU

Une heure, deux heures, après lesquelles elle revenait successivement à son volume naturel.

MADEMOISELLE DE L'ESPINASSE

Et la raison de ces sensations bizarres?

BORDEU

Dans leur état naturel et tranquille, les brins du faisceau ont une certaine tension, un ton, une énergie habituelle qui circonscrit l'étendue réelle ou imaginaire du corps. Je dis réelle ou imaginaire, car cette tension, ce ton, cette énergie étant variables, notre corps n'est pas toujours d'un même volume.

MADEMOISELLE DE L'ESPINASSE

Ainsi, c'est au physique comme au moral que nous sommes sujets à nous croire plus grands que nous ne le sommes?

BORDEU

Le froid nous rapetisse, la chaleur nous étend, et tel individu peut se croire toute sa vie plus petit ou plus grand qu'il ne l'est réellement. S'il arrive à la masse du faisceau d'entrer en un éréthisme [1] violent, aux brins de se mettre en érection, à la multitude infinie de leurs extrémités de s'élancer au-delà de leur limite accoutumée, alors la tête, les pieds, les autres membres, tous les points de la surface du corps seront portés à une distance immense, et l'individu se sentira gigantesque. Ce sera le phénomène contraire si l'insensibilité, l'apathie, l'inertie gagne de l'extrémité des brins, et s'achemine peu à peu vers l'origine du faisceau.

1. État d'excitation, d'irritation. Diderot ne craint pas les termes techniques et c'est d'ailleurs un médecin qui parle.

MADEMOISELLE DE L'ESPINASSE

Je conçois que cette expansion ne saurait se mesurer, et je conçois encore que cette insensibilité, cette apathie, cette inertie de l'extrémité des brins, cet engourdissement, après avoir fait un certain progrès, peut se fixer, s'arrêter...

BORDEU

Comme il est arrivé à La Condamine [1] : alors l'individu sent comme des ballons sous ses pieds.

MADEMOISELLE DE L'ESPINASSE

Il existe au-delà du terme de sa sensibilité, et s'il était enveloppé de cette apathie en tout sens, il nous offrirait un petit homme vivant sous un homme mort.

BORDEU

Concluez de là que l'animal qui dans son origine n'était qu'un point, ne sait encore s'il est réellement quelque chose de plus. Mais revenons.

MADEMOISELLE DE L'ESPINASSE

Où?

BORDEU

Où? au trépané de La Peyronie... Voilà bien, je crois, ce que vous me demandiez, l'exemple d'un homme qui vécut et mourut alternativement... Mais il y a mieux.

MADEMOISELLE DE L'ESPINASSE

Et qu'est-ce que ce peut être?

---

1. Charles-Marie de la Condamine (1701-1774) s'était acquis la gloire par son voyage au Pérou en 1736, au cours duquel il se proposait d'observer le renflement de la terre à l'équateur par rapport aux pôles. Mais quelques années après son retour en France, il était frappé de surdité et de paralysie partielle; après avoir donné quelques articles de géographie et de sciences naturelles à *l'Encyclopédie*, il fut reçu par Buffon en 1760 à l'Académie des sciences. Dans la *Correspondance littéraire* (t.VII, p. 159, novembre 1766), Grimm précisait d'ailleurs cette étrange maladie que soignait Tronchin : « Elle consiste dans une insensibilité répandue sur toutes les extrémités de son corps... Ainsi il marche sans sentir ses pieds, il s'assied sans sentir ses fesses ».

BORDEU

La fable de Castor et Pollux réalisée ; deux enfants dont la vie de l'un était aussitôt suivie de la mort de l'autre, et la vie de celui-ci aussitôt suivie de la mort du premier.

MADEMOISELLE DE L'ESPINASSE

Oh ! le bon conte. Et cela dura-t-il longtemps ?

BORDEU

La durée de cette existence fut de deux jours qu'ils se partagèrent également et à différentes reprises, en sorte que chacun eut pour sa part un jour de vie et un jour de mort.

MADEMOISELLE DE L'ESPINASSE

Je crains, docteur, que vous n'abusiez un peu de ma crédulité. Prenez-y garde, si vous me trompez une fois, je ne vous croirai plus.

BORDEU

Lisez-vous quelquefois la *Gazette de France* ?

MADEMOISELLE DE L'ESPINASSE

Jamais, quoique ce soit le chef-d'œuvre de deux hommes d'esprit [1].

BORDEU

Faites-vous prêter la feuille du 4 de ce mois de septembre [2], et vous verrez qu'à Rabastens, diocèse d'Albi,

1. *La Gazette de France* avait été accordée par le gouvernement, vers la fin de 1762, à Jean-Baptiste Suard, familier du Grandval et amoureux de la baronne, et à François Arnaud, abbé de Grandchamp. Diderot s'en était réjoui (cf. *A Sophie Volland*, 26 sept. 1762, *op. cit.* t. II, p. 8, 25 oct., *ibid.*, p. 25).

2. La feuille du lundi 4 septembre 1769 (Bibliothèque nationale, LC 2 (I), p. 290 sq.) est en effet prodigue de détails : « On mande de Rabastens, diocèse d'Alby, que le 11 du mois dernier, la femme du nommé Millet, facturier de cette ville, y est accouchée à terme de deux enfants jumeaux en vie, joints ensemble par les fesses... On ne pouvait tenir un de ces enfants droit sans que l'autre n'eût la tête en bas.

deux filles naquirent dos à dos, unies par leurs dernières vertèbres lombaires, leurs fesses et la région hypogastrique. L'on ne pouvait tenir l'une debout que l'autre n'eût la tête en bas. Couchées, elles se regardaient ; leurs cuisses étaient fléchies entre leurs troncs, et leurs jambes élevées ; sur le milieu de la ligne circulaire commune qui les attachait par leurs hypogastres on discernait leur sexe, et entre la cuisse droite de l'une qui correspondait à la cuisse gauche de sa sœur, dans une cavité il y avait un petit anus par lequel s'écoulait le méconium.

MADEMOISELLE DE L'ESPINASSE

Voilà une espèce assez bizarre.

BORDEU

Elles prirent du lait qu'on leur donna dans une cuiller. Elles vécurent douze heures comme je vous l'ai dit, l'une tombant en défaillance lorsque l'autre en sortait, l'une morte tandis que l'autre vivait. La première défaillance de l'une et la première vie de l'autre fut de quatre heures ; les défaillances et les retours alternatifs à la vie qui succé-

---

Lorsqu'ils étaient couchés sur le dos, les deux enfants se regardaient ; leurs cuisses étaient dans un état de flexion et les jambes élevées... A la jonction de ces parties, on distinguait une petite ligne circulaire qui paraissait faire la division des deux corps. Au bas et au milieu de la région hypogastrique, précisément sur la ligne de séparation, on voyait les parties de sexe féminin... Entre la cuisse droite de l'un de ces enfants et répondant à la cuisse gauche de l'autre, on remarquait une très petite ouverture par laquelle sortait le méconium... Le lendemain. l'un d'eux demeura depuis quatre heures du soir jusqu'à huit sans donner le moindre signe de vie. Il commença ensuite à remuer les lèvres, se colora et revint entièrement, mais aussitôt l'autre tomba dans l'état d'où le premier sortait : ces faiblesses furent alternatives, mais de moindre durée que la première fois, jusqu'au lendemain à trois ou quatre heures du matin que ces enfants moururent tous deux à la fois. On a remarqué que le nombril de celui qui n'était pas en faiblesse sortait beaucoup pendant la faiblesse de l'autre et cet effet fut aussi alternatif jusqu'à leur mort ».

Diderot évidemment rédige avec la *Gazette* sous les yeux, reproduit tous les détails avec fidélité et s'efforce même de donner plus de rigueur médicale à sa paraphrase.

dèrent furent moins longs; elles expirèrent dans le même instant. On remarqua que leurs nombrils avaient aussi un mouvement alternatif de sortie et de rentrée; il rentrait à celle qui défaillait, et sortait à celle qui revenait à la vie.

MADEMOISELLE DE L'ESPINASSE

Et que dites-vous de ces alternatives de vie et de mort?

BORDEU

Peut-être rien qui vaille; mais comme on voit tout à travers la lunette de son système, et que je ne veux pas faire exception à la règle, je dis que c'est le phénomène du trépané de La Peyronie doublé en deux êtres conjoints; que les réseaux de ces deux enfants s'étaient si bien mêlés qu'ils agissaient et réagissaient l'un sur l'autre; lorsque l'origine du faisceau de l'une prévalait, il entraînait le réseau de l'autre qui défaillait à l'instant; c'était le contraire, si c'était le réseau de celle-ci qui dominât le système commun. Dans le trépané de La Peyronie, la pression se faisait de haut en bas par le poids d'un fluide; dans les deux jumelles de Rabastens, elle se faisait de bas en haut par la traction d'un certain nombre des fils du réseau : conjecture appuyée par la rentrée et la sortie alternative des nombrils, sortie dans celle qui revenait à la vie, rentrée dans celle qui mourait.

MADEMOISELLE DE L'ESPINASSE

Et voilà deux âmes liées.

BORDEU

Un animal avec le principe de deux sens et de deux consciences.

MADEMOISELLE DE L'ESPINASSE

N'ayant cependant dans le même moment que la jouissance d'une seule; mais qui sait ce qui serait arrivé si cet animal eût vécu?

BORDEU

Quelle sorte de correspondance l'expérience de tous les

moments de la vie, la plus forte des habitudes qu'on puisse imaginer, aurait établie entre ces deux cerveaux?

MADEMOISELLE DE L'ESPINASSE

Des sens doubles, une mémoire double, une imagination double, une double application, la moitié d'un être qui observe, lit, médite, tandis que son autre moitié repose : cette moitié-ci reprenant les mêmes fonctions, quand sa compagne est lasse ; la vie doublée d'un être doublé.

BORDEU

Cela est possible ; et la nature amenant avec le temps tout ce qui est possible, elle formera quelque étrange composé.

MADEMOISELLE DE L'ESPINASSE

Que nous serions pauvres en comparaison d'un pareil être !

BORDEU

Et pourquoi? Il y a déjà tant d'incertitudes, de contradictions, de folies dans un entendement simple, que je ne sais plus ce que cela deviendrait avec un entendement double... Mais il est dix heures et demie, et j'entends du faubourg jusqu'ici un malade qui m'appelle.

MADEMOISELLE DE L'ESPINASSE

Y aurait-il bien du danger pour lui à ce que vous ne le vissiez pas?

BORDEU

Moins peut-être qu'à le voir. Si la nature ne fait pas la besogne sans moi, nous aurons bien de la peine à la faire ensemble, et à coup sûr je ne la ferai pas sans elle [1].

MADEMOISELLE DE L'ESPINASSE

Restez donc.

---

1. Trait qui rappelle bien la thérapeutique « naturiste » de Bordeu qui le faisait accuser de scepticisme par ses collègues de la Faculté de Paris. C'est la définition même du procédé « expectatif » que recommande Bordeu dans l'article *Crise* de *l'Encyclopédie* (1753).

D'ALEMBERT

Docteur, encore un mot, et je vous envoie à votre patient. A travers toutes les vicissitudes que je subis dans le cours de ma durée, n'ayant peut-être pas à présent une des molécules que j'apportai en naissant, comment suis-je resté moi pour les autres et pour moi?

BORDEU

Vous nous l'avez dit en rêvant.

D'ALEMBERT

Est-ce que j'ai rêvé?

MADEMOISELLE DE L'ESPINASSE

Toute la nuit, et cela ressemblait tellement à du délire, que j'ai envoyé chercher le docteur ce matin.

D'ALEMBERT

Et cela pour des pattes d'araignée qui s'agitaient d'elles-mêmes, qui tenaient alerte l'araignée et qui faisaient parler l'animal. Et l'animal, que disait-il?

BORDEU

Que c'était par la mémoire qu'il était lui pour les autres et pour lui ; et j'ajouterais par la lenteur des vicissitudes. Si vous eussiez passé en un clin d'œil de la jeunesse à la décrépitude, vous auriez été jeté dans ce monde comme au premier moment de votre naissance ; vous n'auriez plus été vous ni pour les autres ni pour vous, pour les autres qui n'auraient point été eux pour vous. Tous les rapports auraient été anéantis, toute l'histoire de votre vie pour moi, toute l'histoire de la mienne pour vous, brouillée. Comment auriez-vous pu savoir que cet homme, courbé sur un bâton, dont les yeux s'étaient éteints, qui se traînait avec peine, plus différent encore de lui-même au dedans qu'à l'extérieur, était le même qui la veille marchait si légèrement, remuait des fardeaux assez lourds, pouvait se livrer aux méditations les plus profondes, aux exercices les plus doux et les plus violents? Vous n'eussiez pas entendu vos propres ouvrages, vous ne vous fussiez pas reconnu vous-même, vous n'eussiez reconnu personne, personne ne vous eût reconnu ; toute la scène du monde aurait changé. Songez qu'il y eut moins de différence encore entre vous naissant et vous jeune, qu'il n'y en aurait eu entre vous jeune et vous devenu subitement décrépit. Songez que, quoique votre naissance ait été liée à votre jeunesse par une suite de sensations ininterrompues, les trois premières années de votre [existence] [1] n'ont jamais été de l'histoire de votre vie. Qu'aurait donc été pour vous le temps de votre jeunesse que rien n'eût lié au moment de votre décrépitude? D'Alembert décrépit n'eût pas eu le moindre souvenir de d'Alembert jeune.

MADEMOISELLE DE L'ESPINASSE

Dans la grappe d'abeilles, il n'y en aurait pas une qui eût eu le temps de prendre l'esprit du corps.

D'ALEMBERT

Qu'est-ce que vous dites là?

MADEMOISELLE DE L'ESPINASSE

Je dis que l'esprit monastique se conserve parce que le monastère se refait peu à peu, et quand il entre un moine nouveau, il en trouve une centaine de vieux qui l'entraînent à penser et à sentir comme eux. Une abeille s'en va, il en succède dans la grappe une autre qui se met bientôt au courant.

D'ALEMBERT

Allez, vous extravaguez avec vos moines, vos abeilles, votre grappe et votre couvent.

BORDEU

Pas tant que vous croiriez bien. S'il n'y a qu'une conscience dans l'animal, il y a une infinité de volontés ; chaque organe a la sienne.

D'ALEMBERT

Comment avez-vous dit?

---

1. Variante du ms. autographe : *naissance*.

BORDEU

J'ai dit que l'estomac veut des aliments, que le palais n'en veut point, et que la différence du palais et de l'estomac avec l'animal entier, c'est que l'animal sait qu'il veut, et que l'estomac et le palais veulent sans le savoir ; c'est que l'estomac ou le palais sont l'un à l'autre à peu près comme l'homme et la brute. Les abeilles perdent leurs consciences et retiennent leurs appétits ou volontés. La fibre est un animal simple, l'homme est un animal composé ; mais gardons ce texte pour une autre fois [1]. Il faut un événement bien moindre qu'une décrépitude subite pour ôter à l'homme la conscience du soi. Un moribond reçoit les sacrements avec une piété profonde ; il s'accuse de ses fautes ; il demande pardon à sa femme ; il embrasse ses enfants ; il appelle ses amis ; il parle à son médecin ; il commande à ses domestiques ; il dicte ses dernières volontés ; il met ordre à ses affaires, et tout cela avec le jugement

1. Le garderait-il pour les *Éléments de physiologie*, où il développe abondamment le thème de l'indépendance relative des organes (t. IX, p. 331-335)? Il reprendra dans le même ouvrage la distinction des trois vies, celle de la fibre, celle de l'organe, celle de l'animal entier (*ibid.*, p. 275). Toute la doctrine vient de Bordeu (cf. *Recherches anatomiques sur la position des glandes*, *op. cit.*, t. I, p. 164-165 : « Chaque partie n'a-t-elle pas son tact ou sa disposition particulière? L'œil ne saurait souffrir l'huile que l'estomac retient à merveille et celui-ci rejette l'émétique qui ne fait presque point d'impression sur l'œil. Pourquoi les glandes n'auraient-elles point leur tact ou leur goût particulier? » - *Encyclopédie*, t. XV, p. 41, article *Sensibilité*, même exemple : « L'estomac ne peut supporter le tartre émétique qui ne fait rien sur l'œil, tandis que l'huile qui est insupportable aux parties sensibles de ce dernier organe ne fait aucune impression sur l'estomac ». Préface de Minvielle aux *Œuvres de Bordeu*, Paris, 1774 : « L'homme est un composé de divers organes qui ont dans le vivant un mouvement, une action et une vie particulière... La vie générale n'est que le résultat ou la somme des vies particulières à chaque organe... »). Voyez en effet *Éléments de physiologie*, t. IX, p. 335 : « Chaque organe a son plaisir et sa douleur particulière, sa position, sa construction, sa chair, sa fonction, ses maladies accidentelles, héréditaires, ses dégoûts, ses appétits, ses remèdes, ses sensations, sa volonté, ses mouvements, sa nutrition, ses stimulants, son traitement approprié, sa naissance, son développement. »

le plus sain, la présence d'esprit la plus entière ; il guérit, il est convalescent, et il n'a pas la moindre idée de ce qu'il a dit ou fait dans sa maladie. Cet intervalle, quelquefois très long, a disparu de sa vie. Il y a même des exemples de personnes qui ont repris la conversation ou l'action que l'attaque subite du mal avait interrompue.

D'ALEMBERT

Je me souviens que, dans un exercice public, un pédant de collège, tout gonflé de son savoir, fut mis ce qu'ils appellent au sac, par un capucin qu'il avait méprisé. Lui, mis au sac ! Et par qui? par un capucin ! Et sur quelle question? Sur le futur contingent ! sur la science moyenne qu'il a méditée toute sa vie ! Et en quelle circonstance? devant une assemblée nombreuse ! devant ses élèves ! Le voilà perdu d'honneur. Sa tête travaille si bien sur ces idées qu'il en tombe dans une léthargie qui lui enlève toutes les connaissances qu'il avait acquises.

MADEMOISELLE DE L'ESPINASSE

Mais c'était un bonheur.

D'ALEMBERT

Ma foi, vous avez raison. Le bon sens lui était resté ; mais il avait tout oublié. On lui rapprit à parler et à lire, et il mourut lorsqu'il commençait à épeler très passablement. Cet homme n'était point un inepte ; on lui accordait même quelque éloquence.

MADEMOISELLE DE L'ESPINASSE

Puisque le docteur a entendu votre conte, il faut qu'il entende aussi le mien. Un jeune homme de dix-huit à vingt ans, dont je ne me rappelle pas le nom...

BORDEU

C'est un M. de Schellemberg de Winterthur[1] ; il n'avait que quinze à seize ans.

---

1. Il s'agit du célèbre et fécond graveur suisse Johann Rudolf Schellemberg qui illustra les œuvres des entomologistes Sulzer (1761

MADEMOISELLE DE L'ESPINASSE

Ce jeune homme fit une chute dans laquelle il reçut une commotion violente à la tête.

BORDEU

Qu'appelez-vous une commotion violente? Il tomba du haut d'une grange; il eut la tête fracassée, et resta six semaines sans connaissance.

MADEMOISELLE DE L'ESPINASSE

Quoi qu'il en soit, savez-vous quelle fut la suite de cet accident? la même qu'à votre pédant : il oublia tout ce qu'il savait; il fut restitué à son bas âge; il eut une seconde enfance, et qui dura. Il était craintif et pusillanime; il s'amusait à des joujoux. S'il avait mal fait et qu'on le grondât, il allait se cacher dans un coin; il demandait à faire son petit tour et son grand tour. On lui apprit à lire et à écrire; mais j'oubliais de vous dire qu'il fallut lui rapprendre à marcher. Il redevint homme et habile homme, et il a laissé un ouvrage d'histoire naturelle.

BORDEU

Ce sont des gravures, les planches de M. Sulzer [1] sur les

---

et 1774) et Füssli (1781), les descriptions alpestres de M. T. Bourrit (1781 et 1785), les Œuvres de Basedow (1770 et 1785), les chants suisses de Lavater (1786), les histoires suisses de Meister (1789) et l'*Entomologie helvétique* de Clairville (1798). Il publiait et illustrait en 1774 (Winterthur, Steiner) des *Biblische Geschichte des altes Testaments* (cf. F. C. Lonchamp, *Bibliographie générale des ouvrages publiés ou illustrés de* 1475 *à* 1914 *par des écrivains ou des artistes suisses*, Paris et Lausanne, Librairie des bibliophiles, 1923, p. 303-304).

1. J. R. Schellemberg donna en effet 52 planches gravées, dont quelques exemplaires sont enluminés, à l'ouvrage de Johann Heinrich Sulzer : *Die Kennzeichen der Insekten nach Anleitung des Karl Linnaeus* (Zurich, Heidegger, 1761, in-4°, avec une introduction de Johann Gessner). La *Bibliotheca historico-naturalis* de Wilhelm Engelmann (Leipzig, Engelmann, 1846, t. I, p. 512) signale une autre collaboration

insectes, d'après le système de Linnæus. Je connaissais ce fait ; il est arrivé dans le canton de Zurich, en Suisse, et il y a nombre d'exemples pareils. Dérangez l'origine du faisceau, vous changez l'animal ; il semble qu'il soit là tout entier, tantôt dominant les ramifications, tantôt dominé par elles.

MADEMOISELLE DE L'ESPINASSE

Et l'animal est sous le despotisme ou sous l'anarchie.

BORDEU

Sous le despotisme, fort bien dit. L'origine du faisceau commande, et tout le reste obéit. L'animal est maître de soi, *mentis compos*.

MADEMOISELLE DE L'ESPINASSE

Sous l'anarchie, où tous les filets du réseau sont soulevés contre leur chef, et où il n'y a plus d'autorité suprême.

BORDEU

A merveille. Dans les grands accès de passion, dans le délire, dans les périls imminents, si le maître porte toutes les forces de ses sujets vers un point, l'animal le plus faible montre une force incroyable.

MADEMOISELLE DE L'ESPINASSE

Dans les vapeurs, sorte d'anarchie qui nous est si particulière.

BORDEU

C'est l'image d'une administration faible, où chacun tire

---

des deux hommes dans l'*Abgekürzte Geschichte schweitzer und ausländ-Insekten* (Winterthur, Steiner, 1776) et l'extraordinaire beauté (« Ausserordentliche Schönheit ») des illustrations des deux ouvrages (cf. F. C. Lonchamp, *op. cit.*, p. 325, n° 2842). Comment Diderot a-t-il pu connaître ces ouvrages suisses et l'anecdote de Schellemberg? Peut-être par Johann Georg Sulzer, esthéticien suisse né lui aussi à Winterthur (1720-1779), l'auteur de *l'Allgemeine Theorie der Schönenkünste* (1771-1774), qui donna à *l'Encyclopédie* quelques articles sur les beaux-arts, ou plus simplement par Meister, originaire de Zürich, précepteur du fils de Mme de Vermenoux et familier du salon Necker.

à soi l'autorité du maître. Je ne connais qu'un moyen de guérir ; il est difficile, mais sûr ; c'est que l'origine du réseau sensible, cette partie qui constitue le soi, puisse être affectée d'un motif violent de recouvrer son autorité.

MADEMOISELLE DE L'ESPINASSE

Et qu'en arrive-t-il?

BORDEU

Il en arrive qu'il la recouvre en effet, ou que l'animal périt. Si j'en avais le temps, je vous dirais là-dessus deux faits singuliers.

MADEMOISELLE DE L'ESPINASSE

Mais, docteur, l'heure de votre visite est passée, et votre malade ne vous attend plus.

BORDEU

Il ne faut venir ici que quand on n'a rien à faire, car on ne saurait s'en tirer.

MADEMOISELLE DE L'ESPINASSE

Voilà une bouffée d'humeur tout à fait honnête ; mais vos histoires?

BORDEU

Pour aujourd'hui vous vous contenterez de celle-ci [1] : Une femme tomba à la suite d'une couche, dans l'état vaporeux le plus effrayant ; c'étaient des pleurs et des ris involontaires, des étouffements, des convulsions, des gonflements de gorge, du silence morne, des cris aigus, tout ce qu'il y a de pis : cela dura plusieurs années. Elle aimait passionnément, et elle crut s'apercevoir que son amant, fatigué de sa maladie, commençait à se détacher ;

1. C'est une histoire de « vapeurs » assez comparable que raconte Diderot dans le *Voyage de Hollande* (Chapitre *La Haye*) et dans les *Éléments de physiologie* (t. IX, p. 426) : « Tout vaporeux guérit, s'il le veut ». Diderot recommande en Hollande les mêmes remèdes que Bordeu et notamment de scier du bois et de bêcher la terre.

alors elle résolut de guérir ou de périr. Il s'établit en elle une guerre civile dans laquelle tantôt c'était le maître qui l'emportait, tantôt c'étaient les sujets. S'il arrivait que l'action des filets du réseau fût égale à la réaction de leur origine, elle tombait comme morte ; on la portait sur son lit où elle restait des heures entières sans mouvement et presque sans vie ; d'autres fois elle en était quitte pour des lassitudes, une défaillance générale, une extinction qui semblait devoir être finale. Elle persista six mois dans cet état de lutte. La révolte commençait toujours par les filets ; elle la sentait arriver. Au premier symptôme elle se levait, elle courait, elle se livrait aux exercices les plus violents ; elle montait, elle descendait ses escaliers ; elle sciait du bois, elle bêchait la terre. L'organe de sa volonté, l'origine du faisceau se roidissait ; elle se disait à elle-même : vaincre ou mourir. Après un nombre infini de victoires et de défaites, le chef resta le maître, et les sujets devinrent si soumis que, quoique cette femme ait éprouvé toutes sortes de peines domestiques, et qu'elle ait essuyé différentes maladies, il n'a plus été question de vapeurs.

MADEMOISELLE DE L'ESPINASSE

Cela est brave, mais je crois que j'en aurais bien fait autant.

BORDEU

C'est que vous aimeriez bien si vous aimiez [1], et que vous êtes ferme.

MADEMOISELLE DE L'ESPINASSE

J'entends. On est ferme, si, d'éducation, d'habitude ou d'organisation, l'origine du faisceau domine les filets ; faible, au contraire, s'il en est dominé.

BORDEU

Il y a bien d'autres conséquences à tirer de là.

---

1. M. Assézat remarque la justesse du mot de Diderot. Trois ans plus tard, Mlle de Lespinasse écrivait au marquis de Mora ces lettres passionnées qui « brûlent le papier ». Sa liaison avec le comte de Guibert témoigne du même attachement désespéré.

MADEMOISELLE DE L'ESPINASSE

Mais votre autre histoire, et vous les tirerez après.

BORDEU

Une jeune femme avait donné dans quelques écarts. Elle prit un jour le parti de fermer sa porte au plaisir. La voilà seule, la voilà mélancolique et vaporeuse. Elle me fit appeler. Je lui conseillai de prendre l'habit de paysanne, de bêcher la terre toute la journée, de coucher sur la paille et de vivre de pain dur. Ce régime ne lui plut pas. Voyagez donc, lui dis-je. Elle fit le tour de l'Europe, et retrouva la santé sur les grands chemins.

MADEMOISELLE DE L'ESPINASSE

Ce n'est pas là ce que vous aviez à dire; n'importe, venons à vos conséquences.

BORDEU

Cela ne finirait point.

MADEMOISELLE DE L'ESPINASSE

Tant mieux. Dites toujours.

BORDEU

Je n'en ai pas le courage.

MADEMOISELLE DE L'ESPINASSE

Et pourquoi?

BORDEU

C'est que du train dont nous y allons on effleure tout, et l'on n'approfondit rien.

MADEMOISELLE DE L'ESPINASSE

Qu'importe? nous ne composons pas, nous causons.

BORDEU

Par exemple, si l'origine du faisceau rappelle toutes les forces à lui, si le système entier se meut pour ainsi dire à rebours, comme je crois qu'il arrive dans l'homme qui médite profondément, dans le fanatique qui voit les cieux ouverts, dans le sauvage qui chante au milieu des flammes, dans l'extase, dans l'aliénation volontaire ou involontaire...

MADEMOISELLE DE L'ESPINASSE

Eh bien?

BORDEU

Eh bien, l'animal se rend impassible, il n'existe qu'en un point. Je n'ai pas vu ce prêtre de Calame [1], dont parle saint Augustin, qui s'aliénait au point de ne plus sentir des charbons ardents ; je n'ai pas vu dans le cadre ces sauvages qui sourient à leurs ennemis, qui les insultent et qui leur suggèrent des tourments plus exquis que ceux qu'on leur fait souffrir [2] ; je n'ai pas vu dans le cirque ces gladiateurs qui se rappelaient en expirant la grâce et les leçons de la gymnastique ; mais je crois tous ces faits, parce que j'ai vu, mais vu de mes propres yeux, un effort aussi extraordinaire qu'aucun de ceux-là.

MADEMOISELLE DE L'ESPINASSE

Docteur, racontez-le-moi. Je suis comme les enfants,

---

1. Allusion à un passage de *la Cité de Dieu* de saint Augustin (XXII, 8) : « Eucharius est presbyter ex Hispania ; Calamæ habitat ; veteri morbo calculi laborabat ; per memoriam supradicti martyris quam Possidius illo advexit episcopus, salvus factus est ». Même maladie que le curé de Langres, mais médication tout autre. L'anecdote est d'ailleurs contaminée par un autre épisode de saint Augustin cité par Diderot dans les *Pensées philosophiques* (t. I, p. 150) : « Qui, quando ei placebat, ad imitatas quasi lamentantis hominis voces, ita se auferebat a sensibus et jacebat simillimus mortuo, ut non solum vellicantes et pungentes minime sentiret sed aliquando etiam igne ureretur admoto, sine ullo doloris sensu, nisi postmodum ex vulnere... » (*Cité de Dieu*, livre XIV, chap. 24).

2. Cette description des supplices infligés par les Iroquois à leurs prisonniers de guerre et du courage des suppliciés est due au Père Lafitau (*les Mœurs des sauvages amériquains*, Saugrain, 1724, t. IV. Le cadre de torture, p. 2 ; les insultes aux tourmenteurs, p. 10 ; planche représentant la scène nº 14, p. 18). Même rapprochement entre les premiers chrétiens et les sauvages : « Ce que nous avons admiré chez les martyrs de la primitive Église et qui était en eux l'effet de la grâce et d'un miracle, est nature en ceux-ci » (*ibid.*, p. 6).

j'aime les faits merveilleux, et quand ils font honneur à l'espèce humaine, il m'arrive rarement d'en disputer la vérité.

BORDEU

Il y avait dans une petite ville de Champagne, Langres, un bon curé, appelé le ou de Moni, bien pénétré, bien imbu de la vérité de la religion. Il fut attaqué de la pierre, il fallut le tailler. Le jour est pris, le chirurgien, ses aides et moi nous nous rendons chez lui ; il nous reçoit d'un air serein, il se déshabille, il se couche, on veut le lier ; il s'y refuse ; « placez-moi seulement, dit-il, comme il convient » ; on le place. Alors il demande un grand crucifix qui était au pied de son lit ; on le lui donne, il le serre entre ses bras, il y colle sa bouche. On opère, il reste immobile, il ne lui échappe ni larmes ni soupirs, et il était délivré de la pierre, qu'il l'ignorait.

MADEMOISELLE DE L'ESPINASSE

Cela est beau ; et puis doutez après cela que celui à qui l'on brisait les os de la poitrine avec des cailloux ne vît les cieux ouverts.

BORDEU

Savez-vous ce que c'est que le mal d'oreilles ?

MADEMOISELLE DE L'ESPINASSE

Non.

BORDEU

Tant mieux pour vous. C'est le plus cruel de tous les maux.

MADEMOISELLE DE L'ESPINASSE

Plus que le mal de dents que je connais malheureusement ?

BORDEU

Sans comparaison. Un philosophe de vos amis [1] en

1. Il s'agit de Diderot lui-même qui, dans une lettre à Sophie Volland du 24 octobre 1769, avouera : « J'ai appris à plaindre ceux qui ont mal à l'oreille » (*op. cit.*, t. II, p. 234).

était tourmenté depuis quinze jours, lorsqu'un matin il dit à sa femme : Je ne me sens pas assez de courage pour toute la journée... Il pensa que son unique ressource était de tromper artificiellement la douleur. Peu à peu il s'enfonça si bien dans une question de métaphysique ou de géométrie, qu'il oublia son oreille. On lui servit à manger, il mangea sans s'en apercevoir ; il gagna l'heure de son coucher sans avoir souffert. L'horrible douleur ne le reprit que lorsque la contention de l'esprit cessa, mais ce fut avec une fureur inouïe, soit qu'en effet la fatigue eût irrité le mal, soit que la faiblesse le rendît plus insupportable.

MADEMOISELLE DE L'ESPINASSE

Au sortir de cet état, on doit en effet être épuisé de lassitude ; c'est ce qui arrive quelquefois à cet homme qui est là.

BORDEU

Cela est dangereux, qu'il y prenne garde.

MADEMOISELLE DE L'ESPINASSE

Je ne cesse de le lui dire, mais il n'en tient compte.

BORDEU

Il n'en est plus le maître, c'est sa vie ; il faut qu'il en périsse.

MADEMOISELLE DE L'ESPINASSE

Cette sentence me fait peur.

BORDEU

Que prouvent cet épuisement, cette lassitude? Que les brins du faisceau ne sont pas restés oisifs, et qu'il y avait dans tout le système une tension violente vers un centre commun.

MADEMOISELLE DE L'ESPINASSE

Si cette tension ou tendance violente dure, si elle devient habituelle?

BORDEU

C'est un tic de l'origine du faisceau ; l'animal est fou, et fou presque sans ressource.

MADEMOISELLE DE L'ESPINASSE

Et pourquoi?

BORDEU

C'est qu'il n'en est pas du tic de l'origine comme du tic d'un des brins. La tête peut bien commander aux pieds, mais non pas le pied à la tête; l'origine à un des brins, mais non pas le brin à l'origine.

MADEMOISELLE DE L'ESPINASSE

Et la différence, s'il vous plaît? En effet, pourquoi ne pensé-je pas partout? C'est une question qui aurait dû me venir plus tôt.

BORDEU

C'est que la conscience n'est qu'en un endroit.

MADEMOISELLE DE L'ESPINASSE

Voilà qui est bientôt dit.

BORDEU

C'est qu'elle ne peut être que dans un endroit, au centre commun de toutes les sensations, là où est la mémoire, là où se font les comparaisons. Chaque brin n'est susceptible que d'un certain nombre déterminé d'impressions, de sensations successives, isolées, sans mémoire. L'origine est susceptible de toutes, elle en est le registre, elle en garde la mémoire ou une sensation continue, et l'animal est entraîné dès sa formation première à s'y rapporter soi, à s'y fixer tout entier, à y exister.

MADEMOISELLE DE L'ESPINASSE

Et si mon doigt pouvait avoir de la mémoire?...

BORDEU

Votre doigt penserait.

MADEMOISELLE DE L'ESPINASSE

Et qu'est-ce donc que la mémoire?

BORDEU

La propriété du centre, le sens spécifique de l'origine du réseau, comme la vue est la propriété de l'œil ; et il n'est pas plus étonnant que la mémoire ne soit pas dans l'œil, qu'il ne l'est que la vue ne soit pas dans l'oreille.

MADEMOISELLE DE L'ESPINASSE

Docteur, vous éludez plutôt mes questions que vous n'y satisfaites.

BORDEU

Je n'élude rien, je vous dis ce que je sais, et j'en saurais davantage, si l'organisation de l'origine du réseau m'était aussi connue que celle de ses brins, si j'avais eu la même facilité de l'observer. Mais si je suis faible sur les phénomènes particuliers, en revanche, je triomphe sur les phénomènes généraux.

MADEMOISELLE DE L'ESPINASSE

Et ces phénomènes généraux sont?

BORDEU

La raison, le jugement, l'imagination, la folie, l'imbécillité, la férocité, l'instinct.

MADEMOISELLE DE L'ESPINASSE

J'entends. Toutes ces qualités ne sont que des conséquences du rapport originel ou contracté par l'habitude de l'origine du faisceau à ses ramifications.

BORDEU

A merveille. Le principe ou le tronc est-il trop vigoureux relativement aux branches? De là les poètes, les artistes, les gens à imagination, les hommes pusillanimes, les enthousiastes, les fous. Trop faible? De là, ce que nous appelons les brutes, les bêtes féroces. Le système entier lâche, mou, sans énergie? De là les imbéciles. Le système entier énergique, bien d'accord, bien ordonné ? De là les bons penseurs, les philosophes, les sages.

MADEMOISELLE DE L'ESPINASSE

Et selon la branche tyrannique qui prédomine, l'instinct qui se diversifie dans les animaux, le génie qui se diversifie dans les hommes ; le chien a l'odorat, le poisson l'ouïe, l'aigle la vue ; d'Alembert est géomètre, Vaucanson [1] machiniste, Grétry musicien [2], Voltaire poète ; effets variés d'un brin du faisceau plus vigoureux en eux qu'aucun autre et que le brin semblable dans les êtres de leur espèce.

BORDEU

Et les habitudes qui subjuguent ; le vieillard qui aime les femmes, et Voltaire qui fait encore des tragédies.

(En cet endroit le docteur se mit à rêver et mademoiselle de l'Espinasse lui dit :)

MADEMOISELLE DE L'ESPINASSE

Docteur, vous rêvez.

BORDEU

Il est vrai.

MADEMOISELLE DE L'ESPINASSE

A quoi rêvez-vous?

BORDEU

A propos de Voltaire.

MADEMOISELLE DE L'ESPINASSE

Eh bien?

1. Jacques de Vaucanson (1709-1782) émerveilla ses contemporains par ses automates : en 1738 il construisit le « flûteur », puis un aspic pour la *Cléopâtre* de Marmontel. Mais son canard mécanique fut la plus célèbre de ses réalisations. Riche et fort avare, il n'était guère aimé de Diderot (cf. *A Sophie Volland*, *op. cit.*, t. II, p. 69).

2. En 1769 il ne pouvait s'agir que des premiers succès de Grétry qui, né à Liège en 1741, après un séjour de sept ans à Rome (1760-1767), était venu en 1767 à Paris sur le conseil de Voltaire. Sa première réussite fut en 1768 *le Huron*, opéra-comique sur le livret de Marmontel. Mais Diderot a dû goûter en 1769 l'acte attendrissant, tout imprégné de vertu larmoyante, de *Lucile*. Le quatuor célèbre : «Où peut-on être mieux qu'au sein de sa famille», faisait écho au *Père de famille* de Diderot joué au Théâtre-Français du 9 août au 9 septembre 1769.

BORDEU

Je rêve à la manière dont se font les grands hommes.

MADEMOISELLE DE L'ESPINASSE

Et comment se font-ils?

BORDEU

Comment? La sensibilité...

MADEMOISELLE DE L'ESPINASSE

La sensibilité ?

BORDEU

Ou l'extrême mobilité de certains filets du réseau est la qualité dominante des êtres médiocres.

MADEMOISELLE DE L'ESPINASSE

Ah! docteur, quel blasphème.

BORDEU

Je m'y attendais. Mais qu'est-ce qu'un être sensible? Un être abandonné à la discrétion du diaphragme [1].

---

1. Cette théorie du diaphragme vient directement de Bordeu. Celui-ci soutenait qu'en dehors du cerveau, il existait un centre d'activité mal reconnu, qu'il appelait « action du diaphragme » ou « influence de l'estomac », et dont il établit la liaison avec les nerfs sympathiques (cf. *Recherches anatomiques sur la position des glandes*, *op. cit.*, t. I, p. 198). Il semble qu'il ait voulu signaler l'importance du système sympathique et l'existence du « plexus solaire ». Bordeu d'ailleurs ne fait que suivre Van Helmont (cf. *Recherches sur l'histoire de la médecine*, 1764, in *Œuvres*, *op. cit.*, t. II, p. 671 : « Ceux qui pensent que l'estomac, le diaphragme et les autres parties de cette région influent d'une manière particulière sur toutes les fonctions de l'économie animale doivent au moins à Van Helmont d'avoir aperçu mieux que tous ses prédécesseurs les faits ou les observations qui démontrent cette influence et qui lui avaient fait imaginer son *archée* résidant à la partie supérieure de l'estomac ».) Diderot, dans les *Éléments de physiologie*, fait du diaphragme l'organe de l'émotivité : « Il y a sympathie marquée entre le diaphragme et le cerveau... Si le diaphragme se crispe violemment, l'homme souffre et s'attriste. Si l'homme souffre ou s'attriste, le diaphragme se crispe violemment... » (t. IX, p. 332, cf. encore *Réfutation de l'homme*, t. II, p. 361).

Un mot touchant a-t-il frappé l'oreille, un phénomène singulier a-t-il frappé l'œil, et voilà tout à coup le tumulte intérieur qui s'élève, tous les brins du faisceau qui s'agitent, le frisson qui se répand, l'horreur qui saisit, les larmes qui coulent, les soupirs qui suffoquent, la voix qui s'interrompt, l'origine du faisceau qui ne sait ce qu'il devient ; plus de sang-froid, plus de raison, plus de jugement, plus [de justice] [1], plus de ressource.

MADEMOISELLE DE L'ESPINASSE

Je me reconnais.

BORDEU

Le grand homme, s'il a malheureusement reçu cette disposition naturelle, s'occupera sans relâche à l'affaiblir, à la dominer, à se rendre maître de ses mouvements et à conserver à l'origine du faisceau tout son empire. Alors il se possédera au milieu des plus grands dangers, il jugera froidement, mais sainement. Rien de ce qui peut servir à ses vues, concourir à son but, ne lui échappera ; on l'étonnera difficilement ; il aura quarante-cinq ans ; il sera grand roi, grand ministre, grand politique, grand artiste, surtout grand comédien, grand philosophe, grand poète, grand musicien, grand médecin ; il régnera sur lui-même et sur tout ce qui l'environne. Il ne craindra pas la mort, peur, comme a dit sublimement le stoïcien, qui est une anse que saisit le robuste pour mener le faible partout où il veut [2] ; il aura cassé l'anse et se sera en même temps affranchi de toutes les tyrannies de ce monde. Les êtres sensibles ou les fous sont en scène, il est au parterre [3] ; c'est lui qui est le sage.

---

1. Variantes : *justesse*, *instinct*.

2. Reprise du mot dans la conclusion des *Éléments de physiologie* (t. IX, p. 428) : « Une des plus belles sentences du stoïcien, c'est que la crainte de la mort est une anse par laquelle le robuste nous saisit et nous mène où il lui plait. Rompez l'anse et trompez la main du robuste ».

3. Diderot reprendra cette opposition du génie lucide et de l'être sensible dans le *Paradoxe sur le comédien*, et cela sans modifier les termes : « La sensibilité n'est guère la qualité d'un grand génie... Ce n'est pas

MADEMOISELLE DE L'ESPINASSE

Dieu me garde de la société de ce sage-là.

BORDEU

C'est pour n'avoir pas travaillé à lui ressembler que vous aurez alternativement des peines et des plaisirs violents, que vous passerez votre vie à rire et à pleurer, et que vous ne serez jamais qu'un enfant.

MADEMOISELLE DE L'ESPINASSE

Je m'y résous.

BORDEU

Et vous espérez en être plus heureuse?

MADEMOISELLE DE L'ESPINASSE

Je n'en sais rien.

BORDEU

Mademoiselle, cette qualité si prisée, qui ne conduit à rien de grand, ne s'exerce presque jamais fortement sans douleur, ou faiblement sans ennui ; ou l'on bâille, ou l'on est ivre. Vous vous prêtez sans mesure à la douce sensation d'une musique délicieuse ; vous vous laissez entraîner au charme d'une scène pathétique ; votre diaphragme se serre, le plaisir est passé, et il ne vous reste qu'un étouffement qui dure toute la soirée.

MADEMOISELLE DE L'ESPINASSE

Mais si je ne puis jouir ni de la musique sublime ni de la scène touchante qu'à cette condition?

---

son cœur, c'est sa tête qui fait tout. A la moindre circonstance inopinée, l'homme sensible la perd. Il ne sera ni un grand roi, ni un grand ministre, ni un grand capitaine, ni un grand avocat, ni un grand médecin. Remplissez la salle du spectacle de ces pleureurs-là ; mais ne m'en placez aucun sur la scène... Toutes les âmes chaudes occupent le théâtre, tous les hommes de génie sont au parterre ; les premiers s'appellent des fous, les seconds s'appellent des sages » (t. VIII, p. 368). La même image était déjà développée dans les *Observations sur le Garrick de Sticotti* (*Correspondance littéraire*, t. IX, p. 138, octobre 1770).

BORDEU

Erreur. Je sais jouir aussi, je sais admirer, et je ne souffre jamais, si ce n'est de la colique. J'ai du plaisir pur ; ma censure en est beaucoup plus sévère, mon éloge plus flatteur et plus réfléchi. Est-ce qu'il y a une mauvaise tragédie pour des âmes aussi mobiles que la vôtre? Combien de fois n'avez-vous pas rougi, à la lecture, des transports que vous aviez éprouvés au spectacle, et réciproquement?

MADEMOISELLE DE L'ESPINASSE

Cela m'est arrivé.

BORDEU

Ce n'est donc pas à l'être sensible comme vous, c'est à l'être tranquille et froid comme moi qu'il appartient de dire : Cela est vrai, cela est bon, cela est beau... Fortifions l'origine du réseau, c'est tout ce que nous avons de mieux à faire. Savez-vous qu'il y va de la vie?

MADEMOISELLE DE L'ESPINASSE

De la vie! docteur, cela est grave.

BORDEU

Oui, de la vie. Il n'est personne qui n'en ait eu quelquefois le dégoût. Un seul événement suffit pour rendre cette sensation involontaire et habituelle ; alors, en dépit des distractions, de la variété des amusements, des conseils des amis, de ses propres efforts, les brins portent opiniâtrément des secousses funestes à l'origine du faisceau ; le malheureux a beau se débattre, le spectacle de l'univers se noircit pour lui ; il marche avec un cortège d'idées lugubres qui ne le quittent point, et il finit par se délivrer de lui-même.

MADEMOISELLE DE L'ESPINASSE

Docteur, vous me faites peur.

D'ALEMBERT

(levé, en robe de chambre et en bonnet de nuit).

Et du sommeil, docteur, qu'en dites-vous? c'est une bonne chose.

BORDEU

Le sommeil, cet état où, soit lassitude, soit habitude, tout le réseau se relâche et reste immobile [1] ; où, comme dans la maladie, chaque filet du réseau s'agite, se meut, transmet à l'origine commune une foule de sensations souvent disparates, décousues, troublées ; d'autres fois si liées, si suivies, si bien ordonnées que l'homme éveillé n'aurait ni plus de raison, ni plus d'éloquence, ni plus d'imagination ; quelquefois si violentes, si vives, que l'homme éveillé reste incertain sur la réalité de la chose...

MADEMOISELLE DE L'ESPINASSE

Eh bien, le sommeil?

BORDEU

Est un état de l'animal où il n'y a plus d'ensemble : tout concert, toute subordination cesse. Le maître est abandonné à la discrétion de ses vassaux et à l'énergie effrénée de sa propre activité. Le fil optique s'est-il agité? L'origine du réseau voit ; il entend si c'est le fil auditif qui le sollicite. L'action et la réaction sont les seules choses qui subsistent entre eux ; c'est une conséquence de la propriété centrale, de la loi de continuité et de l'habitude. Si l'action commence par le brin voluptueux que la nature a destiné au plaisir de l'amour et à la propagation de l'espèce, l'image réveillée de l'objet aimé sera l'effet de la réaction à l'origine du faisceau. Si cette image, au contraire, se réveille d'abord à l'origine du faisceau, la tension du brin voluptueux, l'effervescence et l'effusion du fluide séminal seront les suites de la réaction.

D'ALEMBERT

Ainsi il y a le rêve en montant et le rêve en descen-

---

1. Développement parallèle dans les *Éléments de physiologie* (t. IX, p. 361) : « Le sommeil est une lassitude, une torpeur, qui surprend quelquefois toute la masse du réseau, ou qui passe soit de l'origine aux filets, soit des filets à l'origine du faisceau ». Mais Diderot en donnait une analyse plus poétique dans le *Salon de 1767* (t. XI, p. 145).

dant [1]. J'en ai eu un de ceux-là cette nuit : pour le chemin qu'il a pris, je l'ignore.

BORDEU

Dans la veille le réseau obéit aux impressions de l'objet extérieur. Dans le sommeil, c'est de l'exercice de sa propre sensibilité qu'émane tout ce qui se passe en lui. Il n'y a point de distraction dans le rêve ; de là sa vivacité : c'est presque toujours la suite d'un éréthisme, un accès passager de maladie. L'origine du réseau y est alternativement active et passive d'une infinité de manières : de là son désordre. Les concepts y sont quelquefois aussi liés, aussi distincts que dans l'animal exposé au spectacle de la nature. Ce n'est que le tableau de ce spectacle réexcité : de là sa vérité, de là l'impossibilité de le discerner de l'état de veille ; nulle probabilité d'un de ces états plutôt que de l'autre ; nul moyen de reconnaître l'erreur que l'expérience.

MADEMOISELLE DE L'ESPINASSE

Et l'expérience se peut-elle toujours ?

BORDEU

Non.

MADEMOISELLE DE L'ESPINASSE

Si le rêve m'offre le spectre d'un ami que j'ai perdu, et me l'offre aussi vrai que si cet ami existait ; s'il me parle et que je l'entende ; si je le touche et qu'il fasse l'impression de la solidité sur mes mains ; si, à mon réveil, j'ai l'âme pleine de tendresse et de douleur, et mes yeux inondés de larmes ; si mes bras sont encore portés vers l'endroit où il m'est apparu, qui me répondra que je ne l'ai pas vu, entendu, touché réellement ?

BORDEU

Son absence. Mais, s'il est impossible de discerner la veille du sommeil, qui est-ce qui en apprécie la durée ?

---

1. « Le rêve monte ou descend, ou monte des filets à l'origine et descend de l'origine aux filets » (*Éléments de physiologie*, t. IX, p. 361).

Tranquille, c'est un intervalle étouffé entre le moment du coucher et celui du lever : troublé, il dure quelquefois des années. Dans le premier cas, du moins, la conscience du soi cesse entièrement. Un rêve qu'on n'a jamais fait, et qu'on ne fera jamais, me le diriez-vous bien?

MADEMOISELLE DE L'ESPINASSE

Oui, c'est qu'on est un autre.

D'ALEMBERT

Et dans le second cas, on n'a pas seulement la conscience du soi, mais on a encore celle de sa volonté et de sa liberté. Qu'est-ce que cette volonté, qu'est-ce que cette liberté de l'homme qui rêve?

BORDEU

Qu'est-ce? c'est la même que celle de l'homme qui veille : la dernière impulsion du désir et de l'aversion, le dernier résultat de tout ce qu'on a été depuis sa naissance jusqu'au moment où l'on est; et je défie l'esprit le plus délié d'y apercevoir la moindre différence.

D'ALEMBERT

Vous croyez?

BORDEU

Et c'est vous qui me faites cette question! vous qui, livré à des spéculations profondes, avez passé les deux tiers de votre vie à rêver les yeux ouverts, et à agir sans vouloir; oui, sans vouloir, bien moins que dans votre rêve. Dans votre rêve vous commandiez, vous ordonniez, on vous obéissait; vous étiez mécontent ou satisfait, vous éprouviez de la contradiction, vous trouviez des obstacles, vous vous irritiez, vous aimiez, vous haïssiez, vous blâmiez, vous approuviez, vous niiez, vous pleuriez, vous alliez, vous veniez. Dans le cours de vos méditations, à peine vos yeux s'ouvraient le matin que, ressaisi de l'idée qui vous avait occupé la veille, vous vous vêtiez, vous vous asseyiez à votre table, vous méditiez, vous traciez des figures, vous suiviez des calculs, vous dîniez, vous repreniez vos combinaisons, quelquefois vous quittiez la table pour les vérifier ; vous parliez à d'autres, vous donniez des ordres à votre domestique, vous soupiez, vous vous couchiez, vous vous endormiez sans avoir fait le moindre acte de volonté. Vous n'avez été qu'un point ; vous avez agi, mais vous n'avez pas voulu. Est-ce qu'on veut, de soi? La volonté naît toujours de quelque motif intérieur ou extérieur, de quelque impression présente, de quelque réminiscence du passé, de quelque passion, de quelque projet dans l'avenir. Après cela je ne vous dirai de la liberté qu'un mot, c'est que la dernière de nos actions est l'effet nécessaire d'une cause une : nous, très compliquée, mais une [1].

MADEMOISELLE DE L'ESPINASSE

Nécessaire?

BORDEU

Sans doute. Tâchez de concevoir la production d'une autre action, en supposant que l'être agissant soit le même.

---

1. Cette « journée de d'Alembert » a été refaite dans les *Éléments de physiologie* (t. IX, p. 272 et 273) avec une verve et un réalisme tout nouveaux : « C'était un géomètre. Il s'éveille ; tout en rouvrant les yeux, il se remet à la solution du problème qu'il avait entamé la veille. Il prend sa robe de chambre, il s'habille sans savoir ce qu'il fait. Il se met à table ; il prend sa règle et son compas ; il trace des lignes, il écrit des équations, il combine, il calcule sans savoir ce qu'il fait. Sa pendule sonne, il regarde l'heure qu'il est. Il se hâte d'écrire plusieurs lettres qui doivent partir par la poste du jour. Ses lettres écrites, il s'habille, il sort. Il va dîner rue Royale, butte Saint-Roch. La rue est embarrassée de pierres, il serpente entre ces pierres, il s'arrête court. Il se rappelle que ses lettres sont restées sur sa table, ouvertes, non cachetées et non dépêchées. Il revient sur ses pas, il allume sa bougie, il cachète ses lettres, il les porte lui-même à la poste. De la poste, il regagne la rue Royale, il entre dans la maison où il se propose de dîner, il s'y trouve au milieu d'une société de philosophes, ses amis. On parle de la liberté et il soutient à corps et à cris que l'homme est libre. Je le laisse dire... » L'allusion à l'hôtel d'Holbach, rue Royale, semble donner quelque réalité à l'anecdote. Diderot utilisait déjà les mêmes arguments contre la liberté dans sa lettre à Landois du 29 juin 1756 : « Ce qui nous trompe, c'est la prodigieuse variété de nos actions, jointes à l'habitude que nous avons prise tout en naissant de confondre le volontaire avec le libre » (t. XIX, p. 436).

MADEMOISELLE DE L'ESPINASSE

Il a raison. Puisque c'est moi qui agis ainsi, celui qui peut agir autrement n'est plus moi ; et assurer qu'au moment où je fais ou dis une chose, j'en puis dire ou faire une autre, c'est assurer que je suis moi et que je suis un autre. Mais, docteur, et le vice et la vertu [1] ? La vertu, ce mot si saint dans toutes les langues, cette idée si sacrée chez toutes les nations !

BORDEU

Il faut le transformer en celui de bienfaisance, et son opposé en celui de malfaisance. On est heureusement ou malheureusement né ; on est insensiblement entraîné par le torrent général qui conduit l'un à la gloire, l'autre à l'ignominie.

MADEMOISELLE DE L'ESPINASSE

Et l'estime de soi, et la honte, et le remords ?

---

1. Diderot s'est souvent soucié des conséquences morales du déterminisme, mais suivant la portée de son ouvrage et les degrés de son audace, les conclusions changeaient. Dans l'article *Liberté* de *l'Encyclopédie*, la thèse que soutient Bordeu est mise au compte de Spinoza : « L'homme n'est donc pas différent d'un automate ?... Il n'y a donc plus de vicieux ni de vertueux? Non, si vous voulez ; mais il y a des êtres heureux ou malheureux, bienfaisants ou malfaisants. Et les récompenses et les châtiments? Il faut bannir ces mots de la morale ; on ne récompense point, mais on encourage à bien faire ; on ne châtie point, mais on étouffe, on effraie » (t. XV, p. 482). Mais à la fin du même article, Diderot abjure ce spinozisme avec trop de grandiloquence pour être sincère : « La ruine de la liberté renverse avec elle tout ordre et toute police, confond le vice et la vertu, autorise toute infamie monstrueuse, éteint toute pudeur et tout remords, dégrade et défigure sans ressource tout le genre humain. Une doctrine si énorme ne doit point être examinée dans l'école, mais punie par les magistrats » (t. XV, p. 501). Mais la *lettre à Landois* du 29 juin 1756 donne le fond de sa pensée, dans les termes mêmes du *Rêve de d'Alembert* : « Mais s'il n'y a point de liberté, il n'y a point d'action qui mérite la louange ou le blâme ; il n'y a ni vice ni vertu, rien dont il faille récompenser ou châtier. Qu'est-ce qui distingue donc les hommes? La bienfaisance et la malfaisance. Le malfaisant est un homme qu'il faut détruire et non punir ; la bienfaisance est une bonne fortune et non une vertu » (t. XIX, p. 436).

BORDEU

Puérilité fondée sur l'ignorance et la vanité d'un être qui s'impute à lui-même le mérite ou le démérite d'un instant nécessaire.

MADEMOISELLE DE L'ESPINASSE

Et les récompenses, et les châtiments?

BORDEU

Des moyens de corriger l'être modifiable qu'on appelle méchant, et d'encourager celui qu'on appelle bon.

MADEMOISELLE DE L'ESPINASSE

Et toute cette doctrine n'a-t-elle rien de dangereux?

BORDEU

Est-elle vraie ou est-elle fausse?

MADEMOISELLE DE L'ESPINASSE

Je la crois vraie.

BORDEU

C'est-à-dire que vous pensez que le mensonge a ses avantages, et la vérité ses inconvénients.

MADEMOISELLE DE L'ESPINASSE

Je le pense.

BORDEU

Et moi aussi : mais les avantages du mensonge sont d'un moment, et ceux de la vérité sont éternels ; mais les suites fâcheuses de la vérité, quand elle en a, passent vite, et celles du mensonge ne finissent qu'avec lui [1]. Examinez les

---

1. Même idée dans le texte censuré par l'imprimeur Le Breton de l'article *Philosophie pyrrhonienne* de *l'Encyclopédie* (cf. Douglas H. Gordon et Norman L. Torrey, *The censoring of Diderot's Encyclopédie and the re-established text*, Columbia University Press, 1947, p. 77) : « Une vérité, quelle qu'elle soit, nuisible pour le moment, est nécessairement utile dans l'avenir. Un mensonge, quel qu'il soit, avantageux peut-être pour le moment, nuit nécessairement avec le temps. Penser autre-

effets du mensonge dans la tête de l'homme, et ses effets dans sa conduite ; dans sa tête, ou le mensonge s'est lié tellement quellement avec la vérité, et la tête est fausse ; ou il est bien et conséquemment lié avec le mensonge, et la tête est erronée. Or quelle conduite pouvez-vous attendre d'une tête ou inconséquente dans ses raisonnements, ou conséquente dans ses erreurs ?

MADEMOISELLE DE L'ESPINASSE

Le dernier de ces vices, moins méprisable, est peut-être plus à redouter que le premier.

D'ALEMBERT

Fort bien : voilà donc tout ramené à de la sensibilité, de la mémoire, des mouvements organiques ; cela me convient assez. Mais l'imagination ? mais les abstractions ?

BORDEU

L'imagination...

MADEMOISELLE DE L'ESPINASSE

Un moment, docteur : récapitulons. D'après vos principes, il me semble que, par une suite d'opérations purement mécaniques, je réduirais le premier génie de la terre à une masse de chair inorganisée, à laquelle on ne laisserait que la sensibilité du moment, et que l'on ramènerait cette masse informe de l'état de stupidité le plus profond qu'on puisse imaginer à la condition de l'homme de génie. L'un de ces deux phénomènes consisterait à mutiler l'écheveau primitif d'un certain nombre de ses brins, et à bien brouiller le

---

ment, c'est ne pas connaître le vrai caractère ni de l'un ni de l'autre » (cf. *Neveu de Rameau*, édit. Monval, p. 14 : « Je crois que si le mensonge peut servir un moment, il est nécessairement nuisible à la longue et qu'au contraire la vérité sert nécessairement à la longue bien qu'il puisse arriver qu'elle nuise dans le moment »). L'argument est encore utilisé contre Frédéric II dans les *Pages inédites contre un tyran* (édition Venturi, G. L. M., 1937, p. 9). D'après Diderot, le thème aurait été discuté à la table de Choiseul (*ibid.*, p. 12 et 14), donc avant 1770, date de sa disgrâce.

reste ; et le phénomène inverse à restituer à l'écheveau les brins qu'on en aurait détachés, et à abandonner le tout à un heureux développement. Exemple : j'ôte à Newton les deux brins auditifs, et plus de sensations de sons ; les brins olfactifs, et plus de sensations d'odeurs ; les brins optiques, et plus de sensations de couleurs ; les brins palatins, et plus de sensations de saveurs ; je supprime ou brouille les autres, et adieu l'organisation du cerveau, la mémoire, le jugement, les désirs, les aversions, les passions, la volonté, la conscience du soi, et voilà une masse informe qui n'a retenu que la vie et la sensibilité.

BORDEU

Deux qualités presque identiques ; la vie est de l'agrégat, la sensibilité est de l'élément.

MADEMOISELLE DE L'ESPINASSE

Je reprends cette masse et je lui restitue les brins olfactifs, et elle flaire ; les brins auditifs, et elle entend ; les brins optiques, et elle voit ; les brins palatins, et elle goûte. En démêlant le reste de l'écheveau, je permets aux autres brins de se développer, et je vois renaître la mémoire, les comparaisons, le jugement, la raison, les désirs, les aversions, les passions, l'aptitude naturelle, le talent, et je retrouve mon homme de génie, et cela sans l'entremise d'aucun agent hétérogène et inintelligible.

BORDEU

A merveille : tenez-vous-en là ; le reste n'est que du galimatias... Mais les abstractions ? mais l'imagination ? L'imagination, c'est la mémoire des formes et des couleurs. Le spectacle d'une scène, d'un objet, monte nécessairement l'instrument sensible d'une certaine manière ; il se remonte ou de lui-même, ou il est remonté par quelque cause étrangère. Alors il frémit au dedans ou il résonne au dehors ; il se recorde en silence les impressions qu'il a reçues, ou il les fait éclater par des sons convenus.

D'ALEMBERT

Mais son récit exagère, omet des circonstances, en ajoute, défigure le fait ou l'embellit, et les instruments sensibles adjacents conçoivent des impressions qui sont bien celles de l'instrument qui résonne, mais non celles, de la chose qui s'est passée.

BORDEU

Il est vrai; le récit est historique ou poétique.

D'ALEMBERT

Mais comment s'introduit cette poésie ou ce mensonge dans le récit?

BORDEU

Par les idées qui se réveillent les unes les autres, et elles se réveillent parce qu'elles ont toujours été liées. Si vous avez pris la liberté de comparer l'animal à un clavecin, vous me permettrez bien de comparer le récit du poète au chant.

D'ALEMBERT

Cela est juste.

BORDEU

Il y a dans tout chant une gamme. Cette gamme a ses intervalles; chacune de ses cordes a ses harmoniques, et ces harmoniques ont les leurs. C'est ainsi qu'il s'introduit des modulations de passage dans la mélodie et que le chant s'embellit et s'étend. Le fait est un motif donné que chaque musicien sent à sa guise.

MADEMOISELLE DE L'ESPINASSE

Et pourquoi embrouiller la question par ce style figuré? Je dirais que, chacun ayant ses yeux, chacun voit et raconte diversement. Je dirais que chaque idée en réveille d'autres, et que, selon son tour de tête ou son caractère, on s'en tient aux idées qui représentent le fait rigoureusement, ou l'on y introduit les idées réveillées; je dirais qu'entre ces idées il y a du choix; je dirais... que ce seul sujet traité à fond fournirait un gros livre.

D'ALEMBERT

Vous avez raison ; ce qui ne m'empêchera pas de demander au docteur s'il est bien persuadé qu'une forme qui ne ressemblerait à rien, ne s'engendrerait jamais dans l'imagination, et ne se produirait point dans le récit.

BORDEU

Je le crois. Tout le délire de cette faculté se réduit au talent de ces charlatans qui, de plusieurs animaux dépecés, en composent un bizarre qu'on n'a jamais vu en nature.

D'ALEMBERT

Et les abstractions?

BORDEU

Il n'y en a point ; il n'y a que des réticences habituelles, des ellipses qui rendent les propositions plus générales et le langage plus rapide et plus commode. Ce sont les signes du langage qui ont donné naissance aux sciences abstraites. Une qualité commune à plusieurs actions a engendré les mots vice et vertu ; une qualité commune à plusieurs êtres a engendré les mots laideur et beauté. On a dit un homme, un cheval, deux animaux ; ensuite on a dit un, deux, trois, et toute la science des nombres a pris naissance. On n'a nulle idée d'un mot abstrait. On a remarqué dans tous les corps trois dimensions, la longueur, la largeur, la profondeur ; on s'est occupé de chacune de ces dimensions, et de là toutes les sciences mathématiques. Toute abstraction n'est qu'un signe vide d'idée. Toute science abstraite n'est qu'une combinaison de signes. On a exclu l'idée en séparant le signe de l'objet physique, et ce n'est qu'en rattachant le signe à l'objet physique que la science redevient une science d'idées ; de là le besoin, si fréquent dans la conversation, dans les ouvrages, d'en venir à des exemples. Lorsque, après une longue combinaison de signes, vous demandez un exemple, vous n'exigez autre chose de celui qui parle, sinon de donner du corps, de la forme, de la réalité, de l'idée au bruit successif de ses accents, en y appliquant des sensations éprouvées.

D'ALEMBERT

Cela est-il bien clair pour vous, mademoiselle?

MADEMOISELLE DE L'ESPINASSE

Pas infiniment, mais le docteur va s'expliquer.

BORDEU

Cela vous plaît à dire. Ce n'est pas qu'il n'y ait peut-être quelque chose à rectifier et beaucoup à ajouter à ce que j'ai dit; mais il est onze heures et demie, et j'ai à midi une consultation au Marais.

D'ALEMBERT

Le langage plus rapide et plus commode! Docteur, est-ce qu'on s'entend? est-ce qu'on est entendu?

BORDEU

Presque toutes les conversations sont des comptes faits... Je ne sais plus où est ma canne... On n'y a aucune idée présente à l'esprit... Et mon chapeau... Et par la raison seule qu'aucun homme ne ressemble parfaitement à un autre, nous n'entendons jamais précisément, nous ne sommes jamais précisément entendus; il y a du plus ou du moins en tout : notre discours est toujours en deçà ou au-delà de la sensation. On aperçoit bien de la diversité dans les jugements, il y en a mille fois davantage qu'on n'aperçoit pas, et qu'heureusement on ne saurait apercevoir... Adieu, adieu.

MADEMOISELLE DE L'ESPINASSE

Encore un mot, de grâce.

BORDEU

Dites donc vite.

MADEMOISELLE DE L'ESPINASSE

Vous souvenez-vous de ces sauts dont vous m'avez parlé?

BORDEU

Oui.

MADEMOISELLE DE L'ESPINASSE

Croyez-vous que les sots et les gens d'esprit aient de ces sauts-là dans les races?

BORDEU

Pourquoi non?

MADEMOISELLE DE L'ESPINASSE

Tant mieux pour nos arrière-neveux ; peut-être reviendra-t-il un Henri IV [1].

BORDEU

Peut-être est-il tout revenu.

MADEMOISELLE DE L'ESPINASSE

Docteur, vous devriez venir dîner avec nous.

BORDEU

Je ferai ce que je pourrai, je ne promets pas ; vous me prendrez si je viens.

MADEMOISELLE DE L'ESPINASSE

Nous vous attendons jusqu'à deux heures.

BORDEU

J'y consens.

---

1. Il ne peut s'agir du fils de Louis XV : le dauphin était mort le 20 décembre 1765 à Fontainebleau. En 1769, on louait beaucoup le nouveau dauphin Louis, âgé de 15 ans, le futur Louis XVI : Paris faisait déjà de grandioses préparatifs pour son mariage avec l'archiduchesse Marie-Antoinette (16 mai 1770). Mais le manuscrit de Naigeon ne comportant pas la réplique de Bordeu : « Peut-être est-il tout revenu », nous aurions là, selon M. Jean Pommier (*R. H. L.*, janvier-mars 1952, p. 29), une preuve d'un remaniement du *Rêve de d'Alembert* postérieur à la mort de Louis XV et au retour de Russie et de Hollande (10 mai 1774-octobre 1774).

SUITE DE L'ENTRETIEN

INTERLOCUTEURS

MADEMOISELLE DE L'ESPINASSE, BORDEU.

Sur les deux heures le docteur revint. D'Alembert était allé dîner dehors, et le docteur se trouva en tête à tête avec mademoiselle de l'Espinasse. On servit. Ils parlèrent de choses assez indifférentes jusqu'au dessert ; mais lorsque les domestiques furent éloignés, mademoiselle de l'Espinasse dit au docteur :

MADEMOISELLE DE L'ESPINASSE

Allons, docteur, buvez un verre de malaga, et vous me répondrez ensuite à une question qui m'a passé cent fois par la tête, et que je n'oserais faire qu'à vous.

BORDEU

Il est excellent ce malaga... Et votre question?

MADEMOISELLE DE L'ESPINASSE

Que pensez-vous du mélange des espèces?

BORDEU

Ma foi, la question est bonne aussi. Je pense que les hommes ont mis beaucoup d'importance à l'acte de la génération, et qu'ils ont eu raison ; mais je suis mécontent de leurs lois tant civiles que religieuses.

MADEMOISELLE DE L'ESPINASSE

Et qu'y trouvez-vous à redire?

BORDEU

Qu'on les a faites sans équité, sans but et sans aucun égard à la nature des choses et à l'utilité publique.

MADEMOISELLE DE L'ESPINASSE

Tâchez de vous expliquer.

BORDEU

C'est mon dessein... Mais attendez... *(Il regarde à sa montre)*. J'ai encore une bonne heure à vous donner; j'irai vite, et cela nous suffira. Nous sommes seuls, vous n'êtes pas une bégueule, vous n'imaginerez pas que je veuille manquer au respect que je vous dois; et, quel que soit le jugement que vous portiez de mes idées, j'espère de mon côté que vous n'en conclurez rien contre l'honnêteté de mes mœurs [1].

MADEMOISELLE DE L'ESPINASSE

Très assurément; mais votre début me chiffonne.

BORDEU

En ce cas changeons de propos.

MADEMOISELLE DE L'ESPINASSE

Non, non; allez votre train. Un de vos amis qui nous

---

1. Même réserve dans la *Lettre d'envoi* qui précède les *Éléments de physiologie* et qui devait servir de préface à une refonte de nos trois dialogues (t. IX, p. 252) : « Je le supplie... de ne me juger qu'après m'avoir médité, de ne perdre aucun extrait de cette informe et dangereuse production dont la publicité disposerait sans ressource de mon repos, de ma fortune, de ma vie et de mon honneur ou de la juste opinion qu'on a conçue de mes mœurs; de se rappeler la différence d'une morale illicite et d'une morale criminelle et de ne pas oublier que l'homme de bien ne fait rien de criminel ni le bon citoyen d'illicite; qu'il est une doctrine spéculative qui n'est ni pour la multitude ni pour la pratique et que, si sans être faux on n'écrit pas tout ce que l'on fait, sans être inconséquent on ne fait pas tout ce qu'on écrit ». La morale de Diderot, on le voit, comportait une casuistique qui n'allait pas sans danger.

cherchait des époux, à moi et à mes deux sœurs [1], donnait un sylphe à la cadette, un grand ange d'annonciation à l'aînée, et à moi un disciple de Diogène ; il nous connaissait bien toutes trois. Cependant, docteur, de la gaze, un peu de gaze.

BORDEU

Cela va sans dire, autant que le sujet et mon état en comportent.

MADEMOISELLE DE L'ESPINASSE

Cela ne vous mettra pas en frais... Mais voilà votre café... prenez votre café.

BORDEU,

après avoir pris son café.

Votre question est de physique, de morale et de poétique.

MADEMOISELLE DE L'ESPINASSE

De poétique !

BORDEU

Sans doute ; l'art de créer des êtres qui ne sont pas, à l'imi-

1. Fausseté manifeste qui atteste combien Diderot connaissait peu Julie de Lespinasse. C'était le grief essentiel pour exiger la destruction de l'ouvrage (cf. Tourneux, *Diderot et Catherine II, op. cit.*, p. 43 : « M. Diderot... devrait s'interdire de parler ou de faire parler des femmes qu'il ne connaît pas »). D'ailleurs, le secret de la naissance de Julie de Lespinasse n'était pas encore percé. Grâce aux travaux du Marquis de Ségur (*Julie de Lespinasse*, Paris, Calmann-Lévy, 1906), nous savons aujourd'hui qu'elle était la fille naturelle de la comtesse Julie d'Albon et du comte Gaspard de Vichy. La comtesse Julie d'Albon avait eu deux enfants légitimes, Marie-Camille, née en 1716, mariée en 1739 à l'amant de sa mère, et Camille, un fils né en 1724 ; puis deux enfants illégitimes, Hilaire, né en 1731, devenu cordelier en 1750, et Julie, dite de Lespinasse, née le 10 novembre 1731. Diderot, en fait, songe aux trois sœurs Volland (cf. *A Sophie Volland*, 19 août 1762) : « S'il avait fallu aux filles de Morphyse trouver des époux dignes d'elles, elles seraient encore à marier toutes trois. Il fallait un sylphe à Uranie et un grand ange d'annonciation à l'aînée ; pour vous, l'ami Diogène ». Le dialogue Bordeu-Julie de Lespinasse est peut-être un dialogue Diderot-Sophie Volland.

tation de ceux qui sont, est de la vraie poésie. Cette fois-ci, au lieu d'Hippocrate, vous me permettrez donc de citer Horace. Ce poète, ou faiseur, dit quelque part : *Omne tulit punctum qui miscuit utile dulci* [1] ; le mérite suprême est d'avoir réuni l'agréable à l'utile. La perfection consiste à concilier ces deux points. L'action agréable et utile doit occuper la première place dans l'ordre esthétique ; nous ne pouvons refuser la seconde à l'utile ; la troisième sera pour l'agréable ; et nous reléguerons au rang infime celle qui ne rend ni plaisir ni profit.

MADEMOISELLE DE L'ESPINASSE

Jusque-là je puis être de votre avis sans rougir. Où cela nous mènera-t-il ?

BORDEU

Vous l'allez voir ; mademoiselle, pourriez-vous m'apprendre quel profit ou quel plaisir la chasteté et la continence rigoureuse rendent soit à l'individu qui les pratique, soit à la société ?

MADEMOISELLE DE L'ESPINASSE

Ma foi, aucun.

BORDEU

Donc, en dépit des magnifiques éloges que le fanatisme leur a prodigués, en dépit des lois civiles qui les protègent, nous les rayerons du catalogue des vertus, et nous conviendrons qu'il n'y a rien de si puéril, de si ridicule, de si absurde, de si nuisible, de si méprisable, rien de pire, à l'exception du mal positif, que ces deux rares qualités... [2]

1. Dans *l'Art poétique*, vers 343.

2. Tous les philosophes du XVIIIe siècle sont hostiles au célibat, même des prêtres. Diderot par prudence hésite dans *l'Encyclopédie*, où le célibat est tantôt combattu (article *Célibat*), tantôt vanté (article *Christianisme*). Il est beaucoup plus brutal dans l'*Introduction aux grands principes* (vers 1763, tome II, p. 94) : « Que ce soit par goût ou par zèle mal entendu qu'on embrasse le célibat, la société n'y perd pas moins. Mais, direz-vous, la religion le conseille. C'est ce qui dépose contre elle ».

MADEMOISELLE DE L'ESPINASSE

On peut accorder cela.

BORDEU

Prenez-y garde, je vous en préviens, tout à l'heure vous reculerez.

MADEMOISELLE DE L'ESPINASSE

Nous ne reculons jamais.

BORDEU

Et les actions solitaires?

MADEMOISELLE DE L'ESPINASSE

Eh bien?

BORDEU

Eh bien, elles rendent du moins du plaisir à l'individu, et notre principe est faux, ou...

MADEMOISELLE DE L'ESPINASSE

Quoi, docteur!...

BORDEU

Oui, mademoiselle, oui, et par la raison qu'elles sont aussi indifférentes, et qu'elles ne sont pas aussi stériles. C'est un besoin, et quand on n'y serait pas sollicité par le besoin, c'est toujours une chose douce. Je veux qu'on se porte bien, je le veux absolument, entendez-vous? Je blâme tout excès, mais dans un état de société tel que le nôtre, il y a cent considérations raisonnables pour une, sans compter le tempérament et les suites funestes d'une continence rigoureuse, surtout pour les jeunes personnes; le peu de fortune, la crainte parmi les hommes d'un repentir cuisant, chez les femmes celle du déshonneur, qui réduisent une malheureuse créature qui périt de langueur et d'ennui, un pauvre diable qui ne sait à qui s'adresser, à s'expédier à la façon du cynique. Caton, qui disait à un jeune homme sur le point d'entrer chez une courtisane :

« Courage, mon fils... [1] » lui tiendrait-il le même propos aujourd'hui? S'il le surprenait, au contraire, seul, en flagrant délit, n'ajouterait-il pas : cela est mieux que de corrompre la femme d'autrui, ou que d'exposer son honneur et sa santé?... Et quoi! parce que les circonstances me privent du plus grand bonheur qu'on puisse imaginer, celui de confondre mes sens avec les sens, mon ivresse avec l'ivresse, mon âme avec l'âme d'une compagne que mon cœur se choisirait, et de me reproduire en elle et avec elle ; parce que je ne puis consacrer mon action par le sceau de l'utilité, je m'interdirai un instant nécessaire et délicieux! On se fait saigner dans la pléthore ; et qu'importe la nature de l'humeur surabondante, et sa couleur, et la manière de s'en délivrer? Elle est tout aussi superflue dans une de ces indispositions que dans l'autre ; et si, repompée de ses réservoirs, distribuée dans toute la machine, elle s'évacue par une autre voie plus longue, plus pénible et dangereuse, en sera-t-elle moins perdue? La nature ne souffre rien d'inutile ; et comment serais-je coupable de l'aider, lorsqu'elle appelle mon secours par les symptômes les moins équivoques? Ne la provoquons jamais, mais prêtons-lui la main dans l'occasion ; je ne vois au refus et à l'oisiveté que de la sottise et du plaisir manqué. Vivez sobre, me dira-t-on, excédez-vous de fatigue. Je vous entends : que je me prive d'un plaisir ; que je me donne de la peine pour éloigner un autre plaisir. Bien imaginé!

MADEMOISELLE DE L'ESPINASSE

Voilà une doctrine qui n'est pas bonne à prêcher aux enfants.

---

1. Il vaut mieux, selon Caton l'Ancien, fréquenter le lupanar que de jeter le trouble dans les ménages (*Pseudo-Acron*). Diderot a pris l'anecdote dans une satire d'Horace :

> « Quidam notus homo cum exiret fornice : « Macte
> Virtute esto », inquit sententia dia Catonis ;
> « Nam simul ac venas inflavit tætra libido,
> Huc juvenes æquum est descendere, non alienas
> Permolere uxores ».

(*Satires*, I-2, vers 31 sq.).

BORDEU

Ni aux autres. Cependant me permettez-vous une supposition? Vous avez une fille sage, trop sage, innocente, trop innocente; elle est dans l'âge où le tempérament se développe. Sa tête s'embarrasse, la nature ne la secourt point : vous m'appelez. Je m'aperçois tout à coup que tous les symptômes qui vous effrayent naissent de la surabondance et de la rétention du fluide séminal; je vous avertis qu'elle est menacée d'une folie qu'il est facile de prévenir, et qui quelquefois est impossible à guérir; je vous en indique le remède. Que ferez-vous?

MADEMOISELLE DE L'ESPINASSE

A vous parler vrai, je crois... mais ce cas n'arrive point...

BORDEU

Détrompez-vous; il n'est pas rare; et il serait fréquent, si la licence de nos mœurs n'y obviait... Quoi qu'il en soit, ce serait fouler aux pieds toute décence, attirer sur soi les soupçons les plus odieux, et commettre un crime de lèse-société que de divulguer ces principes. Vous rêvez.

MADEMOISELLE DE L'ESPINASSE.

Oui, je balançais à vous demander s'il vous était jamais arrivé d'avoir une pareille confidence à faire à des mères.

BORDEU

Assurément.

MADEMOISELLE DE L'ESPINASSE

Et quel parti ces mères ont-elles pris?

BORDEU

Toutes, sans exception, le bon parti, le parti sensé... Je n'ôterais pas mon chapeau dans la rue à l'homme suspecté de pratiquer ma doctrine; il me suffirait qu'on l'appelât un infâme. Mais nous causons sans témoins et sans conséquence; et je vous dirai de ma philosophie ce que Diogène tout nu disait au jeune et pudique Athénien contre lequel il se proposait de lutter : « Mon fils, ne crains rien, je ne suis pas si méchant que celui-là [1]. »

MADEMOISELLE DE L'ESPINASSE *(en se couvrant les yeux)*

Docteur, je vous vois arriver, et je gage...

BORDEU

Je ne gage pas, vous gagneriez. Oui, mademoiselle, c'est mon avis.

MADEMOISELLE DE L'ESPINASSE

Comment! soit qu'on se renferme dans l'enceinte de son espèce, soit qu'on en sorte?

BORDEU

Il est vrai.

MADEMOISELLE DE L'ESPINASSE

Vous êtes monstrueux.

BORDEU

Ce n'est pas moi, c'est ou la nature ou la société. Écoutez, mademoiselle, je ne m'en laisse point imposer par des mots, et je m'explique d'autant plus librement que je suis net et que la pureté connue de mes mœurs ne laisse prise d'aucun côté. Je vous demanderai donc, de deux actions également restreintes à la volupté, qui ne peuvent rendre que du plaisir sans utilité, mais dont l'une n'en rend qu'à celui qui la fait et l'autre le partage avec un être semblable mâle ou femelle, car le sexe ici, ni même l'emploi du sexe n'y fait rien, en faveur de laquelle le sens commun prononcera-t-il?

MADEMOISELLE DE L'ESPINASSE

Ces questions-là sont trop sublimes pour moi.

---

1. Même anecdote dans le *Salon de 1767* (t. XI, p. 261) : Diderot posant nu devant Mme Therbouche et craignant quelque accident : « Je me serais rappelé, dit-il, le mot de Diogène au jeune lutteur : Mon fils, ne crains rien, je ne suis pas si méchant que celui-là ».

BORDEU

Ah! après avoir été un homme pendant quatre minutes, voilà que vous reprenez votre cornette et vos cotillons, et que vous redevenez femme. A la bonne heure; eh bien! il faut vous traiter comme telle... Voilà qui est fait... On ne dit plus mot de Mme du Barry... Vous voyez, tout s'arrange; on croyait que la cour allait être bouleversée. Le maître a fait en homme sensé; *Omne tulit punctum;* il a gardé la femme qui lui fait plaisir, et le ministre qui lui est utile [1]... Mais vous ne m'écoutez pas... Où en êtes vous?

MADEMOISELLE DE L'ESPINASSE

J'en suis à ces combinaisons qui me semblent toutes contre nature.

BORDEU

Tout ce qui est ne peut être ni contre nature ni hors de nature, je n'en excepte pas même la chasteté et la continence volontaires qui seraient les premiers des crimes contre nature, si l'on pouvait pécher contre nature, et les premiers des crimes contre les lois sociales d'un pays où l'on pèserait les actions dans une autre balance que celle du fanatisme et du préjugé.

MADEMOISELLE DE L'ESPINASSE

Je reviens sur vos maudits syllogismes, et je n'y vois

---

1. L'hostilité entre Madame du Barry et le ministre Choiseul n'était un secret pour personne. Aidée par le duc d'Aiguillon, la favorite travaillait à perdre le ministre à propos des affaires de Corse de 1769. Ce n'est qu'en décembre 1770 que Choiseul fut révoqué et exilé à Chanteloup. Voici quelques vers qui couraient dans Paris au printemps 1769 :

« On dit que Choiseul et Barri
Animaux très antipathiques,
Partagent la cour aujourd'hui
Et suspendent les vœux de tous nos politiques.
Il faut opter des deux, c'est le tout pour le tout;
Car de leur sort dépend le nôtre... »

(*Mémoires secrets*, *op. cit.*, t. XIX, p. 62, 8 mars 1769).

point de milieu, il faut ou tout nier ou tout accorder... Mais tenez, docteur, le plus honnête et le plus court est de sauter par-dessus le bourbier et d'en revenir à ma première question : Que pensez-vous du mélange des espèces?

BORDEU

Il n'y a point à sauter pour cela ; nous y étions. Votre question est-elle de physique ou de morale?

MADEMOISELLE DE L'ESPINASSE

De physique, de physique.

BORDEU

Tant mieux ; la question de morale marchait la première, et vous la décidez. Ainsi donc...

MADEMOISELLE DE L'ESPINASSE

D'accord... sans doute c'est un préliminaire, mais je voudrais... que vous séparassiez la cause de l'effet. Laissons la vilaine cause de côté.

BORDEU

C'est m'ordonner de commencer par la fin ; mais puisque vous le voulez, je vous dirai que, grâce à notre pusillanimité, à nos répugnances, à nos lois, à nos préjugés, il y a très peu d'expériences faites [1], qu'on ignore quelles seraient

1. Les expériences d'hybridation dans le règne animal étaient encore très rares. Maupertuis qui, depuis la *Vénus physique* (1747), se consacrait presque entièrement aux problèmes de génétique, avait tenté de créer des races nouvelles et montrait avec complaisance les produits de ces accouplements, notamment de chiens, de pigeons, et de serins : « L'art et des générations répétées en ont fait des espèces » (*Vénus physique*, *op. cit.*, t. II, p. 110). Adanson, d'après Sprengel, avait observé l'hybridation du serin et du chardonneret (cf. Guyénot, *op. cit.*, p. 365). Charles Bonnet, en 1762, parle d'un hybride provenu « de l'accouplement du coq avec la femelle du canard » (*Considérations sur les corps organisés*, *op. cit.*, t. III, p. 18). Mais Réaumur avait poussé plus loin les expériences et prétendait avoir réussi le métissage du lapin et de la poule, ce que contestait Haller (*Éléments de physiologie*, traduction française, 1774, t. I, p. 347 : « Quoique je me fasse grand honneur de l'amitié de M. de Réaumur, je n'ai jamais pu me persuader qu'il y ait eu, comme il le dit, une vraie copulation »).

les copulations tout à fait infructueuses ; les cas où l'utile se réunirait à l'agréable ; quelles sortes d'espèces on se pourrait promettre de tentatives variées et suivies ; si les Faunes sont réels ou fabuleux ; si l'on ne multiplierait pas en cent façons diverses les races de mulets, et si celles que nous connaissons sont vraiment stériles [1]. Mais un fait singulier, qu'une infinité de gens instruits vous attesteront comme vrai, et qui est faux, c'est qu'ils ont vu dans la basse-cour de l'archiduc [2] un infâme lapin qui servait de coq à une vingtaine de poules infâmes qui s'en accommodaient ; ils ajouteront qu'on leur a montré des poulets couverts de poils et provenus de cette bestialité. Croyez qu'on s'est moqué d'eux.

MADEMOISELLE DE L'ESPINASSE

Mais qu'entendez-vous par des tentatives suivies?

---

1. C'est en 1749 que Buffon avait émis le critère de la stérilité des hybrides pour distinguer les espèces entre elles (« Le cheval et l'âne sont certainement de différentes espèces puisqu'ils ne produisent ensemble que des individus viciés et inféconds » ; cité par Guyénot, *op. cit.*, p. 364). Plus tard, à la suite des remarques d'Adanson, il reconnaissait que « les mulets (pris au sens général d'hybrides) ne sont ni réellement stériles ni généralement inféconds » (*ibid.*, p. 365). A remarquer que Diderot, comme Buffon, entend par « mulets » tout produit d'une hybridation.

2. Rétif de la Bretonne prétend que de telles expériences se sont faites à Potsdam à l'instigation de Frédéric II (*Philosophie de M. Nicolas*, cf. Assézat, t. II, p. 188, note). Il s'agit en fait de l'archiduc *Charles-Alexandre de Lorraine*, frère cadet de l'empereur François Ier et beau-frère de Marie-Thérèse d'Autriche. Adversaire glorieux de Frédéric II, il se retira dans son gouvernement des Pays-Bas et se rendit populaire par ses efforts pour relever économiquement et intellectuellement son pays. Au château de Tervueren, près de Bruxelles, où il mourut en juillet 1780, il se livrait à des recherches de sciences naturelles. Fondateur de l'Académie de Bruxelles, il avait appelé à y siéger en 1765 l'abbé Needham. Voltaire fait allusion à ses travaux d'hybridation animale. (cf. *Dictionnaire philosophique*, article *Dieu*, édit. Moland, t. XVIII, p. 373 : « Il n'y a pas longtemps qu'on assura qu'à Bruxelles un lapin avait fait une demi-douzaine de lapereaux à une poule », cf. *Correspondance littéraire*, édit. Tourneux, t. IX, p. 119, 1er sept. 1770 : « Le patriarche rappelle... le lapin de Bruxelles qui fait des lapereaux à une poule »).

BORDEU

J'entends que la circulation des êtres est graduelle, que les assimilations des êtres veulent être préparées, et que, pour réussir dans ces sortes d'expériences, il faudrait s'y prendre de loin et travailler d'abord à rapprocher les animaux par un régime analogue.

MADEMOISELLE DE L'ESPINASSE

On réduira difficilement un homme à brouter.

BORDEU

Mais non à prendre souvent du lait de chèvre, et l'on amènera facilement la chèvre à se nourrir de pain. J'ai choisi la chèvre par des considérations qui me sont particulières.

MADEMOISELLE DE L'ESPINASSE

Et ces considérations?

BORDEU

Vous êtes bien hardie! C'est que... c'est que nous en tirerions une race vigoureuse, intelligente, infatigable et véloce dont nous ferions d'excellents domestiques.

MADEMOISELLE DE L'ESPINASSE

Fort bien, docteur. Il me semble déjà que je vois derrière la voiture de nos duchesses cinq à six grands insolents chèvre-pieds, et cela me réjouit.

BORDEU

C'est que nous ne dégraderions plus nos frères en les assujettissant à des fonctions indignes d'eux et de nous.

MADEMOISELLE DE L'ESPINASSE

Encore mieux.

BORDEU

C'est que nous ne réduirions plus l'homme dans nos colonies à la condition de la bête de somme.

MADEMOISELLE DE L'ESPINASSE

Vite, vite, docteur, mettez-vous à la besogne, et faites-nous des chèvre-pieds.

BORDEU

Et vous le permettez sans scrupule?

MADEMOISELLE DE L'ESPINASSE

Mais, arrêtez, il m'en vient un ; vos chèvre-pieds seraient d'effrénés dissolus.

BORDEU

Je ne vous les garantis pas bien moraux.

MADEMOISELLE DE L'ESPINASSE

Il n'y aura plus de sûreté pour les femmes honnêtes ; ils multiplieront sans fin ; à la longue il faudra les assommer ou leur obéir. Je n'en veux plus, je n'en veux plus. Tenez-vous en repos.

BORDEU, *en s'en allant*

Et la question de leur baptême?

MADEMOISELLE DE L'ESPINASSE

Ferait un beau charivari en Sorbonne.

BORDEU

Avez-vous vu au Jardin du Roi, sous une cage de verre, cet orang-outan qui a l'air d'un saint Jean qui prêche au désert[1] ?

---

1. C'est le consul Maillet qui, dans son *Telliamed*, envisagea le premier le métissage des hommes et des singes. Le premier orang-outang exposé en 1720 à la foire Saint-Germain lui suggère cette réflexion dont Diderot prit bonne note : « Croyez-vous qu'il eût été possible de conduire (ces singes) par la suite de quelques générations, à un véritable langage et à une forme plus parfaite que celle qu'ils avaient auparavant? » (*Telliamed ou Entretien d'un philosophe indien avec un missionnaire français*, édition de La Haye, Duchêne, 1755, t. II, p. 203). Même idée chez La Mettrie (*Histoire naturelle de l'âme*, 1745, in *Œuvres philosophiques*, Amsterdam, 1774, t. I, p. 222). Charles Bonnet lui-même

MADEMOISELLE DE L'ESPINASSE

Oui, je l'ai vu.

BORDEU

Le cardinal de Polignac lui disait un jour : « Parle, et je te baptise [1]. »

MADEMOISELLE DE L'ESPINASSE

Adieu donc, docteur ; ne nous délaissez pas des siècles, comme vous faites, et pensez quelquefois que je vous aime à la folie. Si l'on savait tout ce que vous m'avez conté d'horreurs !

BORDEU

Je suis bien sûr que vous vous en tairez.

MADEMOISELLE DE L'ESPINASSE

Ne vous y fiez pas, je n'écoute que pour le plaisir de redire. Mais encore un mot, et je n'y reviens de ma vie.

BORDEU

Qu'est-ce?

MADEMOISELLE DE L'ESPINASSE

Ces goûts abominables, d'où viennent-ils?

BORDEU

Partout d'une pauvreté d'organisation dans les jeunes gens, et de la corruption de la tête dans les vieillards ; de l'attrait de la beauté dans Athènes, de la disette des femmes dans Rome, de la crainte de la vérole à Paris. Adieu, adieu.

---

voit dans le singe « une ébauche de l'homme, ébauche grossière, portrait imparfait mais pourtant ressemblant » (*la Contemplation de la nature*, 1746, in *Œuvres*, *op. cit.*, t. IV, p. 115). Même assimilation maligne dans les *Éléments de physiologie* (t. IX, p. 424) : « J'ai vu un homme-singe ; il ne pensait pas plus qu'un singe. Il se fâchait, il s'apaisait, il était sans pudeur, comme le singe ».

1. Melchior de Polignac, archevêque d'Auch, cardinal en 1702, diplomate et humaniste, mourut à quatre-vingts ans en 1741. Célèbre par son cartésianisme intransigeant (cf. Voltaire, *Lettres philosophiques*, édit. Lanson, Paris, Droz, t. II, p. 75), il compose les 12.000 vers de *l'Antilucretius* (Paris, 1745) que M. de Bougainville traduisit en 1749.

PRINCIPES PHILOSOPHIQUES
SUR
LA MATIÈRE
ET LE MOUVEMENT

INTRODUCTION

EN *plaçant ce fragment dans son article* Diderot, *de la* Philosophie ancienne et moderne (Encyclopédie méthodique), *Naigeon s'exprime ainsi :* « Cet écrit n'a jamais été imprimé ; une dissertation, publiée en 1770 par un anonyme, en a été l'occasion. Un ami de l'auteur et qui l'était aussi de Diderot le pria d'examiner cette dissertation et de lui en dire franchement son avis. Cet examen a produit les réflexions qu'on va lire. On y reconnaît surtout combien l'étude de la chimie, dont Diderot s'était occupé pendant plusieurs années, avec cette aptitude qu'il avait pour toutes les sciences, lui avait été utile. Les applications qu'il a su faire depuis de ces connaissances si nécessaires et sans lesquelles il ne peut y avoir ni bonne physique ni bonne philosophie font regretter qu'il n'ait pas pris plus tôt les leçons de Rouelle. C'est dans le laboratoire de ce grand chimiste qu'il aurait trouvé la réponse à la plupart des questions qui terminent ses *Pensées sur l'interprétation de la Nature*, ou plutôt il ne les aurait jamais proposées : car une grande partie de ces doutes, si difficiles à éclaircir par la métaphysique, même la plus hardie, se résolvent facilement par la chimie. C'est sur le manuscrit autographe de Diderot que je publie ce fragment précieux de sa philosophie ».

Nous ne saurions contester l'affirmation de Naigeon ni l'authenticité du document dont il se fait l'éditeur. Il est étrange cependant qu'on n'en ait trouvé aucune copie, ni dans le fonds de Léningrad, ni dans le fonds Vandeul ; les listes anciennes des œuvres de Diderot, publiées par M. Dieckmann (op. cit., p. 166-181), *n'en font aucune mention. La dissertation anonyme qui aurait été l'occasion de cette mise au point demeure inconnue.*

L'interprétation de Naigeon est cependant fort simpliste. Nous ne saurions minimiser l'influence de Rouelle sur le matérialisme de Diderot : nous avons conservé le Cours de chimie *rédigé par le philosophe (cf. B. M. Bordeaux, ms. n° 564-565). Mais la chimie ne venait que rendre plus complexe le vieux problème de la matière et du mouvement, point central des attaques anti-cartésiennes. Descartes voyait en Dieu la cause efficiente du mouvement ; mais aussi bien les disciples de Lucrèce que ceux de Leibniz s'y étaient opposés : l'abbé Meslier dans son* Testament *(Amsterdam, Meijer,* 1864, *art.* 73), *le* Jordanus Brunus redivivus *(Mazarine, ms.* 1168, *p.* 123), *Montesquieu en* 1723 *dans sa dissertation* Sur le mouvement *(cf. Lettre à Dodart, in* Œuvres, *t. I, p.* 41) *; La Mettrie avait affirmé dans son* Traité de l'âme *en* 1745 « l'union essentielle et primitive de la matière et de son principe moteur » (Œuvres, *Berlin,* 1796, *t. I, p.* 74). *Diderot, dans les* Pensées philosophiques *de* 1746, *voyait là une position athée dont il se défendait vigoureusement ; dans l'article* Spinoza *de* l'Encyclopédie, *il disait encore :* « Le mouvement n'étant pas essentiel à la matière, et la matière n'ayant pu se le donner à elle-même, il s'ensuit qu'il y a quelque autre substance que la matière » (Œuvres, *t.* 17, *p.* 202-203). *L'*Entretien entre Diderot et d'Alembert *marque au contraire en* 1769 *une adhésion sans réticence à cette position matérialiste ; en* 1770, *d'Holbach en fera la clef de voûte de son* Système de la Nature *(t.* 2, *p.* 17-21). *Le deuxième point contesté était la théorie cartésienne de l'homogénéité de la matière, issue de celle de l'étendue-substance ; or, depuis Newton, tous les physiciens se sont ralliés au vide et à la discontinuité de la matière dans l'univers. La chimie, de son côté, tend de plus en plus à différencier les éléments simples. Diderot, dès* l'Interprétation de la Nature, *croit à l'hétérogénéité moléculaire (art.* 58. *Questions). Même doctrine dans* le Rêve de d'Alembert *(cf. supra,* p. 300, *note* 2).

Mais l'originalité de Diderot semblerait résider ici dans une conception de l'énergie universelle de la matière, et dans l'opposition apparente d'une énergie potentielle (in nisu) *et d'une énergie cinétique ou force de translation. Quelques mots semblaient décisifs à ce sujet dans le* Rêve (*cf. supra, page* 259, *note*). *Nous pourrions croire à l'influence de Rouelle, à celle des conversations du Grandval avec les chimistes Roux et d'Arcet. Mais M. L. G. Crocker, par un choix convaincant de citations, a montré l'influence déterminante des* Letters to Serena *de Toland* (*cf. R. H. L.*, 1953, *p.* 289-295). *L'ouvrage venait d'être traduit en* 1768 *par d'Holbach et Naigeon sous le titre de* Lettres philosophiques : *la quatrième critiquait la physique cartésienne de Spinoza et la cinquième discutait de* « l'origine du mouvement dans la matière ». *Tous les thèmes développés par Diderot s'y retrouvaient, notamment la double notion d'énergie,* « internal energy or autokinesy » *et* « external local motion ». *Le mérite principal de Diderot est donc de ne pas s'être borné, comme ses prédécesseurs, à des généralités métaphysiques, mais de s'être soucié, en chimiste, de la constitution réelle de la matière, d'en avoir pressenti les mystères, d'avoir donné, avec un luxe rare en son temps, des exemples précis de laboratoire. Quant à ses erreurs, ce sont celles de tous les chimistes qui précédèrent Lavoisier.*

BIBLIOGRAPHIE

I. Éditions

VARLOOT Jean (ed.), *Œuvres complètes,* tome XVII, P., Hermann, 1987.

II. Études

CROCKER Lester G. « Toland et le matérialisme de Diderot », *Revue d'histoire littéraire de la France,* juil.-sept. 1953.

GUÉDON Jean-Claude. « Chimie et matérialisme : la stratégie anti-newtonienne de Diderot », *Dix-huitième siècle,* n° 11, 1980.

CHOUILLET Jacques. « Matière et mémoire dans l'œuvre de Diderot », *Revue de métaphysique et de morale*, LXXXIX, P., 1984.

STENGER Gerhardt. *Nature et liberté chez Diderot*, 1994, éd. cit., p. 143-45.

PRINCIPES PHILOSOPHIQUES SUR LA MATIÈRE ET LE MOUVEMENT

Je ne sais en quel sens les philosophes ont supposé que la matière était indifférente au mouvement et au repos. Ce qu'il y a de bien certain, c'est que tous les corps gravitent les uns sur les autres ; c'est que toutes les particules des corps gravitent les unes sur les autres [1] ; c'est que, dans cet univers, tout est en translation ou *in nisu*, ou en translation et *in nisu* à la fois.

Cette supposition des philosophes ressemble peut-être à celle des géomètres, qui admettent des points sans aucune dimension ; des lignes, sans largeur ni profondeur ; des surfaces, sans épaisseur; ou peut-être parlent-ils du repos relatif d'une masse à une autre. Tout est dans un repos relatif en un vaisseau battu par la tempête. Rien n'y est en un repos absolu, pas même les molécules agrégatives, ni du vaisseau, ni des corps qu'il renferme [2].

S'ils ne conçoivent pas plus de tendance au repos qu'au

1. Est-il excessif de voir là un pressentiment de la théorie électronique de la matière ?

2. Toland disait déjà : « Thus the mathematical lines, surfaces and points have been maintained to exist in reality, and many conclusions thence deduced, though very unhappily : as that extension was compounded of points, which is to say that length, breadth and thickness are formed of what is neither long nor broad, nor thick » (*Letters to Serena*, Londres, 1704, p. 179. Cf. L. G. Crocker, art. cit.,

mouvement, dans un corps quelconque, c'est qu'apparemment ils regardent la matière comme homogène ; c'est qu'ils font abstraction de toutes les qualités qui lui sont essentielles ; c'est qu'ils la considèrent comme inaltérable dans l'instant presque indivisible de leur spéculation ; c'est qu'ils raisonnent du repos relatif d'un agrégat à un autre agrégat; c'est qu'ils oublient que, tandis qu'ils raisonnent de l'indifférence du corps au mouvement ou au repos, le bloc de marbre tend à sa dissolution[1] ; c'est qu'ils anéantissent par la pensée, et le mouvement général qui anime tous les corps, et leur action particulière des uns sur les autres qui les détruit tous ; c'est que cette indifférence, quoique fausse en elle-même, mais momentanée, ne rendra pas les lois du mouvement erronées.

Le corps, selon quelques philosophes[2], *est, par lui-même, sans action et sans force;* c'est une terrible fausseté, bien contraire à toute bonne physique, à toute bonne chimie : par lui-même, par la nature de ses qualités essentielles, soit qu'on le considère en molécules, soit qu'on le considère en masse, il est plein d'action et de force.

Pour vous représenter le mouvement, ajoutent-ils, *outre la matière existante, il vous faut imaginer une force qui agisse sur elle.* Ce n'est pas cela : la molécule, douée d'une qualité propre à sa nature, par elle-même est une force active. Elle s'exerce sur une autre molécule qui s'exerce sur elle. Tous ces paralogismes-là tiennent à la fausse supposition de la matière homogène. Vous qui imaginez si bien la matière en repos, pouvez-vous imaginer le feu en repos ? Tout, dans la nature, a son action diverse, comme cet amas de

p. 290). L'image même du vaisseau vient de lui : « So a passenger shares the motion of a ship under sail... » (*ibid.*, p. 205).

1. Cette dissolution générale de la matière est exprimée par Toland dans les mêmes termes : « All the parts of the universe are in this constant motion of destroying and begetting » (*ibid*, p. 190, cf. Crocker, p. 291). L'exemple du marbre lui est pris.

2. Il s'agit des tenants de la physique cartésienne peu nombreux à cette date : la plupart sont des professeurs, dont l'arrière-pensée apologétique est évidente, tel Rivard et ses *Institutiones philosophiæ*.

molécules que vous appelez le *feu*. Dans cet amas que vous appelez *feu*, chaque molécule a sa nature, son action.

Voici la vraie différence du repos et du mouvement ; c'est que le repos absolu est un concept abstrait qui n'existe point en nature, et que le mouvement est une qualité aussi réelle que la longueur, la largeur et la profondeur. Que m'importe ce qui se passe dans votre tête ? Que m'importe que vous regardiez la matière comme homogène ou comme hétérogène ? Que m'importe que, faisant abstraction de ses qualités, et ne considérant que son existence, vous la voyiez en repos ? Que m'importe qu'en conséquence vous cherchiez une cause qui la meuve ? Vous ferez de la géométrie et de la métaphysique tant qu'il vous plaira ; mais moi, qui suis physicien et chimiste ; qui prends les corps dans la nature, et non dans ma tête ; je les vois existants, divers, revêtus de propriétés et d'actions, et s'agitant dans l'univers comme dans le laboratoire, où une étincelle ne se trouve point à côté de trois molécules combinées de salpêtre, de charbon et de soufre, sans qu'il s'ensuive une explosion nécessaire.

La pesanteur n'est point *une tendance au repos;* c'est une tendance au mouvement local.

Pour que la matière soit mue, dit-on encore, *il faut une action, une force;* oui, ou extérieure à la molécule, ou inhérente, essentielle, intime à la molécule, et constituant sa nature de molécule ignée, aqueuse, nitreuse, alcaline, sulfureuse : quelle que soit cette nature, il s'ensuit force, action d'elle hors d'elle, action des autres molécules sur elle.

La force, qui agit sur la molécule, s'épuise ; la force intime de la molécule ne s'épuise point. Elle est immuable, éternelle. Ces deux forces peuvent produire deux sortes de *nisus;* la première, un *nisus* qui cesse ; la seconde, un *nisus* qui ne cesse jamais. Donc il est absurde de dire que la matière a une opposition réelle au mouvement.

La quantité de force est constante dans la nature ; mais

la somme des *nisus* et la somme des translations sont variables. Plus la somme des *nisus* est grande, plus la somme des translations est petite ; et, réciproquement, plus la somme des translations est grande, plus la somme des *nisus* est petite. L'incendie d'une ville accroît tout à coup d'une quantité prodigieuse la somme des translations.

Un atome remue le monde ; rien n'est plus vrai ; cela l'est autant que l'atome remué par le monde : puisque l'atome a sa force propre, elle ne peut être sans effet.

Il ne faut jamais dire, quand on est physicien, *le corps comme corps;* car ce n'est plus faire de la physique ; c'est faire des abstractions qui ne mènent à rien.

Il ne faut pas confondre l'action avec la masse. Il peut y avoir grande masse et petite action. Il peut y avoir petite masse et grande action. Une molécule d'air fait éclater un bloc d'acier. Quatre grains de poudre suffisent pour diviser un rocher.

Oui, sans doute, quand on compare un agrégat homogène à un autre agrégat de même matière homogène ; quand on parle de l'action et de la réaction de ces deux agrégats ; leurs énergies relatives sont en raison directe des masses. Mais quand il s'agit d'agrégats hétérogènes, de molécules hétérogènes, ce ne sont plus les mêmes lois. Il y a autant de lois diverses, qu'il y a de variétés dans la force propre et intime de chaque molécule élémentaire et constitutive des corps.

Le corps résiste au mouvement horizontal. Qu'est-ce que cela signifie ? On sait bien qu'il y a une force générale et commune à toutes les molécules du globe que nous habitons, force qui les presse selon une certaine direction perpendiculaire, ou à peu près, à la surface du globe ; mais cette force générale et commune est contrariée par cent mille autres. Un tube de verre échauffé fait voltiger les feuilles de l'or. Un ouragan remplit l'air de poussière ; la chaleur volatilise l'eau, l'eau volatilisée emporte avec elle des molécules de sel ; tandis que cette masse d'airain presse la terre, l'air agit sur elle, met sa première surface en une chaux métallique[1], commence la destruction de ce corps : ce que je dis des masses doit être entendu des molécules.

Toute molécule doit être considérée comme actuellement animée de trois sortes d'actions ; l'action de pesanteur ou de gravitation ; l'action de sa force intime et propre à sa nature d'eau, de feu, d'air, de soufre ; et l'action de toutes les autres molécules sur elle : et il peut arriver que ces trois actions soient convergentes ou divergentes. Convergentes, alors la molécule a l'action la plus forte dont elle puisse être douée. Pour se faire une idée de cette action la plus grande possible, il faudrait, pour ainsi dire, faire une foule de suppositions absurdes, placer une molécule dans une situation tout à fait métaphysique.

En quel sens peut-on dire qu'un corps résiste d'autant plus au mouvement que sa masse est plus grande ? Ce n'est pas dans le sens que, plus sa masse est grande, plus sa pression contre un obstacle est faible ; il n'y a pas un crocheteur qui ne sache le contraire[2] : c'est seulement relativement à une direction opposée à sa pression. Dans cette direction, il est certain qu'il résiste d'autant plus au mouvement que sa masse est plus grande. Dans la direction de la pesanteur, il n'est pas moins certain que sa pression ou force, ou tendance au mouvement, s'accroît en raison de sa masse. Qu'est-ce que tout cela signifie donc ? Rien.

Je ne suis point surpris de voir tomber un corps, pas plus que de voir la flamme s'élever en haut ; pas plus que de voir l'eau agir en tout sens, et peser, eu égard à sa hauteur et à sa base, en sorte qu'avec une médiocre quantité de fluide, je puis faire briser les vases les plus solides ; pas plus que de voir la vapeur en expansion dissoudre les corps les

1. Entendons par « chaux métallique » le phénomène chimique d'oxydation.

2. Si un élément stylistique peut prouver l'authenticité de ces pages, c'est bien l'intrusion de cette phrase dans un développement technique.

plus durs dans la machine de Papin, élever les plus pesants dans la machine à feu[1]. Mais j'arrête mes yeux sur l'amas général des corps ; je vois tout en action et en réaction ; tout se détruisant sous une forme ; tout se recomposant sous une autre ; des sublimations, des dissolutions, des combinaisons de toutes les espèces, phénomènes incompatibles avec l'homogénéité de la matière ; d'où je conclus qu'elle est hétérogène ; qu'il existe une infinité d'éléments divers dans la nature ; que chacun de ces éléments, par sa diversité, a sa force particulière, innée, immuable, éternelle, indestructible ; et que ces forces intimes au corps ont leurs actions hors du corps : d'où naît le mouvement ou plutôt la fermentation générale dans l'univers.

Que font les philosophes dont je réfute ici les erreurs et les paralogismes ? Ils s'attachent à une seule et unique force, peut-être commune à toutes les molécules de la matière ; je dis *peut-être* car je ne serais point surpris qu'il y eût dans la nature telle molécule qui, jointe à une autre, rendît le mixte résultant plus léger[2]. Tous les jours, dans le laboratoire, on volatilise un corps inerte par un corps inerte : et lorsque ceux qui, ne considérant pour toute action dans l'univers que celle de la gravitation, en ont conclu l'indifférence de la matière au repos ou au mouvement, ou plutôt la tendance de la matière au repos, ils croient avoir résolu la question, tandis qu'ils ne l'ont pas seulement effleurée.

Lorsqu'on regarde le corps comme plus ou moins résistant, et cela non comme pesant ou tendant au centre des graves, on lui reconnaît déjà une force, une action propre et intime ; mais il en a bien d'autres, entre lesquelles les

---

1. Diderot fait sans doute allusion à la marmite ou « digesteur » mise au point en 1682 par Denis Papin, lors de son exil en Angleterre. Quant à la machine ou « pompe à feu », Papin (1707), puis Newcomen, Watt enfin (1765) la perfectionnèrent.

2. Nous n'avons pas à être surpris non plus de cette erreur : Diderot écrivait avant les expériences de Lavoisier.

unes s'exercent en tout sens, et d'autres ont des directions particulières.

La supposition d'un être quelconque, placé hors de l'univers matériel, est impossible[1]. Il ne faut jamais faire de pareilles suppositions, parce qu'on n'en peut jamais rien inférer.

Tout ce qu'on dit de l'impossibilité de l'accroissement du mouvement ou de la vitesse, porte à-plomb contre l'hypothèse de la matière homogène. Mais qu'est-ce que cela fait à ceux qui déduisent le mouvement dans la matière, de son hétérogénéité ? La supposition d'une matière homogène est bien sujette à d'autres absurdités.

Si on ne s'obstine pas à considérer les choses dans sa tête, mais dans l'univers, on se convaincra, par la diversité des phénomènes, de la diversité des matières élémentaires ; de la diversité des forces ; de la diversité des actions et des réactions ; de la nécessité du mouvement ; et toutes ces vérités admises, on ne dira plus : je vois la matière comme existante ; je la vois d'abord en repos ; car on sentira que c'est faire une abstraction dont on ne peut rien conclure. L'existence n'entraîne ni le repos ni le mouvement ; mais l'existence n'est pas la seule qualité des corps.

Tous les physiciens qui supposent la matière indifférente au mouvement et au repos, n'ont pas des idées nettes de la résistance. Pour qu'ils pussent conclure quelque chose de la résistance, il faudrait que cette qualité s'exerçât indistinctement en tout sens, et que son énergie fût la même selon toute direction. Alors ce serait une force intime, telle que celle de toute molécule ; mais cette résistance varie autant qu'il y a de directions dans lesquelles le corps peut être poussé ; elle est plus grande verticalement qu'horizontalement.

---

1. Une fois de plus est posée la question préjudicielle qui ouvrait l'*Entretien entre Diderot et d'Alembert* : l'avenir de la science ne peut dépendre d'une théologie, ni se développer en dehors du postulat matérialiste.

La différence de la pesanteur et de la force d'inertie, c'est que la pesanteur ne résiste pas également selon toutes directions ; au lieu que la force d'inertie résiste également selon toutes directions.

Et pourquoi la force d'inertie n'opérerait-elle pas l'effet de retenir le corps dans son état de repos et dans son état de mouvement, et cela par la seule notion de résistance proportionnée à la quantité de matière ? La notion de résistance pure s'applique également au repos et au mouvement ; au repos, quand le corps est en mouvement ; au mouvement, quand le corps est en repos. Sans cette résistance, il ne pourrait y avoir de choc avant le mouvement, ni d'arrêt après le choc ; car le corps ne serait rien.

Dans l'expérience de la boule suspendue par un fil, la pesanteur est détruite. La boule tire autant le fil, que le fil tire la boule. Donc la résistance du corps vient de la seule force d'inertie.

Si le fil tirait plus la boule que la pesanteur, la boule monterait. Si la boule était plus tirée par la pesanteur que par le fil, elle descendrait, etc., etc.

ENTRETIEN D'UN PÈRE AVEC SES ENFANTS

OU

DU DANGER DE SE METTRE AU-DESSUS DES LOIS

INTRODUCTION

Nous *n'avons aucune raison de douter du fondement réel du récit de Diderot. Cet entretien a eu lieu à Langres, auprès du feu, dans la grande maison de la place Chambeau, un soir de novembre 1754. Ce fut le dernier voyage du philosophe au pays natal, avant la mort de son père, le 4 juin 1759; il n'était pas encore brouillé avec son frère l'abbé et commençait, à Langres même, à jouir de quelque considération publique; il profitait de son séjour pour consulter un ami de son père, le notaire Dubois, sur le nouveau contrat de* l'Encyclopédie *dont il espérait quelque aisance. Nous ne douterons pas non plus des anecdotes langroises et de l'histoire du curé de Thivet. La présence du Père Bouin, de l'Oratoire, nous prouverait seulement que l'affaire du testament est antérieure à 1737, date à laquelle Mgr de Montmorin, évêque de Langres, expulsa du séminaire les oratoriens que Sébastien Zamet avait installés en 1619. Mais soyons plus précis : c'est le 10 février 1733 que mourait à Thivet le curé Antoine Charles, à l'âge d'environ quatre-vingts ans : l'anecdote est donc exactement datée de février 1733, ce qui explique que Diderot, alors clerc à Paris du procureur Clément de Ris, n'ait pu en être le témoin. Une érudition plus minutieuse nous permettrait peut-être d'identifier tous les comparses : nous retrouvons en effet derrière l'infâme Frémin le libraire parisien Guillaume Desprez, imprimeur du roi et du clergé de France. Une fois de plus, nous constatons que Diderot déguise le réel, mais n'invente pas, fidèle à sa doctrine de l'imagination exposée à la fin du* Rêve de d'Alembert. *Une fois encore, nous mesurons l'importance dans son œuvre du terroir langrois et du décor provincial qui feront un des charmes de* Jacques le Fataliste.

Mais la cristallisation littéraire est soumise à la fantaisie. C'est en août 1770 seulement que Diderot, passant par Langres, au cours de son voyage à Bourbonne, put rafraîchir ses souvenirs et évoquer le fantôme du père, devant le vieux « fauteuil à bras » *qui maintenant servait à Denise, la* « sœurette » *d'autrefois, devenue une sainte fille confite en dévotion.*

*La rédaction première de l'*Entretien d'un père avec ses enfants *fut rapide. Dans sa livraison du 1*[er] *mars 1771, Grimm pouvait l'offrir à ses lecteurs de la* Correspondance littéraire *(édition Tourneux, t. IX, p. 253), précédée d'une notice biographique d'une vingtaine de lignes sur le père de Diderot et ses trois enfants :* « Je le vis trois mois avant sa mort ; en allant à Genève, au mois de mars 1759, je passai exprès par Langres et je m'applaudirai toute ma vie d'avoir connu ce vieillard respectable ». *Le 4 mars, Diderot demandait à son ami une copie de* l'Entretien *et insistait pour qu'on ne brulât pas l'original,* « les scribes étant sujets à passer des mots et quelquefois des lignes » (Correspondance inédite, *N. R. F., 1931, t. I, p. 123). Mais le malheur veut que nous n'ayons ni l'original, ni même le texte livré par la* Correspondance littéraire. *C'est alors que Mme d'Épinay entre en scène. Dans une lettre à Galiani en date du 29 mars 1771* (La signora d'Épinay e l'abate Galiani, *Bari, Laterza, 1929, p. 163), l'amie de Grimm prétend que c'est ce jour-là seulement que l'*Entretien *fut noté sur le papier par elle-même* « à la suite d'un récit oral de Diderot » *(cf. Fausto Nicolini :* Du nouveau sur Diderot et Galiani, *in* Études italiennes, *avril-juin 1932, p. 98 sq.) :* « Il faut que je vous conte, *écrit-elle,* une conversation que j'ai eue avec le philosophe sur la nécessité de se mettre quelquefois au-dessus des lois, que j'intitulerais, si je la faisais imprimer : *Du danger de se mettre au-dessus des lois*. Après une dispute assez longue. où il soutenait le danger et moi la nécessité, il finit par me conter une histoire, que voici à peu près, et nous restâmes tous deux dans notre opinion ». *C'est donc sous la forme d'un dialogue entre elle-même et Diderot qu'elle envoie à l'abbé l'histoire du testament et de la consultation du Père Bouin, à l'exclusion de toutes les digressions (visite du médecin, du prieur, affaire du chapelier, etc.). Puis elle conclut :* « « Pour moi, l'abbé, je n'entends pas les affaires. J'aurais brûlé le testament, je n'aurais pas consulté » *(*ibid., *p. 101). Galiani* *répondit en juriste, le 20 avril 1771, qu'il fallait attaquer le testament* (Lettres de Galiani, *édition Pérey-Maugras, Lévy, 1890, t. I, p. 381*) : « Votre cas de conscience me paraît aisé à résoudre. La faute a été ou de vos juges ou de vos lois... ». *Nous tirerons de cette étrange histoire deux conclusions : 1) Mme d'Épinay ne pouvait ignorer la livraison de la* Correspondance littéraire *du 1er mars, qui est certifiée par la lettre de Diderot du 4 mars. Donc les arguments de F. Nicolini pour faire d'elle la première rédactrice de l'*Entretien *ne sont pas valables* (op. cit., *p. 98*). *Ses pseudo-Mémoires prouvent qu'elle accueillait volontiers l'inspiration d'autrui; nous ne pouvons l'innocenter qu'en voyant dans sa lettre du 29 mars une mise en scène pour obtenir l'avis de Galiani sur l'épineux cas de conscience. 2) D'après les indications de M. Nicolini, le texte envoyé à l'abbé Galiani était fort court (environ 200 lignes) ; celui de la* Correspondance littéraire *était-il plus développé? Lorsque nous lisons dans l'*Entretien *que Diderot propose à son père de sacrifier cinquante louis pour attaquer le testament, nous serions tenté de croire que le philosophe a vu la réponse de Galiani et en a tiré parti.*

*Or l'examen des manuscrits conservés nous permet d'éclairer quelque peu la genèse de l'ouvrage. Diderot, de 1771 à sa mort, n'a cessé de « truffer » sa matière initiale d'anecdotes nouvelles. Un manuscrit du fonds Vandeul (B. N., n. a. fr., 24.937, nº 27), antérieur à 1773, ajoute à l'affaire du testament la visite du docteur, l'arrivée du prieur et l'épisode du chapelier : l'œuvre atteint environ 700 lignes imprimées. Un second manuscrit du fonds Vandeul (n. a. fr., 13731, f. 145-165) s'enrichit de 50 lignes (mort du chanoine Vigneron — retour du prieur — faillite du changeur Bourmont) ; pour la première fois, le libraire Desprez prend le nom de Frémin, ce qui annonce une volonté de publication. Précisément en 1773, l'*Entretien *paraissait dans les* Contes moraux et nouvelles idylles de D... et Salomon Gessner, *dans un texte très proche du second manuscrit Vandeul. Mais l'aventure n'était pas terminée. Diderot avant sa mort ajouta six épisodes (le mot de Galien — l'anecdote des médecins du pape et de Mazarin — l'assassin en Chine — conclusion juridique sur le testament — le Calzolaio de Messine — intervention du fils dans la conclusion) : l'ensemble* *passait de 750 à environ 910 lignes imprimées. C'est ce texte, consigné dans un manuscrit perdu, qui fonda l'édition de Naigeon (1798), mais aussi le manuscrit de Léningrad (t. XVII, f. 27-38 et 63-80, cf. Johansson,* op. cit., *p. 68-70 et 146), copié avant 1785. En résumé, si nous remarquons que nous ne possédons pas la livraison de la* Correspondance littéraire *de 1771 et que notre premier manuscrit Vandeul, par ses corrections et ratures, suppose un état antérieur, nous verrons dans l'*Entretien *un cas typique de la création littéraire chez Diderot, avec cinq couches alluviales superposées de 1771 à 1783. Après étude des variantes, nous pensons pouvoir résumer ainsi la tradition manuscrite et imprimée :*

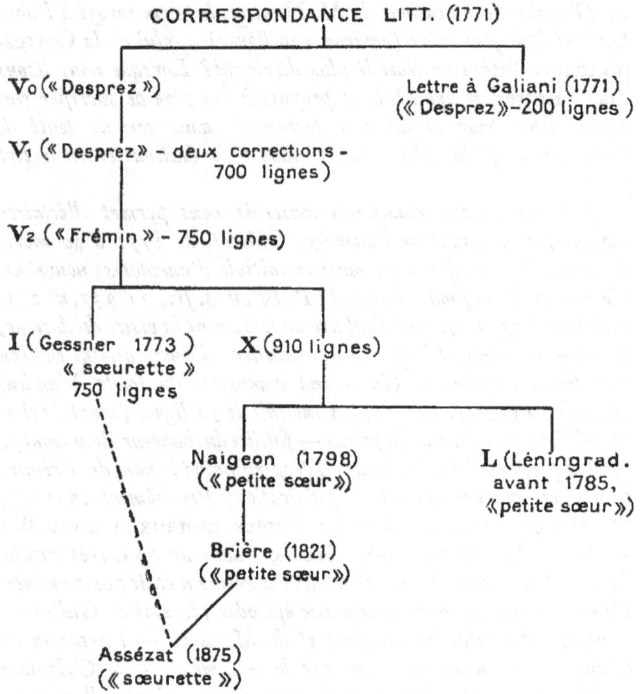

Suivre le texte imprimé du vivant de Diderot (1773) est impossible, car il s'agit d'une version courte. Nous préférerons Naigeon, plus proche que L de l'édition de 1773, lorsqu'elle n'a pas de lacune; en effet les 24 variantes de Léningrad sont oiseuses ou fautives. Nous nous bornerons comme Assézat à deux corrections, préférant notamment l'expression « sœurette » *tant de fois attestée dans la correspondance de Diderot; nous restituerons une omission grave qu'Assézat doit à la tradition Belin-Brière, par un fâcheux passage du même au même :* (« ce que le défunt devait à ses proches [que vous ne connaissez pas et à son légataire] que vous ne connaissez pas davantage »). *Pour l'*Entretien, *nous faisons nôtre l'opinion de Joseph Bédier* (Études critiques, p. 111) : « Les écrits de Diderot publiés par Naigeon ont chance d'être authentiques jusque dans le détail du style ».

BIBLIOGRAPHIE

I. Édition

Contes et entretiens, Lucette PEROL (ed.), P., Garnier-Flammarion, 1977.

II. Études

HERMAND Pierre. *Les Idées morales de Diderot*, P., P.U.F., 1923, p. 163 *sq.*

THOMAS Jean. *L'Humanisme de Diderot*, 1938, éd. cit., p. 103 *sq.*

LEFEBVRE Henri. *Diderot*, 1949, éd. cit., p. 277-89.

CROCKER Lester G. *Two Diderot Studies. Ethics and esthetics*, Baltimore, The Johns Hopkins Press, 1952, p. 27 et 45-48.

STRUGNELL Anthony R. « Le dédoublement du moi dans deux dialogues philosophiques de Diderot », *Studies on Voltaire*, CXCII, Oxford, 1980.

STRUGNELL Anthony R. « Les fonctions textuelles du moi dans deux dialogues philosophiques de Diderot », *Studies on Voltaire*, CCVIII, Oxford, 1982.

FRIEDRICH Cäcilia. « Diderots "moralische Erzählungen" und ihre Wirkung auf dem Sturm-und-Drang », *Hallesche Studien zur Wirkung von Sprache und Literatur*, XXIII, 1986.

LANGDON David. « The message of Diderot's *Entretien...* », *Diderot Studies*, XXIII, G., Droz, 1988.

STENGER Gerhardt. *Nature et liberté chez Diderot*, 1994, éd. cit., p. 306-09.

ENTRETIEN D'UN PÈRE AVEC SES ENFANTS

OU

DU DANGER DE SE METTRE AU-DESSUS DES LOIS

Mon père[1], homme d'un excellent jugement, mais homme pieux, était renommé dans sa province pour sa probité rigoureuse. Il fut, plus d'une fois, choisi pour arbitre entre ses concitoyens ; et des étrangers qu'il ne connaissait pas lui confièrent souvent l'exécution de leurs dernières volontés. Les pauvres pleurèrent sa perte, lorsqu'il mourut. Pendant sa maladie, les grands et les petits marquèrent l'intérêt qu'ils prenaient à sa conservation. Lorsqu'on sut qu'il approchait de sa fin, toute la ville fut attristée. Son image sera toujours présente à ma mémoire ; il me semble que je le vois dans son fauteuil à bras, avec son maintien tranquille et son visage serein. Il me semble que je l'entends encore. Voici l'histoire d'une de nos soirées, et un modèle de l'emploi des autres.

1. Didier Diderot, maître coutelier, mourut à Langres le 4 juin 1759. Son fils a raconté sa mort dans une lettre émouvante à Grimm (*Correspondance inédite, op. cit.*, t. I, p. 43 sq., 25 juin 1759). Mais les souvenirs s'étaient ravivés lors de son récent voyage à Langres et à Bourbonne (août 1770).

C'était en hiver [1]. Nous étions assis autour de lui, devant le feu, l'abbé, ma sœur et moi [2]. Il me disait, à la suite d'une conversation sur les inconvénients de la célébrité : « Mon fils, nous avons fait tous les deux du bruit dans le monde, avec cette différence que le bruit que vous faisiez avec votre outil vous ôtait le repos ; et que celui que je faisais avec le mien ôtait le repos aux autres. » Après cette plaisanterie, bonne ou mauvaise, du vieux forgeron, il se mit à rêver, à nous regarder avec une attention tout à fait marquée, et l'abbé lui dit : « Mon père, à quoi rêvez-vous?

— Je rêve, lui répondit-il, que la réputation d'homme de bien, la plus désirable de toutes, a ses périls, même pour celui qui la mérite. » Puis, après une courte pause, il ajouta : « J'en frémis encore, quand j'y pense... Le croiriez-vous, mes enfants? Une fois dans ma vie, j'ai été sur le point de vous ruiner ; oui, de vous ruiner de fond en comble.

L'ABBÉ

Et comment cela?

MON PÈRE

Comment? Le voici...

Avant que je commence (dit-il à sa fille), sœurette, relève mon oreiller qui est descendu trop bas ; (à moi) et toi, ferme les pans de ma robe de chambre, car le feu me brûle

---

1. Précision intéressante. Le dernier voyage de Diderot à Langres avant la mort de son père eut lieu en novembre-décembre 1754.

2. L'abbé, c'est le chanoine Didier-Pierre (cf. Chanoine Marcel, *le Frère de Diderot*, Champion, 1913) ; la sœur, ou plutôt « sœurette » comme Diderot l'appelle dans ses lettres à Grimm, c'est Denise (1715-1797). Le meilleur portrait que nous en ayons est aussi le plus ancien (*A Sophie Volland*, 31 juillet 1759, I, p. 36) : « Sœurette est vive, agissante, gaie, décidée, prompte à s'offenser, lente à revenir, sans souci ni sur le présent ni sur l'avenir, ne s'en laissant imposer ni par les choses ni par les personnes ; libre dans ses actions, plus libre encore dans ses propos... L'abbé est né sensible et serein, il aurait eu de l'esprit, mais la religion l'a rendu scrupuleux et pusillanime. Il est triste, muet, circonspect et fâcheux. Il porte sans cesse avec lui une règle incommode à laquelle il rapporte la conduite des autres et la sienne. Il est gênant et gêné ».

les jambes... Vous avez tous connu le curé de Thivet[1].

MA SŒUR

Ce bon vieux prêtre, qui, à l'âge de cent ans, faisait ses quatre lieues dans la matinée?

L'ABBÉ

Qui s'éteignit à cent et un ans, en apprenant la mort d'un frère qui demeurait avec lui, et qui en avait quatre-vingt-dix-neuf ?

MON PÈRE

Lui-même.

L'ABBÉ

Eh bien?

MON PÈRE

Eh bien, ses héritiers, gens pauvres et dispersés sur les grands chemins, dans les campagnes, aux portes des églises où ils mendiaient leur vie, m'envoyèrent une procuration, qui m'autorisait à me transporter sur les lieux, et à pourvoir à la sûreté des effets du défunt curé leur parent. Comment refuser à des indigents un service que j'avais rendu à plusieurs familles opulentes? J'allai à Thivet; j'appelai la justice du lieu; je fis apposer les scellés, et j'attendis l'arrivée des héritiers. Ils ne tardèrent pas à venir; ils étaient au nombre de dix à douze. C'étaient des femmes sans bas, sans souliers, presque sans vêtements, qui tenaient contre leur sein des enfants entortillés de leurs mauvais tabliers; des vieillards couverts de haillons qui s'étaient traînés jusque-là, portant sur leurs épaules, avec un bâton, une poignée de guenilles enveloppées dans une autre guenille; le spectacle de la misère la plus hideuse. Imaginez,

1. Paroisse du baillage de Langres qui comptait 85 feux en 1765; actuellement petite commune de l'arrondissement de Chaumont, département de la Haute-Marne. Les quatre lieues que faisait le vieux curé représentent la distance de Thivet à Langres. Grâce à M. l'abbé Lamy, curé de Vesaignes, nous avons pu l'identifier. Il s'agit d'Antoine Charles, qui desservit la paroisse de Thivet de juillet 1687 jusqu'à sa mort, le 10 février 1733. L'obituaire lui donne « environ quatre-vingts ans », mais Diderot qui en fait un centenaire conserve peut-être une tradition locale.

d'après cela, la joie de ces héritiers à l'aspect d'une dizaine de mille francs qui revenait à chacun d'eux ; car, à vue de pays, la succession du curé pouvait aller à une centaine de mille francs au moins. On lève les scellés. Je procède, tout le jour, à l'inventaire des effets. La nuit vient. Ces malheureux se retirent ; je reste seul. J'étais pressé de les mettre en possession de leurs lots, de les congédier, et de revenir à mes affaires. Il y avait sous un bureau un vieux coffre, sans couvercle et rempli de toutes sortes de paperasses ; c'étaient de vieilles lettres, des brouillons de réponses, des quittances surannées, des reçus de rebut, des comptes de dépenses, et d'autres chiffons de cette nature ; mais, en pareil cas, on lit tout, on ne néglige rien. Je touchais à la fin de cette ennuyeuse révision, lorsqu'il me tomba sous les mains un écrit assez long ; et cet écrit, savez-vous ce que c'était? Un testament! un testament signé du curé! Un testament, dont la date était si ancienne, que ceux qu'il en nommait exécuteurs n'existaient plus depuis vingt ans! Un testament où il rejetait les pauvres qui dormaient autour de moi, et instituait légataires universels les Frémins, ces riches libraires de Paris [1], que tu dois connaître, toi. Je vous laisse à juger de ma surprise et de ma douleur ; car, que faire de cette pièce? La brûler? Pourquoi non? N'avait-elle pas tous les caractères de la réprobation? Et l'endroit où je l'avais trouvée, et les papiers avec lesquels elle était confondue et assimilée, ne déposaient-ils pas assez fortement contre elle, sans parler de son injus-

1. Il n'y avait pas de libraire de ce nom à Paris (cf. B. N., fonds Anisson). Mais il s'agit là d'un pseudonyme imaginé par Diderot au moment d'imprimer l'*Entretien* (1773). La lettre de Mme d'Épinay à Galiani du 29 mars 1771 et le premier manuscrit du fonds Vandeul (n. a. fr., 24937) nous ont conservé le nom véritable, Desprez (cf. F. Nicolini, *article cité*, p. 99). Or la dynastie parisienne d'imprimeurs-libraires des Desprez est connue depuis 1666 au moins. Guillaume Desprez, imprimeur du roi, à la suite d'une délibération de l'assemblée générale, est nommé le 4 janvier 1747 seul imprimeur du clergé (Fonds Anisson, 22078, n° 115). Éditeur des *Mémoires du clergé*, fort dévot, il se fait remarquer par de nombreuses dénonciations contre ses collègues. Son fils Guillaume Nicolas exerçait toujours en 1773.

tice révoltante? Voilà ce que je me disais en moi-même; et me représentant en même temps la désolation de ces malheureux héritiers spoliés, frustrés de leur espérance, j'approchais tout doucement le testament du feu; puis, d'autres idées croisaient les premières, je ne sais quelle frayeur de me tromper dans la décision d'un cas aussi important, la méfiance de mes lumières, la crainte d'écouter plutôt la voix de la commisération, qui criait au fond de mon cœur, que celle de la justice, m'arrêtaient subitement; et je passai le reste de la nuit à délibérer sur cet acte inique que je tins plusieurs fois au-dessus de la flamme, incertain si je le brûlerais ou non. Ce dernier parti l'emporta; une minute plus tôt ou plus tard, c'eût été le parti contraire. Dans ma perplexité, je crus qu'il était sage de prendre le conseil de quelque personne éclairée. Je monte à cheval dès la pointe du jour; je m'achemine à toutes jambes vers la ville; je passe devant la porte de ma maison, sans y entrer; je descends au séminaire qui était alors occupé par des Oratoriens [1], entre lesquels il y en avait un distingué par la sûreté de ses lumières et la sainteté de ses mœurs : c'était un père Bouin, qui a laissé dans le diocèse la réputation du plus grand casuiste.

Mon père en était là, lorsque le docteur Bissei entra : c'était l'ami et le médecin de la maison. Il s'informa de la santé de mon père, lui tâta le pouls, ajouta, retrancha à son régime, prit une chaise, et se mit à causer avec nous.

Mon père lui demanda des nouvelles de quelques-uns de ses malades, entre autres d'un vieux fripon d'intendant d'un M. de La Mésangère, ancien maire de notre ville. Cet intendant avait mis le désordre [et le feu] dans les affaires de son maître, avait fait de faux emprunts sous son nom, avait égaré des titres, s'était approprié des fonds, avait commis une infinité de friponneries dont la plupart étaient avérées, et il était à la veille de subir une peine infamante,

1. Sébastien Zamet, évêque de Langres, fonda le séminaire et en donna la direction en 1619 aux prêtres de l'Oratoire. Mgr de Montmorin, hostile aux jansénistes, les chassa en 1737.

sinon capitale. Cette affaire occupait alors toute la province. Le docteur lui dit que cet homme était fort mal, mais qu'il ne désespérait pas de le tirer d'affaire.

MON PÈRE

C'est un très mauvais service à lui rendre.

MOI

Et une très mauvaise action à faire.

LE DOCTEUR BISSEI

Une mauvaise action! Et la raison, s'il vous plaît?

MOI

C'est qu'il y a tant de méchants dans ce monde, qu'il n'y faut pas retenir ceux à qui il prend envie d'en sortir.

LE DOCTEUR BISSEI

Mon affaire est de le guérir, et non de le juger; je le guérirai, parce que c'est mon métier; ensuite le magistrat le fera pendre, parce que c'est le sien.

MOI

Docteur, mais il y a une fonction commune à tout bon citoyen, à vous, à moi, c'est de travailler de toute notre force à l'avantage de la république; et il me semble que ce n'en est pas un pour elle que le salut d'un malfaiteur, dont incessamment les lois la délivreront.

LE DOCTEUR BISSEI

Et à qui appartient-il de le déclarer malfaiteur? Est-ce à moi?

MOI

Non, c'est à ses actions.

LE DOCTEUR BISSEI

Et à qui appartient-il de connaître de ses actions? Est-ce à moi?

MOI

Non ; mais permettez, docteur, que je change un peu la thèse, en supposant un malade dont les crimes soient de notoriété publique. On vous appelle ; vous accourez, vous ouvrez les rideaux, et vous reconnaissez Cartouche ou Nivet [1]. Guérirez-vous Cartouche ou Nivet?...

Le docteur Bissei, après un moment d'incertitude, répondit ferme qu'il le guérirait ; qu'il oublierait le nom du malade, pour ne s'occuper que du caractère de la maladie ; que c'était la seule chose dont il lui fût permis de connaître ; que s'il faisait un pas au-delà, bientôt il ne saurait plus où s'arrêter ; que ce serait abandonner la vie des hommes à la merci de l'ignorance, des passions, du préjugé, si l'ordonnance devait être précédée de l'examen de la vie et des mœurs du malade. « Ce que vous me dites de Nivet, un janséniste me le dira d'un moliniste, un catholique d'un protestant. Si vous m'écartez du lit de Cartouche, un fanatique m'écartera du lit d'un athée. C'est bien assez que d'avoir à doser le remède, sans avoir encore à doser la méchanceté qui permettrait ou non de l'administrer...

— Mais, docteur, lui répondis-je, si après votre belle cure, le premier essai que le scélérat fera de sa convalescence, c'est d'assassiner votre ami, que direz-vous? Mettez la main sur la conscience ; ne vous repentirez-vous point de l'avoir guéri? Ne vous écrierez-vous point avec amertume : Pourquoi l'ai-je secouru! Que ne le laissai-je mourir! N'y a-t-il pas là de quoi empoisonner le reste de votre vie?

LE DOCTEUR BISSEI

Assurément, je serai consumé de douleur ; mais je n'aurai point de remords.

---

1. Cartouche fut roué en place de Grève le 27 novembre 1721. Barbier nous dit dans son *Journal* (30 mai 1729) : « Le dernier mai, on a fait une fameuse exécution du fameux voleur Nivet et de ses complices. L'affaire de Cartouche a fait bien du bruit et ce n'était rien en comparaison de Nivet qui a fait nombre d'assassinats ».

MOI

Et quels remords pourriez-vous avoir, je ne dis point d'avoir tué, car il ne s'agit pas de cela ; mais d'avoir laissé périr un chien enragé? Docteur, écoutez-moi. Je suis plus intrépide que vous ; je ne me laisse point brider par de vains raisonnements. Je suis médecin. Je regarde mon malade ; en le regardant, je reconnais un scélérat, et voici le discours que je lui tiens : « Malheureux, dépêche-toi de mourir ; c'est tout ce qui peut t'arriver de mieux pour les autres et pour toi. Je sais bien ce qu'il y aurait à faire pour dissiper ce point de côté qui t'oppresse, mais je n'ai garde de l'ordonner ; je ne hais pas assez mes concitoyens, pour te renvoyer de nouveau au milieu d'eux, et me préparer à moi-même une douleur éternelle par les nouveaux forfaits que tu commettrais. Je ne serai point ton complice. On punirait celui qui te recèle dans sa maison, et je croirais innocent celui qui t'aurait sauvé ! Cela ne se peut. Si j'ai un regret, c'est qu'en te livrant à la mort je t'arrache au dernier supplice. Je ne m'occuperai point de rendre à la vie celui dont il m'est enjoint par l'équité naturelle, le bien de la société, le salut de mes semblables, d'être le dénonciateur. Meurs, et qu'il ne soit pas dit que par mon art et mes soins il existe un monstre de plus. »

LE DOCTEUR BISSEI

Bonjour, papa. Ah çà, moins de café après dîner, entendez-vous?

MON PÈRE

Ah ! docteur, c'est une si bonne chose que le café !

LE DOCTEUR BISSEI

Du moins, beaucoup, beaucoup de sucre.

MA SŒUR

Mais, docteur, ce sucre nous échauffera.

LE DOCTEUR BISSEI

Chansons ! Adieu, philosophe.

MOI

Docteur, encore un moment. Galien, qui vivait sous Marc-Aurèle, et qui, certes, n'était pas un homme ordinaire, bien qu'il crût aux songes, aux amulettes et aux maléfices, dit de ses préceptes sur les moyens de conserver les nouveau-nés : « C'est aux Grecs, aux Romains, à tous ceux qui marchent sur leurs pas dans la carrière des sciences, que je les adresse. Pour les Germains et le reste des barbares, ils n'en sont pas plus dignes que les ours, les sangliers, les lions, et les autres bêtes féroces [1]. »

LE DOCTEUR BISSEI

Je savais cela. Vous avez tort tous les deux ; Galien, d'avoir proféré sa sentence absurde ; vous, d'en faire une autorité. Vous n'existeriez pas, ni vous ni votre éloge ou votre critique de Galien, si la nature n'avait pas eu d'autre secret que le sien pour conserver les enfants des Germains.

MOI

Pendant la dernière peste de Marseille [2]...

---

1. Cette anecdote tirée de Galien n'est pas dans l'édition de 1773. Est-ce la trace d'une lecture tardive de Diderot, au retour de Russie, lorsqu'il accumulait des notes pour ses *Éléments de physiologie ?* Devait-il sa science à l'*Histoire de la chirurgie* de Peyrilhe dont il rendait compte en 1780 (cf. *Œuvres*, A. T., t. IX, p. 474) ? Voici le texte de Galien tiré du *De sanitate tuenda* (*Œuvres*, édit. Kühn, t. VI, p. 51) qu'on lisait encore en latin du temps de Diderot : « Apud Germanos enim ne probe quidem nutriuntur infantes. Verum nos neque Germanis, neque aliis agrestibus aut barbaris hominibus hæc prodimus, non magis equidem quam ursis, apris, leonibus aut aliis id genus feris, sed Græcis et iis qui, tametsi genere sunt barbari, Græcorum tamen æmulantur studia ». La traduction de Diderot est assez cavalière.

2. L'effroyable épidémie qui ravagea Marseille de juillet 1720 à août 1721 causa vingt mille morts. Au milieu des troubles s'illustrèrent le chevalier Roze et l'évêque Belzunce, mais aussi se dévouèrent des bagnards et d'humbles fossoyeurs appelés « corbeaux ». Diderot peut tirer son anecdote de J. Bertrand, *Histoire de ce qui s'est passé à Marseille lors de la dernière peste* (Cologne, 1721), ou de Martin, *Histoire de la dernière peste de Marseille* (Paris, 1732).

LE DOCTEUR BISSEI

Dépêchez-vous, car je suis pressé.

MOI

Il y avait des brigands qui se répandaient dans les maisons, pillant, tuant, profitant du désordre général, pour s'enrichir par toutes sortes de crimes. Un de ces brigands fut attaqué de la peste, et reconnu par un des fossoyeurs que la police avait chargés d'enlever les morts. Ces gens-ci allaient, et jetaient les cadavres dans la rue. Le fossoyeur regarde le scélérat, et lui dit : « Ah! misérable, c'est toi »; et en même temps, il le saisit par les pieds, et le traîne vers la fenêtre. Le scélérat lui crie : « Je ne suis pas mort. » L'autre lui répond : « Tu es assez mort », et le précipite à l'instant d'un troisième étage. Docteur, sachez que le fossoyeur qui dépêche si lestement ce méchant pestiféré, est moins coupable à mes yeux qu'un habile médecin, comme vous, qui l'aurait guéri; et partez.

LE DOCTEUR

Cher philosophe, j'admirerai votre esprit et votre chaleur, tant qu'il vous plaira; mais votre morale ne sera ni la mienne ni celle de l'abbé, je gage.

L'ABBÉ

Vous gagez à coup sûr.

J'allais entreprendre l'abbé; mais mon père, s'adressant à moi, en souriant, me dit : « Tu plaides contre ta propre cause. »

MOI

Comment cela?

MON PÈRE

Tu veux la mort de ce coquin d'intendant de M. de La Mésangère, n'est-ce pas? Eh! laisse donc faire le docteur. Tu dis quelque chose tout bas.

MOI

Je dis que Bissei ne méritera jamais l'inscription que

les Romains placèrent au-dessus de la porte du médecin d'Adrien VI, après sa mort : *Au libérateur de la patrie* [1].

MA SŒUR

Et que, médecin du Mazarin, ce ministre décédé, il n'eût pas fait dire aux charretiers, comme Guénaut : *Camarades, laissons passer monsieur le docteur, c'est lui qui nous a fait la grâce de tuer le cardinal* [2].

Mon père sourit, et dit : « Où en étais-je de mon histoire ? »

MA SŒUR

Vous en étiez au père Bouin.

MON PÈRE

Je lui expose le fait. Le père Bouin me dit : « Rien n'est plus louable, monsieur, que le sentiment de commisération dont vous êtes touché pour ces malheureux héritiers. Supprimez le testament, secourez-les, j'y consens ; mais c'est à la condition de restituer au légataire la somme précise dont vous l'aurez privé, ni plus, ni moins. » Mais je sens du froid entre les épaules. Le docteur aura laissé la porte ouverte ; sœurette, va la fermer.

MA SŒUR

J'y vais ; mais j'espère que vous ne continuerez pas que je ne sois revenue.

---

1. Le pape Adrien VI (1459-1523), ancien professeur de Louvain et ancien précepteur de Charles-Quint, fut peu populaire à Rome durant les deux années de son pontificat. On l'accusait d'être un barbare buveur de bière et son ascétisme gênait nombre de prébendiers. La maison de son médecin Antracino fut ornée de guirlandes avec l'inscription : « Au libérateur de la patrie ». (cf. Pastor, *Histoire des papes*, Plon, 1913, t. IX, p. 169).

2. François Guénaut (1586-1667), médecin d'Henri de Condé, père du grand Condé, eut parmi ses illustres clients Louis XIII, Mazarin, et Louis XIV. Guy Patin ne lui pardonnait pas l'emploi de l'antimoine et le traitait d'« empoisonneur chimique». Riche et pressé, il a renoncé à la mule et monte à cheval dans Paris. Il excite la verve de Boileau dans les Satires IV et VI (cf. Lévy Valensi, *la Médecine et les médecins au XVIIe siècle*, Baillière, 1933, p. 494 sq.).

MON PÈRE

Cela va sans dire.

Ma sœur [1], qui s'était fait attendre quelque temps, dit en rentrant, avec un peu d'humeur : C'est ce fou qui a pendu deux écriteaux à sa porte, sur l'un desquels on lit : *Maison à vendre vingt mille francs, ou à louer douze cents francs par an* [2], *sans bail;* et sur l'autre : *Vingt mille francs à prêter pour un an, à six pour cent.*

MOI

Un fou, ma sœur? Et s'il n'y avait qu'un écriteau où vous en voyez deux, et que l'écriteau du prêt ne fût qu'une traduction de celui de la location? Mais laissons cela, et revenons au père Bouin.

MON PÈRE

Le père Bouin ajouta : « Et qui est-ce qui vous a autorisé à ôter ou à donner de la sanction aux actes? Qui est-ce qui vous a autorisé à interpréter les intentions des morts?

« — Mais, père Bouin, et le coffre?

« — Qui est-ce qui vous a autorisé à décider si ce testament a été rebuté de réflexion, ou s'il s'est égaré par méprise? Ne vous est-il jamais arrivé d'en commettre de pareilles, et de retrouver au fond d'un seau un papier précieux que vous y aviez jeté d'inadvertance?

« — Mais, père Bouin, et la date et l'iniquité de ce papier?

« — Qui est-ce qui vous a autorisé à prononcer sur la justice ou l'injustice de cet acte, et à regarder le legs universel comme un don illicite, plutôt que comme une restitution ou telle autre œuvre légitime qu'il vous plaira d'imaginer?

---

1. Le premier manuscrit Vandeul portait une curieuse erreur : *Suzette*, mauvaise lecture corrigée en *sœurette*. La sœur de Diderot s'appelait Denise.

2. Le même manuscrit corrigeait une première leçon qui sentait son terroir : « Cent écus par quartier » et le commentaire de Diderot était plus bref : « Belle et sublime leçon si l'on en savait profiter ».

« — Mais, père Bouin, et ces héritiers immédiats et pauvres, et ce collatéral éloigné et riche?

« — Qui est-ce qui vous a autorisé à peser ce que le défunt devait à ses proches, que vous ne connaissez pas, et à son légataire, que vous ne connaissez pas davantage?

« — Mais, père Bouin, et ce tas de lettres du légataire, que le défunt ne s'était pas seulement donné la peine d'ouvrir!... »

Une circonstance que j'avais oubliée de vous dire, ajouta mon père, c'est que dans l'amas de paperasses, entre lesquelles je trouvai ce fatal testament, il y avait vingt, trente, je ne sais combien de lettres des Frémins, toutes cachetées.

« Il n'y a, dit le père Bouin, ni coffre, ni date, ni lettres, ni père Bouin, ni si, ni mais, qui tienne ; il n'est permis à personne d'enfreindre les lois, d'entrer dans la pensée des morts, et de disposer du bien d'autrui. Si la Providence a résolu de châtier ou l'héritier ou le légataire, ou le défunt, car on ne sait lequel, par la conservation fortuite de ce testament, il faut qu'il reste. »

Après une décision aussi nette, aussi précise de l'homme le plus éclairé de notre clergé, je demeurai stupéfait et tremblant, songeant en moi-même à ce que je devenais, à ce que vous deveniez, mes enfants, s'il me fût arrivé de brûler le testament, comme j'en avais été tenté dix fois ; d'être ensuite tourmenté de scrupules, et d'aller consulter le père Bouin. J'aurais restitué; oh! j'aurais restitué; rien n'est plus sûr, et vous étiez ruinés.

MA SŒUR

Mais, mon père, il fallut, après cela, s'en revenir au presbytère, et annoncer à cette troupe d'indigents qu'il n'y avait rien là qui leur appartînt, et qu'ils pouvaient s'en retourner comme ils étaient venus. Avec l'âme compatissante que vous avez, comment en eûtes-vous le courage?

MON PÈRE

Ma foi, je n'en sais rien. Dans le premier moment, je

pensai à me départir de ma procuration, et à me remplacer par un homme de loi ; mais un homme de loi en eût usé dans toute la rigueur, pris et chassé par les épaules ces pauvres gens dont je pouvais peut-être alléger l'infortune. Je retournai donc le même jour à Thivet. Mon absence subite, et les précautions que j'avais prises en partant, avaient inquiété ; l'air de tristesse avec lequel je reparus, inquiéta bien davantage. Cependant je me contraignis, je dissimulai de mon mieux.

MOI

C'est-à-dire assez mal.

MON PÈRE

Je commençai par mettre à couvert tous les effets précieux. J'assemblai dans la maison un certain nombre d'habitants, qui me prêteraient main-forte, en cas de besoin. J'ouvris la cave et les greniers que j'abandonnai à ces malheureux, les invitant à boire, à manger, et à partager entre eux le vin, le blé et toutes les autres provisions de bouche.

L'ABBÉ

Mais, mon père!...

MON PÈRE

Je le sais, cela ne leur appartenait pas plus que le reste.

MOI

Allons donc, l'abbé, tu nous interromps.

MON PÈRE

Ensuite, pâle comme la mort, tremblant sur mes jambes, ouvrant la bouche, et ne trouvant aucune parole, m'asseyant, me relevant, commençant une phrase, et ne pouvant l'achever, pleurant ; tous ces gens effrayés m'environnant, s'écriant autour de moi : « Eh bien! mon cher monsieur, qu'est-ce qu'il y a? — Qu'est-ce qu'il y a? repris-je... Un testament, un testament qui vous déshérite. » Ce peu de mots me coûta tant à dire, que je me sentis presque défaillir.

MA SŒUR

Je conçois cela.

MON PÈRE

Quelle scène, quelle scène, mes enfants, que celle qui suivit ! Je frémis de la rappeler. Il me semble que j'entends encore les cris de la douleur, de la fureur, de la rage, le hurlement des imprécations... Ici, mon père portait ses mains sur ses yeux, sur ses oreilles... Ces femmes, disait-il, ces femmes, je les vois ; les unes se roulaient à terre, s'arrachaient les cheveux, se déchiraient les joues et les mamelles ; les autres écumaient, tenaient leurs enfants par les pieds, prêtes à leur écacher la tête contre le pavé, si on les eût laissé faire ; les hommes saisissaient, renversaient, cassaient tout ce qui leur tombait sous les mains ; ils menaçaient de mettre le feu à la maison ; d'autres, en rugissant, grattaient la terre avec leurs ongles, comme s'ils y eussent cherché le cadavre du curé pour le déchirer ; et, tout au travers de ce tumulte, c'étaient les cris aigus des enfants qui partageaient, sans savoir pourquoi, le désespoir de leurs parents, qui s'attachaient à leurs vêtements, et qui en étaient inhumainement repoussés. Je ne crois pas avoir jamais autant souffert de ma vie.

Cependant j'avais écrit au légataire de Paris, je l'instruisais de tout et je le pressais de faire diligence, le seul moyen de prévenir quelque accident qu'il ne serait pas en mon pouvoir d'empêcher.

J'avais un peu calmé les malheureux par l'espérance dont je me flattais, en effet, d'obtenir du légataire une renonciation complète à ses droits ou de l'amener à quelque traitement favorable ; et je les avais dispersés dans les chaumières les plus éloignées du village.

Le Frémin de Paris arriva ; je le regardai fixement et je lui trouvai une physionomie dure qui ne promettait rien de bon.

MOI

De grands sourcils noirs et touffus, des yeux couverts

et petits, une large bouche, un peu de travers, un teint basané et criblé de petite vérole?

MON PÈRE

C'est cela. Il n'avait pas mis plus de trente heures à faire ses soixante lieues. Je commençai par lui montrer les misérables dont j'avais à plaider la cause. Ils étaient tous debout devant lui, en silence ; les femmes pleuraient ; les hommes, appuyés sur leurs bâtons, la tête nue, avaient la main dans leurs bonnets. Le Frémin, assis, les yeux fermés, la tête penchée et le menton appuyé sur sa poitrine, ne les regardait pas. Je parlai en leur faveur de toute ma force ; je ne sais où l'on prend ce qu'on dit en pareil cas. Je lui fis toucher au doigt combien il était incertain que cette succession lui fût légitimement acquise ; je le conjurai par son opulence, par la misère qu'il avait sous les yeux ; je crois même que je me jetai à ses pieds ; je n'en pus tirer une obole. Il me répondit qu'il n'entrait point dans toutes ces considérations ; qu'il y avait un testament ; que l'histoire de ce testament lui était indifférente, et qu'il aimait mieux s'en rapporter à ma conduite qu'à mes discours. D'indignation, je lui jetai les clefs au nez ; il les ramassa, s'empara de tout ; et je m'en revins si troublé, si peiné, si changé, que votre mère, qui vivait encore, crut qu'il m'était arrivé quelque grand malheur... Ah ! mes enfants ! quel homme que ce Frémin !

Après ce récit, nous tombâmes dans le silence, chacun rêvant à sa manière sur cette singulière aventure. Il vint quelques visites ; un ecclésiastique, dont je ne me rappelle pas le nom : c'était un gros prieur, qui se connaissait mieux en bon vin qu'en morale, et qui avait plus feuilleté le *Moyen de parvenir*[1] que les *Conférences de Grenoble ;* un homme

1. L'étrange chef-d'œuvre de Béroalde de Verville, paru en 1610, devait plaire à l'auteur de *Jacques le Fataliste*, comme il plut à Catherine de Russie. Les lecteurs du XVIIIe siècle disposaient de l'édition de Lenglet-Dufresnoy (1732) et de celle de La Monnoye (1757).

de justice, notaire et lieutenant de police, appelé Dubois [1]; et, peu de temps après, un ouvrier qui demandait à parler à mon père. On le fit entrer, et avec lui un ancien ingénieur [2] de la province, qui vivait retiré et qui cultivait les mathématiques, qu'il avait autrefois professées; c'était un des voisins de l'ouvrier ; l'ouvrier était chapelier.

Le premier mot du chapelier fut de faire entendre à mon père que l'auditoire était un peu nombreux pour ce qu'il avait à lui dire. Tout le monde se leva, et il ne resta que le prieur, l'homme de loi, le géomètre et moi, que le chapelier retint.

« Monsieur Diderot, dit-il à mon père, après avoir regardé autour de l'appartement s'il ne pouvait être entendu, c'est votre probité et vos lumières qui m'amènent chez vous; et je ne suis pas fâché d'y rencontrer ces autres messieurs dont je ne suis peut-être pas connu, mais que je connais tous. Un prêtre, un homme de loi, un savant, un philosophe et un homme de bien! Ce serait grand hasard, si je ne trouvais pas dans des personnes d'état si différent, et toutes également justes et éclairées, le conseil dont j'ai besoin. »

Le chapelier ajouta ensuite : « Promettez-moi d'abord de garder le secret sur mon affaire, quel que soit le parti que je juge à propos de suivre. »

On le lui promit, et il continua.

« Je n'ai point d'enfants; je n'en ai point eu de ma dernière femme, que j'ai perdue il y a environ quinze jours. Depuis ce temps, je ne vis pas; je ne saurais ni boire, ni manger, ni

1. Ce notaire et lieutenant de police de Langres peut être identifié. C'est un familier de la place Chambeau à qui Diderot demanda conseil, lors de son voyage de novembre-décembre 1754, sur un projet de contrat pour *l'Encyclopédie* qui l'opposait aux libraires associés Le Breton, Briasson et David (cf. *Correspondance inédite*, *op. cit.*, t. II, p. 61 et 70). Diderot appréciait sa compétence juridique et son sens pratique et poussait la galanterie jusqu'à envoyer des fontanges à sa femme (*ibid.*, II, p. 67).

2. Diderot comptait nombre d'amis dans le corps royal des Ponts et Chaussées : Nicolas Boulanger, Le Gendre, beau-frère de Sophie Volland, et Jean Perronnet, le célèbre constructeur du pont d'Orléans.

travailler, ni dormir. Je me lève, je m'habille, je sors et je rôde par la ville dévoré d'un souci profond. J'ai gardé ma femme malade pendant dix-huit ans ; tous les services qui ont dépendu de moi et que sa triste situation exigeait, je les lui ai rendus. Les dépenses que j'ai faites pour elle ont consommé le produit de notre petit revenu et de mon travail, m'ont laissé chargé de dettes ; et je me trouverais, à sa mort, épuisé de fatigues, le temps de mes jeunes années perdu ; je ne serais, en un mot, pas plus avancé que le premier jour de mon établissement, si j'observais les lois et si je laissais aller à des collatéraux éloignés la portion qui leur revient de ce qu'elle m'avait apporté en dot : c'était un trousseau bien conditionné ; car son père et sa mère, qui aimaient beaucoup leur fille, firent pour elle tout ce qu'ils purent, plus qu'ils ne purent ; de belles et bonnes nippes en quantité, qui sont restées toutes neuves ; car la pauvre femme n'a pas eu le temps de s'en servir ; et vingt mille francs en argent, provenus du remboursement d'un contrat constitué sur M. Michelin, lieutenant [1] du procureur général. A peine la défunte a-t-elle eu les yeux fermés, que j'ai soustrait et les nippes et l'argent. Messieurs, vous savez actuellement mon affaire. Ai-je bien fait? Ai-je mal fait? Ma conscience n'est pas en repos. Il me semble que j'entends là quelque chose qui me dit : Tu as volé, tu as volé ; rends, rends. Qu'en pensez-vous? Songez, messieurs, que ma femme m'a emporté, en s'en allant, tout ce que j'ai gagné pendant vingt ans ; que je ne suis presque plus en état de travailler ; que je suis endetté, et que si je restitue, il ne me reste que l'hôpital : si ce n'est aujourd'hui, ce sera demain. Parlez, messieurs, j'attends votre décision. Faut-il restituer et s'en aller à l'hôpital?

---

1. Le manuscrit long du fonds Vandeul donne en surcharge le titre exact : *substitut*. Langres était en effet siège d'un baillage et d'un présidial. Le substitut, d'après Richelet, « rapporte les procès sur lesquels le procureur du roi donne ses conclusions ».

— A tout seigneur, tout honneur, dit mon père, en s'inclinant vers l'ecclésiastique ; à vous, monsieur le prieur.

— Mon enfant, dit le prieur au chapelier, je n'aime pas les scrupules, cela brouille la tête et ne sert à rien ; peut-être ne fallait-il pas prendre cet argent ; mais, puisque tu l'as pris, mon avis est que tu le gardes.

MON PÈRE

Mais, monsieur le prieur, ce n'est pas là votre dernier mot?

LE PRIEUR

Ma foi si ; je n'en sais pas plus long.

MON PÈRE

Vous n'avez pas été loin. A vous, monsieur le magistrat.

LE MAGISTRAT

Mon ami, ta position est fâcheuse ; un autre te conseillerait peut-être d'assurer le fonds aux collatéraux de ta femme, afin qu'en cas de mort ce fonds ne passât pas aux tiens, et de jouir, ta vie durant, de l'usufruit. Mais il y a des lois ; et ces lois ne t'accordent ni l'usufruit, ni la propriété du capital. Crois-moi, satisfais aux lois et sois honnête homme ; à l'hôpital, s'il le faut.

MOI

Il y a des lois ! Quelles lois?

MON PÈRE

Et vous, monsieur le mathématicien, comment résolvez-vous ce problème?

LE GÉOMÈTRE

Mon ami, ne m'as-tu pas dit que tu avais pris environ vingt mille francs?

LE CHAPELIER

Oui, monsieur.

LE GÉOMÈTRE

Et combien à peu près t'a coûté la maladie de ta femme?

LE CHAPELIER

A peu près la même somme.

LE GÉOMÈTRE

Eh bien! qui de vingt mille francs paye vingt mille francs, reste zéro.

MON PÈRE, *à moi*

Et qu'en dit la philosophie?

MOI

La philosophie se tait où la loi n'a pas le sens commun...

Mon père sentit qu'il ne fallait pas me presser; et portant tout de suite la parole au chapelier : « Maître un tel, lui dit-il, vous nous avez confessé que depuis que vous aviez spolié la succession de votre femme, vous aviez perdu le repos. Et à quoi vous sert donc cet argent, qui vous a ôté le plus grand des biens? Défaites-vous-en vite; et buvez, mangez, dormez, travaillez, soyez heureux chez vous, si vous y pouvez tenir, ou ailleurs, si vous ne pouvez pas tenir chez vous. »

Le chapelier répliqua brusquement : « Non, monsieur, je m'en irai à Genève.

« — Et tu crois que tu laisseras le remords ici?

« — Je ne sais, mais j'irai à Genève.

« — Va où tu voudras, tu y trouveras ta conscience. »

Le chapelier partit; sa réponse bizarre devint le sujet de l'entretien. On convint que peut-être la distance des lieux et du temps affaiblissait plus ou moins tous les sentiments, toutes les sortes de consciences, même celle du crime. L'assassin, transporté sur le rivage de la Chine, est trop loin pour apercevoir le cadavre qu'il a laissé sanglant sur les bords de la Seine. Le remords naît peut-être moins de l'horreur de soi que de la crainte des autres; moins de la honte de l'action que du blâme et du châtiment qui la suivraient s'il arrivait qu'on la découvrît. Et quel est le criminel clandestin assez tranquille dans l'obscurité pour ne pas redouter la trahison d'une circonstance imprévue ou l'indiscrétion d'un mot peu réfléchi? Quelle certitude a-t-il qu'il ne se décèlera point dans le délire de la fièvre ou du rêve? On l'entendra sur le lieu de la scène, et il est perdu. Ceux qui l'environneront à la Chine ne le comprendront pas [1]. « Mes enfants, les jours du méchant sont remplis d'alarmes. Le repos n'est fait que pour l'homme de bien. C'est lui seul qui vit et meurt tranquille. »

Ce texte épuisé, les visites s'en allèrent ; mon frère et ma sœur rentrèrent ; la conversation interrompue fut reprise, et mon père dit : « Dieu soit loué! nous voilà ensemble. Je me trouve bien avec les autres, mais mieux avec vous. » Puis s'adressant à moi : « Pourquoi, me demanda-t-il, n'as-tu pas dit ton avis au chapelier?

— C'est que vous m'en avez empêché.

— Ai-je mal fait?

— Non, parce qu'il n'y a point de bon conseil pour un sot. Quoi donc, est-ce que cet homme n'est pas le plus proche parent de sa femme? Est-ce que le bien qu'il a retenu ne lui a pas été donné en dot? Est-ce qu'il ne lui appartient pas au titre le plus légitime? Quel est le droit de ces collatéraux?

MON PÈRE

Tu ne vois que la loi, mais tu n'en vois pas l'esprit.

MOI

Je vois comme vous, mon père, le peu de sûreté des femmes, méprisées, haïes à tort à travers de leurs maris, si la mort saisissait ceux-ci de leurs biens. Mais qu'est-ce que cela me fait à moi, honnête homme, qui ai bien rempli mes devoirs avec la mienne? Ne suis-je pas assez malheureux

---

1. La digression de l'assassin en Chine n'apparaît pas dans le texte imprimé de 1773. Les points de suture sont d'ailleurs visibles et la transition manque de naturel.

de l'avoir perdue? Faut-il qu'on vienne encore m'enlever sa dépouille?

MON PÈRE

Mais si tu reconnais la sagesse de la loi, il faut t'y conformer, ce me semble.

MA SŒUR

Sans la loi il n'y a plus de vol.

MOI

Vous vous trompez, ma sœur.

MON FRÈRE

Sans la loi tout est à tous, et il n'y a plus de propriété.

MOI

Vous vous trompez, mon frère.

MON FRÈRE

Et qu'est-ce qui fonde donc la propriété?

MOI

Primitivement, c'est la prise de possession par le travail. La nature a fait les bonnes lois de toute éternité ; c'est une force légitime qui en assure l'exécution ; et cette force, qui peut tout contre le méchant, ne peut rien contre l'homme de bien. Je suis cet homme de bien ; et dans ces circonstances et beaucoup d'autres que je vous détaillerais, je la cite au tribunal de mon cœur, de ma raison, de ma conscience, au tribunal de l'équité naturelle ; je l'interroge, je m'y soumets ou je l'annule.

MON PÈRE

Prêche ces principes-là sur les toits, je te promets qu'ils feront fortune, et tu verras les belles choses qui en résulteront.

MOI

Je ne les prêcherai pas ; il y a des vérités qui ne sont pas faites pour les fous ; mais je les garderai pour moi.

MON PÈRE

Pour toi qui es un sage?

MOI

Assurément.

MON PÈRE

D'après cela, je pense bien que tu n'approuveras pas autrement la conduite que j'ai tenue dans l'affaire du curé de Thivet. Mais toi, l'abbé, qu'en penses-tu?

L'ABBÉ

Je pense, mon père, que vous avez agi prudemment de consulter, et d'en croire le père Bouin ; et que si vous eussiez suivi votre premier mouvement, nous étions en effet ruinés.

MON PÈRE

Et toi, grand philosophe, tu n'es pas de cet avis?

MOI

Non.

MON PÈRE

Cela est bien court. Va ton chemin.

MOI

Vous me l'ordonnez?

MON PÈRE

Sans doute.

MOI

Sans ménagement?

MON PÈRE

Sans doute.

MOI

Non, certes, lui répondis-je avec chaleur, je ne suis pas de cet avis. Je pense, moi, que, si vous avez jamais fait une mauvaise action dans votre vie, c'est celle-là ; et que si vous vous fussiez cru obligé à restitution envers le légataire après avoir déchiré le testament, vous l'êtes bien davantage envers les héritiers pour y avoir manqué.

MON PÈRE

Il faut que je l'avoue, cette action m'est toujours restée sur le cœur; mais le père Bouin!...

MOI

Votre père Bouin, avec toute sa réputation de science et de sainteté, n'était qu'un mauvais raisonneur, un bigot à tête rétrécie.

MA SŒUR, *à voix basse*

Est-ce que ton projet est de nous ruiner?

MON PÈRE

Paix! paix! laisse là le père Bouin; et dis-nous tes raisons, sans injurier personne.

MOI

Mes raisons? Elles sont simples; et les voici. Ou le testateur a voulu supprimer l'acte qu'il avait fait dans la dureté de son cœur, comme tout concourait à le démontrer : et vous avez annulé sa résipiscence ; ou il a voulu que cet acte atroce eût son effet : et vous vous êtes associé à son injustice.

MON PÈRE

A son injustice? C'est bientôt dit.

MOI

Oui, oui, à son injustice; car tout ce que le père Bouin vous a débité ne sont que de vaines subtilités, de pauvres conjectures, des peut-être sans aucune valeur, sans aucun poids, auprès des circonstances qui ôtaient tout caractère de validité à l'acte injuste que vous avez tiré de la poussière, produit et réhabilité. Un coffre à paperasses ; parmi ces paperasses une vieille paperasse proscrite ; par sa date, par son injustice, par son mélange avec d'autres paperasses, par la mort des exécuteurs, par le mépris des lettres du légataire, par la richesse de ce légataire, et par la pauvreté des véritables héritiers! Qu'oppose-t-on à cela? Une restitution présumée! Vous verrez que ce pauvre diable de prêtre, qui n'avait pas un sou lorsqu'il arriva dans sa cure, et qui avait passé quatre-vingts ans de sa vie à amasser environ cent mille francs en entassant sou sur sou, avait fait autrefois aux Frémins, chez qui il n'avait point demeuré, et qu'il n'avait peut-être jamais connus que de nom, un vol de cent mille francs. Et quand ce prétendu vol eût été réel, le grand malheur que... J'aurais brûlé cet acte d'iniquité. Il fallait le brûler, vous dis-je; il fallait écouter votre cœur, qui n'a cessé de réclamer depuis, et qui en savait plus que votre imbécile Bouin, dont la décision ne prouve que l'autorité redoutable des opinions religieuses sur les têtes les mieux organisées, et l'influence pernicieuse des lois injustes, des faux principes sur le bon sens et l'équité naturelle. Si vous eussiez été à côté du curé, lorsqu'il écrivit cet inique testament, ne l'eussiez-vous pas mis en pièces? Le sort le jette entre vos mains, et vous le conservez?

MON PÈRE

Et si le curé t'avait institué son légataire universel?...

MOI

L'acte odieux n'en aurait été que plus promptement cassé.

MON PÈRE

Je n'en doute nullement; mais n'y a-t-il aucune différence entre le donataire d'un autre, et le tien?...

MOI

Aucune. Ils sont tous les deux justes ou injustes, honnêtes ou malhonnêtes...

MON PÈRE

Lorsque la loi ordonne, après le décès, l'inventaire et la lecture de tous les papiers, sans exception, elle a son motif, sans doute; et ce motif quel est-il?

MOI

Si j'étais caustique, je vous répondrais : de dévorer

les héritiers, en multipliant ce qu'on appelle des vacations; mais songez que vous n'étiez point l'homme de la loi; et qu'affranchi de toute forme juridique, vous n'aviez de fonctions à remplir que celles de la bienfaisance et de l'équité naturelle.

Ma sœur se taisait; mais elle me serrait la main en signe d'approbation. L'abbé secouait les oreilles, et mon père disait : « Et puis encore une petite injure au père Bouin. Tu crois du moins que ma religion m'absout? »

MOI

Je le crois; mais tant pis pour elle.

MON PÈRE

Cet acte, que tu brûles de ton autorité privée, tu crois qu'il aurait été déclaré valide au tribunal de la loi?

MOI

Cela se peut; mais tant pis pour la loi.

MON PÈRE

Tu crois qu'elle aurait négligé toutes ces circonstances, que tu fais valoir avec tant de force?

MOI

Je n'en sais rien; mais j'en aurais voulu avoir le cœur net. J'y aurais sacrifié une cinquantaine de louis : ç'aurait été une charité bien faite, et j'aurais attaqué le testament au nom de ces pauvres héritiers.

MON PÈRE

Oh! pour cela, si tu avais été avec moi, et que tu m'en eusses donné le conseil, quoique, dans les commencements d'un établissement, cinquante louis ce soit une somme, il y a tout à parier que je l'aurais suivi.

L'ABBÉ

Pour moi, j'aurais autant aimé donner cet argent aux pauvres héritiers qu'aux gens de justice.

MOI

Et vous croyez, mon frère, qu'on aurait perdu ce procès [1] ?

MON FRÈRE

Je n'en doute pas. Les juges s'en tiennent strictement à la loi, comme mon père et le père Bouin ; et font bien. Les juges ferment, en pareils cas, les yeux sur les circonstances, comme mon père et le père Bouin, par l'effroi des inconvénients qui s'ensuivraient ; et font bien. Ils sacrifient quelquefois contre le témoignage même de leur conscience, comme mon père et le père Bouin, l'intérêt du malheureux et de l'innocent qu'ils ne pourraient sauver sans lâcher la bride à une infinité de fripons ; et font bien. Ils redoutent, comme mon père et le père Bouin, de prononcer un arrêt équitable dans un cas déterminé, mais funeste dans mille autres par la multitude de désordres auxquels il ouvrirait la porte ; et font bien. Et dans le cas du testament dont il s'agit...

MON PÈRE

Tes raisons, comme particulières, étaient peut-être bonnes ; mais comme publiques, elles seraient mauvaises. Il y a tel avocat peu scrupuleux, qui m'aurait dit tête à tête : Brûlez ce testament, ce qu'il n'aurait osé écrire dans sa consultation.

---

1. Voici la consultation de Galiani à ce propos : « Vous m'obligez de vous faire une dissertation sur votre cas de conscience avec Diderot... Un testament n'est pas dans le droit naturel, il est contre nature. Un mort ne doit pas commander aux vivants... Le testament est un privilège, une dispense, une violation de cette loi... Aussi il n'est ni précieux ni nécessaire à l'ordre civil... Le père de Diderot n'aurait pas pu brûler un testament ni l'ouvrir. Et s'il était ouvert, il ne valait rien, à moins qu'il ne fût signé par cinq ou six témoins tous vivants. Les juges devaient l'annuler... Mais l'exécuteur n'était pas juge ; il ne pouvait brûler ; les juges devaient le casser » (*Lettres*, *op. cit.*, t. I, p. 381). Diderot dès 1771 a dû lire cette lettre ; mais Galiani argumente selon le droit romain et ne prend pas à cœur le drame campagnard évoqué par Diderot.

MOI

J'entends ; c'était une affaire à n'être pas portée devant les juges. Aussi, parbleu ! n'y aurait-elle pas été portée, si j'avais été à votre place.

MON PÈRE

Tu aurais préféré ta raison à la raison publique ; la décision de l'homme à celle de l'homme de loi.

MOI

Assurément. Est-ce que l'homme n'est pas antérieur à l'homme de loi ? Est-ce que la raison de l'espèce humaine n'est pas tout autrement sacrée que la raison d'un législateur ? Nous nous appelons civilisés, et nous sommes pires que des sauvages. Il semble qu'il nous faille encore tournoyer pendant des siècles, d'extravagances en extravagances et d'erreurs en erreurs, pour arriver où la première étincelle de jugement, l'instinct seul, nous eût menés tout droit. Aussi nous nous sommes si bien fourvoyés...

MON PÈRE

Mon fils, mon fils, c'est un bon oreiller, que celui de la raison ; mais je trouve que ma tête repose plus doucement encore sur celui de la religion et des lois : et point de réplique là-dessus ; car je n'ai pas besoin d'insomnie. Mais il me semble que tu prends de l'humeur. Dis-moi donc, si j'avais brûlé le testament, est-ce que tu m'aurais empêché de restituer ?

MOI

Non, mon père ; votre repos m'est un peu plus cher que tous les biens du monde.

MON PÈRE

Ta réponse me plaît et pour cause.

MOI

Et cette cause, vous allez nous la dire ?

MON PÈRE

Volontiers. Le chanoine Vigneron, ton oncle, était

un homme dur, mal avec ses confrères dont il faisait la satire continuelle par sa conduite et par ses discours. Tu étais destiné à lui succéder ; mais, au moment de sa mort, on pensa dans la famille qu'il valait mieux envoyer en cour de Rome, que de faire, entre les mains du chapitre, une résignation qui ne serait point agréée. Le courrier part. Ton oncle meurt une heure ou deux avant l'arrivée présumée du courrier, et voilà le canonicat et dix-huit cents francs perdus. Ta mère, tes tantes, nos parents, nos amis étaient tous d'avis de celer la mort du chanoine. Je rejetai ce conseil ; et je fis sonner les cloches sur-le-champ [1].

MOI

Et vous fites bien.

MON PÈRE

Si j'avais écouté les bonnes femmes, et que j'en eusse eu du remords, je vois que tu n'aurais pas balancé à me sacrifier ton aumusse [2].

MOI

Sans cela. J'aurais mieux aimé être un bon philosophe, ou rien, que d'être un mauvais chanoine.

Le gros prieur rentra, et dit sur mes derniers mots qu'il avait entendus : « Un mauvais chanoine ! Je voudrais bien savoir comment on est un bon ou un mauvais prieur, un bon ou un mauvais chanoine ; ce sont des états si indifférents. » Mon père haussa les épaules, et se retira pour quelques devoirs pieux qui lui restaient à remplir. Le prieur dit : « J'ai un peu scandalisé le papa ».

1. L'anecdote du chanoine Vigneron fut ajoutée après l'édition de 1773. Vigneron était l'oncle maternel de Diderot et l'un des quarante-deux chanoines de l'église cathédrale de Langres ; mort le 26 avril 1728 il ne put faire bénéficier son neveu de sa prébende. (cf. Chanoine Marcel, *le Frère de Diderot*, Champion, 1913, p. 30 sq.)

2. Peau de martre ou de petit-gris que les chanoines portaient sur le bras gauche, lorsqu'ils allaient aux offices ; cette espèce de capeline n'était plus qu'une marque de dignité.

MON FRÈRE

Cela se pourrait.

Puis, tirant un livre de sa poche : Il faut, ajouta-t-il, que je vous lise quelques pages d'une description de la Sicile par le père Labat.

MOI

Je les connais. C'est l'histoire du *calzolaio* [1] de Messine.

MON FRÈRE

Précisément.

LE PRIEUR

Et ce *calzolaio*, que faisait-il?

MON FRÈRE

L'historien raconte que, né vertueux, ami de l'ordre et de la justice, il avait beaucoup à souffrir dans un pays où les lois n'étaient pas seulement sans vigueur, mais sans exercice. Chaque jour était marqué par quelque crime. Des assassins connus marchaient tête levée, et bravaient l'indignation publique. Des parents se désolaient sur leurs filles séduites et jetées du déshonneur dans la misère, par la cruauté des ravisseurs. Le monopole enlevait à l'homme laborieux sa subsistance et celle de ses enfants ; des concussions de toute espèce arrachaient des larmes amères aux citoyens opprimés. Les coupables échappaient au châtiment, ou par leur crédit, ou par leur argent, ou par le subterfuge des formes. Le *calzolaio* voyait tout cela ; il en avait le cœur percé ; et il rêvait sans cesse sur sa selle aux moyens d'arrêter ces désordres.

LE PRIEUR

Que pouvait un pauvre diable comme lui?

---

1. La légende du cordonnier de Messine a été prise par Diderot au Père Labat, *Voyages en Espagne et en Italie* (Paris, Delespine, 1730, t. V, p. 188-193). La vérité historique n'est pas le propre du dominicain, mais il sait conter et instruire. Manlio Busnelli (*Diderot et l'Italie*, Champion, 1925, p. 267-270) a minutieusement comparé les deux textes : Diderot a suivi de très près le Père Labat, se bornant à une toilette stylistique. Cet épisode n'apparaissait pas dans le texte de 1773.

MON FRÈRE

Vous allez le savoir. Un jour, il établit une cour de justice dans sa boutique.

LE PRIEUR

Comment cela?

MOI

Le prieur voudrait qu'on lui expédiât un récit, comme il expédie ses matines.

LE PRIEUR

Pourquoi non? L'art oratoire veut que le récit soit bref, et l'Évangile que la prière soit courte.

MON FRÈRE

Au bruit de quelque délit atroce, il en informait; il en poursuivait chez lui une instruction rigoureuse et secrète. Sa double fonction de rapporteur et de juge remplie, le procès criminel parachevé, et la sentence prononcée, il sortait avec une arquebuse sous son manteau; et, le jour, s'il rencontrait les malfaiteurs dans quelques lieux écartés, ou la nuit, dans leurs tournées, il vous leur déchargeait équitablement cinq ou six balles à travers le corps.

LE PRIEUR

Je crains bien que ce brave homme-là n'ait été rompu vif. J'en suis fâché.

MON FRÈRE

Après l'exécution, il laissait le cadavre sur la place sans en approcher, et regagnait sa demeure, content comme quelqu'un qui aurait tué un chien enragé.

LE PRIEUR

Et tua-t-il beaucoup de ces chiens-là?

MON FRÈRE

On en comptait plus de cinquante, et tous de haute condition; lorsque le vice-roi proposa deux mille écus de récompense au délateur; et jura, en face des autels, de pardonner au coupable s'il se déférait lui-même.

LE PRIEUR

Quelque sot!

MON FRÈRE

Dans la crainte que le soupçon et le châtiment ne tombassent sur un innocent...

LE PRIEUR

Il se présenta au vice-roi!

MON FRÈRE

Il lui tint ce discours : « J'ai fait votre devoir. C'est moi qui ai condamné et mis à mort les scélérats que vous deviez punir. Voilà les procès-verbaux qui constatent leurs forfaits. Vous y verrez la marche de la procédure judiciaire que j'ai suivie. J'ai été tenté de commencer par vous; mais j'ai respecté dans votre personne le maître auguste que vous représentez. Ma vie est entre vos mains, et vous en pouvez disposer. »

LE PRIEUR

Ce qui fut fait.

MON FRÈRE

Je l'ignore; mais je sais qu'avec tout ce beau zèle pour la justice, cet homme n'était qu'un meurtrier.

LE PRIEUR

Un meurtrier! le mot est dur : quel autre nom pourrait-on lui donner, s'il avait assassiné des gens de bien?

MOI

Le beau délire!

MA SŒUR

Il serait à souhaiter...

MON FRÈRE, *à moi*

Vous êtes le souverain : cette affaire est soumise à votre décision; quelle sera-t-elle?

MOI

L'abbé, vous me tendez un piège; et je veux bien y donner. Je condamnerai le vice-roi à prendre la place du savetier, et le savetier à prendre la place du vice-roi.

MA SŒUR

Fort bien, mon frère.

Mon père reparut avec ce visage serein qu'il avait toujours après la prière. On lui raconta le fait, et il confirma la sentence de l'abbé. Ma sœur ajouta : « Et voilà Messine privée, sinon du seul homme juste, du moins du seul brave citoyen qu'il y eût. Cela m'afflige. »

On servit ; on disputa encore un peu contre moi ; on plaisanta beaucoup le prieur sur sa décision du chapelier, et le peu de cas qu'il faisait des prieurs et des chanoines. On lui proposa le cas du testament ; au lieu de le résoudre, il nous raconta un fait qui lui était personnel.

LE PRIEUR

Vous vous rappelez l'énorme faillite du changeur Bourmont.

MON PÈRE

Si je me rappelle ! j'y étais pour quelque chose.

LE PRIEUR

Tant mieux !

MON PÈRE

Pourquoi tant mieux?

LE PRIEUR

C'est que, si j'ai mal fait, ma conscience en sera soulagée d'autant. Je fus nommé syndic des créanciers. Il y avait parmi les effets actifs de Bourmont un billet de cent écus sur un pauvre marchand grainetier son voisin. Ce billet, partagé au prorata de la multitude des créanciers, n'allait pas à douze sous pour chacun d'eux ; et exigé du grainetier, c'était sa ruine. Je supposai...

MON PÈRE

Que chaque créancier n'aurait pas refusé douze sous à ce malheureux ; vous déchirâtes le billet, et vous fîtes l'aumône de ma bourse.

LE PRIEUR

Il est vrai ; en êtes-vous fâché?

MON PÈRE

Non.

LE PRIEUR

Ayez la bonté de croire que les autres n'en seraient pas plus fâchés que vous ; et tout sera dit.

MON PÈRE

Mais, monsieur le prieur, si vous lacérez de votre autorité privée un billet, pourquoi n'en lacérerez-vous pas deux, trois, quatre ; tout autant qu'il se trouvera d'indigents à secourir aux dépens d'autrui? Ce principe de commisération peut nous mener loin, monsieur le prieur : la justice, la justice...

LE PRIEUR

On l'a dit, est souvent une grande injustice.

Une jeune femme[1], qui occupait le premier descendit; c'était la gaieté et la folie en personne. Mon père lui demanda des nouvelles de son mari : ce mari était un libertin qui avait donné à sa femme l'exemple des mauvaises mœurs, qu'elle avait, je crois, un peu suivi; et qui, pour échapper à la poursuite de ses créanciers, s'en était allé à la Martinique. Mme d'Isigny, c'était le nom de notre locataire, répondit à mon père : «M. d'Isigny? Dieu merci! je n'en ai plus entendu parler; il est peut-être noyé.»

LE PRIEUR

Noyé! je vous en félicite.

MADAME D'ISIGNY

Qu'est-ce que cela vous fait, monsieur l'abbé?

LE PRIEUR

Rien, mais à vous?

1. Serait-ce la marquise de La Farre, née de Rouvre, «qui n'est pas la moins spirituelle ni la moins folle de nos dames»? (Cf. *A Sophie Volland*, édit. Roth, t. II, p. 226, 17 août 1759).

MADAME D'ISIGNY

Et qu'est-ce que cela me fait à moi?

LE PRIEUR

Mais, on dit...

MADAME D'ISIGNY

Et qu'est-ce qu'on dit ?

LE PRIEUR

Puisque vous le voulez savoir, on dit qu'il avait surpris quelques-unes de vos lettres.

MADAME D'ISIGNY

Et n'avais-je pas un beau recueil des siennes?...

Et puis voilà une querelle tout à fait comique entre le prieur et Mme d'Isigny sur les privilèges des deux sexes. Mme d'Isigny m'appela à son secours ; et j'allais prouver au prieur que le premier des deux époux qui manquait au pacte rendait à l'autre sa liberté ; mais mon père demanda son bonnet de nuit, rompit la conversation, et nous envoya coucher. Lorsque ce fut à mon tour de lui souhaiter la bonne nuit, en l'embrassant, je lui dis à l'oreille : « Mon père, c'est qu'à la rigueur il n'y a point de lois pour le sage...

— Parlez plus bas...

— Toutes étant sujettes à des exceptions, c'est à lui qu'il appartient de juger des cas où il faut s'y soumettre ou s'en affranchir.

— Je ne serais pas trop fâché, me répondit-il, qu'il y eût dans la ville un ou deux citoyens comme toi ; mais je n'y habiterais pas, s'ils pensaient tous de même[1]. »

---

1. Voici comment se terminait l'*Entretien* d'après les deux manuscrits Vandeul : « Lorsque ce fut mon tour de lui souhaiter la bonne nuit, en m'embrassant, il me dit à l'oreille : Je ne serais pas fâché qu'il y eût dans la ville un ou deux citoyens comme toi ; mais je n'y habiterais pas s'ils pensaient tous de même ». Diderot a donc, dans ses dernières années, mis l'accent sur l'autonomie du sage.

SUPPLÉMENT AU VOYAGE DE BOUGAINVILLE
OU
DIALOGUE ENTRE *A.* ET *B.*

INTRODUCTION

En *novembre 1766, Louis-Antoine de Bougainville, capitaine de vaisseau du roi, appareillait de Nantes à bord de la* Boudeuse *pour accomplir un des premiers périples français autour du monde; le 16 mars 1769, il jetait l'ancre à Saint-Malo. Deux ans plus tard, dans les premiers mois de 1771, paraissait à Paris, chez Saillant et Nyon, le* Voyage autour du monde *(le privilège est du 27 février); c'était un beau type humain que Bougainville, sachant unir la science et l'esprit d'aventure; l'ancien aide de camp de Chevert et de Montcalm, le colonisateur audacieux des îles Falkland enchantait ses lecteurs par ses descriptions des îles océaniennes, dont avant eux il avait subi le mirage. Mais sa légende avait précédé la publication du voyage; dès 1768, Dom Pernetty, ancien aumônier de* l'Aigle, *avait relaté sa première expédition aux îles Malouines; Bougainville avait pendant onze mois, de mars 1769 à février 1770, promené et montré dans tout Paris son passager des antipodes, le Tahitien Aotourou; Louis XV, le duc de Choiseul avaient reçu l'insulaire; on l'avait aperçu à l'Opéra, au Jardin Royal; les amis de Mlle de Lespinasse l'avaient interrogé; le philologue Pereire avait établi un glossaire tahitien. La Dixmerie, en 1770, voulut faire d'Aotourou le censeur éloquent des mœurs parisiennes* (le Sauvage de Tahiti aux Français, *Paris, Lejay). Et c'est ainsi que de la relation de Bougainville, probe, intelligente, modeste, les beaux-esprits et les philosophes retinrent surtout les quelques pages consacrées à la nouvelle Cythère. Le libertinage ingénu de Tahiti séduisit la corruption parisienne et provoqua un renouveau imprévu de ce* « naturisme » *qui, dans* l'Émile, *avait renoncé aux vêtements exotiques. Après les Iroquois et les Hurons de La Hontan et de Maubert du Gouvest, voici qu'apparaissait un nouveau type du* « bon sauvage », *le Tahitien.*

Diderot ne fut pas des premiers à céder à l'engouement général. Depuis sa rupture avec Rousseau, les thèses insolentes du Discours sur les sciences et les arts *et du* Discours sur l'inégalité *l'indisposaient. En 1760, le baron de Dieskau avait conté aux commensaux du baron d'Holbach d'atroces épisodes de la guerre du Canada* (Lettres à Sophie Volland, *t. I, p. 179-184*). *Les articles de* l'Encyclopédie *consacrés à l'ethnologie et aux peuples primitifs ne témoignaient pas d'une naïveté excessive et insistaient, dans la ligne de* l'Antiquité dévoilée *de Nicolas Boulanger, beaucoup plus sur les ravages de la superstition que sur les merveilles de l'état de nature.*

Diderot composa cependant, vers la fin de 1771, un article alerte et louangeur sur le Voyage de Bougainville ; *il le destinait probablement à Grimm, bien que la* Correspondance littéraire *ne l'ait pas retenu (cf.* Œuvres, *A. T., t. II, p. 199-206). Deux thèmes du* Voyage *l'attirent : en premier la liberté sexuelle des insulaires qui répondait à ses propres curiosités, à la conclusion du* Rêve de d'Alembert *et à cette veine un peu graveleuse qui venait de lui inspirer de nouveaux chapitres aux* Bijoux indiscrets *(notamment les mariages de l'île de Cyclophile dans le chapitre des* Voyageurs, *cf. A. T., t. IV, p. 192-199) ; cette liberté ne prenait-elle pas d'ailleurs l'allure d'une revanche littéraire à l'heure du dernier amour que bafouait Mme de Maux? Mais le* Voyage *posait aussi le problème de la colonisation européenne, de ses bienfaits et de ses désastres, et les amis de l'abbé Raynal attendaient alors impatiemment la première édition de l'*Histoire des deux Indes *qui n'avait pas encore atteint Paris. L'article de Diderot demeura dans les cartons de Grimm. Mais l'année 1772 fut orageuse pour le philosophe; le mariage de sa fille, le 9 septembre, déclencha une crise familiale* *et à l'occasion de lettres à son frère le chanoine* (Correspondance inédite, *t. II, p. 159-181), une fureur irréligieuse, un besoin de rupture avec l'absurdité des cadres sociaux. Dès le mois d'août d'ailleurs, Raynal avait sollicité sa collaboration pour une refonte de l'*Histoire des deux Indes : « Voilà tout ce que ma pauvre tête peut faire pour ce cher abbé », *écrivait-il à Grimm* (Corresp. inédite, *t. I, p. 145 - 16 août). Or M. A. Feugère en a retrouvé la trace dans les* Fragments échappés du portefeuille d'un philosophe *publiés par Assézat (t. VI, p. 445-446, cf.* R. H. L., *1913, p. 343-378) : il s'agit notamment d'un* Court essai sur l'homme sauvage *que Raynal remaniera dans son édition de 1774 (cf. La Haye, Gosse, 1776, t. VI, p. 296-305). Mais beaucoup plus que l'exotisme, le problème de l'amour libre le hante. Quinze jours après le mariage de sa fille, le 23 septembre, il porte à Grimm* (Corresp. inédite, *t. I, p. 150) deux nouvelles :* Ceci n'est pas un conte, *que la* Correspondance littéraire *débitera en avril 1773, et* Madame de la Carlière, *dont l'audace fera reculer son ami et que Naigeon ne publiera qu'en 1798; or l'histoire de cette* « hautaine bégueule », *qui refuse le pardon à Desroches pour un accroc à la fidélité conjugale, illustre l'emprise néfaste de nos préjugés en matière sexuelle. Comment ne pas y reconnaître un des thèmes du dialogue d'Orou et de l'aumônier et l'amorce du* Supplément au voyage de Bougainville?

Assézat fut le premier (t. I, p. 357) à faire remarquer un lien plus étroit entre les deux ouvrages. « Et puis, j'ai mes idées, *disait un des devisants de Mme de Carlière,* peut-être justes, à coup sûr assez bizarres, sur certaines actions que je regarde moins comme des vices de l'homme que comme des conséquences de nos législations absurdes, sources de mœurs aussi absurdes qu'elles, et d'une dépravation que j'appellerais volontiers artificielle. Cela n'est pas trop clair, mais s'éclaircira peut-être *une autre fois* ». *L'occasion n'allait pas tarder. Deux semaines plus tard, Diderot écrivait à Grimm* (Correspondance inédite, *t. I, p. 151 - 7 octobre 1772*) : « Hier... je regrattai un peu le troisième conte qui était fait; ainsi le papier sur Bougainville est venu tout à temps ».

L'interprétation est aisée : Diderot a réclamé à Grimm l'article inutilisé de 1771 et l'a remanié pour construire le Supplément. *Ce travail rapide lui inspire quelque orgueil :* « Si je savais où vous prendre dans le courant de la journée, vous auriez la lecture de ce troisième morceau qui vous ferait plaisir parce qu'il m'en fait. Il est à lui seul plus étendu que les deux autres » (ibid., *p. 152*). *Pouvons-nous douter de cette identification? Gilbert Chinard a judicieusement fait valoir que* « dans les deux ouvrages le décor est le même » (Supplément, *Paris, Droz, 1935, p. 47*) : *les devisants de* Madame de la Carlière *encadrent le conte d'une discussion météorologique qui reprend le lendemain entre les devisants du* Supplément, *preuve nouvelle que ce sont les mêmes personnages :* « Cette superbe voûte étoilée, sous laquelle nous revînmes hier et qui semblait nous garantir un beau jour, ne nous a pas tenu parole ». *G. Chinard a donc définitivement prouvé à la fois le lien génétique des deux œuvres et leur lien idéologique :* « A la sublime mômerie de Mme de la Carlière..., Diderot entend opposer la bonne loi naturelle telle qu'on la trouve chez les indigènes de Tahiti » (op. cit., *p. 47*).

Nous ne connaissons pas l'état premier du Supplément. *Grimm en tout cas se garde bien d'effrayer ses lecteurs couronnés avec les anarchiques propos d'Orou. Mais Naigeon en prit copie dès janvier 1773, comme en témoigne un autographe daté du fonds Vandeul (n. a. fr., 13783 - cf. Dieckmann,* op. cit., *p. 146). Meister y fit allusion en 1788* (Aux mânes de Diderot, *in* Œuvres, *A. T., t. I, p. XV*). *C'est en 1796 seulement que le* Supplément *parut, dans les* Opuscules philosophiques et littéraires *de l'abbé Bourlet de Vauxcelles, précédé d'une violente préface où l'ancien commensal de Mlle de Lespinasse attaquait le bonhomme Diderot et sa philosophie* « à la houzarde »: « Il est bon que le public sache quel a été le véritable instituteur de la sans-culotterie, que le nom digne de la chose n'a été trouvé qu'après elle, que Diderot a appris aux Chaumette et aux Hébert à déclamer contre les trois maîtres du genre humain : le grand Ouvrier, les Magistrats et les Prêtres ». *Cette édition est la base de notre tradition imprimée, depuis*

Naigeon (1798) jusqu'à Assézat (1875). Nous ne saurions actuellement nous en contenter. Le tome XVII du fonds de Léningrad, grâce aux travaux de Viktor Johansson (op. cit., *p. 84-94) a révélé un manuscrit plus étoffé du* Supplément *organisé en cinq chapitres au lieu de quatre, enrichi d'une digression, l'histoire franklinienne de Polly Baker et comportant cent trente variantes intéressantes. C'est ce manuscrit que Gilbert Chinard a édité, accompagné d'une préface riche et dense qu'avaient préparée ses admirables travaux sur l'exotisme et le primitivisme littéraire (Paris, Droz, 1935). Mais le fonds Vandeul nous donne accès à trois nouveaux manuscrits; un texte ancien (n. a. fr., 24937, - cf. Dieckmann,* op. cit., *p. 144), en partie illisible, portant des corrections de la main de Diderot, fort proche de celui de Léningrad, mais organisé en quatre chapitres; une copie autographe de Naigeon (n. a. fr., 13783) datant de janvier 1773, peut-être établie sur le texte précédent et portant en marge des additions (sans doute d'après des manuscrits ultérieurs, si nous pensons aux copies de Naigeon du* Rêve de d'Alembert *et du* Paradoxe sur le comédien); *une version longue enfin (n. a. fr., 13731, cf. Dieckmann,* op. cit., *p. 26) en cinq chapitres qui, dans son état premier, fut identique au manuscrit russe, mais que sans doute après 1785 les Vandeul ont fortement raturée pour des raisons de décence. Résolvons donc le dernier problème de genèse. Le critère qui nous permettra de dater le remaniement de Diderot est la digression de Polly Baker; cette plaisanterie de Franklin, prise au sérieux par l'abbé Raynal, figure dans son édition de 1770. Nous savons par Feugère et Dieckmann que Diderot a contrôlé les éditions de 1774 et de 1780 de l'*Histoire des deux Indes, *mais Johansson* (op. cit., *p. 187) a remarqué dans ces éditions des modifications à l'épisode de Polly Baker et plus précisément dans la dernière une réflexion sur* « les idées morales qu'on a attribuées à des actions particulières », *ce qui reproduit à peu près le sous-titre du* Supplément. *Sans excès d'audace, nous pouvons dater le remaniement de Diderot de 1778-79, lorsqu'il travaillait à la troisième édition de Raynal.*

Nous résumerons donc ainsi la tradition manuscrite et imprimée de notre texte :

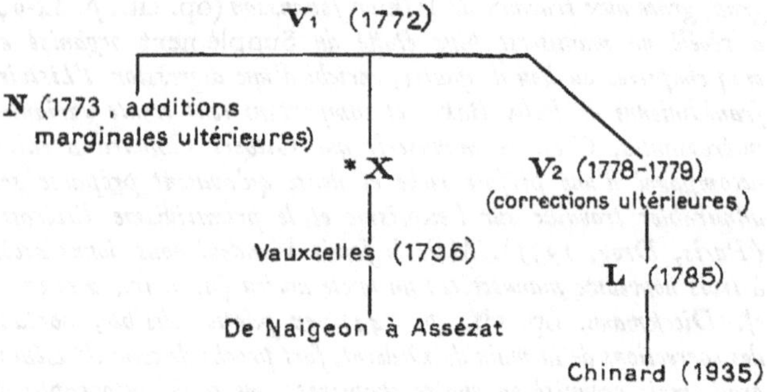

Or sur les 130 variantes de L par rapport au texte d'Assézat, 120 lui sont communes avec V2, à condition d'écarter les corrections pudiques des héritiers de Diderot ; fort heureusement l'état ancien est souvent lisible. Nous conserverons donc l'accord V2-L, en tenant compte cependant de 5 leçons originales de V2 et de 2 leçons issues de la tradition imprimée que nous marquerons entre crochets. Nous préférons enfin la graphie Tahiti *à* Otaïti.

Est-il maintenant nécessaire d'interpréter le Supplément ? *Nulle œuvre de Diderot ne saurait mieux traduire l'ambiguïté de sa pensée et, dans le chevauchement des dialogues, le caractère baroque de son art. Faut-il prendre au sérieux ses rêveries insulaires ?* « Ah, mes amis, *disait-il, dans* Dorval et moi *(A. T., t. VII, p. 108),* si nous allons jamais à Lampédouse fonder loin de la terre, au milieu des flots de la mer, un petit peuple d'heureux », *puis, dans* le Temple du bonheur (ibid., *t. VI, p. 439*) : « Il ne peut y avoir de vrai bonheur pour l'espèce humaine que dans un état social où il n'y aurait ni roi, ni magistrats, ni prêtres, ni lois, ni tien, ni mien, ni propriété mobilière, ni propriété foncière, ni vices ni vertus ». *Mais Diderot n'a pas toujours loué* « la pantomime de l'homme de la nature » (Salon de 1767, *t. XI, p. 112*). *Il sait conseiller à sa fille la sagesse bourgeoise, et à Catherine II une éducation publique qui fortifie* « l'homme civil et policé contre l'homme sauvage et naturel » (Diderot et Catherine II, *op. cit., p. 384*). *Faut-il lui en vouloir d'aimer* « le beau paradoxe », *dans la mesure où il détruit un certain confort intellectuel et réveille la pensée, mais exalte aussi la création littéraire et dégage l'artiste du prosaïsme quotidien? Le* Supplément au voyage de Bougainville *est le type même de ce beau risque qu'une critique sournoise, depuis l'abbé de Vauxcelles jusqu'à Brunetière et au baron Seillère, affecte de prendre pour le fondement doctrinal de Diderot. Le* Supplément *ne résume pas sa philosophie : il n'en est qu'un aspect dialectique, ou mieux encore, l'expression poétique et buissonnière.*

BIBLIOGRAPHIE

I. Éditions

DIECKMANN Herbert (ed.), G., Droz, 1955.

TASSIN Étienne (ed.), P., Presses pocket (coll. « Agora les classiques »), 1992.

LEVAYER Paul-Édouard (ed.), P., Libraire Générale Française (coll. « Le livre de poche / Les classiques d'aujourd'hui »), 1995.

II. Études

BENREKASSA Georges. « Dit et non dit idéologique : à propos du *Supplément...* », *Dix-huitième siècle*, n° 5 , P., 1973.

PERKINS Merle L. « Community planning in Diderot's *Supplément...* », *Kentucky Romance Quaterly*, XXI, Lexington, 1974.

BLOCK C. Joel . « The "unnatural" versus the "natural" in *La Religieuse* and the *Supplément...* », *Studies on Voltaire*, CXXIV, Oxford, 1974.

McDONALD Christie V. « Le dialogue, l'utopie. Le *Supplément...* », *Canadian Review of comparative literature*, III, 1, 1976.

OKON Luzian. *Nature et civilisation dans le « Supplément »*, Frankfurt am Main, Peter Lang, 1980.

GOODMAN Dena. « The structure of political argument in Diderot's *Supplément...* », *Diderot Studies*, XXI, G., Droz, 1983.

STOWE William W. « Diderot's *Supplement*. A model for reading », *Philosophical Quaterly*, LXII, Iowa City, 1983.

MAT Michèle. « Le *Supplément*... Une aporie philosophique », *Revue internationale de philosophie*, n° 148-49, Bruxelles, 1984.

PROUST Jacques. « La fable de Tahiti est-elle imputable à Bougainville ? », *in Aufstieg und Krise der Vernunft*, Wien, Böhlau, 1984.

FUNKE Hans-Günter. « Diderots *Supplément*... und die Tradition der literarischen Utopie » (1984), *in* Siegfried Jüttner (ed.), *Présence de Diderot*, Frankfurt am Main, Peter Lang, 1990.

SOZZI Lionello. « La favola, la legge, l'attesa. Riforme e utopia nel *Supplément* di Diderot », *in Il Confronto letterario III*, 1986.

JOLY Henri. « Du *Voyage* au *Supplément* ou de Bougainville à Diderot. Fragment pour une "anthropologie des Lumières" », *Beiträge zur romanischen Philologie*, XXVI, Berlin, 1987.

PAPIN Bernard. *Sens et fonction de l'utopie tahitienne dans l'œuvre politique de Diderot*, Oxford, The Voltaire Foundation, 1988.

COULET Henri. « Deux confrontations du sauvage et du civilisé : les *Dialogues* de Lahontan et le *Supplément*... de Diderot », *Man and nature / L'homme et la nature*, IX, Londres, 1990.

CHABUT Marie-Hélène. « Le *Supplément*... : une poétique du déguisement », *Diderot Studies*, XXIV, G., Droz, 1991.

SAINT-AMAND Pierre. « Le voyage du philosophe », *MLS*, XXI, 1991.

SCHORR James L. « Caverns and the Dialogic Structure of the *Supplément...* », *Diderot Studies*, XXV, G.: Droz, 1993.

HARTMANN Pierre. « Les "Adieux du vieillard" comme anamorphose littéraire (contribution à une lecture critique du *Supplément...*) », *Recherches sur Diderot et l'Encyclopédie*, n° 16, 1994.

STENGER Gerhardt. *Nature et liberté chez Diderot*, 1994, éd. cit., p. 273-80.

ANDERSON David L. « The Polly Baker digression in Diderot's *Supplément...* », *Diderot Studies*, XXVI, G., Droz, 1995.

MIKKONEN Kai. « Narrative interruptions and the civilized woman : the figures of veiling and unveiling in Diderot's *Supplément...* », *Diderot Studies*, XXVII, G., Droz, 1998.

REX Walter E. « Contrariety in the *Supplément...* », *ibid.*

SUPPLÉMENT AU VOYAGE DE BOUGAINVILLE

OU

DIALOGUE ENTRE *A.* ET *B.*

SUR L'INCONVÉNIENT D'ATTACHER
DES IDÉES MORALES A CERTAINES ACTIONS PHYSIQUES
QUI N'EN COMPORTENT PAS

> At quanto meliora monet, pugnantiaque istis,
> Dives opis Natura suæ, tu si modo recte
> Dispensare velis, ac non fugienda petendis
> Immiscere! Tuo vitio rerumne labores,
> Nil referre putas?
>
> HORAT, *Sat.* lib. I, *sat.* II, vers 73 et seq.

I

JUGEMENT DU VOYAGE DE BOUGAINVILLE

A. Cette superbe voûte étoilée, sous laquelle nous revînmes hier, et qui semblait nous garantir un beau jour, ne nous a pas tenu parole [1].

---

1. Le conte de *Madame de la Carlière*, intitulé par Naigeon *De l'inconséquence du jugement public sur nos actions particulières*, comportait tout un cadre météorologique ; le temps couvert sur lequel discutaient les deux amis faisait place vers le soir, une fois le conte terminé, au beau temps : « Voilà le jour qui tombe et la nuit qui s'avance avec ce

B. Qu'en savez-vous?

A. Le brouillard est si épais qu'il nous dérobe la vue des arbres voisins.

B. Il est vrai ; mais si ce brouillard, qui ne reste dans la partie inférieure de l'atmosphère que parce qu'elle est suffisamment chargée d'humidité, retombe sur la terre ?

A. Mais si au contraire il traverse l'éponge, s'élève et gagne la région supérieure où l'air est moins dense, et peut, comme disent les chimistes, n'être pas saturé?

B. Il faut attendre.

A. En attendant, que faites-vous?

B. Je lis.

A. Toujours ce voyage de Bougainville?

B. Toujours.

A. Je n'entends rien à cet homme-là [1]. L'étude des mathématiques, qui suppose une vie sédentaire, a rempli le temps de ses jeunes années [2] ; et voilà qu'il passe subite-

---

nombreux cortège d'étoiles que je vous avais promis » (A. T., t. V, p. 357). Tourneux, mais surtout Gilbert Chinard (*op. cit.*, p. 46-48) ont fait remarquer que le *Supplément au voyage de Bougainville* se présente comme la suite naturelle de la discussion morale engagée à propos de Mme de la Carlière. « Cette superbe voûte étoilée sous laquelle nous revînmes hier... » pourrait paraître un détail oiseux ; mais l'identité du décor précise la continuité idéologique.

1. La première partie du *Supplément* n'est que l'arrangement dialogué du compte rendu destiné à la *Correspondance littéraire* retrouvé et publié par Assézat (t. II, p. 199-206). Cet article fut probablement écrit à la fin de 1771. Un an plus tard, rédigeant le *Supplément*, Diderot remerciait Grimm de lui avoir rendu son ébauche : « Le papier sur Bougainville est venu à temps » (*Correspondance inédite, op. cit.*, t. I, p. 151 - 7 octobre 1772). Nous n'insisterons pas sur les points communs, mais sur les dissensions entre les deux textes.

2. Louis-Antoine de Bougainville était né à Paris le 12 novembre 1729. A vingt-cinq ans, il avait su concilier la vie militaire et l'étude des mathématiques ; il servait en 1754 au camp de Sarrelouis comme aide de camp de Chevert. La même année il dédiait au comte d'Argenson, secrétaire d'état à la guerre, son *Traité de calcul intégral, pour servir à l'étude des infiniment petits de M. le marquis de l'Hôpital* (cf. Ch. de la Roncière, *Bougainville*, N. R. C., 1942, p. 12). Diderot semble ignorer le passé militaire de Bougainville et sa brillante conduite au Canada sous Montcalm et Lévis (1756-1760).

ment d'une condition méditative et retirée au métier actif, pénible, errant et dissipé de voyageur.

B. Nullement. Si le vaisseau n'est qu'une maison flottante, et si vous considérez le navigateur qui traverse des espaces immenses, resserré et immobile dans une enceinte assez étroite, vous le verrez faisant le tour du globe sur une planche, comme vous et moi le tour de l'univers sur notre parquet.

A. Une autre bizarrerie apparente, c'est la contradiction du caractère de l'homme et de son entreprise. Bougainville a le goût des amusements de la société ; il aime les femmes [1], les spectacles, les repas délicats ; il se prête au tourbillon du monde d'aussi bonne grâce qu'aux inconstances de l'élément sur lequel il a été ballotté. Il est aimable et gai : c'est un véritable Français lesté, d'un bord, d'un traité de calcul différentiel et intégral, et de l'autre, d'un voyage autour du globe.

B. Il fait comme tout le monde : il se dissipe après s'être appliqué, et s'applique après s'être dissipé.

A. Que pensez-vous de son Voyage?

B. Autant que j'en puis juger sur une lecture assez superficielle, j'en rapporterais l'avantage à trois points principaux : une meilleure connaissance de notre vieux domicile et de ses habitants ; plus de sûreté sur des mers qu'il a parcourues la sonde à la main, et plus de correction dans nos cartes géographiques. Bougainville est parti avec les lumières nécessaires et les qualités propres à ses vues : de la philosophie, du courage, de la véracité ; un coup d'œil prompt qui saisit les choses et abrège le

---

1. Bougainville, dans l'intervalle de ses campagnes, menait à Paris une vie fort libertine ; en 1763, les inspecteurs de police constatent ses rapports avec Sophie Arnould, Mlle Dumirey de l'Opéra, Mlle Reybbres qu'il entretient (cf. La Roncière, *op. cit.*, p. 93) ; le 10 janvier 1766, avec Mlle Hus (*Paris sous Louis XV*, p. p. Camille Piton, Mercure de France, 1910, t. III, p. 75), le 14 janvier 1766, avec Mlle Adélaïde de l'Opéra (*ibid.*, p. 88). A son retour, en 1772, il couvre d'or Mlle Dumirey (*op. cit.*, t. I, p. 55) et Mlle Brida (*ibid.*, p. 69). La liberté des mœurs tahitiennes ne pouvait guère le surprendre.

temps des observations ; de la circonspection, de la patience ; le désir de voir, de s'éclairer et d'instruire ; la science du calcul, des mécaniques, de la géométrie, de l'astronomie ; et une teinture suffisante d'histoire naturelle.

A. Et son style?

B. Sans apprêt ; le ton de la chose, de la simplicité et de la clarté, surtout quand on possède la langue des marins.

A. Sa course a été longue?

B. Je l'ai tracée sur ce globe[1]. Voyez-vous cette ligne de points rouges?

A. Qui part de Nantes?

B. Et court jusqu'au détroit de Magellan, entre dans la mer Pacifique, serpente entre ces îles qui forment l'archipel immense qui s'étend des Philippines à la Nouvelle-Hollande, rase Madagascar, le cap de Bonne-Espérance, se prolonge dans l'Atlantique, suit les côtes d'Afrique, et rejoint l'une de ses extrémités à celle d'où le navigateur s'est embarqué.

A. Il a beaucoup souffert?

B. Tout navigateur s'expose, et consent de s'exposer aux périls de l'air, du feu, de la terre et de l'eau : mais qu'après avoir erré des mois entiers entre la mer et le ciel, entre la mort et la vie ; après avoir été battu des tempêtes, menacé de périr par naufrage, par maladie, par disette d'eau et de pain, un infortuné vienne, son bâtiment fracassé, tomber, expirant de fatigue et de misère, aux pieds d'un monstre d'airain qui lui refuse ou lui fait attendre impitoyablement les secours les plus urgents, c'est une dureté[2] !...

1. Diderot ne fait que reprendre la carte générale du *Voyage autour du monde* dressée par Bougainville (Paris, Saillant et Nyon, 1771, p. 19). Le voyageur avait quitté Brest le 5 décembre 1766, mais venait de Nantes ; il rallia Saint-Malo le 16 mars 1769.

2. M. Chinard (*op. cit.*, p. 105) voit là une allusion au mauvais accueil du comte d'Acunha, vice-roi de Rio de Janeiro (*Voyage*, p. 74-86) ; mais le Portugal avait alors des difficultés avec l'Espagne, notre alliée. Nous y verrions plutôt un souvenir des difficultés de Bougainville pour se ravitailler aux Moluques, les Hollandais craignant le vol des épices. Mais Van der Para, gouverneur de Java, le reçut splendidement en octobre 1768.

A. Un crime digne de châtiment.

B. Une de ces calamités sur lesquelles le voyageur n'a pas compté.

A. Et n'a pas dû compter. Je croyais que les puissances européennes n'envoyaient, pour commandants dans leurs possessions d'outre-mer, que des âmes honnêtes, des hommes bienfaisants, des sujets remplis d'humanité, et capables de compatir...

B. C'est bien là ce qui les soucie!

A. Il y a des choses singulières dans ce voyage de Bougainville.

B. Beaucoup.

A. N'assure-t-il pas que les animaux sauvages s'approchent de l'homme, et que les oiseaux viennent se poser sur lui [1], lorsqu'ils ignorent le péril de cette familiarité?

B. D'autres l'avaient dit avant lui.

A. Comment explique-t-il le séjour de certains animaux dans des îles séparées de tout continent par des intervalles de mer effrayants? Qui est-ce qui a porté là le loup, le renard, le chien, le cerf, le serpent?

B. Il n'explique rien; il atteste le fait.

A. Et vous, comment l'expliquez-vous?

B. Qui sait l'histoire primitive de notre globe? Combien d'espaces de terre, maintenant isolés, étaient autrefois continus? Le seul phénomène sur lequel on pourrait former quelque conjecture, c'est la direction de la masse des eaux qui les a séparés.

A. Comment cela?

B. Par la forme générale des arrachements [2]. Quelque

---

1. Souvenir des oies et des outardes des îles Malouines qui nourrirent la petite colonie installée en 1764 par Bougainville (cf. *Voyage*, p. 50, et Dom Pernetty, *Histoire d'un voyage aux îles Malouines*, Paris, Saillant, 1770, t. I, p. 348).

2. Diderot semble moins suivre ici Bougainville que l'ouvrage de Dom Pernetty (cf. Chinard, *op. cit.*, p. 107) : « Dom Pernetty qui a observé en philosophe les îles Malouines est persuadé qu'elles faisaient autrefois partie de la contrée des Patagons et de la Terre de feu... Il est certain qu'on voit dans toutes les parties de l'Univers des traces

jour nous nous amuserons de cette recherche, si cela nous convient. Pour ce moment, voyez-vous cette île qu'on appelle *des Lanciers* [1] ? A l'inspection du lieu qu'elle occupe sur le globe, il n'est personne qui ne se demande qui est-ce qui a placé là des hommes? quelle communication les liait autrefois avec le reste de leur espèce ? que deviennent-ils en se multipliant sur un espace qui n'a pas plus d'une lieue de diamètre?

A. Ils s'exterminent et se mangent; et de là peut-être une première époque très ancienne et très naturelle de l'anthropophagie, insulaire d'origine.

B. Ou la multiplication y est limitée par quelque loi superstitieuse; l'enfant y est écrasé dans le sein de sa mère foulée sous les pieds d'une prêtresse [2].

A. Ou l'homme égorgé expire sous le couteau d'un prêtre; ou l'on a recours à la castration des mâles...

B. A l'infibulation des femelles; et de là tant d'usages d'une cruauté nécessaire et bizarre, dont la cause s'est perdue dans la nuit des temps, et met les philosophes à la torture. Une observation assez constante, c'est que les institutions surnaturelles et divines se fortifient et s'éternisent, en se transformant, à la longue, en lois civiles et nationales; et que les institutions civiles et nationales

---

de ces grandes révolutions du globe... Nous ne connaissons les îles Malouines que depuis l'époque où elles ont été arrachées avec violence du continent » (*op. cit.*, Discours préliminaire, p. 30). La théorie déjà ancienne de Buffon (*Théorie de la terre*, 1749) venait d'être reprise par l'abbé Chappe d'Autroche dans son *Voyage de Sibérie* (De Bure, 1768) à propos de l'Amérique et du Kamtchatka.

1. Petite île de l'archipel des Pomotou, découverte par Bougainville le 22 mars 1768 (*Voyage*, p. 180), ainsi nommée à cause d'indigènes menaçants qui brandissaient de longues piques. La digression de Diderot sur l'origine du peuplement des îles vient directement de Bougainville.

2. C'est Montesquieu (*Esprit des Lois*, livre XXII, chap. 16) qui, comme le fait remarquer M. Chinard (*op. cit.*, p. 108), a fourni ce détail : « Dans l'île de Formose, la religion ne permet pas aux femmes de mettre des enfants au monde qu'elles n'aient trente-cinq ans : avant cet âge, la prêtresse leur foule le ventre et les fait avorter ».

se consacrent, et dégénèrent en préceptes surnaturels et divins[1].

A. C'est une des palingénésies les plus funestes.

B. Un brin de plus qu'on ajoute au lien dont on nous serre.

A. N'était-il pas au Paraguay au moment même de l'expulsion des jésuites[2]?

B. Oui.

A. Qu'en dit-il?

B. Moins qu'il n'en pourrait dire ; mais assez pour nous apprendre que ces cruels Spartiates en jaquette noire en usaient avec leurs esclaves indiens, comme les Lacédémoniens avec les ilotes ; les avaient condamnés à un travail assidu ; s'abreuvaient de leurs sueurs, ne leur avaient laissé aucun droit de propriété ; les tenaient sous l'abrutissement de la superstition ; en exigeaient une vénération profonde ; marchaient au milieu d'eux, un fouet à la main, et en frappaient indistinctement tout âge et tout sexe. Un siècle de plus, et leur expulsion devenait impossible, ou le motif d'une longue guerre entre ces moines et le souverain, dont ils avaient secoué peu à peu l'autorité.

---

1. Rapide esquisse des doctrines ethnologiques de *l'Encyclopédie* (cf. René Hubert : *les Sciences sociales dans l'Encyclopédie*, Alcan, 1923, p. 81 sq.). Diderot reste fidèle à la thèse théocratique de Nicolas Boulanger (*Recherches sur l'origine du despotisme oriental*, 1763, section IX, p. 88, sq.).

2. Bougainville séjourne à Buenos-Ayres au moment même de l'expulsion des jésuites du Paraguay. Dans son article de 1771, Diderot lui accorde « une impartialité très adroite » (A. T., p. 201). Ce « gouvernement magique », selon le mot de Bougainville, régissait un étrange État communautaire de 300.000 âmes de part et d'autre du fleuve Uruguay. Bougainville insiste tantôt sur ces Indiens devenus « un peuple doux, policé, exact observateur des cérémonies chrétiennes », tantôt « sur leur soumission tellement servile que non seulement ils se laissaient punir du fouet, mais ils venaient eux-mêmes solliciter le châtiment des fautes mentales ». Diderot interprète mal le récit du voyageur : Bougainville, qui a vécu quatre ans au milieu des Iroquois, demeure perplexe devant cette extraordinaire expérience coloniale.

A. Et ces Patagons, dont le docteur Maty et l'académicien La Condamine ont tant fait de bruit[1]?

B. Ce sont de bonnes gens qui viennent à vous, et qui vous embrassent en criant *Chaoua*; forts, vigoureux, toutefois n'excédant pas la hauteur de cinq pieds cinq à six pouces; n'ayant d'énorme que leur corpulence, la grosseur de leur tête, et l'épaisseur de leurs membres.

Né avec le goût du merveilleux, qui exagère tout autour de lui, comment l'homme laisserait-il une juste proportion aux objets, lorsqu'il a, pour ainsi dire, à justifier le chemin qu'il a fait, et la peine qu'il s'est donnée pour les aller voir au loin?

A. Et des sauvages, qu'en pense-t-il?

B. C'est, à ce qu'il paraît, de la défense journalière contre les bêtes féroces, qu'il tient le caractère cruel qu'on lui remarque quelquefois. Il est innocent et doux, partout où rien ne trouble son repos et sa sécurité. Toute guerre naît d'une prétention commune à la même propriété. L'homme civilisé a une prétention commune, avec l'homme civilisé, à la possession d'un champ dont ils occupent les deux extrémités; et ce champ devient un sujet de dispute entre eux.

A. Et le tigre a une prétention commune, avec l'homme

1. La légende des géants Patagons remonte au voyage de Magellan rédigé par Pigafetta. Le commodore Byron en 1764-65 prétendait en avoir vu de neuf pieds; toute une controverse avait alors opposé Mathieu Maty (1718-1776), secrétaire de la Royal Society de Londres (*Lettre à la Condamine sur les géants patagons*, insérée dans *le Journal encyclopédique*, 1767) à l'abbé Coyer (*Lettre au docteur Maty*, Bruxelles, 1767). Dans le *Voyage* de Dom Pernetty (*op. cit.*, t. I, p. 31-59), toute une dissertation tend à détruire « le conte de Gargantua » soutenu par Byron. Après son premier voyage, Bougainville écrit à Pernetty (*op. cit.*, t. II, p. 102) : « Nous avons fait alliance avec ces Patagons si décriés et que nous avons trouvés ni plus grands ni même aussi méchants que les autres hommes » (26 août 1765). Pour un autre compagnon de Bougainville, La Giraudais, le plus petit avait cinq pieds sept pouces (*ibid.*, p. 106). Bougainville accorde un maximum de cinq pieds dix pouces (*Voyage*, p. 129). Diderot suit de très près Bougainville en se refusant systématiquement au « goût du merveilleux ».

sauvage, à la possession d'une forêt ; et c'est la première des prétentions, et la cause de la plus ancienne des guerres... Avez-vous vu le Tahitien que Bougainville avait pris sur son bord, et transporté dans ce pays-ci?

B. Je l'ai vu ; il s'appelait Aotourou [1]. A la première terre qu'il aperçut, il la prit pour la patrie du voyageur ; soit qu'on lui en eût imposé sur la longueur du voyage ; soit que, trompé naturellement par le peu de distance apparente des bords de la mer qu'il habitait, à l'endroit où le ciel semble confiner avec l'horizon, il ignorât la véritable étendue de la terre. L'usage commun des femmes était si bien établi dans son esprit, qu'il se jeta sur la première Européenne qui vint à sa rencontre, et qu'il se disposait très sérieusement à lui faire la politesse de Tahiti. Il s'ennuyait parmi nous. L'alphabet tahitien n'ayant ni *b*, ni *c*, ni *d*, ni *f*, ni *g*, ni *q*, ni *x*, ni *y*, ni *z*, il ne put jamais apprendre à parler notre langue, qui offrait à ses organes inflexibles trop d'articulations étrangères et de sons nouveaux. Il ne cessait de soupirer après son pays, et je n'en suis pas étonné. Le voyage de Bougainville est le seul qui m'ait donné du goût pour une autre contrée que la mienne ; jusqu'à cette lecture, j'avais pensé qu'on n'était nulle part aussi bien que chez soi ; résultat que je croyais le même pour chaque habitant de la terre ; effet naturel de l'attrait du sol ; attrait qui tient aux commodités dont on jouit, et qu'on n'a pas la même certitude de retrouver ailleurs.

A. Quoi ! vous ne croyez pas l'habitant de Paris aussi convaincu qu'il croisse des épis dans la campagne de Rome que dans les champs de la Beauce ?

---

1. Le Tahitien amené en France par Bougainville alimenta la curiosité parisienne pendant un an (mars 1769 - mars 1770). Il fut présenté à Louis XV et revêtu d'un habit à la française, fréquenta les coulisses de l'Opéra. Un soir il voulut tatouer la danseuse Heinsel (cf. La Roncière, *op. cit.*, p. 177). Mlle de Lespinasse le reçut dans son salon et la duchesse de Choiseul le promenait au Jardin du Roi. Péreire, le fondateur de la méthode d'éducation des sourds-muets, le soumit à un examen philologique ; ses *Observations* ont été consignées dans l'édition du *Voyage* (p. 402-407).

B. Ma foi, non. Bougainville a renvoyé Aotourou, après avoir pourvu aux frais et à la sûreté de son retour [1].

A. O Aotourou! que tu seras content de revoir ton père, ta mère, tes frères, tes sœurs, tes compatriotes, que leur diras-tu de nous?

B. Peu de choses, et qu'ils ne croiront pas.

A. Pourquoi peu de choses?

B. Parce qu'il en a peu conçues, et qu'il ne trouvera dans sa langue aucun terme correspondant à celles dont il a quelques idées.

A. Et pourquoi ne le croiront-ils pas?

B. Parce qu'en comparant leurs mœurs aux nôtres, ils aimeront mieux prendre Aotourou pour un menteur, que de nous croire si fous.

A. En vérité?

B. Je n'en doute pas : la vie sauvage est si simple, et nos sociétés sont des machines si compliquées! Le Tahitien touche à l'origine du monde, et l'Européen touche à sa vieillesse. L'intervalle qui le sépare de nous est plus grand que la distance de l'enfant qui naît à l'homme décrépit. Il n'entend rien à nos usages, à nos lois, ou il n'y voit que des entraves déguisées sous cent formes diverses, entraves qui ne peuvent qu'exciter l'indignation et le mépris d'un être en qui le sentiment de la liberté est le plus profond des sentiments.

A. Est-ce que vous donneriez dans la fable de Tahiti?

B. Ce n'est point une fable; et vous n'auriez aucun doute sur la sincérité de Bougainville, si vous connaissiez le supplément de son voyage.

---

1. Le désintéressement de Bougainville fut admirable. Il confia Aotourou au commandant du *Brisson* qui quitta la Rochelle en mars 1770 (cf. *Voyage*, p. 219-227) pour l'île de France ; une somme de 35.000 livres était consacrée au prix du passage. Aotourou fut à l'île de France l'hôte du gouverneur Poivre (oct. 1770 - sept. 1771). Puis le capitaine Marion Du Fresne le prit à bord du *Mascarin*, mais le pauvre Tahitien mourut de la petite vérole à Fort-Dauphin, lors d'une relâche à Madagascar. Tous les détails de cette aventure sont donnés par M. Chinard (*op. cit.*, p. 114) et La Roncière (*op. cit.*, p. 179-180).

A. Et où trouve-t-on ce supplément?

B. Là, sur cette table.

A. Est-ce que vous ne me le confierez pas?

B. Non; mais nous pourrons le parcourir ensemble, si vous voulez.

A. Assurément, je le veux. Voilà le brouillard qui retombe, et l'azur du ciel qui commence à paraître. Il semble que mon lot soit d'avoir tort avec vous jusque dans les moindres choses; il faut que je sois bien bon pour vous pardonner une supériorité aussi continue!

B. Tenez, tenez, lisez : passez ce préambule qui ne signifie rien, et allez droit aux adieux que fit un des chefs de l'île à nos voyageurs. Cela vous donnera quelque notion de l'éloquence de ces gens-là.

A. Comment Bougainville a-t-il compris ces adieux prononcés dans une langue qu'il ignorait?

B. Vous le saurez.

II

LES ADIEUX DU VIEILLARD

C'est un vieillard qui parle[1]. Il était père d'une famille nombreuse. A l'arrivée des Européens, il laissa tomber des regards de dédain sur eux, sans marquer ni étonnement, ni frayeur, ni curiosité. Ils l'abordèrent; il leur tourna le dos et se retira dans sa cabane. Son silence et son souci ne décelaient que trop sa pensée : il gémissait en lui-même

---

1. M. Chinard a fort bien marqué dans Bougainville le point de départ de Diderot (*op. cit.*, p. 117). Le voyageur signale en effet que dans la case du chef qui le reçut, un noble vieillard refusa d'entrer en contact avec les Européens : « Cet homme vénérable parut s'apercevoir à peine de notre arrivée; il se retira même sans répondre à nos caresses, sans témoigner ni frayeur, ni étonnement, ni curiosité; fort éloigné de prendre part à l'espèce d'extase que notre vue causait à tout ce peuple, son air rêveur et soucieux semblait annoncer qu'il craignait que ces jours heureux, écoulés pour lui dans le sein du repos, ne fussent troublés par l'arrivée d'une nouvelle race » (*Voyage*, p. 192).

sur les beaux jours de son pays éclipsés. Au départ de Bougainville, lorsque les habitants accouraient en foule sur le rivage, s'attachaient à ses vêtements, serraient ses camarades entre leurs bras, et pleuraient, ce vieillard s'avança d'un air sévère, et dit :

« Pleurez, malheureux Tahitiens! pleurez; mais que ce soit de l'arrivée, et non du départ de ces hommes ambitieux et méchants : un jour, vous les connaîtrez mieux. Un jour, ils reviendront, le morceau de bois [1] que vous voyez attaché à la ceinture de celui-ci, dans une main, et le fer qui pend au côté de celui-là, dans l'autre, vous enchaîner, vous égorger, ou vous assujettir à leurs extravagances et à leurs vices; un jour vous servirez sous eux, aussi corrompus, aussi vils, aussi malheureux qu'eux. Mais je me console; je touche à la fin de ma carrière; et la calamité que je vous annonce, je ne la verrai point. O Tahitiens! ô mes amis! vous auriez un moyen d'échapper à un funeste avenir; mais j'aimerais mieux mourir que de vous en donner le conseil. Qu'ils s'éloignent, et qu'ils vivent. »

Puis s'adressant à Bougainville, il ajouta : « Et toi, chef des brigands qui t'obéissent, écarte promptement ton vaisseau de notre rive : nous sommes innocents, nous sommes heureux; et tu ne peux que nuire à notre bonheur. Nous suivons le pur instinct de la nature; et tu as tenté d'effacer de nos âmes son caractère. Ici tout est à tous [2];

1. Le crucifix de l'aumônier.

2. Tous les officiers de Bougainville ont lu Rousseau et croient au communisme primitif. Le naturaliste Commerson à propos d'un vol s'exclame : « Qu'est-ce que le vol? L'enlèvement d'une chose qui est en propriété d'un autre. Mais le droit de propriété est-il dans la Nature? Non, il est de pure convention. Or le Tahitien qui n'a rien à lui, qui offre et donne généreusement tout ce qu'il doit désirer, ne l'a jamais connu, ce droit exclusif » (cf. La Roncière, *op. cit.*, p. 145). Bougainville remarque la communauté des fruits de la terre, les maisons ouvertes jour et nuit : « Il paraîtrait que pour les choses absolument nécessaires à la vie, il n'y a point de propriété et que tout est à tous » (*Voyage*, p. 216). Mais lors du retour, interrogeant Aotourou, il reconnaîtra l'insuffisance de son enquête (*ibid.*, p. 229).

et tu nous as prêché je ne sais quelle distinction du *tien* et du *mien*. Nos filles et nos femmes nous sont communes [1] ; tu as partagé ce privilège avec nous ; et tu es venu allumer en elles des fureurs inconnues. Elles sont devenues folles dans tes bras ; tu es devenu féroce entre les leurs. Elles ont commencé à se haïr ; vous vous êtes égorgés pour elles ; et elles nous sont revenues teintes de votre sang. Nous sommes libres ; et voilà que tu as enfoui dans notre terre le titre de notre futur esclavage. Tu n'es ni un dieu, ni un démon : qui es-tu donc, pour faire des esclaves ? Orou ! toi qui entends la langue de ces hommes-là, dis-nous à tous, comme tu me l'as dit à moi-même, ce qu'ils ont écrit sur cette lame de métal : *Ce pays est à nous* [2]. Ce pays est à toi ! et pourquoi ? parce que tu y as mis le pied ? Si un Tahitien débarquait un jour sur vos côtes, et qu'il gravât sur une de vos pierres ou sur l'écorce d'un de vos arbres : *Ce pays est aux habitants de Tahiti*, qu'en penserais-tu ? Tu es le plus fort ! Et qu'est-ce que cela fait ? Lorsqu'on t'a enlevé une des méprisables bagatelles [3] dont ton bâtiment est rempli, tu t'es récrié, tu t'es vengé ; et dans le même instant tu as projeté au fond de ton cœur le vol de toute une contrée ! Tu n'es pas esclave : tu souffrirais plutôt la mort que de l'être, et tu veux nous asservir ! Tu crois donc que le Tahitien ne sait pas défendre sa liberté

---

1. Cf. *Voyage* (p. 220) : « La jalousie est ici un sentiment étranger ».

2. Il y eut effectivement prise de possession de la part de Bougainville au nom de Louis XV (*Voyage*, p. 205). L'écrivain du bord, Saint-Germain, nous a conservé l'inscription, enfermée dans une bouteille enterrée dans l'anse de Hidia, à treize pas du bord de la mer et à cent huit de l'aiguade (cf. La Roncière, p. 149) ; la cérémonie eut lieu le 12 avril 1768. Mais en juin 1767, l'Anglais Wallis avait déjà offert Tahiti au roi George III.

3. Le pilote Constantin, qui tenait un journal, dit des Tahitiens : « Ils n'ont d'autre défaut que celui d'être de francs voleurs » (La Roncière, p. 144). Même son chez Bougainville : « Il fallait sans cesse avoir l'œil à tout ce qu'on apportait à terre, à ses poches même, car il n'y a point en Europe de plus adroits filoux que les gens de ce pays » (*Voyage*, p. 197).

et mourir? Celui dont tu veux t'emparer comme de la brute, le Tahitien est ton frère. Vous êtes deux enfants de la nature; quel droit as-tu sur lui qu'il n'ait pas sur toi? Tu es venu; nous sommes-nous jetés sur ta personne? avons-nous pillé ton vaisseau? t'avons-nous saisi et exposé aux flèches de nos ennemis? t'avons-nous associé dans nos champs au travail de nos animaux? Nous avons respecté notre image en toi. Laisse-nous nos mœurs; elles sont plus sages et plus honnêtes que les tiennes; nous ne voulons point troquer ce que tu appelles notre ignorance, contre tes inutiles lumières. Tout ce qui nous est nécessaire et bon, nous le possédons. Sommes-nous dignes de mépris, parce que nous n'avons pas su nous faire des besoins superflus? Lorsque nous avons faim, nous avons de quoi manger; lorsque nous avons froid, nous avons de quoi nous vêtir. Tu es entré dans nos cabanes, qu'y manque-t-il, à ton avis? Poursuis jusqu'où tu voudras ce que tu appelles commodités de la vie; mais permets à des êtres sensés de s'arrêter, lorsqu'ils n'auraient à obtenir, de la continuité de leurs pénibles efforts, que des biens imaginaires. Si tu nous persuades de franchir l'étroite limite du besoin, quand finirons-nous de travailler? Quand jouirons-nous? Nous avons rendu la somme de nos fatigues annuelles et journalières la moindre qu'il était possible, parce que rien ne nous paraît préférable au repos. Va dans ta contrée t'agiter, te tourmenter tant que tu voudras; laisse-nous reposer : ne nous entête ni de tes besoins factices, ni de tes vertus chimériques. Regarde ces hommes; vois comme ils sont droits, sains et robustes. Regarde ces femmes; vois comme elles sont droites, saines, fraîches et belles[1]. Prends cet arc, c'est le mien; appelle à ton aide un, deux, trois, quatre de tes camarades, et tâchez

1. Tous les témoignages concordent sur la beauté de la race tahitienne. Bougainville (*Voyage*, p. 214) : « Je n'ai jamais rencontré d'hommes mieux faits... La santé et la force des insulaires... ». Quant aux femmes c'est un concert d'éloges : pour Commerson ce sont « les rivales des Géorgiennes en beauté et les sœurs des Grâces » (La Roncière, p. 139).

de le tendre. Je le tends moi seul. Je laboure la terre; je grimpe la montagne; je perce la forêt; je parcours une lieue de la plaine en moins d'une heure. Tes jeunes compagnons ont eu peine à me suivre; et j'ai quatre-vingt-dix ans passés. Malheur à cette île! malheur aux Tahitiens présents, et à tous les Tahitiens à venir, du jour où tu nous as visités! Nous ne connaissions qu'une maladie; celle à laquelle l'homme, l'animal et la plante ont été condamnés, la vieillesse; et tu nous en a apporté une autre : tu as infecté notre sang [1]. Il nous faudra peut-être exterminer de nos propres mains nos filles, nos femmes, nos enfants; ceux qui ont approché tes femmes; celles qui ont approché tes hommes. Nos champs seront trempés du sang impur qui a passé de tes veines dans les nôtres; ou nos enfants, condamnés à nourrir et à perpétuer le mal que tu as donné aux pères et aux mères, et qu'ils transmettront à jamais à leurs descendants. Malheureux! tu seras coupable, ou des ravages qui suivront les funestes caresses des tiens, ou des meurtres que nous commettrons pour en arrêter le poison. Tu parles de crimes! as-tu l'idée d'un plus grand crime que le tien? Quel est chez toi le châtiment de celui qui tue son voisin? la mort par le fer. Quel est chez toi le châtiment du lâche qui l'empoisonne? la mort par le feu. Compare ton forfait à ce dernier; et dis-nous, empoisonneur de nations, le supplice que tu mérites?

1. Toute une polémique eut lieu entre marins anglais et français à propos des maladies vénériennes à Tahiti. Cook en 1769 trouva l'île infectée par la syphilis et son équipage fut contaminé. Taitbout, dans l'*Essai sur l'isle d'Otahiti* (1779), va plus loin: « Cook, dans son voyage sur l'*Endeavour*, trouva la maladie vénérienne établie dans l'île; le voyage de M. de Bougainville a été antérieur au sien; d'après cela il est aisé de conclure » (La Roncière, p. 153). Restait Wallis, qui devança Bougainville de plusieurs mois; or il affirme, dans *Account of the voyages... in the southern Hemisphere* (Londres, 1773, t. II, p. 233), que son équipage était sain. Le témoignage du chirurgien Vivès et de l'écrivain Saint-Germain est très net : la maladie régnait à l'état endémique avant l'arrivée des Français; Aotourou en était atteint; les marins furent attaqués du mal un mois après le départ de l'île (16-22 mai 1768). Une fois de plus, Diderot soumet les faits à sa thèse primitiviste.

Il n'y a qu'un moment, la jeune Tahitienne s'abandonnait avec transport aux embrassements du jeune Tahitien ; elle attendait avec impatience que sa mère, autorisée par l'âge nubile, relevât son voile, et mît sa gorge à nu. Elle était fière d'exciter les désirs, et d'irriter les regards amoureux de l'inconnu, de ses parents, de son frère ; elle acceptait sans frayeur et sans honte, en notre présence, au milieu d'un cercle d'innocents Tahitiens, au son des flûtes, entre les danses, les caresses de celui que son jeune cœur et la voix secrète de ses sens lui désignaient. L'idée de crime et le péril de la maladie sont entrés avec toi parmi nous. Nos jouissances, autrefois si douces, sont accompagnées de remords et d'effroi. Cet homme noir, qui est près de toi, qui m'écoute, a parlé à nos garçons ; je ne sais ce qu'il a dit à nos filles ; mais nos garçons hésitent ; mais nos filles rougissent. Enfonce-toi, si tu veux, dans la forêt obscure avec la compagne perverse de tes plaisirs ; mais accorde aux bons et simples Tahitiens de se reproduire sans honte, à la face du ciel et au grand jour. Quel sentiment plus honnête et plus grand pourrais-tu mettre à la place de celui que nous leur avons inspiré, et qui les anime ? Ils pensent que le moment d'enrichir la nation et la famille d'un nouveau citoyen est venu, et ils s'en glorifient. Ils mangent pour vivre et pour croître : ils croissent pour multiplier, et ils n'y trouvent ni vice, ni honte. Écoute la suite de tes forfaits. A peine t'es-tu montré parmi eux, qu'ils sont devenus voleurs. A peine es-tu descendu dans notre terre, qu'elle a fumé de sang. Ce Tahitien qui courut à ta rencontre, qui t'accueillit, qui te reçut en criant : *Taïo ! ami, ami* ; vous l'avez tué. Et pourquoi l'avez-vous tué ? parce qu'il avait été séduit par l'éclat de tes petits œufs de serpents. Il te donnait ses fruits ; il t'offrait sa femme et sa fille ; il te cédait sa cabane : et tu l'as tué pour une poignée de ces grains, qu'il avait pris sans te les demander. [Et ce peuple ?] Au bruit de ton arme meurtrière, la terreur s'est emparée de lui ; et il s'est enfui dans la montagne [1].

1. Allusion au seul épisode tragique du séjour. Trois insulaires

Mais crois qu'il n'aurait pas tardé d'en descendre ; crois qu'en un instant, sans moi, vous périssiez tous. Eh! pourquoi les ai-je apaisés? pourquoi les ai-je contenus? pourquoi les contiens-je encore dans ce moment? Je l'ignore ; car tu ne mérites aucun sentiment de pitié ; car tu as une âme féroce qui ne l'éprouva jamais. Tu t'es promené, toi et les tiens, dans notre île ; tu as été respecté ; tu as joui de tout ; tu n'as trouvé sur ton chemin ni barrière, ni refus : on t'invitait, tu t'asseyais ; on étalait devant toi l'abondance du pays. As-tu voulu de jeunes filles? excepté celles qui n'ont pas encore le privilège de montrer leur visage et leur gorge, les mères t'ont présenté les autres toutes nues ; te voilà possesseur de la tendre victime du devoir hospitalier ; on a jonché, pour elle et pour toi, la terre de feuilles et de fleurs ; les musiciens ont accordé leurs instruments ; rien n'a troublé la douceur, ni gêné la liberté de tes caresses et des siennes. On a chanté l'hymne [1], l'hymne qui t'exhortait à être homme, qui exhortait notre enfant à être femme, et femme complaisante et voluptueuse. On a dansé autour de votre couche ; et c'est au sortir des bras de cette femme, après avoir éprouvé sur son sein la plus douce ivresse, que tu as tué son frère, son ami,

furent tués à coups de baïonnette par des soldats qui leur disputaient un cochon. La population s'enfuit dans la montagne. Un passager, le prince de Nassau, réussit à rallier le chef : « Les femmes éplorées se jetèrent à ses genoux, elles lui baisaient les mains en pleurant et répétant plusieurs fois : *Tayo, matè*, vous êtes nos amis et vous nous tuez. » (*Voyage*, p. 204). Un volontaire, Fesche, qui laissa un journal, déclarait : « Nous nous sommes conduits comme des barbares, et eux comme des gens doux, humains et policés » (La Roncière, p. 144).

1. Diderot ne fait que démarquer Bougainville : « Ils leur offraient des jeunes filles ; la case se remplissait à l'instant d'une foule curieuse d'hommes et de femmes qui faisaient un cercle autour de l'hôte et de la jeune victime du devoir hospitalier. La terre se jonchait de feuillage et de fleurs et les musiciens chantaient aux accords de la flûte un hymne de jouissance » (*Voyage*, p. 197). Plus loin, Bougainville avoue : « L'honnête Toutaa m'offrit une de ses femmes fort jeune et assez jolie » (*ibid.*, p. 199).

son père, peut-être. Tu as fait pis encore ; regarde de ce côté ; vois cette enceinte hérissée de flèches ; ces armes qui n'avaient menacé que nos ennemis, vois-les tournées contre nos propres enfants : vois les malheureuses compagnes de vos plaisirs ; vois leur tristesse ; vois la douleur de leurs pères ; vois le désespoir de leurs mères : c'est là qu'elles sont condamnées à périr ou par nos mains, ou par le mal que tu leur as donné. Éloigne-toi, à moins que tes yeux cruels ne se plaisent à des spectacles de mort : éloigne-toi ; va, et puissent les mers coupables qui t'ont épargné dans ton voyage, s'absoudre, et nous venger en t'engloutissant avant ton retour ! Et vous, Tahitiens, rentrez dans vos cabanes, rentrez tous ; et que ces indignes étrangers n'entendent à leur départ que le flot qui mugit, et ne voient que l'écume dont sa fureur blanchit une rive déserte ! »

A peine eut-il achevé, que la foule des habitants disparut : un vaste silence régna dans toute l'étendue de l'île ; et l'on n'entendit que le sifflement aigu des vents et le bruit sourd des eaux sur toute la longueur de la côte : on eût dit que l'air et la mer, sensibles à la voix du vieillard, se disposaient à lui obéir.

B. Eh bien ! qu'en pensez-vous ?

A. Ce discours me paraît véhément ; mais à travers je ne sais quoi d'abrupt et de sauvage [1], il me semble retrouver des idées et des tournures européennes.

B. Pensez donc que c'est une traduction du tahitien en espagnol, et de l'espagnol en français. [Le vieillard] s'était rendu, la nuit, chez cet Orou qu'il a interpellé, et dans la case duquel l'usage de la langue espagnole s'était conservé

1. Cette « éloquence sauvage » qui faisait l'admiration de Meister (*Aux mânes de Diderot*, in *Œuvres*, t. I, p. XV) a été rapprochée par M. Chinard du discours de Tagal dans l'*Histoire des îles Mariannes* du Père Le Gobien (*op. cit.*, p. 118-119) ; il est bon de rappeler qu'il s'agit là d'un thème classique chez les historiens anciens ; le discours de Galgacus dans la *Vie d'Agricola* succède aux discours des Scythes et Diderot a lu Tacite et Quinte-Curce.

de temps immémorial[1]. Orou avait écrit en espagnol la harangue du vieillard ; et Bougainville en avait une copie à la main, tandis que le Tahitien la prononçait.

A. Je ne vois que trop à présent pourquoi Bougainville a supprimé ce fragment ; mais ce n'est pas là tout ; et ma curiosité pour le reste n'est pas légère.

B. Ce qui suit, peut-être, vous intéressera moins.

A. N'importe.

B. C'est un entretien de l'aumônier de l'équipage avec un habitant de l'île.

A. Orou?

B. Lui-même. Lorsque le vaisseau de Bougainville approcha de Tahiti, un nombre infini d'arbres creusés furent lancés sur les eaux ; en un instant son bâtiment en fut environné ; de quelque côté qu'il tournât ses regards, il voyait des démonstrations de surprise et de bienveillance. On lui jetait des provisions ; on lui tendait les bras ; on s'attachait à des cordes ; on gravissait contre les planches ; on avait rempli sa chaloupe ; on criait vers le rivage, d'où les cris étaient répondus ; les habitants de l'île accouraient ; les voilà tous à terre : on s'empare des hommes de l'équipage ; on se les partage ; chacun conduit le sien dans sa cabane : les hommes les tenaient embrassés par le milieu du corps ; les femmes leur flattaient les joues de leurs mains. Placez-vous là ; soyez témoin, par pensée, de ce spectacle d'hospitalité ; et dites-moi comment vous trouvez l'espèce humaine[2].

---

1. Ce souci de vraisemblance semblerait étrange si Diderot n'avait appris de Bougainville que le Portugais Fernandez de Queiro avait probablement découvert vers la fin du XVIe siècle les groupes des Pomotou et de Tahiti (cf. Chinard, *op. cit.*, p. 16 et 129). Mais pourquoi confondre comme tel héros de Jules Verne le portugais et l'espagnol?

2. « De toutes les parties de l'île, une infinité de pirogues accouraient au-devant de nous. L'une d'elles précédait les autres : elle était conduite par douze hommes nus qui nous présentèrent des branches de bananier et leurs démonstrations attestaient que c'étaient là le rameau d'olivier... Tous venaient en criant *Tayo*, qui veut dire ami, et en nous donnant

A. Très belle.

B. Mais j'oublierais peut-être de vous parler d'un événement assez singulier. Cette scène de bienveillance et d'humanité fut troublée tout à coup par les cris d'un homme qui appelait à son secours ; c'était le domestique d'un des officiers de Bougainville. De jeunes Tahitiens s'étaient jetés sur lui, l'avaient étendu par terre, le déshabillaient et se disposaient à lui faire la civilité.

A. Quoi ! ces peuples si simples, ces sauvages si bons, si honnêtes ?...

B. Vous vous trompez ; ce domestique était une femme déguisée en homme. Ignorée de l'équipage entier, pendant tout le temps d'une longue traversée, les Tahitiens devinèrent son sexe au premier coup d'œil. Elle était née en Bourgogne ; elle s'appelait Barré [1] ; ni laide, ni jolie, âgée de vingt-six ans. Elle n'était jamais sortie de son hameau ; et sa première pensée de voyager fut de faire le tour du globe : elle montra toujours de la sagesse et du courage.

A. Ces frêles machines-là renferment quelquefois des âmes bien fortes.

---

mille témoignages d'amitié... Les hommes... nous pressaient de choisir une femme, de la suivre à terre... » (*Voyage*, p. 189-190).

1. Diderot fait ici la même erreur que dans son article de 1771 (A. T., t. V, p. 205) : Jeanne Baret, déguisée en homme, ne servait pas de domestique au chevalier de Bournand, mais au naturaliste Philibert de Commerson. Bougainville ne s'aperçut de l'affaire qu'après le départ de Tahiti, car Commerson et son domestique étaient sur la flûte *l'Étoile*. Les matelots s'en doutaient, Aotourou de même. Puis au cours d'une promenade d'herborisation, un Tahitien voulut l'enlever, « comme un loup affamé » ; le chevalier de Bournand dut la dégager l'épée à la main. Bougainville fit une enquête : « Barré, les yeux baignés de larmes, m'avoua qu'elle était une fille. Elle avait trompé son maître en se présentant à lui sous des habits d'homme au moment de son embarquement » (*Voyage*, p. 254). Bougainville ne voulut pas en savoir davantage, mais l'histoire nous apprend que Commerson, à son départ de Paris, avait légué six cent livres à « sa gouvernante Jeanne Baret, dite de Bonnefoi » (cf. La Roncière, p. 121). Aussi bien Commerson, toujours suivi de « l'infatigable Baré », s'arrêta-t-il dans le chemin du retour à l'île de France, pour herboriser.

III

L'ENTRETIEN DE L'AUMÔNIER ET D'OROU

B. Dans la division que les Tahitiens se firent de l'équipage de Bougainville, l'aumônier [1] devint le partage d'Orou. L'aumônier et le Tahitien étaient à peu près du même âge, trente-cinq à trente-six ans. Orou n'avait alors que sa femme et trois filles appelées Asto, Palli et Thia. Elles le déshabillèrent, lui lavèrent le visage, les mains et les pieds, et lui servirent un repas sain et frugal. Lorsqu'il fut sur le point de se coucher, Orou, qui s'était absenté avec sa famille, reparut, lui présenta sa femme et ses trois filles nues [2], et lui dit :

— Tu as soupé, tu es jeune, tu te portes bien ; si tu dors seul, tu dormiras mal ; l'homme a besoin la nuit d'une compagne à son côté. Voilà ma femme, voilà mes filles : choisis celle qui te convient ; mais si tu veux m'obliger, tu donneras la préférence à la plus jeune de mes filles qui n'a point encore eu d'enfants.

La mère ajouta : — Hélas ! je n'ai pas à m'en plaindre ; la pauvre Thia ! ce n'est pas sa faute.

L'aumônier répondit : Que sa religion, son état, les bonnes mœurs et l'honnêteté ne lui permettaient pas d'accepter ces offres.

Orou répliqua :

---

1. Bougainville ne dit rien de l'aumônier de *la Boudeuse*, sauf qu'il s'appelait La Vèze (*Voyage*, p. 18) ; probablement regrettait-il Dom Pernetty, son « cher camarade » qui, à bord de *l'Aigle*, avait servi d'historien lors de sa première expédition aux îles Malouines.

2. Ce rite hospitalier est maintes fois attesté par Bougainville (*Voyage*, p. 197 et 199). Dom Pernetty signalait les mêmes coutumes au Brésil (*Histoire d'un voyage aux îles Malouines*, *op. cit.*, t. I, p. 224) et de Jaucourt en Sibérie (*Encyclopédie*, article *Tchukotskoi*) : « La polygamie est en usage chez eux. Ils font part de leurs femmes et de leurs filles à leurs amis et regardent comme un affront lorsqu'on refuse leur politesse ».

— Je ne sais ce que c'est que la chose que tu appelles religion; mais je ne puis qu'en penser mal, puisqu'elle t'empêche de goûter un plaisir innocent, auquel nature, la souveraine maîtresse, nous invite tous; de donner l'existence à un de tes semblables; de rendre un service que le père, la mère et les enfants te demandent; de t'acquitter envers un hôte qui t'a fait un bon accueil, et d'enrichir une nation, en l'accroissant d'un sujet de plus. Je ne sais ce que c'est que la chose que tu appelles état; mais ton premier devoir est d'être homme et d'être reconnaissant. Je ne te propose pas de porter dans ton pays les mœurs d'Orou; mais Orou, ton hôte et ton ami, te supplie de te prêter aux mœurs de Tahiti. Les mœurs de Tahiti sont-elles meilleures ou plus mauvaises que les vôtres? c'est une question facile à décider. La terre où tu es né a-t-elle plus d'hommes qu'elle n'en peut nourrir? en ce cas tes mœurs ne sont ni pires, ni meilleures que les nôtres. En peut-elle nourrir plus qu'elle n'en a? nos mœurs sont meilleures que les tiennes. Quant à l'honnêteté que tu m'objectes, je te comprends; j'avoue que j'ai tort; et je t'en demande pardon. Je n'exige pas que tu nuises à ta santé; si tu es fatigué, il faut que tu te reposes; mais j'espère que tu ne continueras pas à nous contrister. Vois le souci que tu as répandu sur tous ces visages : elles craignent que tu n'aies remarqué en elles quelques défauts qui leur attirent ton dédain. Mais quand cela serait, le plaisir d'honorer une de mes filles, entre ses compagnes et ses sœurs, et de faire une bonne action, ne te suffirait-il pas? Sois généreux!

L'AUMÔNIER

Ce n'est pas cela : elles sont toutes quatre également belles; mais ma religion! mais mon état!

OROU

Elles m'appartiennent, et je te les offre : elles sont à elles, et elles se donnent à toi. Quelle que soit la pureté de conscience que la chose *religion*[1] et la chose *état* te pres-

---

1. Diderot, pour les besoins de la cause, semble croire à l'athéisme des Tahitiens. Bougainville cependant marquait sans indulgence

crivent, tu peux les accepter sans scrupule. Je n'abuse point de mon autorité ; et sois sûr que je connais et que je respecte les droits des personnes.

Ici, le véridique aumônier convient que jamais la Providence ne l'avait exposé à une aussi pressante tentation. Il était jeune ; il s'agitait, il se tourmentait ; il détournait ses regards des aimables suppliantes ; il les ramenait sur elles ; il levait ses yeux et ses mains au ciel. Thia, la plus jeune, embrassait ses genoux et lui disait : Étranger, n'afflige pas mon père, n'afflige pas ma mère, ne m'afflige pas ! Honore-moi dans la cabane et parmi les miens ; élève-moi au rang de mes sœurs qui se moquent de moi. Asto l'aînée a déjà trois enfants ; Palli, la seconde, en a deux, et Thia n'en a point ! Étranger, honnête étranger, ne me rebute pas ! rends-moi mère ; fais-moi un enfant que je puisse un jour promener par la main, à côté de moi, dans Tahiti ; qu'on voie dans neuf mois attaché à mon sein ; dont je sois fière, et qui fasse une partie de ma dot, lorsque je passerai de la cabane de mon père dans une autre. Je serai peut-être plus chanceuse avec toi qu'avec nos jeunes Tahitiens. Si tu m'accordes cette faveur, je ne t'oublierai plus ; je te bénirai toute ma vie ; j'écrirai ton nom sur mon bras et sur celui de ton fils ; nous le prononcerons sans cesse avec joie ; et, lorsque tu quitteras ce rivage, mes souhaits t'accompagneront sur les mers jusqu'à ce que tu sois arrivé dans ton pays.

Le naïf aumônier dit qu'elle lui serrait les mains, qu'elle attachait sur ses yeux des regards si expressifs et si touchants ; qu'elle pleurait ; que son père, sa mère et ses sœurs s'éloignèrent ; qu'il resta seul avec elle, et qu'en disant : Mais ma religion, mais mon état, il se trouva le lendemain couché à côté de cette jeune fille, qui l'accablait de

---

toutes leurs superstitions, un dieu solaire ou *Eri-t'Era*, *Malama Tamai* ou « la lune en état de guerre » à laquelle ils faisaient des sacrifices humains, des divinités secondaires ou *Eatona* dont les images en bois se dressaient dans leurs demeures (cf. *Voyage*, p. 219, et La Roncière, p. 142-143).

caresses, et qui invitait son père, sa mère et ses sœurs, lorsqu'ils s'approchèrent de leur lit le matin, à joindre leur reconnaissance à la sienne.

Asto et Palli, qui s'étaient éloignées, rentrèrent avec les mets du pays, des boissons et des fruits : elles embrassaient leur sœur et faisaient des vœux sur elle. Ils déjeunèrent tous ensemble ; ensuite Orou, demeuré seul avec l'aumônier, lui dit :

— Je vois que ma fille est contente de toi ; et je te remercie. Mais pourrais-tu m'apprendre ce que c'est que le mot religion, que tu as prononcé tant de fois, et avec tant de douleur ?

[L'aumônier, après avoir rêvé un moment, répondit :]

— Qui est-ce qui a fait ta cabane et les ustensiles qui la meublent ?

OROU

C'est moi.

L'AUMÔNIER

Eh bien ! nous croyons que ce monde et ce qu'il renferme est l'ouvrage d'un ouvrier.

OROU

Il a donc des pieds, des mains, une tête ?

L'AUMÔNIER

Non.

OROU

Où fait-il sa demeure ?

L'AUMÔNIER

Partout.

OROU

Ici même !

L'AUMÔNIER

Ici.

OROU

Nous ne l'avons jamais vu.

L'AUMÔNIER

On ne le voit pas.

OROU

Voilà un père bien indifférent! Il doit être vieux; car il a du moins l'âge de son ouvrage.

L'AUMÔNIER

Il ne vieillit point ; il a parlé à nos ancêtres : il leur a donné des lois ; il leur a prescrit la manière dont il voulait être honoré; il leur a ordonné certaines actions, comme bonnes; il leur en a défendu d'autres, comme mauvaises.

OROU

J'entends; et une de ces actions qu'il leur a défendues comme mauvaises, c'est de coucher avec une femme et une fille? Pourquoi donc a-t-il fait deux sexes?

L'AUMÔNIER

Pour s'unir; mais à certaines conditions requises, après certaines cérémonies préalables, en conséquence desquelles un homme appartient à une femme, et n'appartient qu'à elle; une femme appartient à un homme, et n'appartient qu'à lui.

OROU

Pour toute leur vie?

L'AUMÔNIER

Pour toute leur vie.

OROU

En sorte que, s'il arrivait à une femme de coucher avec un autre que son mari, ou à un mari de coucher avec une autre que sa femme... mais cela n'arrive point, car, puisqu'il est là, et que cela lui déplaît, il sait les en empêcher.

L'AUMÔNIER

Non; il les laisse faire, et ils pèchent contre la loi de Dieu, car c'est ainsi que nous appelons le grand ouvrier, contre la loi du pays; et [ils commettent] un crime.

OROU

Je serais fâché de t'offenser par mes discours; mais si tu le permettais, je te dirais mon avis.

L'AUMÔNIER

Parle.

OROU

Ces préceptes singuliers, je les trouve opposés à la nature, contraires à la raison ; faits pour multiplier les crimes, et fâcher à tout moment le vieil ouvrier, qui a tout fait sans tête, sans mains et sans outils ; qui est partout, et qu'on ne voit nulle part ; qui dure aujourd'hui et demain, et qui n'a pas un jour de plus ; qui commande et qui n'est pas obéi ; qui peut empêcher, et qui n'empêche pas. Contraires à la nature, parce qu'ils supposent qu'un être sentant, pensant et libre, peut être la propriété d'un être semblable à lui. Sur quoi ce droit serait-il fondé? Ne vois-tu pas qu'on a confondu, dans ton pays, la chose qui n'a ni sensibilité, ni pensée, ni désir, ni volonté ; qu'on quitte, qu'on prend, qu'on garde, qu'on échange sans qu'elle souffre et sans qu'elle se plaigne, avec la chose qui ne s'échange point, qui ne s'acquiert point ; qui a liberté, volonté, désir ; qui peut se donner ou se refuser pour un moment ; se donner ou se refuser pour toujours ; qui se plaint et qui souffre ; et qui ne saurait devenir un effet de commerce, sans qu'on oublie son caractère, et qu'on fasse violence à la nature? Contraires à la loi générale des êtres. Rien, en effet, te paraît-il plus insensé qu'un précepte qui proscrit le changement qui est en nous ; qui commande une constance qui n'y peut être, et qui viole la nature et la liberté du mâle et de la femelle, en les enchaînant pour jamais l'un à l'autre ; qu'une fidélité qui borne la plus capricieuse des jouissances à un même individu ; qu'un serment d'immutabilité de deux êtres de chair, à la face d'un ciel qui n'est pas un instant le même, sous des antres qui menacent ruine ; au bas d'une roche qui tombe en poudre ; au pied d'un arbre qui se gerce ; sur une pierre qui s'ébranle [1]? Crois-moi, vous avez rendu la condition

---

1. Diderot disait dans *Jacques le Fataliste* : « Le premier serment que se firent deux êtres de chair, ce fut au pied d'un rocher qui tombait en poussière ; ils attestèrent de leur constance un ciel qui n'est pas

de l'homme pire que celle de l'animal. Je ne sais ce que c'est que ton grand ouvrier : mais je me réjouis qu'il n'ait point parlé à nos pères, et je souhaite qu'il ne parle point à nos enfants ; car il pourrait par hasard leur dire les mêmes sottises, et ils feraient peut-être celle de les croire. Hier, en soupant, tu nous as entretenus de magistrats et de prêtres ; je ne sais quels sont ces personnages que tu appelles *magistrats* et *prêtres*, dont l'autorité règle votre conduite ; mais, dis-moi, sont-ils maîtres du bien et du mal? Peuvent-ils faire que ce qui est juste soit injuste, et que ce qui est injuste soit juste? Dépend-il d'eux d'attacher le bien à des actions nuisibles, et le mal à des actions innocentes ou utiles? Tu ne saurais le penser, car, à ce compte, il n'y aurait ni vrai ni faux, ni bon ni mauvais, ni beau ni laid ; du moins, que ce qu'il plairait à ton grand ouvrier, à tes magistrats, à tes prêtres, de prononcer tel ; et, d'un moment à l'autre, tu serais obligé de changer d'idées et de conduite. Un jour on te dirait, de la part de l'un de tes trois maîtres : *tue*, et tu serais obligé, en conscience, de tuer ; un autre jour : *vole* ; et tu serais tenu de voler ; ou : *ne mange pas de ce fruit* ; et tu n'oserais en manger ; *je te défends ce légume ou cet animal* ; et tu te garderais d'y toucher. Il n'y a point de bonté qu'on ne pût t'interdire ; point de méchanceté qu'on ne pût t'ordonner. Et où en serais-tu réduit, si tes trois maîtres, peu d'accord entre eux, s'avisaient de te permettre, de t'enjoindre et de te défendre la même chose, comme je pense qu'il arrive souvent? Alors, pour plaire au prêtre, il faudra que tu te brouilles avec le magistrat ; pour satisfaire le magistrat, il faudra que tu mécontentes le grand ouvrier ; et pour te rendre agréable au grand ouvrier, il faudra que tu renonces à la nature. Et sais-tu ce qui en arrivera? c'est que tu les mépriseras tous les trois, et que tu ne seras ni homme, ni citoyen, ni pieux ; que tu ne

un instant le même ; tout passait en eux et autour d'eux et ils croyaient leurs cœurs affranchis des vicissitudes. O enfants, toujours enfants » (*Œuvres*, A. T., t. VI, p. 117).

seras rien ; que tu seras mal avec toutes les sortes d'autorité ; mal avec toi-même ; méchant, tourmenté par ton cœur ; persécuté par tes maîtres insensés ; et malheureux, comme je te vis hier au soir, lorsque je te présentai mes filles, et que tu t'écriais : Mais ma religion ! mais mon état ! Veux-tu savoir, en tout temps et en tout lieu, ce qui est bon et mauvais ? Attache-toi à la nature des choses et des actions ; à tes rapports avec ton semblable ; à l'influence de ta conduite sur ton utilité particulière et le bien général. Tu es en délire, si tu crois qu'il y ait rien, soit en haut, soit en bas, dans l'univers, qui puisse ajouter ou retrancher aux lois de la nature. Sa volonté éternelle est que le bien soit préféré au mal, et le bien général au bien particulier. Tu ordonneras le contraire ; mais tu ne seras pas obéi. Tu multiplieras les malfaiteurs et les malheureux par la crainte, par le châtiment et par les remords ; tu dépraveras les consciences ; tu corrompras les esprits ; ils ne sauront plus ce qu'ils ont à faire ou à éviter. Troublés dans l'état d'innocence, tranquilles dans le forfait, ils auront perdu de vue l'étoile polaire, leur chemin. Réponds-moi sincèrement ; en dépit des ordres exprès de tes trois législateurs, un jeune homme, dans ton pays, ne couche-t-il jamais, sans leur permission, avec une jeune fille ?

L'AUMÔNIER

Je mentirais si je te l'assurais.

OROU

La femme, qui a juré de n'appartenir qu'à son mari, ne se donne-t-elle point à un autre ?

L'AUMÔNIER

Rien n'est plus commun.

OROU

Tes législateurs sévissent ou ne sévissent pas : s'ils sévissent, ce sont des bêtes féroces qui battent la nature ; s'ils ne sévissent pas, ce sont des imbéciles qui ont exposé au mépris leur autorité par une défense inutile.

L'AUMÔNIER

Les coupables, qui échappent à la sévérité des lois, sont châtiés par le blâme général.

OROU

C'est-à-dire que la justice s'exerce par le défaut de sens commun de toute la nation; et que c'est la folie de l'opinion qui supplée aux lois.

L'AUMÔNIER

La fille déshonorée ne trouve plus de mari.

OROU

Déshonorée! et pourquoi?

L'AUMÔNIER

La femme infidèle est plus ou moins méprisée.

OROU

Méprisée! et pourquoi?

L'AUMÔNIER

Le jeune homme s'appelle un lâche séducteur.

OROU

Un lâche! un séducteur! et pourquoi?

L'AUMÔNIER

Le père, la mère et l'enfant sont désolés. L'époux volage est un libertin; l'époux trahi partage la honte de sa femme.

OROU

Quel monstrueux tissu d'extravagances tu m'exposes là! et encore tu ne me dis pas tout : car aussitôt qu'on s'est permis de disposer à son gré des idées de justice et de propriété; d'ôter ou de donner un caractère arbitraire aux choses; d'unir aux actions ou d'en séparer le bien et le mal, sans consulter que le caprice, on se blâme, on s'accuse, on se suspecte, on se tyrannise, on est envieux, on est jaloux, on se trompe, on s'afflige, on se cache, on dissimule, on s'épie, on se surprend, on se querelle, on ment ; les filles en imposent à leurs parents ; les maris à leurs femmes ; les femmes à leurs maris ; des filles, oui, je n'en doute pas, des filles étoufferont leurs enfants ; des pères soupçonneux mépriseront et négligeront les leurs ; des mères s'en sépareront et les abandonneront à la merci du sort ; et le crime et la débauche se montreront sous toutes sortes de formes. Je sais tout cela, comme si j'avais vécu parmi vous. Cela est, parce que cela doit être ; et la société, dont votre chef vous vante le bel ordre, ne sera qu'un ramas ou d'hypocrites, qui foulent secrètement aux pieds les lois ; ou d'infortunés, qui sont eux-mêmes les instruments de leur supplice, en s'y soumettant ; ou d'imbéciles, en qui le préjugé a tout à fait étouffé la voix de la nature ; ou d'êtres mal organisés, en qui la nature ne réclame pas ses droits.

L'AUMÔNIER

Cela ressemble. Mais vous ne vous mariez donc point?

OROU

Nous nous marions.

L'AUMÔNIER

Qu'est-ce que votre mariage?

OROU

Le consentement d'habiter une même cabane, et de coucher dans un même lit, tant que nous nous y trouvons bien.

L'AUMÔNIER

Et lorsque vous vous y trouvez mal?

OROU

Nous nous séparons.

L'AUMÔNIER

Que deviennent vos enfants?

OROU

O étranger ! ta dernière question achève de me déceler

la profonde misère de ton pays. Sache, mon ami, qu'ici la naissance d'un enfant est toujours un bonheur, et sa mort un sujet de regrets et de larmes. Un enfant est un bien précieux, parce qu'il doit devenir un homme ; aussi, en avons-nous un tout autre soin que de nos plantes et de nos animaux. Un enfant qui naît, occasionne la joie domestique et publique : c'est un accroissement de fortune pour la cabane, et de force pour la nation : ce sont des bras et des mains de plus dans Tahiti ; nous voyons en lui un agriculteur, un pêcheur, un chasseur, un soldat, un époux, un père. En repassant de la cabane de son mari dans celle de ses parents, une femme emmène avec elle ses enfants qu'elle avait apportés en dot : on partage ceux qui sont nés pendant la cohabitation commune ; et l'on compense, autant qu'il est possible, les mâles par les femelles, en sorte qu'il reste à chacun à peu près un nombre égal de filles et de garçons.

L'AUMÔNIER

Mais des enfants sont longtemps à charge avant que de rendre service.

OROU

Nous destinons à leur entretien et à la subsistance des vieillards, une sixième partie de tous les fruits du pays ; ce tribut les suit partout. Ainsi tu vois que plus la famille du Tahitien est nombreuse, plus elle est riche.

L'AUMÔNIER

Une sixième partie !

OROU

C'est un moyen sûr d'encourager la population, et d'intéresser au respect de la vieillesse et à la conservation des enfants.

L'AUMÔNIER

Vos époux se reprennent-ils quelquefois ?

OROU

Très souvent ; cependant la durée la plus courte d'un mariage est d'une lune à l'autre.

L'AUMÔNIER

A moins que la femme ne soit grosse ; alors la cohabitation est au moins de neuf mois ?

OROU

Tu te trompes ; la paternité, comme le tribut, suit son enfant partout.

L'AUMÔNIER

Tu m'as parlé d'enfants qu'une femme apporte en dot à son mari.

OROU

Assurément. Voilà ma fille aînée qui a trois enfants ; ils marchent ; ils sont sains ; ils sont beaux ; ils promettent d'être forts : lorsqu'il lui prendra fantaisie de se marier, elle les emmènera ; ils sont siens : son mari les recevra avec joie, et sa femme ne lui en serait que plus agréable, si elle était enceinte d'un quatrième.

L'AUMÔNIER

De lui ?

OROU

De lui, ou d'un autre. Plus nos filles ont d'enfants, plus elles sont recherchées ; plus nos garçons sont vigoureux et beaux, plus ils sont riches : aussi, autant nous sommes attentifs à préserver les unes de l'approche de l'homme, les autres du commerce de la femme, avant l'âge de fécondité ; autant nous les exhortons à produire, lorsque les garçons sont pubères et les filles nubiles. Tu ne saurais croire l'importance du service que tu auras rendu à ma fille Thia, si tu lui as fait un enfant. Sa mère ne lui dira plus à chaque lune : Mais, Thia, à quoi penses-tu donc ? Tu ne deviens point grosse ; tu as dix-neuf ans ; tu devrais avoir déjà deux enfants, et tu n'en as point. Quel est celui qui se chargera de toi ? Si tu perds ainsi tes jeunes ans, que feras-tu dans ta vieillesse ? Thia, il faut que tu aies quelques défauts qui éloignent de toi les hommes. Corrige-toi, mon enfant : à ton âge, j'avais été trois fois mère.

L'AUMÔNIER

Quelles précautions prenez-vous pour garder vos filles et vos garçons adolescents ?

OROU

C'est l'objet principal de l'éducation domestique et le point le plus important des mœurs publiques. Nos garçons, jusqu'à l'âge de vingt-deux ans, deux ou trois ans au-delà de la puberté, restent couverts d'une longue tunique, et les reins ceints d'une petite chaîne. Avant que d'être nubiles, nos filles n'oseraient sortir sans un voile blanc. Oter sa chaîne, relever son voile, est une faute qui se commet rarement, parce que nous leur en apprenons de bonne heure les fâcheuses conséquences. Mais au moment où le mâle a pris toute sa force, où les symptômes virils ont de la continuité, et où l'effusion fréquente et la qualité de la liqueur séminale nous rassurent ; au moment où la jeune fille se fane, s'ennuie, est d'une maturité propre à concevoir des désirs, à en inspirer et à les satisfaire avec utilité, le père détache la chaîne à son fils et lui coupe l'ongle du doigt du milieu de la main droite. La mère relève le voile de sa fille. L'un peut solliciter une femme, et en être sollicité ; l'autre, se promener publiquement le visage découvert et la gorge nue, accepter ou refuser les caresses d'un homme. On indique seulement d'avance, au garçon les filles, à la fille les garçons, qu'ils doivent préférer. C'est une grande fête que celle de l'émancipation d'une fille ou d'un garçon. Si c'est une fille, la veille, les jeunes garçons se rassemblent en foule autour de la cabane, et l'air retentit pendant toute la nuit du chant des voix et du son des instruments. Le jour, elle est conduite par son père et par sa mère dans une enceinte où l'on danse et où l'on fait l'exercice du saut, de la lutte et de la course. On déploie l'homme nu devant elle, sous toutes les faces et dans toutes les attitudes. Si c'est un garçon, ce sont les jeunes filles qui font en sa présence les frais et les honneurs de la fête et exposent à ses regards la femme nue, sans réserve et sans secret. Le reste de la cérémonie s'achève sur un lit de feuilles, comme tu l'as vu à ta descente parmi nous. A la chute du jour, la fille rentre dans la cabane de ses parents, ou passe dans la cabane de celui dont elle a fait choix, et elle y reste tant qu'elle s'y plaît.

L'AUMÔNIER

Ainsi cette fête est ou n'est point un jour de mariage?

OROU

Tu l'as dit...

— *A.* Qu'est-ce que je vois là en marge?

B. C'est une note, où le bon aumônier dit que les préceptes des parents sur le choix des garçons et des filles étaient pleins de bon sens et d'observations très fines et très utiles ; mais qu'il a supprimé ce catéchisme, qui aurait paru, à des gens aussi corrompus et aussi superficiels que nous, d'une licence impardonnable ; ajoutant toutefois que ce n'était pas sans regret qu'il avait retranché des détails où l'on aurait vu, premièrement, jusqu'où une nation, qui s'occupe sans cesse d'un objet important, peut être conduite dans ses recherches, sans les secours de la physique et de l'anatomie ; secondement, la différence des idées de la beauté dans une contrée où l'on rapporte les formes au plaisir d'un moment, et chez un peuple où elles sont appréciées d'après une utilité plus constante. Là, pour être belle, on exige un teint éclatant, un grand front, de grands yeux, des traits fins et délicats, une taille légère, une petite bouche, de petites mains, un petit pied... Ici, presque aucun de ces éléments n'entre en calcul. La femme sur laquelle les regards s'attachent et que le désir poursuit, est celle qui promet beaucoup d'enfants (la femme du cardinal d'Ossat), et qui les promet actifs, intelligents, courageux, sains et robustes. Il n'y a presque rien de commun entre la Vénus d'Athènes et celle de Tahiti ; l'une est Vénus galante, l'autre est Vénus féconde. Une Tahitienne disait un jour avec mépris à une autre femme du pays : « Tu es belle, mais tu fais de laids enfants ; je suis laide, mais je fais de beaux enfants, et c'est moi que les hommes préfèrent. »

Après cette note de l'aumônier, Orou continue.

A. Avant qu'il reprenne son discours, j'ai une prière à vous faire, c'est de me rappeler une aventure arrivée dans la Nouvelle-Angleterre.

B. La voici. Une fille, Miss Polly Baker, devenue grosse pour la cinquième fois, fut traduite devant le tribunal de justice de Connecticut, près de Boston. La loi condamne toutes les personnes du sexe qui ne doivent le titre de mère qu'au libertinage à une amende, ou à une punition corporelle lorsqu'elles ne peuvent payer l'amende. Miss Polly, en entrant dans la salle où les juges étaient assemblés, leur tint ce discours : « Permettez-moi, Messieurs, de vous adresser quelques mots. Je suis une fille malheureuse et pauvre, je n'ai pas le moyen de payer des avocats pour prendre ma défense, et je ne vous retiendrai pas longtemps. Je ne me flatte pas que dans la sentence que vous allez prononcer vous vous écartiez de la loi ; ce que j'ose espérer, c'est que vous daignerez implorer pour moi les bontés du gouvernement et obtenir qu'il me dispense de l'amende. Voici la cinquième fois que je parais devant vous pour le même sujet ; deux fois j'ai payé des amendes onéreuses, deux fois j'ai subi une punition publique et honteuse parce que je n'ai pas été en état de payer. Cela peut être conforme à la loi, je ne le conteste point ; mais il y a quelquefois des lois injustes, et on les abroge ; il y en a aussi de trop sévères, et la puissance législatrice peut dispenser de leur exécution. J'ose dire que celle qui me condamne est à la fois injuste en elle-même et trop sévère envers moi. Je n'ai jamais offensé personne dans le lieu où je vis, et je défie mes ennemis, si j'en ai quelques-uns, de pouvoir prouver que j'ai fait le moindre tort à un homme, à une femme, à un enfant. Permettez-moi d'oublier un moment que la loi existe, alors je ne conçois pas quel peut être mon crime ; j'ai mis cinq beaux enfants au monde, au péril de ma vie, je les ai nourris de mon lait, je les ai soutenus de mon travail; et j'aurais fait davantage pour eux, si je n'avais pas payé des amendes qui m'en ont ôté les moyens. Est-ce un crime d'augmenter les sujets de Sa Majesté dans une nouvelle contrée qui manque d'habitants? Je n'ai enlevé aucun mari à sa femme, ni débauché aucun jeune homme; jamais on ne m'a accusé de ces procédés coupables, et si quelqu'un se plaint de moi, ce ne peut être que le ministre à qui je n'ai point payé de droits de mariage. Mais est-ce ma faute? J'en appelle à vous, Messieurs ; vous me supposez sûrement assez de bon sens pour être persuadés que je préférerais l'honorable état de femme à la condition honteuse dans laquelle j'ai vécu jusqu'à présent. J'ai toujours désiré et je désire encore de me marier, et je ne crains point de dire que j'aurais la bonne conduite, l'industrie et l'économie convenables à une femme, comme j'en ai la fécondité. Je défie qui que ce soit de dire que j'aie refusé de m'engager dans cet état. Je consentis à la première et seule proposition qui m'en ait été faite; j'étais vierge encore; j'eus la simplicité de confier mon honneur à un homme qui n'en avait point; il me fit mon premier enfant et m'abandonna. Cet homme, vous le connaissez tous: il est actuellement magistrat comme vous et s'assied à vos côtés ; j'avais espéré qu'il paraîtrait aujourd'hui au tribunal et qu'il aurait intéressé votre pitié en ma faveur, en faveur d'une malheureuse qui ne l'est que par lui ; alors j'aurais été incapable de l'exposer à rougir en rappelant ce qui s'est passé entre nous. Ai-je tort de me plaindre aujourd'hui de l'injustice des lois? La première cause de mes égarements, mon séducteur, est élevé au pouvoir et aux honneurs par ce même gouvernement qui punit mes malheurs par le fouet et par l'infamie. On me répondra que j'ai transgressé les préceptes de la religion ; si mon offense est contre Dieu, laissez-lui le soin de m'en punir ; vous m'avez déjà exclue de la communion de l'Église, cela ne suffit-il pas? Pourquoi au supplice de l'enfer, que vous croyez m'attendre dans l'autre monde, ajoutez-vous dans celui-ci les amendes et le fouet? Pardonnez, Messieurs, ces réflexions ; je ne suis point un théologien, mais j'ai peine à croire que ce me soit un grand crime d'avoir donné le jour à de beaux enfants que Dieu a doués d'âmes immortelles et qui l'adorent. Si vous faites des lois qui changent la nature des actions et en font des crimes, faites-en contre les célibataires dont le nombre augmente tous les jours, qui portent la séduction et l'opprobre dans les familles, qui trompent les jeunes filles comme je l'ai été, et qui les forcent à vivre dans l'état honteux dans lequel je vis au milieu d'une société qui les repousse et qui les méprise. Ce sont eux qui troublent la tranquillité publique ; voilà des crimes qui méritent plus que le mien l'animadversion des lois. »

Ce discours singulier [1] produisit l'effet qu'en attendait Miss Baker ; ses juges lui remirent l'amende et la peine qui en tient lieu. Son séducteur, instruit de ce qui s'était passé, sentit le remords de sa première conduite : il voulut la réparer ; deux jours après il épousa Miss Baker, et fit une honnête femme de celle dont cinq ans auparavant il avait fait une fille publique.

A. Et ce n'est pas là un conte de votre invention?

B. Non.

A. J'en suis bien aise.

B. Je ne sais si l'abbé Raynal ne rapporte pas le fait

1. Cette digression que M. Chinard a éditée d'après le manuscrit de Léningrad (*op. cit.*, p. 154-160) se retrouve à peu près dans les mêmes termes dans un des manuscrits du fonds Vandeul (B. N., n. a. fr., 13731). M. Viktor Johansson (*op. cit.*, p. 161-192) en a donné une étude minutieuse excellemment résumée par M. Chinard (*op. cit.*, p. 154-155). Cette mystification de Franklin, parue en avril 1747 dans le *London Magazine*, fut utilisée comme une histoire authentique par l'abbé Raynal dans son *Histoire des deux Indes* (édition de 1770, livre XVII, chap. 68). Or Diderot a fortement contribué à l'édition augmentée de 1780 où l'épisode de Polly Baker est retouché, dans le sens même de notre digression : son inclusion tardive dans le *Supplément au voyage de Bougainville* a donc quelque chance d'être de la même époque.

et le discours dans son *Histoire du Commerce des deux Indes*.

A. Ouvrage excellent et d'un ton si différent des précédents qu'on a soupçonné l'abbé d'y avoir employé des mains étrangères.

B. C'est une injustice.

A. Ou une méchanceté [1]. On dépèce le laurier qui ceint la tête d'un grand homme et on le dépèce si bien qu'il ne lui en reste plus qu'une feuille.

B. Mais le temps rassemble les feuilles éparses et refait la couronne.

A. Mais l'homme est mort; il a souffert de l'injure qu'il a reçue de ses contemporains, et il est insensible à la réparation qu'il obtient de la postérité.

IV

Suite de l'entretien de l'aumônier avec l'habitant de Tahiti

OROU

L'heureux moment pour une jeune fille et pour ses parents, que celui où sa grossesse est constatée! Elle se lève; elle accourt; elle jette ses bras autour du cou de sa mère et de son père; c'est avec des transports d'une joie mutuelle, qu'elle leur annonce et qu'ils apprennent cet événement. Maman! mon papa! embrassez-moi: je suis grosse! — Est-il bien vrai? — Très vrai. — Et de qui l'êtes-vous? — Je le suis d'un tel...

---

1. Cette nette déclaration fait grand honneur à Diderot, mais ne saurait convaincre. La *Lettre apologétique de l'abbé Raynal*, que nous publions ici même, contient un aveu de collaboration, du moins à l'édition de 1780 de l'*Histoire des deux Indes*. M. Feugère ne s'y était pas trompé (*l'Abbé Raynal*, Angoulême, 1922, p. 187-200). Nous avons un argument de plus avec une correction probablement due à M. de Vandeul, sur le ms. 13731 : « C'est une conjecture hasardée par les ennemis de cet auteur. — Vous avez raison » ; cette correction doit être postérieure à 1785, date limite de la copie russe utilisée par M. Chinard.

L'AUMÔNIER

Comment peut-elle nommer le père de son enfant?

OROU

Pourquoi veux-tu qu'elle l'ignore? Il en est de la durée de nos amours comme de celle de nos mariages ; elle est au moins d'une lune à la lune suivante.

L'AUMÔNIER

Et cette règle est bien scrupuleusement observée?

OROU

Tu vas en juger. D'abord, l'intervalle de deux lunes n'est pas long ; mais lorsque deux pères ont une prétention bien fondée à la formation d'un enfant, il n'appartient plus à sa mère.

L'AUMÔNIER

A qui appartient-il donc?

OROU

A celui des deux à qui il lui plaît de le donner : voilà tout son privilège ; et un enfant étant par lui-même un objet d'intérêt et de richesse, tu conçois que, parmi nous, les libertines sont rares, et que les jeunes garçons s'en éloignent.

L'AUMÔNIER

Vous avez donc aussi vos libertines? J'en suis bien aise.

OROU

Nous en avons même de plus d'une sorte : mais tu m'écartes de mon sujet. Lorsqu'une de nos filles est grosse, si le père de l'enfant est un jeune homme beau, bien fait, brave, intelligent et laborieux, l'espérance que l'enfant héritera des vertus de son père renouvelle l'allégresse. Notre enfant n'a honte que d'un mauvais choix. Tu dois concevoir quel prix nous attachons à la santé, à la beauté, à la force, à l'industrie, au courage ; tu dois concevoir comment, sans que nous nous en mêlions, les prérogatives du sang doivent s'éterniser parmi nous. Toi qui as parcouru différentes contrées, dis-moi si tu as remarqué dans aucune autant de beaux hommes et autant de belles femmes que dans Tahiti! Regarde-moi : comment me trouves-tu? Eh bien! il y a dix mille hommes ici plus grands, aussi robustes ; mais pas un plus brave que moi ; aussi les mères me désignent-elles souvent à leurs filles.

L'AUMÔNIER

Mais de tous ces enfants que tu peux avoir faits hors de ta cabane, que t'en revient-il?

OROU

Le quatrième, mâle ou femelle. Il s'est établi parmi nous une circulation d'hommes, de femmes et d'enfants, ou de bras de tout âge et de toute fonction, qui est bien d'une autre importance que celle de vos denrées qui n'en sont que le produit.

L'AUMÔNIER

Je le conçois. Qu'est-ce que c'est que ces voiles noirs [1] que j'ai rencontrés quelquefois.

OROU

Le signe de la stérilité, vice de naissance, ou suite de l'âge avancé. Celle qui quitte ce voile et se mêle avec les hommes, est une libertine, celui qui relève ce voile et s'approche de la femme stérile, est un libertin.

L'AUMÔNIER

Et ces voiles gris?

OROU

Le signe de la maladie périodique. Celle qui quitte ce voile, et se mêle avec les hommes, est une libertine ; celui qui le relève, et s'approche de la femme malade, est un libertin.

---

1. Ces voiles noirs ne sont dans Bougainville que des marques de deuil (*Voyage*, p. 230).

L'AUMÔNIER

Avez-vous des châtiments pour ce libertinage?

OROU

Point d'autres que le blâme.

L'AUMÔNIER

Un père peut-il coucher avec sa fille, une mère avec son fils, un frère avec sa sœur, un mari avec la femme d'un autre?

OROU

Pourquoi non?

L'AUMÔNIER

Passe pour la fornication; mais l'inceste, mais l'adultère!

OROU

Qu'est-ce que tu veux dire avec tes mots, *fornication*, *inceste*, *adultère?*

L'AUMÔNIER

Des crimes, des crimes énormes, pour l'un desquels l'on brûle dans mon pays.

OROU

Qu'on brûle ou qu'on ne brûle pas dans ton pays, peu m'importe. Mais tu n'accuseras pas les mœurs d'Europe par celles de Tahiti, ni par conséquent les mœurs de Tahiti par celles de ton pays : il nous faut une règle plus sûre; et quelle sera cette règle? En connais-tu une autre que le bien général et l'utilité particulière? A présent, dis-moi ce que ton crime *inceste* a de contraire à ces deux fins de nos actions? Tu te trompes, mon ami, si tu crois qu'une loi une fois publiée, un mot ignominieux inventé, un supplice décerné, tout est dit. Réponds-moi donc, qu'entends-tu par *inceste?*

L'AUMÔNIER

Mais un *inceste*...

OROU

Un *inceste?...* Y a-t-il longtemps que ton grand ouvrier sans tête, sans mains et sans outils, a fait le monde?

L'AUMÔNIER

Non.

OROU

Fit-il toute l'espèce humaine à la fois?

L'AUMÔNIER

Il créa seulement une femme et un homme.

OROU

Eurent-ils des enfants?

L'AUMÔNIER

Assurément.

OROU

Suppose que ces deux premiers parents n'aient eu que des filles, et que leur mère soit morte la première; ou qu'ils n'aient eu que des garçons, et que la femme ait perdu son mari.

L'AUMÔNIER

Tu m'embarrasses; mais tu as beau dire, l'*inceste* est un crime abominable, et parlons d'autre chose.

OROU

Cela te plaît à dire; je me tais, moi, tant que tu ne m'auras pas dit ce que c'est que le crime abominable *inceste.*

L'AUMÔNIER

Eh bien! je t'accorde que peut-être l'*inceste* ne blesse en rien la nature; mais ne suffit-il pas qu'il menace la constitution politique? Que deviendraient la sûreté d'un chef et la tranquillité d'un État, si toute une nation composée de plusieurs millions d'hommes, se trouvait rassemblée autour d'une cinquantaine de pères de famille.

OROU

Le pis-aller, c'est qu'où il n'y a qu'une grande société, il y en aurait cinquante petites, plus de bonheur et un crime de moins.

L'AUMÔNIER

Je crois cependant que, même ici, un fils couche rarement avec sa mère.

OROU

A moins qu'il n'ait beaucoup de respect pour elle, et une tendresse qui lui fasse oublier la disparité d'âge, et préférer une femme de quarante ans à une fille de dix-neuf.

L'AUMÔNIER

Et le commerce des pères avec leurs filles?

OROU

Guère plus fréquent, à moins que la fille ne soit laide et peu recherchée. Si son père l'aime, il s'occupe à lui préparer sa dot en enfants.

L'AUMÔNIER

Cela me fait imaginer que le sort des femmes que la nature a disgraciées ne doit pas être heureux dans Tahiti.

OROU

Cela me prouve que tu n'as pas une haute opinion de la générosité de nos jeunes gens.

L'AUMÔNIER

Pour les unions des frères et des sœurs, je ne doute pas qu'elles ne soient très communes.

OROU

Et très approuvées.

L'AUMÔNIER

A t'entendre, cette passion, qui produit tant de crimes et de maux dans nos contrées, serait ici tout à fait innocente.

OROU

Étranger! tu manques de jugement et de mémoire : de jugement, car, partout où il y a défense, il faut qu'on soit tenté de faire la chose défendue et qu'on la fasse : de mémoire, puisque tu ne te souviens plus de ce que je t'ai dit. Nous avons de vieilles dissolues, qui sortent la nuit sans leur voile noir, et reçoivent des hommes, lorsqu'il ne peut rien résulter de leur approche ; si elles sont reconnues ou surprises, l'exil au nord de l'île, ou l'esclavage, est leur châtiment ; des filles précoces, qui relèvent leur voile blanc à l'insu de leurs parents, et nous avons pour elles un lieu fermé dans la cabane ; des jeunes hommes, qui déposent leur chaîne avant le temps prescrit par la nature et par la loi, et nous en réprimandons leurs parents ; des femmes à qui le temps de la grossesse paraît long ; des femmes et des filles peu scrupuleuses à garder leur voile gris ; mais dans le fait, nous n'attachons pas une grande importance à toutes ces fautes ; et tu ne saurais croire combien l'idée de richesse particulière ou publique, unie dans nos têtes à l'idée de population, épure nos mœurs sur ce point.

L'AUMÔNIER

La passion de deux hommes pour une même femme, ou le goût de deux femmes ou de deux filles pour un même homme, n'occasionnent-ils point de désordres?

OROU

Je n'en ai pas vu quatre exemples : le choix de la femme ou celui de l'homme finit tout. La violence d'un homme serait une faute grave ; mais il faut une plainte publique, et il est presque inouï qu'une fille ou qu'une femme se soit plainte. La seule chose que j'aie remarquée, c'est que nos femmes ont moins de pitié des hommes laids, que nos jeunes gens des femmes disgraciées ; et nous n'en sommes pas fâchés.

L'AUMÔNIER

Vous ne connaissez guère la jalousie, à ce que je vois ; mais la tendresse maritale, l'amour paternel, ces deux sentiments si puissants et si doux, s'ils ne sont pas étrangers ici, y doivent être assez faibles.

OROU

Nous y avons suppléé par un autre, qui est tout autrement général, énergique et durable, l'intérêt. Mets la main sur la conscience ; laisse là cette fanfaronnade de vertu, qui est sans cesse sur les lèvres de tes camarades, et qui ne réside pas au fond de leur cœur. Dis-moi si, dans quelque contrée que ce soit, il y a un père qui, sans la honte qui le retient, n'aimât mieux perdre son enfant, un mari qui n'aimât mieux perdre sa femme, que sa fortune et l'aisance de toute sa vie. Sois sûr que partout où l'homme sera attaché à la conservation de son semblable comme à son lit, à sa santé, à son repos, à sa cabane, à ses fruits, à ses champs, il fera pour lui tout ce qu'il est possible de faire. C'est ici que les pleurs trempent la couche d'un enfant qui souffre ; c'est ici que les mères sont soignées dans la maladie ; c'est ici qu'on prise une femme féconde, une fille nubile, un garçon adolescent ; c'est ici qu'on s'occupe de leur institution, parce que leur conservation est toujours un accroissement, et leur perte toujours une diminution de fortune.

L'AUMÔNIER

Je crains bien que ce sauvage n'ait raison. Le paysan misérable de nos contrées, qui excède sa femme pour soulager son cheval, laisse périr son enfant sans secours, et appelle le médecin pour son bœuf.

OROU

Je n'entends pas trop ce que tu viens de dire ; mais, à ton retour dans ta patrie si policée, tâche d'y introduire ce ressort ; et c'est alors qu'on y sentira le prix de l'enfant qui naît, et l'importance de la population. Veux-tu que je te révèle un secret? Mais prends garde qu'il ne t'échappe. Vous arrivez : nous vous abandonnons nos femmes et nos filles ; vous vous en étonnez ; vous nous en témoignez une gratitude qui nous fait rire ; vous nous remerciez, lorsque nous asseyons sur toi et sur tes compagnons la plus forte de toutes les impositions. Nous ne t'avons point demandé d'argent ; nous ne nous sommes point jetés sur tes marchandises ; nous avons méprisé tes denrées : mais nos femmes et nos filles sont venues exprimer le sang de tes veines. Quand tu t'éloigneras, tu nous auras laissé des enfants : ce tribut levé sur ta personne, sur ta propre substance, à ton avis, n'en vaut-il pas bien un autre? Et si tu veux en apprécier la valeur, imagine que tu aies deux cents lieues de côtes à courir, et qu'à chaque vingt mille[s] on te mette à pareille contribution. Nous avons des terres immenses en friche ; nous manquons de bras ; et nous t'en avons demandé. Nous avons des calamités épidémiques à réparer ; et nous t'avons employé à réparer le vide qu'elles laisseront. Nous avons des ennemis voisins à combattre, un besoin de soldats ; et nous t'avons prié de nous en faire : le nombre de nos femmes et de nos filles est trop grand pour celui des hommes ; et nous t'avons associé à notre tâche. Parmi ces femmes et ces filles, il y en a dont nous n'avons jamais pu obtenir d'enfants ; et ce sont celles que nous avons exposées à vos premiers embrassements. Nous avons à payer une redevance en hommes à un voisin oppresseur ; c'est toi et tes camarades qui nous défrayer[ez] ; et dans cinq à six ans, nous lui enverrons vos fils, s'ils valent moins que les nôtres. Plus robustes, plus sains que vous, nous nous sommes aperçus au premier coup d'œil que vous nous surpassiez en intelligence ; et, sur-le-champ, nous avons destiné quelques-unes de nos femmes et de nos filles les plus belles à recueillir la semence d'une race meilleure que la nôtre [1]. C'est un essai que nous avons tenté, et qui pourra nous réussir. Nous avons tiré de toi et des tiens le seul parti que nous en

---

1. Cet essai d'eugénisme pourrait être inspiré, nous dit M. Chinard (*op. cit.*, p. 172), par l'*Essai sur la manière de perfectionner l'espèce humaine* de Vandermonde, docteur-régent de la Faculté de médecine de Paris (Paris, 1756, 2 vol.)

pouvions tirer : et crois que, tout sauvages que nous sommes, nous savons aussi calculer. Va où tu voudras ; et tu trouveras presque toujours l'homme aussi fin que toi. Il ne te donnera jamais que ce qui ne lui est bon à rien, et te demandera toujours ce qui lui est utile. S'il te présente un morceau d'or pour un morceau de fer, c'est qu'il ne fait aucun cas de l'or, et qu'il prise le fer. Mais dis-moi donc pourquoi tu n'es pas vêtu comme les autres ? Que signifie cette casaque longue qui t'enveloppe de la tête aux pieds, et ce sac pointu que tu laisses tomber sur tes épaules, ou que tu ramènes sur tes oreilles ?

L'AUMÔNIER

C'est que, tel que tu me vois, je me suis engagé dans une société d'hommes qu'on appelle, dans mon pays, des moines [1]. Le plus sacré de leurs vœux est de n'approcher d'aucune femme, et de ne point faire d'enfants.

OROU

Que faites-vous donc ?

L'AUMÔNIER

Rien.

OROU

Et ton magistrat souffre cette espèce de paresseux, la pire de toutes ?

L'AUMÔNIER

Il fait plus ; il la respecte et la fait respecter.

---

1. La controverse sur l'état monastique et le célibat des prêtres était un lieu commun depuis les *Lettres persanes*. Diderot avait écrit l'article *Célibat* et Damilaville l'article *Population* dans l'*Encyclopédie*. On connaît moins la curieuse polémique de Diderot et de son ami Vialet en 1766 sur le même sujet (*Correspondance inédite*, *op. cit.*, t. I, p. 321 sq. et 331 sq.) : Diderot s'y montre fort vexé qu'on permette aux moines le libertinage des célibataires, qu'on leur reconnaisse de l'instruction et surtout qu'on critique « la manie de population » en montrant les dangers de la misère et de l'émigration forcée. Diderot, dans le *Supplément*, en est demeuré aux thèses carrées de l'article de Damilaville, sinon aux plaisanteries de Voltaire.

OROU

Ma première pensée était que la nature, quelque accident, ou un art cruel vous avait privés de la faculté de produire votre semblable ; et que, par pitié, on aimait mieux vous laisser vivre que de vous tuer. Mais, moine, ma fille m'a dit que tu étais un homme, et un homme aussi robuste qu'un Tahitien, et qu'elle espérait que tes caresses réitérées ne seraient pas infructueuses. A présent que j'ai compris pourquoi tu t'es écrié hier au soir : *Mais ma religion! mais mon état!* pourrais-tu m'apprendre le motif de la faveur et du respect que les magistrats vous accordent?

L'AUMÔNIER

Je l'ignore.

OROU

Tu sais au moins par quelle raison, étant homme, tu t'es librement condamné à ne le pas être?

L'AUMÔNIER

Cela serait trop long et trop difficile à t'expliquer.

OROU

Et ce vœu de stérilité, le moine y est-il bien fidèle?

L'AUMÔNIER

Non.

OROU

J'en étais sûr. Avez-vous aussi des moines femelles?

L'AUMÔNIER

Oui.

OROU

Aussi sages que les moines mâles?

L'AUMÔNIER

Plus renfermées, elles sèchent de douleur, périssent d'ennui.

OROU

Et l'injure faite à la nature est vengée. Oh! le vilain pays! Si tout y est ordonné comme ce que tu m'en dis, vous êtes plus barbares que nous.

Le bon aumônier raconte qu'il passa le reste de la journée à parcourir l'île, à visiter les cabanes, et que le soir, après souper, le père et la mère l'ayant supplié de coucher avec la seconde de leurs filles, Palli s'était présentée dans le même déshabillé que Thia, et qu'il s'était écrié plusieurs fois pendant la nuit : *Mais ma religion! mais mon état!* que la troisième nuit il avait été agité des mêmes remords avec Asto l'aînée, et que la quatrième il l'avait accordée par honnêteté à la femme de son hôte.

V

SUITE DU DIALOGUE ENTRE A ET B

A. J'estime cet aumônier poli.

B. Et moi, beaucoup davantage les mœurs des Tahitiens, et le discours d'Orou.

A. Quoique un peu modelé à l'européenne.

B. Je n'en doute pas.

— Ici le bon aumônier se plaint de la brièveté de son séjour dans Tahiti, et de la difficulté de mieux connaître les usages d'un peuple assez sage pour s'être arrêté de lui-même à la médiocrité, ou assez heureux pour habiter un climat dont la fertilité lui assurait un long engourdissement, assez actif pour s'être mis à l'abri des besoins absolus de la vie, et assez indolent pour que son innocence, son repos et sa félicité n'eussent rien à redouter d'un progrès trop rapide de ses lumières. Rien n'y était mal par l'opinion ou par la loi, que ce qui était mal de sa nature. Les travaux et les récoltes s'y faisaient en commun. L'acception du mot *propriété* y était très étroite; la passion de l'amour, réduite à un simple appétit physique, n'y produisait aucun de nos désordres. L'île entière offrait l'image d'une seule famille nombreuse, dont chaque cabane représentait les divers appartements d'une de nos grandes maisons. Il finit par protester que ces Tahitiens seront toujours présents à sa mémoire, qu'il avait été tenté de jeter ses vêtements dans le vaisseau et de passer le reste de ses jours parmi eux, et qu'il craint bien de se repentir plus d'une fois de ne l'avoir pas fait.

A. Malgré cet éloge, quelles conséquences utiles à tirer des mœurs et des usages bizarres d'un peuple non civilisé?

B. Je vois qu'aussitôt que quelques causes physiques, telles, par exemple, que la nécessité de vaincre l'ingratitude du sol, ont mis en jeu la sagacité de l'homme, cet élan le conduit bien au-delà du but, et que, le terme du besoin passé, on est porté dans l'océan sans bornes des fantaisies, d'où l'on ne se tire plus. Puisse l'heureux Tahitien s'arrêter où il en est! Je vois qu'excepté dans ce recoin écarté de notre globe, il n'y a point eu de mœurs, et qu'il n'y en aura peut-être jamais nulle part.

A. Qu'entendez-vous donc par des mœurs?

B. J'entends une soumission générale et une conduite conséquente à des lois bonnes ou mauvaises. Si les lois sont bonnes, les mœurs sont bonnes ; si les lois sont mauvaises, les mœurs sont mauvaises ; si les lois, bonnes ou mauvaises, ne sont point observées, la pire condition d'une société, il n'y a point de mœurs. Or comment voulez-vous que des lois s'observent quand elles se contredisent [1]? Parcourez l'histoire des siècles et des nations

1. Diderot reste fidèle, même dans le *Supplément*, à sa croyance en l'efficacité des lois, seul ressort immédiat de la moralité. Contre Rousseau il écrivait dans l'article *Grecs* : « Qu'est-ce que la voix de la conscience sans l'autorité et la menace des lois? » puis à Falconet, le 6 septembre 1768 (A. T., t. XVIII, p. 277) : « L'amélioration des mœurs tient à la bonne législation. Tout autre ressort n'est que momentané » ; puis encore dans la *Réfutation de l'homme* (*ibid.*, t. II, p. 456): « Toute vertu est de précepte, parce qu'il ne s'agit pas de donner des penchants louables, mais d'empêcher de commettre des actions mau-

tant anciennes que modernes, et vous trouverez les hommes assujettis à trois codes, le code de la nature, le code civil, et le code religieux, et contraints d'enfreindre alternativement ces trois codes qui n'ont jamais été d'accord ; d'où il est arrivé qu'il n'y a eu dans aucune contrée, comme Orou l'a deviné de la nôtre, ni homme, ni citoyen, ni religieux.

A. D'où vous conclurez, sans doute, qu'en fondant la morale sur les rapports éternels, qui subsistent entre les hommes, la loi religieuse devient peut-être superflue ; et que la loi civile ne doit être que l'énonciation de la loi de nature.

B. Et cela, sous peine de multiplier les méchants, au lieu de faire de[s] bons.

A. Ou que, si l'on juge nécessaire de les conserver toutes trois, il faut que les deux dernières ne soient que des calques rigoureux de la première, que nous apportons gravée au fond de nos cœurs, et qui sera toujours la plus forte.

B. Cela n'est pas exact. Nous n'apportons en naissant qu'une similitude d'organisation avec d'autres êtres, les mêmes besoins, de l'attrait vers les mêmes plaisirs, une aversion commune pour les mêmes peines : ce qui constitue l'homme ce qu'il est, et doit fonder la morale qui lui convient.

A. Cela n'est pas aisé.

B. Cela n'est pas si difficile, que je croirais volontiers le peuple le plus sauvage de la terre, le Tahitien qui s'en est tenu scrupuleusement à la loi de nature, plus voisin d'une bonne législation qu'aucun peuple civilisé.

A. Parce qu'il lui est plus facile de se défaire de son trop de rusticité, qu'à nous de revenir sur nos pas et de réformer nos abus.

---

vaises ». Encore faut-il que les lois soient cohérentes et non contradictoires. Ce passage est donc un maillon essentiel de la doctrine morale de Diderot (cf. Pierre Hermand, *op. cit.*, p. 205 sq.).

B. Surtout ceux qui tiennent à l'union de l'homme avec la femme.

A. Cela se peut. Mais commençons par le commencement. Interrogeons bonnement la nature, et voyons sans partialité ce qu'elle nous répondra sur ce point.

B. J'y consens.

A. Le mariage est-il dans la nature?

B. Si vous entendez par le mariage la préférence qu'une femelle accorde à un mâle sur tous les autres mâles, ou celle qu'un mâle donne à une femelle sur toutes les autres femelles ; préférence mutuelle, en conséquence de laquelle il se forme une union plus ou moins durable, qui perpétue l'espèce par la reproduction des individus, le mariage est dans la nature.

A. Je le pense comme vous ; car cette préférence se remarque non seulement dans l'espèce humaine, mais encore dans les autres espèces d'animaux : témoin ce nombreux cortège de mâles qui poursuivent une même femelle au printemps dans nos campagnes, et dont un seul obtient le titre de mari. Et la galanterie?

B. Si vous entendez par galanterie cette variété de moyens énergiques ou délicats que la passion inspire, soit au mâle, soit à la femelle, pour obtenir cette préférence qui conduit à la plus douce, la plus importante et la plus générale des jouissances ; la galanterie est dans la nature.

A. Je le pense comme vous. Témoin toute cette diversité de gentillesses pratiquées par le mâle pour plaire à la femelle et par la femelle pour irriter la passion et fixer le goût du mâle. Et la coquetterie?

B. C'est un mensonge qui consiste à simuler une passion qu'on ne sent pas, et à promettre une préférence qu'on n'accordera point. Le mâle coquet se joue de la femelle ; la femelle coquette se joue du mâle : jeu perfide qui amène quelquefois les catastrophes les plus funestes ; manège ridicule, dont le trompeur et le trompé sont également châtiés par la perte des instants les plus précieux de leur vie.

A. Ainsi la coquetterie, selon vous, n'est pas dans la nature?

B. Je ne dis pas cela.

A. Et la constance?

B. Je ne vous en dirai rien de mieux que ce qu'en a dit Orou à l'aumônier. Pauvre vanité de deux enfants qui s'ignorent eux-mêmes, et que l'ivresse d'un instant aveugle sur l'instabilité de tout ce qui les entoure!

A. Et la fidélité, ce rare phénomène?

B. Presque toujours l'entêtement et le supplice de l'honnête homme et de l'honnête femme dans nos contrées; chimère à Tahiti.

A. La jalousie?

B. Passion d'un animal indigent et avare qui craint de manquer; sentiment injuste de l'homme; conséquence de nos fausses mœurs, et d'un droit de propriété étendu sur un objet sentant, pensant, voulant, et libre.

A. Ainsi la jalousie, selon vous, n'est pas dans la nature?

B. Je ne dis pas cela. Vices et vertus, tout est également dans la nature.

A. Le jaloux est sombre.

B. Comme le tyran, parce qu'il en a la conscience.

A. La pudeur?

B. Mais vous m'engagez là dans un cours de morale galante. L'homme ne veut être ni troublé ni distrait dans ses jouissances. Celles de l'amour sont suivies d'une faiblesse qui l'abandonnerait à la merci de son ennemi. Voilà tout ce qu'il pourrait y avoir de naturel dans la pudeur : le reste est d'institution. — L'aumônier remarque, dans un troisième morceau que je ne vous ai point lu, que le Tahitien ne rougit pas des mouvements involontaires qui s'excitent en lui à côté de sa femme, au milieu de ses filles; et que celles-ci en sont spectatrices, quelquefois émues, jamais embarrassées. Aussitôt que la femme devint la propriété de l'homme, et que la jouissance furtive fut regardée comme un vol, on vit naître les termes *pudeur*, *retenue*, *bienséance;* des vertus et des vices imaginaires; en un mot, entre les deux sexes, des barrières qui empêchassent de s'inviter réciproquement à la violation des lois qu'on leur avait imposées, et qui produisirent souvent un effet contraire, en échauffant l'imagination et en irritant les désirs. Lorsque je vois des arbres plantés autour de nos palais, et un vêtement de cou qui cache et montre une partie de la gorge d'une femme, il me semble reconnaître un retour secret vers la forêt, et un appel à la liberté première de notre ancienne demeure. Le Tahitien nous dirait: Pourquoi te caches-tu? de quoi es-tu honteux? fais-tu le mal, quand tu cèdes à l'impulsion la plus auguste de la nature? Homme, présente-toi franchement si tu plais. Femme, si cet homme te convient, reçois-le avec la même franchise.

A. Ne vous fâchez pas. Si nous débutons comme des hommes civilisés, il est rare que nous ne finissions pas comme le Tahitien.

B. Oui, mais ces préliminaires de convention consument la moitié de la vie d'un homme de génie.

A. J'en conviens ; mais qu'importe, si cet élan pernicieux de l'esprit humain, contre lequel vous vous êtes récrié tout à l'heure, en est d'autant ralenti? Un philosophe de nos jours, interrogé pourquoi les hommes faisaient la cour aux femmes, et non les femmes la cour aux hommes, répondit qu'il était naturel de demander à celui qui pouvait toujours accorder.

B. Cette raison m'a paru de tout temps plus ingénieuse que solide. La nature, indécente si vous voulez, presse indistinctement un sexe vers l'autre : et dans un état de l'homme triste et sauvage qui se conçoit et qui peut-être n'existe nulle part...

A. Pas même à Tahiti?

B. Non... l'intervalle qui séparerait un homme d'une femme serait franchi par le plus amoureux. S'ils s'attendent, s'ils se fuient, s'ils se poursuivent, s'ils s'évitent, s'ils s'attaquent, s'ils se défendent, c'est que la passion, inégale dans ses progrès, ne s'applique pas en eux de la même force. D'où il arrive que la volupté se répand, se consomme et s'éteint d'un côté, lorsqu'elle commence à peine à s'élever de l'autre, et qu'ils en restent tristes tous deux. Voilà l'image fidèle de ce qui se passerait entre deux êtres libres, jeunes et parfaitement innocents. Mais lorsque la femme a connu, par l'expérience ou l'éducation, les suites plus ou moins cruelles d'un moment doux, son cœur frissonne à l'approche de l'homme [1]. Le cœur de l'homme ne frissonne point; ses sens commandent, et il obéit. Les sens de la femme s'expliquent, et elle craint de les écouter. C'est l'affaire de l'homme que de la distraire de sa crainte, de l'enivrer et de la séduire. L'homme conserve toute son impulsion naturelle vers la femme; l'impulsion naturelle de la femme vers l'homme, dirait un géomètre, est en raison composée de la directe de la passion et de l'inverse de la crainte; raison qui se complique d'une multitude d'éléments divers dans nos sociétés; éléments qui concourent presque tous à accroître la pusillanimité d'un sexe et la durée de la poursuite de l'autre. C'est une espèce de tactique où les ressources de la défense et les moyens de l'attaque ont marché sur la même ligne. On a consacré la résistance de la femme; on a attaché l'ignominie à la violence de l'homme; violence qui ne serait qu'une injure légère dans Tahiti, et qui devient un crime dans nos cités.

A. Mais comment est-il arrivé qu'un acte dont le but est si solennel, et auquel la nature nous invite par l'attrait le plus puissant; que le plus grand, le plus doux, le plus innocent des plaisirs soit devenu la source la plus féconde de notre dépravation et de nos maux?

B. Orou l'a fait entendre dix fois à l'aumônier : écoutez-le donc encore, et tâchez de le retenir.

C'est par la tyrannie de l'homme, qui a converti la possession de la femme en une propriété.

Par les mœurs et les usages, qui ont surchargé de conditions l'union conjugale.

Par les lois civiles, qui ont assujetti le mariage à une infinité de formalités.

Par la nature de notre société, où la diversité des fortunes

1. Cette analyse de la psychologie féminine est contemporaine de l'article *Sur les femmes*, donné à la *Correspondance littéraire* en 1772 (cf. A. T., t. II, p. 261).

et des rangs a institué des convenances et des disconvenances.

Par une contradiction bizarre et commune à toutes les sociétés subsistantes, où la naissance d'un enfant, toujours regardée comme un accroissement de richesse pour la nation, est plus souvent et plus sûrement encore un accroissement d'indigence dans la famille.

Par les vues politiques des souverains, qui ont tout rapporté à leur intérêt et à leur sécurité.

Par les institutions religieuses, qui ont attaché les noms de vices et de vertus à des actions qui n'étaient susceptibles d'aucune moralité.

Combien nous sommes loin de la nature et du bonheur! L'empire de la nature ne peut être détruit : on aura beau le contrarier par des obstacles, il durera. Écrivez tant qu'il vous plaira sur des tables d'airain, pour me servir de l'expression du sage Marc-Aurèle [1], que le frottement voluptueux de deux intestins est un crime, le cœur de l'homme sera froissé entre la menace de votre inscription et la violence de ses penchants. Mais ce cœur indocile ne cessera de réclamer ; et cent fois, dans le cours de la vie, vos caractères effrayants disparaîtront à nos yeux. Gravez sur le marbre : Tu ne mangeras ni de l'ixion, ni du griffon [2] ; tu ne connaîtras que ta femme ; tu ne seras point le mari de ta sœur : mais vous n'oublierez pas d'accroître les châtiments à proportion de la bizarrerie de vos défenses ; vous deviendrez féroces, et vous ne réussirez point à me dénaturer.

A. Que le code des nations serait court, si on le conformait rigoureusement à celui de la nature! Combien de vices et d'erreurs épargnés à l'homme!

B. Voulez-vous savoir l'histoire abrégée de presque

---

1. Diderot avait déjà utilisé cette définition de Marc-Aurèle (VI, 13) dans l'*Addition aux Pensées philosophiques* (article LVII).

2. Voltaire s'était déjà moqué des prescriptions alimentaires du *Deutéronome* (XIV, 13-14) : « Immundas non comedatis, aquilam scilicet et gryphem..., ixion et vulturem ».

toute notre misère? La voici. Il existait un homme naturel : on a introduit au dedans de cet homme un homme artificiel ; et il s'est élevé dans la caverne une guerre continuelle qui dure toute la vie. Tantôt l'homme naturel est le plus fort ; tantôt il est terrassé par l'homme moral et artificiel ; et, dans l'un et l'autre cas, le triste monstre est tiraillé, tenaillé, tourmenté, étendu sur la roue ; sans cesse gémissant, sans cesse malheureux, soit qu'un faux enthousiasme de gloire le transporte et l'enivre, ou qu'une fausse ignominie le courbe et l'abatte. Cependant il est des circonstances extrêmes qui ramènent l'homme à sa première simplicité.

A. La misère et la maladie, deux grands exorcistes.

B. Vous les avez nommés. En effet, que deviennent alors toutes ces vertus conventionnelles? Dans la misère, l'homme est sans remords ; dans la maladie, la femme est sans pudeur [1].

A. Je l'ai remarqué.

B. Mais un autre phénomène qui ne vous aura pas échappé davantage, c'est que le retour de l'homme artificiel et moral suit pas à pas les progrès de l'état de maladie à l'état de convalescence et de l'état de convalescence à l'état de santé. Le moment où l'infirmité cesse est celui où la guerre intestine recommence, et presque toujours avec désavantage pour l'intrus.

A. Il est vrai. J'ai moi-même éprouvé que l'homme naturel avait dans la convalescence une vigueur funeste pour l'homme artificiel et moral. Mais enfin, dites-moi, faut-il civiliser l'homme, ou l'abandonner à son instinct?

B. Faut-il vous répondre net?

A. Sans doute.

B. Si vous vous proposez d'en être le tyran, civilisez-le ; empoisonnez-le de votre mieux d'une morale contraire

1. Cette idée banale chez Diderot n'a jamais été mise en scène avec plus de verdeur que dans l'*Histoire des portraits* (B. N., n. a. fr., 13767, folio 28), où Desbrosses, faux médecin turc, est consulté par Mlle Dornet.

à la nature ; faites-lui des entraves de toute espèce ; embarrassez ses mouvements de mille obstacles ; attachez-lui des fantômes qui l'effraient ; éternisez la guerre dans la caverne, et que l'homme naturel y soit toujours enchaîné sous les pieds de l'homme moral. Le voulez-vous heureux et libre? ne vous mêlez pas de ses affaires : assez d'incidents imprévus le conduiront à la lumière et à la dépravation ; et demeurez à jamais convaincu que ce n'est pas pour vous, mais pour eux, que ces sages législateurs vous ont pétri et maniéré comme vous l'êtes. J'en appelle à toutes les institutions politiques, civiles et religieuses : examinez-les profondément ; et je me trompe fort, ou vous y verrez l'espèce humaine pliée de siècle en siècle au joug qu'une poignée de fripons se promettait de lui imposer. Méfiez-vous de celui qui veut mettre de l'ordre. Ordonner, c'est toujours se rendre le maître des autres en les gênant : et les Calabrais sont presque les seuls à qui la flatterie des législateurs n'en ait point encore imposé...

A. Et cette anarchie de la Calabre vous plaît?

B. J'en appelle à l'expérience ; et je gage que leur barbarie est moins vicieuse que notre urbanité. Combien de petites scélératesses compensent ici l'atrocité de quelques grands crimes dont on fait tant de bruit! Je considère les hommes non civilisés comme une multitude de ressorts épars et isolés. Sans doute, s'il arrivait à quelques-uns de ces ressorts de se choquer, l'un ou l'autre, ou tous les deux, se briseraient. Pour obvier à cet inconvénient, un individu d'une sagesse profonde et d'un génie sublime rassembla ces ressorts et en composa une machine, et dans cette machine appelée société, tous les ressorts furent rendus agissants, réagissant les uns contre les autres, sans cesse fatigués ; et il s'en rompit plus dans un jour, sous l'état de législation, qu'il ne s'en rompait en un an sous l'anarchie de nature. Mais quel fracas! quel ravage! quelle énorme destruction de petits ressorts, lorsque deux, trois, quatre de ces énormes machines vinrent à se heurter avec violence!

A. Ainsi vous préféreriez l'état de nature brute et sauvage?

B. Ma foi, je n'oserais prononcer ; mais je sais qu'on a vu plusieurs fois l'homme des villes se dépouiller et rentrer dans la forêt, et qu'on n'a jamais vu l'homme de la forêt se vêtir et s'établir dans la ville [1].

A. Il m'est venu souvent dans la pensée que la somme des biens et des maux était variable pour chaque individu ; mais que le bonheur ou le malheur d'une espèce animale quelconque avait sa limite qu'elle ne pouvait franchir, et que peut-être nos efforts nous rendaient en dernier résultat autant d'inconvénient que d'avantage ; en sorte que nous nous étions bien tourmentés pour accroître les deux membres d'une équation, entre lesquels il subsistait une éternelle et nécessaire égalité. Cependant je ne doute pas que la vie moyenne de l'homme civilisé ne soit plus longue que la vie moyenne de l'homme sauvage [2].

B. Et si la durée d'une machine n'est pas une juste mesure de son plus ou moins de fatigue, qu'en concluez-vous?

A. Je vois qu'à tout prendre, vous inclineriez à croire les hommes d'autant plus méchants et plus malheureux qu'ils sont plus civilisés?

---

1. Cf. *Fragments échappés* (A. T., t. VI, p. 454) : « L'homme sauvage doit être jaloux de sa liberté. L'oiseau pris au filet se casse la tête contre les barreaux de sa cage. On n'a point encore vu un sauvage quitter le fond des forêts pour nos cités et il n'est pas rare que des hommes policés les aient quittées pour embrasser la vie sauvage ».

2. Deux ans plus tard, dans sa *Réfutation de l'homme* (1774), Diderot utilisera le même argument contre Rousseau : « La durée moyenne de la vie de l'homme policé excède la durée moyenne de la vie de l'homme sauvage. Tout est dit » (A. T., t. II, p. 411). Mais dès 1772, dans des *Fragments* peut-être destinés à Raynal (t. VI, p. 445), Diderot utilisait le même critère : « Il faudrait trouver une mesure commune à ces deux conditions ; et il y en a une, c'est la durée. Je demande si notre vie moyenne est plus longue ou plus courte que la vie moyenne de l'homme des bois ». Plus loin, dans un *Court essai sur l'homme sauvage*, il osait conclure : « La vie moyenne de l'homme sauvage est-elle plus ou moins longue que celle de l'homme policé? La vie la plus fatiguée est la plus misérable et la plus courte, quelles que soient les causes qui l'abrègent. Or je crois que la vie moyenne de l'homme policé est plus longue que celle de l'homme sauvage » (*ibid.*, p. 457).

B. Je ne parcourrai pas toutes les contrées de l'univers ; mais je vous avertis seulement que vous ne trouverez la condition de l'homme heureuse que dans Tahiti, et supportable que dans un recoin de l'Europe. Là, des maîtres ombrageux et jaloux de leur sécurité se sont occupés à le tenir dans ce que vous appelez l'abrutissement.

A. A Venise, peut-être [1]?

B. Pourquoi non? Vous ne nierez pas, du moins, qu'il n'y ait nulle part moins de lumières acquises, moins de moralité artificielle, et moins de vices et de vertus chimériques.

A. Je ne m'attendais pas à l'éloge de ce gouvernement.

B. Aussi ne le fais-je pas. Je vous indique une espèce de dédommagement de la servitude, que tous les voyageurs ont senti et préconisé.

A. Pauvre dédommagement!

B. Peut-être. Les Grecs proscrivirent celui qui avait ajouté une corde à la lyre de Mercure.

A. Et cette défense est une satire sanglante de leurs premiers législateurs. C'est la première [corde] qu'il fallait couper.

B. Vous m'avez compris. Partout où il y a une lyre, il y a des cordes. Tant que les appétits naturels seront sophistiqués, comptez sur des femmes méchantes.

A. Comme la Reymer.

B. Sur des hommes atroces.

A. Comme Gardeil.

B. Et sur des infortunés à propos de rien.

A. Comme Tanié, mademoiselle de La Chaux, le cheva-

1. C'est sans doute à la lecture de l'*Histoire des deux Indes* que Diderot doit ce jugement sur le gouvernement de Venise (cf. édition de La Haye, Gosse, 1776, t. I, p. 25 : *Venise au XV*[e] *siècle)*. Nouvelle allusion, dans les *Fragments échappés*, à Venise et à l'atrocité de ses lois (A. T., t. VI, p. 447), texte repris dans Raynal (*ibid*., t. VII, p. 265) : « Le gouvernement de Venise serait le meilleur de tous, si l'aristocratie n'était peut-être le pire ».

lier Desroches et madame de la Carlière [1]. Il est certain qu'on chercherait inutilement dans Tahiti des exemples de la dépravation des deux premiers, et du malheur des trois derniers. Que ferons-nous donc? reviendrons-nous à la nature? nous soumettrons-nous aux lois?

B. Nous parlerons contre les lois insensées jusqu'à ce qu'on les réforme; et, en attendant, nous nous y soumettrons. Celui qui, de son autorité privée, enfreint une loi mauvaise, autorise tout autre à enfreindre les bonnes. Il y a moins d'inconvénients à être fou avec des fous, qu'à être sage tout seul. Disons-nous à nous-mêmes, crions incessamment qu'on a attaché la honte, le châtiment et l'ignominie à des actions innocentes en elles-mêmes; mais ne les commettons pas, parce que la honte, le châtiment et l'ignominie sont les plus grands de tous les maux. Imitons le bon aumônier, moine en France, sauvage dans Tahiti.

A. Prendre le froc du pays où l'on va, et garder celui du pays où l'on est.

B. Et surtout être honnête et sincère jusqu'au scrupule avec des êtres fragiles qui ne peuvent faire notre bonheur, sans renoncer aux avantages les plus précieux de nos sociétés. Et ce brouillard épais, qu'est-il devenu?

A. Il est retombé.

B. Et nous serons encore libres, cet après-dîner, de sortir ou de rester?

A. Cela dépendra, je crois, un peu plus des femmes que de nous.

B. Toujours les femmes! On ne saurait faire un pas sans les rencontrer à travers son chemin.

---

1. La Reymer et Tanié, Gardeil et Mlle de la Chaux, sont les héros de *Ceci n'est pas un conte*, Desroches et Mme de la Carlière ceux du conte étrangement intitulé par Naigeon *Sur l'inconséquence du jugement public de nos actions particulières*. Ces deux récits étaient terminés le 25 septembre 1772 (*Corresp. inéd.*, *op. cit.*, t. I, p. 150) et aussitôt confiés à Grimm. Or, le 7 octobre, le *Supplément au voyage de Bougainville* était terminé. Nous avons vu qu'il existait entre le *Supplément* et *Mme de la Carlière* d'autres liens que la proximité chronologique.

A. Si nous leur lisions l'entretien de l'aumônier et d'Orou?

B. A votre avis, qu'en diraient-elles?

A. Je n'en sais rien.

B. Et qu'en penseraient-elles?

A. Peut-être le contraire de ce qu'elles en diraient.

ENTRETIEN
D'UN PHILOSOPHE
AVEC LA MARÉCHALE DE***

INTRODUCTION

CE *léger dialogue — léger de forme sinon de contenu — fut composé par Diderot en Hollande, à son retour de Russie, durant l'été de 1774. Arrivé le 5 avril à La Haye, il écrivait le 13 septembre à Catherine II, peu de jours avant son départ pour Paris :* « J'ai ébauché un petit dialogue entre la Maréchale de *** et moi. Ce sont quelques pages, moitié sérieuses, et moitié gaies ». *(cf. Tourneux,* Diderot et Catherine II, *Calmann-Lévy, 1899, p. 492). L'impératrice en aurait-elle eu la primeur? Une lettre à Grimm du 30 juin 1775 fait allusion à* « une conversation comme celle de Diderot avec la Maréchale de *** sur la dévotion » *(cf. Johansson,* op. cit., *p. 132). Au contraire de tant d'ouvrages de Diderot, l'*Entretien *parut deux ans plus tard, à la suite des* Pensées philosophiques en français et en italien, *dans un recueil attribué à Thomas Crudeli (Londres-Amsterdam, 1777), nanti de l'étrange préface que voici :* « Crudeli, si connu par ses poésies et par d'autres ouvrages, avait une manière de penser fort libre, et ses affaires avec l'Inquisition ne prouvent que trop qu'il ne la dissimulait guère. Il a laissé quelques manuscrits, entre lesquels on a trouvé le dialogue suivant. Nous doutons qu'il ait jamais été imprimé, quoique quelques personnes prétendent le contraire. Nous l'avons traduit d'après une copie manuscrite très incorrecte, qu'il a fallu restituer en plusieurs endroits... Il y a toute apparence que la dame avec laquelle le poète s'entretient est la signora Paolina Contarini, Vénitienne à laquelle il a dédié quelques-unes de ses odes. Ce dialogue n'est pas sans profondeur, mais elle y est partout dérobée par la naïveté et la simplicité du discours. Il serait à souhaiter que les matières importantes se traitassent toujours avec la même impartialité, et dans le même esprit de tolérance. Le philosophe ne prétend point amener la dame à ses opinions ; et celle-ci, de son côté, écoute ses raisons sans humeur, et ils se séparent l'un de l'autre en s'aimant et en s'estimant. En traduisant ce dialogue, il nous paraissait assister véritablement à leur conversation ; nous espérons qu'on en éprouvera le même effet à la lecture ».

Il semble bien que Diderot se soit prêté volontiers à cette mascarade italienne. Crudeli était mort en 1745 (cf. Busnelli, Diderot et l'Italie, *Champion, 1925, p. 172) et la patricienne de Venise dissimulait tant bien que mal la Maréchale. Mais d'autres n'étaient point dupes, et les manuscrits couraient. Dans l'édition de 1787 de la* Correspondance secrète *imprimée à Neuwied (t. III, p. 182), Mêtra prétend avoir débité l'ouvrage dans son numéro du 23 juillet 1776. Bien que l'érudition de Viktor Johansson n'en ait pu retrouver la trace* (op. cit., *p. 129 et 194), rien ne nous permet de douter de la parole du journaliste :* « Voici un opuscule très piquant que M. Diderot a tiré de son portefeuille pour en faire hommage à une belle dame qui m'a permis d'en prendre une copie ». *Mauvaise copie certes, qui en fonda de plus mauvaises encore, comme le manuscrit 124 de Saint-Germain-en-Laye étudié par Pierre Hermand* (les Idées morales de Diderot, *P. U. F., 1923, p. 288 sq.*). *Mêtra avait du moins l'avantage de délaisser le déguisement italien que toutes les éditions ultérieures, depuis l'abbé de Vauxcelles (1796) et Naigeon (1798), jusqu'à Assézat (1875), conserveront pieusement.*

Le secret fut rapidement éventé. L'abbé de Vauxcelles, dans ses Opuscules philosophiques et littéraires *(Paris, Chevet, 1796, p. 69), prétendait avoir reçu, le jour même de la conversation, les confidences des deux interlocuteurs :* « Diderot, *nous dit-il,* ne tarissait pas sur l'éloge de Mme de Broglie, sur sa modestie, sur sa beauté... Il avait, pendant une heure et demie, exhorté cette Vierge à l'impiété et se flattait de l'avoir laissée un peu contente de lui. Je l'assurai, en riant, du contraire ». *Naigeon, dans ses* Mémoires historiques sur la vie et les ouvrages de Diderot *(Paris, Brière, 1821, p. 377), confirma l'identification : la maréchale était la duchesse de Broglie. L'histoire dès lors s'éclairait. Le 15 décembre 1770 mourait dans son hôtel de la place Vendôme le vieux collectionneur Crozat de Thiers (cf.* Correspondance littéraire, *t. IX, p. 230). Diderot, devenu courtier en tableaux pour le compte de Catherine, avec l'aide de Tronchin et de l'expert Ménageot, réussit au bout d'un an de négociations à racheter pour 460.000 livres la collection des héritiers Crozat (cf. Diderot,* Correspondance inédite, *N.R.F., t. I., p. 121 et* Mémoires secrets, *5 janvier 1772 - Tourneux,* Diderot et Catherine II, *p. 52). L'un des héritiers était le maréchal de Broglie, qui avait épousé en 1752 l'une des trois filles Crozat, Louise Auguste Salbigothon. Il n'est donc pas excessif d'admettre qu'au cours de ses nombreuses visites à l'hôtel de Broglie durant l'année 1771, Diderot ait effectivement plaidé auprès de la maréchale la cause des athées vertueux. L'historien de la famille de Broglie, La Varende, nous permet de vérifier maint détail; la maréchale avait six enfants autour d'elle, car l'aînée, la comtesse de Damas, était mariée depuis deux ans; elle en attendait un septième, sans doute Aglaé de Broglie, et transformait volontiers sa toilette en nursery; il n'est pas jusqu'au ton primesautier et à la piété robuste de l'hôtesse, au caractère difficile du maréchal qui ne soient confirmés par les souvenirs de famille* (les Broglie, *Fasquelle, 1950*).

*Or la critique interne de l'*Entretien *justifie la date de cette anecdote. Notre texte présente de curieuses analogies d'inspiration, sinon de mise en scène, avec trois œuvres presque contemporaines de Diderot. Dans les pseudo-mémoires de Mme d'Épinay, l'*Histoire de Mme de Montbrillant *que vient de rééditer scrupuleusement M. Georges Roth (N. R. F., 1951, 3 vol.), la scène célèbre du dîner chez Mme Médéric* (ibid., *t. II, p. 400 sq.*) *évoque les mêmes problèmes de morale et de religion, souvent avec les mêmes mots; or nous ne doutons pas plus que M. Roth de la présence de Diderot dans le remaniement du roman de Mme d'Épinay, à partir de 1770, date du retour de Rousseau à Paris. Même inspiration encore dans l'*Addition aux Pensées philosophiques *que Diderot rédigea en 1762 et qui venait d'être éditée à Amsterdam par Naigeon dans son* Recueil philosophique *(1770). Mêmes thèmes dans les* Instructions à Catherine *écrites en Russie, conservées dans le recueil Noroff et publiées par Tourneux en 1898* (op. cit., Morale et religion, *p. 292-314). A notre sens, l'*Entretien avec la maréchale *doit se fonder sur une conversation réelle à l'hôtel de Broglie en 1771, conversation reprise avec Catherine deux ans plus tard, mais se contente de mettre en œuvre, sous la forme dialoguée, qui est pour Diderot la forme artistique privilégiée, une série d'arguments et d'idées-forces qu'il avait préalablement tenté d'exploiter sous la forme classique du banquet et sous la forme plus didactique des pensées détachées ou des conseils à la souveraine.*

La tradition manuscrite nous interdisait de conserver le texte d'Assézat, issu, grâce à Brière et Naigeon, de l'édition de 1777. Nous avons consulté les trois manuscrits existants (fonds Vandeul, B. N. n.a. fr., 13731, p. 83-98) (Léningrad, t. XVII, f. 13-25, microfilm B. N.) (Saint-Germain-en-Laye, n° 124) et utilisé les travaux critiques de Pierre Hermand et surtout de Johansson (op. cit., *p. 65-68 et 128-140). La filiation probable nous apparaît ainsi :*

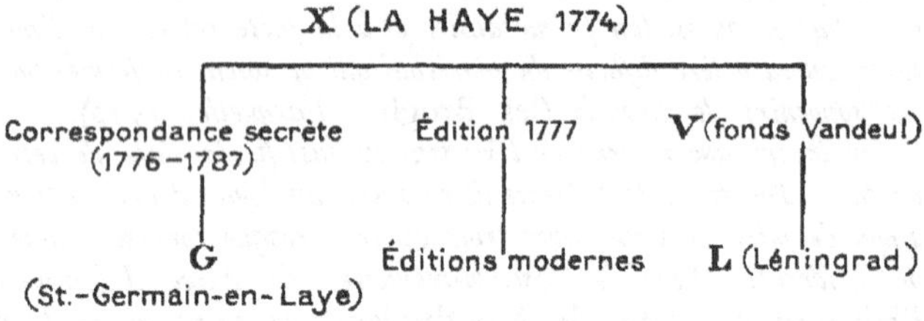

Une étude précise nous permet d'établir que V et L présentent 45 variantes communes par rapport au texte d'Assézat et deux lignes pareillement omises. L offre 8 variantes par rapport à V, de valeur nulle ou inférieure. Nous verrions dans L une copie faite sur V à l'usage de Catherine, probablement vers 1785. Nous suivrons donc constamment le texte du fonds Vandeul, nous bornant à délaisser les variantes orthographiques et à rétablir

Maréchal *ou* Maréchale *au lieu de* Duc *ou* Duchesse, *titres authentifiés par la première page du manuscrit V et par la lettre de Diderot à Catherine.*

BIBLIOGRAPHIE

I. Éditions

Contes et entretiens, Lucette PEROL (ed.), P., Garnier-Flammarion, 1977.

Entretien..., adaptation Françoise Thyrion, s.l., Actes Sud, 1991 [Lecture / spectacle présentée le 22 juillet 1990 au Festival d'Avignon].

II. Études

TOURNEUX Maurice. *Diderot et Catherine II*, P., Calmann-Lévy, 1899.

HERMAND Pierre. *Les Idées morales de Diderot*, P., P.U.F., 1923, p. 288 *sq.*

BUSNELLI Manlio D.. *Diderot et l'Italie*, P., Champion, 1925, p. 175 *sq.*

JOHANSSON J. Viktor. *Études sur Denis Diderot*, Göteborg, Wettergren et Kersberg, 1927, p. 128 *sq.*

DONVEZ Jacques. « Diderot, Aiguillon et Vergennes », *Revue des sciences humaines*, Lille / Paris, 1957.

BOOY Jean de. « Diderot et l'édition originale de l'*Entretien...* », *Revue d'histoire littéraire de la France*, n° 60, 1960.

BOOY Jean de. « Note sur la publication de l'*Entretien...* », *Studi Francesi*, n° 8, 1964.

STRUGNELL Anthony R.. « Le dédoublement du moi dans deux dialogues philosophiques de Diderot », *Studies on Voltaire*, CXCII, Oxford, 1980.

STRUGNELL Anthony R.. « Les fonctions textuelles du moi dans deux dialogues philosophiques de Diderot », *Studies on Voltaire*, CCVIII, Oxford, 1982.

ENTRETIEN D'UN PHILOSOPHE AVEC LA MARÉCHALE DE***

J'AVAIS je ne sais quelle affaire à traiter avec le maréchal de *** ; j'allai à son hôtel [1], un matin ; il était absent : je me fis annoncer à madame la maréchale. C'est une femme charmante [2] ; elle est belle et dévote comme un ange ; elle

1. Victor-François, duc de Broglie, maréchal de France, fils du maréchal premier duc de Broglie François-Marie, né le 19 octobre 1718, était un petit homme cassant, bizarre, véhément et injurieux. Combattant de Bohême sous son père en 1742, vainqueur à Sunderhausen (juillet 1758) et Bergen (février 1759), prince du Saint-Empire et maréchal de France en 1759, attaqué par la Pompadour à la suite de la retraite de 1761, il se confinait depuis près de dix ans dans son château normand de Broglie, sans paraître à la cour. Les entrevues avec Diderot eurent lieu dès mars 1771 à Paris, à l'hôtel de Broglie où le maréchal résidait en attendant la liquidation de l'héritage de son beau-père.

2. Le maréchal de Broglie avait épousé en secondes noces le 14 avril 1752 Louise-Auguste Salbigothon Crozat de Thiers, petite-fille du financier Samuel Bernard, qui lui apportait cent mille livres de rente. Au dire de La Varende, l'historien des Broglie, « c'était une brunette vive que la poudre ne pâlissait pas ». Son portrait par Tocqué alla en Russie, mais une copie en est conservée à Broglie. On a gardé d'elle le souvenir d'une femme simple et directe, très pieuse. Diderot vantait à l'abbé de Vauxcelles « le calme céleste de ce visage, un peu sévère il est vrai » : « J'ai cru d'abord voir une vierge de Carle Maratte ; mais j'ai reconnu qu'elle est de Raphaël lui-même, et de son plus beau style » *(Opuscules philosophiques et littéraires*, Paris, Chevet, 1796, p. 69). Bel éloge pour une femme mariée depuis 19 ans.

a la douceur peinte sur son visage ; et puis, un son de voix et une naïveté de discours tout à fait avenants à sa physionomie. Elle était à sa toilette [1]. On m'approche un fauteuil ; je m'assieds, et nous causons. Sur quelques propos de ma part, qui l'édifièrent et qui la surprirent (car elle était dans l'opinion que celui qui nie la très sainte Trinité est un homme de sac et de corde, qui finira par être pendu), elle me dit :

N'êtes-vous pas monsieur Diderot?

DIDEROT

Oui, madame.

LA MARÉCHALE

C'est donc vous qui ne croyez rien?

DIDEROT

Moi-même.

LA MARÉCHALE

Cependant votre morale est d'un croyant.

DIDEROT

Pourquoi non, quand il est honnête homme?

LA MARÉCHALE

Et cette morale-là, vous la pratiquez?

DIDEROT

De mon mieux.

LA MARÉCHALE

Quoi ! vous ne volez point, vous ne tuez point, vous ne pillez point?

DIDEROT

Très rarement.

LA MARÉCHALE

Que gagnez-vous donc à ne pas croire?

---

1. L'abbé de Vauxcelles précise même que la maréchale se baignait et que Diderot par son bavardage la laissa une heure et demie « les pieds dans l'eau » (*ibid.*).

DIDEROT

Rien du tout, madame la maréchale. Est-ce qu'on croit, parce qu'il y a quelque chose à gagner?

LA MARÉCHALE

Je ne sais ; mais la raison d'intérêt ne gâte rien aux affaires de ce monde ni de l'autre.

DIDEROT

J'en suis un peu fâché pour notre pauvre espèce humaine. Nous ne valons pas mieux.

LA MARÉCHALE

Mais quoi ! vous ne volez point?

DIDEROT

Non, d'honneur.

LA MARÉCHALE

Si vous n'êtes ni voleur ni assassin, convenez du moins que vous n'êtes pas conséquent.

DIDEROT

Pourquoi donc ?

LA MARÉCHALE

C'est qu'il me semble que si je n'avais rien à espérer ni à craindre, quand je n'y serai plus, il y a bien de petites douceurs dont je ne me priverais pas, à présent que j'y suis. J'avoue que je prête à Dieu à la petite semaine.

DIDEROT

Vous l'imaginez.

LA MARÉCHALE

Ce n'est point une imagination, c'est un fait.

DIDEROT

Et pourrait-on vous demander quelles sont ces choses que vous vous permettriez, si vous étiez incrédule?

LA MARÉCHALE

Non pas, s'il vous plaît ; c'est un article de ma confession.

DIDEROT

Pour moi, je mets à fonds perdu.

LA MARÉCHALE

C'est la ressource des gueux.

DIDEROT

M'aimeriez-vous mieux usurier?

LA MARÉCHALE

Mais oui ; on peut faire l'usure avec Dieu tant qu'on veut : on ne le ruine pas. Je sais bien que cela n'est pas délicat, mais qu'importe? Comme le point est d'attraper le ciel, d'adresse ou de force, il faut tout porter en ligne de compte, ne négliger aucun profit. Hélas! nous aurons beau faire, notre mise sera toujours bien mesquine en comparaison de la rentrée que nous attendons [1]. Et vous n'attendez rien, vous?

DIDEROT

Rien.

LA MARÉCHALE

Cela est triste. Convenez donc que vous êtes bien méchant ou bien fou!

DIDEROT

En vérité, je ne saurais, madame la maréchale.

LA MARÉCHALE

Quel motif peut avoir un incrédule d'être bon, s'il n'est pas fou? Je voudrais bien le savoir.

---

1. Le souvenir de Pascal affleure dans la discussion; les mots de *mise* et de *rentrée* évoquent le pari. La maréchale donne une traduction vulgaire de la conclusion pascalienne : « Il y a le fini à hasarder, où il y a pareils hasards de gain que de perte, et l'infini à gagner » (édit., Brunschvicg, Hachette, p. 440).

DIDEROT

Et je vais vous le dire.

LA MARÉCHALE

Vous m'obligerez.

DIDEROT

Ne pensez-vous pas qu'on peut être si heureusement né, qu'on trouve un grand plaisir à faire le bien?

LA MARÉCHALE

Je le pense.

DIDEROT

Qu'on peut avoir reçu une excellente éducation, qui fortifie le penchant naturel à la bienfaisance?

LA MARÉCHALE

Assurément.

DIDEROT

Et que, dans un âge plus avancé, l'expérience nous ait convaincus, qu'à tout prendre, il vaut mieux, pour son bonheur dans ce monde, être un honnête homme qu'un coquin?

LA MARÉCHALE

Oui-da ; mais comment est-on honnête homme, lorsque de mauvais principes se joignent aux passions pour entraîner au mal?

DIDEROT

On est inconséquent : et y a-t-il rien de plus commun que d'être inconséquent!

LA MARÉCHALE

Hélas! malheureusement, non : on croit, et tous les jours on se conduit comme si l'on ne croyait pas.

DIDEROT

Et sans croire, l'on se conduit à peu près comme si l'on croyait.

LA MARÉCHALE

A la bonne heure ; mais quel inconvénient y aurait-il à avoir une raison de plus, la religion, pour faire le bien, et une raison de moins, l'incrédulité, pour mal faire?

DIDEROT

Aucun, si la religion était un motif de faire le bien, et l'incrédulité un motif de faire le mal.

LA MARÉCHALE

Est-ce qu'il y a quelque doute là-dessus? Est-ce que l'esprit de religion n'est pas de contrarier sans cesse cette vilaine nature corrompue ; et celui de l'incrédulité, de l'abandonner à sa malice, en l'affranchissant de la crainte?

DIDEROT

Ceci, madame la maréchale, va nous jeter dans une longue discussion.

LA MARÉCHALE

Qu'est-ce que cela fait? Le maréchal ne rentrera pas sitôt ; et il vaut mieux que nous parlions raison, que de médire de notre prochain.

DIDEROT

Il faudra que je reprenne les choses d'un peu haut.

LA MARÉCHALE

De si haut que vous voudrez, pourvu que je vous entende.

DIDEROT

Si vous ne m'entendiez pas, ce serait bien ma faute.

LA MARÉCHALE

Cela est poli ; mais il faut que vous sachiez que je n'ai jamais lu que mes heures, et que je ne me suis guère occupée qu'à pratiquer l'Évangile et à faire des enfants.

DIDEROT

Ce sont deux devoirs dont vous vous êtes bien acquittée.

LA MARÉCHALE

Oui, pour les enfants : vous en avez trouvé six autour de moi, et dans quelques jours vous en pourriez voir un de plus sur mes genoux [1] ; mais commencez.

DIDEROT

Madame la maréchale, y a-t-il quelque bien, dans ce monde-ci, qui soit sans inconvénient?

LA MARÉCHALE

Aucun.

DIDEROT

Et quelque mal qui soit sans avantage?

LA MARÉCHALE

Aucun.

DIDEROT

Qu'appelez-vous donc mal ou bien?

LA MARÉCHALE

Le mal, ce sera ce qui a plus d'inconvénients que d'avantages ; et le bien, au contraire, ce qui a plus d'avantages que d'inconvénients.

---

1. La maréchale eut en effet neuf enfants. En 1771, mariée depuis 19 ans, elle pouvait fort bien avoir six enfants autour de ses jupes : quatre fils, Charles-Louis-Victor I né en 1756, Auguste né en 1762, Charles II né en 1765, Maurice né en 1766 et probablement deux filles, Charlotte, future comtesse d'Helmast, et Adélaïde qui épousera en 1782 le marquis de Boisse. L'aînée des filles, Louise, n'était pas là, ayant épousé depuis trois ans le comte de Damas (cf. La Varende, *op. cit.*, p. 105). La variante de Métra était plus brutale : « J'en ai six tout venus et un septième qui frappe à la porte ». L'enfant attendu devait être Aglaé, qui épousera en 1788 le marquis de Murat de l'Estang.

DIDEROT

Madame la maréchale aura-t-elle la bonté de se souvenir de sa définition du bien et du mal?

LA MARÉCHALE

Je m'en souviendrai. Vous appelez cela une définition?

DIDEROT

Oui.

LA MARÉCHALE

C'est donc de la philosophie?

DIDEROT

Excellente.

LA MARÉCHALE

Et j'ai fait de la philosophie!

DIDEROT

Ainsi, vous êtes persuadée que la religion a plus d'avantages que d'inconvénients ; et c'est pour cela que vous l'appelez un bien?

LA MARÉCHALE

Oui.

DIDEROT

Pour moi, je ne doute point que votre intendant ne vous vole un peu moins la veille de Pâques que le lendemain des fêtes ; et que de temps en temps la religion n'empêche nombre de petits maux et ne produise nombre de petits biens [1].

LA MARÉCHALE

Petit à petit, cela fait somme.

---

1. Cf. *Histoire de Mme de Montbrillant* (édit. Roth, t. II, p. 407) : « Du Laurier dit (que la religion) faisait restituer un écu à Pâques à ma servante, mais qu'elle n'avait jamais fait restituer des millions mal acquis... Il est certain que si c'est la source de quelques petits biens, c'est celle des plus grands maux ».

DIDEROT

Mais croyez-vous que les terribles ravages qu'elle a causés dans les temps passés, et qu'elle causera dans les temps à venir, soient suffisamment compensés par ces guenilleux avantages-là? Songez qu'elle a créé et qu'elle perpétue la plus violente antipathie entre les nations. Il n'y a pas un musulman qui n'imaginât faire une action agréable à Dieu et à son Prophète, en exterminant tous les chrétiens, qui, de leur côté, ne sont guère plus tolérants. Songez qu'elle a créé et qu'elle perpétue dans une même contrée, des divisions qui se sont rarement éteintes sans effusion de sang. Notre histoire ne nous en offre que de trop récents et trop funestes exemples. Songez qu'elle a créé et qu'elle perpétue dans la société entre les citoyens, et dans les familles entre les proches, les haines les plus fortes et les plus constantes. Le Christ a dit qu'il était venu pour séparer l'époux de la femme, la mère de ses enfants, le frère de sa sœur, l'ami de l'ami [1]; et sa prédiction ne s'est que trop fidèlement accomplie.

LA MARÉCHALE

Voilà bien les abus; mais ce n'est pas la chose.

DIDEROT

C'est la chose, si les abus en sont inséparables.

LA MARÉCHALE

Et comment me montrerez-vous que les abus de la religion sont inséparables de la religion?

---

1. *Ibid.*, p. 409 : « Quelqu'un demanda si le Christ n'avait pas dit qu'il était venu apporter le fer et le feu sur la terre... », et *Diderot et Catherine II*, p. 306 : « Le Christ a dit : Je suis venu apporter le glaive sur la terre; je suis venu séparer l'épouse du mari, le père de l'enfant, l'enfant de son frère ». Diderot, au moment du mariage de sa fille, avait eu de graves altercations d'ordre religieux avec son frère, le chanoine de Langres (cf. *Correspondance inédite*, t. II, p. 165-13 novembre 1772).

DIDEROT

Très aisément : dites-moi, si un misanthrope s'était proposé de faire le malheur du genre humain, qu'aurait-il pu inventer de mieux que la croyance en un être incompréhensible, sur lequel les hommes n'auraient jamais pu s'entendre, et auquel ils auraient attaché plus d'importance qu'à leur vie [1] ? Or est-il possible de séparer de la notion d'une divinité l'incompréhensibilité la plus profonde et l'importance la plus grande ?

LA MARÉCHALE

Non.

DIDEROT

Concluez donc.

LA MARÉCHALE

Je conclus que c'est une idée qui n'est pas sans conséquence dans la tête des fous.

DIDEROT

Et ajoutez que les fous ont toujours été et seront toujours le plus grand nombre ; et que les plus dangereux ce sont ceux que la religion fait, et dont les perturbateurs de la société savent tirer bon parti dans l'occasion.

LA MARÉCHALE

Mais il faut quelque chose qui effraye les hommes sur les mauvaises actions qui échappent à la sévérité des lois ; et si vous détruisez la religion, que lui substituerez-vous?

DIDEROT

Quand je n'aurais rien à mettre à la place, ce serait toujours un terrible préjugé de moins ; sans compter que,

1. Cf. *Histoire de Mme de Montbrillant*, p. 411 : « Qu'est-ce qu'une notion qui varie autant qu'il y a de têtes différentes et à laquelle chacun met plus d'importance qu'à sa propre vie? ». Dans une pensée annexée par Assézat à l'*Addition aux pensées philosophiques* (A. T., t. I, p. 170), Diderot parlait déjà de cette « grande chimère » à laquelle les hommes mettaient « plus d'importance qu'à leur vie ».

dans aucun siècle et chez aucune nation, les opinions religieuses n'ont servi de base aux mœurs nationales. Les dieux qu'adoraient ces vieux Grecs et ces vieux Romains, les plus honnêtes gens de la terre, étaient la canaille la plus dissolue : un Jupiter, à brûler tout vif ; une Vénus, à enfermer à l'Hôpital [1] ; un Mercure, à mettre à Bicêtre.

LA MARÉCHALE

Et vous pensez qu'il est tout à fait indifférent que nous soyons chrétiens ou païens ; que païens, nous n'en vaudrions pas moins ; et que chrétiens, nous n'en valons pas mieux.

DIDEROT

Ma foi, j'en suis convaincu, à cela près que nous serions un peu plus gais.

LA MARÉCHALE

Cela ne se peut.

DIDEROT

Mais, madame la maréchale, est-ce qu'il y a des chrétiens? Je n'en ai jamais vu.

LA MARÉCHALE

Et c'est à moi que vous dites cela, à moi?

DIDEROT

Non, madame, ce n'est pas à vous ; c'est à une de mes voisines qui est honnête et pieuse comme vous l'êtes, et qui se croyait chrétienne de la meilleure foi du monde, comme vous vous le croyez.

LA MARÉCHALE

Et vous lui fîtes voir qu'elle avait tort?

---

1. L'Hôpital général ou Salpêtrière était depuis 1684 réservé aux femmes et servait de maison de force pour les filles débauchées. Bicêtre comportait cinq sections où alternaient les fous, les épileptiques et les mauvais garçons soumis aux lettres de cachet.

DIDEROT

En un instant.

LA MARÉCHALE

Comment vous y prîtes-vous?

DIDEROT

J'ouvris un Nouveau Testament, dont elle s'était beaucoup servie, car il était fort usé. Je lui lus le sermon sur la montagne, et à chaque article je lui demandai : « Faites-vous cela? et cela donc? et cela encore? » J'allai plus loin. Elle est belle, et quoiqu'elle soit très dévote, elle ne l'ignore pas ; elle a la peau très blanche, et quoiqu'elle n'attache pas un grand prix à ce frêle avantage, elle n'est pas fâchée qu'on en fasse l'éloge ; elle a la gorge aussi bien qu'il soit possible de l'avoir, et, quoiqu'elle soit très modeste, elle trouve bon qu'on s'en aperçoive.

LA MARÉCHALE

Pourvu qu'il n'y ait qu'elle et son mari qui le sachent.

DIDEROT

Je crois que son mari le sait mieux qu'un autre ; mais pour une femme qui se pique de grand christianisme, cela ne suffit pas. Je lui dis : « N'est-il pas écrit dans l'Évangile, que celui qui a convoité la femme de son prochain, a commis l'adultère dans son cœur? »

LA MARÉCHALE

Elle vous répondit que oui?

DIDEROT

Je lui dis : « Et l'adultère commis dans le cœur ne damne-t-il pas aussi sûrement qu'un adultère mieux conditionné? »

LA MARÉCHALE

Elle vous répondit encore que oui?

DIDEROT

Je lui dis : « Et si l'homme est damné pour l'adultère qu'il a commis dans le cœur, quel sera le sort de la femme qui invite tous ceux qui l'approchent à commettre ce crime? » Cette dernière question l'embarrassa.

LA MARÉCHALE

Je comprends; c'est qu'elle ne voilait pas fort exactement cette gorge, qu'elle avait aussi bien qu'il est possible de l'avoir.

DIDEROT

Il est vrai. Elle me répondit que c'était une chose d'usage; comme si rien n'était plus d'usage que de s'appeler chrétien, et de ne l'être pas; qu'il ne fallait pas se vêtir ridiculement, comme s'il y avait quelque comparaison à faire entre un misérable petit ridicule, sa damnation éternelle et celle de son prochain; qu'elle se laissait habiller par sa couturière, comme s'il ne valait pas mieux changer de couturière que renoncer à sa religion; que c'était la fantaisie de son mari, comme si un époux était assez insensé d'exiger de sa femme l'oubli de la décence et de ses devoirs, et qu'une véritable chrétienne dût pousser l'obéissance pour un époux extravagant jusqu'au sacrifice de la volonté de son Dieu et au mépris des menaces de son rédempteur!

LA MARÉCHALE

Je savais d'avance toutes ces puérilités-là; je vous les aurais peut-être dites comme votre voisine : mais elle et moi nous aurions été toutes deux de mauvaise foi. Mais quel parti prit-elle d'après votre remontrance?

DIDEROT

Le lendemain de cette conversation (c'était un jour de fête), je remontais chez moi, et ma dévote et belle voisine descendait de chez elle pour aller à la messe.

LA MARÉCHALE

Vêtue comme de coutume?

DIDEROT

Vêtue comme de coutume. Je souris, elle sourit ; et nous passâmes l'un à côté de l'autre sans nous parler. Madame la maréchale, une honnête femme ! une chrétienne ! une dévote ! Après cet exemple, et cent mille autres de la même espèce, quelle influence réelle puis-je accorder à la religion sur les mœurs ? Presque aucune, et tant mieux.

LA MARÉCHALE

Comment, tant mieux ?

DIDEROT

Oui, madame : s'il prenait en fantaisie à vingt mille habitants de Paris de conformer strictement leur conduite au sermon sur la montagne...

LA MARÉCHALE

Eh bien ! il y aurait quelques belles gorges plus couvertes.

DIDEROT

Et tant de fous que le lieutenant de police ne saurait qu'en faire ; car nos petites-maisons n'y suffiraient pas. Il y a dans les livres inspirés deux morales : l'une générale et commune à toutes les nations, à tous les cultes, et qu'on suit à peu près ; une autre, propre à chaque nation et à chaque culte, à laquelle on croit, qu'on prêche dans les temples, qu'on préconise dans les maisons, et qu'on ne suit point du tout.

LA MARÉCHALE

Et d'où vient cette bizarrerie ?

DIDEROT

De ce qu'il est impossible d'assujettir un peuple à une règle qui ne convient qu'à quelques hommes mélancoliques, qui l'ont calquée sur leur caractère. Il en est des religions comme des institutions monastiques, qui toutes se relâchent avec le temps. Ce sont des folies qui ne peuvent tenir contre l'impulsion constante de la nature, qui nous ramène sous sa loi. Et faites que le bien des particuliers soit si étroitement lié avec le bien général, qu'un citoyen ne puisse presque pas nuire à la société sans se nuire à lui-même; assurez à la vertu sa récompense, comme vous avez assuré à la méchanceté son châtiment; que sans aucune distinction de culte, dans quelque condition que le mérite se trouve, il conduise aux grandes places de l'État; et ne comptez plus sur d'autres méchants que sur un petit nombre d'hommes, qu'une nature perverse que rien ne peut corriger entraîne au vice. Madame la maréchale, la tentation est trop proche; et l'enfer est trop loin : n'attendez rien qui vaille la peine qu'un sage législateur s'en occupe, d'un système d'opinions bizarres qui n'en impose qu'aux enfants; qui encourage au crime par la commodité des expiations; qui envoie le coupable demander pardon à Dieu de l'injure faite à l'homme, et qui avilit l'ordre des devoirs naturels et moraux, en le subordonnant à un ordre de devoirs chimériques.

LA MARÉCHALE

Je ne vous comprends pas.

DIDEROT

Je m'explique; mais il me semble que voilà le carrosse de M. le maréchal, qui rentre fort à propos pour m'empêcher de dire une sottise.

LA MARÉCHALE

Dites, dites votre sottise, je ne l'entendrai pas; je me suis accoutumée à n'entendre que ce qu'il me plaît.

DIDEROT

Je m'approchai de son oreille, et je lui dis tout bas : Madame la maréchale, demandez au vicaire de votre paroisse, de ces deux crimes, pisser dans un vase sacré, ou noircir la réputation d'une femme honnête, quel est le plus atroce? Il frémira d'horreur au premier, criera au sacrilège; et la loi civile, qui prend à peine connaissance de la calomnie, tandis qu'elle punit le sacrilège par le feu, achèvera de brouiller les idées et de corrompre les esprits [1].

LA MARÉCHALE

Je connais plus d'une femme qui se ferait un scrupule de manger gras un vendredi, et qui... j'allais dire aussi ma sottise. Continuez.

DIDEROT

Mais, madame, il faut absolument que je parle à M. le maréchal.

LA MARÉCHALE

Encore un moment, et puis nous l'irons voir ensemble. Je ne sais trop que vous répondre, et cependant vous ne me persuadez pas.

DIDEROT

Je ne me suis pas proposé de vous persuader. Il en est de la religion comme du mariage. Le mariage, qui fait le malheur de tant d'autres, a fait votre bonheur et celui de M. le maréchal ; vous avez très bien fait de vous marier tous deux. La religion, qui a fait, qui fait et qui fera tant de méchants, vous a rendue meilleure encore ; vous faites bien de la garder. Il vous est doux d'imaginer à côté de vous, au-dessus de votre tête, un être grand et puissant, qui vous voit marcher sur la terre, et cette idée affermit vos pas. Continuez, madame, à jouir de ce garant auguste de vos pensées, de ce spectateur, de ce modèle sublime de vos actions [2].

---

1. Cf. *Histoire de Mme de Montbrillant*, p. 408 : « Demandez à un curé de Paris s'il y a plus de mal à déshonorer publiquement une femme honnête par une calomnie qu'à cracher secrètement dans un ciboire, il n'osera jamais vous dire que oui et quand il vous le dirait à l'oreille, il n'osera jamais le prêcher ; on pend pour un vol, mais on brûle pour un sacrilège ». Même idée dans *Diderot et Catherine II* (*op. cit.*, p. 313) : « Il n'y a peut-être pas un homme pieux qui ne vît plus de mal à souiller un vase sacré qu'à corrompre une jeune innocente. Ils ont inventé pour la première de ces fautes le mot de sacrilège ».

2. Dans la lettre même où Diderot annonçait son ébauche de l'*Entretien avec la maréchale* (13 septembre 1774 ; *op. cit.* p. 490), il servait

LA MARÉCHALE

Vous n'avez pas, à ce que je vois, la manie du prosélytisme.

DIDEROT

Aucunement.

LA MARÉCHALE

Je vous en estime davantage.

DIDEROT

Je permets à chacun de penser à sa manière, [pourvu qu'on me laisse penser à la mienne] ; et puis, ceux qui sont faits pour se délivrer de ces préjugés n'ont guère besoin qu'on les catéchise.

LA MARÉCHALE

Croyez-vous que l'homme puisse se passer de la superstition?

DIDEROT

Non, tant qu'il restera ignorant et peureux.

LA MARÉCHALE

Eh bien! superstition pour superstition, autant la nôtre qu'une autre.

DIDEROT

Je ne le pense pas.

---

l'argument à l'Impératrice : « Votre Majesté veut un grand spectateur qui s'incline vers la terre et qui la regarde marcher. Elle ambitionne au haut de l'atmosphère un approbateur digne d'elle. Pour moi, chétive créature, je m'esquive et je vais comme si personne ne me regardait ». Nouvelle version dans les *Instructions à Catherine* recueillies dans l'in-quarto Noroff (*ibid.*, p. 303) : « Votre Majesté aime à se persuader qu'elle a dans le ciel un modèle qui a les yeux ouverts sur sa conduite et qui la voyant marcher avec tant de bonté, tant de noblesse, tant de grandeur et d'humanité, lui sourit et se complaît dans un spectacle que la terre ne lui offre pas souvent ».

LA MARÉCHALE

Parlez-moi vrai, ne vous répugne-t-il point à n'être plus rien après votre mort?

DIDEROT

J'aimerais mieux exister, bien que je ne sache pas pourquoi un être, qui a pu me rendre malheureux sans raison, ne s'en amuserait pas deux fois.

LA MARÉCHALE

Si, malgré cet inconvénient, l'espoir d'une vie à venir vous paraît consolant et doux, pourquoi nous l'arracher?

DIDEROT

Je n'ai pas cet espoir, parce que le désir ne m'en a point dérobé la vanité; mais je ne l'ôte à personne. Si l'on peut croire qu'on verra, quand on n'aura plus d'yeux; qu'on entendra, quand on n'aura plus d'oreilles; qu'on pensera, quand on n'aura plus de tête; qu'on aimera, quand on n'aura plus de cœur; qu'on sentira, quand on n'aura plus de sens; qu'on existera, quand on ne sera nulle part; qu'on sera quelque chose, sans étendue et sans lieu, j'y consens.

LA MARÉCHALE

Mais ce monde-ci, qui est-ce qui l'a fait?

DIDEROT

Je vous le demande.

LA MARÉCHALE

C'est Dieu.

DIDEROT

Et qu'est-ce que Dieu?

LA MARÉCHALE

Un esprit.

DIDEROT

Si un esprit fait de la matière, pourquoi de la matière ne ferait-elle pas un esprit [1]?

LA MARÉCHALE

Et pourquoi le ferait-elle?

DIDEROT

C'est que je lui en vois faire tous les jours. Croyez-vous que les bêtes aient des âmes?

LA MARÉCHALE

Certainement, je le crois.

DIDEROT

Et pourriez-vous me dire ce que devient, par exemple, l'âme du serpent du Pérou, pendant qu'il se dessèche, [suspendu dans une cheminée, et exposé] à la fumée un ou deux ans de suite?

LA MARÉCHALE

Qu'elle devienne ce qu'elle voudra, qu'est-ce que cela me fait?

DIDEROT

C'est que madame la maréchale ne sait pas que ce serpent enfumé, desséché, ressuscite et renaît.

LA MARÉCHALE

Je n'en crois rien.

DIDEROT

C'est pourtant un habile homme, c'est Bouguer qui l'assure [2].

---

1. C'est le mot d'Angélique Diderot : « On fait de l'âme quand on fait de la chair » (*Lettres à Sophie Volland*, *op. cit.*, t. II, p. 218) repris dans l'*Entretien entre Diderot et d'Alembert* (cf. *supra, page* 264, *note* 2).

2. L'anecdote a été consignée par Diderot dans les *Éléments de physiologie* (A. T., t. IX, p. 275) : « Il y a au Pérou un serpent qui,

LA MARÉCHALE

Votre habile homme a menti.

DIDEROT

S'il avait dit vrai?

LA MARÉCHALE

J'en serais quitte pour croire que les animaux sont des machines.

DIDEROT

Et l'homme qui n'est qu'un animal un peu plus parfait qu'un autre... Mais, M. le maréchal...

LA MARÉCHALE

Encore une question, et c'est la dernière. Êtes-vous bien tranquille dans votre incrédulité?

DIDEROT

On ne saurait davantage.

LA MARÉCHALE

Pourtant, si vous vous trompiez?

DIDEROT

Quand je me tromperais?

LA MARÉCHALE

Tout ce que vous croyez faux serait vrai, et vous seriez damné. Monsieur Diderot, c'est une terrible chose que d'être damné; brûler toute une éternité, c'est bien long.

DIDEROT

La Fontaine croyait que nous nous y ferions comme le poisson dans l'eau.

---

desséché à la fumée, se ranime à la vapeur humide et chaude ». Elle vient de Pierre Bouguer (1698-1758), compagnon de La Condamine dans l'expédition scientifique du Pérou. M. Lough (*Diderot philosophical writings*, Cambridge University Press, 1953, p. 218) l'a retrouvée dans la *Figure de la terre* de Bouguer (Paris, 1749, p. XCVII).

LA MARÉCHALE

Oui, oui ; mais votre La Fontaine devint bien sérieux au dernier moment ; et c'est où je vous attends.

DIDEROT

Je ne réponds de rien, quand ma tête n'y sera plus ; mais si je finis par une de ces maladies qui laissent à l'homme agonisant toute sa raison, je ne serai pas plus troublé au moment où vous m'attendez qu'au moment où vous me voyez.

LA MARÉCHALE

Cette intrépidité me confond.

DIDEROT

J'en trouve bien davantage au moribond qui croit en un juge sévère qui pèse jusqu'à nos plus secrètes pensées, et dans la balance duquel l'homme le plus juste se perdrait par sa vanité, s'il ne tremblait de se trouver trop léger : si ce moribond avait alors à son choix, ou d'être anéanti, ou de se présenter à ce tribunal, son intrépidité me confondrait bien autrement s'il balançait à prendre le premier parti, à moins qu'il ne fût plus insensé que le compagnon de saint Bruno [1], ou plus ivre de son mérite que Bohola [2].

1. Saint Bruno, fondateur des chartreux, aurait été converti vers 1080 lors du service funèbre de son maître, le chanoine de Paris Raymond Diocrès. A la question de l'office des morts « Responde mihi, quantas habeo iniquitates », le défunt se serait levé en disant : « Justo Dei judicio judicatus sum ». Même scène le lendemain ; au troisième jour, le cadavre aurait répondu : « Justo Dei judicio condemnatus sum » et fut conduit à la voirie. Cette légende fut expulsée du *Bréviaire romain* au XVIIe siècle, les critiques bollandistes l'ayant trouvée postérieure de cent cinquante ans à la mort de saint Bruno ; mais les chartreux en conservaient pieusement la tradition. De la part de Diderot, il ne s'agit pas d'un détail érudit, mais d'un souvenir de visite à la Chartreuse de Paris, où les moines commentaient les admirables tableaux de la vie de saint Bruno peints par Eustache Le Sueur (1645-1648). Dans *les Caractères* de La Bruyère (XI, 7), Ménalque visitait la Chartreuse et confondait Bruno et Diocrès. Le tableau en cause est le troisième de la série fameuse, que Maurepas en 1776 fit transférer au Louvre.

2. Il s'agit non de Bohola, mais d'André Bobola, né à Sandomir en 1591, qui, après avoir étudié au collège de Vilna, devint supé-

LA MARÉCHALE

J'ai lu l'histoire de l'associé de saint Bruno ; mais je n'ai jamais entendu parler de votre Bohola.

DIDEROT

C'était un jésuite de Pinsk, en Lituanie, qui laissa en mourant une cassette pleine d'argent, avec un billet écrit et signé de sa main.

LA MARÉCHALE

Et ce billet?

DIDEROT

Était conçu en ces termes : « Je prie mon cher confrère, dépositaire de cette cassette, de l'ouvrir lorsque j'aurai fait des miracles. L'argent qu'elle contient servira aux frais du procès de ma béatification. J'y ai ajouté quelques mémoires authentiques pour la confirmation de mes vertus, et qui pourront servir utilement à ceux qui entreprendront d'écrire ma vie. »

LA MARÉCHALE

Cela est à mourir de rire.

DIDEROT

Pour moi, madame la maréchale ; mais pour vous, votre Dieu n'entend pas raillerie.

---

rieur des jésuites à Bobruisk et se consacra dès 1636 aux missions contre les schismatiques russes. Au cours d'obscures luttes de frontières, une incursion cosaque tomba sur Pinsk, sa résidence ; rejoint au cours de sa fuite, il fut massacré le 16 mai 1657. Son corps incorrompu fut en vénération à Pinsk pendant des siècles, exposé à Moscou en 1922, ramené à Rome en 1923, puis en Pologne en 1938. Le procès de béatification du jésuite martyr fut instruit dès 1728, mais Bobola ne fut déclaré bienheureux que par la bulle *Quæ duo ad sacrum* de Pie IX (5 juillet 1853), (cf. Sommervogel, *Bibliothèque de la compagnie de Jésus*, Paris, Picard, 1932, p. 1402). Sa canonisation date seulement de 1938. L'information vient de Voltaire : *Essai historique sur les dissensions des Églises de Pologne*, 1767, ouvrage de propagande russe contre les catholiques polonais, d'après des mémoires fournis par l'ambassadeur Repnin (cf. Albert Lortholary, *Le mirage russe en France au XVIIIe siècle*, Boivin, 1951, p. 327).

LA MARÉCHALE

Vous avez raison.

DIDEROT

Madame la maréchale, il est bien facile de pécher grièvement contre votre loi.

LA MARÉCHALE

J'en conviens.

DIDEROT

La justice qui décidera de votre sort est bien rigoureuse.

LA MARÉCHALE

Il est vrai.

DIDEROT

Et si vous en croyez les oracles de votre religion sur le nombre des élus, il est bien petit.

LA MARÉCHALE

Oh! c'est que je ne suis pas janséniste; je ne vois la médaille que par son revers consolant : le sang de Jésus-Christ couvre un grand espace à mes yeux; et il me semblerait très singulier que le diable, qui n'a pas livré son fils à la mort, eût pourtant la meilleure part [1].

DIDEROT

Damnez-vous Socrate, Phocion, Aristide, Caton, Trajan, Marc-Aurèle?

LA MARÉCHALE

Fi donc! il n'y a que des bêtes féroces qui puissent le penser. Saint Paul dit que chacun sera jugé par la loi qu'il a connue; et saint Paul a raison [2].

1. Cf. *Addition aux Pensées philosophiques* (cf. *supra*, nº XV) : S'il y a cent mille damnés pour un sauvé, le diable a toujours l'avantage, sans avoir abandonné son fils à la mort ».

2. Cf. saint Paul, *Épître aux Romains* (II, 14) : « Quand les païens qui n'ont pas la loi font naturellement ce que prescrit la loi, eux qui n'ont pas la loi, ils sont une loi pour eux-mêmes ».

DIDEROT

Et par quelle loi l'incrédule sera-t-il jugé?

LA MARÉCHALE

Votre cas est un peu différent. Vous êtes un peu de ces habitants maudits de Corozaïn et de Betzaïda, qui fermèrent leurs yeux à la lumière qui les éclairait, et qui étoupèrent leurs oreilles pour ne pas entendre la voix de la vérité qui leur parlait [1].

DIDEROT

Madame la maréchale, ces Corozaïnois et ces Betzaïdains furent des hommes comme il n'y en eut jamais que là, s'ils furent maîtres de croire ou de ne pas croire.

LA MARÉCHALE

Ils virent des prodiges qui auraient mis l'enchère aux sacs et à la cendre, s'ils avaient été faits à Tyr et à Sidon.

DIDEROT

C'est que les habitants de Tyr et de Sidon étaient des gens d'esprit, et que ceux de Corozaïn et de Betzaïda n'étaient que des sots. Mais est-ce que celui qui fit les sots les punira pour avoir été sots[2]? Je vous ai fait tout à l'heure une histoire, et il me prend envie de vous faire un conte. Un jeune Mexicain... Mais M. le maréchal?

LA MARÉCHALE

Je vais envoyer savoir s'il est visible. Eh bien! votre Mexicain?

1. Cf. Matthieu (XI, 21) : «Malheur à toi, Chorazin, malheur à toi, Bethsaïda. Car si les miracles qui ont été faits au milieu de vous avaient été faits dans Tyr et dans Sidon, il y a longtemps qu'elles se seraient repenties en prenant le sac et la cendre ».

2. Cf. *Pensées philosophiques* (cf. *supra*, article XXIX) : « L'on n'est point récompensé dans l'autre monde pour avoir eu de l'esprit dans celui-ci ; y serait-on puni pour en avoir manqué? Damner un homme pour de mauvais raisonnements, c'est oublier qu'il est un sot pour le traiter comme un méchant ». Idée reprise dans l'*Addition* (article XI) : « L'auteur de la Nature, qui ne me récompensera pas pour avoir été un homme d'esprit, ne me damnera pas pour avoir été un sot ».

DIDEROT

Las de son travail, se promenait un jour au bord de la mer. Il voit une planche qui trempait d'un bout dans les eaux, et qui de l'autre posait sur le rivage. Il s'assied sur cette planche, et là, prolongeant ses regards sur la vaste étendue qui se déployait devant lui, il se disait : Rien n'est plus vrai que ma grand-mère radote avec son histoire de je ne sais quels habitants qui, dans je ne sais quel temps, abordèrent ici de je ne sais où, d'une contrée au-delà de nos mers. Il n'y a pas le sens commun: ne vois-je pas la mer confiner avec le ciel? Et puis-je croire, contre le témoignage de mes sens, une vieille fable dont on ignore la date, que chacun arrange à sa manière, et qui n'est qu'un tissu de circonstances absurdes, sur lesquelles ils se mangent le cœur et s'arrachent le blanc des yeux? Tandis qu'il raisonnait ainsi, les eaux agitées le berçaient sur sa planche, et il s'endormit. Pendant qu'il dort, le vent s'accroît, le flot soulève la planche sur laquelle il est étendu, et voilà notre jeune raisonneur embarqué [1].

---

1. Assézat remarquait le lien entre le conte du jeune Mexicain (cf. A. T., t. II, p. 524) et le conte *Qu'en pensez-vous?* recueilli au tome IV (p. 443-448) de son édition et qui se retrouve presque identique dans l'*Histoire de Mme de Montbrillant* (t. II, p. 426 sq.). Nous avons là un argument de plus pour en refuser la paternité à Rousseau conformément à la thèse de P.-M. Masson (*Mme d'Epinay, Diderot et Rousseau chez Mlle Quinault*, in *Annales J.-J. Rousseau*, 1913, t. IX, p. 23-24) et de Georges Roth (*op. cit.*, p. 426, note 3, et p. 430, note 1). Sans nous livrer à une comparaison rigoureuse des trois versions, nous remarquerions cependant un progrès dans l'élaboration. Le conte *Qu'en pensez-vous ?*, sans remonter comme le veut Assézat (t. IV, p. 447) à l'époque des *Bijoux indiscrets*, est d'une sécheresse presque voltairienne : « Un jour qu'il était fatigué d'une longue course, il s'assit sur une planche au bord du rivage et se laissa aller à ses rêveries. Il ne s'aperçut qu'elle l'avait insensiblement transporté au bord de la rive opposée que lorsqu'il y fut arrivé ». Le conte de Mme d'Epinay, sans supprimer la satire du monde chrétien, paraît littérairement plus élaboré : « Un jour qu'il était fatigué d'une longue course, il s'assit sur une petite barque au bord du rivage et se laissant aller à ses rêveries, il disait : c'est un conte que tout cela. Il n'y a pas de rive de l'autre côté ; cet immense amas d'eau touche au ciel, je le vois. Tout en voyant et en rêvant, il s'endormit et tandis qu'il dormait, un vent frais s'éleva,

LA MARÉCHALE

Hélas ! c'est bien là notre image : nous sommes chacun sur notre planche ; le vent souffle, et le flot nous emporte.

DIDEROT

Il était déjà loin du continent lorsqu'il s'éveilla. Qui fut bien surpris de se trouver en pleine mer? ce fut notre Mexicain. Qui le fut bien davantage? ce fut encore lui, lorsque ayant perdu de vue le rivage sur lequel il se promenait il n'y a qu'un instant, la mer lui parut confiner avec le ciel de tous côtés. Alors il soupçonna qu'il pourrait bien s'être trompé ; et que, si le vent restait au même point, peut-être serait-il porté sur la rive, et parmi ces habitants dont sa grand-mère l'avait si souvent entretenu.

LA MARÉCHALE

Et de son souci, vous n'en dites mot.

DIDEROT

Il n'en eut point. Il se dit : Qu'est-ce que cela me fait, pourvu que j'aborde ? J'ai raisonné comme un étourdi, soit ; mais j'ai été sincère avec moi-même ; et c'est tout ce qu'on peut exiger de moi. Si ce n'est pas une vertu que d'avoir de l'esprit, ce n'est pas un crime d'en manquer. Cependant le vent continuait, l'homme et la planche voguaient, et la rive inconnue commençait à paraître : il y touche, et l'y voilà.

LA MARÉCHALE

Nous nous y reverrons un jour, monsieur Diderot.

DIDEROT

Je le souhaite, madame la maréchale ; en quelque endroit

---

agita l'eau et la barque et le transporta insensiblement au bord de la rive opposée... M. le Génie, ce n'est pas ma faute... si j'ai été même jusqu'à douter de votre existence ». (*Op. cit.*, t. II, p. 429-430). Dans le conte à la maréchale, la recherche poétique est moins sensible, mais l'accent est mis moins sur l'indifférence déterministe que sur l'indulgence paternelle de la divinité : le personnage de Mme de Broglie impose à Diderot cette modification esthétique. (L'apologue est déjà en puissance dans *Lettre à Sophie Volland*, tome II, p. 58, 1er août 1765.)

que ce soit, je serai toujours très flatté de vous faire ma cour. A peine eut-il quitté sa planche, et mis le pied sur le sable, qu'il aperçut un vieillard vénérable, debout à ses côtés. Il lui demanda où il était, et à qui il avait l'honneur de parler : « Je suis le souverain de la contrée », lui répondit le vieillard. A l'instant le jeune homme se prosterne. « Relevez-vous, lui dit le vieillard. Vous aviez nié mon existence? — Il est vrai. — Et celle de mon empire? — Il est vrai. — Je vous le pardonne, parce que je suis celui qui voit le fond des cœurs, et que j'ai lu au fond du vôtre que vous étiez de bonne foi ; mais le reste de vos pensées et de vos actions n'est pas également innocent. » Alors le vieillard, qui le tenait par l'oreille, lui rappelait toutes les erreurs de sa vie ; et, à chaque article, le jeune Mexicain s'inclinait, se frappait la poitrine, et demandait pardon... Là, madame la maréchale, mettez-vous pour un moment à la place du vieillard, et dites-moi ce que vous auriez fait? Auriez-vous pris ce jeune insensé par les cheveux ; et vous seriez-vous complu à le traîner à toute éternité sur le rivage?

LA MARÉCHALE

En vérité, non.

DIDEROT

Si un de ces six jolis enfants que vous avez, après s'être échappé de la maison paternelle et avoir fait force sottises, y revenait bien repentant?

LA MARÉCHALE

Moi, je courrais à sa rencontre ; je le ser[re]rais entre mes bras, et je l'arroserais de mes larmes ; mais M. le maréchal son père ne prendrait pas la chose si doucement.

DIDEROT

M. le maréchal n'est pas un tigre.

LA MARÉCHALE

Il s'en faut bien.

DIDEROT

Il se ferait peut-être un peu tirailler ; mais il pardonnerait.

LA MARÉCHALE

Certainement.

DIDEROT

Surtout s'il venait à considérer qu'avant de donner la naissance à cet enfant, il en savait toute la vie, et que le châtiment de ses fautes serait sans aucune utilité ni pour lui-même, ni pour le coupable, ni pour ses frères.

LA MARÉCHALE

Le vieillard et M. le maréchal sont deux.

DIDEROT

Vous voulez dire que M. le maréchal est meilleur que le vieillard?

LA MARÉCHALE

Dieu m'en garde! Je veux dire que, si ma justice n'est pas celle de M. le maréchal, la justice de M. le maréchal pourrait bien n'être pas celle du vieillard.

DIDEROT

Ah! madame! vous ne sentez pas les suites de cette réponse. Ou la définition générale de la justice convient également à vous, à M. le maréchal, à moi, au jeune Mexicain et au vieillard ; ou je ne sais plus ce que c'est, et j'ignore comment on plaît ou l'on déplaît à ce dernier.

Nous en étions là lorsqu'on nous avertit que M. le maréchal nous attendait. Je donnai la main à Mme la maréchale, qui me disait : C'est à faire tourner la tête, n'est-ce pas?

DIDEROT

Pourquoi donc, quand on l'a bonne?

LA MARÉCHALE

Après tout, le plus court est de se conduire comme si le vieillard existait.

DIDEROT

Même quand on n'y croit pas.

LA MARÉCHALE

Et quand on y croit, de ne pas trop compter sur sa bonté.

DIDEROT

Si ce n'est pas le plus poli, c'est du moins le plus sûr.

LA MARÉCHALE

A propos, si vous aviez à rendre compte de vos principes à nos magistrats, les avoueriez-vous?

DIDEROT

Je ferais de mon mieux pour leur épargner une action atroce.

LA MARÉCHALE

Ah! le lâche! Et si vous étiez sur le point de mourir, vous soumettriez-vous aux cérémonies de l'Église?

DIDEROT

Je n'y manquerais pas.

LA MARÉCHALE

Fi! le vilain hypocrite.

RÉFUTATION SUIVIE
DE
L'OUVRAGE D'HELVÉTIUS
INTITULÉ L'HOMME

(EXTRAITS)

INTRODUCTION

Au *printemps de 1773 venait de paraître à La Haye chez Marc-Michel Rey et sous les auspices de l'abbé de la Roche, l'ouvrage posthume d'Helvétius,* De l'Homme. *Or, dès les premiers jours de juin, Diderot arrivait en Hollande et s'installait chez le prince et la princesse Galitzine. Il en partait le 20 août pour Saint-Pétersbourg (cf. Dieckmann,* op. cit., *p. 267). Le prince Galitzine répandait l'ouvrage d'Helvétius, dédié d'ailleurs à Catherine, avec une conviction qui inquiétait notre ambassadeur, le marquis de Noailles (cf. Lettre de Noailles au duc d'Aiguillon du 14 septembre 1773, in* Diderot et Catherine II, op. cit., *p. 64 sq.) :* « Je soupçonne Diderot, *disait-il,* d'être l'auteur de la préface, mais je garantirais plus sûrement que, s'il ne l'a pas faite, il a montré à La Haye les mêmes sentiments qu'elle renferme ». *En fait Diderot, durant les trois mois de son séjour, s'était fort occupé d'Helvétius ; loin d'en avoir écrit la préface, il en avait préparé une minutieuse réfutation (cf. Lettre à Mme d'Épinay,* Corr. inéd., *1931, N. R. F., t. I, p. 215, 22 juillet 1773 :* « J'ai lu trois fois le posthume d'Helvétius. C'est ma foi un excellent ouvrage plein de réflexions fines qu'il n'est pas donné à tout le monde de trouver, et d'inconséquences que tout le monde corrigerait d'un trait de plume »*).*

Il ne s'agissait pas d'un article composé, comme ceux qu'il donnait naguère à la Correspondance Littéraire, *ni de ces* marginalia *dont il couvrait la plupart de ses livres et que nous rapportent les érudits russes, mais d'un véritable dialogue qu'il instaurait par-delà la mort avec le châtelain de Voré. Pour la première fois, Diderot se heurtait, non pas à la philosophie traditionnelle, mais à un matérialisme conséquent et vigoureux qui, partant de la sensation, prétendait reconstituer l'homme par un mécanisme associationniste; postulant l'identité d'organisation, Helvétius soumettait l'homme aux forces de l'habitude et de l'éducation et comptait réaliser le bonheur des individus et l'harmonie sociale sous l'égide d'un despotisme éclairé, dont les nations du Nord faisaient l'expérience avec Frédéric et Catherine. Diderot d'emblée fut révolté de cette abusive schématisation; violemment hostile à Frédéric (les* Pages contre un tyran *en font foi), bien disposé pour Catherine, mais réticent à l'égard de ses méthodes de gouvernement, il sait que* « les gras pâturages » *auxquels le bon tyran voue le peuple ne sont qu'une image séduisante de l'esclavage. Mais Helvétius le heurte plus encore dans sa conception même de l'homme. Dans la mesure où Diderot est psychologue et romancier, il est sensible à la fibre originelle qui fait de l'homme un individu caractérisé et caractéristique. Le neveu de Rameau n'est pas le capitoul de Toulouse, Mlle de la Chaux n'est pas Mme de la Pommeraye; une vieille curiosité, une longue expérience des âmes lui ont appris à distinguer l'homme réel de l'automate d'Helvétius. Mais son expérience scientifique propre, cette longue pratique des découvertes biologiques de son siècle l'ont amené à se défier des schémas ambitieux d'un philosophe en chambre. L'homme est divers, charnellement et intellectuellement, et l'on ne peut induire d'une parenté de structure une identité d'organisation et à plus forte raison de comportement. Contre le* « behaviourisme » *d'Helvétius, Diderot appelle au secours non seulement Montaigne et toute une tradition d'humanisme, mais les sciences neuves qui révèlent l'infinie complexité du monde de la vie et la délicatesse de son interprétation. Est-ce à dire que Diderot renie le matérialisme du* Rêve de d'Alembert? *Certes non. Nous ne croyons pas, comme Paul Janet* (Nineteenth century, *1881, p. 696*), *trouver dans la* Réfutation de l'homme *l'ultime revanche de l'idéalisme; nous n'y voyons pas comme Jean Thomas* (l'Humanisme de Diderot, *1938, p. 60*) *une évolution vers les compromis de l'humanisme. Diderot veut une explication totale de l'homme et sait que la science de son temps n'est pas en mesure de la lui donner. Son matérialisme est une méthode, non un code; il ne nie pas l'importance du « dressage » et de l'habitude, mais il se refuse à voir dans l'homme une masse organique malléable en tous sens. Il pressent derrière le mécanisme grossier d'Helvétius l'entretoisement subtil de la matière vivante, les réactions délicates des fibres et des molécules organiques, le rôle du système nerveux, l'importance des centres nerveux autonomes qu'il reconnaît avec le médecin Bordeu dans l'influence du diaphragme. Plus encore, il met au centre de tout, comme dans* le Rêve de d'Alembert, *le* « sensorium commune » *qui organise, compare, choisit et juge. Prétend-il tout expliquer? Non, mais il montre en quels sens une explication de l'homme peut s'orienter. Au lieu de la caricature d'un démiurge puéril, il propose un plan d'études que notre temps s'efforce encore de poursuivre.*

Aucune rancœur d'ailleurs à l'égard d'Helvétius. Voltaire pour des raisons de politique et d'opportunité s'était attaqué violemment au Système de la Nature *de d'Holbach en 1770. Diderot croit au contraire au mérite d'Helvétius et l'applaudit de vouloir donner une explication matérialiste de l'homme. Mais, mieux informé, plus intelligent, d'une intelligence plus honnête et moins orgueilleuse, Diderot sait que cette explication dépend d'une science qui en son temps fait ses premiers pas. Ce serait donc une erreur à notre sens que d'utiliser la* Réfutation de l'homme *pour montrer chez notre philosophe une évolution sénile et une sorte d'abjuration des audaces d'autrefois. Si Diderot critique Helvétius pour des raisons morales et politiques, s'il sent avec intensité quel danger menace l'homme réel du jour où un pouvoir fort le prend pour une mécanique, s'il veut sauvegarder la richesse originale de chaque conscience, c'est qu'il veut faire comprendre à son lecteur* « l'essence de l'ordre » *et non pas seulement l'amener à se conformer à cet ordre. Au fond, Diderot poursuit là une vocation de moraliste qui, depuis l'*Essai sur le mérite et la vertu, *est fort ancienne. Mais au-delà de cette vocation quotidienne, de cette urgence familière de la morale, Diderot cherche une science totale de l'homme. Il ne recule pas, comme* *tant d'apologètes chrétiens, devant les conséquences morales d'Helvétius. Soyons même persuadés qu'avant Stendhal il avait goûté dans Helvétius la morale de l'intérêt, la quête du bonheur et l'apologie des passions. S'il écarte néanmoins cette doctrine, c'est qu'en vrai philosophe il ne se contente point d'un ordre fictif, d'analyses superficielles et de conclusions péremptoires.* L'Homme *d'Helvétius lui paraît aussi irréel que l'*Homme *de Descartes; il ne conteste point la valeur du postulat matérialiste : la biologie et la médecine ne sauraient s'en dégager sans ruiner leur avenir. Mais il ne convient pas de les soumettre dès leur naissance à des vues partielles et à un mécanisme stérilisant.*

Voilà pourquoi la Réfutation d'Helvétius *marque à notre sens une date essentielle dans l'évolution de la philosophie des lumières. Ce heurt était grave et Diderot ne l'ignorait pas. Aussi, lors du retour de Russie, il remanie ses notes à La Haye, laissant de nouvelles traces de son second séjour en Hollande (avril-septembre 1774). Nouvelle refonte à Paris en 1775.*

Aucune œuvre de Diderot ne nous offre une tradition manuscrite aussi abondante. Outre le manuscrit de Léningrad (t. XXVIII) cinq autres demeurent au fonds Vandeul : un autographe de Diderot datant probablement de 1775 (B. N. n. a. fr. 13725) a permis d'établir plusieurs copies (13732-13733-13755) ultérieurement corrigées ou même commentées en note par M. de Vandeul. Une copie de Naigeon, probablement faite en 1775, porte des additions d'après des manuscrits ultérieurs. Enfin la Bibliothèque Nationale fit, vers 1880, l'acquisition d'une copie provenant de la boutique de Grimm (n. a. fr. 4200). Une étude minutieuse permettrait sans doute d'établir une filiation plus rigoureuse. Nous avons pu nous rendre compte que les variantes ont peu d'intérêt. Quelques mois avant la mort de Diderot, en 1783, Meister donnait dans la Correspondance littéraire *le commencement de la* Réfutation d'Helvétius *et la bibliothèque de l'Arsenal en conserve quelques feuillets. Assézat en 1875 éditait pour la première fois le texte intégral d'après la copie de l'Ermitage. Nous nous bornerons ici à grouper sous quelques titres artificiels les pages les mieux venues, les réactions les plus vio-*

lentes et les plus denses, à l'exclusion des remarques de détail qui n'ont de sens qu'avec le livre d'Helvétius sous les yeux.

BIBLIOGRAPHIE

Études

THOMAS Jean. *L'Humanisme de Diderot*, 1938, éd. citée, p. 101 *sq.*

LEFEBVRE Henri. *Diderot*, 1949, éd. citée, p. 163-83.

G. CROCKER Lester. *Two Diderot Studies. Ethics and esthetics*, Baltimore, The Johns Hopkins Press, 1952, p. 42 *sq.*

CREIGHTON Douglas George. « Man and mind in Diderot and Helvétius », *Publications of the Modern Language Association of America*, n° 71, New York, 1956.

BESSE Guy. « Observations sur la *Réfutation d'Helvétius* », *Diderot Studies*, VI, G., Droz, 1964.

STENGER Gerhardt. « Diderot lecteur de *L'Homme*, une nouvelle approche de la *Réfutation...* », *Studies on Voltaire*, CCXXVIII, Oxford, 1984.

DESNÉ Roland. « Diderot philosophe et conteur. Le travail de l'écrivain d'après le manuscrit de la *Réfutation...* », *in* Peter France, Anthony Strugnell (eds.), *Diderot. Les dernières années*, Edinburgh U.P., 1985.

DESNÉ Roland. « L'établissement du texte pour une édition critique de la *Réfutation...* », *in Œuvres complètes de Diderot, éditer les manuscrits, Studi settecenteschi*, n° 14, Napoli, 1994.

STENGER Gerhardt. *Nature et liberté chez Diderot*, 1994, éd. cit., p. 286-89.

RÉFUTATION SUIVIE DE L'OUVRAGE D'HELVÉTIUS INTITULÉ L'HOMME

(EXTRAITS)

I - [SENTIR C'EST JUGER]

Page 103. — *Sentir c'est juger.*

Cette assertion, comme elle est énoncée, ne me paraît pas rigoureusement vraie. Le stupide sent, mais peut-être ne juge-t-il pas. L'être totalement privé de mémoire sent, mais il ne juge pas ; le jugement suppose la comparaison de deux idées. La difficulté consiste à savoir comment se fait cette comparaison, car elle suppose deux idées présentes. Helvétius aurait coupé un terrible nœud, s'il nous avait expliqué bien clairement comment nous avons deux idées présentes à la fois, ou comment ne les ayant pas présentes à la fois, cependant nous les comparons.

J'avais peut-être de l'humeur lorsque j'ai lu ce sixième chapitre, mais voici mon observation ; bonne ou mauvaise, elle restera. De toute cette métaphysique de l'auteur, il résulte que les jugements, ou la comparaison des objets entre eux, suppose quelque intérêt de les comparer ; or cet intérêt émane nécessairement du désir d'être heureux, désir qui prend sa source dans la sensibilité physique.

Voilà une conclusion tirée de bien loin ; elle convient plutôt à l'animal en général qu'à l'homme. Passer brusquement de la sensibilité physique, c'est-à-dire de ce que je ne suis pas une plante, une pierre, un métal, à l'amour du bonheur ; de l'amour du bonheur à l'intérêt ; de l'intérêt à l'attention ; de l'attention à la comparaison des idées ; je ne saurais m'accommoder de ces généralités-là : je suis homme, et il me faut des causes propres à l'homme [1]. L'auteur ajoute qu'en remontant de deux crans plus haut ou en descendant d'un cran plus bas, il passait de la sensibilité physique à l'organisation, de l'organisation à l'existence, et qu'il eût dit : J'existe, j'existe sous cette forme ; je sens, je juge ; je veux être heureux parce que je sens ; j'ai intérêt à comparer mes idées, puisque je veux être heureux. Quelle utilité retirerai-je d'une enfilade de conséquences qui conviennent également au chien, à la belette, à l'huître, au dromadaire? Si Jean-Jacques nie ce syllogisme, il a tort ; s'il le trouve frivole, il pourrait bien avoir raison.

Descartes avait dit : « Je pense, donc j'existe. »

Helvétius veut qu'on dise : « Je sens, donc je veux sentir agréablement. »

J'aime mieux Hobbes [2] qui prétend que pour tirer une conséquence qui menât à quelque chose, il fallait dire : « Je sens, je pense, je juge, donc une portion de matière organisée comme moi peut sentir, penser et juger. »

---

1. C'est cette formule et l'ensemble de cette page qui ont conduit certains critiques à envisager chez Diderot un gauchissement idéaliste (cf. Paul Janet, *le Dernier mot d'un matérialiste*, in *Nineteenth Century*, t. IX, 1881, p. 701). Jean Thomas plus justement voit dans cet humanisme (cf. *l'Humanisme de Diderot*, Belles-lettres, 1938, p. 102) non seulement le sens de la dignité humaine, mais aussi le sens de la complexité de nos ressorts, sans que le déterminisme doctrinal ait fléchi.

2. Diderot, qui avait pillé l'*Historia critica philosophiæ* de Brücker dans son article *Hobbisme* de *l'Encyclopédie* (Cf. L. J. Thielemann, *Hobbes dans l'Encyclopédie*, R. H. L., juillet 1951, p. 352 sq.), fit un éloge exalté de Hobbes dans une lettre à Mme de Maux, probablement postérieure à 1772 (cf. *Lettres à Sophie Volland*, *op. cit.*, t. II, p. 276).

En effet, si après cette première enjambée on en fait une seconde, on est déjà bien loin.

Qui croirait qu'après une marche aussi franche et aussi ferme, le dernier de ces philosophes s'est aussi laissé gagner par la terreur et a terminé son sublime ouvrage *De la Nature de l'homme* par des visions si étranges, si superstitieuses, si folles, qu'on en est presque aussi indigné que surpris [1]?

Sentir, c'est penser, ou l'on ne pense pas, si l'on n'a senti... Sont-ce deux propositions si diverses que la première étant trouvée, l'on puisse regarder l'autre comme une découverte bien merveilleuse?

Si, partant du seul phénomène de la sensibilité physique, propriété générale de la matière ou résultat de l'organisation, il en eût déduit avec clarté toutes les opérations de l'entendement, il eût fait une chose neuve, difficile et belle [2].

J'estimerai davantage encore celui qui, par l'expérience ou l'observation, démontrera rigoureusement ou que la sensibilité physique appartient aussi essentiellement à la matière que l'impénétrabilité, ou qui la déduira sans réplique de l'organisation.

J'invite tous les physiciens et tous les chimistes à rechercher ce que c'est que la substance animale, sensible et vivante.

Je vois clairement dans le développement de l'œuf [3]

1. Nous trouvons les mêmes remarques dans l'article *Habitude* : « Pourquoi Hobbes ne pouvait-il passer dans les ténèbres sans voir des revenants? », et dans l'article *Inconséquence*. Diderot, loin d'en être indigné, expliquait ces craintes par une habitude d'enfance, une émotion organique contre lesquelles la raison est impuissante. Mais depuis 1772, le traité *De la nature humaine* a été traduit par le baron d'Holbach; Diderot le lit avec enthousiasme : « C'est un livre à lire et à commenter toute sa vie » (*A Sophie Volland, ibid.*). Mais une fois de plus il achoppe sur les étranges rêveries du chapitre XI.

2. Dans *le Rêve de d'Alembert* (1er entretien), Diderot sentait déjà le point faible de sa doctrine de la sensibilité universelle : « Si vous y regardez de près, vous faites de l'entendement du philosophe un être distinct de l'instrument ».

3. Les naturalistes du XVIIIe siècle se sont passionnés pour cette expérience privilégiée qui leur permettait de se décider pour la pré-

et quelques autres opérations de la nature, la matière inerte en apparence, mais organisée, passer par des agents purement physiques, de l'état d'inertie à l'état de sensibilité et de vie, mais la liaison nécessaire de ce passage m'échappe.

Il faut que les notions de matière, d'organisation, de mouvement, de chaleur, de chair, de sensibilité et de vie soient encore bien incomplètes.

Il faut en convenir : l'organisation ou la coordination de parties inertes ne mène point du tout à la sensibilité, et la sensibilité générale des molécules de la matière n'est qu'une supposition, qui tire toute sa force des difficultés dont elle débarrasse, ce qui ne suffit pas en bonne philosophie [1]. Et puis revenons à notre auteur.

Est-il bien vrai que la douleur et le plaisir physiques, peut-être les seuls principes des actions de l'animal, soient aussi les seuls principes des actions de l'homme?

Sans doute, il faut être organisé comme nous et sentir pour agir ; mais il me semble que ce sont là les conditions essentielles et primitives, les données *sine qua non*, mais que les motifs immédiats et prochains de nos aversions et de nos désirs sont autre chose.

Sans alcali et sans sable, il n'y a point de verre ; mais ces éléments sont-ils la cause de la transparence?

Sans terrains incultes et sans bras on ne défriche point ; mais sont-ce là les motifs de l'agriculteur quand il défriche?

Prendre des conditions pour des causes, c'est s'exposer à des paralogismes puérils et à des conséquences insignifiantes.

---

formation ou l'épigenèse. Diderot, depuis les *Mémoires sur la formation du cœur dans le poulet* de Haller (Lausanne, Bousquet, 1758) qui d'ailleurs ne l'a pas convaincu, voit « dans ce corps inerte qui par le seul instrument de la chaleur graduée passe à l'état d'être sentant et vivant » le maître-argument du néo-spinozisme (*Encyclopédie*, t. XV, article *Spinoziste*). Nouvelle utilisation de l'exemple de l'œuf dans *le Rêve* (1er entretien).

1. Recul manifeste depuis les thèses du *Rêve de d'Alembert*. Le mot même de « supposition » n'a pas la noblesse d'une « hypothèse ». Diderot sait mieux que personne que les sciences de la vie en sont encore à balbutier, mais l'assurance d'Helvétius lui donne de l'humeur.

Si je disais : Il faut être pour sentir, il faut sentir pour être animal ou homme, il faut être animal ou homme pour être avare, ambitieux et jaloux ; donc la jalousie, l'ambition, l'avarice ont pour principes l'organisation, la sensibilité, l'existence... pourriez-vous vous empêcher de rire ? Et pourquoi ? C'est que je prendrais la condition de toute action animale en général pour le motif de l'action de l'individu d'une espèce d'animal qu'on appelle homme.

Tout ce que je fais, assurément je le fais pour sentir agréablement, ou de peur de sentir douloureusement ; mais le mot *sentir* n'a-t-il qu'une seule acception ?

N'y a-t-il que du plaisir physique à posséder une belle femme ? N'y a-t-il que de la peine physique à la perdre ou par la mort ou par l'inconstance ?

La distinction du physique et du moral n'est-elle pas aussi solide que celle d'animal qui sent et d'animal qui raisonne [1] ?

Ce qui appartient à l'être qui sent et ce qui appartient à l'être qui réfléchit ne se trouvent-ils pas tantôt réunis, tantôt séparés dans presque toutes les actions qui font le bonheur ou le malheur de notre vie, bonheur et malheur qui supposent la sensation physique comme condition, c'est-à-dire qu'il ne faut pas être un chou ?

Tant il était important de ne pas faire de *sentir* et de *juger* deux opérations parfaitement identiques.

II - [GLOIRE ET PLAISIR PHYSIQUE]

Page 127. — *Plaisir et douleur sont et seront toujours les seuls principes des actions des hommes.*

J'en conviens ; et cet ouvrage est rempli d'une infinité de maximes et d'observations auxquelles je dirais également,

1. Il serait imprudent de voir là un retour au dualisme traditionnel, que toute l'œuvre de Diderot contredit. Le « moral » n'est pas pour lui la preuve d'une âme immatérielle, ni même d'un esprit autonome, mais d'un complexe psychologique dont Helvétius « escamote » les manifestations originales.

j'en conviens, mais ajouterais-je, je nie la conséquence. Vous n'admettez que des plaisirs et des douleurs corporelles, et j'en ai éprouvé d'autres. Celles-ci, vous les ramenez à la sensibilité physique comme cause; moi, je prétends que ce n'est que comme condition éloignée, essentielle et primitive. Je vous contredis, donc j'existe. Fort bien. Mais je vous contredis parce que j'existe. Cela n'est pas, pas plus que : il faut un pistolet pour faire sauter la cervelle; donc je fais sauter la cervelle parce que j'ai un pistolet.

Page 128. — *Parmi les savants il en est, dit-on, qui loin du monde se condamnent à vivre dans la retraite; or comment se persuader que dans ceux-ci, l'amour des talents ait été fondé sur l'amour des plaisirs physiques, et surtout sur celui des femmes? Comment concilier ces inconciliables?*

C'est qu'ils ne se concilient point. Vous vous faites une objection insoluble; vous y répondez pourtant [1]; bien? c'est autre chose. Que d'esprit en pure perte!

Laissez là toutes ces subtilités dont un bon esprit ne peut se payer, et croyez que quand Leibniz s'enferme à l'âge de vingt ans, et passe trente ans sous sa robe de chambre, enfoncé dans les profondeurs de la géométrie ou perdu dans les ténèbres de la métaphysique, il ne pense non plus à obtenir un poste, à coucher avec une femme, à remplir d'or [2] un vieux bahut, que s'il touchait à son dernier moment. C'est une machine à réflexion, comme le métier à bas est une machine à ourdissage; c'est un être qui se plaît à méditer; c'est un sage ou un fou, comme il vous plaira, qui fait un cas infini de la louange de ses semblables, qui aime le son de l'éloge comme l'avare le son d'un écu; qui a aussi sa pierre de touche et son trébuchet pour la louange, comme l'autre a le sien pour l'or, et qui tente une grande découverte pour se faire un grand nom et éclipser

1. Helvétius répond en s'appuyant sur l'exemple des avares : « L'état de désir est un état de plaisir ».

2. Leibniz passait cependant pour avare. Diderot avait consigné le fait dans son article *Leibnizianisme* : « On dit qu'il aimait l'argent. Il avait amassé une somme considérable qu'il tenait cachée ».

par son éclat celui de ses rivaux, l'unique et le dernier terme de son désir.

Vous, c'est la Gaussin [1], lui, c'est Newton, qu'il a sur le nez [2].

Voilà le bonheur qu'il envie et dont il jouit.

— Puisqu'il est heureux, dites-vous, il aime les femmes.

— Je l'ignore.

— Puisqu'il aime les femmes, il emploie le seul moyen qu'il ait de les obtenir.

— Si cela est, entrez chez lui, présentez-lui les plus belles femmes et qu'il en jouisse, à la condition de renoncer à la solution de ce problème ; il ne le voudra pas.

— Il ambitionne les dignités.

— Offrez-lui la place de premier ministre, s'il consent de jeter au feu son traité de l'*Harmonie préétablie* [3]; il n'en fera rien.

Et vous, eussiez-vous brûlé le livre de *l'Esprit* ou le *Traité de l'Homme* que j'examine, pour jouir de Mme Helvétius [4], vous, né voluptueux, vous qui auriez cruellement

1. Jeanne-Catherine Gaussin, célèbre fille de théâtre qui fit ses débuts à la Comédie-Française en 1731, créa le rôle de Zaïre et poursuivit ses succès pendant trente ans ; elle quitta le théâtre en 1763 et mourut le 7 juin 1767. Ses amants ne se comptent pas : le comte de Clermont, le comte de Tressan, le financier Bouret. Les notes de police publiées par Camille Piton (*Paris sous Louis XV*, 5e série, Mercure de France, 1914, p. 208 sq.) sont éloquentes à son sujet. Le rapport du 17 février 1752 déclare : « M. Helvétius ci-devant fermier général l'a eue un temps » (*ibid.*, p. 213). Keim (*Helvétius*, Alcan, 1907, p. 48) rappelle une anecdote de Chamfort où la Gaussin vantait en plein théâtre les charmes de son amant.

2. Allusion à la rivalité de Newton et Leibniz à propos de l'invention du calcul différentiel. Leibniz dans cette querelle fut de beaucoup le plus hargneux (cf. *Commercium epistolicum de analysi promota*, Londres, 1712).

3. Leibniz n'a pas écrit de Traité de l'harmonie préétablie. Il s'agit d'une doctrine ébauchée en 1694 dans le *Système nouveau de la nature et de la communication des substances* et mise au clair dans la *Monadologie* (1714).

4. Anne-Catherine de Ligneville, fille pauvre d'une grande famille lorraine, fut présentée à la société parisienne en 1740 par sa tante

compromis son bonheur et le vôtre, si vous eussiez survécu seulement six mois à la publication de votre ouvrage? Je n'en crois rien.

— Il est avare, il a la soif ardente de l'or.

— Forcez sa porte, entrez dans son cabinet, le pistolet à la main, et dites-lui : Ou ta bourse, ou ta découverte du *Calcul des fluxions*... et il vous livrera la clef de son coffre-fort en souriant. Faites plus : étalez sur sa table toute la séduction de la richesse, et proposez-lui un échange ; et il vous tournera le dos de dédain. Que la découverte qu'il refuse de vous céder, vous l'ayez faite et que vous soyez assez généreux pour lui en abandonner l'honneur, pourvu que, sa bibliothèque incendiée, il se résolve à perdre sa vie dans la dissipation, l'abondance, les plaisirs, la jouissance de tous ces biens physiques qu'il poursuit à son insu et par une voie si pénible et si ridicule ; vous ne le déterminerez pas plus qu'un hibou à se faire oiseau de jour, ou un aigle à se faire oiseau de nuit.

C'est qu'il est un principe qui a échappé à l'auteur, et ce principe, c'est que la raison de l'homme est un instrument qui correspond à toute la variété de l'instinct animal ; que la race humaine rassemble les analogues de toutes les sortes d'animaux ; et qu'il n'est non plus possible de tirer un homme de sa classe qu'un animal de la sienne, sans les dénaturer l'un et l'autre, et sans se fatiguer beaucoup pour n'en faire que deux sottes bêtes. J'accorde que l'homme combine des idées, ainsi que le poisson nage et l'oiseau vole ; mais chaque homme est entraîné par son organisation, son caractère, son tempérament, son aptitude naturelle à combiner de préférence telles et telles idées plutôt que telles ou telles autres. Le hasard et plus encore les besoins de la vie disposent de nous à leur gré ; qui le sait mieux que moi? C'est la raison pour laquelle pendant environ trente ans de

---

Mme de Graffigny. Helvétius l'épousa le 17 août 1751, charmé par son esprit et sa beauté, sans mettre d'ailleurs un frein à ses débordements de sensualité. Dans son éloge funèbre, la *Correspondance littéraire* de Grimm (t. IX, p. 419) insiste non sans ironie sur ce point.

suite, contre mon goût, j'ai fait *l'Encyclopédie* et n'ai fait que deux pièces de théâtre [1]. C'est la raison pour laquelle les talents sont déplacés et les états de la société remplis d'hommes malheureux ou de sujets médiocres, et que celui qui aurait été un grand artiste, n'est qu'un pauvre sorbonniste ou un plat jurisconsulte. Et voilà la véritable histoire de la vie, et non toutes ces suppositions sophistiques où je remarque beaucoup de sagacité sans nulle vérité ; des détails charmants et des conséquences absurdes ; et toujours le portrait de l'auteur proposé comme le portrait de l'homme.

Toutes ces assertions d'Helvétius, que signifient-elles? Qu'il était né voluptueux, et qu'en circulant dans le monde, il s'était souvent heurté contre des personnels et des fripons.

Et de ce que je viens de dire, que conclure? Qu'on n'aime pas toujours la gloire, la richesse et les honneurs, comme la monnaie qui paiera les plaisirs sensuels. L'auteur en convient des vieillards. Et pourquoi un jeune homme communément organisé ne naîtrait-il pas avec les dispositions aux travers, aux vertus, aux vices de l'âge avancé?

Combien d'enfants, pour me servir de l'expression proverbiale, nés *du bois dont on fait les vielles*, c'est-à-dire propres à tout et bons à rien!

L'avarice est le vice des vieillards, et il y a des enfants avares. J'ai vu deux frères dans la première enfance, l'un donnant tout, l'autre serrant tout, et tous les deux journellement exposés sans effet à la réprimande contradictoire de leurs parents : l'aîné est resté dissipateur, le cadet avare.

Le prince de Galitzin a deux enfants, un petit garçon bon, doux, simple; une petite fille rusée, fine et tendant à ses vues, toujours par des voies détournées. Leur mère en est désolée ; jusqu'à présent il n'y a rien qu'elle n'ait fait pour

1. Diderot exagère quelque peu en parlant de trente ans de travaux encyclopédiques. Le privilège de *l'Encyclopédie* est de 1746 et les deux derniers volumes de planches sortirent en 1772. Les deux pièces sont *le Fils naturel* (1757) et *le Père de famille* (1758).

donner de la franchise à sa petite fille, sans y avoir réussi. D'où naît la différence de ces deux enfants à peine âgés de quatre ans et tous les deux également élevés et soignés par leurs parents? Que Mimi se corrige ou ne se corrige pas, jamais Dimitri son frère ne se tirera comme elle des intrigues de la cour. La leçon du maître n'équivaudra jamais à la leçon de la nature [1].

Sans aucun besoin ni de richesse, ni de plaisirs sensuels, Helvétius compose et publie son premier ouvrage. On sait toutes les persécutions qu'il essuya. Au milieu d'un orage [2] qui fut violent et qui dura longtemps, il s'écriait : « J'aimerais mieux mourir que d'écrire encore une ligne. » Je l'écoutais et je lui dis : « J'étais un jour à ma fenêtre ; j'entends un grand bruit sur les tuiles qui n'en sont pas éloignées. Un moment après, deux chats tombent dans la rue : l'un reste mort sur la place ; l'autre, le ventre meurtri, les pattes froissées et le museau ensanglanté, se traîne au pied d'un escalier et là il se disait : « Je veux mourir si je remonte jamais sur les tuiles. Que vais-je chercher là? Une souris qui ne vaut pas le morceau friand que je puis ou recevoir sans péril de la main de ma maîtresse ou voler à son cuisinier ; une chatte qui me viendra chercher sous la remise, si je sais l'y attendre ou l'y appeler... » Je ne sais jusqu'où il poussa cette philosophie ; mais tandis qu'il se livrait à ces

1. Diderot durant ses deux séjours à La Haye, logeait chez le prince Galitzine, ambassadeur de Russie (juin-août 1773 et avril-septembre 1774). Marianne ou Mimi était née en 1769 et Dimitri en 1770. C'est en 1774 que la princesse Galitzine avait décidé de réformer sa vie et de se consacrer à l'éducation de ses deux enfants. Diderot discutait avec elle de pédagogie lors de son second séjour (cf. *Lettres à Sophie Volland*, 15 juin 1774, t. II, p. 258, et Pierre Brachin, *le Cercle de Münster*, I. A. C., Lyon, 1951, p. 17 et 415). Nous pouvons dater de cette période la rédaction de cette page.

2. Allusion à l'affaire de *l'Esprit*, publié en juillet 1758, et supprimé le 10 août. Helvétius dut officiellement se rétracter et faire à plusieurs reprises amende honorable. Le dauphin, chef des dévots, obtint que l'on retire à l'impie sa charge de maître d'hôtel de la reine. Diderot s'en souvient d'autant mieux que *l'Encyclopédie* faillit sombrer dans la même tempête (8 mars 1759, suppression du privilège).

réflexions assez sages, la douleur de sa chute se dissipe, il se tâte, il se lève, il met deux pattes sur le premier degré de l'escalier, et voilà mon chat sur le même toit dont il était tombé et où il ne devait regrimper de sa vie. L'animal fait pour se promener sur les faîtes, s'y promène. »

Sans aucun besoin ni de richesse, ni d'honneurs, ni d'aucuns plaisirs sensuels, ou avec les moyens faciles de se les procurer, Helvétius fait un second ouvrage, et remonte sur le même faîte d'où la seconde chute eût été bien plus fâcheuse que la première. *Te ipsum concute;* sondez les autres, c'est fort bien fait, mais ne vous ignorez pas vous-même. Quel était votre but, lorsque vous écriviez un ouvrage qui ne devait paraître qu'après votre mort? Quel est le but de tant d'autres auteurs anonymes? D'où naît dans l'homme cette fureur de tenter une action au moment où elle devient périlleuse? Que direz-vous de tant de philosophes, nos contemporains et nos amis, qui gourmandent si fièrement les prêtres et les rois? Ils ne peuvent se nommer; ils ne peuvent avoir en vue ni la gloire, ni l'intérêt, ni la volupté; où est la femme avec laquelle ils veulent coucher, le poste que leur ambition se promet, le flot de la richesse qui refluera sur eux? J'en connais, et vous en connaissez vous-même, qui jouissent de tous ces avantages qu'ils dédaignent, parce qu'ils ne font pas leur bonheur, et dont ils seraient privés sur la plus légère indiscrétion de leurs amis, sur le moindre soupçon du magistrat. Comment résoudrez-vous en dernière analyse à des plaisirs sensuels, sans un pitoyable abus des mots, ce généreux enthousiasme qui les expose à la perte de leur liberté, de leur fortune, de leur honneur même et de leur vie? Ils sont indignés de nos préjugés; ils gémissent sur des erreurs qui font le supplice de notre vie; du milieu des ténèbres où nous nous agitons, fléaux réciproques les uns des autres, on entend leurs voix qui nous appellent à un meilleur sort : c'est ainsi qu'ils se soulagent du besoin qu'ils ont de réfléchir et de méditer, et qu'ils cèdent au penchant qu'ils ont reçu de la nature cultivée par l'éducation, et à la bonté de leur cœur lassé de voir et de souffrir sans murmure les maux dont cette pauvre humanité est si cruellement et depuis si longtemps accablée. Ils la vengeront ; oui, ils la vengeront ; ils se le disent à eux-mêmes ; et je ne sais quel est le dernier terme de leur projet, si ce dangereux honneur ne l'est pas.

Je vous entends, ils se flattent qu'un jour on les nommera [1], et que leur mémoire sera éternellement honorée parmi les hommes. Je le veux ; mais qu'a de commun cette vanité héroïque avec la sensibilité physique et la sorte de récompense abjecte que vous en déduisez?

— Ils jouissent d'avance de la douce mélodie de ce concert lointain de voix à venir et occupées à les célébrer, et leur cœur en tressaille de joie.

— Après?

— Et ce tressaillement du cœur ne suppose-t-il pas la sensibilité physique?

— Oui, comme il suppose un cœur qui tressaille ; mais la condition sans laquelle la chose ne peut être en est-elle le motif? Toujours, toujours le même sophisme.

Mon ami, votre vaisseau fait eau de toutes parts, et je pourrais le couler à fond par l'exemple de quelques hommes qui ont encouru l'ignominie et qui l'ont supportée dans le silence pendant une longue suite d'années, soutenus du seul espoir de confondre un jour leurs injustes concitoyens, par l'exécution de projets d'une utilité publique qu'ils méditaient en secret. Ils pouvaient mourir sans vengeance ; ils sont parvenus à l'extrême vieillesse avant que de se venger.

Quel rapport y a-t-il entre l'héroïsme insensé de quelques hommes religieux et les biens de ce monde? Ce n'est pas de coucher avec une jolie femme, de s'enivrer de vins délicieux, de se plonger dans un torrent de voluptés sensuelles ; ils

1. Diderot affirme ici sa solidarité avec les philosophes masqués, non seulement les auteurs des manuscrits clandestins, Fréret, Dumarsais, Boulanger, mais surtout d'Holbach et Naigeon qui, de 1760 à 1770, inondèrent la France de publications audacieuses. Galiani disait à leur propos : « Cela intriguera furieusement la postérité. Au moins il devrait y avoir un archive du secret ». (*Lettres de Galiani*, Lévy, 1890, t. I, p. 117).

s'en privent ici-bas, et ils n'en espèrent point là-haut : ce n'est pas de regorger de richesses ; ils donnent ce qu'ils en ont, et se sont persuadés qu'il est plus difficile à l'homme riche de se sauver qu'au chameau de passer par le trou d'une aiguille ; ils n'ambitionnent point de poste éminent : le premier principe de leur morale est le dédain d'honneurs corrupteurs et passagers. Voilà ce qu'il faut expliquer. Quand on établit une loi générale, il faut qu'elle embrasse tous les phénomènes, et les actions de la sagesse et les écarts de la folie.

Malgré les défauts que je reprends dans votre ouvrage, ne croyez pas que je le méprise. Il y a cent belles, très belles pages ; il fourmille d'observations fines et vraies, et tout ce qui me blesse, je le rectifierais en un trait de plume.

Au lieu d'affirmer que l'éducation, et l'éducation seule fait les hommes ce qu'ils sont, dites seulement que *peu s'en faut que vous ne le croyiez*.

Dites que *souvent* nos travaux, nos sacrifices, nos peines, nos plaisirs, nos vices, nos vertus, nos passions, nos goûts, l'amour de la gloire, le désir de la considération publique ont un but relatif aux voluptés sensuelles ; et personne ne vous contredira.

Dites que la diversité de l'organisation, les fluides, les solides, le climat, les aliments ont *moins d'influence* sur les talents qu'on ne le pense communément, et nous serons de votre avis.

Dites que les lois, les mœurs, le gouvernement sont *les causes principales* de la diversité des nations, et que si cette institution publique ne suffit pas pour égaler un individu, elle met de niveau une grande masse d'hommes à une grande masse ; et nous baisserons la tête devant l'expérience des siècles qui nous apprend que Démosthène, que la Grèce ne reproduira pas, peut se montrer un jour ou sous les frimas de la zone glaciale, ou sous le ciel d'airain de la zone torride.

Votre logique n'est pas aussi rigoureuse qu'elle pouvait l'être. Vous généralisez trop vos conclusions, mais vous n'en êtes pas moins un grand moraliste, un très subtil observateur de la nature humaine, un grand penseur, un excellent écrivain, et même un beau génie. Tâchez, s'il vous plaît, de vous contenter, vous de ce mérite, et vos amis de cet éloge.

La différence qu'il y a entre vous et Rousseau, c'est que les principes de Rousseau sont faux et les conséquences vraies ; au lieu que vos principes sont vrais et vos conséquences fausses. Les disciples de Rousseau, en exagérant ses principes, ne seront que des fous ; et les vôtres, en tempérant vos conséquences, seront des sages.

Vous êtes de bonne foi en prenant la plume ; Rousseau n'est de bonne foi que quand il la quitte : il est la première dupe de ses sophismes.

Rousseau croit l'homme de la nature bon ; et vous le croyez mauvais.

Rousseau croit que la société n'est propre qu'à dépraver l'homme de la nature ; et vous croyez qu'il n'y a que de bonnes lois sociales qui puissent corriger le vice originel de la nature.

Rousseau s'imagine que tout est au mieux dans les forêts et tout au plus mal dans les villes ; vous pensez que tout est assez mal dans les villes, mais que tout est au pis dans les forêts.

Rousseau écrit contre le théâtre, et fait une comédie ; préconise l'homme sauvage ou qui ne s'élève point, et compose un traité d'éducation. Sa philosophie, s'il en a une, est de pièces et de morceaux ; la vôtre est une. J'aimerais peut-être mieux être lui que vous, mais j'aimerais mieux avoir fait vos ouvrages que les siens.

Si j'avais son éloquence et votre sagacité, je vaudrais mieux que tous les deux.

III - [NATURE ET GÉNIE]

Page 151. — *N'ai-je présent à mon souvenir que les neiges, les glaçons, les tempêtes du nord; que les laves enflammées du*

Vésuve ou de l'Etna; avec ces matériaux quel tableau composer? Celui des montagnes qui défendent l'entrée du jardin d'Armide... Le genre de nos idées et de nos tableaux ne dépend donc point de la nature de notre esprit, le même dans tous les hommes, mais de l'espèce d'objets que le hasard grave dans leur mémoire et de l'intérêt qu'ils ont de les combiner.

Et cela dépend de cette cause unique! Mais entre dix mille hommes qui auront entendu le mugissement du Vésuve, qui auront senti trembler la terre sous leurs pas, et qui se seront sauvés devant le flot de la lave enflammée qui s'échappait des flancs entrouverts de la montagne; entre dix mille que les images riantes du printemps auront touchés, un seul à peine en saura faire une sublime description, parce que le sublime, soit en peinture, soit en poésie, soit en éloquence, ne naît pas toujours de l'exacte description des phénomènes, mais de l'émotion que le génie spectateur en aura éprouvée, de l'art avec lequel il me communiquera le frémissement de son âme, des comparaisons dont il se servira, du choix de ses expressions, de l'harmonie dont il frappera mon oreille, des idées et des sentiments qu'il saura réveiller en moi. Il y a peut-être un assez grand nombre d'hommes capables de peindre un objet en naturaliste, en historien, mais en poète, c'est autre chose. En un mot, je voudrais bien savoir comment l'intérêt, l'éducation, le hasard, donnent de la chaleur à l'homme froid, de la verve à l'esprit réglé, de l'imagination à celui qui n'en a point. Plus j'y rêve, plus le paradoxe de l'auteur me confond. Si cet artiste n'est pas né ivre, la meilleure instruction ne lui apprendra jamais qu'à contrefaire plus ou moins maussadement l'ivresse. De là tant de plats imitateurs de Pindare et de tous les auteurs originaux. Pourquoi les vrais originaux n'ont-ils jamais fait que de mauvaises copies?

Mais, monsieur Helvétius, vous qui employez assez souvent le mot *original*, pourriez-vous me dire ce que c'est? Si vous me dites que c'est l'éducation ou le hasard des circonstances qui fait un original, pourrai-je m'empêcher de rire?

Selon moi, un *original* est un être bizarre qui tient sa façon singulière de voir, de sentir et de s'exprimer de son caractère. Si l'homme original n'était pas né, on est tenté de croire que ce qu'il a fait n'aurait jamais été fait, tant ses productions lui appartiennent.

Mais en ce sens, direz-vous, tous les hommes sont des originaux ; car quel est l'homme qui puisse faire exactement ce qu'un autre fait?

Vous avez raison, mais vous vous seriez épargné cette objection, si vous ne m'eussiez pas interrompu, car j'allais ajouter que son caractère devait trancher fortement avec celui des autres hommes, en sorte que nous ne lui reconnaissions presque aucune sorte de ressemblance qui lui ait servi de modèle, soit dans les temps passés, soit entre ses contemporains. Ainsi, Collé est un original dans sa versification et ses chansons [1]; Rabelais est un original dans son *Pantagruel;* Patelin, dans sa *Farce;* Aristophane, dans ses *Nuées;* Charleval [2], dans sa *Conversation du père Cannaye et du maréchal d'Hocquincourt;* Molière, dans presque toutes ses comédies, mais plus peut-être dans les burlesques que dans les autres ; car qui dit original, ne dit pas toujours beau, il s'en manque de beaucoup. Il n'y a presque aucune sorte de beautés dont il n'existe des modèles antérieurs. Si Shakespeare est un original, est-ce dans ses endroits sublimes? Aucunement ; c'est dans le mélange extraordinaire, incompréhensible, inimitable, de choses du plus grand goût et du plus mauvais goût, mais surtout dans la bizarrerie de celles-ci. C'est que le sublime par lui-même, j'ose le dire, n'est pas original ; il ne le devient que par une sorte de singularité qui le rend personnel à l'auteur :

---

1. Il s'agit des *Chansons joyeuses mises au jour par un âne onyme onyssime* (1765).

2. Charles Faucon de Ris, seigneur de Charleval (1613-1693), adversaire du *Cid*, bel esprit et poète précieux, ne publia pas ses vers qu'on ne connut qu'en 1759 par une édition de Saint-Pavin. Auger dans la *Biographie* de Michaud lui attribue encore la *Conversation du Père Cannaye et du maréchal d'Hocquincourt*, qui fut éditée dans les *Œuvres* de Saint-Evremond.

il faut pouvoir dire : C'est le sublime d'un tel. Ainsi : *qu'il mourût*, est le sublime de Corneille ; *Tu ne dormiras plus*, est le sublime de Shakespeare. *J'ai beau laver ces mains, j'y vois toujours du sang;* ce vers est de moi, mais le sublime est de l'auteur anglais.

Mais il y a assez longtemps que je résous vos sophismes ; auriez-vous la bonté de vous occuper un moment à résoudre les miens ?

Vous avez connu la Riccoboni [1]; eh ! c'était votre amie. Elle avait été mieux élevée et possédait à elle seule plus d'esprit, de finesse et de goût, que toute la troupe italienne fondue ensemble. Elle avait la mort dans l'âme au sortir de la scène. Elle passait les jours et les nuits à l'étude de ses rôles. Ce que je vous dis là, je le tiens d'elle. Elle s'exerçait seule, elle prenait les leçons et les conseils de ses amis et des meilleurs acteurs ; elle n'a jamais pu atteindre à la médiocrité. Pourquoi cela, s'il vous plaît ? C'est que l'aptitude naturelle à la déclamation lui manquait. Direz-vous qu'elle a débuté trop tard ? Elle est née dans la coulisse et s'est promenée en lisières sur les planches. Qu'elle n'était pas échauffée d'un assez grand intérêt ? Elle rougissait devant son amant, son amant rougissait d'elle ; elle lui défendait le spectacle, il craignait d'y aller. Qu'elle ne travaillait pas assez ? Il était impossible de travailler davantage. Qu'elle ignorait les principes de son art, faute de

1. Marie-Jeanne Laboras de Mézières, née à Paris en 1714 d'une honorable famille ruinée par les spéculations de Law, débuta aux Italiens en 1734 dans *la Surprise de l'amour* de Marivaux et épousa l'année suivante Antoine-François Riccoboni, fils de Louis Riccoboni qui dirigeait la troupe italienne appelée en 1716 par le Régent. Elle fut en butte aux tracasseries de ses camarades et reçut du public un accueil assez froid, mais ne se retira du théâtre qu'en 1761. Entre temps, les *Lettres de Fanny Butler* (1757) et les *Lettres de July Catesby* lui avaient donné une honorable réputation de romancière. Diderot, qui la connaissait depuis l'époque du *Père de famille*, donne dans le *Paradoxe sur le comédien* (A. T., t. VIII, p. 410) un jugement fort proche de celui-ci : « Cette femme, une des plus sensibles que la nature ait formées, a été une des plus mauvaises actrices qui aient jamais paru sur la scène. Personne ne parle mieux de l'art, personne ne joue plus mal ».

l'avoir médité? Personne ne le connaissait, ne l'avait plus approfondi et n'en parlait mieux qu'elle. Que les qualités extérieures lui manquaient? Elle n'est ni bien ni mal, et cent autres figures se sont fait pardonner leur laideur par leur talent; le son de sa voix est agréable; il ne l'eût pas été, qu'avec du naturel, de la vérité, de la chaleur, des entrailles, elle nous y aurait accoutumés. Mais c'est qu'elle ne manquait ni d'âme ni de sensibilité. Elle partageait sans doute avec tous les acteurs l'influence des causes étrangères qui développent ou qui étouffent le talent, avec cette différence que, fille d'un acteur aimé [1], elle avait cet avantage dont les autres sont privés. Allons, Helvétius, plus de ces subtilités dont nous ne serions satisfaits ni l'un ni l'autre. Tâchez de m'expliquer nettement ce phénomène. Ces heureux hasards auxquels vous attachez de si puissants effets, elle y était exposée tous les jours. Surtout n'oubliez pas que le spectateur qui accueillait le père d'applaudissements, ne demandait pas mieux que d'en user de même avec la fille; mais il n'y avait pas moyen, elle était trop mauvaise, elle le disait elle-même.

Tout individu n'est donc pas propre à tout, pas même à être bon acteur, si la nature s'y oppose.

La Riccoboni était disgraciée de la nature : on le disait à Paris, on en eût dit autant à Londres, à Madrid, partout où elle eût été aussi mauvaise. Vous qui faites sonner si haut ces espèces d'expressions proverbiales communes à toutes les nations, prétendez-vous que celles-ci et tant d'autres où le refus de la nature et le vice d'organisation sont employés, sont vides de sens?

Et moi donc, vous m'allez voir tout à l'heure le pendant de la Riccoboni. J'étais jeune, j'étais amoureux et très

1. Diderot commet plusieurs erreurs sur la biographie de Mme Riccoboni. Son amant devait être le jeune seigneur qui, vers 1732, la trahit et dont elle se vengea dans les *Lettres de Fanny Butler*. Mais « l'acteur aimé » n'était pas son père : Louis Riccoboni, le Lélio de Marivaux, était son beau-père; il avait quitté le théâtre dès 1731 pour des motifs religieux et mourut à Paris en 1753. Mme Riccoboni n'est donc pas née dans « la coulisse ».

amoureux [1]. Je vivais avec des Provençaux qui dansaient du soir au matin, et qui du soir au matin donnaient la main à celle que j'aimais et l'embrassaient sous mes yeux; ajoutez à cela que j'étais jaloux. Je prends le parti d'apprendre à danser : je vais clandestinement, de la rue de la Harpe jusqu'au bout de la rue Montmartre, prendre leçon; je garde le maître fort longtemps. Je le quitte de dépit de ne rien apprendre; je le reprends une seconde, une troisième fois, et le quitte avec autant de douleur et aussi peu de succès. Que me manquait-il pour être un grand danseur? L'oreille? je l'avais excellente. La légèreté? je n'étais pas lourd, il s'en fallait bien. L'intérêt? on ne pouvait être animé d'un plus violent. Ce qui me manquait? la mollesse, la flexibilité, la grâce qui ne se donnent point.

Mais après avoir tout fait inutilement pour apprendre à danser, j'appris à tirer des armes très passablement, sans peine et sans autre motif que celui de m'amuser.

IV - [QU'EST-CE QUE L'ESPRIT]?

Page 151. — *Qu'est-ce que l'esprit en lui-même? L'aptitude à voir les ressemblances et les différences, les convenances et les disconvenances qu'ont entre eux les objets divers.*

Cette aptitude est-elle naturelle ou acquise?

— Elle est naturelle.

— Est-elle la même dans tous?

— Dans tous les hommes communément bien organisés.

— Et son principe, quel est-il?

— La sensibilité physique.

— Et la sensibilité?

1. Épisode antérieur à la rencontre de Diderot et d'Anne-Toinette Champion vers 1741. La sévère Nanette ne fréquentait d'ailleurs pas les bals populaires. C'est le seul témoignage que nous ayons d'un logis de Diderot rue de la Harpe, entre 1736 et 1740; car cette année-là, le graveur allemand Wille le visitait rue de l'Observance. (*Correspond. inédite*, édit. Babelon, N. R. F., 1931, t. II, p. 10).

— Comme l'aptitude, dont les effets ne varient que par l'éducation, les hasards et l'intérêt.

— Et l'organisation, pourvu qu'elle ne soit pas monstrueusement viciée, n'y fait rien?

— Rien.

— Quelle différence mettez-vous entre l'homme et la brute?

— L'organisation.

— En sorte que si vous allongez les oreilles d'un docteur de Sorbonne, que vous le couvriez de poil et que vous tapissiez sa narine d'une grande membrane pituitaire, au lieu d'éventer un hérétique, il poursuivra un lièvre, ce sera un chien.

— Un chien!

— Oui, un chien. Et que si vous raccourcissez le nez du chien...

— J'entends le reste : assurément ce sera un docteur de Sorbonne, laissant là le lièvre et la perdrix et chassant à voix l'hérétique [1].

— Tous les chiens sont-ils également bons?

— Non, assurément.

— Quoi! il y en a dont ni l'instruction du piqueur, ni le châtiment, ni les hasards ne font rien qui vaille?

— N'en doutez pas.

— Et vous ne sentez pas toutes vos inconséquences?

— Quelles inconséquences?

— De placer dans l'organisation la différence des deux extrêmes de la chaîne animale, l'homme et la brute; d'employer la même cause pour expliquer la diversité d'un chien à un chien, et de la rejeter lorsqu'il s'agit des variétés d'intelligence, de sagacité, d'esprit d'un homme à un autre homme.

— Oh! l'homme, l'homme...

1. Diderot développait le même raisonnement dans ses *Réflexions sur l'Esprit* en 1758 (A. T., t. II, p. 268 : « Cet homme ainsi métamorphosé, fût-il un docteur de Sorbonne, fera toutes les fonctions d'un chien; et il suivra un lapin ou un lièvre à la piste, au lieu d'éventer un athée ou un hérétique... »).

— Eh bien, l'homme?...

— Quelque différence qu'il y ait entre les sens d'un individu et les sens d'un autre individu, cela n'y fait rien.

— Je le veux; mais lorsqu'il s'agit de prononcer sur l'aptitude d'un homme à une chose et l'aptitude d'un autre à la même chose, n'y a-t-il rien de plus à considérer que les pieds et les mains, le nez, les yeux, les oreilles et le toucher?

— Et quoi donc encore, puisque ce sont là les seuls organes de la sensation?

— Mais la sensation de l'œil s'arrête-t-elle dans l'œil? Est-ce lui qui assure et qui nie? La sensation de l'oreille s'arrête-t-elle dans l'oreille? Est-ce elle qui assure et qui nie? Si par supposition, un homme en était réduit à un œil vivant ou à une oreille vivante, jugerait-il, penserait-il, raisonnerait-il comme un homme complet?

— Mais cet autre organe que vous regardez comme le tribunal de l'affirmation et de la négation, on n'y entend rien.

— Il se peut qu'on ne l'ait pas encore assez étudié, il se peut même qu'en l'étudiant beaucoup on n'y entende pas davantage; mais que s'ensuit-il de là? qu'il puisse être sain ou malsain, conformé de cette manière ou d'une autre sans aucune conséquence pour les opérations intellectuelles, c'est une assertion contre laquelle mille expériences réclament et que vous ne persuaderez à personne.

— Mais attendez, je reviens sur mes pas. Cet homme que vous avez réduit à un œil vivant a-t-il de la mémoire?

— Je consens qu'il en ait.

— S'il en a, il comparera des sensations, il raisonnera.

— Oui, comme le chien raisonne, et moins encore. J'en dirai autant de chacun des autres sens; et l'homme d'Helvétius se réduira à la réunion de cinq animaux très imparfaits.

— Non pas, s'il vous plaît. Ces animaux se perfectionneront par l'intérêt commun de leur conservation, par leur société.

— Et où est le lien de cette société? Comment l'œil se fait-il entendre à l'oreille, l'oreille au nez, le nez au palais, le palais au toucher? Où est leur truchement?

— Dans tout l'animal.

— Dans ses pieds? Mais on coupe les pieds à l'homme sans l'abrutir. Il n'y a pas un de ses membres dont je ne puisse le priver, sans conséquence pour son jugement et pour sa raison, si vous en exceptez la tête. Croyez-vous qu'un homme ait de l'esprit sans tête?

— Non.

— Croyez-vous que l'homme qui a l'œil mauvais puisse bien voir?

— Non.

— Et pourquoi croyez-vous donc que la conformation de sa tête soit indifférente à sa raison?

— C'est qu'il y a des hommes de génie à petit front, à grand front, à grosse tête, à petite tête, à tête longue et à tête ronde.

— Cela se peut ; mais vous vous en tenez là à des formes bien générales et bien grossières ; cependant j'y consens ; mais dites-moi, si quelqu'un vous présentait un livre et vous proposait de prononcer s'il est bon ou mauvais à la seule inspection de sa couverture, que lui répondriez-vous?

— Qu'il est fou.

— Fort bien ; et pour en juger, que lui demanderiez-vous?

— De l'ouvrir et d'en lire au moins quelques pages. Mais j'aurai beau ouvrir des têtes, je n'y lirai rien.

— Et pourquoi y liriez-vous? Les caractères de ce livre vivant ne vous sont pas encore connus, peut-être ne vous le seront-ils jamais ; mais les dépositions des cinq témoins n'y sont pas moins consignées, combinées, comparées, confrontées. Je pourrais suivre cette comparaison beaucoup plus loin et en tirer une multitude de conséquences, mais c'en est assez, et plus qu'il ne faut peut-être, pour vous convaincre que vous avez négligé l'examen d'un organe sans lequel la condition des autres, plus ou moins parfaite, ne signifie rien, organe d'où émanent les étonnantes différences des hommes, relativement aux opérations intellectuelles.

Ne me parlez plus de hasards ; il n'y en a point d'heureux ou féconds pour les têtes étroites.

Ne me parlez point d'intérêt ; on n'en fait point concevoir de vif aux têtes apathiques.

Ne me parlez pas davantage d'attention forte et continue ; les têtes faibles en sont incapables.

Ne me parlez pas davantage de sensibilité physique, qualité qui constitue l'animal et non l'homme.

Ne me parlez pas davantage de plaisirs sensuels comme principe des actions de l'espèce entière, tandis que ce n'est que le motif des actions de l'homme voluptueux ; et cessez de prendre des conditions primitives, essentielles et éloignées, pour des causes prochaines, et de gâter d'excellentes observations par des inductions absurdes.

Et ne croyez point que je plaisante ; sans un correspondant et un juge commun de toutes les sensations [1], sans un organe commémoratif de tout ce qui nous arrive, l'instrument sensible et vivant de chaque sens aurait peut-être une conscience momentanée de son existence, mais il n'y aurait certainement aucune conscience de l'animal ou de l'homme entier.

Page 152. — *Tous n'éprouvent pas les mêmes sensations, mais tous sentent les objets dans une proportion toujours la même.*

Eh bien, ce seront des instruments accordés par tierce, par quarte ou par quinte ; quoique l'accord soit le même, les sons rendus seront plus ou moins sourds, plus ou moins aigus. Voilà déjà, ce me semble, une assez grande source de variétés dépendantes de l'organisation.

Mais outre la sensibilité physique commune à toutes les parties de l'animal, il en est une autre tout autrement énergique, commune à tous les animaux et propre à un organe particulier ; soit qu'en effet cette dernière sensibilité ne soit originairement que la première, mais infiniment plus exquise dans cet endroit qu'ailleurs, soit que ce soit une

1. Diderot développait dès 1769, grâce à l'image de l'araignée, sa conception d'un *sensorium commune* : « Il émane d'une substance molle... sur laquelle il siège, écoute, juge et prononce » (*Rêve de d'Alembert*). Il serait donc peu fondé de tirer de cette expression « juge commun de toutes nos sensations » une conversion de Diderot au spinozisme, un retour à la notion d'âme. Il n'accepte qu'un « sixième sens ».

qualité particulière, ce que je ne décide pas : c'est la sensibilité du diaphragme [1], cette membrane nerveuse et mince qui coupe en deux cavités la capacité intérieure. C'est là le siège de toutes nos peines et de tous nos plaisirs ; ses oscillations ou crispations sont plus ou moins fortes dans un être que dans un autre : c'est elle qui caractérise les âmes pusillanimes et les âmes fortes. Vous feriez grand plaisir à la Faculté de médecine, dont vous seriez le bienfaiteur ainsi que de toute l'espèce humaine, si vous pouviez nous apprendre comment on lui donne du ton quand elle en manque, et comment on lui en ôte quand elle en a trop. Il n'y a que l'âge qui ait quelque empire sur elle ainsi que sur sa tête. C'est grâce à sa diversité qu'au même moment où je suis transporté d'admiration et de joie, où mes larmes coulent, l'un me dit : « Je ne sens pas cela, j'ai le cœur velu... [2] »; l'autre me fait une plaisanterie très burlesque. La tête fait les hommes sages; le diaphragme les hommes compatissants et moraux. Vous n'avez rien dit de ces deux organes, mais rien du tout, et vous vous imaginez avoir fait le tour de l'homme. Celui qui a le diaphragme très mobile cherche les scènes tragiques ou les fuit, parce qu'il peut arriver qu'il en soit trop vivement affecté et qu'il reste, après le spectacle, ce que nous appelons le cœur serré. Celui qui a cet organe inflexible, raide et obtus ne les cherche ni ne les évite: elles ne lui font rien. Vous pouvez faire de cet homme ou un lieutenant criminel ou un bourreau, ou un boucher, ou un chirurgien, ou un médecin.

Comment, vous n'entendez rien aux deux grands ressorts de la machine, l'un qui constitue les hommes spirituels

---

1. Nouvelle allusion à la théorie du diaphragme que Diderot a prise à Bordeu (cf. *Rêve de d'Alembert*) et qu'il exploitera encore dans les *Éléments de physiologie* (A. T., t. IX, p. 332). Elle est liée dans *le Rêve de d'Alembert* à l'opposition du grand homme et de l'homme sensible, dans le *Paradoxe sur le comédien* (t. VIII, p. 368) à celle du grand comédien et du spectateur. Mais Diderot nous semble ici moins attiré qu'autrefois par la sagesse inflexible et voit dans la sensibilité le fondement physiologique de la moralité.

2. Le mot est de Fougeret de Montbron (cf. *Satire première sur les caractères et les mots de caractère*, édit. Lewinter, tome X, p. 275.

ou stupides, l'autre qui les sépare en deux classes, celle des âmes tendres et celle des cœurs durs, et vous écrivez un traité de l'homme !

Je me souviens de vous avoir demandé comment on donnait de l'activité à une tête lourde ; je vous demande à présent comment on inspire de la sensibilité à un cœur dur.

Mais rien ne vous arrête ; vous me soutiendrez qu'avec ces deux qualités diverses, les hommes n'en étant pas moins communément bien organisés, ils n'en sont pas moins bien disposés à toutes sortes de fonctions.

Quoi ! monsieur Helvétius, il n'y aura nulle différence entre les compositions de celui qui a reçu de la nature une imagination forte et vive avec un diaphragme très mobile, et de celui qu'elle a privé de ces deux qualités ?

Vous qui donnez tant de force à l'impulsion d'un sexe vers l'autre, songez donc que l'homme vigoureux, mais insensible, ne sera entraîné par sa passion vers la femme que comme le taureau vers la génisse ; c'est la bête féroce de Lucrèce [1] qui, les flancs traversés d'une flèche mortelle, se précipite sur le chasseur et le couvre de son sang. Il ne fera guère d'élégies ou de madrigaux ; il veut jouir, il se soucie peu de toucher et de plaire. Un fluide brûlant, abondant et âcre irrite les organes du plaisir ; il ne soupire pas, celui-là, il rugit ; il ne tourne pas ses regards tendres et languissants, ses paupières humides sur l'objet de sa passion, ses yeux sont étincelants et son regard le dévore. Comme le cerf en automne, il baisse sa corne et fait marcher la biche timide devant lui ; dans le coin de la forêt obscure où il l'a détournée, il s'occupe de son bonheur fortement, sans penser à celui de l'être qu'il soumet ; satisfait, il le laisse et se retire. Tâchez, si vous le pouvez, de me faire un poète tendre et délicat de cet animal-là. Il n'a qu'un mot, ou il ne l'a plus.

Page 153. — *On se fait à discrétion poète, orateur, peintre ou géomètre.*

---

1. Souvenir lointain de Lucrèce, *De natura rerum* (livre V, vers 1325 sq.) :

« Tela infracta suo tingentes sanguine sævi,
Permixtasque dabant equitum peditumque ruinas ».

Comment peut-on exceller dans des genres qui supposent des qualités contradictoires? Quelle est la fonction du géomètre? De combiner des espaces, abstraction faite des qualités essentielles de la matière; point d'images, point de couleurs, grande contention de tête, nulle émotion de l'âme. Quelle est celle du poète, du moraliste, de l'homme éloquent? De peindre et d'émouvoir.

Si l'on n'est pas homme de génie en deux genres différents, ce n'est pas seulement faute de temps, c'est encore faute d'aptitude.

La poésie et la peinture sont peut-être les deux talents qui se rapprochent le plus; cependant on citerait à peine un seul homme qui ait su faire en même temps un beau poème et un beau tableau.

Le poète décrit, sa description embrasse le passé, le présent et l'avenir; un long intervalle de temps, dans le peintre, n'a qu'un instant. Aussi rien n'est si ridicule et si incompatible avec l'art que le sujet d'un tableau donné avec quelque détail par un littérateur, même homme d'esprit.

Il y a bien de la différence entre les roses qui sont sur la palette de Van Huysum [1] et les roses qui croissent dans l'imagination de l'Arioste.

Voici trois styles bien différents; celui-ci est simple, clair, sans figure, sans mouvement, sans verve, sans couleur : c'est celui de d'Alembert et du géomètre.

Cet autre est large, majestueux, harmonieux, abondant, noble, plein d'images tantôt délicates, tantôt sublimes : c'est celui de l'historien de la nature et de Buffon.

Ce troisième est véhément, il touche, il trouble, il agite, il incline à la tendresse, à l'indignation, il élève ou calme les passions : c'est celui du moraliste et de Rousseau.

Il n'est non plus possible à ces auteurs de changer de ton

---

1. Jean Van Huysum, peintre de fleurs et de fruits (1682-1749), eut quelque succès en France auprès du Régent et fournit toutes les cours d'Europe d'innombrables tableaux dont l'extraordinaire minutie faisait le prix. Diderot lui donne quelques éloges dans l'article *Beau* de *l'Encyclopédie* : « Nous croyons voir sur le duvet des fleurs rouler les perles de la rosée ».

qu'aux oiseaux de la forêt de changer de ramage. Invitez-les à cet essai, d'originaux qu'ils étaient, ils deviendront imitateurs et ridicules ; leur chant sera d'emprunt, il se mêlera de leur chant naturel, et ils ressembleront à ces oiseaux sifflés qui commencent un air modulé et qui finissent par leur gazouillement.

Ibid. — On ne naît point avec tel génie ou tel génie particulier.

Cette vérité est bien nouvelle, si c'en est une ; car on a pensé et dit jusqu'à présent que le génie était un don particulier de la nature qui entraînait l'homme à telle ou telle fonction dont on s'acquittait médiocrement ou mal sans lui, *invita Minerva*. Hélas ! les écoles sont pleines d'enfants si désireux de la gloire, si studieux, si appliqués ! ils ont beau travailler, se tourmenter, pleurer quelquefois de leur peu de progrès, ils n'en avancent pas davantage ; tandis que d'autres, à côté d'eux, légers, inconstants, distraits, libertins, paresseux, excellent en se jouant. Je ne t'oublierai pas, pauvre Garnier : tes parents étaient indigents, tu te faisais renfermer dans les églises de la ville, tu descendais la lampe qui éclairait nos autels, la sainte table te servait de pupitre, tu t'épuisais les yeux et la santé pendant toute la nuit ; cependant je dormais profondément, et tu n'emportas jamais la place de dignité ni sur moi, ni sur trois ou quatre autres. Si Helvétius avait exercé la profession malheureuse d'instituteur d'une cinquantaine d'élèves, il eût bientôt senti la vanité de son système. Il n'y a pas un professeur dans tous nos collèges à qui ses idées ingénieuses ne fissent hausser les épaules de pitié.

Ibid. — L'attention peut également se porter sur tout.

— Non, monsieur, non ; vous vous trompez. Il n'y a personne qui n'ait senti cette répugnance qu'on appelle justement naturelle, parce qu'elle est fondée sur un défaut d'aptitude qu'on est forcé de s'avouer par la violence des efforts et le peu de succès ; et malheur à vous, si elle vous est inconnue : également propre à tout, vous n'étiez vraiment propre à rien. Le lévrier à longues jambes et à corps élancé est fait pour suivre le lièvre à la course, vous ne le ferez jamais quêter ; le chien couchant à gros museau, pour battre la plaine, le nez au vent ou baissé ; le braque à poil ras et touffu, pour forcer l'épaisseur des haies et braver la pointe des ronces ; le barbet pour se jeter à l'eau ; et si vous vous proposez de dérouter leur allure, vous y userez beaucoup de temps et de courroies ; vous crierez et vous ferez beaucoup crier ces animaux, et vous n'aurez que de mauvais chiens. L'homme est aussi une espèce animale, sa raison n'est qu'un instinct perfectible et perfectionné ; et dans la carrière des sciences et des arts il y a autant d'instincts divers que de chiens dans un équipage de chasse.

Ibid. — Pourquoi si rarement du génie en différents genres ?

La question est bonne, voyons encore une fois comme il répond.

— C'est que l'homme...

— Monsieur Helvétius, c'est que l'homme, entraîné tout entier vers l'objet favori d'une aptitude innée, n'aperçoit que celui-là. C'est que quand la nature l'aurait destiné à devenir grand homme dans une autre carrière, il n'aurait pas eu le temps de la suivre. Passez votre vie à nager, et vous ne serez plus qu'un médiocre coureur ; courez jusqu'à l'âge avancé, et vous nagerez mal. Les hommes qui ont un génie sont rares ; combien plus rares encore ceux qui ont reçu un double génie ! Ce double présent est peut-être un malheur. Il peut arriver qu'on soit alternativement agité, ballotté par ses deux démons ; qu'on commence deux grandes tâches et qu'on n'en finisse aucune ; qu'on ne soit ni grand poète ni grand géomètre, précisément parce qu'on avait une égale aptitude à la géométrie et à la poésie. J'ai entendu Euler [1] s'écrier : *Ah ! si M. d'Alembert n'avait voulu être qu'un analyste, quel analyste il eût été !...* Il faut dire à ces espèces de monstres : Optez. Faut-il trancher le mot? le système d'Helvétius est celui d'un

1. Depuis 1769, Jean-Albert Euler était secrétaire de l'Académie des sciences de Saint-Pétersbourg. Mais il s'agit de son père, que Diderot vit plusieurs fois lors de son séjour en Russie (cf. *Diderot et Catherine II*, Calmann-Lévy, 1899, p. 74, et *Lettres à Sophie Volland, op. cit.*, t. II, p. 257).

homme de beaucoup d'esprit qui démontre à chaque ligne que l'impulsion tyrannique du génie lui est étrangère et qui en parle comme un aveugle des couleurs. Peut-être suis-je moi-même dans ce cas. Il y aura cependant cette différence entre nous, c'est que tout ce qu'il a fait, c'est à force de méditation et de travail : son premier ouvrage lui a coûté vingt ans, le second, une quinzaine d'années ; tous les deux la santé et la vie. Il est un exemple excellent de ce que peuvent l'opiniâtreté et l'amour de la gloire. Il devine beaucoup de choses de la contrée dont il parle, mais moi qui m'y suis promené, je vois qu'il n'y a jamais mis le pied.

J'y ai observé deux phénomènes que voici : c'est que quand on a tout vu dans une question, on n'en parle plus.

C'est que quand le génie désespère d'aller plus loin, il s'arrête, se dégoûte et s'égare dans une autre route.

La même chose lui arrive encore, lorsque les difficultés faciles à vaincre ont amené son dédain.

Ibid. — Pourquoi les hommes de génie sont-ils moins rares sous les bons gouvernements ?

C'est que les enfants de parents riches se choisissent plus librement un état et sont plus maîtres de suivre leur goût naturel ; c'est que le génie est un germe dont la bienfaisance hâte le développement, et que la misère publique, compagne de la tyrannie, étouffe ou retarde ; c'est que sous le despotisme l'homme de génie partage peut-être plus qu'un autre l'abattement général des âmes. A ces raisons ajoutez celles de l'auteur.

Ibid. — On naît poète, on devient orateur : Fiunt oratores, nascuntur poetæ.

Cette maxime n'est ni tout à fait vraie, ni tout à fait fausse. La poésie suppose une exaltation de tête qui tient presque à l'inspiration divine. Il vient au poète des idées profondes dont il ignore et le principe et les suites. Fruits d'une longue méditation dans le philosophe, il en est étonné, il s'écrie : « Qui est-ce qui a inspiré tant de sagesse à cette espèce de fou-là ?... » Je vois moins de verve et plus de jugement dans l'orateur ; mais je pense qu'à strictement parler, Démosthène naquit orateur comme Homère était né poète : seulement le talent de l'orateur se décèle plus tard ; on est poète au berceau, on n'est guère orateur que dans l'âge mûr. Le poète n'a point de précepteur, toutes les circonstances de la vie nous enseignent l'art oratoire.

Ibid. — Pour atteindre à certaines idées, il faut méditer; chacun en est-il capable? Oui, lorsqu'un intérêt puissant l'anime.

On sent si bien ce qu'on peut et ce qu'on ne peut pas, qu'enfermez-moi à la Bastille et dites-moi : « Vois-tu ce lacet? il faut dans un an, dans deux ans, dans dix ans d'ici, tendre le cou et l'accepter, ou faire une belle scène de Racine... » Je répondrai : « Ce n'est pas la peine de tant attendre ; finissons, et qu'on m'étrangle sur-le-champ. »

Si ma liberté et mon salut sont attachés à la production d'une belle scène à la Corneille, je n'en désespérerai pas.

Ibid. — En tout genre de science, ce sera toujours la généralité des principes, l'étendue de leur application et la grandeur des ensembles qui constituera le génie philosophique.

Et tout homme communément bien organisé peut atteindre jusque-là?

Ibid. — Un alchimiste, un joueur de gobelets étaient des hommes rares dans les siècles d'ignorance.

Van Helmont [1] et Glauber [2] furent des hommes rares. Comus [3] est un homme rare aujourd'hui.

---

1. Jean-Baptiste Van Helmont (1577-1644), médecin et chimiste, fut un génial visionnaire ; malgré son penchant pour le merveilleux et sa fidélité aux rêveries de Paracelse, il finit par devenir un excellent expérimentateur. Diderot a quelque peu étudié son *Ortus medicinæ* dans l'article *Théosophes* de *l'Encyclopédie* : « Il fit des progrès surprenants en chimie... ; son nom a été mis à côté de ceux de Bacon, de Boyle, de Galilée et de Descartes ».

2. Johann-Rudolf Glauber (1604-1668) fut un autre disciple de Paracelse ; ses menues découvertes (procédés de distillation des marcs et des bois ; sel dit de Glauber contre les maladies d'estomac) et ses recherches sur l'ammoniaque et le chlore en font un précurseur authentique de la chimie moderne.

3. Nicolas-Philippe Ledru, dit Comus (1731-1807), physicien du duc de Bourgogne, professeur de mathématiques des enfants de France, étonna son siècle par son génie inventif : boussoles marines, traitement

Page 154. — *Les hommes sont-ils d'avis différent sur la même question? cette différence est toujours l'effet ou de ce qu'ils ne s'entendent pas, ou de ce qu'ils n'ont pas les mêmes objets présents, ou de ce qu'ils ne mettent pas à la question même l'intérêt qu'il faudrait.*

Ce n'est pas tout, et il y a une source de leurs disputes peut-être plus féconde qu'aucune des précédentes.

Quelque bien organisées que soient deux têtes, il est impossible que les mêmes idées soient dans l'une et l'autre également évidentes. Je ne crois pas que ce principe puisse être contredit.

Donc il est impossible que le même raisonnement leur paraisse également concluant.

Ce raisonnement se liant avec la chaîne des idées de l'un des disputants, lui paraîtra démonstratif. Ne se liant pas, ou même croisant la chaîne des idées de l'autre, par la seule raison qu'il aurait à s'avouer plusieurs erreurs si ce raisonnement était vrai, il sera naturellement porté à le croire faux.

Page 155. — *Tous les hommes sont nés avec l'esprit juste.*

Tous les hommes sont nés sans esprit; ils ne l'ont ni faux ni juste : c'est l'expérience des choses de la vie qui les dispose à la justesse ou à la fausseté.

Celui qui n'a jamais fait qu'un mauvais usage de ses sens aura l'esprit faux.

Celui qui, médiocrement instruit, croira tout savoir, aura l'esprit faux.

Celui qui, emporté par la suffisance ou par la vivacité, sera précipité dans ses jugements, aura l'esprit faux.

Celui qui aura attaché trop ou trop peu d'importance à quelques objets, aura l'esprit faux.

Celui qui osera prononcer dans une question qui excède la capacité de son talent naturel, aura l'esprit faux.

Rien n'est si rare que la logique: une infinité d'hommes en manquent, presque toutes les femmes n'en ont point.

---

de l'acier, application de l'électricité aux maladies nerveuses. En 1772 il venait de montrer les effets de la catoptrique ou « phantasmagorie ».

Celui qui est sujet à des préventions aura l'esprit faux.

Celui qui s'entête ou par amour-propre, ou par esprit de singularité, ou par goût pour le paradoxe, aura l'esprit faux.

Et celui qui a trop de confiance et celui qui n'en a pas assez dans sa raison, aura l'esprit faux.

Tous les intérêts, tous les préjugés, toutes les passions, tous les vices, toutes les vertus sont capables de fausser l'esprit.

D'où je conclus qu'un esprit juste de tout point est un être de raison.

Nous sommes tous nés avec l'esprit juste! Mais qu'est-ce qu'un esprit juste? C'est celui qui nie ou affirme des choses ce qu'il en faut affirmer ou nier. Et nous apportons tous en naissant ce précieux don? et quand la nature nous l'aurait donné, il serait en notre pouvoir de le conserver?

Quelque envie que j'aie d'être du sentiment d'Helvétius, pourquoi ne le puis-je pas? Pourquoi persisté-je à croire qu'une des plus fortes inconséquences de cet auteur, c'est d'avoir placé la différence de l'homme et de la brute dans la diversité de l'organisation, et d'exclure cette cause lorsqu'il s'agit d'expliquer la différence d'un homme à un homme? Pourquoi lui paraît-il démontré que tout homme est également propre à tout, et que son stupide portier a autant d'esprit que lui, du moins en puissance, et pourquoi cette assertion me paraît-elle à moi la plus palpable des absurdités? Pourquoi toute sa subtilité, toute son éloquence, tous ses raisonnements ne m'ont-ils pas déterminé à prononcer avec lui que nos aversions et nos goûts se résolvent, en dernière analyse, au désir ou à la crainte de peines ou de plaisirs sensuels et physiques?

Un homme communément bien organisé est capable de tout.

Croyez cela, Helvétius, si cela vous convient; mais songez que c'est sous peine de vous fendre la tête inutilement, comme il m'est arrivé, sur des questions dont vous n'atteindrez jamais le fond. Je me cite, parce que j'ai la conscience de mes efforts et l'expérience de mon opiniâtreté. Je n'ai pu trouver la vérité, et je l'ai cherchée avec plus de qualités que vous n'en exigez. Je vous dirai plus :

s'il y a des questions en apparence assez compliquées qui m'ont paru simples à l'examen, il y en a de très simples en apparence que j'ai jugées au-dessus de mes forces. Par exemple, je suis convaincu que dans une société même aussi mal ordonnée que la nôtre, où le vice qui réussit est souvent applaudi, et la vertu qui échoue presque toujours ridicule, je suis convaincu, dis-je, qu'à tout prendre, on n'a rien de mieux à faire pour son bonheur que d'être un homme de bien ; c'est l'ouvrage, à mon gré, le plus important et le plus intéressant à faire, c'est celui que je me rappellerais avec le plus de satisfaction dans mes derniers moments. C'est une question que j'ai méditée cent fois et avec toute la contention d'esprit dont je suis capable ; j'avais, je crois, les données nécessaires ; vous l'avouerai-je? je n'ai pas même osé prendre la plume pour en écrire la première ligne. Je me disais : « Si je ne sors pas victorieux de cette tentative, je deviens l'apologiste de la méchanceté : j'aurai trahi la cause de la vertu, j'aurai encouragé l'homme au vice. Non, je ne me sens pas bastant pour ce sublime travail ; j'y consacrerais inutilement toute ma vie. »

Voulez-vous une question plus simple? la voici. Le philosophe appelé au tribunal des lois, doit-il ou ne doit-il pas y avouer ses sentiments au péril de sa vie?

Socrate fit-il bien ou mal de rester dans la prison?... Et combien d'autres questions qui appartiennent plus au caractère qu'à la logique ! Oserez-vous blâmer l'homme courageux et sincère [1] qui aime mieux périr que de se rétracter, que de flétrir par sa rétractation son propre caractère et celui de sa secte? Si le rôle de ce personnage est grand,

---

1. C'est le problème qu'il discutait naguère à Saint-Cloud avec d'Holbach et Naigeon (*Lettres à Sophie Volland*, *op. cit.*, t. II, p. 263-264). « Je disais que je souffrirais à faire injure à la vérité en la rétractant, à parler contre ma pensée après avoir écrit selon ma pensée, à me traduire aux yeux de mes juges, de mes concitoyens et aux miens comme un lâche... Je leur objectais Socrate que j'ai exposé à leur ironie... Ils ont prétendu que tout cela n'était qu'un tour de tête poétique. Cela me sourit, car je voudrais bien n'être pas fou. »

noble et beau dans la tragédie ou l'imitation, pourquoi serait-il insensé ou ridicule dans la réalité?

Quel est le meilleur des gouvernements pour un grand empire? et par quelles précautions solides réussirait-on à limiter l'autorité souveraine?

Y a-t-il un seul cas où il soit permis à un sujet de porter la main sur son roi? et si par hasard il y en avait un, quel est-il? En quelle circonstance un simple particulier se peut-il croire l'interprète de toutes les volontés?

L'éloquence est-elle une bonne ou une mauvaise chose? Faut-il sacrifier aux hasards d'une révolution le bonheur de la génération présente pour le bonheur de la génération à venir [1]?

L'état sauvage est-il préférable à l'état policé?

Ce ne sont pas là des problèmes d'enfants; et vous croyez que tout homme a reçu de la nature l'aptitude à les résoudre? Sans sotte modestie, je vous supplie de m'en excepter. Le président de Montesquieu y aurait mis toutes ses forces et une bonne partie de sa vie.

Parmi un assez grand nombre d'hommes mieux organisés et mieux élevés qu'on ne l'est communément, pourquoi celui qui lève le voile de la vérité par quelque coin important obtient-il tant de célébrité? Pourquoi s'épuiser en admiration et en éloges sur ce que tous auraient été capables de faire, si l'intérêt et le hasard l'avaient permis? Vous vous calomniez vous-même : allez, mon cher philosophe, vous n'êtes l'enfant d'aucune de ces causes vulgaires. Hercule au berceau étouffa des serpents, et le jeune Cromwell, en jaquette, dans la brasserie de son père, tenait à la main la hache dont il devait faire tomber la tête de Charles Ier. Ramenez par la pensée les mêmes circonstances, multipliez-les de toutes celles qu'il vous plaira d'imaginer,

---

1. L'abbé Galiani, dans une lettre à Suard que Diderot a pu lire (édit. Perey-Maugras, *op. cit.*, t. I, p. 245, 8 sept. 1770), répond ainsi à la question : « Le changement de constitution... tracasse rudement deux ou trois générations entières et n'accommode que la postérité. La postérité n'est qu'un être possible et nous sommes des êtres réels. »

combinez-les à votre volonté, et peut-être réussirez-vous à reproduire l'assassin d'un roi ; mais cet assassin ne sera pas Cromwell.

Chacun est poète à sa manière, éloquent à sa manière, brave à sa manière, fait de la peinture, de la sculpture, de la gravure, même de la géométrie, de la mécanique, de l'astronomie comme soi et non comme un autre. Je parle de ceux qui excellent. Entre ces manières, il y en a une qui marque plus de finesse, plus de sagacité, plus de génie : Bernoulli résout en une ligne le problème de la courbe de la plus vite descente [1]. Un habile sculpteur est bien loin d'un sculpteur excellent ; un grand poète est bien loin d'Homère, de Virgile et de Racine. D'où naît cette diversité? Pourquoi n'a-t-on jamais vu un homme de génie faire comme un autre homme de génie qu'il avait sous ses yeux et qui même lui servait de modèle?

Page 155. — *Il n'est point d'autre sorte d'esprit que celui qui compare juste.*

Cela se peut; mais il y a bien de la différence entre la manière dont les esprits justes comparent, surtout dans les questions de quelque étendue. Les uns s'avancent laborieusement à la conclusion par un labyrinthe tortueux qui vous excède de fatigue ; les autres, tels que les célestes coursiers, y arrivent d'un saut ; quelques-uns réunissent encore la sagacité à la promptitude par le choix des moyens. Il y en a qu'on appelle originaux parce qu'il semble que personne qu'eux n'eût pris le chemin, n'eût employé le moyen qu'ils ont imaginé.

1. Le problème de la brachistochrone fut posé en 1696 par Jean Bernoulli : Quelle est la courbe le long de laquelle doit descendre un point matériel pesant pour se rendre d'un point A à un point B en employant le moins de temps possible? Il fut résolu par Leibniz, Newton, l'Hôpital et les Bernoulli, puis repris par Euler et Lagrange.

V - [A LA SUITE DE L'EXPÉRIENCE]

Page 180. — *Il faut s'avancer à la suite de l'expérience et ne la jamais précéder.*

Cela est vrai ; mais fait-on des expériences au hasard? L'expérience n'est-elle pas souvent précédée d'une supposition, d'une analogie, d'une idée systématique que l'expérience confirmera ou détruira? Je pardonne à Descartes [1] d'avoir imaginé ses règles du mouvement, mais ce que je ne lui pardonne point, c'est de ne s'être pas assuré par l'expérience si elles étaient ou n'étaient pas, dans la nature, telles qu'il les avait imaginées. La méditation est si douce et l'expérience est si fatigante, que je ne suis point étonné que celui qui pense soit si rarement celui qui expérimente.

VI - [VÉRITÉ ET IDENTITÉ]

Page 193. — *Les plus sublimes vérités, une fois simplifiées et réduites aux moindres termes, se réduisent en faits, et dès lors ne présentent plus à l'esprit que cette proposition : le blanc est blanc, le noir est noir.*

Mais cette réduction est-elle toujours possible? On résout tout problème par analyse ou par synthèse. La synthèse descend des premiers principes à une conclusion qui en est très éloignée, et l'analyse remonte de cette conclusion éloignée aux premiers principes. Il est vrai que dans l'une et l'autre méthode, chaque pas est identique à celui qui le précède ou le suit, mais cette identité est-elle toujours facile à saisir? Est-elle également évidente pour tous les

1. C'est Leibniz qui, dans les *Acta eruditorum* de 1686 (*Brevis demonstratio erroris Cartesii*), démontre contre Descartes que la mesure de la capacité de puissance (*actio*) d'un corps en mouvement n'est pas mv mais mv^2 et établit le principe de la conservation de la force vive. Diderot applique à Descartes la règle de l'« inversion » recommandée dans l'*Interprétation de la Nature*.

esprits? La suite des pas n'est-elle pas souvent très longue, et tout esprit est-il en état de la suivre et de l'avoir présente? La conviction n'est pas la certitude et la mémoire de toutes ces identités, et cela dans l'ordre démonstratif; car la démonstration ne résulte pas seulement de chacune d'elles, ni même de leur somme, mais de leur enchaînement. Fermat, je crois, qui n'était pas une tête étroite, disait de la démonstration du rapport du cylindre à la sphère, trouvée par Archimède : *Memini me vim illius demonstrationis nunquam percepisse totam;* j'ai mémoire de n'avoir jamais senti toute la force de cette démonstration [1]. Il n'y a point de géomètre, si grand qu'il soit, qui ne vous avoue qu'il s'est lui-même perdu quelquefois sur la longueur de ses démonstrations.

Mais celui qui peut entendre la solution du problème de la précession des équinoxes [2] était-il en état de la trouver? Non. Cette réduction d'une vérité éloignée à un fait simple n'est pas l'ouvrage de tout esprit. Il n'y a point de mauvais édit du souverain qu'on ne puisse réduire à cette conclusion: Donc, sire, votre bon plaisir est que nous brûlions nos moissons; mais y a-t-il beaucoup d'hommes capables, je ne dis pas de faire, mais d'entendre cette proposition?

Ce n'est pas seulement en géométrie, c'est dans tout art et toute science que les vérités sont identiques. La science de l'univers entier se réduit à un fait dans l'entendement divin. Les vérités sont donc identiques en économie politique; pourquoi donc la solution de ces problèmes est-elle à peine

---

1. Diderot présentait déjà cette anecdote dans l'*Interprétation de la Nature* (Chapitre VI).

2. Outre le mouvement diurne autour de son axe et le mouvement annuel autour du soleil, l'axe de la terre obéit à un mouvement séculaire et conique autour de la perpendiculaire au plan de l'écliptique passant par son centre. C'est le mouvement de précession, dû à l'action du soleil sur le renflement équatorial du globe; la conséquence en est la précession des équinoxes. La précession, découverte par Hipparque 150 ans av. J.-C., se complique du mouvement de nutation. La théorie mathématique en avait été mise au point par d'Alembert en 1759.

au niveau des plus vastes têtes? C'est par cette identité même qui ne permet pas de remuer une pierre, sans qu'il en résulte une infinité de contre-coups dont il faut calculer les effets ensemble et séparément; c'est qu'il faut y faire entrer les opinions, les préjugés et les usages. Trois excellents esprits ont agité la question de la liberté du commerce des grains [1]; mille autres ont lu, médité leurs ouvrages avec un intérêt proportionné à une question où il s'agit de la subsistance et de la vie d'un peuple entier. Où en est-elle? Au premier pas; et M. Turgot prétend que le bien ou le mal de son édit ne sera évident que dans une dizaine d'années.

VII - [RÉFUTATION GÉNÉRALE]

Dans presque tous les raisonnements de l'auteur, les prémisses sont vraies et les conséquences sont fausses, mais les prémisses sont pleines de finesse et de sagacité.

Il est difficile de trouver ses raisonnements satisfaisants, mais il est facile de rectifier ses inductions et de substituer la conclusion légitime à la conclusion erronée qui ne pèche communément que par trop de généralité. Il ne s'agit que de la restreindre.

Il dit : L'éducation fait tout. *Dites* : L'éducation fait beaucoup.

Il dit : L'organisation ne fait rien. *Dites* : L'organisation fait moins qu'on ne pense.

---

1. Quels sont ces trois excellents esprits? Galiani certes, dont Diderot édita en 1770 les *Dialogues sur le commerce des blés*; Morellet, qui rédigea une volumineuse *Réfutation des dialogues* dès 1770, interdite par l'abbé Terray; le troisième est-il Turgot, inspirateur de Morellet, qui rétablit en 1774 (décret du 13 septembre) la libre circulation des grains, ou Necker qui publia en 1775, en reprenant les idées de Galiani, *De la législation et du commerce des grains*? Diderot, qui a laissé inédite une *Apologie de l'abbé Galiani*, déclarait : « Pour parler pertinemment de boulangerie, il faut avoir mis la main à la pâte » et concluait : « La question reste plus embrouillée que jamais » (B. N., n. a. fr., 13755, f. 2 et 3). La rédaction de cette page doit dater de 1775.

Il dit : Nos peines et nos plaisirs se résolvent toujours en peines et plaisirs sensuels. *Dites :* Assez souvent.

Il dit : Tous ceux qui entendent une vérité l'auraient pu découvrir. *Dites :* Quelques-uns.

Il dit : Il n'y a aucune vérité qui ne puisse être mise à la portée de tout le monde. *Dites :* Il y en a peu.

Il dit : L'intérêt supplée parfaitement au défaut de l'organisation. *Dites :* Plus ou moins, selon le défaut.

Il dit : Le hasard fait les hommes de génie. *Dites :* Il les place dans des circonstances heureuses.

Il dit : Il n'y a rien dont on ne vienne à bout avec de la contention d'esprit et du travail. *Dites :* On vient à bout de beaucoup de choses.

Il dit : L'instruction est la source unique de la différence entre les esprits. *Dites :* C'est une des principales.

Il dit : On ne fait rien d'un homme qu'on ne puisse faire d'un autre. *Dites :* Cela me semble quelquefois.

Il dit : L'influence du climat est nulle sur les esprits. *Dites :* On lui accorde trop.

Il dit : C'est la législation, le gouvernement qui rendent seuls un peuple stupide ou éclairé. *Dites :* Je l'accorde de la masse ; mais il y eut un Sâadi, de grands médecins, sous les califes [1].

Il dit : Le caractère dépend entièrement des circonstances. *Dites :* Je crois qu'elles le modifient.

Il dit : On fait à l'homme le tempérament qu'on lui veut ; et quel que soit celui qu'il a reçu de la nature, il n'en a ni plus ni moins d'aptitude au génie. *Dites :* Le tempérament n'est pas toujours un obstacle invincible aux progrès de l'esprit.

Il dit : Les femmes sont susceptibles de la même éducation

1. C'est en 1759, lorsqu'il rédigeait l'article *Sarrazins*, que Diderot se passionna pour la civilisation musulmane. Toute une notice sur le poète Sâadi publiée par Grimm (*Corr. litt.*, 1er nov. 1762) est déjà adressée à Sophie Volland le 30 oct. 1759 (*op. cit.*, t. I, p. 86 sq.). L'article *Sarrazins* loue la médecine arabe, Rhazès et Avicenne : « Qui est-ce qui a parcouru l'histoire de la médecine et qui ignore le nom de Rasès? ... Ce fut le Galien des Arabes ».

que les hommes. *Dites :* On pourrait les élever mieux qu'on ne fait.

Il dit : Tout ce qui émane de l'homme se résout, en dernière analyse, à de la sensibilité physique. *Dites :* Comme condition, mais non comme motif.

Il dit : Il en coûte souvent plus pour entendre une démonstration que pour trouver une vérité. *Dites :* Mais cela ne prouve point l'égalité du génie.

Il dit : Tous les hommes communément bien organisés sont également propres à tout. *Dites :* A beaucoup de choses.

Il dit : L'échelle prétendue qui sépare les esprits est une chimère. *Dites :* Elle est peut-être moins longue qu'on ne l'imagine.

Et ainsi de toutes ses assertions, aucune qui soit ou absolument vraie ou absolument fausse.

Il fallait être bien entêté ou bien maladroit pour ne s'en être pas aperçu et n'avoir pas effacé des taches légères sur lesquelles l'envie des uns, la haine des autres appuiera sans mesure, et qui relégueront un ouvrage plein d'expérience, d'observations et de faits, dans la classe des systématiques, si justement décriés par l'auteur.

Pour tout lecteur impartial et sensé, avec ses défauts le livre d'Helvétius sera excellent. Il excitera de grands cris, parce que beaucoup d'hommes puissants y sont attaqués, parce que les hommes rares y sont relégués dans la classe commune d'où ils n'ont été tirés que par des circonstances peu flatteuses pour leur vanité ; mais ces cris dureront peu, parce que l'auteur est mort et qu'il faut renoncer à la douce satisfaction de le perdre, ce qui serait infailliblement arrivé, si l'ouvrage eût été publié de son vivant.

Je le jugeai trop sévèrement sur le manuscrit : cela ne me parut qu'une paraphrase assez insipide de quelques mauvaises lignes du livre de *l'Esprit;* je le reléguai dans la classe de ces ouvrages médiocres dont la hardiesse faisait tout le mérite, et qui ne sortaient de l'obscurité que par la sentence du magistrat qui les condamnait au feu. J'ai changé d'avis ; je fais cas et très grand cas de ce traité *De l'Homme* ; j'y reconnais toutes les sortes de mérite d'un bon littérateur et toutes les vertus qui caractérisent l'honnête homme et le bon citoyen. J'en recommande la lecture à mes compatriotes, mais surtout aux chefs de l'État, afin qu'ils connaissent une fois toute l'influence d'une bonne législation sur l'éclat et la félicité de l'empire, et la nécessité d'une meilleure éducation publique ; afin qu'ils se défassent d'une prévention qui ne montre que leur ineptie, c'est que le savant, le philosophe, n'est qu'un sujet factieux et ne serait qu'un mauvais ministre. Je la recommande aux parents, afin qu'ils ne désespèrent pas trop aisément de leurs enfants ; aux hommes vains de leurs talents, afin qu'ils sachent que la distance qui les sépare du commun de leurs semblables n'est pas aussi grande que leur orgueil se le persuade ; à tous les auteurs, afin qu'ils s'étonnent de l'étrange absurdité où peut être conduit un esprit d'une trempe qui n'était pas ordinaire, mais trop fortement occupé de son opinion, et qu'ils en deviennent plus circonspects.

Il y a des endroits où Helvétius chancelle, d'autres où la contradiction est si palpable, l'objection si forte, la réponse si faible, qu'il est difficile que l'auteur n'ait pas eu quelque soupçon de son erreur. A-t-il été retenu par la mauvaise honte de se rétracter? A-t-il voulu faire sensation et publier un ouvrage qui fût contredit et illustré par des critiques, même sensées? A-t-il préféré d'avoir son coin séparé parmi les philosophes et par des opinions singulières, que d'être confondu dans la foule avec des vérités plus communes et des idées moins piquantes?

Il est lui-même l'exemple d'un phénomène qu'il a remarqué ; c'est comment d'excellents esprits sont tombés et restés dans des erreurs palpables. Il leur suffisait d'en avoir été longtemps défenseurs. On ne convertit point celui qui a composé des in-folio sur une ineptie ; cet homme serait un héros dans son genre, s'il avait le courage de condamner au feu le travail de toute sa vie.

Un professeur en théologie trouva une réponse très subtile à je ne sais quelle difficulté qui lui fut proposée contre la vérité de la religion ; et le voilà qui, d'incrédule qu'il était, devint croyant, précisément comme si, cette objection même solidement résolue, il n'en restait plus à résoudre ; mais sa vanité était intéressée à la regarder comme la plus importante, et c'est ce qu'il fit. On retrouve à chaque pas la scène du maître de danse et du maître en fait d'armes, où nous allons rire tous les jours de nous-mêmes.

Il dit : La justesse de l'esprit dépend de la comparaison des idées et de l'attention avec laquelle on observe. *Dites :* Tout esprit n'est pas propre à comparer toutes idées ; tout esprit n'est pas capable d'attention.

Il dit : Poursuivez toujours le bonheur, ne l'atteignez jamais ; c'est sous peine de retomber dans l'ennui, en l'éprouvant fort inférieur à votre attente. *Dites :* Je sais bien que c'est à la peine à assaisonner le plaisir ; je sais que sa possession répond rarement à notre attente ; avec cela, monsieur Helvétius, je ne suivrai pas votre conseil : si la nature, le travail ou l'occasion m'offre le moyen d'être heureux, je le saisirai, je le saisirai vite, je ne craindrai pas de manquer de désirs. Je ne laisserai pas à mon imagination le temps de me surfaire une jouissance que je trouverais moins douce ; je tendrai mes bras au plaisir qui vient, mais je ne veux pas les tenir tendus trop longtemps, c'est une position qui fatigue. Je courrai après le plaisir qui s'éloigne, mais je ne m'excéderai pas : j'arriverais avec la lassitude et le dégoût. Illusions d'avare et de coquette, sottes illusions, plate duperie ; aussi la coquette vieillit-elle avec douleur et regret, l'avare meurt-il désespéré.

Il dit : L'amour enhardit l'animal le plus faible. *Dites :* Oui, l'animal ; mais l'homme, l'homme tendre et délicat, il bégaye, il tremble, il se déconcerte, il ne sait ni ce qu'il dit, ni ce qu'il fait.

Il dit : C'est sur la tige de la douleur et du plaisir physiques que se recueillent toutes nos peines et tous nos plaisirs, et je révèle une grande vérité. *Dites-lui :* Mais cette grande vérité n'est pas générale. On demandait à Saint-Mard [1] où il avait pris tout le mal qu'il pensait

1. Toussaint Rémond de Saint-Mard (1682-1757), émule de Fontenelle dans les *Nouveaux dialogues des dieux* (1711), avait donné la

de l'homme. En moi, répondit-il ; et sa réponse n'avait qu'un défaut, c'est de croire que tout le monde lui ressemblait.

Il dit : La grande mémoire est exclusive d'un grand esprit. *Ajoutez :* Mais la mémoire est une qualité de l'organisation ; un homme organisé de cette manière n'a donc pas la même aptitude naturelle à l'esprit et au génie qu'un autre homme, et la source de leur différence sera dans l'organisation ; il en sera de l'homme à grande mémoire et de l'homme à mémoire honnête comme du chien couchant et du lévrier : l'âme de l'un se porte tout entière à son nez, et l'âme de l'autre tout entière à ses yeux. Et voilà l'origine de la variété des esprits dans l'espèce humaine, et de la variété des instincts entre les animaux. Chaque être fait naturellement ce qu'il peut faire le mieux, avec le plus de plaisir et le moins de peine. *Ajoutez :* Vous avez oublié, monsieur Helvétius, qu'aucune organisation n'est exclusive d'aucun talent.

Il dit : L'homme de bonne société obtient peu d'estime, parce qu'il ne se rend point utile aux hommes. *Dites :* Et il les sauve de l'ennui. Un bon conteur est un homme très essentiel où l'on s'ennuie beaucoup ; il y jouit d'une grande considération, on le désire, on se l'arrache. C'est le rôle de l'abbé Makarty à Constantinople [1], où il s'était fait conteur comme on se fait barbier. Il avait beaucoup de pratiques, et vous n'en devez pas être surpris, si vous vous rappelez ce que vous avez dit de l'ennui.

---

mesure de son pessimisme dans ses *Lettres sur la décadence du goût* (1729). La *Correspondance littéraire* disait à propos de l'édition de ses *Œuvres* en 1750 (t. I, p. 318) : « M. de Saint-Mard est aigre et misanthrope ».

1. L'abbé Mac Carthy, aventurier irlandais, fils d'un chirurgien de Nantes, dut quelque célébrité à Voltaire à qui il escroqua deux mille livres (*Correspondance*, édit. Moland, t. XXXIII, p. 130) ; en 1732 il passait à Constantinople avec un officier français, Mornay, et se faisait musulman chez Bonneval Pacha. Le bruit courait en 1734 qu'on l'avait empalé ; en 1736, Voltaire demande de ses nouvelles à Falkener (*ibid.*, t. XXXIV, p. 36) ; en 1768 on le dit mort chrétien à Lisbonne (*ibid.*, t. IX, p. 527).

Il dit : A quoi sert une grande mémoire? *Dites :* A exclure le génie. Ce n'est pas moi, c'est vous qui le prétendez ; d'où il arrive que vous répondez juste à l'objection qu'on ne vous fait pas, et que vous en levez une à laquelle vous nè répondrez jamais. C'est que l'homme à grande mémoire a trop de la même couleur brune sur sa palette, trop de pente à l'employer, et qu'il peint noir ou gris.

Il dit : Ne vous plaignez pas du trop peu de mémoire. *Dites :* Mais si je me plains du trop qui me raye de la classe des hommes à talent, vous me le permettrez.

Il dit : Les Sapho, les Hypathie [1], les Catherine furent des femmes de génie. *Ajoutez :* Et de ce petit nombre j'en conclurai une égale aptitude au génie dans l'un et dans l'autre sexe, et qu'une hirondelle fait le printemps.

Il dit : Les hommes ont été grands dans tous les recoins de terre où ils n'ont éprouvé aucune influence étrangère qui les ait rapetissés. *Dites :* Également grands, je n'en crois rien.

Il dit : La nature de l'esprit consiste à observer des rapports. *Ajoutez :* Je le veux ; mais est-ce l'oreille qui observe et compare des rapports? Non. Est-ce l'œil qui observe et compare des rapports? Non. Ils reçoivent des impressions, mais c'est ailleurs que la comparaison s'en fait. Cette opération n'est d'aucun des sens, à qui appartient-elle donc? Au cerveau, je crois. A quoi bon avoir fait le procès aux sens, si vous ne démontrez pas qu'on peut tout avec un cerveau communément bien organisé? Quoi, un vaisseau de la tête un peu plus ou moins dilaté, un de ses os un peu plus ou un peu moins enfoncé, le plus faible embarras de circulation dans le cervelet, un fluide un peu trop ou pas assez fluide, une petite piqûre dans la pie-mère rend un homme stupide ; et la conformation totale de la boîte osseuse et du fromage mou qu'elle renferme et des nerfs

1. Diderot a fait l'éloge du génie mathématique d'Hypathie d'Alexandrie, massacrée par les chrétiens, dans l'article *Éclectisme* de *l'Encyclopédie* (*Œuvres*, A. T., t. XIV, p. 341).

qui y sont implantés ne fera quoi que ce soit aux opérations de l'esprit ! Je crains bien que vous n'ayez négligé dans votre calcul les deux principaux ressorts de la machine, la cervelle et le diaphragme.

Il dit : Que m'importe la diversité de l'organisation ? Il me suffit qu'elle préexiste, même à la naissance. *Dites :* Oui, cela suffit pour que vous ayez tort et que votre conclusion soit fausse. Ces causes naissent différentes et n'en sont pas moins également capables des mêmes effets ; cela ne se conçoit pas.

Il dit : L'usage des mauvaises eaux, des aliments grossiers, des appétits désordonnés ne font rien à l'esprit. *Ajoutez :* Bien qu'ils abrutissent l'homme à la longue ? Ni le climat, quoique ce soit une cause dont l'effet ne cesse point ? Ni le local, quoique l'homme de la montagne soit vif et nerveux, et l'homme de la plaine pesant et replet. *Dites :* Si la fraîcheur des organes ne produit pas les beaux ouvrages, leur caducité produit bien les mauvais. Mais est-ce qu'il n'y a pas des enfants vieux et des vieillards jeunes ? Quelle égalité raisonnable établirez-vous entre les uns et les autres ? Comment ferez-vous mouvoir cette aube immense, que le volume énorme des eaux accélérées du torrent meut à peine, par le filet d'eau de ce ruisseau ?

Il dit : Le Voltaire de trente ans et le Voltaire de soixante ont également d'esprit. *Dites :* Où avez-vous pris cela ? Le Voltaire de soixante ans est le perroquet du Voltaire de trente, et voilà ce qui vous en impose. Le vieillard ne s'enrichit plus, il vit de son bien, sa récolte est faite, ses greniers sont pleins. Son champ peut à présent devenir stérile, sans qu'il y paraisse au retranchement de sa dépense.

Il dit : On ne peut pas avoir été soi et un autre. *Ajoutez :* Il faudrait donc s'en rapporter un peu à ce qu'un autre nous dit de lui.

Il dit : Pourquoi l'heureuse disposition de nature ne contre-balance-t-elle pas dans l'amateur le petit degré d'attention de plus que le maître donne à son art ? *Dites ironiquement :* Le petit degré d'attention ? Mais l'art est l'amusement de l'amateur, et la fatigue journalière de toute la vie de l'artiste ; et vous appelez cela un petit degré d'attention de plus ?

Il dit : La jouissance d'une belle femme peut porter dans l'âme de mon voisin plus d'ivresse que dans la mienne ; mais cette jouissance est pour moi comme pour lui le plus vif des plaisirs. *Dites* (et Dieu veuille toutefois que ce ne soit pas d'après votre expérience) qu'il y a des plaisirs qui piquent infiniment plus son voisin que la jouissance d'une belle femme. Dites que ce qu'il peut dire de lui, il ne faut pas le dire de son voisin, qui est un avare qui ne tirerait pas vingt louis de son coffre-fort pour coucher avec la belle Mme Helvétius.

Chacun a sa sorte d'intérêt, et sa violence n'est pas moins variable dans chaque individu que sa nature. Il y en a qui préfèrent le repos à toutes les jouissances qu'on n'obtient que par des soins. Qu'attendre de celui qui a mis son bonheur dans la paresse ? Niez-vous l'existence des vrais paresseux ? Nous le sommes tous par intervalles, et il y a des hommes nés las.

Il dit qu'il est étonnant que des hommes s'occupent sérieusement de tours et d'arts futiles. *Dites* qu'il ne faut pas s'étonner que quelques-uns s'occupent de ce qui en amuse un grand nombre d'autres. Chez les Romains, le peuple quittait les pièces de Térence pour des sauteurs, des funambules et autres bateleurs de cette espèce [1]. Le poète qui s'en plaignait avait raison ; le philosophe qui en eût été surpris, aurait mal connu le peuple.

Il dit qu'il veut détruire le merveilleux et non le mérite de l'esprit. *Dites* qu'on ne détruit point le merveilleux d'une chose utile, grande et rare, par quelque cause que ce puisse être.

Si Helvétius avait eu autant de justesse que d'esprit et de

---

1. Térence, deuxième prologue de *l'Hécyre* :

« Quum primum eam agere cœpi, pugilum gloria,
(Funambuli eodem accessit exspectatio)
Comitum conventus, strepitus, clamor mulierum
Fecere ut ante tempus exirem foras. »

sagacité, combien de choses fines et vraies il n'aurait pas dites ! Il est heureux qu'il se soit trompé. Il y a toujours quelque chose à apprendre dans les ouvrages des hommes à paradoxe, tels que lui et Rousseau ; et j'aime mieux leur déraison qui me fait penser, que des vérités communes qui ne m'intéressent point. S'ils ne me font pas changer d'avis, presque toujours ils tempèrent la témérité de mes assertions.

Il dit : Le mot esprit juste comprend dans sa signification étendue toutes les différentes sortes d'esprit. *Ajoutez*, vous : Est-ce qu'il y a différentes sortes d'esprit? Vous ne pouvez le nier sans contredire l'expérience, ni l'accorder sans renoncer à vos principes. Il y a des esprits vifs, des esprits lourds, mais ou ces instruments différents sont capables ou ils sont incapables des mêmes ouvrages. *Quidquid dixeris, argumentabor.*

Il dit : Les jansénistes disaient que les jésuites avaient introduit le plaisir dans un ballet, et que pour le rendre plus piquant ils l'avaient mis en culotte [1] ; il faut rendre justice aux jésuites, cette accusation est fausse. *Dites*, vous : Il faut rendre justice aux jésuites, cette accusation est vraie, et je le prouve : c'est que les jésuites sont hommes et qu'ils n'ont aucun commerce avec les femmes. Cette raison est démonstrative dans les principes d'Helvétius.

Il dit : Les mots une fois bien définis, une question est résolue presque aussitôt que proposée. *Dites :* Les mots sont bien définis entre cet auteur et moi, et c'est par cette raison même que nous ne sommes pas d'accord.

— Mais alors la question est d'expérience et de fait, et quand on en est là, on est converti.

---

1. « Les Jésuites donnèrent à Rouen en 1750 un ballet dont l'objet était de montrer que « le plaisir forme la jeunesse aux vraies vertus, c'est-à-dire première entrée, aux vertus civiles ; seconde entrée, aux vertus guerrières ; troisième entrée, aux vertus propres à la religion ». Ils avaient dans ce ballet prouvé cette vérité par des danses. La Religion personnifiée y avait un pas de deux avec le Plaisir ; et pour rendre le Plaisir plus piquant, disaient alors les Jansénistes, les Jésuites l'ont mis en culotte » (*De l'Homme*, section II, chap. XVI).

— Nullement ; la querelle n'a fait que changer d'objet, et la difficulté s'accroît à tel point que quelques hommes sensés ont prétendu que les faits ne prouvaient rien, tant on avait de peine à les constater et à les appliquer précisément à la question.

Il dit : Un ouvrage où l'on fixerait la véritable signification des mots ne peut s'exécuter que chez un peuple libre. J'en ai eu la pensée, et c'est moins le courage que le talent qui m'a manqué. *Dites :* Ce dictionnaire bien fait terminerait bien des disputes, mais non toutes. Les géomètres en ont entre eux, elles subsistent depuis longtemps, et je ne sais quand elles finiront.

Il dit : Il ne faut rien avancer sans s'appuyer de l'expérience. *Dites :* Cela est juste ; mais la contemplation étant sédentaire et l'expérience agitée, c'est-à-dire qu'il faut être ou Aristote, ou Newton, ou Galilée, ce que tout homme communément bien organisé peut être.

Je ne sais comment l'auteur, qui sait tant de bons mots, ne s'est pas rappelé celui-ci : on a dit qu'une épigramme heureuse était une bonne fortune, mais qui n'arrivait presque jamais qu'à un homme d'esprit.

Combien d'inventeurs, et quelle pauvre gloire à l'être, si le mérite n'en était dû qu'au hasard, à l'intérêt, au désir ou à l'instruction !

Il dit : Les plus honnêtes gens ne sont pas ceux qui reconnaissent dans l'homme le plus de vertu. *Dites franchement à l'auteur :* Je ne suis pas de votre avis. Dites qu'il est des actions difficiles dont on aurait tort de se croire capable avant que de les avoir faites. Dites que Codrus, interrogé longtemps avant son étonnant sacrifice, aurait pensé de lui comme vous pensez de vous [1].

On peut se promettre un courage qu'on ne se retrouve pas, une vertu qui nous abandonne au moment.

---

1. D'après Hérodote (I, 147), lors de l'invasion dorienne, un oracle avait promis le succès aux Doriens à condition de ne pas tuer le roi d'Athènes, Codrus. Celui-ci, déguisé en paysan, se fit tuer et les Doriens se hâtèrent de rentrer en Péloponnèse.

On peut se croire incapable d'un crime qu'on commet, et capable d'une grande action qu'on ne fait pas.

L'homme enivré de l'attente d'un bonheur éternel, s'ignore lui-même et fléchit le genou devant les idoles qu'il bravait au fond de son cœur, mais loin du chevalet.

Ne pensons ni trop bien ni trop mal de nous, sans y être autorisés par des épreuves réitérées. Attendons le dernier moment pour prononcer sur notre sort et sur notre vertu.

Mme Makaley [1] disait que jamais la vue d'un despote ou d'un prince n'avait souillé la pureté de ses regards. Mme Makaley avait vu son roi.

Il dit que des expériences sans nombre prouvent que partout les hommes sont essentiellement les mêmes. *Dites* que s'il parle d'une société d'hommes policés et libres comparée à une autre société d'hommes policés et libres, peu s'en faut que cela ne soit vrai ; que s'il veut dire que partout un homme est un homme et non pas un cheval, c'est une platitude ; et que s'il entend par là que dans une société quelconque un homme en vaut essentiellement un autre, c'est une erreur. La définition de l'homme et de l'homme d'esprit n'étant pas la même, et toute définition contenant deux idées, dont l'une est le genre prochain et l'autre la différence spécifique ou essentielle, l'homme d'esprit est essentiellement différent de l'homme, et aussi essentiellement différent que l'homme l'est de la bête.

L'organisation bonne ou mauvaise constitue entre les hommes une différence que rien peut-être ne saurait réparer. Les anatomistes, les médecins, les physiologistes vous le démontreront par un nombre infini de phénomènes : ouvrez leurs ouvrages, et vous verrez que ce ressort, quel qu'il soit, de toutes nos opérations intellectuelles

---

1. Catherine Macauley (1731-1791) était fort admirée d'Helvétius : « Mme Macauley, illustre auteur d'une histoire d'Angleterre, est le Caton de Londres. Jamais, dit-elle, la vue d'un despote ou d'un prince n'a souillé la pureté de mes regards » (*De l'Homme*, section II, note 19). On ne lit plus guère *The history of England from the accession of James I* (Londres, 1763-1783, 8 vol.).

souffre d'une manière presque miraculeuse de la moindre altération qui survient dans le reste de la machine; vous verrez un léger accès de fièvre ou donner de l'esprit ou rendre stupide. N'avez-vous jamais eu le mal de tête? Vous n'avez pas dit un mot des fous; cependant la folie est un phénomène qui, bien considéré, vous aurait conduit à d'autres résultats que les vôtres. On voit, on entend, on flaire, on goûte, on touche aussi finement aux Petites-Maisons que dans votre cabinet de la rue Sainte-Anne [1], mais on y raisonne bien diversement. Que ne vous en demandiez-vous la raison? Cette question, si vous vous l'étiez faite, aurait ajouté plus d'un chapitre essentiel à votre ouvrage; peut-être vous aurait-elle mené à la vraie cause de la différence des esprits, et engagé dans la recherche des moyens, s'il y en a, de réparer le vice d'un organe principal, de ce miroir sentant, pensant, jugeant, terne, obscurci, brisé, à la décision duquel toutes nos sensations sont soumises. Vous persuaderez-vous aisément que dans une machine telle que l'homme, où tout est si étroitement lié, où tous les organes agissent et réagissent les uns sur les autres, une de ses parties, solide ou fluide, puisse être viciée impunément pour les autres? Vous persuaderez-vous bonnement que la nature des humeurs, du sang, de la lymphe, la capacité des vaisseaux de tout le corps, le système des glandes et des nerfs, la dure-mère, la pie-mère, la condition des intestins, du cœur, des poumons, du diaphragme, des reins, de la vessie, des parties de la génération, puisse varier sans conséquence pour le cerveau et le cervelet? Vous vous le persuaderez, tandis que le tiraillement d'une fibre suffit pour susciter des spasmes effrayants; le ralentissement ou l'accélération du sang pour amener le délire et la léthargie; la perte inconsidérée de quelques gouttes de sperme pour affaiblir ou accroître l'activité; la suspension ou l'embarras d'une sécrétion pour jeter dans un malaise continu; l'amputation ou le froissement

1. Helvétius résidait à Paris dans un luxueux hôtel, rue Sainte-Anne qui devint sous la Révolution la rue Helvétius.

de deux glandes qui semblent n'avoir aucun rapport avec les fonctions intellectuelles pour donner de la voix ou la conserver et ôter l'énergie, le courage, et presque métamorphoser un sexe en un autre? Vous ne penserez donc pas qu'il ne naît presque aucun homme sans quelques-uns de ces défauts d'organisation, ou que le temps, le régime, les exercices, les peines, les plaisirs, ne tardent pas à les introduire en nous ; et vous persisterez dans l'opinion ou que la tête n'en sera pas affectée, ou que cette affection sera sans conséquence pour la combinaison des idées, pour l'attention, pour la raison et pour le jugement. Jugez à présent combien vous êtes resté loin de la solution du problème que vous vous êtes proposé ; jugez de la force que mon objection prendrait dans la bouche d'un médecin instruit qui la fortifierait de ses connaissances spéculatives et pratiques.

Lorsque vous avez demandé que l'homme, pour être également propre à toutes les opérations de l'esprit, fût communément bien organisé, vous avez fait la plus vague, la plus inintelligible, la plus indéterminée des demandes, puisque vous n'avez jamais pu y faire entrer la condition du cervelet, ni la condition du cerveau, ni celle du diaphragme, ni celle d'aucune des autres parties du corps. Tel homme me présente aujourd'hui les plus belles couleurs, de l'embonpoint, un œil vif, une constitution athlétique, et demain l'on m'apprend sa mort ; tel autre, faible, délicat, pâle, maigre, exténué, me paraît avoir un pied dans la fosse, et vit de longues années, sans se plaindre d'aucune infirmité.

VIII - [GÉNIE ET HASARD]

Le hasard cause de l'inégalité de l'esprit ; le désir cause de la supériorité d'un homme sur un autre ; toute découverte, toute idée neuve, faveurs du hasard. Voilà bien des propositions générales hasardées.

Un homme s'occupe de physique, d'anatomie, de mathématiques, d'histoire : la suite de quelques-unes de ses études le conduit à une conjecture que l'expérience justifie : et l'auteur appelle cela un hasard.

Descartes, algébriste et géomètre, s'aperçoit que les signes de l'algèbre peuvent également représenter des nombres, des lignes, des surfaces et des solides, et que l'expression d'une vérité algébrique peut se rendre ou traduire en figures : il invente l'application de l'algèbre à la géométrie ; et l'auteur appelle cela un hasard.

Leibniz et Newton imaginent en même temps que les signes de l'algèbre peuvent également exprimer le rapport de deux quantités finies, ou le rapport évanouissant de ces deux quantités, et ils publient la méthode du calcul différentiel et intégral ; et l'auteur appelle cela un hasard.

Newton assis dans un jardin voit des fruits se détacher de l'arbre et tomber ; il réfléchit à la cause de la pesanteur, et il soupçonne que la force qui précipite les graves vers le centre de la terre, retient les corps célestes dans leurs orbites : il compare cette idée avec les observations astronomiques, et il découvre la loi de l'univers ; et l'auteur appelle cela un hasard.

Galilée voit tomber les corps, il s'aperçoit que leur vitesse s'accroît à chaque instant : il cherche par l'expérience quelle est la loi de cette accélération, et il découvre que les espaces parcourus dans des temps égaux sont comme la suite des nombres impairs ; et l'auteur appelle cela un hasard.

Rœmer [1] présume que la vitesse de la lumière n'est pas instantanée ; il cherche dans les tables les temps de l'immersion et de l'émersion d'un satellite de Jupiter ; il observe et s'aperçoit que le satellite se voit encore lorsqu'il devrait

1. On connaît les découvertes de Descartes, de Galilée et de Newton. Diderot prouve une fois de plus la valeur de son information scientifique en relatant la découverte de la vitesse de la lumière par Olaf Rœmer (1644-1710). L'observation du premier satellite de Jupiter qui permit son calcul date du 9 novembre 1676.

être caché derrière la planète, et qu'on ne le voit pas encore lorsqu'il devrait en être sorti : d'où il conclut que la différence de l'immersion ou de l'émersion à l'apparition ou la disparition du satellite, est la durée précise que la lumière emploie à parcourir l'espace du satellite ou de Jupiter jusqu'à la terre ; et l'auteur appelle cela un hasard.

Et comme les hasards sont faits également pour tous les hommes communément bien organisés, l'auteur conclut de là l'égalité des esprits : une méthode pour faire des gens de génie. En vérité cela fait pitié.

Dites-lui : C'est la nature, c'est l'organisation, ce sont des causes purement physiques qui préparent l'homme de génie ; ce sont des causes morales qui le font éclore ; c'est une étude assidue, ce sont des connaissances acquises qui le conduisent à des conjectures heureuses ; ce sont ces conjectures vérifiées par l'expérience qui l'immortalisent. Il vous répondra : Moi, je ne vois dans tout cela qu'un enchaînement de hasards, dont le premier est son existence et le dernier sa découverte ; et il n'y a point d'hommes communément bien organisés qui n'aient apporté en naissant l'aptitude au même sort et à la même illustration.

Cette vision me console et doit en consoler bien d'autres ; car quel est l'homme assez insensé pour être humilié d'une prédilection du hasard? Quel est l'homme qui ne puisse se regarder comme un homme de génie, si le hasard le veut? Helvétius, vous souriez, et pourquoi souriez-vous? Je ne suis pas communément bien, je suis bien organisé ; j'ai du sens, j'ai des connaissances, j'ai l'habitude de la méditation. Je ne demanderais pas mieux que de jouir d'une grande considération pendant ma vie et que de laisser un nom illustre après ma mort ; un violent désir de découvrir, d'inventer, interrompt mon sommeil pendant la nuit, me poursuit pendant le jour ; il ne me manque qu'un heureux hasard, je l'attends ; il est vrai que c'est depuis environ cinquante ans, sans qu'il soit venu ; mais qui vous a dit qu'il ne viendrait pas?... Vous souriez encore, et vous avez raison.

S'il arrive à quelque autre qu'à un d'Alembert, à un La

Grange, à un Euler, ou quelque autre géomètre de la même force de perfectionner le calcul des fluxions, je jure de croire à Helvétius et à son hasard ; mais je ne risque rien.

IX - [DÉCOUVERTE DE LA VÉRITÉ]

— *Lorsque j'entrevois une vérité elle est déjà découverte.*

C'est l'occupation habituelle de mon état qui me ramène sans cesse sur les découvertes à faire pour le mener à sa perfection. En rêvant aux différents moyens de résoudre avec succès quelques-uns de ces problèmes, il s'en présente un à mon esprit, et ce moyen est l'effet de quelques faces nouvelles sous lesquelles j'ai comparé mon objet : il peut être bon ou mauvais, je l'essaye. Voilà ce qu'Helvétius entend apparemment par entrevoir une vérité. Mais qu'entrevoit-on quand on conjecture, quand on ignore le terme de sa route, quand la vérité cherchée est à l'extrémité de cette route, quand, tortueuse ou droite, on est incertain si l'on pourra la suivre jusqu'au bout, quand en la suivant jusqu'au bout on n'y rencontre qu'une illusion, son fantôme?

En se désabusant d'un moyen trompeur, il arrive quelquefois qu'on en imagine un autre qu'on croit plus solide et qui ne l'est pas davantage ; un troisième qui séduit, et qu'à l'essai on reconnaît aussi infructueux que les précédents, et ainsi pendant de longues années, jusqu'à ce qu'on réussisse ou qu'on meure à la peine.

Voilà ce que j'appelle l'histoire des erreurs ou des découvertes ; et la première, de nulle utilité pour la science, montrerait souvent plus de sagacité de la part de l'inventeur.

La fable a caché la Vérité au fond d'un puits si profond, qu'il n'est pas donné à tous les yeux de l'y apercevoir. J'appuie le philosophe sur les bords de ce puits ; il regarde : d'abord il n'aperçoit que des ténèbres ; peu à peu ces ténèbres semblent perdre de leur épaisseur ; il croit entrevoir la Vérité : son cœur en tressaille de joie, mais bientôt il reconnaît son erreur, ce qu'il a pris pour la Vérité ne l'était pas. Son âme se flétrit, mais cependant il ne se décourage pas ; il frotte ses yeux, il redouble de contention ; il vient un moment où il s'écrie avec transport : C'est elle!... et ce l'est en effet, ou ce ne l'est pas. Il ne la cherche pas à l'aventure ; ce n'est point un aveugle qui tâtonne, c'est un homme clairvoyant qui a longtemps réfléchi sur la meilleure manière d'user de ses yeux selon les différentes circonstances. Il essaye ces méthodes ; et lorsqu'il s'est bien convaincu de leur insuffisance, que fait-il? il en cherche d'autres. Alors il ne regarde plus au fond du puits, il regarde en lui-même ; c'est là qu'il se promet de découvrir et les différentes manières dont on peut se cacher dans un puits, et les ruses différentes dont on peut user pour en faire sortir la Vérité qui s'y est retirée.

D'où l'on voit que ce n'est point au hasard que l'on doit sa première tentative, mais à la connaissance des imperfections de son art, connaissance qu'on tient de l'étude ; et que ce n'est pas plus au hasard qu'il faut attribuer les moyens de la découverte que la découverte elle-même.

Rien ne se fait par saut dans la nature [1] et l'éclair subit et rapide qui passe dans l'esprit tient à un phénomène antérieur avec lequel on en reconnaîtrait la liaison, si l'on n'était pas infiniment plus pressé de jouir de sa lueur que d'en rechercher la cause. L'idée féconde, quelque bizarre qu'elle soit, quelque fortuite qu'elle paraisse, ne ressemble point du tout à la pierre qui se détache du toit et qui tombe sur une tête. La pierre frapperait indistinctement toute tête également exposée à sa chute. Il n'en est pas ainsi de l'idée ; et il n'est pas indifférent à Fontaine [2], qui s'occupe de la perfection des nouveaux calculs, de rencontrer d'Alembert ou Clairaut, ou quelque autre géomètre.

1. *Natura non facit saltus* : le mot est de Linné, mais l'idée est de Leibniz.

2. Fontaine des Bertins (1705-1771), célèbre par ses recherches sur les courbes tautochrones (1734), perfectionna notablement le calcul intégral.

Un passant ne dit point à un autre passant : Vous m'avez volé ma pierre... et tous les jours j'entends un savant dire à un autre : Vous m'avez volé mon idée. Combien il en tombe qui ne rencontrent point de tête !

Assurément, c'est à la chaleur d'une conversation, à une dispute, une lecture, un mot, qu'on doit quelquefois le premier soupçon d'une vérité ; mais à qui ce soupçon vient-il ? A tous les hommes communément bien organisés ? Par combien de préliminaires il a été préparé !

— *Lorsque j'entrevois une vérité inconnue elle est déjà découverte.*

L'auteur n'a pas considéré que tout se tient dans l'entendement humain ainsi que dans l'univers, et que l'idée la plus disparate qui semble venir étourdiment croiser ma méditation actuelle a son fil très délié qui la lie soit à l'idée qui m'occupe, soit à quelque phénomène qui se passe au dedans ou au dehors de moi; qu'avec un peu d'attention je démêlerais ce fil et reconnaîtrais la cause du rapprochement subit et du point de contact de l'idée présente et de l'idée survenue, et que la petite secousse qui réveille l'insecte tapi à une grande distance dans un recoin obscur de l'appartement et l'accélère près de moi est aussi nécessaire que la conséquence la plus immédiate aux deux prémisses du syllogisme le plus serré ; par conséquent que tout est hasard ou rien ; et que, soit dans le cours des événements de notre vie, soit dans la longue suite de nos études, en revenant de plus en plus en arrière, on ne manque jamais d'arriver à un fait imprévu, à une circonstance futile, à un incident en apparence le plus indifférent et peut-être en réalité, parce que l'impulsion qui ne nous serait pas venue par ce choc nous aurait été donnée par un autre. Si c'est là ce qu'on a voulu dire, cela n'en valait pas la peine ; si c'est autre chose, cela n'a pas le sens commun. Dans l'homme qui réfléchit, enchaînement nécessaire d'idées ; dans l'homme attaché à telle ou telle profession, enchaînement nécessaire de telles ou telles idées. Dans l'homme qui agit, enchaînement d'incidents dont le plus insignifiant est aussi contraint que le lever du soleil. Double nécessité propre à l'individu, destinée ourdie depuis l'origine des temps jusqu'au moment où je suis ; et c'est l'oubli momentané de ces principes dont on est imbu qui parsème un ouvrage de contradictions. On est fataliste, et à chaque instant on pense, on parle, on écrit comme si l'on persévérait dans le préjugé de la liberté, préjugé dont on a été bercé, qui a institué la langue vulgaire qu'on a balbutiée et dont on continue de se servir, sans s'apercevoir qu'elle ne convient plus à nos opinions. On est devenu philosophe dans ses systèmes et l'on reste peuple dans son propos [1].

Tout s'est fait en nous parce que nous sommes nous, toujours nous, et pas une minute les mêmes.

X - [DESPOTISME ÉCLAIRÉ]

— *Rien de meilleur, dit le roi de Prusse dans un discours prononcé à l'Académie de Berlin, que le gouvernement arbitraire sous des princes justes, humains et vertueux.*

Et c'est vous, Helvétius, qui citez en éloge cette maxime d'un tyran [2] ! Le gouvernement arbitraire d'un prince juste et éclairé est toujours mauvais. Ses vertus sont la plus dangereuse et la plus sûre des séductions : elles accoutument insensiblement un peuple à aimer, à respecter, à servir

1. L'admirable formule de Diderot ne serait-elle pas un souvenir de La Bruyère (*Caractères*, IX, 25) : « Je veux être peuple »?

2. Diderot détestait Frédéric II et refusa, lors de son voyage en Russie, de passer par Berlin. C'était un motif de discorde avec Helvétius, d'Alembert et Grimm qui tour à tour firent leur cour auprès du roi de Prusse. C'est contre Frédéric qu'il écrivit ses *Notes écrites de la main d'un souverain à la marge de Tacite* (1775-cf. A. T., t. II, p. 461 sq.). Il ne cachait pas son opinion à Catherine II (cf. *Diderot et Catherine II*, *op. cit.*, p. 249). Mais ici Diderot va plus loin en visant non seulement l'impérialisme machiavélique de Frédéric, mais aussi le despotisme authentiquement éclairé. Il ne craint pas de mettre la liberté au-dessus du bonheur des « gras paturages ». Une telle page révèle l'idéalisme foncier de sa politique : Diderot, à la fin de sa vie, est démocrate.

son successeur quel qu'il soit, méchant et stupide. Il enlève au peuple le droit de délibérer, de vouloir ou ne vouloir pas, de s'opposer même à sa volonté, lorsqu'il ordonne le bien ; cependant ce droit d'opposition, tout insensé qu'il est, est sacré : sans quoi les sujets ressemblent à un troupeau dont on méprise la réclamation, sous prétexte qu'on le conduit dans de gras pâturages. En gouvernant selon son bon plaisir, le tyran commet le plus grand des forfaits. Qu'est-ce qui caractérise le despote ? est-ce la bonté ou la méchanceté ? Nullement ; ces deux notions n'entrent pas seulement dans sa définition. C'est l'étendue et non l'usage de l'autorité qu'il s'arroge. Un des plus grands malheurs qui pût arriver à une nation, ce seraient deux ou trois règnes d'une puissance juste, douce, éclairée, mais arbitraire : les peuples seraient conduits par le bonheur à l'oubli complet de leurs privilèges, au plus parfait esclavage. Je ne sais si jamais un tyran et ses enfants se sont avisés de cette redoutable politique ; mais je ne doute aucunement qu'elle ne leur eût réussi. Malheur aux sujets en qui l'on anéantit tout ombrage sur leur liberté, même par les voies les plus louables en apparence. Ces voies n'en sont que plus funestes pour l'avenir. C'est ainsi que l'on tombe dans un sommeil fort doux, mais dans un sommeil de mort, pendant lequel le sentiment patriotique s'éteint, et l'on devient étranger au gouvernement de l'État. Supposez aux Anglais trois Élisabeth de suite, et les Anglais seront les derniers esclaves de l'Europe.

LETTRE APOLOGÉTIQUE DE L'ABBÉ RAYNAL A MONSIEUR GRIMM

INTRODUCTION

On a cru trop longtemps, ou l'on a voulu croire, à l'embourgeoisement sénile de Diderot, depuis le mariage de sa fille et le voyage en Russie. La Lettre apologétique de l'abbé Raynal, *que M. Dieckmann a eu le mérite d'exhumer du fonds Vandeul et de présenter en critique averti* (op. cit., *p. 236-253), nous offre de la vieillesse de Diderot une image plus authentique : il s'agit d'un pamphlet vigoureux, éloquent, d'une naïveté parfois enfantine, dont le ton fait penser aux* Discours *de Rousseau mais aussi aux tirades des Jacobins. L'occasion en est claire. L'abbé Guillaume-Thomas Raynal, chassé de France pour n'avoir pas désavoué l'*Histoire des deux Indes, *après un voyage triomphal en Suisse, vient de rentrer à Paris (février-mars 1781); la nouvelle édition genevoise de son ouvrage (Pellet, 4 vol. in-4°), mise en vente dans les derniers jours de 1780* (Correspondance littéraire, *t. XII, p. 442), se débite sans difficulté au Palais-Royal. Diderot, qui vient de lire le premier volume, rencontre Raynal chez Mme de Vermenoux, en présence de Grimm et probablement de Meister. Grimm, qu'une obscure concurrence oppose à Raynal (ils utilisèrent tous deux les talents de Diderot et quelquefois les mêmes textes - cf. Dieckmann, R. H. L., janvier 1951), lui reproche ses audaces contre les grands et l'enferme dans un dilemme d'où il ressort que le philosophe est un lâche ou un fou.*

Nous comprenons dès lors la violente réaction de Diderot. Meister est un modéré, un faible; dans les feuillets d'avril 1781, la Correspondance littéraire *attaque* « les digressions inutiles ou déplacées » *de l'abbé,* « les morceaux parasites », « les froides déclamations », « les fleurs de rhétorique et de philosophie qu'il a pu trouver dans ses recueils et dans ceux de ses amis » *(t. XII, p. 499). On regrette* « avec M. Necker la folie avec laquelle l'abbé Raynal vient de compromettre si gratuitement le bonheur et le repos de sa vieillesse ». *Non seulement Meister, mais le sensible Thomas, favori de Mme Necker, dissimulent sous une critique* « *littéraire* » *les appréhensions du ministre genevois, guetté par son ennemi Maurepas, et qui craint de passer à la cour pour l'inspirateur de Raynal. Diderot s'insurge contre la lâcheté et l'opportunisme politique de ses amis. Derrière le pâle Meister, il découvre Grimm, l'ami de trente ans, odieux parvenu que les titres et les pensions de Prusse et de Russie ont intellectuellement pourri :* « Vous êtes devenu un des plus cachés, mais un des plus dangereux antiphilosophes ». *Et il se souvient des conversations du Grandval, de certain pique-nique à Saint-Cloud, lorsqu'on évoquait avec Naigeon et d'Holbach le courage de Vanini et de Giordano Bruno et qu'on parlait de sacrifier sa vie au témoignage de la vérité (cf.* Lettres à Sophie Volland, *t. II, p. 264). Ses amis prétendaient que* « tout cela n'était qu'un tour de tête poétique » ; *mais le vieux philosophe ne riait pas devant ce cas de conscience :* « Oserez-vous blâmer l'homme courageux et sincère qui aime mieux périr que de se rétracter, que de flétrir par sa rétractation son propre caractère et celui de sa secte ? », *disait-il déjà dans sa* Réfutation d'Helvétius.

*Cette colère cependant n'est pas seulement une sainte colère. Diderot, sans trop l'avouer, est blessé dans son amour-propre d'auteur. Les passages de l'*Histoire des deux Indes *incriminés par Grimm sont ceux précisément qui ont quelque chance d'être de lui. L'apostrophe à Louis XVI, celle à Frédéric II, l'éloge d'Eliza Draper, les digressions véhémentes sur les asiles et sur les monuments des rois, ont été retrouvés dans le fonds Vandeul (cf. Dieckmann,* op. cit., *p. 92 sq. et 120-154) ; les articles de l'*Histoire des deux Indes *que fit copier la fille de Diderot ne furent pas l'objet d'un choix arbitraire. Ici même, le philosophe avoue sa collaboration en citant le mot de Raynal :* « Vos lignes sauveront l'ennui de mes calculs éternels ». *Même si l'abbé les a remaniées, Diderot accepte mal que son propre goût soit contesté par Grimm, au terme d'une vie littéraire qu'il avait* *certes soutenue, mais aussi impudemment exploitée dans la* Correspondance littéraire.

Nul document mieux que celui-ci ne saurait nous révéler la vieillesse impénitente de Diderot, sa fidélité ombrageuse au grand dessein des philosophes, sa fraîcheur de réaction vis-à-vis des futurs renégats que seront bientôt, lorsque la Révolution détruira leur confort, le Saxon Grimm et le Suisse Meister. Ces pages que la colère soulève en houle, par-delà le voyage en Russie et l'éblouissement naïf pour Catherine, prouvent que Diderot n'a jamais renié sa jeunesse ni infléchi le sens de sa vie. De cette lettre écrite ab irato *le 25 mars 1781, à laquelle fut ajouté un post-scriptum le 25 mai, nous possédons un autographe très abîmé (B. N., n. a. fr., 24932, paquet 45) ainsi qu'une copie légèrement édulcorée (n. a. fr., 13755-III). Comme M. Dieckmann, nous conserverons le premier jet, sauf lorsque l'autographe est illisible.*

BIBLIOGRAPHIE

Études

FEUGÈRE Anatole. « Rayal, Diderot et quelques autres historiens des deux Indes », *Revue d'histoire littéraire de la France*, 1913.

DIECKMANN Herbert. *Inventaire du fonds Vandeul et inédits de Diderot*, G., Droz, 1951, p. 236-53.

DUCHET Michèle. « Diderot collaborateur de Raynal. À propos des "Fragments imprimés" du Fonds Vandeul », *Revue d'histoire littéraire de la France*, n° 60, 1960.

BENREKASSA Georges. «Scène politique, scène philosophique, scène privée: à propos de la *Lettre apologétique...*», *in Interpréter Diderot aujourd'hui*, P., Le Sycomore, p. 169-96.

JACOT-GRAPA Caroline. «Diderot, Raynal et la figure du paria», *in* Hans-Jürgen Lüsebrink, Anthony Strugnell (eds.), *L'«Histoire des deux Indes». Réécriture et polygraphie*, Oxford, The Voltaire Foundation, 1995.

LETTRE APOLOGÉTIQUE DE L'ABBÉ RAYNAL À MONSIEUR GRIMM

Réponse au dilemme que M. Grimm a fait à l'abbé Raynal, chez Mme de Vermenoux[1] *et qu'il m'a répété chez Mme de Vandeul*[2]*, ma fille.*

« Ou vous croyez, lui disait-il, que ceux que vous attaquez ne pourront se venger de vous, et c'est une lâcheté de les attaquer ; ou vous croyez qu'ils pourront et voudront

1. Anne-Germaine Larrivée de Vermenoux, née vers 1739, veuve, riche et jolie, consultait Tronchin à Genève lorsqu'elle s'éprit des talents de Suzanne Curchod, qu'elle emmena à Paris. Mme de Vermenoux fut ainsi la marraine de Germaine Necker (27 avril 1766), après que le banquier Jacques Necker eut rencontré chez elle sa future femme. Cependant, dans le sillage du brillant salon Necker, elle conserva son propre salon rue Grange-Batelière, recevant aussi à sa campagne de Sèvres. Le grand homme du salon Vermenoux était Henri Meister ; après deux ans de préceptorat auprès du jeune Auguste de Vermenoux et deux ans de séjour à Zurich, il s'était établi en 1769 chez sa maîtresse. Quatre ans plus tard, en 1773, Grimm lui confiait la direction de la *Correspondance littéraire.* Jusqu'à la mort de Diderot, Meister puisa sans vergogne dans les cartons du philosophe. D'où les rapports constants des trois hommes et leur réunion rue Grange-Batelière, résidence commune de Meister et de Mme de Vermenoux.

2. La fille de Diderot qui, lors de son mariage, s'était installée à l'hôtel Nicolaï, rue des Saints-Pères, au coin de la rue de Verneuil, résidait vers 1781 rue de Bourbon, dans la maison de la marquise du Chayla.

se venger ; et c'est une folie que de s'exposer à leur ressentiment. »

Et que répondait à cela l'abbé Raynal?... rien... il fallait donc que ce jour-là le pauvre abbé fût un imbécile.

Premièrement il n'est pas vrai que ce soit une lâcheté que d'attaquer celui qui ne peut se venger. Il suffit qu'il mérite d'être attaqué.

Ce n'est point une folie que d'attaquer celui qui se vengera. Dans la cause de la vertu, de l'innocence, de la vérité, le mépris de la vengeance est un acte de générosité. Tous ceux qui s'exposent à la colère du méchant ne sont pas des fous.

Le dilemme de M. Grimm ferme la bouche à l'homme éclairé, à l'homme de bien, au philosophe, sur les lois, les mœurs, les abus de l'autorité, la religion, le gouvernement, les vices, les erreurs, les préjugés, seuls objets dignes d'occuper un bon esprit.

Celui qui se nomme au frontispice [1] de son ouvrage est un imprudent, mais n'est pas un fou ; et l'auteur anonyme n'est pas un lâche.

Comment sommes-nous sortis de la barbarie? C'est qu'heureusement il s'est trouvé des hommes qui ont plus aimé la vérité qu'ils n'ont redouté la persécution. Certes ces hommes-là n'étaient pas des lâches. Les appellerons-nous des fous?

Il est impossible qu'une page hardie ne blesse et n'irrite quelque particulier ou quelque corps puissant et vindicatif. Où est la folie, où est la lâcheté à négliger également et leur pouvoir et leur impuissance? Que l'ennemi de la philosophie soit un dangereux ou un insignifiant personnage, elle ne cessera de le poursuivre que quand il aura cessé d'être vicieux ou méchant. C'est ainsi qu'ont pensé les philosophes des écoles les plus opposées sous Tibère,

1. Dès 1775 (édition de Genève, Libraires associés, 3 vol. in-4°), l'*Histoire philosophique et politique* portait au frontispice le portrait de profil de l'abbé Raynal, d'après un dessin de Cochin. Mais l'édition de 1780 (Genève, Pellet, 4 vol. in-4°) non seulement offre un nouveau portrait de face, mais désigne pour la première fois l'auteur. C'est cet aveu qui fut jugé insolent et déclencha les poursuites.

sous Caligula, sous Néron ; et ces philosophes-là n'étaient pas des fous.

[Vous ne savez plus], mon ami, comment les hommes de génie, les hommes courageux, les hommes vertueux, les contempteurs de ces grandes idoles devant lesquelles tant de lâches se font honneur de se prosterner, [vous avez oublié comment] ils écrivaient leurs ouvrages. Sans être de la classe, je le sais, moi, [et je vais vous le dire]. Le projet d'offenser ou de plaire fut loin de leur pensée. Ils ne coururent point après la louange ; ils ne redoutèrent point la persécution ; ils voulaient être utiles ; ils voulaient dire la vérité ; ils voulaient la dire fortement. Ils s'adressaient aux scélérats couronnés qui faisaient gémir tant d'innocents, aux imposteurs sacrés qui faisaient éclore tant d'imbéciles ou de furieux ; et le bonheur ou le malheur qu'ils pouvaient attirer sur eux, la gloire ou le blâme qui pouvaient leur en revenir étaient des choses qui, dans le moment du moins, ne les touchaient nullement et qui ne les auraient pas touchés davantage dans le moment de l'orage, s'ils avaient réuni le courage de l'âme à la force de l'esprit.

Si quelqu'un d'entre ces hommes rares sut perdre la fortune, la liberté, l'honneur, la vie, sans murmurer, l'appellerai-je fou ? S'il regretta sa patrie, ses amis, ses concitoyens, l'appellerai-je lâche ? Lorsque l'indignation d'un honnête et brave antagoniste du mensonge et de la tyrannie s'est soulagée, si cet homme pressent que la hardiesse de son discours pourrait ajouter une victime à la multitude de celles que l'intolérance et le fanatisme se sont immolées, cette terreur l'arrêtera-t-elle, doit-elle l'arrêter ? Non, mon ami, non. Le peuple dit : « Vivre d'abord, ensuite philosopher ». Mais celui qui a pris le manteau de Socrate, et qui aime la vérité et la vertu plus que la vie, dira, lui : « Philosopher d'abord, et vivre ensuite ». Si l'on peut... Vous riez, je crois ?... Ah mon ami, je vois bien, votre âme s'est amenuisée à Pétersbourg, à Potsdam, à l'Œil de bœuf et dans les antichambres des grands.

[Vous me dites que] vous avez obtenu la confiance de

l'Impératrice [1] de Russie; que le roi de Prusse a daigné de vous adresser la parole, et que vous approchez de Vergennes [2], si vous [voulez] quelque chose. Si vous aviez la puérile vanité de prendre pour vous et de vous offenser de la page qui s'adresse aux rois, aux ministres, aux courtisans, au nombre desquels vous vous compteriez, vous ne seriez guère moins ridicule que si je m'avisais de me placer au rang des sages. Vous me fîtes grande pitié lorsque vous me dites à Pétersbourg : « Savez-vous bien que si vous voyez l'impératrice tous les après-diners, moi, je la vois tous les soirs? [3] ». Mon ami, je ne vous reconnais plus; vous êtes devenu, sans vous en douter peut-être, un des plus cachés, mais un des plus dangereux antiphilosophes. Vous vivez avec nous, mais vous nous haïssez.

---

1. Après avoir flatté Frédéric II en septembre 1769 et lors de son second séjour à Berlin de juillet à septembre 1773, Grimm s'était consacré presque exclusivement à la louange de Catherine II, depuis son arrivée à Saint-Pétersbourg en septembre 1773. Tourneux nous a révélé le monument de flagornerie qu'est le *Mémoire historique sur l'origine et les suites de mon attachement pour l'impératrice Catherine II* (*Correspondance littéraire*, Garnier, T. I, p. 17-63). Quand Grimm rentra en France en novembre 1777, il avait les titres de colonel et de conseiller d'État et deux mille roubles de pension. La vanité du personnage, qui faisait rire ses correspondants parisiens, se dissimule mal dans ce fragment de lettre à Nesselrode : « Je prouverai qu'un polisson de prophète qui dîne deux ou trois fois par semaine avec l'impératrice de Russie, qui cause avec Sa Majesté deux ou trois fois par semaine deux heures de suite tête à tête, campé dans un bon fauteuil après avoir fait le causeur avec le roi de Prusse..., qu'un tel prophète est un des phénomènes les plus extraordinaires de ce siècle fécond en merveilles ».

2. Le comte de Vergennes, secrétaire d'État aux Affaires étrangères depuis 1774, traitait avec ménagement le conseiller d'État de Catherine qui en outre servait de ministre plénipotentiaire au duc de Saxe-Gotha.

3. Diderot, durant son séjour, avait ses entrées dans le cabinet de l'impératrice « depuis trois heures jusqu'à cinq ou six » (*Correspondance inédite*, N. R. F., 1931, t. II, p. 255). Grimm, d'après le comte de Ségur, bavardait avec Catherine chaque soir après le dîner jusqu'à onze heures.

Depuis que l'homme, que la nature avait destiné à se distinguer dans la carrière des lettres, s'est réduit à la triste condition de serviteur des grands, son goût s'est perdu ; il n'a plus que le petit esprit, que l'âme étroite et rampante de son nouvel état et il donne le nom de déclamateurs aux hommes éloquents et hardis qui parlent avec quelque fierté à ses protecteurs. Il déprimera ce qu'autrefois il eût admiré. Il préconisera ce qu'il eût autrefois méprisé. Il n'est rien, et il ne pense pas que demain peut-être il sera moins que rien. Quel est celui qui disait : « Principibus placuisse viris, non ultima laus est » ? Un poète assez vil pour placer Auguste au-dessus de Scipion [1].

J'en conviens : l'homme qui parle ou qui écrit selon son cœur, qui est enflammé d'un véritable enthousiasme, en qui la vertu, l'innocence, la liberté ont trouvé un défenseur ardent, peut facilement se laisser emporter au-delà des limites de la circonspection. Il sera loué des âmes fortes ; il sera blâmé des âmes pusillanimes. Mais on reconnaîtra généralement qu'il s'est peint lui-même, et qu'il ne se battait pas les flancs pour avoir de la véhémence ; mais ni ses contemporains qui auront quelque goût, ni la postérité qui ne réglera pas son jugement d'après nos petits intérêts, ne l'appelleront déclamateur. Démosthène fut-il un déclamateur dans ses *Philippiques?* Cicéron fut-il un déclamateur dans ses *Catilinaires* ou ses *Verrines?* Juvénal déclame-t-il dans ses *Satires?* Cependant, s'ils existaient aujourd'hui, qu'en dirions-nous ? Et de leur temps, doutez-vous qu'il n'y eût dans Rome quelques exécrables complices de Catilina, quelques misérables clients ou parasites de Verrès, dans Athènes quelques citoyens corrompus, quelques vils partisans de Philippe qui balançassent à leur prodiguer les noms odieux que nos prêtres, nos gens de cour, nos magistrats, nos critiques n'épargnent pas à nos meilleurs écrivains ?

Les Démosthènes, les Cicérons passent, mais en tout

1. Horace, *Épîtres*, livre I, 17, vers 35.

temps il y a des Zoïles, des Sabatiers, des Palissots, des Linguets et des Frérons [1].

Pourquoi Jean-Jacques est-il éloquent et Linguet n'est-il qu'un déclamateur? C'est que, conséquent à des principes, je sens que le premier est vrai, même quand il dit faux, et que l'autre, sans principes, est faux, même quand il dit vrai. Rousseau ne ment qu'à la première ligne ; depuis la première ligne jusqu'à la dernière, Linguet est un menteur.

Lorsque Montesquieu écrivit ses licencieuses *Lettres persanes*, lorsqu'il expia cette erreur de jeunesse par son inimitable ouvrage de *l'Esprit des lois*, ignorait-il qu'il soulèverait les tyrans, les prêtres, les ministres et les publicains? S'il l'ignorait, ce fut un idiot. S'était-il flatté que sa naissance, son rang, ses amis, la faveur publique rendraient impuissantes les fureurs de ses ennemis? S'il s'en était flatté, ce fut un lâche. S'il se méfiait de la faiblesse de ses appuis, ce fut un fou, et Montesquieu fut ou un idiot, ou un lâche, ou un fou!

Et de Voltaire, dans un asile d'où il pouvait narguer tous les persécuteurs des grands hommes, en fut d'autant plus lâche qu'il était plus en sûreté. Et Socrate, lorsqu'il bravait la tyrannie des Trente, et que par la hardiesse des leçons qu'il donnait à la jeunesse athénienne, s'avouait à lui-même que sa vie était employée tout entière à accélérer l'heure de sa mort, et Socrate était un fou! Et lorsque Aristote s'expatriait pour dérober à ses concitoyens l'occasion de faire une nouvelle injure à la philosophie, [il] fut un lâche après avoir été un fou. Et tant d'autres, parmi les anciens et les modernes, qui, plus jaloux de servir le monde, ou leur patrie, que de passer des jours tranquilles et obscurs dans leurs foyers, négligèrent leur fortune,

1. Diderot joint aux deux vieux ennemis des philosophes, Fréron et Palissot, deux nouveaux arrivés dans l'arène: Sabatier de Castres qui s'était attaqué à Voltaire dans son *Tableau philosophique* (1771) et dans les *Trois siècles* (1772) ; l'avocat Linguet qui justifiait les tyrans dans ses *Théories des lois civiles* (1767 - réédition 1774).

leur vie, leur liberté, et même leur honneur, à votre avis, ont été des sots, s'ils ont méconnu le péril auquel ils s'exposaient, des lâches, s'ils ont cru n'en courir aucun, ou des fous lorsqu'ils ont intrépidement attendu leur glorieuse et fatale destinée !

Notre amie Madame de Maux m'écrit, dans ce moment [1], à propos de l'abbé, qu'« un moment de tranquillité vaut mieux qu'une éternité de gloire, et que, si ses petits-enfants étaient menacés d'être des grands hommes, elle les fouetterait tous les matins au pied des autels de la renommée ». Loin de les dégoûter de la célébrité, peut-être ne leur apprendrait-elle qu'on ne l'obtient point sans péril et sans peine ; peut-être aussi sa douloureuse leçon aurait-elle l'effet heureux qu'elle s'en promet. La conséquence de votre misérable et plat dilemme et de sa merveilleuse éducation, c'est d'éteindre la race des hommes célèbres ; c'est d'inspirer le mépris pour ceux de nos concitoyens dont les ennemis habitèrent de tout temps les temples, les palais, les tribunaux, trois repaires d'où sont sorties les misères des sociétés. Oh, l'utile et commode doctrine pour les oppresseurs ! Au premier moment de gaîté j'adresserai à notre ami un beau remerciement au nom de toute la canaille du monde.

Si vous êtes vrai, que je vous plains. Je vous plaindrais bien davantage, si vous ne l'étiez pas. Je vous aime mieux mauvais logicien qu'hypocrite. Hypocrite ou mauvais logicien, je vous défie de publier ce dilemme dont vous me parûtes si [fier]. Mais s'il faut consulter la patience, ou le ressentiment de son antagoniste, quel sera le sujet assez frivole pour qu'on puisse s'en expliquer sans lâcheté ou sans folie ?

---

1. Mme de Maux, née Jeanne Quinault-Dufresne, fut vers 1768-1771 le dernier amour de Diderot (cf. Loisel, *Revue d'histoire littéraire* 1916, p. 482 sq.) ; en 1781, elle était devenue grand-mère, mais nous ignorions qu'elle restait encore en rapport à cette date avec le philosophe. Aucune de ses lettres n'est demeurée au fonds Vandeul.

Petit prophète de Boëmishbroda [1], lorsque vous disiez de Chassé qu'« il faisait des bras et qu'il se gargarisait indécemment en public », ou vous n'aviez rien à redouter de lui, et vous fûtes bien ingrat, bien cruel, bien lâche d'attaquer dans son état, de couvrir de ridicule et de bannir de la scène un homme qui avait fait nos plaisirs et obtenu nos applaudissements pendant de longues années, et à qui la vieillesse, en lui ôtant la voix, avait laissé le rare talent de grand acteur ; ou il pouvait arriver que cet homme, qui avait conservé sur les planches quelque dignité, vînt un matin, comme je sais de lui-même et comme vous n'ignorez pas qu'il en eut le projet, vous prier de lui donner de votre main ou d'agréer de la sienne un bon coup d'épée à travers la poitrine. Et vous fûtes bien fou de provoquer un assassinat pour une plaisanterie [2].

Et les *Épîtres dédicatoires* [3] à Madame de la Marck et à

---

1. Lors de la querelle entre les partisans de la musique italienne et de la musique française, Grimm publia le 25 janvier 1753 un pamphlet en faveur des bouffons, le *Petit prophète de Boëmishbroda*, où il pastichait avec quelque verve les procédés bibliques. Le surnom lui en resta.

2. Cf. *Le Petit prophète de Boëmishbroda* (*Correspondance littéraire*, *op. cit.*, t. XVI, p. 319-320) : « Et il attira un vieillard que la femme à baguette appelait jeune, encore qu'il eût soixante ans passés. Et il se gargarisait devant le monde, en faisant semblant de chanter... Je vis que c'était un homme vénérable, car il avait de la dignité et de la noblesse, et il faisait des bras comme personne n'en faisait ». Chassé fut une des meilleures basses de l'Opéra de 1721 à 1757 ; « fanatique de son métier, le plus grand comédien qui ait paru sur ce théâtre », dit Collé le 27 février 1754 (*Journal historique*, Didot, 1868, t. I, p. 39). Les rapports de police vantent son zèle, mais remarquent sa fatigue en 1755 (Camille Pito , *Paris sous Louis XV*, *op. cit.*, t. IV, p. 241).

3. Madame de la Marck, née de Noailles, protectrice de Palissot qui lui dédia ses *Petites lettres sur les grands philosophes* (1756), et Madame de Robecq, fille du maréchal de Luxembourg, soutinrent de leur crédit la comédie des *Philosophes* (1760). Mais l'affaire des dédicaces, malgré l'étude de Manlio Busnelli (*Diderot et l'Italie*, Champion, 1925, p. 95 sq.) n'a jamais été tirée au clair. Diderot, accusé d'avoir pillé Goldoni dans *le Père de famille* (1758) fit traduire par ses amis Deleyre et La Forbonnais *Il vero amico* et *Il padre di famiglia*. Les deux pièces parurent (Avignon, 1758) avec deux dédicaces ironiques aux protectrices de

Madame de Robecq, est-ce de lâcheté ou de folie qu'elles vous accusent? Et remarquez qu'il n'en est pas du plaisant comme du moraliste ; le projet de l'un est d'offenser et de nuire ; l'autre se propose d'être utile et de corriger. Le premier doit compter sur un ennemi : le second doit y compter aussi sûrement peut-être, mais il écrit sans y penser.

Mon ami, soyez le favori des grands ; servez-les, j'y consens, quoique votre talent et vos années pussent être plus dignement employés ; mais ne soyez leur apologiste ni de bouche, ni de cœur. Ou, jugé au tribunal de Dieu devant lequel vous avez cité ceux qui ont disposé de mon temps, tombez dans la chaudière où grilleront à toute éternité et les protecteurs et toute la race maudite des protégés. Vous me répondrez qu'il vaut mieux être grillé dans l'autre monde que dans celui-ci : à la bonne heure !

J'ai lu l'apostrophe à Louis XVI [1] ; elle est simple, pathétique, respectueuse et noble ; tout ce qu'il importait d'apprendre à un jeune souverain s'y trouve. Il n'y a rien de trop ni de trop peu. Celui qui en parlera autrement s'en appliquera à lui-même les dernières lignes. Mon jugement est celui de deux littérateurs qui se connaissent en éloquence, et qui jugeaient l'abbé *sine ira, sine studio.*

Mais, dites-vous, la plupart des idées en sont communes.

Palissot. Après une enquête officielle de Malesherbes, Diderot découvert aurait signé un aveu auprès de la comtesse de la Marck. Tous les critiques jusqu'ici, sauf Tourneux, ont cru à la culpabilité du philosophe. Cette allusion prouve que les dédicaces étaient de Grimm : Diderot en cette affaire n'a pas hésité à se sacrifier pour son ami et à risquer de perdre tout crédit auprès de Malesherbes.

1. L'apostrophe à Louis XVI sur les devoirs de la royauté n'apparut que dans l'édition de 1780 (Genève, Pellet, t. I, p. 469 sq.) : « Jeune prince, toi qui as pu conserver l'horreur du vice et de la dissipation au milieu de la cour la plus dissolue et sous le plus inepte des instituteurs, daigne m'écouter avec indulgence... ». C'est un véritable programme de réformes qui fut réédité en tirage à part en 1789 (*Lettre de M. Guillaume Thomas Raynal à S. M. Louis XVI*, 12 p. in-12). Les dernières lignes sont dirigées contre Maurepas ; on invite Louis XVI à « regarder comme le plus dangereux des imposteurs... le flatteur impudent qui ne balancera pas à l'assoupir dans une tranquillité funeste » (*ibid.*, p. 475).

Cela se peut, mais elles n'en sont pas moins vraies, et l'on ne saurait trop les répéter aux souverains, si ce sont précisément celles qu'on leur cache et que, pour leur gloire et le bonheur de leurs sujets, il leur importerait le plus de savoir. Mais l'homme utile n'est pas toujours celui qui dit une chose nouvelle, et l'homme éloquent est presque toujours celui qui a le talent d'entraîner par la force de son discours à la pratique des vertus et à l'amour de la vérité, qui sont aussi vieilles que le monde. Et qu'est-ce qu'on peut imaginer de neuf sur les devoirs des rois? En tout nous en sommes réduits, et il y a longtemps, au talent de bien dire, et ce talent n'est pas trop commun.

S'il a écrit de celui d'entre les souverains devant lequel vous fléchissez principalement les genoux, que c'est un grand homme, mais un méchant homme, mais un tyran, mais un dangereux voisin, mais un monarque détestable, qu'a-t-il avancé que toute l'Europe ne sût? Mais dans quelque auteur que ce soit, trouvez-moi une page plus belle que la sienne. Si j'avais quelque reproche à lui faire, c'est d'avoir un peu surfait le mérite d'une action dont l'éclat était obscurci par l'intérêt personnel [1].

En parcourant son ouvrage, l'avenir ne dira pas : « Dans ce temps-là, il y avait des fous ou des lâches... », mais, « Il y avait des hommes fiers, éloquents, et grands penseurs ». Quelle autre nation a son Raynal? Aucune, pas même l'Angleterre ; mon ami, il faut savoir juger comme la postérité.

---

1. L'apostrophe à Frédéric II figurait déjà dans l'édition de 1776 (La Haye, Gosse, t. II, p. 276-279), mais fut maintenue dans l'édition de 1780 (Livre V, chapitre 10, *op. cit.*, t. I, p. 591-595) : « O Frédéric, Frédéric, l'Europe te donna... le nom de roi philosophe... Tu fus regardé comme le modèle des rois guerriers... Il existe un titre plus glorieux, celui de roi citoyen... Rouvre ton cœur aux sentiments nobles et vertueux qui firent tes premières délices... Ose davantage, donne le repos à la terre. Que l'autorité de ta médiation, que le pouvoir de tes armes force à la paix des nations inquiètes. L'univers est la patrie d'un grand homme ». Diderot disait de Frédéric à Catherine que c'était « un politique ambitieux », « l'éternel boute-feu de l'Europe » (*Diderot et Catherine II*, *op. cit.*, p. 249).

Et lorsqu'on coupa la tête à Cicéron, et que sa langue était piquée par la femme d'Antoine, sa tête et ses mains exposées sur la tribune aux harangues, il était bien incertain si on ne l'accusait pas de lâcheté ou de folie : de folie, s'il prévoyait le sort qui l'attendait ; de sottise ou de lâcheté, s'il ne le prévoyait pas. Qu'en pensons-nous aujourd'hui? Ce qu'on pensera de Raynal dans deux cents ans d'ici. Si nos magistrats, fauteurs de la haine d'un vieux courtisan imbécile [1], versent sur lui l'ignominie, les siècles la reverseront sur eux.

S'il y a dans les paragraphes de l'abbé des vérités communes, n'y en a-t-il pas de grandes, de nouvelles, de hardies, et rendues d'une manière frappante et nerveuse? Une vérité surannée prend dans la tête d'un homme de génie, sous la plume d'un grand écrivain, une force nouvelle, un charme inexprimable. Si vous y réfléchissez, le beau n'est jamais que le sens commun bien habillé. Mais quelque élégant, quelque riche que soit le vêtement, si le sens commun n'est pas dessous, je n'entends plus qu'un sophiste ou qu'un faux bel esprit.

Dans votre dilemme par exemple, il y a de l'esprit ; mais il n'y a pas le sens commun ; c'est que le sens commun n'est pas trop commun.

Le grand mal de la persécution, c'est de rendre pour quelque temps une nation injuste et pusillanime ; et ce n'est pas d'un jour à l'autre que l'homme reprend sa fierté naturelle, ce caractère divin que les tyrans et les bourreaux n'effaceront jamais, et qui l'a porté et le portera à jamais aux actions honnêtes et périlleuses, au milieu des infâmes dont il est entouré, et qui l'accuseront de lâcheté et de folie.

1. Le comte de Maurepas, tenu en exil par Louis XV, était devenu le principal conseiller du jeune roi. Très jaloux de son autorité, il provoqua la chute de Turgot, puis celle de Necker le 20 mai 1781. C'est lui qui déclencha la répression contre l'*Histoire des deux Indes*. Les magistrats sont les membres du Parlement de Paris, qui, à la suite du réquisitoire de l'avocat général Séguier (cf. B. N., f. fr., fonds Joly de Fleury, 530, f. 66 sq.), supprimèrent l'ouvrage par arrêt du 25 mai 1781. Il y a donc exacte concomitance entre la chute de Necker et la condamnation de Raynal.

Il faut plus que le talent de Thomas [1], plus que l'impudence de Séguier [2] pour dédaigner un ouvrage où je vois percer à chaque mot, à chaque ligne, à chaque page, la raison, les lumières, la force, la délicatesse, l'amour illimité des hommes ; un ouvrage dont ni vous ni moi, ni d'autres qui s'estiment et qui valent mieux que nous, ne feraient pas un paragraphe. Si l'on m'assurait que dix hommes ont passé cinquante ans de leur vie à recueillir les détails immenses qui remplissent ces volumes effrayants, j'en serais encore étonné.

Lisez la page des monuments [3] que les nations aussi lâches qu'insensées élèvent à leurs oppresseurs, et dites-moi si, sur un sujet aussi rebattu, il n'y a point d'idées nouvelles. Lisez la page des asiles [4], et trouvez-la commune,

---

1. Antoine Thomas (1732-1785), âme sensible et mélancolique, auteur de l'épopée de *la Pétréide* et d'un *Éloge des femmes* finement critiqué par Diderot en 1772 (cf. *Œuvres*, A. .T, t. II, p. 251), avait voué un culte à Mme Necker. Tout le salon Necker condamna les outrances de l'abbé Raynal : « Personne n'a vu avec plus de peine que Mme Necker l'indiscrétion et si l'on peut dire la folie avec laquelle l'abbé Raynal vient de compromettre si gratuitement le bonheur et le repos de sa vieillesse », disait Meister en avril 1781 (*Correspondance littéraire*, t. XII, p. 499).

2. Séguier, avocat général du Parlement de Paris, prononça le réquisitoire contre Raynal le 25 mai 1781 en accusant la portée révolutionnaire de l'ouvrage (cf. A. Feugère, *l'Abbé Raynal*, Angoulême, 1922, p. 278-279).

3. La page des monuments apparaît dans l'édition de 1780 (livre V, chap. 3, t. I, p. 556-560) : « Souverains, si vous êtes bons, la statue que vous vous élevez à vous-mêmes vous est assurée. La nation dont vous aurez fait la félicité vous l'accordera après votre mort, lorsque l'histoire vous aura jugés. Si vous êtes méchants et vicieux, vous n'éterniserez que votre méchanceté et vos vices ».

4. La page des asiles date aussi de 1780 (livre III, chap. 35, t. I, p. 373 sq.). Il s'agit d'une de ces digressions qui firent de l'*Histoire des deux Indes* un ouvrage de combat. A propos des asiles, Raynal cite une aventure arrivée aux Indes ; des Anglais mouraient dans un cachot parce que personne n'osait réveiller le soubab. Beau prétexte pour une tirade : « Qu'est-ce donc qu'un tyran ou plutôt qu'est-ce qu'un peuple accoutumé au joug de la tyrannie? Est-ce la crainte, est-ce le respect qui le tient courbé?... Qu'est-ce qui vous étonne le plus, ou de la

si vous l'osez. Lisez l'oraison funèbre d'Eliza Drapper [1], et tâchez de faire mieux. Pour moi, j'y reconnais la simplicité des anciens et la délicatesse des modernes. Il y a cinquante morceaux comme ceux-là.

« Mais, ajoutez-vous, il n'a pas le ton modéré de l'histoire. » Et que m'importe le ton sur lequel il s'est monté, pourvu que ce soit celui de son siècle, qui en vaut bien un autre ; qu'il m'instruise, qu'il m'émeuve, qu'il m'étonne. Thucydide n'a pas écrit l'histoire comme Xénophon, ni Xénophon comme Tite-Live, ni Tite-Live comme Salluste, ni Salluste comme Tacite, ni Tacite comme Suétone. De Voltaire n'a point écrit l'histoire comme l'abbé de

---

férocité du nabab qui dort, ou de la bassesse de celui qui n'ose le réveiller? » Allusions transparentes à Louis XVI et à Maurepas.

1. Elizabeth Sclater (1744-1778), fille de May Sclater de la Compagnie des Indes, née sur la côte de Malabar, orpheline de bonne heure, fut élevée en Angleterre. De retour à Bombay en 1757, elle épouse un an plus tard David Draper dont elle eut deux enfants. Au cours d'un séjour en Angleterre, de 1765 à 1767, elle se lie à Laurence Sterne qui lui écrit les fameuses *Lettres de Yorick à Elisa* (traduction française, 1779). Son dernier voyage aux Indes accuse son désaccord avec son mari ; elle s'embarque en mars 1776 sur l'*Ajax*, rallie la France. L'abbé Raynal lui propose une vie commune. Mais Eliza est atteinte de phtisie, elle entraîne Raynal à Londres où elle meurt peu après. Sa biographie, fort romancée, doit être revue d'après l'ouvrage de Wright et Sclater, *Sterne's Eliza* (Londres, 1922). L'éloge célèbre a paru dans l'édition de 1780 (livre III, chap. XV, t. I, p. 318-320), d'une sentimentalité emphatique : « Qu'il me soit permis d'épancher ici ma douleur et mes larmes. Eliza fut mon amie. O lecteur, pardonne-moi ce mouvement involontaire. Heureux Stern, tu n'es plus, et moi je suis resté. Je t'ai pleuré avec Eliza, tu la pleurerais avec moi et si le ciel eût voulu que vous m'eussiez survécu tous les deux, tu m'aurais pleuré avec elle... Ma vieillesse a survécu à ses beaux jours. Il n'y a plus personne au monde pour moi. Le destin m'a condamné à vivre et à mourir seul ». Or dès juin 1781 (*Correspondance littéraire*, t. XII, p. 520), Meister affirmait que Diderot en était l'auteur : « Il n'y a personne dans la société de Mme Necker qui ne se souvienne que l'épitaphe si touchante de cette Elisa Draper n'est que le souvenir de celle que M. Diderot fit, il y a quelques années, devant douze ou quinze personnes pour Mme Necker ». Le problème n'a pas été éclairci par le contenu du fonds Vandeul (cf. Dieckmann, *op. cit.*, p. 120 et p. 154).

Vertot [1], ni l'abbé de Vertot comme Rollin [2], ni Rollin comme Hume [3], ni Hume comme Robertson [4]. Est-ce que le philosophe traite l'histoire comme l'érudit, l'érudit comme le moraliste, le froid moraliste comme l'homme éloquent? Eh bien, Raynal est un historien comme il n'y en a point encore eu, et tant mieux pour lui, et tant pis pour l'histoire. Si l'histoire avait, dès les premiers temps, saisi et traîné par les cheveux les tyrans civils et les tyrans religieux, je ne crois pas qu'ils en fussent devenus meilleurs, mais ils en auraient été plus détestés, et leurs malheureux sujets en seraient peut-être devenus moins patients. Eh bien, effacez du frontispice de son livre le mot d'« histoire » et taisez-vous. Le livre que j'aime et que les rois et leurs courtisans détestent, c'est le livre qui fait naître des Brutus. Qu'on lui donne le nom qu'on voudra.

Et pourquoi donc l'abbé n'a-t-il pas le ton moderne de l'historien? Parce que, entre trois à quatre mille pages, il s'en recontre peut-être une cinquantaine que l'enthousiasme de la vertu, ou l'horreur du vice aura dictées. Pour moi,

---

1. René de Vertot (1655-1735), secrétaire de l'abbé Colbert, ami de Fontenelle et de l'abbé de Saint-Pierre, donne de bons exemples de la conception classique de l'histoire : *Histoire des révolutions de Suède* (1696), *Histoire des révolutions de la République romaine* (1719), *Histoire de Malte* (1726). C'est lui qui répondit « Mon siège est fait », à propos de documents nouveaux sur le siège de Rhodes.

2. Charles Rollin, recteur de l'Université de Paris en 1694, auteur des treize volumes de l'*Histoire ancienne* (1730-38), fut apprécié de Voltaire et de Montesquieu; en face de l'histoire « littéraire » de Vertot, Rollin représente l'histoire « moralisante ».

3. David Hume (1711-1776), l'ami des philosophes, consacra la fin de sa vie à sa grande *Histoire d'Angleterre* (1754-1761), traduite en français en 1769 (18 volumes).

4. William Robertson (1721-1793) donna en 1759 la première édition de l'*Histoire d'Écosse*, traduite par Basset de la Chapelle en 1764. Son *Histoire de Charles-Quint* (1769), mise à l'index pour son ton philosophique, fut traduite par Suard et Le Tourneur en 1771. L'*Histoire de l'Amérique*, incomplète, fut traduite en 1777-78 par Suard et Morellet. L'école anglaise représente pour Diderot l'histoire philosophique; mais son goût personnel lui fait préférer l'emphase révolutionnaire de Raynal. Cette page sur l'histoire montre une fois de plus l'ambiguïté de son génie.

je n'en estimerai que davantage l'auteur qui se sera abandonné sans réserve aux mouvements violents de son cœur, et je détesterai les indignes satrapes qui cacheront sous le voile d'un goût sévère le motif honteux de leur critique. Il ne me déplaît nullement que l'historien de la découverte d'un monde nouveau, ayant à parler d'un phénomène inouï, ait un ton qui ne soit qu'à lui. Du moins il ne sera pas compté dans le troupeau servile des imitateurs.

Vous croyez que, quand on apostrophe les rois, c'est par audace ou par vanité qu'on les tutoie [1] — quelle vision! C'est que cette forme de discours empruntée de la langue des Grecs et des Romains, montre plus de goût, plus de noblesse, plus de fermeté, plus de véracité, peut-être même plus de respect. C'est qu'alors ce n'est pas un sujet, c'est un député de la nation qui parle. C'est qu'il est l'organe de la vertu, de la raison, de l'équité, de l'humanité, de la justice, de la clémence, de la loi, ou de quelque autre de ces sublimes quakeresses devant lesquelles les mortels sont tous égaux.

Établir entre les rois et soi une si prodigieuse distance, c'est penser trop grandement d'un homme et trop petitement de l'homme. C'est par notre choix qu'il est le premier d'entre nous : voilà ce qu'on apprenait dans l'école de Démétrius ou d'Attale, qui n'étaient ni des sots, ni des lâches, ni des insolents, ni des fous.

J'ai fini la lecture du premier volume de l'abbé, et, dans plus de sept cents pages [2], je ne lui ai pas vu une seule fois, pour me servir de votre expression, « l'image de la postérité collée sur le nez » ; image imposante, qu'à vous parler vrai

---

1. Raynal tutoyait Louis XVI (t. I, p. 469) et Frédéric II (*ibid.*, p. 591). Les arguments de Diderot en faveur du tutoiement noble sont les mêmes que ceux de Bayle accusé d'insolence à l'égard de Christine de Suède.

2. Diderot lisait donc Raynal dans l'édition in-4° de Genève (Pellet, 1780). Le tome premier comptait en effet 741 pages (Feugère, *Bibliographie critique de l'abbé Raynal*, Angoulême, 1922, p. 32, N° 44). L'édition in-8° comportait 10 volumes (*ibid.*, N° 45) et le premier volume 532 pages seulement.

j'aimerais mieux trop fréquente dans les écrits d'un auteur qu'entièrement absente de sa pensée.

Vous m'avez recommandé de me taire sur l'abbé Raynal. Mais votre dessein est-il que je suive votre conseil? En ce cas, ayez l'attention d'en parler plus décemment que vous n'avez fait chez ma fille. N'est-ce donc pas assez que des Wisigoths le proscrivent, faut-il encore qu'il soit attaqué par ses amis? Il y a dans la société tant d'impertinents perroquets qui parlent, qui parlent et qui parlent sans savoir ce qu'ils disent, on a tant de plaisir à répandre le mal, que le médisant ou le calomniateur se fait en un jour mille complices.

Je vous ai parfaitement compris ; et vous m'avez fait très injustement et très inutilement beaucoup de mal. Voici mon apologie que je vous permets de montrer à l'abbé, si vous le revoyez jamais. J'ai dit à l'abbé Raynal : « Mais, mon ami, qui est-ce qui sera assez osé pour publier et pour avouer cela »? Il m'a répondu avec fierté : « Moi, moi ». — « Vous vous perdrez » — « Je me perdrai. Ah, je vois que vous me croyez bien moins de courage que je n'en ai » [1].

Las de travailler, et cherchant un prétexte qui abrégeât la longueur et la fatigue de ma tâche [2], j'ai écrit à

---

1. Meister par deux fois a confirmé l'anecdote : dans la *Correspondance littéraire* de juin 1781 (t. XII, p. 519) : « Ses coopérateurs avaient beau lui représenter que cela serait trop fort, ils avaient beau dire : « Mais qui est-ce qui osera imprimer, qui est-ce qui osera avouer cela? Moi, répondait-il, moi, moi. Je vois bien que vous ne vous doutez pas du courage dont je suis capable : vous verrez », mais aussi dans l'éloge *Aux mânes de Diderot* (Londres, 1788 - cf. *Œuvres*, A. T., t. I, p. 17) : « Diderot était souvent effrayé de la hardiesse avec laquelle il faisait parler son ami. « Mais qui, lui disait-il, osera signer cela? — Moi, lui répondait l'abbé, moi, vous dis-je, allez toujours ».

2. L'aveu de Diderot est ici total : il a collaboré à l'*Histoire des deux Indes* et a fourni à Raynal la plupart des digressions éloquentes qui contrastent avec « les calculs éternels » de l'économiste. Nous comprenons mieux que Diderot ait été blessé à vif des reproches de Grimm.

l'abbé : « Mais, cher abbé, ne craignez-vous pas que tous ces écarts, quelque éloquents que vous les supposiez, ne gâtent un peu votre ouvrage ? » — « Non, non, me répondit-il ; faites toujours ce que je vous demande... » — « Ils diront que c'est de la rhétorique » — « Ils diront ? qui ? » — « Les valets des Grands. » — « Je m'y attends. Tenez, mon philosophe, je connais un peu mieux que vous le goût du public ; ce sont vos lignes qui sauveront l'ennui de mes calculs éternels. Savez-vous par qui l'on est lu ? Par la canaille qui nous déchire. Malheur à l'auteur dont on ne dit point du mal ; on n'en dira pas longtemps du bien. »

Mon ami, vous avez la gangrène ; peut-être n'a-t-elle pas fait assez de progrès pour être incurable. Vous auriez besoin, je crois, d'un peu de soliloque. Ce n'est pas ce que j'ai le courage de vous dire, c'est ce que vous vous direz à vous-même qui vous guérira. Je cesserai plutôt de vivre que de vous aimer, mais je ne serais jamais devenu votre ami si vous eussiez parlé chez Jean-Jacques, où je vous rencontrai pour la première fois [1], comme vous parlâtes hier chez l'inoculateur Brador [2]. Quoi donc ? Serait-ce une façon de renier l'abbé, inspirée par la crainte que votre intimité connue avec ce proscrit ne vous desservît auprès des grands ? Votre tendresse persévérante pour moi me rassure.

Ma fille est tout à fait reconnaissante de la soirée que vous lui avez sacrifiée. Votre sophisme m'a paru lui en imposer. Je lui croyais plus de courage et de logique. Quant à son père, lorsque vous lui direz la vérité, j'ai quelque soupçon que vous ne feriez pas mal d'y mettre

1. Détail biographique intéressant. Grimm, arrivé en France en janvier 1749, rencontra Rousseau à Fontenay-aux-Roses chez le prince de Saxe-Gotha (cf. *Corresp. litt.*, II, p. 229, et *Confessions*, 2e partie, livre VIII). Diderot n'a probablement connu Grimm qu'après sa libération de Vincennes (2 novembre 1749).

2. Brador, chirurgien du duc d'Orléans, en qui Tronchin avait toute confiance. Dès 1766, Diderot le rencontrait au chevet de Mme Le Gendre, sœur de Sophie Volland (cf. *Lettres à Sophie Volland*, *op. cit.*, t. II, p. 123).

un peu de ménagement. Il est douillet à sa manière : un coup de poignard ne le ferait pas crier, mais la piqûre d'une épingle, reçue de la main d'un ami, suffirait pour lui causer une longue douleur. Quel avantage trouvez-vous à rendre la vérité cruelle? Avec une dose un peu plus forte de vanité ou de prétention, ses amis auraient depuis quelque temps réussi à faire du meilleur homme du monde une créature assez malheureuse; il semble qu'ils aient conçu le projet de l'abrutir.

Cette lettre que je viens de vous écrire à la hâte, vous l'enverrai-je? Oui. Mais quand? Quand je vous estimerai assez pour croire que vous la lirez sans humeur. Adieu.

Ce 25 mars 1781 [1].

J'entends crier sous ma fenêtre la condamnation de l'abbé. Je la lis, je l'ai lue. Tombent sur la tête de ces infâmes et du vieil imbécile qu'ils ont servi l'ignominie et les exécrations qui tombèrent autrefois sur la tête des Athéniens qui firent boire la ciguë à Socrate. [Mon ami, on est incapable des actions héroïques, quand on les blâme ; et on ne les blâme que parce qu'on en est incapable].

---

1. C'est le 25 mai 1781 que l'*Histoire des deux Indes* fut condamnée par le Parlement de Paris comme « impie, blasphématoire, séditieuse, tendant à soulever les peuples contre l'autorité souveraine et à renverser les principes fondamentaux de l'ordre civil » (cf. Feugère, *op. cit.*, p. 278). Faut-il donc corriger 25 mars en 25 mai ou considérer que la lettre de Diderot fut écrite deux mois avant la condamnation et qu'il ajouta ces quelques lignes en post-scriptum? La copie du fonds Vandeul (B. N., n. a. fr., 13755, III), qui porte « Adieu ce 25 mars 1781 », nous pousse à préférer la seconde hypothèse.

TABLE DES MATIÈRES

DE L'INTERPRÉTATION DE LA NATURE

LE RÊVE DE D'ALEMBERT

PRINCIPES PHILOSOPHIQUES SUR LA MATIÈRE ET LE MOUVEMENT

ENTRETIEN D'UN PÈRE AVEC SES ENFANTS

SUPPLÉMENT AU VOYAGE DE BOUGAINVILLE

Entretien d'un Philosophe avec la Maréchale de***

Réfutation suivie de l'ouvrage d'Helvétius intitulé l'Homme *(Extraits)*

Lettre apologétique de l'abbé Raynal a M. Grimm

IMPRIM'VERT®

Achevé d'imprimer par Corlet,
Condé-en-Normandie (Calvados),
en avril 2021
N° d'impression : 21040610 - dépôt légal : avril 2021
Imprimé en France